suhrkamp taschenbuch
wissenschaft 746

Alfrun von Vietinghoff-Scheel
Psychosoma-Analysen und trauma-analoge Verstehensmethode

Es gibt für Schnee keine Bleibe
(stw 744)

Aufzeichnungen eines seelischen Nacktflitzers
(stw 745)

Seht doch, wie sie leben
(stw 746)

Alfrun von Vietinghoff-Scheel
Seht doch, wie sie leben

Psychosoma-Analysen mit
jugendlichen Krebspatienten

Mit 30 Abbildungen

Suhrkamp

CIP-Titelaufnahme der Deutschen Bibliothek
Vietinghoff-Scheel, Alfrun von:
Psychosoma-Analysen und trauma-analoge Verstehensmethode /
Alfrun von Vietinghoff-Scheel. –
Frankfurt am Main :
Suhrkamp.
(Suhrkamp-Taschenbuch Wissenschaft ; ...)
ISBN 3-518-09643-5
Vietinghoff-Scheel, Alfrun von: Seht doch, wie sie leben. –
Psychosoma-Analysen mit jugendlichen Krebspatienten /
Alfrun von Vietinghoff-Scheel. –
Frankfurt am Main : Suhrkamp, 1991
(Psychosoma-Analysen und trauma-analoge Verstehensmethode /
Alfrun von Vietinghoff-Scheel)
(Suhrkamp-Taschenbuch Wissenschaft ; 746)
ISBN 3-518-28346-4
NE: 2. GT

suhrkamp taschenbuch wissenschaft 746
Erste Auflage 1991

Satz und Druck: Wagner GmbH, Nördlingen
Printed in Germany
Umschlag nach Entwürfen von
Willy Fleckhaus und Rolf Staudt

1 2 3 4 5 6 – 96 95 94 93 92 91

Ich widme dieses Buch
meinem Analytiker,
Dr. Gerd K. Kaliwoda.
Mit ihm zusammen konnte ich
in dem verrückten Krebsholocaust
zu mir stehen.

Tanz der Fondkiele, A. V. V. S. 4.10.87

Inhalt

Vorwort

Die traditionelle Psychoanalyse fahndet nach Abwehrmechanismen des Ich beim Patienten, wobei der Analytiker, laut Freuds Empfehlung, emotionslos wie der Chirurg »die eitergefüllte Höhle«, so nannte Freud das Unbewußte, zu öffnen habe. Diese Psychoanalyse verfährt gründlich gemäß der Trias: Elternschonung durch Triebdeutungen zwecks Irrealisieren der Realtraumen. Sie verfährt gründlich, aber nicht anders als die onkologische Medizin: krankheits- = thanatoszentriert. Psychoanalyse und Medizin sind dem dualistischen leibfeindlichen Weltbild des Judentums und Christentums verhaftet, sonst könnten sie nicht den Krebs als »das Böse« im Körper, die Triebe als Widersacher der Vernunft bekämpfen. Die einen kämpfen mit Messer, Strahlen und Chemie; die anderen mit Triebdeutungen als Schiedsspruch über »gut« und »böse«. Beide Disziplinen fußen auf dem Konzept »*Er*ziehung«, nicht aber dem Konzept »*Be*ziehung«. Gemäß den Vorstellungen der psychoanalytischen Entwicklungslehre hat der Patient in der Behandlung phasenspezifischen Denk- und Fühlgeboten bzw. -verboten zu entsprechen, genauso wie er in der Onkologie (aber wohl in der Medizin insgesamt als sekundärer Sozialisationsinstanz) dem Konzept Patient = emotionsloses Objekt zu folgen hat. Beide, Psychoanalyse und Onkologie, orientieren sich nicht an dem, was ist, d. h. an dem, was der Patient fühlt, sondern an dem, *wie* der Patient sein soll, d. h., welches Verhalten wünschenswert ist. Aber es ist gleichermaßen verrückt, Gefühle zu hypostasieren wie Gefühle zu tabuisieren, und es verdoppelt nur, was den Krebspatienten bereits in ihrem Familienholocaust widerfahren ist. Wie in der Familie, wo die Patienten durch das Schweigen als Kommunikation der anonymen Mutter in ihrer Sinnlichkeit totgeschwiegen wurden, widerfährt ihnen von seiten der Onkologie einzig ein lieblos-sprachloses Körpertraktieren. Wie in der Familie verwahren sich die Patienten gegen die Mißachtung als fühlende Menschen, indem sie schweigen, was ihnen als Trotz und mangelnde Kooperationsbereitschaft ausgelegt wird. Der aggressive Zirkel ist geschlossen. Aber damit nicht genug. Wenn sich der Patient den Übertherapien nicht fügt, setzt es Psychopharmaka, und die computergesteuerten Behandlungsprogramme laufen weiter. Ich übertreibe nicht: MARIA[1], MICHAEL[2] stehen für das Gesagte.

Psychoanalyse und Onkologie sind gründlich, aber nicht radikal. Radikal sein heißt, etwas an der Wurzel packen. Die Wurzel des Menschen aber ist der Mensch, nicht eine ideologische Verbrämung seiner selbst. Am Menschen gehen sowohl die heutige Psychoanalyse als auch die onkologische Medizin – zweifellos gründlich – vorbei: beide respektieren nicht den Lebenswillen des Patienten. Sie behandeln ihn zu Tode, weil sie einzig auf das Kranke ausgerichtet sind. Beide Disziplinen fragen nicht nach dem Sinn, den der Krebs für den Patienten als Niederschlag seiner tödlichen familialen Beziehungsgeschichte hat. Die Onkologen gehen am Lebenswillen des Patienten vorbei, weil sie den Krebs als »das Böse« im Körper bekämpfen und glauben, heilen zu müssen, wo sie nicht heilen können. Die Onkologen respektieren nicht die reparativen Tendenzen im Patienten, obwohl es eine altbekannte Erfahrung der Ärzte ist, daß nicht sie heilen, sondern der Patient (natura sanat, medicus curat – die Natur heilt, der Arzt behandelt).[3]

Die Psychoanalyse geht am Lebenswillen des Krebspatienten vorbei, weil sie – freudgerecht – den Krebs als verdrängte ödipale Aggression, als narzißtische Krankheit zum Tode, erklärt und damit dem Patienten als Triebkonflikt nachsagt, was in gestörtem Beziehungsgeschehen in der familialen Sozialisation hergestellt wurde.

»Spiel mir das Lied vom Tod« läßt sich das Behandlungsparadigma sowohl der Psychoanalyse als auch der Onkologie überschreiben. Dahinter steht die Pathologisierung des Selbst resp. des Narzißmus als positivem Entwicklungspotential. Folge ist die Pathologisierung von Krankheit im allgemeinen und von Krebs im besonderen als »das leibhaftig Böse«. Diese Psychoanalyse, diese Onkologie spielen zwar in meinen Psychosoma-Analysen mit den Krebspatienten keine Rolle, aber sie empören mich. Ich kann verstehen, welche Denk- und Fühltabus zu diesen Behandlungsstrategien geführt haben, aber ich akzeptiere sie deshalb kei-

1 Siehe Teil 3: Überredet zur Therapie ... mit dem Hammer vor den Kopf geschlagen ..., S. 338 ff.

2 Siehe Teil 5: Michael schweigt, weil die Mutter, alle, nur Löwen in der Stadt einkaufen, S. 673 ff.

3 Vgl. D. Beck, *Krankheit als Selbstheilung*, Ffm. 1981.

neswegs. In Teil 5[4]: Sie hatten keine Kindheit ... Sie hatten keine Jugend, habe ich mein Behandlungskonzept – den Krebs entpathologisieren – methodologisch und inhaltlich gegenüber diesen beiden Disziplinen, die ich als Pädagogik und Thanatokratie ablehne, ausformuliert. Dieses Kapitel umreißt die familialen Sozialisationsbedingungen der Krebspatienten und mein trauma-analoges Verständnis ihrer Affektlogik.

Die Einstellung, mit der ich den Krebspatienten wie jedem anderen Patienten auch begegne, ist: *Seht doch, wie sie leben.*

Das bedeutet:

Seht, *wie* der Krebs in gestörten Beziehungen entstanden ist ...

Seht, *wie* der Krebspatient seelisch lebendig ist, trotz Krebs ...

Seht, *wie* Patient und Behandler miteinander lebendig fühlen können, so daß der Patient seine Selbstheilungstendenzen zu mobilisieren wagt ...

Seht doch, wie sie leben beschreibt die Psychosoma-Analysen mit HANNA, 15 Jahre: Leukämie; bereits mit einem Jahr hatte sie sich büschelweise die Haare ausgerissen, weil sie anders die seelische Zerreißprobe, der sie in ihrer Familie ausgesetzt war, nicht ausdrücken konnte[5] ... mit MARIA, 20 Jahre: Herztumor, zuvor immer kerngesund, nur daß sie sich vor Spannungen von klein auf die Hände förmlich aufgefressen hatte. Denn sie hatte für alle das »sunny girl« zu spielen; aber sie spielte seit langem mit Selbstmordgedanken[6] ... mit ALLESSA, 19 Jahre: mit 17 Jahren Speicheldrüsenkrebs-Operation, seither war sie ganz verstummt. Geschwiegen hatte sie schon seit langem, nur daß das niemandem in ihrer Familie, in der »lautes Schweigen ... viel Gerede über Materielles« herrschte, aufgefallen war. »Ich war mein Leben lang allein«, sagte sie und der Fernseher mußte immer laufen, um sie vor »der akuten überfallartigen Leere« zu bewahren[7] ... mit MAX L., 21 Jahre: Hodenkrebs, der sein Leben auf die Formel brachte: »Kein eigener Rhythmus ... Rauchen (Trinken) und Sex, alles schnell, dann die Kippe wegwerfen.«[8]

Das Thema dieser Menschen ist das Leben. Den Tod, »das seeli-

4 Siehe S. 587-683.
5 Siehe Teil 1: Ich tanze doch so gern.
6 Siehe Teil 2: Mein Herz schlägt wie wild, das habe ich noch nie erlebt.
7 Siehe Teil 3: Allessa – Akute überfallartige Leere.
8 Siehe Teil 4: Leben ist die Alternative.

sche Verhungern«[9], wie HANNA es nannte, haben sie in ihrem Familienholocaust erlebt als Totgeschwiegenwerden in ihrer Sinnlichkeit. »Mit meiner Freude war ich immer allein«, sagte HANNA, »wenn's mir schlecht geht, kümmern sich alle, weil sie meinen, sie müßten, ... wenn's mir gut geht, bin ich Luft für sie«.[10] Und das war nicht etwa erst seit der Krebserkrankung, das war immer schon so. Diese Kinder waren unerwünschte Kinder, die Ehen wurden ihretwegen geschlossen, die Beziehungen der Eltern waren kaputt, bevor die Kinder da waren. Die Holocaustbedingungen der aggressiven Onkologie perpetuieren die Traumatisierungen dieser Kinder, weil die onkologischen Behandler unter derselben Einfühlungsstörung in sich selbst leiden,[11] wie die narzißtisch gestörten und psychosomatisch kranken resp. suchtkranken Eltern der Krebspatienten.

Seht doch, wie sie leben zeigt, wie fatal Familienholocaust und Kliniksholocaust einander ähneln. »Friß, Vogel, oder stirb!« läßt sich die defiziente Beziehungsstruktur beider Sozialisationsagenturen überschreiben.

Dennoch: es geht mir nicht darum zu sagen, was ›sie‹ aus HANNA, MARIA, ALLESSA, MAX L. gemacht haben, sondern darum zu sagen, was uns in unserer Arbeit gelungen ist, aus dem zu machen, was aus ihnen gemacht worden war. HANNA und MARIA bekam ich als Todeskandidaten ans Herz gelegt. Sie lebten beide fast noch ein Jahr. HANNA ging wieder zur Schule und in die Disko. Worunter sie am meisten litt, war der Ehekrieg der Eltern und daß sich ihre Klassenkameraden in einer Diskussion für »aktive Sterbehilfe« ausgesprochen hatten. Wenn sie sich dann unter der Dauerthera-

9 Teil 1, S. 104.

10 Teil 1, S. 187-190.

11 1981/82 hatte ich mit den onkologischen Behandlern der Station, auf der ich dann 1983/84 mit Hanna und Maria arbeitete, in einer Balintgruppe gearbeitet. Ich habe ausführlich über meine Erfahrungen in *Aufzeichnungen eines seelischen Nacktflitzers*, Frankfurt 1991b, S. 392-441 berichtet. In Teil 5, S. 673-681 habe ich einen der Fallberichte übernommen, der beispielhaft das gesamte Problemfeld der Kinderonkologie umreißt. Vor allem die Fragwürdigkeit der Übertherapien wird deutlich. Darüber in der Balintgruppe zu sprechen, war allerdings tabu. Als ich es dennoch tat und dem Selbstverständnis der Onkologen – den Krebs als »das Böse« zu bekämpfen – mein Selbstverständnis – den Krebs entpathologisieren – auch explizit gegenüberstellte, beendeten die Teilnehmer die Zusammenarbeit mit mir.

pie körperlich schwächer fühlte, hatte sie panische Angst, man werde ihr diese Hilfe angedeihen lassen.[12] Auch MARIA konnte die Station wieder verlassen und machte selbständig kleine Reisen. Ihre seelische Genesung, auf die sie unendlich stolz war – »daß ich mich überhaupt fühle, in mich reinlausche und mich frage, MARIA, was geht in dir vor, das ist toll«[13] –, ihr erwachendes Selbstbewußtsein machte der Familie Angst. Die Mutter fragte besorgt: »Ist MARIA nicht zu euphorisch?«, und bekam von der Oberärztin zur Antwort: »Das gibt sich schon wieder, spätestens beim ersten Rezidiv«.[14] Als dann erneut Lungenmetastasen auftraten, wußte man sich im Recht. MARIA »arbeitete allein weiter«.[15] Sie starb in der Nacht nach einer kleinen Fête.

ALLESSA und MAX L. hatten sich lebensfreundliche Menschen gesucht, mit denen sie zu leben lernten, auch ohne Krebs.

Es kann nicht zur Debatte stehen, ob Psychotherapie das Leben der Patienten verlängert. Für mich zählt einzig, *wie* die Menschen leben und daß die Psychosoma-Analysen diesen Menschen helfen können, ihr Entwicklungspotential zu entfalten.

Psychotherapie kann den Krebs entpathologisieren, wenn wir nicht die Heilung des Krebses, sondern die Heilung des Selbst anstreben. Denn – das habe ich in den *Aufzeichnungen eines seelischen Nacktflitzers*[16], meiner Arbeit über zehn Jahre Erfahrung mit Krebspatienten, belegt – der Krebserkrankung geht eine narzißtische Lebensstörung voraus, die behandelbar ist, wenn wir die primären Bedürfnisse der Menschen nach empathischer Spiegelung und Liebe verstehen und erwidern. Den Krebs entpathologisieren, das heißt für mich, auf das Gesunde im Kranken zu hören, das durch Traumatisierungen in seiner Entwicklung sistiert wurde. Das bedeutet zugleich, den gemeinsamen Nenner von Familien- und Klinikshološaust: die Elternschonung, zu enttabuisieren.

Die Psychosoma-Analysen mit diesen 4 jugendlichen Krebspatienten zeigen, daß die Entpathologisierung des Krebses als des Bösen im Menschen möglich ist und die Krebspatienten analysierbar sind, wenn der Therapeut sich in seiner eigenen traumati-

12 Teil 1, S. 252-255.
13 Teil 2, S. 387.
14 Teil 2, S. 335-338.
15 Teil 2, S. 423.
16 1991b.

schen Gegenübertragung begreift und es wagt, das psychoanalytische Setting und die psychoanalytische Technik den Bedürfnissen der Patienten anzupassen. Mit HANNA arbeitete ich zunächst fast täglich im stationären Setting; dann kam sie ambulant einmal wöchentlich zu mir; aufgrund des Hirntumors als Folge der Leukämie arbeiteten wir wieder stationär bis zu ihrem Tod.

Die Behandlung von MARIA verlief in größeren Abständen, wobei ich sowohl einzeltherapeutisch mit ihr und der Mutter arbeitete als auch mit beiden zusammen, wenn sie ambulant zu mir kamen und eine gemeinsame Stunde wünschten. Teil 2 gibt weitreichende Aufschlüsse über die narzißtisch-parasitäre Verstrickung von Eltern und Krebspatienten. Die Gewaltverhältnisse im Familien- und Klinikshololocaust waren für mich erschreckend. Dennoch: MARIA gab bis zuletzt nicht auf: Sie wollte wissen, wer sie ist.

ALLESSA wurde mir 2 Jahre nach ihrer Krebserkrankung von den Eltern in der psychosomatischen Klinik »vorgeführt«. Sie schwieg, und die Eltern forderten von mir, daß ALLESSA sein sollte wie früher: die Freundin für die Mutter und der verständige Zuhörer für den Vater. Ich arbeitete mit ALLESSA ein halbes Jahr einzeltherapeutisch, denn nur sie wollte sich verändern.

MAX L. kam nach seiner Hodenkrebsoperation zu mir in die psychosomatische Klinik und wollte eine Psychotherapie. Er lehnte strikt jede weitere konventionell-chirurgische Therapie ab. »Ich habe Hodenkrebs«, sagte er mir, »die Ärzte wollen mich aufschneiden, und ich will nicht. Ich möchte leben, aber nicht kastriert. Ich brauche dringend Hilfe, weil ich allein mit den Problemen nicht mehr fertig werde.« Wir begannen die Arbeit: Er machte sein Abitur; den Sohn, den er mit seiner erheblich älteren Freundin gezeugt hatte, brachte er lange Zeit in seine Therapiestunde mit. Mit ihm mußte er zunächst die Selbstenteignung wiederholen, die ihm selbst widerfahren war. Er konnte nicht allein sein und mußte den Jungen als Plombe gegen die Angst vor psychischer Desintegration mißbrauchen. Im therapeutischen Raum wagte er es dann, sich sich selbst zu überlassen. Je mehr er sich in sich selbst einfühlen konnte, desto mehr konnte er seinen Jungen empathisch verstehen. MAX L. studiert heute in Norddeutschland, ist verheiratet und hat in dieser Ehe einen zweiten Sohn.

Ich habe keine Technik. Empathie für mich selbst: mich fühlen, bei dem, was mir der Krebspatient von sich sagt, und ihm sagen,

was ich verstehe, das ist mein Behandlungspotential, aus dem ich schöpfe, um das Behandlungsziel, daß auch der Patient Empathie für sich selbst gewinnt, anzustreben: daß er sich selbst als Ganzheit aus Psyche und Soma erleben und respektieren lernt und mit mir zusammen Sprache für sich findet, um über sich verfügen zu können, statt weiterhin der Manipulation seines Selbsterlebens durch wohlmeinende andere ausgeliefert zu sein. Ich nenne meine Arbeit absichtsvoll Psychosoma-Analysen, weil die Affektlogik gestörter Beziehungsentwürfe durch die Traumatisierungen, die bereits in vorsprachlicher Infantilgeschichte stattgefunden haben, in den Körper des Patienten eingeschrieben ist. Psychosoma-Analyse mit Krebspatienten, das ist: Neubuchstabieren des Körperalphabets und der Grammatik der Gefühle auf der Suche nach einer Kosesprache, in der der Patient sich selbst erkennen kann. *Trauma*-analoge Verstehensmethode bedeutet für mich: mit Augen hören ... mit Ohren sehen, um den Menschen in seiner totgeschwiegenen Sinnlichkeit zu Wort kommen zu lassen. Denn Sinnlichkeit äußert sich multimodal (und wird auch in Komplexen neuronal gespeichert) und nicht, wie Freud meinte, in phasenspezifischem Nacheinander. Indem Freud die Sinne objektal funktionalisierte und analytisch säuberlich an Organgeschehen anband, verkannte er den Selbstzweck von Sinnlichkeit. Mit Augen hören ... mit Ohren sehen, heißt: den Patienten als sinnliche Ganzheit begreifen und ihm in sinnlich ganzheitlicher Sprache begegnen. Ich versuche, die den Realtraumen analogen *Über*lebensentwürfe der Patienten zu begreifen, die sie sich notgedrungen als seelische Selbstheilungsversuche erarbeitet haben, die aber zum selbstbefriedigenden *Leben* außerhalb der Familie nicht taugen. Diese gestörten Beziehungsentwürfe müssen am Körper des Patienten, resp. des Therapeuten, trauma-*analog* entziffert werden.
Der Erlebnisstrom in den Behandlungsverläufen macht sinnfällig, was ich meine. In Nachträgen habe ich die mir wichtigen Erfahrungen methodologisch aufgearbeitet. Teil 5 habe ich erst in den letzten 3 Wochen neu geschrieben. Man kann ihn sowohl als begrifflichen Einstieg in den Erlebnisstrom mit den Patienten lesen, als auch als Bündelung der Erfahrungen in einer fröhlichen Wissenschaft diesseits des Lustprinzips.
Seht doch, wie sie leben ist also ein Arbeitsjournal. Die Arbeit mit den Patienten fand in den Jahren 1983-86 statt. Die trauma-ana-

loge Aufarbeitung meiner Erfahrungen leistete ich im Herbst 87 und Mai 88. Seit Sommer 87 male ich in jeder freien Minute. Ich habe mein Arbeitsjournal mit meiner Sinnlichkeit bebildert. Meinen Sinnen hatte ich getraut, um diese Menschen in ihrer totgesagten Sinnlichkeit ansprechen zu können. Meinen Sinnen habe ich getraut, um aussprechen zu können, was wir gemeinsam in Erfahrung gebracht haben – trotz Familien-, trotz Klinikshölocaust.

Denn ich meine, der Zweck des Lebens ist das Leben. Der Tod ist ein Teil des Lebens, ein Stolperschritt, mit dem wir nur fertig werden, wenn wir zu leben wagen.

Für mich gibt es nur etwas Schöneres als Leben: noch mehr Leben.

Langgöns, 29. 5. 88 Alfrun von Vietinghoff-Scheel

Teil 1
Ich tanze doch so gern

Psychosoma-Analyse mit Hanna, 15 Jahre, Leukämie

Übersicht

31.8.83 Vater und Tante suchen einen Therapeuten für Hanna, 15 Jahre, Leukämie

Herr M. und seine Schwester meldeten sich in der psychosomatischen Klinik an wegen Hanna, der Tochter von Herrn M., die zur Zeit mit Leukämie auf der kinderonkologischen Station liegt. Frau M., 28 Jahre, Lehrerin, beginnt das Gespräch. Sie berichtet von ihrer Nichte, Hanna, die seit Mitte Juli (83) mit Leukämie stationär behandelt wird. Im Januar 83 hatte Hanna einen Autounfall, ihre Mutter hat den Wagen gefahren. Hanna ist durch die Windschutzscheibe geflogen und hat große Verletzungen im Gesicht davongetragen. Sie hat sich seit dem Unfall um Hanna gekümmert. Hanna hatte sich ganz in sich zurückgezogen, war selbstmordgefährdet. Die Schwägerin, sagt Frau M., brauche Hanna wohl als Bündnispartner in ihrer schlechten Ehe. Herr M. (38 Jahre) schaltet sich ein. Auch er schütte Hanna sein Herz aus. Vor ein paar Tagen habe sie zu ihm gesagt, ihr wollt euch alle bei mir ausweinen, und ich soll stark sein, auch jetzt noch, wo ich doch selber krank bin. Ich fasse, was ich verstanden habe, in einer Probedeutung zusammen, D1: Hanna scheint die Therapeutin für alle zu sein. Beide stimmen zu. Frau M. sagt, die Schwägerin mache zur Zeit einen Tablettenentzug im Psychiatrischen Krankenhaus. Hanna sei froh, daß die Mutter nicht da sei. Sie sei regelrecht allergisch gegen die Mutter, reagiere mit Fieber, wohl weil die sie mit ihren Klagen über den Krankenhausaufenthalt vereinnahme. In letzter Zeit habe Hanna eine Tablettenangst, sie ekle sich, die notwendigen Tabletten einzunehmen. – Ich denke, vielleicht drückt das Hannas widersprüchliche Beziehung zur Mutter aus: Sie ersehnt sich eine Mutter, die seelisch präsent ist, aber die Tabletten oder die Klagen stehen dazwischen. Jetzt, wo die Mutter von der Tablettensucht runterkommt und vielleicht seelisch anwesend sein könnte, soll nun Hanna Tabletten einnehmen. Ich höre weiter zu. – Herr M. macht seiner Frau Vorwürfe, sie habe sich nie um die Kinder gekümmert, aber, sagt er jovial, er selber sei ja auch nur eine verkrachte Existenz und faul, ungelernt und zur Zeit arbeitslos. Seit 72 war er selbständig tätig und habe dann das Geschäft auf den Namen der Frau angemeldet. Er sei quasi deren Angestellter gewesen. Aber die Beziehung zu seiner Frau sei seit mehreren Jahren ... nein, er widerspricht sich und schaut seine Schwester an, eigentlich schon seit Beginn der Ehe, kaputt gewesen. – ... Verkrachte Existenz ... kaputte Ehe ... nicht um die Kinder gekümmert, Autounfall, Leukämie mit 15 Jahren, die Mutter tablettensüchtig ... reihen sich mir die Katastrophen aneinander. Und dieser Mann spricht weitschweifig, wirkt auf mich wie ein Alkoholiker, der die Welt nicht versteht, alles scheint gegen ihn verschworen ... – Seine Frau habe eigentlich immer nach USA gewollt und Hanna mitnehmen wollen. Sie habe jetzt die Scheidung eingereicht, sie aber wieder zurückgezogen. – Ich spüre Ärger, die Vorwürfe gegen die Frau klingen wie Ausflüchte. – Herr M. spricht klagend von seiner Arbeitslosigkeit und meint dann, jetzt, wo seine Frau und Hanna stationär seien, könne er ja auch gar keiner geregelten Arbeit nachgehen, wie denn, er pendle ja dauernd zwischen den Kliniken hin und her. Aber, sagt er leutselig, ich müßte ja doch wieder arbeiten. D2: Ja, sage ich, und spreche damit vorsichtig meine Gegenübertragung an, ja, das Pendeln zwischen den Kliniken verlangt Ihnen viel ab, aber Sie müßten wieder arbeiten, sonst muß Hanna noch das Gefühl haben, an Ihrer Arbeitslosigkeit schuld zu sein. Herr M. lacht, Sie haben recht, sagt er, das wäre ja verrückt. Meine Frau ist schon immer von mir enttäuscht, denn als wir uns verlobten, war ich Beamtenanwärter, verlor aber die Stelle. Zwar habe ich dann eine neue Lehrstelle bekommen, die Lehre habe ich aber auch wieder nicht mit Abschluß beendet. Die Frau hat die Scheidung eingereicht. Ich klammere mich, sagt Herr M., an die beiden Töchter, Sabine, 18 Jahre, und Hanna, 15 Jahre. Eigentlich sind beide Kinder »passiert«. Sabine hat immer zu Hause gelebt, sie hat von klein auf Kopfschmerzen. Hanna hätten sie als Säugling zu seinen Eltern gegeben, weil er und seine Frau damals ein Geschäft aufbauen wollten und, um ehrlich zu sein, Kinder störten. Als Hanna dann mit einem Jahr in die Familie gekommen sei, habe sie sich büschelweise die Haare ausgerauft. Sie hat häufig Unfälle gebaut, so wie ich, sagt Herr M., nicht ohne Stolz. Sabine sei immer die Kranke gewesen und Hanna die, die mit dem Fahrrad in den Stacheldraht fuhr. – Ich denke, dieses Kind war mit einem Jahr schon am Ende, raufte sich die Haare büschelweise aus, verletzte sich, völlig ungeschützt mußte sie sein und von allen narzißtisch ausgebeutet. Wie sinnfällig, daß ihr Körper nicht genügend bzw. krankes Blut produziert. – Als Herr M. seine Schwester an einen anderen Unfall von Hanna erinnert und lacht, zieht Frau M. die Schuhe aus und stemmt das eine Bein in den

Sessel, stützt den Kopf aufs Knie und schaut vor sich auf den Boden. – Sie kriegt kalte Füße, denke ich, Angst essen Seele auf, und Hanna ist ausgeblutet.
Zu Hanna, sagt Herr M., habe er ein gutes Verhältnis, es gäbe zwar manchmal Streit, aber das berühre das gute Verhältnis nicht. Mit der Mutter sei das anders. Ein Beispiel, sagt Herr M.: Hanna wollte neulich, daß ich ihr Pommes Frites von einer ganz bestimmten Bude in der Stadt hole. Als ich später als ausgemacht zurückkam, war Hanna in Tränen aufgelöst. Ich hab mich gefreut, daß sie mich so mag. Wir haben uns geherzt und die Sache war vergessen. Hanna ist eben mißtrauisch, weil die Mutter immer unzuverlässig war. Hanna hat ihr erzählt, daß sie mit einem Jungen geschlafen hat und die Pille nehmen wollte. Die Mutter hat ihr auch versprochen, daß sie sie beim Arzt besorgt. Glauben Sie mir, da ist bis heute nichts draus geworden. Aber was soll's, sagt Herr M., sie haben recht, Hanna ist überfordert, Therapeutin für alle, haben Sie gesagt, das stimmt, aber sie selber braucht Hilfe. Hanna ist todkrank, sagt Herr M. todernst vor sich hin, und keiner von uns ist fähig, auf sie einzugehen. Wahrscheinlich mißbrauche auch ich Hanna gegen die Frau. Ich mache mir richtig Sorgen, sagt Herr M. und schaut die Schwester an, weil meine Schwester für ein halbes Jahr weggeht. Wir haben ein gutes Verhältnis. Ich frage Herrn M., D3: ob nicht auch er sich überfordert fühle, vielleicht wie seine Frau auch Probleme habe, vielleicht mit dem Alkohol, und Hilfe bräuchte, wie Hanna. – Ich denke dabei an eine Familientherapie. – Herr M. stimmt zu, aber er und die Schwester betonen, daß sie einen Therapeuten für Hanna suchten, das hätten sie auch mit Hanna so besprochen. Hanna bekomme auf Station alles an medizinischer Versorgung. Was sie brauche, sei eine seelische Versorgung in ihrer akuten Lebensbedrohung. Er habe ganz sicher auch sein Problem, sagt Herr M., ich bin, was man einen Quartalssäufer nennt, zumindest seit anderthalb Jahren, häufig Magenkrämpfe, eine verkrachte Existenz eben, anders als meine Schwester. Frau M. nickt, sie habe sich früh von zu Hause getrennt, mit 17 Jahren. Aber sie habe die Trennung doch nicht verkraftet und sei dann stationär in einer psychiatrischen Einrichtung gewesen. Sie mache zur Zeit eine Psychotherapie. Selbständiger als du war ich schon, sagt sie zu Herrn M., aber das habe ich mir erst mühsam erringen müssen. Sie habe eine 5½jährige Tochter und lebe von ihrem Freund, dem

Vater des Kindes, getrennt. Jetzt habe sie ein Promotionsstipendium für ein halbes Jahr für die UdSSR und werde zusammen mit der Tochter hinfahren. Sie mache sich um Hanna große Sorgen, weil sie sich nach dem Unfall sehr um sie gekümmert habe und nun wegfahre. Ich sage, D4: Sie könnten leichteren Herzens Ihren Auslandsaufenthalt antreten, wenn ich für Sie bei Hanna einspringen würde? Frau M. und Herr M. nicken. Ich bin einverstanden, sage ich, daß wir zusammen zu Hanna auf Station gehen. Ich werde mit Hanna sprechen. Ob wir miteinander können, das werden wir beide dann sehen. Beide sind einverstanden. Insbesondere Herr M. scheint sehr entlastet. – Dann erhob ich mit beiden zusammen die Familienanamnese.

Nachtrag 1

Familienanamnese

Großmutter ♂: 63 J., Hausfrau; herzkrank, Bluthochdruck und Zucker, Gallensteine seit 10 Jahren, eingeschränkte Nierenfunktion, übergewichtig.
Großvater ♂: 68 J., Rentner, gelernter Maschinensetzer; Herzneurose, Schlafstörungen, übergewichtig.
Großmutter ♀: 74 J., Pflegerin in der Psychiatrie, verschobene Hüfte, Kreislaufbeschwerden, Migräne.
Großvater ♀: war Amerikaner, ist sonst nicht bekannt, er weiß nichts von seinem Kind.
Vater: 38 J., ungelernt, arbeitslos, Alkoholabusus, Magenbeschwerden.
Mutter: 37 J., gelernte Bürogehilfin, Alkohol- und Tablettenabusus, Entzug im PKH, überstarke Menstruationsbeschwerden, seit ihre beiden Mädchen ihre Menstruation haben.
Schwester: 17 J., Schülerin, hat seit kleinauf Kopfschmerzen.
Die Patientin: 15 J., Schülerin; Autounfall Jan. 83, Narben im Gesicht, seit 16. 7. 83 stationär wegen myeloischer Leukämie, Bestrahlungen und Chemotherapie. Mit einem Jahr, als die Pat. zum ersten Mal in ihre Familie kam (man hatte sie zu den Großeltern gegeben, weil die Eltern ein Geschäft aufbauten), raufte sich das Kind die Haare büschelweise aus.

Die Familienanamnese zeigt deutlich, was ich an anderer Stelle[1] zu den 3 Sozialisationsbedingungen von Krebspatienten ausgeführt habe.

1. Die Eltern (resp. Großeltern) sind narzißtisch gestört, was durch
2. eine psychosomatische resp. Suchtsymptomatik überlagert ist,
3. die Ehe ist brüchig und Hanna ein unerwünschtes Kind, das zu den Großeltern abgeschoben wurde, weil sie die Eltern in ihren beruflichen Ambitionen störte.

Die narzißtische Lebensstörung von Hanna zeigte sich bereits mit einem Jahr: Als Hanna zum ersten Mal in ihre Familie kam, riß sie sich die Haare büschelweise aus. Wie könnte ein einjähriges Kind seinem Gram sinnfälliger Ausdruck verleihen! Aber Hanna lernte es scheinbar, sich mit dem unempathischen Milieu zu arrangieren: Sie stellte sich notgedrungen auf die narzißtische Bedürftigkeit der Eltern ein, die sie als »Therapeuten« und als Bündnispartner im Ehekampf emotional mißbrauchten. Der Unfall mit 14½ Jahren hinterließ schwere Narben in Hannas Gesicht und stürzte sie in eine seelische Krise mit Selbstmordgefährdung. Man kann sagen: Sie verlor ihr Gesicht. Die ein halbes Jahr später auftretende Leukämieerkrankung stellt, psychosomatisch betrachtet, das Endglied in der Kette kumulativer Realtraumen dar: den körperlichen Zusammenbruch, der, seelisch betrachtet, als Selbstheilungsversuch der eigentlichen narzißtischen Lebensstörung zu verstehen ist. Erst die akute Lebensbedrohung alarmierte die Familie, und sie sucht nun nach einem Psychotherapeuten für Hanna.

1 A. v. Vietinghoff-Scheel, *Aufzeichnungen eines seelischen Nacktflitzers. Psychosoma-Analysen und trauma-analoge Verstehensmethode*, Ffm., 1991b, 397-401.

Das Erschütternde und Eindrucksvolle war für mich in dem Erstgespräch die schonungslose Offenheit des Vaters, der zu seiner katastrophalen Situation steht, ohne allerdings für sich Hilfe in Anspruch nehmen zu können. Eine Familientherapie, die mir spontan angezeigt erschien, wäre, das zeigt das Gespräch, kontraindiziert. Die Eltern wollen sich scheiden lassen; die Frau versucht, sich aktiv durch Entzug und Therapie ihrer Suchtstörung zu stellen, während der Mann eher noch mit seiner Alkoholsymptomatik und Arbeitslosigkeit kokettiert. Es war für mich klar, daß Hannas akute Lebensbedrohung mir keine Zeit ließ zu versuchen, die Familie an einen Tisch zu kriegen und ihre Leukämieerkrankung im familialen Umfeld – dazu gehörten auch die ältere Schwester mit Kopfschmerzen von klein auf und vor allem die – schwer psychosomatisch kranken – Großeltern väterlicherseits, bei denen Hanna aufgewachsen war und zu denen sie auch heute den nächsten Kontakt hat (sie ersetzen, was die Versorgung angeht, die Mutter, die ja zur Zeit stationär in der Psychiatrie ist) – in dem familialen Umfeld, in dem sie entstanden ist, zu besprechen, geschweige denn zu bearbeiten. Ich stimmte deshalb zu, Hanna allein auf Station zu sprechen, um ihr – vorausgesetzt, daß wir Kontakt zueinander finden würden – als Ersatz für die Tante, die ihr im letzten halben Jahr seelisch nahe war und deren Abreise Hanna in totale Vereinsamung zu stürzen drohte, zur Verfügung zu stehen.

Meine Erfahrungen in dem Projekt »Familientherapie mit Krebskranken« (1979-84) hat mich gelehrt, daß Familientherapie zwar als Zielsetzung richtig ist, daß aber am Anfang nur die einzeltherapeutische Arbeit mit dem Krebspatienten selber stehen kann, weil die psychodynamischen Gegebenheiten in den strukturell schwer gestörten Familien von Krebskranken sonst verkannt würden. Einzeltherapie mit Hanna hielt ich deshalb für das Mittel der Wahl.[2]

Für eine Zusammenarbeit mit Hanna brachte ich gute Voraussetzungen mit. Ich hatte mit dem Team der kinderonkologischen Station, auf der sie liegt, von 1981-1982 in einer Balint-Gruppe gearbeitet und wußte dadurch sehr genau um die Einfühlungsstö-

2 *Aufzeichnungen* ..., 1991b, 145-149.

rung der Behandler in sich selbst und insbesondere in die jugendlichen Leukämiepatienten, wenn sie – aus welchen Gründen auch immer – aus dem Behandlungsprogramm herausfielen.[3] Die Schilderungen von Herrn M. und Frau M. über Hannas seelische Not auf der Station hatten mich an den Fall Michael erinnert, den ich in den Aufzeichnungen dargestellt habe.[4] Wenn es medizinisch nichts mehr zu behandeln gibt, dann ist man mit den Patienten am Ende und die Patienten können nicht anders, als sich in Schweigen zurückzuziehen, was sie vollends in die Isolation treibt. Das Interessante war für mich in diesem Familiengespräch, daß diese Menschen – so desolat ihre Beziehungen im einzelnen auch zu sein schienen – die Kraft hatten, aus eigener Initiative außerhalb der Station Hilfe zu suchen: einen Therapeuten für Hanna, wie sie sagten, und damit, das war Herrn M. und Frau M. durchaus bewußt, die rein somatische Behandlung der Krebspatienten in Frage zu stellen wagten. Mir war aber auch klar, daß die Initiative von Frau M. ausging, die ja selber in psychotherapeutischer Behandlung war, die aber wegfahren würde und mich und Herrn M. mit dem potentiellen Konflikt mit der Station allein lassen würde. Der Kontakt mit Herrn M. im Erstgespräch war gut, er konnte mit konfrontierenden Deutungen erstaunlich konstruktiv umgehen. Freilich machte ich mir nichts vor: er war Alkoholiker, und trotz aller Selbstkritik mußte auch ich – wie Hanna – mit seiner Unzuverlässigkeit rechnen.
Ich traf für mich – bevor ich Hanna gesprochen hatte – die Entscheidung: Ich arbeite mit Hanna, wenn Hanna es will und wir miteinander können, das ist unsere einzige Chance.

31.8.83 Begegnung mit Hanna. Mein Beziehungsangebot: Zuständig auch für das Schöne, das Leben, das Hanna nicht nur zum Kotzen findet

Ich gehe auf die kinderonkologische Station und spreche dort als erstes den Stationsarzt, Dr. X., an, den ich nicht kenne und der

3 *Aufzeichnungen* ..., 1991b, 392-441.
4 *Aufzeichnungen* ..., 1991b, 423-431: »Michael schweigt, weil ...«.

auch nur noch für 14 Tage da sein wird. Ich stelle mich ihm als Psychotherapeutin aus der psychosomatischen Klinik vor und sage ihm, daß Herr M. und dessen Schwester mich um ein Gespräch mit Hanna gebeten hätten. Dr. X. erwidert mir: Ich weiß davon, aber ich habe gesagt, daß ich nichts davon halte, ich meine, daß Hanna keine besonderen Schwierigkeiten hat. Ich antworte: Gut, das ist Ihre Auffassung. Für mich ist es wichtig, daß Sie wissen, daß ich als Psychotherapeutin hinzugebeten worden bin, und daß ich Hanna sprechen werde. – Ich konnte diesem Menschen nur meine therapeutische Funktion entgegenhalten, in der Hoffnung, Hanna in ihrem Recht auf seelische Behandlung zu vertreten. Ich vertrat Hanna, bevor ich sie kannte, in ihrem Recht zu leben, seelisch zu leben, trotz Krebs.

Ich gehe zu Hanna ins Zimmer, begleitet von der Tante, die sich an der Türe einen Mundschutz umlegt und mich dann Hanna und der Großmutter (Frau M.'s Mutter) vorstellt. Beide verlassen sofort das Zimmer. Ich setze mich zu Hanna. Sie liegt mit halbgeschlossenen Augen auf der Seite, am Tropf hängend, mir fallen die Schnittnarben an der Nase und am Mundwinkel auf; sie hat eine Glatze, auf der weißblonder Flaum büschelweise absteht. Ich sage zu Hanna, D1: Du bist sehr krank, und Vater und Tante sagten mir, du bist überfordert mit den Sorgen der anderen. Du bräuchtest jemanden für dich, besonders jetzt, wo die Tante verreisen wird, jemand, der das Loch sozusagen stopft. – Hanna kann sich in meinen Worten, die in einer Probedeutung ihre Lebenssituation und mein Beziehungsangebot umreißen, unmittelbar wiedererkennen, und wir kommen sofort miteinander ins Gespräch. – Alle brauchen mich, sagt sie, meine Schwester ist sogar neidisch auf mein Kranksein. Früher ist sie die Kranke gewesen mit ihren Kopfschmerzen, ich habe eher durch Unfälle geglänzt, als Kind mit dem Fahrrad in den Stacheldraht gerast und so. Ich wollte mich mit meiner Mutter und mit meinem Vater gutstellen und mit meiner Schwester, weil es immer Streit gab, und ich keinen Streit wollte. Es hatte auch seine Vorteile, ich bekam vieles, was ich wollte, die verwöhnten mich. Jetzt kommen sie mich alle besuchen, weil es mir dreckig geht, und ich stehe im Mittelpunkt. Eigentlich kommen sie nur und weinen sich bei mir aus, auch jetzt, keiner hört mir zu. Keiner versteht, was das heißt, krank zu sein. Hanna schweigt lange. Dann sagt sie, erst der Autounfall, dann die Leukämie und was noch? Nach dem Unfall war ich isoliert, hatte keine Freunde, hab mich nur mühsam erholt. Die Narben im Gesicht, wer hat schon wissen wollen, was mir das ausmacht. Meine Mutter, die den Wagen gefahren hat, die hat gesagt, Narben, was willst du denn, ein paar Falten mehr. Hanna schweigt wieder. Ich sage, D2: Du scheinst dich zu fragen, wer sich wirklich für dich interessiert, für das, was du fühlst. Ich jedenfalls bin nicht nur für das Kranke zuständig, sondern auch für das Schöne und Lebendige, dafür habe ich ein Ohr, nein, zwei. Ich bin kein Arzt und trage bei mir in der Klinik auch keinen weißen Kittel, den trage ich nur hier auf Station. Ich wollte dir eine Blume mitbringen, denn in meinem Klinikszimmer habe ich immer Blumen, aber ich wußte nicht, ob dir Rosen gefallen, wir kennen uns ja noch nicht. – Ich spreche damit mein Selbstverständnis als Psychotherapeutin an, denn, meine ich, Gegenübertragung muß der Übertragung vorausgehen: um den Krebspatienten in seiner Lebendigkeit anzusprechen, muß ich ihn an meiner Lebendigkeit beteiligen. – Hanna sagt lebhaft, und ob ich Rosen mag. Ich frage sie, ob sie eine Lieblingsfarbe hat. In diesem Moment muß sie sich ohne jede Vorankündigung erbrechen – sie nimmt ganz ruhig die Spuckschale –, und ich hole ihr ein Taschentuch. – Ich fühle mich unbeholfen in dem Zimmer, das ich nicht kenne, aber ich spreche meine Unbeholfenheit aus und frage sie, was ich tun soll, ob ich ihr die Schale halten soll und wie. Wir sprechen ruhig und selbstverständlich miteinander, das andere glatzköpfige Kind im Zimmer hilft mir, die Taschentücher zu finden. Ich halte Hanna die Speichelschale und bin erstaunt, wie selbstverständlich wir uns sind, wie ruhig das Kotzen vor sich geht und daß es mich nicht ekelt. Ich spüre, daß das Kind im Nebenbett mich mustert, und ich spüre Angst im Bauch, aber ich nehme mich ruhig wahr –. Als Hanna mit dem Kotzen fertig ist, sage ich, D3: Du hast es schwer, sage ich lächelnd, du hast gerade da gekotzt, als du mir von deiner Lieblingsfarbe der Rosen erzählt hast. Und Hanna setzt das Gespräch fort, als wäre nichts gewesen. – Ich hatte ihrem Kotzen, das mit der zytostatischen Behandlung zusammenhing, versuchsweise auch eine Bedeutung als unmittelbaren körperlichen Ausdruck in unserem Gespräch gegeben, um Hanna einen Zusammenhang von Psyche und Soma nahezulegen. Sie reagierte darauf, als hätte ich nur ausgesprochen, was sie längst weiß. – Wir waren mitten in der Arbeit und kannten uns kaum 20 Minuten.

Am liebsten habe sie lila und weiße Rosen, sagt Hanna, die Lehrerin in ihrem ...verein habe einmal lila und weiße Rosen zum Geburtstag geschenkt bekommen. Da ich weiß, daß ich solche Rosen auf dem Markt bekommen kann, sage ich, daß ich ihr welche mitbringen werde. Das wär' toll, sagt Hanna, aber die werden Sie bestimmt nicht bekommen. – Bin ich ihr vielleicht zu nahe getreten mit meiner Frage nach ihren Lieblingsrosen, sann ich. Nein, ich habe sie in mein Zimmer mitgenommen, sie an meiner Lebendigkeit beteiligt. Aber das kennt sie nicht, Lebendigkeit muß für sie zum Kotzen sein, so daß sie vor mir inszeniert, was ihre Tragik ausmacht: Wenn ihr etwas Schönes einfällt, dreht es ihr den Magen um. Das muß die Störung in der Beziehung zur Mutter sein, die auf das Schöne nicht antworten kann, denke ich.
Hanna spricht davon, daß sie gern den Vögeln nachschaue und gern ein Vogel wäre und fliegen könnte, frei in der Luft, statt hier krank zu liegen. Dann sagt sie, sie denke sich aber auch, ein Vogel denke vielleicht, er wäre gern ein Mensch. Es ist schmerzlich, wie sie ihre Phantasie, sich verändern zu wollen, gleich wieder aufgeben muß, gefangen in einem depressiven Zirkel. In diesem Bild, denke ich, ist im Grunde ihre tödliche Prognose enthalten, ob sie davon weiß oder nicht. Aber ich sehe Hanna an: sie schaut nach den kleinen Kindern, die draußen auf dem Balkon spielen. Ich spreche das kleine Mädchen in ihr an, nicht den Totenvogel, und sage, D4: Du würdest wohl auch gern draußen rumspringen, nicht wahr? Wie die Kleinen das verkraften, sagt sie, viel besser als ich. – Ich denke voller Kummer: Als 15jährige wirst du schon zu den Erwachsenen gerechnet, deren Leukämie man noch nicht heilen kann. Ich sage, D5: Vielleicht verkraftest du die Leukämie und die Therapie auch deshalb schlechter, weil die seelische Belastung zu groß ist, die dich drückt. Hanna nickt. Der ewige Streit der Eltern, meinen Sie das, das kann einen umbringen, auch ohne Leukämie. Ja, sage ich, das kann ich mir vorstellen.
Wir werden von einer Schwester unterbrochen, die auch Hanna ein Thermometer austeilt. Ich bitte sie, das später zu tun und unser Gespräch nicht zu stören. Schwester T. schaut kurz ins Zimmer, wir kennen uns aus der Balintgruppe, sie scheint beunruhigt und bittet mich, später mit ihr zu sprechen. Das Klima zwischen Hanna und der Station ist gereizt. Ich teile Hanna meine Wahrnehmung mit. Sie erlebe das auch so, mir graust,

wenn meine Tante verreist, sagt sie weinend. Ich weiß, sage ich, deshalb bin ich ja hier. Wir müssen miteinander besprechen, wann ich wiederkommen soll, wie oft, wie lange ich bleiben soll, Du mußt mir das immer wieder sagen, wie du dich fühlst, damit ich mich auf dich einstellen kann. Ich sage ihr auch, daß wir damit rechnen müssen, daß die Station mit meiner Gegenwart nicht einverstanden ist. Ich rede über Psychosomatik und Krebs, aber ich spüre sehr schnell, daß das an Hannas Bedürfnissen vorbeigeht. Hanna sagt, sie habe Angst vor der Isolation, sie habe keine Freunde, in der Schule sei sie längst vergessen. Auf der Station kümmere man sich nur um sie, wenn es ihr besonders dreckig gehe. Sie habe von Dr. X. eine von 5 Flaschen bekommen mit einem Medikament, mit dem nur wenige behandelt würden. Sie finde es schön, wenn sie bei der Visite angesprochen werde, das sei aber nicht oft, dann fühle man sich wenigstens als Mensch.

Hanna klagt nicht und fordert nicht. Ich gebe ihr nicht mehr, als ihr zusteht: ich begegne ihr als Mensch. Ihre Lebendigkeit ist trotz der Mattigkeit deutlich zu spüren. Sie ist nicht gierig nach dem Leben, aber sie lebt. –

Wir vereinbaren einen neuen Termin: Kommen Sie morgen wieder, so wie heute, 13.15, sagt Hanna.

Auf dem Flur fängt mich Schwester T. ab und bittet mich auf den Balkon. Sie will wissen, ob Hanna sich über die Station beschwert habe. Ich informiere sie, daß ich vom Vater und der Tante angesprochen worden bin und daß Hanna jemanden brauche, weil die Tante verreisen werde. Schwester T. scheint beruhigt. Ich sage ihr, daß ich den Kontakt mit der Station brauche, klare Informationen über Hannas Zustand, ohne daß ich es aber übernehmen werde, Hanna davon zu informieren. Das bleibe die Sache der Station. Ich müsse nur wissen, wie es um Hanna steht. Sie habe eine verdammt schlechte Prognose, sagt Schwester T., die Leukämie in akutem Stadium bei Erwachsenen sei nicht heilbar, da haben wir noch nie jemanden durchgekriegt, sagt sie aufrichtig besorgt. Die Mutter werde von Hanna ferngehalten, das finde man auf Station nicht gut. Ich informiere Schwester T., daß die Mutter z. Zt. einen Tablettenentzug macht und stationär im PKH (Psychiatrischen Krankenhaus) ist. Das wußte sie nicht. Ich gehe nicht darauf ein, was es für Schwierigkeiten zwischen Hanna, der Familie und der Station gibt. Ich wiederhole nur, daß ich nicht gegen die Station arbeite, sondern als Außenstehende für Hanna eine psychische Plombenfunktion übernähme, um ihr zu helfen, sich seelisch nicht noch weiter zurückzuziehen. Schwester T. findet das gut, das könne auf Station keiner für Hanna leisten, aber, sagt sie, sie glaube, das bräuchten viele der Patienten, so sähe sie das jedenfalls.

Ich freue mich über meine erste Begegnung mit Hanna. Abends überfällt mich der Gedanke: ganz verfügbar für diesen Menschen zu sein, unter Umständen auch nachts zu ihr gerufen zu werden, sie u. U. in ihrem Sterben zu begleiten ... dieser Gedanke macht mich traurig. Ich spüre auch Sorge um meine Lebendigkeit, mein Knochenmark. Aber ich weiß, daß ich in meiner Arbeit nicht allein bin ...

Nachtrag 2
Mein Behandlungskonzept: Den Krebs entpathologisieren durch trauma-analoge Psychosoma-Analyse

Ich habe Hanna an meiner Lebendigkeit beteiligt und Kontakt zu ihr gefunden, weil ich ihr Kotzen, ungeachtet seiner Realbedeutung als Folge der zytostatischen Behandlung, auch in seiner Symptombedeutung in der Beziehung zu mir deutete: als Hannas körperlichen Ausdruck traumatisierter Sinnlichkeit in der narzißtisch gestörten Interaktion mit der Mutter. Wie in meinen anderen Psychosoma-Analysen gehe ich auch bei Hanna davon aus, daß Psychotherapie den Krebs entpathologisieren kann, wenn ich nicht die Heilung des Krebses anstrebe, sondern die Heilung des Selbst. Ich mache meine Gegenübertragung zum Wegweiser, um in trauma-analogem Verstehen Hanna auf der Suche nach dem Selbst zu begleiten.

Ich gehe davon aus, daß narzißtische Störungen und Krebserkrankung strukturell ähnliche Lebensstörungen sind, die, wenn auch auf unterschiedlichem Niveau körperlicher Erkrankung sedimentiert, doch in ähnlicher Weise behandelbar sind, wenn ich den Menschen in seinen primären Bedürfnissen nach empathischer Spiegelung und Liebe verstehe und erwidere.

Im Erstgespräch konnte Hanna spontan eine Selbstobjekt-Übertragung (spiegelnde oder eher alter-ipse läßt sich nicht genauer bestimmen) herstellen, was für mich das ausschlaggebende Krite-

rium für die Analysierbarkeit auch von Krebspatienten ist und sie von Borderline-Patienten unterscheidet.
Sinnverstehend, also diesseits des szientistischen Selbstmißverständnisses der Psychoanalyse, setze ich mit meinen Psychosoma-Analysen gerade bei meinem Selbstverständnis als Therapeutin an. Ich verstehe die Empathie für sich selbst als Behandlungspotential, aus dem ich schöpfe, und als Behandlungsziel, auf das hin ich mit dem Patienten arbeite. Ich kann den Krebs nicht heilen. Das kann keiner. Ich kann nur verstehen, was der Patient mir sagt, und ihm sagen, was ich fühle, bei dem, was er mir sagt.
Und was ich fühlen konnte, war, daß Hanna lebendig ist, niedergekämpft zwar, aber lebendig trotz Leukämie, Fieber und Kotzen. Und ich hörte darauf, was sie mir von ihrer Lebendigkeit sagte: Sie will gern draußen rumspringen wie die Kleinen ... Ich verbünde mich mit Hannas Lebendigkeit.[5]

2.9.83 Mit dem Tandem am Meer entlang fahren

Als ich komme, ist der Vater da und redet ununterbrochen über seine Arbeit. Hanna liegt alleine. Sie ist umgeben von ihren Stofftieren, die sie selber hergestellt hat. Der Vater geht. Sie hat eine Karte von der Tante aus Nürnberg bekommen, der Tante, einer Schwester des Vaters, die ihr sogar angeboten hat, daß sie bei ihr in Nürnberg leben könne. Aber Hanna sagt, sie hänge an ihrer Heimat, den Wegen über die Felder, dem Blick aus dem Fenster. Sie erzählt von Holland, wo die Familie früher häufig in Ferien war und wo sie mit einem Jungen zusammen Tandem am Meer entlang gefahren sei.
Hanna lehnt das Stationsessen ab mit dem Kommentar, die Großmutter werde ihr was mitbringen. Auf dem Nachtkasten steht eine graue Nudelsuppe, und Hanna sagt, die habe die Oma gestern mitgebracht, die habe sehr gut geschmeckt, aber sie könne eben nicht essen, nach 2, 3 Löffeln sei es, als würde sie einen Schlag in den Magen bekommen. Sie ist wütend auf die Ärzte.

5 Ich habe mein Behandlungskonzept ausführlich mit Therapieausschnitten und Therapieverläufen dargestellt, in: *Aufzeichnungen eines seelischen Nacktflitzers*, 1991b.

Die bekämpfen Krebs und sonstwas, aber mein Halsweh und die Magenschleimhautentzündung kriegen sie nicht weg, sagt sie. Sie liest auf dem Fieberthermometer 39.1 ab und sagt mir das. Die Schwester kommt, liest 38.2, das kann ja wohl nicht von alleine fallen, das ist aus Quecksilber, sagt sie zu Hanna. Ich spüre deutlich, daß die Station auf Hannas Wut und Verzweiflung aggressiv reagiert, und sage zu Hanna: Du wartest auf Fieber und auf Schmerzen. Ich verstehe, daß du wütend bist, weil du Schmerzen hast und nicht essen kannst, du willst geholfen kriegen. Aber du erwartest nur das Schlimmste. Ich tröste Hanna nicht, ich höre zu. Sie weint vor Wut. Was kann ich denn tun! Immer heißt es, bald wird es bestimmt besser, bald. Das heißt es seit ¼ Jahr, aber die Chemotherapie, die bis September gehen sollte, wurde unterbrochen. Ich bin ja froh, das hätte ich nicht geschafft. Warum ich, warum ich! Die kleinen Kinder schaffen es besser als ich. Was kann ich denn machen? Kamillentee trinken, den Mund spülen ... das Schlimmste ist, daß ich mir nicht selber helfen kann. Ich sage: Die Seele braucht Urlaub, du kannst an schöne Dinge denken. Wir beide können gemeinsam am Meer entlang wandern, in Gedanken, mit dem Tandem am Meer entlang fahren, ich werde lenken und in die Pedale treten, dann kannst du ein wenig ausruhen. Hanna strahlt.

Ein kleines griechisches Mädchen kommt rein, und Hanna spricht mit ihr über das Bild an der Wand, ein kleines Tonbild, auf dem ein Schiff auf blauem Meer fährt unter blauem Himmel, ein wenig Land ist sichtbar. Hanna hat das Bild von einer Freundin aus Kreta mitgebracht bekommen. Das Bild hängt hinter Hannas Kopf an der Wand. Aber du mußt das Bild doch sehen können, sage ich, soll ich es umhängen? Vielleicht gelingt es mir nicht, aber ich kann es probieren. Es geht dann ganz leicht: Ich klopfe den Nagel mit dem Absatz meines Schuhs in die Wand. Jetzt kannst du am Meer entlang spazieren gehen, sage ich. Ich möchte so gern mal auf den Balkon, aber das geht nicht wegen des Fiebers, sagt sie. Ich schaue in die Wolken und sage: Ich sehe Berge, Hanna sieht eine Schildkröte, und ich sehe sie dann auch und sage, sie hat es eilig, und denke dabei an ihren Ärger: bald, bald. Wir teilen, was wir in den Wolken sehen und freuen uns darüber.

Wir verabreden uns für Samstag, 11 Uhr. Die anderen kommen so unregelmäßig, sagt Hanna.

Ich weiß, daß ich nicht mehr tun kann, als konstant und verläßlich da zu sein, wenn Hanna es will. Mit dem Wolkenspiel gelang es uns heute, eine kleine seelische Entlastung zu schaffen für die narzißtische Kränkung über das körperliche Versagen. Das Wolkenspiel als eine Art gemeinsames Tagträumen ...

3.9.83 Das Spiel mit dem Leben

Auf dem Flur warte ich, um anderen Besuch nicht zu behindern, der in Hannas Zimmer ist, ich war zu früh. Die Tante kommt raus und bestürmt mich mit Klagen über die Rücksichtslosigkeit der Station. Schon wieder liege ein neues Mädchen im Zimmer, man habe kein Verständnis dafür, daß Hanna allein sein wolle, man wolle sie ablenken, ob sie wolle oder nicht. Der Arzt sei gegen eine psychotherapeutische Behandlung, Hanna habe keine Schwierigkeiten. Ich merke, wie ich meinen Ärger und meine Kritik über die Station auch rauslasse und denke: Das läuft doch falsch. Ein Kind, glatzköpfig, vielleicht 5 Jahre, fordert mich herrisch auf, ich solle ihm auf der Toilette helfen. Ich helfe ihm nicht und sage ihm, daß ich eine Verabredung habe. Ich sage Frau M.: Hanna und die Ärzte sitzen im gleichen Boot. Sie bekämpfen den Krebs, aber die Magenschleimhautentzündung, die wohl eine Folge der zytostatischen Behandlung ist, haben sie nicht im Griff. Die Ärzte müßten darüber genauso enttäuscht sein wie Hanna. Frau M. ist erstaunt.

Hanna begrüßt mich freundlich und legt los. Jeder erzählt mir seins: die Oma von ihren Kindern und den Nachbarn, ja den Nachbarn, sagt sie bitter und die Mutter ist in der psychiatrischen Klinik und hat keine Zeit, und der Vater hat es auch immer sehr eilig und erzählt von seinen beruflichen Sorgen und dem Streit mit der Mutter. Und alle kommen sie unregelmäßig. Bei Ihnen ist das anders, da kann ich von mir sprechen, Sie hören mir zu. Hanna schaut mich mit großen fiebrigen Augen an. Ich sage, ja, deshalb komme ich zu dir, aber du mußt mir sagen, wenn dir das Sprechen zuviel ist. Nein, das macht mir nichts, sagt Hanna aufgeräumt.

Ich sehe die 2 Rosen von mir, die lilafarbene war gestern schon welk, steht heute aber wieder frisch da. Ich sage es Hanna voller Erstaunen. Ja, ruft sie aus, Dr. X. hat es nicht glauben wollen, daß die lila Rose echt ist, er hat gedacht, ich spinne, er mußte sie erst anfassen, um es zu glauben. – Das ist die Lebensstörung der Behandler von Krebspatienten, denke ich – und sage: Ui, da hast du etwas ganz Besonderes, etwas Lebendiges, was der Arzt nicht einmal kennt, und wir beide haben ein Geheimnis, wir sagen keinem, wo du die Rose herhast. – Warum das, wundere ich mich im selben Moment, schäme ich mich denn noch immer meiner Lebendigkeit. – Hanna sagt: Wie toll, daß die Blumen draußen auf den Balkonkästen den starken Sturm aushalten, manchmal liegen sie ganz flach und am nächsten Tag stehen sie wieder gerade. Ja, sage ich, die halten eine Menge aus, so wie du.

Hanna meckert darüber, daß der Pfleger vergessen hat, ihr die Schiene wieder an den Arm anzulegen, aber das gibt mir die Gelegenheit, ihr zu zeigen, wie schön es doch ist, daß sie jetzt die Hand bewegen kann, und sie tut es voller Erstaunen. Die Hand ist geschwollen, aber frei, und jetzt sagt sie mir, seit morgens, wo die Hand steif war, könne sie sie schon viel mehr bewegen. Wir freuen uns beide darüber. – Mit den Blumen habe ich Hanna einen Wunsch erfüllt. Sie war sehr erstaunt gewesen, daß ich sie ihr gleich am nächsten Tag mitgebracht hatte. Sie kennt nur Versprechungen und Vertröstungen: das wird schon wieder werden. Ich habe ihre Wünsche ernstgenommen und der Kontakt mit dem Arzt lief nun über *ihre lebendigen* Blumen.

Dr. X habe ihr gesagt, sie müsse aufstehen und essen, das sagt Hanna mir schreiend, aufschreiend in heller Anklage: Wenn es nur nicht immer hieße, du mußt essen: Du mußt essen, *sonst* bekommst du den Katheter! Immer wird gedroht, wenn du nicht das tust, dann passiert das und das; ich will ja essen, aber ich habe mich nicht getraut, aus Angst wieder zu erbrechen. Der Arzt hat gesagt, ich solle eine Brühe essen.

Die Schwester kommt, fragt Hanna kalt und ungnädig, geheuchelt freundlich: Hanna willst du Gulasch mit Reis und Spargel und roten Pudding? Gar nichts, bringen Sie mir, sagt Hanna schneidend kalt, eine Brühe. Die Schwester wagt keine Entgegnung und kommt nach einer Weile wieder. Ich habe keine Brühe, die Brühe ist uns ausgegangen. Hanna entgegnet knapp: Aber ich habe Brühe, meine Oma hat welche mitgebracht. Sie gibt sie der Schwester. Hanna erklärt mir, daß die Oma Brühe und Kaffee für Besucher bereit hält. Ich sage ihr: Dann bist du heute zu Gast bei dir, du bekommst die Brühe, die du selbst bestellt hast. – Ich stärke sie damit narzißtisch, daß sie zu Recht fordert, was ihr bekommt und was der Arzt ihr geraten hat. – Sie sagt, die Oma mache die Suppe immer extra fett, mit Ei und so, aber das sei zuviel des Guten, davon werde ihr schlecht. Meinen Sie, daß die Brühe eine richtige Mahlzeit ist, fragt mich Hanna, dann muß ich das Medikament einnehmen. Na klar, sage ich. Dann brauche ich einen Löffel. Ja, sage ich, wie machen wir das? – und denke, sie muß mich fragen, sie muß die Initiative behalten, mich wegschikken, etwas für sie zu tun, sonst muß es für sie kränkend sein, und sie fühlt sich unselbständig. – Hanna lacht mich an, holen Sie mir einen Löffel? Klar, sage ich. Als Hanna dann die Medizin genommen hat, liegt sie geängstigt da, sie scheint damit zu rechnen, daß der Magen alles wieder hochbringt. Ich frage sie, ob sie daran denkt. Sie versuche, sich abzulenken. Mit was Schönem?, frage ich. Ihr Blick ruht auf dem kleinen Kretabild an der Wand, das ich gestern in ihr Blickfeld gehängt hatte. Sie ist erstaunt, an was Schönes habe sie nicht gedacht, darauf käme sie nicht. Jedenfalls muß Hanna sich nicht übergeben, und wir lachen uns glücklich an.

Hanna bekommt die Brühe von der Schwester in einer hohen Tasse vorgesetzt. Es ist qualvoll mitanzusehen, wie Hanna die heiße Brühe über ihr Bettuch hieven muß und Angst hat, sich zu verbrennen. Ich schiebe das Nachtkastl näher heran, lege ihr ein Taschentuch unter und setze mich still daneben. – Ich muß daran denken, wie dem Storch das Wasser in einem Teller und dem Fuchs in einem Krug vorgesetzt wird, so daß sie zwar heranreichen, aber nicht trinken können. – Hanna beginnt nun Löffel für Löffel ihre Brühe zu essen, sie bläst, entschuldigt sich, daß sie schlabbert, und ich sage, das ist nun mal so. Ich begleite sie, zärtlich leise mit ihr flüsternd: Ui, das geht ja prima, ist es zu heiß? Sie schaut mich, nachdem sie die Brühe sorgfältig geblasen hat, lächelnd-staunend über den Löffel hinweg an. Ich lächle zurück, aufmunternd, sie nimmt den Löffel voll in den Mund, behält die Brühe bedächtig dort, bevor sie den Schluck vorsichtig die Kehle hinunterrinnen läßt. Ich frage sie, ob es sich warm anfühle, wie die Brühe in ihren Bauch riesele, und sie bestätigt es. Sie schluckt ungläubig, aber nichts passiert, der Magen nimmt die Brühe an, sie muß nicht kotzen und ist glücklich, glücklich erstaunt darüber, daß sie ohne katastrophale Folgen ißt. Ich ermuntere sie, daß das Bäuchlein mitmacht, sie könne es wohl kaum

glauben, es sei bestimmt wohlig warm, das Süppchen. Wir sprechen wie Mutter und Kind miteinander. Wir beide sind verbündet gegen das Bäuchlein, das rebellieren könnte. Nichts passiert.
Als ein kleines Kind schreit, herzerreißend, frage ich, ob sie es höre, mir gehe es an die Nieren. Sie sagt, daran bin ich gewöhnt, ich habe Mitleid mit den kleinen Kindern, aber gleichzeitig könnte ich ihnen den Hals umdrehen. Das andere Kind im Zimmer, das vom Essen zurückkommt, redet davon, daß ihm zum Kotzen sei. Ich unterbreche es rüde, sie solle jetzt mal nicht vom Kotzen sprechen, wo Hanna doch gerade esse. Hanna hatte sensibel auf die Störung reagiert, als wollte sie gleich den Löffel weglegen. Ich hielt mit ihr den Lächelkontakt, so daß sie weiteressen konnte und nicht kotzen mußte. – Was auf der Station fehlt, ist Intimität, damit die Kinder in ihren natürlichen Bedürfnissen, Essen, Trinken, Zärtlichkeit, lebendig bleiben, denke ich.
Viele kleine Schlachten gewinnen wir heute miteinander, angefangen von den *lebendigen Blumen*, von der wieder *beweglichen Hand* und dem *Bäuchlein*, das *lebendig* ist, ohne gegen Hanna zu sein. Dann berichtet Hanna, daß gestern ihre Schwester da war, und bat, ob sie ihre Vokabeln eintragen dürfte. Sie habe derweil das *Wolkenspiel* gespielt und vor sich hin erzählt, was sie gesehen habe, und dann habe die Schwester mitgemacht. Wir haben fast eine halbe Stunde das Wolkenspiel gespielt, sagt sie selig. Ich frage sie, was sie gesehen hat, und sie erzählt: Einen Teller mit etwas Dampfendem und mit Messer und Gabel; ein Schwein, das eine Gans, die schon ganz zerzaust war, verfolgte, die Gans löste sich schnell auf. Mehr fällt ihr nicht ein. Sie hat also mit der Schwester spielerisch Kontakt gefunden, indem sie mit ihr das von mir angezettelte Wolkenspiel spielte.
Sie erzählt, daß sie aufstehen solle, das habe der Arzt gesagt, deshalb ermuntere ich sie, ob sie sich aufsetzen will. Plötzlich im Gespräch sagt sie, ich solle ihr das Bett hochstellen. Ich lasse mir genau erklären, wie das Bett zu handhaben ist, und sie erzählt, das sei ein altmodisches olles Bett, nach ihrem Unfall habe sie ein vollautomatisches Bett gehabt, damit konnte sie sich rauf- und runterlassen. Jetzt sitzt sie und kann nach draußen schauen. – Sie sitzt, sie spricht von sich, sie ißt, sie ist lebendig, jubelt es in mir, lebendig trotz Krebs.
Sie müsse oft warten, die anderen hätten keine Zeit. Sie erzählt mir nun die beiden Erlebnisse mit dem Vater, von denen dieser im

28.9.87 A. v. V.-S. S.

Erstinterview gesprochen hatte, sie habe so sehr darunter gelitten.

1. Der Vater war da und sie wollte, daß er Pommes frites holte. Damals fraß ich sehr viel, sagt sie, und ich wollte, daß der Vater etwas für mich tut, genauso wie er es für die Schwester und die Mutter tut. Aber er wollte nicht. Sie habe versucht, ihn zu erpressen, ihn unter Druck zu setzen, genauso wie Vater und Mutter es täten. Für die beiden tust du alles, habe sie gesagt, warum nicht für mich. Er sei weggegangen und dann nicht wiedergekommen. Ich weinte die ganze Nacht und machte mir Vorwürfe. Es war schlimm. Am nächsten Tag kam der Vater wieder und knallte mir eine Tüte Pommes frites hin. Ich fragte ihn, ob er noch böse sei, und wir herzten dann miteinander. Er hat sich gefreut, daß ich mir Sorgen um ihn mache. Ich sage ihr, wie gefährlich es ist, wenn sie sich was wünsche und dabei den anderen unter Druck setze, dann bekomme sie zwar, was sie wolle, aber wie: hingeknallt. Eigentlich ist es vielleicht gar nicht ums Essen gegangen, sage ich, sondern du hast vom Vater wissen wollen, ob er dich mag. Ja, sagt Hanna, es ist so schwer für mich zu entscheiden: wenn ich den Vater unter Druck setze, macht er zwar mir zuliebe alles, aber ob er mich mag, weiß ich dann doch nicht.

2. Samstag wollte der Vater sie abholen und sie hatte alles gepackt, aber er kam nicht. Dann rief sie zu Hause an, und der Vater sagte, er putze die Küche, komme aber gleich. Aber er kam wieder nicht und sie weinte. Als er dann kam, war sie völlig aufgelöst und machte ihm Vorwürfe, es lohne sich ja vielleicht gar nicht mehr, daß sie zum Wochenende mit nach Hause komme. Der Vater war nun wiederum vorwurfsvoll, denn er habe die ganze Küche putzen müssen, sie sei blutverspritzt gewesen, weil dort die rolligen Katzen miteinander gekämpft hätten. Ich bin erstaunt, Liebe stellte sich bei den Tieren als Kampf dar und offensichtlich ist das das Bild von Beziehungen, wie Hanna sie in ihrer Familie erlebt. Sie sagt mir glasklar, ja, im Herbst ist das doch so. Ich: Da ist Liebe Kampf ... bei den Katzen. Sie hätte nicht wissen können, was da los war zu Hause, sie habe gedacht, der Vater habe sie vergessen. – Ich bleibe auf der Ebene der narzißtischen Kränkungen und sage, geliebt werden wollen, aber vernachlässigt werden und deshalb den anderen erpressen müssen, um zu bekommen, was sie wolle, das tue nicht gut. Ich helfe ihr zu verstehen, daß auch sie so mit der Situation umgeht. Ich

bestätige sie: sie habe heute ihre Suppe bestellt und es stehe ihr zu, ihre Wünsche zu äußern.
Dann kommt die Schwester gleich nach dem Essen mit gestößelten Tabletten, und Hanna bittet darum, weil es ja nur eine Tablette sei, diese nicht gestößelt, sondern ganz einnehmen zu können. Gestößelt wolle sie sie nur, wenn es drei auf einmal seien. Die Schwester ist frustriert und geht. Hanna erzählt, daß die Schwestern dauernd wechselten und keine Ahnung hätten, obwohl sie schon oft gesagt hätte, wie sie die Tabletten einnehmen könne. Aus dem Erstinterview mit dem Vater und der Tante weiß ich, daß Hanna große Schwierigkeiten hat, Tabletten einzunehmen, und ich hatte auch erlebt, wie das andere Kind im Zimmer angewidert vom Essen zurückkam, weil es unmittelbar nach dem Essen eine Tablette hatte einnehmen müssen, so daß ihm gleich wieder zum Kotzen zumute war. Ich nehme an, daß die Schwester aufgrund meiner Anwesenheit nicht anders konnte, als Hannas Wunsch, die Tablette einzeln einzunehmen, nachzukommen. Sie knallt Hanna die Tablette hin. Hanna sagt, die Schwestern verwechselten dauernd alles. Ich beharre darauf, daß sie ein Recht hat, ihre Wünsche zu äußern. Vielleicht sei es einfacher, wenn sie schon immer vorweg sage, wie sie es brauche. Vielleicht entstünden dann weniger Mißverständnisse und weniger Ärger. Ich sage ihr gleichzeitig, wie schlimm es sein müsse, immer Rücksicht zu nehmen, aber schließlich sei *sie* es, die am besten wisse, was ihr bekommt, und deswegen sei es wichtig, daß sie rechtzeitig ihre Wünsche äußere, selbst wenn sie es öfter sagen müsse, weil die Schwestern wechselten. Ich sage ihr das nicht belehrend, sondern ruhig, so daß sie spürt, es geht nicht um Kritik, sondern darum, daß es ihr besser gehen könnte, bei all dem Frust, den sie ertragen muß. Ich will mir den Rat merken, es rät mir keiner was, weil mir keiner zuhört, sagt Hanna. Die Oma erzähle von ihren Kindern und den Nachbarn, die Mutter habe ihre Probleme und der Vater habe wenig Zeit, keiner höre ihr zu. Ich merke, wie Hanna richtig darauf wartet, geholfen zu bekommen, und ich dosiere meinen Rat, so daß sie ihn auch annehmen kann, ihn nicht auskotzen muß. – Ich überlasse ihr immer wieder die Initiative: sie ist ein Kind, das immer Rücksicht nehmen mußte auf die Erwachsenen und dabei zu kurz kam. Hier auf Station war sie nahe dran, in Apathie zu fallen, sich tot zu stellen, nur um den letzten Rest ihres Selbst zu retten, selbst wenn es dabei in Richtung Selbstmord ginge.

Ich helfe Hanna auszusprechen, was sie braucht, und sage ihr, daß zwischen dem Vater und ihr soviel Mißverständnisse entstünden, weil sie nicht miteinander sprechen. Sie bestätigt das. Sie fragt mich dann, sie habe Zitronentee, ob sie den wohl trinken dürfe. Ich sage ihr, sie dürfe alles trinken, worauf sie Lust habe, was ihr gut tue.

Das kleine Mädchen, das mich auf dem Flur angesprochen hatte, kommt ins Zimmer und geht gleich wieder. Hanna erklärt mir, das sei eine Libyerin, der Star der Station, aber seit ihr 3jähriger Bruder wegen eines Herzfehlers auch auf der Station sei, sei sie entthront worden und laufe immer sehr traurig herum. Ich sage Hanna, daß ich mich nicht um das Kind gekümmert hätte, als es mich auf dem Flur angesprochen hätte, weil ich mit ihr verabredet war und pünktlich sein wollte. Und daß dieses Kind deswegen, als es mich gesehen habe, vielleicht jetzt gleich wieder gegangen sei. Sie verliere immer wieder jemanden, wenn ich sie besuchen komme: gestern den Vater, vorhin die Tante und jetzt das Kind, sage ich und spreche damit unsere Beziehung an. Sie sagt: Ja. Es ist sicher schlimm, wenn du hier liegst und du die anderen nicht festhalten kannst, du kannst nicht auf sie zugehen, und sie verlassen dich, ohne daß du es verhindern kannst. Hanna nickt, aber, sagt sie, daß mir keiner zuhört, wenn er mich schon besucht, das ist das Schlimmste. Sie schweigt. Dann sagt sie aufgeräumt, morgen könne sie vielleicht schon Brot in die Brühe brocken, das habe Dr. X. gesagt. Dann ist das heute ein schönerer Tag als gestern, sage ich, und morgen kann es noch schöner werden. Hanna strahlt.

Hanna fragt mich: Kommen Sie auch sonntags? Ich sage, ja, wenn du willst. Sie überlegt, das sei schwierig, Sonntag sagen alle, wir kommen, dann kämen sie aber doch immer sehr viel später, und sie warte und warte, dabei klopft sie mit den Fingern auf die Bettdecke, und keiner komme. Aber trotzdem fürchtet sie, mein Besuch und der der anderen könnten sich überschneiden, und ihr ganzes Anliegen ist ja, den Tag zu überbrücken. Sie fragt mich, ob ich Montag um 11 Uhr wiederkommen kann. Ich stimme zu. Ich habe eine Brückenfunktion für sie, die ich akzeptiere.

Eine Wende zeichnet sich ab von »given up – giving up« zu Lebenwollen und Hoffnung. Sie hatte aufgegeben, sich innerlich zurückgezogen. Nur ganz krank kümmerte sich jemand um sie, deshalb hatte sie auch mit dem Essen aufgehört. Das Essen war nur verbunden mit der Drohung, sonst bekommst du den Katheter. Dadurch, daß ich mich für sie interessiere, wenn sie lebendig ist, kommt sie wieder zu sich. Letzte Stunde hatte sie davon gesprochen, auf den Balkon rauszuwollen. Sie liebt die Freiheit, sie streunt zu Hause in den Feldern rum, macht lange Spaziergänge mit der Freundin. Wir haben ein gemeinsames Ziel.

5.9.83 Hanna macht erste Schritte, ohne es selber zu merken

Auf dem Flur begegne ich Frau X., aufgedonnert, laut, starres Maskengesicht, wie ich sie aus den Therapiestunden kannte,[6] mit einer Gitarre in der Hand: »Für Station P. nach Hamburg!«, schreit sie mir entgegen. Ihr Jubel ist voller Scham. Statt mich auf ein Gespräch einzulassen, weise ich auf meine Verabredung mit Hanna hin und komme dann auch pünktlich.
Die Schwester, Sabine, ist da, springt gleich auf. Hanna sieht munterer aus, in frischem Bettzeug. Die Schwester komme immer in ihren Freistunden von der Schule. Ich knüpfe daran an, daß sie in die R.-H.-Schule geht, und sage ihr, daß ich jetzt, wenn ich an der Schule vorbeikomme, sie mit ihr verbinde. Dr. X. platzt ins Zimmer: Hanna habe einen Brief mit Nachporto, der an der Pforte liege. Ich begrüße ihn, der mich geflissentlich übersieht, mit »Grüß Gott«, was Hanna dazu veranlaßt, mich zu fragen, ob ich aus Bayern sei. Ich antwortete, nein, ich hätte mit einem Freund zusammengelebt, der aus Bayern war, und deswegen hielt ich wohl an dieser Begrüßungsformel fest. Hanna sagt, sie müsse bei Grüß Gott immer denken: ... wenn du ihm begegnest, und ich erwidere ihr, daß sie sicher ihre Gründe dafür hat.
Dr. X. verläßt das Zimmer wieder. Ich frage Hanna, ob sie sich den Brief selber holen wolle, Sie antwortet aufgeräumt: Heute morgen bin ich aufgestanden, ohne es zu merken. Wie immer habe ich beim Bettenmachen auf dem Stuhl gesessen und als die Zimmernachbarin nach Zucker gefragt hat, habe ich mich erinnert, daß ich ja Zucker horte, und bin quer durchs Zimmer gegangen, um Zucker zu holen und dann wieder auf dem Stuhl gelandet. Erst dann habe ich gemerkt, daß ich aufgestanden war. Wir

6 Siehe *Aufzeichnungen* ..., 1991b, S. 438f.

teilen gemeinsam die Freude und das Erstaunen, das sie über sich erlebt. – Sie ist innerlich gesünder, als sie selber es von sich weiß, denke ich. Spontan und d. h. ohne die Kopfarbeit: ›Was ist, wenn ich aufgestanden bin, dann werde ich wieder kotzen, dann wird der Kreislauf zusammenbrechen ...‹ – Spontan konnte sie sich bewegen ohne katastrophale Folgen. – Hanna sagt: Dann ging es natürlich gleich weiter, ich habe Medizin nehmen sollen, in zwei Löffeln, weil die Portion so groß war, der Vater war da, und sie habe das Bett vollgekotzt. Zwei Schwestern kommen rein und fragen, ob Hanna ein neues Nachthemd braucht. Sie sagt mir dann, als sie es vorher haben wollte, bekam sie es nicht, jetzt habe sie es schon vergessen. – Es herrscht eine böswillige Kommunikation zwischen ihr und der Station. Ich spüre schweres Kopfweh, mir schreibt sich diese aggressive Spannung körperlich ein. Ich nehme es wahr und hoffe, bei Gelegenheit Hanna darauf ansprechen zu können.
Hanna ist heute sehr viel aufgeräumter, sie liegt erschöpft, aber lächelnd da, sie habe soviel Besuch gehabt.
Ich frage sie nach dem Essen. Sie habe auf ihren Wunsch hin vom Opa Kartoffelbrei bekommen, der sei extra nach Hause gefahren und habe Kartoffelbrei gekocht aber ohne Salz und ohne Milch. Der war hart und schmeckte widerlich und es war soviel Hektik, da konnte ich nur ein paar Löffel runterkriegen. – Hanna spricht damit deutlich aus, daß ihr Nichtessen mit der Hektik zu tun hat und daß sie essen kann, wenn sich jemand zu ihr setzt, wenn das Essen eine intime Interaktion ist, wie ich es mit ihr am Samstag erlebte, als es ihr zum erstenmal nach langer Zeit gelang, freiwillig und für sich etwas Brühe zu essen. Es fehlt ihr ein Partner, mit dem sie ihre Experimente auskosten kann. Sie zeigt mir stolz eine Eiersanduhr, die sie bekommen habe, damit sie regelmäßig das Infektionsspray nimmt. Ich gebe zu bedenken, ob sie da nicht wie ein Automat sei, statt die Sprayflasche in ihr Gesichtsfeld zu stellen und sich so daran zu erinnern. Sie versteht das nicht.
Hanna erzählt stolz, daß sie zugenommen hat: 42,3 kg von ca. 40 kg. – Es geht aufwärts, kleinweis. Aber sie geht auf Deckung, sie liegt ganz verkrochen, aber irgendwie auch entspannt unter der Bettdecke, lächelnd. *Sie scheint zu befürchten, daß es Konflikte gibt, wenn sie lebendig ist*, denke ich mir.
Ich hole ihr den Brief von der Pforte, und sie fängt sofort zu lesen an, mit zitternden Händen. Ich sitze ruhig dabei. Dann hört sie

auf, sie kann wohl nicht mehr fühlen, daß ich da bin, wenn sie sich ihrem Brief zuwendet. Sie sagt, sie werde ihn später lesen, weil sie sich gedrängt fühle. Hanna liegt dann mit halbgeschlossenen Augen da, das Zucken im Gesicht, wohl von den Narben, ist regelmäßig wie ein Tic, aber sie lächelt. Wir lächeln uns an. Ich sage ihr, wir müßten ja nicht sprechen, ich sei da. Aber das kann sie nicht annehmen. Die Großmutter nebenan liest dem Kind, das heute ganz krank ist, *Pinocchio* vor, so daß das Zimmer von einer fremden Geräuschkulisse erfüllt ist. Es ist mir unangenehm, ich nehme an, auch für Hanna, daß unser beider Schweigen gestört wird. Ich sage es ihr, sie stimmt zu. Es gibt keine Intimität auf Station, denke ich. Hanna zeigt mir ihren Eumel – ein aus einer Mullhülle von der Tante geklebtes Ungeheuer, das sie über die Hand mit der Kanüle und Schiene stülpt. Ich sage, daß es schön ist, wenn sie beide Hände frei hat, daß sie die Finger bewegen kann, damit spielen, sich streicheln kann, die Hände sich gegenseitig streicheln können, wo sie doch so zerstochen und angeschwollen sind. Hanna hört mir zu, als spräche ich Spanisch. Ich frage nach dem Wolkenspiel. Mit der Schwester habe es heute kein Wolkenspiel gegeben, weil die Englischlehrerin auch dabei war und *Tom Sawyer* in Englisch vorlas. Wenn es einem schlecht geht, hat man keinen Unterricht, aber kaum geht es einem besser, dann wird man nicht mehr verschont, sagt sie. Mir ist aber nicht nach Englisch, das versteht keiner. – Keiner spricht mit ihr, denke ich, sie wird pflichthalber besucht, die Lehrerin liest Englisch vor, statt mit Hanna zu sprechen. Eigentlich wird sie behandelt, als sei sie schon tot; ihre tatsächliche Lebendigkeit trotz ihres ernsten Zustandes scheint viel bedrohlicher für die Besucher und die Station zu sein, als ihr Sterben. Wie die Station mit Hanna und Hanna mit den anderen umgeht, spüre ich unmittelbar körperlich als Bedrohung meiner Lebendigkeit. Es gelingt mir zwar, meine eigene Lebendigkeit zu bewahren, aber ich habe Kopfschmerzen, eine unmittelbare Gegenübertragungsreaktion, denke ich.

6. 9. 83 ... Ich will gesund werden ... Infauste Prognose ... Wenn nicht diese Krise, dann die nächste ...

Ich komme auf Station und finde Hanna nicht in dem gewohnten Zimmer. Sie ist in Zimmer 7, neben dem Schwesternzimmer, im Zimmer eine Badewanne, ich ahne die Endstation. Oma und Schwestern sind im Zimmer, die Oma liegt fast über Hanna, als ob sie sie auffressen will, sie ist dabei sich zu verabschieden. Hanna schiebt die Oma sanft von sich. Es geht um eine neue Suppe und Hanna bittet, daß die Oma nicht so viel Nudeln reintut. Die Oma schaut mich an und rechtfertigt sich, die Nudeln würden, wenn sie lange stehen, quellen. Die Schwester macht einen nervösen und genervten Eindruck. Meinetwegen muß sie gehen und wir verabreden, daß sie in einer dreiviertel Stunde wiederkommt.

Ich spreche mit Hanna über das neue Zimmer. Hier sei sie zum drittenmal, sagt sie. Sie zählt mir auf, wo sie schon überall war, es sind mindestens sechs verschiedene Zimmer. Ich schaue mich im Zimmer um und frage, wo das Kreta-Bildchen ist. Es wurde im anderen Zimmer vergessen, ich hole es ihr und bringe es auch hier an der Wand an. Aber im Grunde ist sie stumpf und akzeptiert das stumpfsinnige kindertümliche Plakat an der Wand mehr, als daß es ihr um ihr kleines Bild ginge.

Ich werde übrigens Mannequin, sagt Hanna mir, stolz lachend. Für die »P...-Station-Campagne« habe der *Stern* sie fotografiert. Aber das Bild solle ohne ihren Namen erscheinen, sagt sie. Ich frage, warum. Sie sagt, daß sie sich schäme, es solle sie nicht jeder mit ihrer Glatze sehen. Wie nach dem Unfall, als sie so sehr unter den Entstellungen gelitten habe, kränke sie die Glatze, häßlich fühle sie sich nicht. Also geht es ihr um die anderen, denke ich, die sie quasi schützen will. Ich sage ihr, daß sie einen weichen Flaum auf dem Kopf hat, ob sie das wisse. Nein. Sie sagt, ich hätte lieber mehr Haare, egal ob sie weich sind oder nicht, mehr Haare, so wie früher. Sie weiß nicht, daß sie überhaupt Haare auf dem Kopf hat, keiner hat ihr gesagt, wie sie aussieht und daß sie auch ohne Haare akzeptiert wird, denke ich. Ich sage ihr, daß sie mir stolz davon erzählt hat, daß ihr Foto in der Zeitung sein werde und sie sagt, unter dem Foto werde stehen, »Ein Zimmer der P...-Station«, das sagt sie mit Enttäuschung. Ich frage sie, was *sie* denn als Bildunterschrift schreiben würde. »Hanna M., ein Bei-

spiel für den Kampf gegen den Krebs«, sagt sie spontan. Nur ein Beispiel für den Kampf *gegen* den Krebs, frage ich sie, nicht auch *für* etwas? Nein, natürlich nicht, sagt sie, ich will gesund werden. Also muß da stehen: »Hanna M., ein Beispiel für den Kampf gegen Krebs: denn ich will gesund werden«. Sie strahlt. – Ich frage sie nach dem Aufstehen. Ja, es ging und das erstaune sie. Auch das Essen gehe ein wenig, aber keiner höre auf ihre Wünsche, und vor allem gebe es keine Ruhe, immer nur Hektik, und dann könne sie nur wenige Löffel runterkriegen.
Hanna wünscht sich wieder Blumen, besonders die lila Rose rieche so gut. Ich frage sie, ob sie denn in ihrem Garten auch Blumen hat. Nein, sagt sie.
Kontakt mit der Station: Ich spreche im Stationszimmer den Arzt an, während er mit zwei männlichen Kollegen und Schwester T. zusammensitzt. Da es keine Intimität gibt, muß ich in Kauf nehmen, gleichzeitig mit drei anderen zu tun zu haben, obwohl ich mit dem Arzt allein sprechen will. Mit diesem Arzt, der mich zunächst zynisch und abweisend auf Station begrüßt hatte, entsteht ein Gespräch voller Intensität und Authentizität: wir respektieren einander, er mich als Psychotherapeutin und ich ihn als Arzt; uns beiden geht es um ein- und dieselbe Person, wobei er eher von der Sache: der Krankheit, spricht und die Leukämie meint, ich spreche von Hanna und meine Hanna. Dr. X. betont, daß Hanna nicht besonders schwierig sei, nicht besonders auffällig. Daß sie ihren Urin verweigere, was manchmal bis zu 3-4 Tagen gehe, sei zwar eine besondere Problematik, die bringe sie wohl aus ihrer Familie mit. – Ich hatte miterlebt, wie die Schwester ins Zimmer kam und nach Hannas Urin fragte. Als sie ihr gesagt hatte, sie könne nicht auf Befehl, hatte die Schwester mehrmals wiederholt, ich komme nachher wieder, dann mache ich den Wasserhahn an, dann wird es gehen. – Ich spreche an diesem Beispiel das harte Klima auf der Station an. Dr. X. betont, daß die Schwestern angesichts der Erkrankung in einer besonders schwierigen Situation seien, abgesehen von den bei allen Kindern anzutreffenden extrem schwierigen familiären Bedingungen. Erschwerend komme bei Hanna hinzu, daß die Mutter von ihr ferngehalten werde. Ich frage Dr. X direkt nach Hannas Prognose und er sagt, infaust. Auf eine nähere Frage sagt er, man müsse damit rechnen, daß sie in den nächsten 8-14 Tagen sterben werde. Wenn sie die Krise diesmal überleben würde, müßte man damit rechnen,

daß die nächste Krise tödlich sei. Er bestätigt mir damit klipp und klar, was Schwester T. mir auch gesagt hatte, ganz zu Beginn, als ich auf Station kam: Wir haben noch keinen Erwachsenen mit dieser Art von Leukämie durchgebracht.
Ich bitte Dr. X. darum, mich zu benachrichtigen, wenn Hannas Zustand sich zuspitze. Er wehrt ab. Ich sage, ich möchte um meinetwillen informiert werden. Ich habe es erlebt, wie eine langjährige Therapiepatientin sehr schnell im Krankenhaus verstorben ist, ohne daß man mich benachrichtigt hat. Es geht mir darum, daß ich die Chance habe, von Hannas Zustand zu wissen, um damit umgehen zu können.[7] Dr. X. wendet sich abrupt ab und murmelt: Die Schwester hat sicher Ihre Telefonnummer. Ich erwidere, nein, die hat sie ganz bestimmt nicht. Ein Telefonat kommt dazwischen, Dr. X. geht an den Apparat und ein Kollege notiert sich meine Nummer. – Ich bin froh über dieses Gespräch, in dem ich für mich das aussprechen konnte, was ich im Oktober 81 in meinem Vortrag vor den Ärzten forderte: Achtung für den Patienten und Selbstachtung seiner Behandler, den Patienten begleiten, statt ihn zu führen.[8] Es gelingt mir, mich und meine Patientin zu vertreten, und ich finde Gehör. Ich freue mich darüber.
Als ich heute die Station verließ, sah ich auf dem Balkon zwei glatzköpfige Jungens, ca. 13 und 15 Jahre, mit einem ferngesteuerten, selbstbemalten Auto spielen: sie simulierten Unfälle und freuten sich darüber. Sinnfälliger kann man das Selbstverständnis dieser leukämiekranken Kinder gar nicht fassen: die Freude, die sie dem anderen bedeuten, besteht im Überleben von Katastrophen, nur so erfahren sie sich und ihre Lebendigkeit: als Schadenfreude.
7.9.83 In meiner Analyse heute weinte ich, weinte bitterlich darüber, daß es mir gelingt, Hanna lebendig zu machen und zugleich zu wissen, daß sie sterben muß.

7 Vgl.: Meine Erfahrungen mit dem stationären Setting am Beispiel der Brustkrebspatientin Frau W., in: *Aufzeichnungen* ..., 1991b, S. 46f.
8 Die psychologische Führung des Krebskranken zwischen Klinik und Praxis, in: 1991b, S. 127-137.

7.9.83 Sich zärtlich behandeln

Ich komme mit den Blumen, die Hanna sich gewünscht hat, in ihr Zimmer. Sie schaut mich fremd und abweisend an: Sie habe geschlafen, und die Mutter war da, sei dann weggegangen, während sie schlief. Sie habe Krach wegen Tabletten gehabt, die sie nicht nehmen wollte. Morgens sei der Vater viel später als verabredet gekommen, und dann habe sie gedacht, es wäre schon zwei und auch ich sei schon wieder gegangen. Ich sagte ihr, wenn ich dagewesen wäre und sie hätte geschlafen, hätte ich einen Zettel hinterlassen.

Während ich die Blumen in die Vase tue und die verwelkten Blumen fortwerfe, liegt Hanna ruhig da und entspannt sich. Sie sagt mir, wo ich mich setzen kann, jetzt wieder freundlich und zugewandt. Sie liegt in ein Frotteehandtuch eingewickelt da und sagt, das sei wegen des Fiebers. Es wirkt merkwürdig auf mich, da sie gar keinen fiebrigen Eindruck macht. Ich frage nach der Hand in der Schiene, die sie jetzt gut bewegen kann. Später zeige ich ihr ein kleines Handspiel, das sie spontan sehr viel besser kann als ich, ich lobe sie, was sie genießt. Sie hat etwas Schlaf in den Wimpern und reibt sich die Augen. Ich soll ihr ein Papiertaschentuch geben. Ich hole ihr eine Stoffwindel, die ich naß mache und gebe sie ihr; sie geht daraufhin freundlich mit sich um, streichelt sich, statt sich die Augen wund zu reiben. Später gebe ich ihr die Windel noch einmal, damit sie rund um die Kanüle das Klebrige von dem Traubenzucker fortwischen kann. Sie tut es ganz zärtlich. Es sei sehr wichtig, daß sie sich liebevoll behandelt, statt ruppig mit einem Papierhandtuch, sage ich. Später reißt sie sich an der Unterlippe und ich frage sie, ob es immer weh tun müsse. Daraufhin kann sie sich mit dem Labellostift die Lippen eincremen. – Es ist sehr wichtig zwischen ihr und mir, daß es erlaubt ist, liebevoll mit sich umzugehen, statt immer nur krank zu sein und sich aggressiv zu behandeln. – Ich frage sie, ob sie sich die Kanüle auch schon rausgerissen hat. Sie ist sehr unsicher und meint, ja vielleicht unbewußt, vielleicht schon mal nachts. Es wird deutlich, daß das ein wunder Punkt ist, daß sie sich ganz sicher schon aus Wut die Kanüle rausgerissen hat und der Arm deswegen geschient wurde. Ich sage, daß ich verstehe, wie schwer es auszuhalten ist, daß all diese medizinischen Behandlungen, die ihr angetan werden, ihr Schmerzen zufügen und ihr Geduld abverlangen.

Jetzt sagt mir Hanna aufgeräumt, daß sie gestern mit mir nicht einverstanden war. Sie habe zwar keine Argumente gehabt zu dem, was ich als Bildunterschrift vorgeschlagen hätte, aber es habe für sie so nicht gestimmt. Wir sprechen darüber und können es klären und stellen miteinander fest: Es geht um sie, nicht um die Krankheit, es geht um ihr Gesundsein. Hanna sagt nun, sie wolle, daß sie viel Besuch bekommt, aber wenn dann alle auf einmal kämen, dann wünsche sie sie zum Teufel. Sie kann offen sagen, daß sie mißtrauisch ist, ob sie nicht nur besucht werde, weil es ihr dreckig gehe, denn nur so kennt sie es. Sie sagt, auch wenn zwei Drittel der Leute meinetwegen kämen und ein Drittel nur wegen der Krankheit, ich würde ihnen nicht glauben ...
Als Hanna sich mit der Mullwindel das Auge auswischt, sage ich ihr, daß sie lange Wimpern hat, viel längere als ich, und sie erzählt von ihren Experimenten, sich die Haare zu färben. Einen Tag vor dem Unfall hatte sie sich die Haare schwarz gefärbt mit einer Schaumpackung, und dann, sagt sie bitter, dann war Schluß damit. Sie sei in diesen Sachen viel mutiger als die Schwester. Ich spreche sie auf die roten Fußnägel an, die mir aufgefallen waren. Stolz sagt sie, die habe sie immer. Sie spricht still und gelassen davon, daß es so schwer sei, weil keiner sich auf sie einstelle, wie sehr sie darunter leide, daß sie mit ihrem Schlafen die Mutter quasi verscheucht habe. Sie sagt, sie habe die Mutter angeblinzelt, und sie habe gesagt, ich bin ja da, schlafe nur weiter. Warum konnte sie nicht noch ein paar Minuten dableiben, so 5 oder 10 Minuten, sagt sie mit leiser Wehmut. Wir sprechen nicht mehr miteinander, weil sie mich zwingen will, mich für sie und gegen den Vater zu entscheiden. Seit ich krank bin, hat sie sich mit ihrem Tablettenmißbrauch und dem Alkoholkonsum nur noch sich selbst zugewandt und mir nie geholfen. Nie war sie für mich da. Ich habe mich der Oma zugewandt, aber ich sitze wieder zwischen 2 Stühlen, denn die Oma hat mir zwar geholfen, aber sie ist ein alter Mensch und versteht mich nicht. Alles was ich mir wünsche, z. B. mit dem Essen, macht sie immer falsch. Mit dem Vater komme ich zwar gut zurecht, aber er ist unzuverlässig. Heute kam er nicht wie versprochen um 8.00, sondern um 8.30, ich habe bitterlich geweint. Als mein Vater das sah, hat er sich gefreut, daß seine Tochter ihn so sehr mag. Was ich brauche, ist Ruhe. Es war immer ein furchtbares Hin und Her zwischen meinen Eltern. Keiner kann sich vorstellen, was das bedeutet hat. Ich

habe mich nicht entscheiden können zwischen beiden, sagt sie, ich mag den Vater und ich mag die Mutter, jeden, wenn er allein ist, zusammen sind sie unerträglich.
Wir sprechen ruhig und still miteinander. Immer wieder merke ich, wie ich nervös meine Hände falte, streichle, knete und daß Hanna es registriert. Ich entspanne mich, aber ich fühle in mir die tiefe Traurigkeit, daß sie sterben muß. Dann sagt Hanna, sie schlafe fast. Wir verabreden uns für morgen. Wie immer um 13.00 Uhr, sagt sie. Ich gehe, und sie bleibt dem Fenster zugewandt liegen. Es war Stille zwischen ihr und mir. Es ist gut so. Ich bin traurig, daß sie sterben wird, aber wir freuen uns aneinander. Mit mir kann sie erfahren, daß sie leben darf, solange sie lebt. Für mich ist sie nicht tot, so wie für die anderen, die sie totschweigen bzw. fallenlassen, bevor sie gestorben ist.

8.9.83 Das doppelte Lottchen

Als ich komme, liest Hanna *Das fliegende Klassenzimmer* von Erich Kästner. Sie ist munter, ohne aufgedreht zu sein. Ich setze mich, der Nachtkasten mit einer Tasse ist genau in unserem Blickfeld, ich belasse es so, und es ist Hanna, die den Nachtkasten verschiebt, so daß wir uns sehen können. Ich freue mich darüber, es zeigt mir, daß sie die Initiative ergreift und ihr daran liegt, mit mir in direktem Blickkontakt zu sein. Sie erzählt, daß sie eine nicht gerade tolle Maggi-Suppe gegessen habe, aber gestern abend! ... da gab es Brühe mit einem Frankfurter Würstchen und heute morgen ein halbes Weißbrot mit Marmelade, und es ist mir gut bekommen! Sie strahlt. Sie könne es gar nicht fassen, daß sie sich nicht übergeben mußte. Sie habe es Dr. X. erzählt, daß sie die Brühe mit dem Würstchen gegessen habe. Er habe gesagt: Na, dann hast du wenigstens etwas Richtiges zum Erbrechen, wenn du dich übergeben mußt. – Ich bin erschüttert über diesen Zynismus, der Hannas Lebendigkeit und erwachender Eigeninitiative ins Gesicht schlägt.[9] Derselbe Arzt hatte ihr geraten, Brühe zu essen und jetzt, wo sie es tut, und es ihr auch bekommt, antwortet

9 Ich bin erschüttert über diesen Zynismus, obwohl mich die Balintgruppenarbeit 1981/82 mit diesem Stationsteam hätte lehren müssen, daß das die ungeschminkte Wahrheit des Krebsholocaust ist. Siehe *Aufzeichnungen*, 1991b, S. 393 ff.

er wieder auf der Vergleichsebene des Kotzens. Das heißt: Hannas Fremdbild, sie interessiere die anderen nur, wenn es ihr drekkig geht und es um ihre Krankheit geht, bestätigt sich auf diese Weise immer wieder.

Ich frage Hanna, was sie liest, und freue mich mit ihr darüber, daß sie überhaupt liest. Sie erzählt von ihrem Lieblingsbuch, das sie schon x-mal gelesen habe, *Das doppelte Lottchen*. Ich kenne dieses Buch, lasse mir aber von Hanna erzählen, worum es darin geht: Zwillingsschwestern, die sich nicht kannten, weil sie bei den geschiedenen Eltern leben – die eine beim Vater, die andere bei der Mutter –, begegnen sich zufällig in einem Feriendorf. Erst sind sie sich spinnefeind, dann befreunden sie sich und tauschen sogar ihre Rollen; die eine, die beim Vater lebte, geht nach den Ferien zur Mutter und umgekehrt. Das Lottchen, das bei der Mutter lebte und nun beim Vater ist, bekommt mit, daß dieser kurz davor steht, wieder zu heiraten und sie versucht mit der Zukünftigen zu sprechen, um das zu verhindern. Es gelingt ihr nicht, und sie erkrankt. Hanna sagt: Sie kann den seelischen Druck nicht verkraften und fiebert, sie hofft damit die Eltern, ähm . . ., daß sie sich wieder vertragen. Die Mutter arbeitet bei der Zeitung, in der ein Foto von den Zwillingen erscheint (Hannas Foto im *Stern*!, denke ich), und die Mutter kapiert was und fährt zum Vater und der Tochter, und alles kommt ins Lot. Ich sage, das klingt ja wie deine Geschichte, du wolltest auch deine Eltern versöhnen. Ja, sagt Hanna. – Ich sage nicht, was ich denke: daß sie sich aufopfert mit ihrer Leukämie, um den Eltern die Tödlichkeit ihrer Beziehung vorzuführen. Mir scheint es evident, aber Hanna könnte es inmitten ihrer akuten Krise nicht wahrnehmen, und deshalb spreche ich es nicht aus.

Ich frage Hanna nach der Mutter. Hanna sagt strahlend, sie habe abends nochmal angerufen und gefragt, ob sie nochmal kommen solle, und kam dann, was sehr schön war. Ich sage Hanna, daß die Mutter dann ja genauso reagiert habe, wie sie es sich selber vorgestellt hatte. Sie hatte gesagt, wenn ich Telefon hätte, würde ich anrufen und sagen, die Mutter soll nochmal kommen. Genau das tat die Mutter. Die Mutter stricke einen Pullover für sie, den gleichen wie für sich, aber nicht so dunkle traurige Farben, sondern weiß und türkis, statt blau und dunkelblau. Ich frage Hanna, ob die Mutter auch stricke, wenn sie sie besuche, sie bejaht es. – Hanna findet nichts dabei. Ich muß denken, daß es so aussieht, als

wolle diese Mutter keine Zeit verlieren. Sie spricht nicht mit Hanna und schaut sie nicht an, denke ich. Aber immerhin kommt sie.
Hanna fährt vorsichtig durch ihre wenigen Haare, als kämmte sie sie. Sie sagt, sie habe vergessen, sie zu bürsten. Es klingt absurd, diese wenigen Haare bürsten zu wollen, und ich weiß, daß sie sich als Einjährige die Haare büschelweise ausgerissen hatte, was mir der Vater im Erstgespräch erzählt hat. Ich spreche mit ihr darüber, daß sie sich ganz zärtlich durch die Haare fahren müsse, damit sie sich auch kein Haar krümme. Sie lächelt. Wir sprechen lange über unsere Frisuren, ich über meine neuen kurzen Haare und daß es schwer ist, sich an das neue Bild von sich zu gewöhnen. Ich sage, daß es sicher ein großer Unterschied ist, sich freiwillig die Haare schneiden zu lassen, während sie doch nicht habe wählen können, sondern ihr die Haare ausgefallen seien, als Folge der Therapie. Ja, das stimmt, sagt Hanna.
Wir schweigen heute viel, und ich fühle mich innerlich gedrängt, zu sprechen, suche im Zimmer, was ich ansprechen könnte. Ich frage sie nach der Hand in der Schiene, mit der sie sehr viel selbstverständlicher und sogar zärtlich spielt. Sie ist abgeschwollen. – Wir haben ein kleines Repertoire von guten Dingen, die wir miteinander besprechen: die Hand in der Schiene vom linken Arm, mit der sie am Tropf hängt, ihre Haare, Fieber ja oder nein, das Essen und die Blumen. Sie nimmt die Blumen vom Nachttisch, riecht daran und reicht mir die Vase rüber, auch ich rieche dran und wir versichern uns beide, daß die lila Rose sehr viel stärker riecht als die weiße. Hanna ist stolz auf ihre Blumen, und ich bin stolz darauf, daß wir etwas gefunden haben, ein *Übergangsphänomen* oder *-Objekt*, das mich repräsentiert, auch wenn ich nicht da bin, etwas, das sie freut und einen Fetzen von Erinnerung an einen Menschen ermöglicht, wenn sie allein ist und in dem Alleinsein mit der Angst vor Desintegration kämpft.
Der Wasserhahn tropft, was mich nervös macht. Hanna kennt es, es gebe kaum ein Zimmer, wo das nicht so ist. Ich lege ein Taschentuch darunter. Ihre Infusion klirrt heute nicht tröpfchenweise. Sie bemerkt das kaum. Eine Schwester kommt und stellt die Infusion schneller und das Tröpfeln ist zu hören. – Ich mache Hanna hellhörig für die Geräusche in ihrer Umgebung, nur so kann sie mit ihren Sinnen wieder erwachen. Dabei steuert sie, was sie wahrnehmen will und wovor sie sich schützen muß.

Hanna ist zuversichtlich. Das Fieber sei jetzt bekämpft und der Magen besser, damit beginne, so meint sie, die Rückenmarksproduktion, und das sei, was das Fieber verursache, daß sie zuwenig Rückenmark habe. Ich finde es einleuchtend, weiß aber nicht genau, ob ihr Zustand medizinisch so zu erklären ist. Es ist unglaublich, mit welchem Sachverstand diese 15jährige von der Leukämie spricht, wobei ich es erschütternd finde, wie sie sich in der Abstraktion ihres körperlichen Befindens auskennt, und damit in der Sprache der Mediziner über ihre Körperfunktionen sprechen kann, aber wie es ihr geht, wie sie sich fühlt, dafür hat sie keine Sprache, denn dafür findet sie kein Gehör.
Wir schweigen heute viel, was Hanna dann bemerkt und ausspricht: Heute sprechen wir nicht so viel. Ja, wir beide sind da, da ist es ganz gleich, ob wir miteinander sprechen oder schweigen, sage ich. Wir lächeln uns an, und es ist still und gut so. Ich sage ihr, daß wir uns jetzt seit einer Woche und einem Tag kennen. Hanna sagt, sie habe kein Zeitgefühl mehr. Es war mir aufgefallen, daß sie seit letztem Freitag ihre Uhr nicht mehr trägt.
Wir verabschieden uns: Wie immer, morgen um 13.00 Uhr. Ich freue mich über unsere Selbstverständlichkeit und Hanna schaut mir heute nach.
Als ich die Station verlasse, habe auch ich jedes Zeitempfinden verloren. Ich bemerke, daß ich zutiefst in einer guten Symbiose mit Hanna eingetaucht war, eine befriedigende, zärtliche Gemeinsamkeit, die alles außer sich vergißt. Genauso mag es einer Mutter mit ihrem kleinen Kind gehen, denke ich. Ich hatte ihr gesagt, wir kennten uns heute seit einer Woche und einem Tag, darauf hatte sie gesagt, sie habe kein Zeitgefühl mehr, es käme ihr viel länger vor. Mir kommt es tatsächlich auch so vor, weil zwischen uns eine Bedingungslosigkeit möglich ist, die jenseits von Zeit und Kausalität ist; es ist die Bedingungslosigkeit zwischen Mutter und Kind, was Hanna nie erlebt hatte: daß die Mutter ihr als empathisch spiegelndes Selbst-Objekt zur Verfügung steht, mit dem zusammen sie sich veröffentlichen kann. Hanna lebt trotz Leukämie. Sie beteiligt mich an ihrer Sinnlichkeit, die sie bisher nur heimlich, in einem seelischen Kokon verpuppt, zu praktizieren wagte. Ich lasse mich von ihr miterregen und spreche aus, was sie mich fühlen läßt, »denn zur Selbstbefriedigung gehören zwei« (Kaliwoda, persönliche Mitteilung).

9.9.83 Dann kann ich heute Nachmittag schlafen

Ich komme auf Station und warte ein wenig auf dem Flur. Dort sind alle Schwestern und Pfleger. Dr. X. erwidert meinen Gruß nicht. Ich nehme es wahr, ohne gekränkt zu sein, registriere es und beziehe es auf Hannas Befinden.
Ich gehe zu Hanna. Die Vorhänge sind vorgezogen, es ist ein weiches warmes zartes gelbliches Licht im Zimmer. Hanna liegt in den Decken da, halb im Schlaf, sie erkennt mich, flüstert, sie sei müde und wolle den Nachmittag verschlafen. Ich frage sie, ob ich später wiederkommen soll, und sie sagt, morgen. Ich sage, ich komme morgen um 13.00 Uhr, ich denke an dich, und berühre sie zärtlich an der Hand; wir lächeln uns an; in der Türe drehe ich mich noch einmal um, sie lächelt zurück, und ich gehe. Ich bin zutiefst berührt.
Auf dem Flur spreche ich Dr. X. an, Hanna sei so still, ob es still bergab gehe. Dr. X. sagt, die Krankheit gehe niemals still zu Ende. Der Zustand sei durch das fehlende Knochenmark bedingt, wenn sie wach sei, esse sie und sitze aufrecht. Ich bitte ihn um einen Arztbericht und er sagt, da können Sie aber warten. Das macht nichts, sage ich. Ich werde Sie immer wieder ansprechen, selbst wenn es Sie nervt, aber ich will den Kontakt mit Ihnen halten, es ist wichtig für meine Arbeit mit Hanna. Er ist verduzt, er werde nicht immer Zeit haben. Ich sage, damit rechne ich.
Als ich zum Fahrstuhl gehe, bin ich naßgeschwitzt. Ich habe das Schweigen gebrochen, das der Arzt, weil er mit seinem Latein am Ende ist, mit Patienten praktiziert und an mich weitergibt. Früher hätte ich es als Kränkung erlebt. Heute kann ich mich und meinen Patienten sprechend vertreten. Meine Behandlung ist das Sprechen, das Lebendigsein statt das Verschwiegenwerden. Jetzt kann ich mich achten und reagiere nicht, als wäre das Schweigen des Arztes für mich eine Kränkung: Es ist seine Selbstmißachtung, seine narzißtische Störung, wenn ihm die Worte fehlen, um sich mitzuteilen.
Danach will ich im medizinischen Lehrbuch über Leukämie nachlesen, fahre aber in die Stadt ins Café. Ich fühle mich frei und denke, daß Hanna schläft, und ich mit Recht meine Lebendigkeit genieße.

10. 9. 83 Da hast du ja die Sonne im Zimmer

... Hanna hat einen unglaublich schönen Sonnenblumenstrauß von der Tante bekommen. Er steht allerdings für sie nur zur Hälfte sichtbar da, ich rücke ihn ihr ganz ins Blickfeld und teile ihr meine Freude über die Blumen mit: Da hast du ja die Sonne im Zimmer! sage ich. – Draußen ist ein regnerischer oller Herbsttag. – Das ist eine tolle Idee, darauf wäre ich nicht gekommen, daran muß ich jetzt immer denken, wenn ich den Strauß sehe, sagt Hanna, daß das die Sonne ist. Ich will ihr den Strauß noch mehr ins Blickfeld stellen, sie lehnt das ab, das werde die Schwestern stören. Sie meint, man müsse den Strauß mit einer Taschenlampe anstrahlen, aber, wende ich ein, dann werde sie immer gleich denken, daß er künstlich sei. Ja, das findet sie dann auch nicht so schön.

Als ich mich setze, sagt sie, Sie setzen sich mit Ihrem Kittel hin, als würden Sie die Flügel anheben, ich assoziiere mit ihr weiter, wie ein Vogel also, der sich bei dir niederläßt, wie ein Spatz, der sich wohlig in einer Pfütze badet ... Sie lacht, sie lacht keck und fröhlich. So habe ich sie noch nie lachen gehört.

Ich stelle die Blumen in die Vase und gebe ihr warmes Wasser zum Trinken, wie sie es wollte. Seit Freitag, sagt Hanna, habe sie »schlagartig« wieder Magenschmerzen und esse nichts mehr.[10]

Sie habe sich gestern sehr geärgert, sagt Hanna lebhaft. Sie wollte schlafen, kam aber nicht dazu. Ich war fortgegangen, weil sie eben gerne schlafen wollte. – Dann wurde sie zum EKG gefahren, dauernd war Trubel. Der Arzt habe ihr gesagt: Schlaf beim EKG, und sie sagt, der habe gut reden, da heißt es: einatmen ... ausatmen ... Wie soll ich dann schlafen! Wieder kommt der Zynismus des Arztes ins Spiel. Danach sagt sie, konnte sie nichts mehr

10 Später wird mir klar: das war der Tiefschlag, als der Arzt, der ihr geraten hatte, Brühe zu essen, ihr dann, als sie Brühe und ein Frankfurter Würstchen gegessen hatte, gesagt hatte: Na, dann hast du wenigstens was Richtiges zum Erbrechen, wenn du dich übergeben mußt. Oder ist das eine Projektion. Ist sie eben so krank, daß sie nichts mehr essen kann, und ich kann es nicht aushalten und versuche, das Böse beim Arzt anzusiedeln?! – Es ist so schwer: Sie fühlt sich gut, bekommt Fieber gemessen, vergißt zu fragen, fühlt sich selber die Stirn, schätzt es auf unter 38° und hat doch 39°. *Was gilt: ihr Befinden oder die objektiven Befunde?*

abhalten vom Schlafen. Die eine Schwester quäle sie nachts auch nicht: Sie messe nicht extra Fieber, sondern fühle ihr den Puls und die Stirn und wisse dann schon Bescheid.

Wir sprechen über den Herbst. Sie liebt es, bei starkem Regen am Fenster zu sitzen oder mit Regenschirm und festen Schuhen rauszugehen. Zur Sonne fällt ihr ein, daß ihr Zimmer auf den Vetzberg hinausgeht und sie oft die aufgehende Sonne im Zimmer hat. Sie blüht auf und wird lebhaft, als sie mir davon erzählt. Ich erzähle ihr, wie in meinem Klinikszimmer nachmittags die Sonne hereinkommt, durchs Zimmer wandert, Licht und Schatten ihr Spiel treiben und dann das Zimmer verlassen. Ich sage, daß sie das kennenlernen wird, wenn sie eines Tages zu mir in die Klinik kommen werde und nicht mehr ich zu ihr. Ich entwerfe eine Zukunft für uns über ihren jetzigen stationären Aufenthalt hinaus. Es ist nichts Gewolltes dabei, es ist meine Phantasie für uns beide, daß ich sie halten kann und auch halten werde, wenn sie nicht mehr auf Station ist. Daß sie mich also nicht nur interessiert, weil sie krank ist, sondern weil sie gesund sein möchte.

Ich gehe mit Hanna quasi spazieren. Sie spricht von der Tour P., die heute begann, eine Fahrradtour, an der bekannte Leute teilnehmen, unter anderem Professor Z. Sie sagt, sie würde das nicht können. Ich greife unser Gespräch von früher auf, als sie von der Tandemfahrt in Holland am Strand erzählte. Sie hatte es genossen, daß sie mal nicht in die Pedale treten mußte, sondern der andere die Führung übernommen hatte, und ich sage: Du würdest gern im Tandem mitfahren, bergauf fahre ich dann, und du kannst ausruhen. Ich entwerfe mit ihr die Phantasie, daß da jemand ist, der ihr über den Berg hilft, dem sie sich anvertrauen kann. Heute soll das Sommerfest sein, das Sommerfest der Station. Es findet bei diesem Wetter im 1. Stock statt, sie wird nicht dabei sein. Sie klingelt der Schwester: Der Tropf läuft zu langsam, und das Pensum ist bis 17.00 Uhr sicherlich nicht erfüllt, sagt sie, versiert in der Medikation. Als die Schwester sie mit einer Spritze behandelt, angenehm ruhig, fragt Hanna nach dem Fest, auf das sie wegen des Bauchwehs nicht wolle. Die Schwester spricht von der Infektionsgefahr, die für sie unter den vielen Leuten besteht, und daß sie als erste einen Schnupfen fangen würde. Die Schwester will sie trösten und sagt, daß das Kasperletheater auch eher für die Kleinen sei. Hanna antwortet ihr: Da überschätzen Sie mich, ich gucke mir auch gerne Kasperletheater an. Es fällt mir immer wieder auf, wie Hanna die Augen der Schwestern sucht, während diese Blutdruck messen oder ihr die Spritze machen, aber sie findet keinen Blick. Die Schwestern sind auf ihre Instrumente ausgerichtet, freundlich zwar, aber *nicht da*. Hanna schaut mich lächelnd an.

Wieder ist eine Stunde vergangen: wie von selbst. Ich sage es ihr, als die Glocken läuten. Die läuten, sagt sie, ganz willkürlich. Samstags seien Hochzeiten, sage ich, und sie stimmt zu. Ich denke auch an Beerdigungen. Ich frage sie, ob ich noch bleiben soll, wobei ich innerlich einverstanden bin, auch zu bleiben, wenn sie es will. Sie sagt, sie bekomme Besuch. Kommen Sie morgen wieder, *dann kann ich jetzt ein wenig für mich sein*. Sie bittet, daß ich ihr den Stuhl näher rücke. Darauf liegt die *Brigitte* und ich sage, die willst du sicher lesen. Ja, sagt sie und wir verabschieden uns. – Die Station wollte immer andere Kinder zu Hanna ins Zimmer legen, sie ablenken, während sie für sich sein will, für sich Ruhe braucht. Sie schickt mich weg, um – ohne Schuld- und Schamgefühle, sich der *Brigitte* zuzuwenden. Es ist für mich nicht schwer, zu akzeptieren, daß meine Gegenwart die gleiche Funktion erfüllt, wie eine Zeitschrift: die Lücke, die Leere zu stopfen, um die Angst vor Desintegration zu bannen.

Heute hat Hanna mich zweimal um etwas gebeten. Das tat sie bisher nie, immer lag es in der Luft, was sie wollte und ich mußte ihr die Worte in den Mund legen. Warmes Wasser, den Stuhl näher rücken, darum bat sie mich heute. Sie erschafft mich als Objekt, das sie verwenden kann, und ich lasse mich verwenden (vgl. Winnicott).

Noch eine kleine Szene während meines Besuches heute:

Plötzlich wird die Tür aufgestoßen und eine starre, stämmige, bös dreinschauende Frau kommt herein. Sie schiebt einen Sportwagen vor sich her, in dem ein für diesen Wagen viel zu großes Kind sitzt, muffig, verweint, starr ausschauend. Es ist der kleine Libyer, der wegen seiner Herzbeschwerden auf Station ist. Ich erlebe es als dreisten Übergriff, wie diese Frau den Jungen durchs Zimmer karrt, um sich schaut, zu dem Jungen spricht, daß Hanna artig sei und er doch keinen Grund habe zum Weinen. Die Frau dreht einen Kreis im Zimmer und geht wieder. Ich bin innerlich empört über diesen Überfall, dies Eindringen in unsere Intimität, gnadenlos, in ihrer Absicht, jenes Kind zu befrieden.

11.9.83 Bei Disco-Musik träumen

Hanna ist dabei, ihren Nachttisch aufzuräumen, sie begrüßt mich freundlich und macht weiter, was ich akzeptiere. Sie erzählt, daß sie vom Kinderfest Zeichensachen und einen kleinen Reiter, der wie ein Perpetuum Mobile sich hin und her schaukelt, geschenkt bekommen habe. Ich bewundere den Reiter. Wir sprechen über den Rhythmus, in dem sie sich wiegen könne. Ich sage, daß ich ihr heute die Sonne mitgebracht habe: schönes sonniges Herbstwetter. Sie sagt, das hätten sich manche für gestern, fürs Sommerfest, gewünscht. Ich beharre, das habe ich für *dich* mitgebracht. Sie strahlt. Als ich von der Sonne spreche, schaut sie auf ihre Sonnenblumen und sagt, wenn ich Schmerzen habe, schaue ich nach den Blumen, und dann geht im wahrsten Sinne die Sonne wieder auf.

Hanna erzählt, sie habe sich die spröden Hände eingecremt, sie hätten so gespannt. Es sei eine große Anstrengung gewesen, weil der linke Arm ja geschient ist, aber es ging. Ich freue mich mit ihr, daß sie sich liebevoll behandeln kann. Die Fingernägel sähen furchtbar aus, aber mit der Schiene käme sie nicht dran, um sie sich zu machen. Ich biete ihr an, ihr die Fingernägel zu schneiden. Sie zögert. Wir verständigen uns darüber, daß das wie eine Handschrift sei, daß jeder seine Eigenart habe, sich seine Nägel zu machen. – Ich sage ihr damit, daß ich es akzeptiere, wenn sie sich nicht helfen läßt, weil ich verstehe, daß sie darin ihre Eigenart, ihr Selbstverständnis, hat. Ich biete ihr meine Hilfe an, aber ich akzeptiere, daß sie sie nicht annehmen kann; es wäre keine Hilfe, die Nägel nur irgendwie gemacht zu bekommen.

Sie kann nichts essen, morgens müsse sie immer kotzen, Blut im Magen. Dennoch steht Brühe auf dem Tisch, die Tante (die Schwester der Mutter) aus Bayern ist da, die Tante, die sie zu sich nehmen wollte, seit die Probleme der Eltern so überhandgenommen haben. Bei ihr war sie nach dem Unfall nach Ostern für drei Wochen: Es war wie ein Urlaub, sagt sie. Sie habe sich geärgert, weil sie extra gebeten hatte, daß sie gestern abend die Mutter allein sehen wolle. Aber dann habe sie ihre Meinung geändert, weil man gesagt hat, die Tante sei nur übers Wochenende da. Die Tante habe dann viel von ihren Kindern, fünf und sieben Jahre, erzählt. – Das übliche also, denke ich, statt Hanna zuzuhören, hat man sie vollgeredet. Hanna ist heute wie ein vollgesogener

Schwamm: sie erzählt ruhig, mit vielen Pausen. Ich habe oft Kopfweh, weil soviel unausgesprochener Ärger Hanna bewegt, den sie noch nicht anzusprechen wagt oder zu vorsichtig. Während sie ruhig daliegt, spüre ich ihre Spannungen körperlich. Dann entspanne auch ich mich wieder.
Morgens also Ärger: Sie mußte auf den Topf und dann später habe sie keine Taschentücher gehabt, als sie sich übergeben mußte. Sie glaubt, die lassen ›die Sieben‹ links liegen. Ich sage, daß ich das nicht glaube, daß das Verhalten der Schwestern gegen sie gerichtet sei. Hanna sagt, die Schwestern kalkulierten, was der einzelne wohl will, wenn er klingelt und danach schätzen sie die Dringlichkeit ein. Die Schwester habe heute, als sie ihr eine Spritze gab und es geklingelt habe, hinausgeschaut und gesagt: das müsse der X. sein, der das und das brauche, weil sie ihm ja das und das gerade gegeben hätte. So habe man wohl auch bei ihr gedacht, die Hanna war auf dem Topf, dann kann sie jetzt nur Tee wollen. Sie habe die Schwester zusammengeschissen. Ich frage, ob das Mißverständnis geklärt wurde, oder, so wie mit dem Vater, in der Luft hängenblieb. Na, das ist aber ein Unterschied, sagt Hanna, an meinem Vater liegt mir was, aber an dieser Tussi doch nicht! Die Schwesternschülerinnen würden erst mit der Zeit netter, sagt sie. Ich gebe zu bedenken, ob nicht auch sie zunächst vorsichtig und zurückhaltend mit neuen Schwestern und Personal sei. Vielleicht liege es auch an ihr, es seien so viele Fremde, an die sie sich nur langsam gewöhne, sagt sie.
Wir sprechen lange vom Essen. Ich denke: Es ist quasi ein Essen, ohne zu essen, ohne die nachfolgenden Bauchschmerzen oder das Übergeben. Sie erzählt, als sie noch auf dem Flur frühstückte, war es oft schwierig wegen der anderen. Zum Beispiel habe sich ein anderes Mädchen immer in den Vordergrund geschoben, indem sie Geschichten erzählte vom Vater, der ihr, wenn sie nicht gleich essen wollte, dann eine »wisch-wisch« gegeben habe und dann wurde gegessen. – Die Essensprobleme der leukämiekranken Kinder sind mir schon in der Balint-Gruppe mit dem Stationsteam immer wieder aufgefallen. – Ein Junge in ihrem Alter habe sich gar nicht auf den Flur begeben, er habe sich immer im Zimmer bedienen lassen. Mit den Gleichaltrigen verstand sie sich. Als ich sie über ihr kleines Pferdespielzeug auf das Tandem anspreche, auf dem sie in Holland mit einem Jungen zusammen gefahren sei, erzählt sie lachend: sie habe den Jungen gemocht und sich

ihm angenähert. Heute müsse sie lachen, weil er sie nicht verstand und sie ihm fast auf dem Schoß gesessen habe. Sie findet es lächerlich, wie sie sich verhalten hat. Sie erzählt, daß sie vor dem Unfall viel wegging in Discos. Und dann, sagt sie, als ich mich schon wieder hübsch fand, spürte ich, wie die anderen vor mir zurückwichen, das war furchtbar. Ich fand mich hübsch, die anderen fanden mich wohl verunstaltet. Die haben mich ja nicht gesehen, wie ich nach dem Unfall ausgesehen habe. Dann habe ich es verlernt, auf die Menschen zuzugehen, sie anzusprechen. Ich habe mich in mein Schneckenhaus zurückgezogen. Meine beste Freundin war jetzt im Vordergrund. Man fragte mich nach der Freundin, während man früher die Freundin nach mir gefragt hatte. Diese Kränkung war schwer auszuhalten.

Wir sprechen von Disco-Musik. Sie tanze gerne, sagt sie. Sie hat einen Kassettenrecorder im Zimmer stehen, der aber nicht angeschlossen ist, und erzählt von einer Kassette mit Lieblingsliedern, die sie aber nicht höre. Ich zeige ihr, daß das doch ginge. Sie stimmt zu, als wachte sie auf. Sie höre gern Musik, da könne man schön bei träumen, sagt sie voller Ernst. – Ich dränge mich ihr nicht auf. Ich muß mich bremsen, ihr das Radio gleich zu installieren. Wenn es ihr wichtig sein wird, Musik zu haben, wird sie sich von jemandem aus der Familie helfen lassen, weil sie mit mir ja jetzt probehandelnd die Möglichkeit, auch im Krankenzimmer Musik zu haben, durchgespielt hat. Wichtig ist, daß sie mit mir aufwacht und ihre Wünsche und Bedürfnisse neu entdeckt und auszusprechen wagt. Was wir beide uns leisten ist, ihre Sinnlichkeit zu erforschen und zu benennen.

Wir verabschieden uns. Ich war 1¼ Stunde da und sage ihr, daß ich Montag um 12.30 Uhr komme, weil ich um 13.30 Uhr weg muß.

Heute war sie die 15jährige, von der ich ja durch den Vater weiß, daß sie auch schon sexuellen Kontakt mit Jungens hatte. Nach dem Unfall, (Januar 83) sagt sie selber, sei sie seelisch am Ende gewesen, weil gleichzeitig die Eltern in furchtbarem Streit waren und sie wohl nur mal mit der Tante von ihrer Wahrnehmung sprechen konnte, daß sich alle von ihr zurückzogen. Sie war in eine totale psychische Isolation geraten, was sie mir auch schon in unserem ersten Gespräch gesagt hatte.

Die Leukämie brach aus, könnte man sagen, als Antwort auf die körperliche Verunstaltung und den begleitenden narzißtischen

Zusammenbruch, den sie mit niemanden verarbeiten konnte. Vor dem Ausbruch der Leukämie war sie seelisch todkrank, sie sagt dazu: Ich hatte mich in mein Schneckenhaus zurückgezogen.
GÜ: Müßte ich nicht über Tod oder Sterben mit Hanna sprechen? Welch ein absurder Gedanke! Wenn wir nicht bestimmen, was besprochen werden muß, sondern dem Patienten das Thema überlassen, dann zeigt sich hier mit Hanna: ihr Thema ist das Leben, ihre seelischen Nöte *nach* dem Unfall, d.h. ihr psychisches Sterben, *bevor* sie körperlich an der Leukämie erkrankte. Es geht in unseren Gesprächen zuerst einmal um die seelische Wiederbelebung vor der Krebserkrankung, damit sie überhaupt mit der Krebserkrankung klarkommen kann. Vor der Krebserkrankung und vor dem Unfall war sie viel in Discos, womit sie sich vor Desintegration und Selbstfragmentierung geschützt haben mag.

12.9.83 Sie schläft, aber ich bin da

Ich komme zu Hanna ins Zimmer. Sie liegt auf der Seite und schläft. Sie atmet schwer. Die große Narbe quer über dem Gesicht ist tief rot. Ich stehe still da, schaue sie an, spüre meinen seelischen Kummer, aber ich halte stand. Ich überlege, ob ich ihr einen Zettel schreiben werde, aber ich verharre still in der Wahrnehmung dieses schlafenden Menschen und lasse die Gedanken zu: In diesem Körper soll der Tod sein, schläft sie sich gesund oder quält sie sich, um die Zeit totzuschlagen? ... Hanna blinzelt, erkennt mich sofort. Wir flüstern miteinander: Ob ich später wieder kommen soll. Später habe sie Besuch. Also bis morgen um 13.00 Uhr. Ja, bis morgen 13.00 Uhr.
Ich gehe, und sie schläft weiter. Es ist so überwältigend ehrlich, wie sie mich als Brücke gegen die innere Leere benutzt, mich wegschickt, wenn sie schlafen will, und klar ihren Besuch, ihre Familie, an erster Stelle beläßt, so daß keine Rivalitäten entstehen können. Es ist ein wenig kränkend für mich, aber das kann ich ertragen, es ist zugleich unsere Wahrhaftigkeit: daß sie mich als Übergangsobjekt benutzen kann, als Plombe gegen Desintegration. Irgendwie bin ich für sie wie ein verwendbarer Teil, eben ein Selbstobjekt, und ich muß aushalten, daß ich eine Funktion für sie bin. Sie ist sich ihrer ganz sicher, wie sie mich auf morgen

vertagt. Ich gehe also sicher und ruhig, freilich mit der tiefen Bewegung im Herzen, mit ihr ihren Schlaf geteilt zu haben, ausgeharrt zu haben, so daß sie mich wegschicken konnte, als sie aufwachte. Sie muß sich also später nicht über sich selber ärgern, daß ihr Schlaf, den sie so sehr braucht, sie um meinen Besuch gebracht hat, daß sie also auf sich selbst böse sein muß, wenn sie sich etwas Gutes leistet. Dadurch, daß ich blieb und sie mich, als sie erwachte, da hatte, hat sie mich nicht verloren. Mit mir geht es ihr anders als neulich mit der Mutter, die fort war, als sie aufwachte.

13.9.83 Hanna als Prellbock zwischen Vater und Mutter

Ich treffe die Tante, Frau M., bei Hanna. Sie sagt mir schnippisch, leider sei sie immer noch da und nicht in Moskau, es zögere sich mit dem Auswärtigen Amt heraus. Das sagt sie mir zwischen Tür und Angel, sie habe Durchfall, und es gehe ihr zum Kotzen.
Hanna ist reserviert. Sie spielt an den Fingern, mir fällt auf, daß sie irgendwie beschämt ist. Als ich kam, war das Radio an, ich freue mich darüber und sage es ihr. Ich frage sie, wer es ihr installiert hat. Die Oma. Ich bin erstaunt. Sie ist enttäuscht, weil sie weniger Kassetten hat, als sie dachte. Dann, mitten in unser Schweigen, knallt eine leere Kassette auf den Boden, wir beide sind zutiefst erschrocken und verständigen uns darüber – in Mark und Bein sitzt uns der Schreck – wir hatten ganz intensiv darüber gesprochen, daß Hanna immer wieder an Nase, Fingern oder Tropf puhlt. Auch als die Mutter da war, sei eine Kassette runtergefallen, die habe auch einen Schreck fürs Leben bekommen, sagt Hanna. Ich spreche sie auf die Mutter an, ob sie da war. Ja. Ich frage Hanna, ob es ihr helfe, daß die Mutter jetzt etwas für sich tue. Sie schweigt und sinnt nach. Ja, sagt sie, sie habe den Eindruck gehabt, immer wenn sie weg gewesen war, sei es zu Hause ganz schlimm gegangen zwischen Vater und Mutter: Messerstecherei, die Mutter habe die Glastüre eingetreten und so ... Ich sage, du meinst, du hast wie ein Prellbock zwischen Vater und Mutter gewirkt.
Sie schweigt und sinnt nach. Ich frage sie, ob sie traurig sei. Sie spricht von den Eltern. Sie spricht von der Ungeduld der Mutter, wenn sie nicht gleich alles nach ihrem Willen bekomme. Eine

Szene: gestern abend mußte die Mutter zurück in die Psychiatrie. Die Tante bot ihr an, sie mit dem Auto hinzufahren. Weil das Auto aber nicht unmittelbar vor der Haustür geparkt war, sei die Mutter unwirsch aufgebrochen und schließlich zu Fuß gegangen. Die Tante habe sich dann darüber sehr aufgeregt, und Hanna wurde in diese Aufregung und Diskussion, wie sich die Mutter verhalten habe, und ob sie nun auch gut nach Hause komme, verwickelt worden. Hanna ist emotional auf der Seite des Vaters und lacht plötzlich: Es ist ein fröhliches Lachen, und sie sagt, sie habe ein Geheimnis, das dürfe sie nicht mitteilen, das habe sie versprochen. Ich sage ihr, daß das o.k. ist, ich wisse ja, daß es um etwas Schönes gehe, das hörte ich an ihrem fröhlichen Lachen.

14.9.83 Es wird ja Zeit, daß wir die Blumen austauschen

Ich finde Hanna nicht im gewohnten Zimmer, dort liegt jetzt ein Baby an Schläuchen. Im neuen Zimmer ist Hanna wohlauf. Als ich ihr die Blumen bringe, sagt sie: Es wird ja Zeit, daß wir die alten austauschen, und reicht mir die Vase mit den zwei verwelkten Blumen. Ich freue mich über die Selbstverständlichkeit, mit der sie die Blumen von mir erwartet und annehmen kann. Ich gehe auf das neue Zimmer ein und Hanna sagt, das kleine Tonbild habe sie im anderen Zimmer vergessen. Ich biete ihr an, es zu holen. Sie sagt mir, da sei ein Säugling in dem Intensivzimmer, da dürfe ich nicht rein. Ich sage ihr, daß ich den Säugling schon gesehen habe. Sie möchte gern selber die Schwester bitten, das Bild zu holen. Genau in ihrem Blickfeld ist ein Poster von einem Leoparden mit aufgerissenem Rachen. Ich bin erschreckt und sage es ihr. Ich frage sie, ob sie das toll findet, und sie sagt, es sei gräßlich, ich solle es abmachen. Als ich das Leopardenbild abmachen will, sagt sie mir, nein, nicht das! und zeigt auf das danebenhängende Poster von Nena, das sie in mehreren Bildausschnitten auf einer Beatveranstaltung zeigt. Diese Tussi sollen Sie abhängen! Ich bin verdutzt und registriere, wie sehr Hanna offensichtlich mit ihrer Weiblichkeit im Konflikt ist. Ich nehme es wahr, ohne es schon auszusprechen.[11]
Als dann eine Schwester kommt, sagt Hanna ihr, daß wir das Bild

11 Vgl. Khan, M., »Mit Augen hören«, 1971, in: 1977, 293-312.

abgehängt haben und zeigt ihr, wo es liegt, damit sie es für diejenige, die zuvor in dem Zimmer war, mitnimmt. Die Schwester sagt, das sei doch egal, das interessiere die so und so nicht. Ich erinnere Hanna an ihr Bild, das sie ja interessiere. Ich gehe der Schwester nach und bitte sie um das Bild. Sie bringt es und gibt es mir sehr liebevoll. Ich erzähle Hanna, daß die Schwester genau wußte, daß das Hannas Bild ist und daß sie es mir sehr zärtlich übergeben habe. Hanna ist erstaunt und fragt genau, welche Schwester das war, ich schildere sie ihr, wobei mir schmerzlich auffällt, daß ich die Schwester nur durch ihre fülligen schwarzen Haare charakterisieren kann und damit Hanna wegen ihres nahezu kahlen Kopfes sicherlich schmerzlich treffe. Trotzdem kann Hanna innerlich mitvollziehen, welche Schwester es war, und diese Gefühlsqualität steht im Zusammenhang mit dem kleinen Tonbildchen. Als ich das Bild aufgehängt habe, versinkt Hanna in Schweigen und sagt dann auch, daß sie ganz weg sei. Ich frage sie, wo, ob es etwas Schönes sei, woran sie denke. Sie sagt, sie denke an die Freundin, deren Eltern geschieden seien. In den Ferien auf Kreta, woher das Bild ja stammt, sei zum erstenmal die neue Freundin des Vaters mitgewesen, ... aber es ist ja gut gelaufen, sagt sie traurig. – Das Bild erinnert Hanna nicht nur an etwas Schönes: das Meer, wie sie es in Holland erlebt und wovon sie mir erzählt hatte, sondern auch an ihre Sorge um die Eltern, die ja in Scheidung sind. Trotzdem repräsentiert das Bild eine Kontinuität, die Hanna im Äußeren wahren kann, bei all diesen Umzügen, gegen die sie sich nicht verwahren kann.
Sie spricht heute nicht viel, häutet zärtlich ihre Hand und cremt sie ein. Sie sagt, daß sie das Schweigen wie verschenkte Zeit empfinde. Ich frage sie, ob sie nur mit mir schweigt oder auch mit anderen. Schon auch mit anderen, sagt sie, aber mit mir finde sie die Zeit dann verschenkt. Ich frage sie, ob ich die Zeit für sie füllen soll, indem ich ihr etwas erzähle. – Aber das ist es ja gerade nicht, was sie sich wünscht, mit mir kann sie von sich sprechen. Sie möchte aber auch von sich schweigen, ohne daß sie mich dabei verliert, also bei sich sein, denke ich.
Ich spreche ihr Schweigen von gestern an, das sie ja einhalten mußte, weil sie ein Versprechen gegeben hatte. Sie lacht nun und erzählt, daß die Tante einen neuen Freund habe, den sie komisch finde, er passe äußerlich nicht zu ihr. Die Tante fahre nun nach Moskau und habe sie für das Frühjahr dorthin eingeladen. Hanna

erzählt ruhig, daß sie eher zur Meinung der Mutter neige, die etwas gegen die Politik der Russen habe, während die Tante ganz begeistert von der UdSSR sei. – Offensichtlich sucht die Mutter ihren Vater: den unbekannten Amerikaner in den USA, wohin sie nie gefahren ist!, während die Schwester des Vaters etwas (?) in der UdSSR sucht. – Ich sage Hanna, daß es vielleicht eine recht weite Reise sei bis nach Moskau, und daß wir froh sein können, wenn sie bis zum Frühjahr die nahe Reise nach Hause schafft. Die Tante habe ihr damit vielleicht sagen wollen, daß sie sie nicht vergessen werde in der UdSSR. Hanna stimmt zu.

15.9.83 Ein Keks mit Tee

Hanna sitzt im Bett und ißt eine Brühe, ruhig und genüßlich, Löffel für Löffel. Sie ist munter und bittet mich, die Balkontüre weiter zu öffnen. Ich tue es und frage sie, ob sie den Wind auf der Haut spüren kann. Es ist heute ein schöner, warmer Herbstwind. Nein, sagt sie. – Ich habe Sorge, ob sie sich bei dem luftigen Wetter nicht erkälten könnte, aber sie ist nicht fiebrig, sie ist einfach aufgeräumt und munter.

Sie bastelt an einer Katze aus Wolle. Eine wunderschöne goldgelbe Ente hat sie fertig gebastelt. Sie zeigt sie mir, wir jubeln beide über dies strahlende Wuscheltier. Hanna ist gut aufgelegt, und während wir sprechen, bastelt sie an ihrem Wolltier weiter. Es ist sinnfällig, wie sie ihr Spiel spielt. Ich sitze mit ausgestreckten Beinen entspannt und wohlig dabei, wie eine Mutter, die ihr Kind, das sein Spiel spielt, genüßlich wohlwollend betrachtet.

Wir machen heute unseren ersten Spaziergang, sage ich. Ich weiß, wie gern sie spazieren geht, daß sie philobatär ihre seelische Leere füllen konnte, draußen in der Natur. Ich will gern auf den Balkon, vielleicht im Rollstuhl, sagt sie, einer schiebt den Tropf und einer schiebt mich in meinem Rollstuhl. Oder vielleicht schiebe ich selber den Tropf und jemand schiebt mich. Wir sprechen und spielen ihre Wünsche ganz ausführlich durch, sind quasi draußen auf dem Balkon. Dann erzählt sie, daß sie sich heute morgen selbst gewaschen habe, vom Bett aus bis zum Waschbecken mit ihrem Tropf gegangen sei und erstaunt über sich selber gewesen sei. Sie strahlt, als sie mir davon erzählt. Dann sagt sie, sie hoffe, daß sie jetzt wieder essen könne. Sie zählt mir nun die Wunschliste ihrer Lieblingsessen auf, die sie aufgeschrieben hat: Hackbraten mit Zwiebeln von der Gaststätte am Dünsberg in F. steht an erster Stelle, dann kommt Hackbraten von Mc Donald's ..., ich kenne diese Gaststätte vom Vorbeifahren, wenn ich zum Dünsberg fahre. Dann spreche ich von der Gleiburg, die ich vom Zimmer aus heute sehen kann, und plötzlich sitzt Hanna aufrecht im Bett und schaut voller Neugier auch nach der Burg. Ich bin ganz verrückt vor Freude, wie sie so lebendig und wach neben mir sitzt, voller Selbstverständlichkeit. Ich sage es ihr, und sie freut sich mit mir. Wir schauen beide aus dem Fenster auf die Gleiburg, und ich sage ihr, daß ich daneben in L. wohne. Sie erzählt mir vom Vetzberg, den wir beide nicht sehen können, aber die Richtung versuchen wir zu orten. Den Dünsberg können wir nicht sehen, wir vermuten ihn hinter einer Tanne, die vom Fenster aus zu sehen ist. Jetzt habe ich den Wind im Gesicht, ruft Hanna plötzlich, und streckt sich mit geschlossenen Augen wohlig strahlend in ihre Kissen.

Wir wandern heute gemeinsam draußen. Hanna ist lebendig und voller Hoffnung. Dann spricht sie von Keksen und Schokolade, die sie geschenkt bekommen hat, obwohl jeder wissen mußte, daß sie absolut nichts essen konnte. Sie war sehr enttäuscht darüber, obwohl sie sich gleichzeitig eben über die Geschenke gefreut hatte. Es stellt sich heraus, daß die Tante z. B. ihr regelrecht die Schokolade wegfraß. Sie fragte, Hanna kann ich mir ein Stück nehmen, und, sagt Hanna, dabei hatte sie schon 4 Stück in der Hand! Sie habe es der Tante gesagt. Nun spricht Hanna davon, daß sie ja vielleicht bald wieder einen Keks werde essen können. Ich ermuntere sie, daß sie alles probieren könne, worauf sie Lust hat. Plötzlich holt sie sich mit zitternden Händen die Keksschachtel aus dem Nachttisch und öffnet sie, voller Ungeduld und voller Gier, aber wohl auch voller Angst, es könnte schiefgehen. Sie bemerkt selber, daß ihr die Hände zittern (aber die Hände zittern ihr immer, was ihr nicht bewußt zu sein scheint), und packt einen Keks aus, knabbert daran, lutscht sich die Schokolade von den Fingern. Ich begleite ihre genüßliche Erkundung zärtlich ermunternd: sie strahlt und bestellt sich einen schwarzen Tee. Ich bewundere dich, daß du weißt, wie man etwas genießen kann. Sie sagt, es ist wichtig, daß ich den Keks nicht hinunterschlinge und ihn dann vielleicht erbrechen muß, sondern daß ich einen Tee dazu trinke, einen schwarzen Tee, weil mir Pfefferminztee und Kamillentee aus dem Hals hängen. Hanna legt den Keks solange sorgfältig auf eine Untertasse und liegt selig wartend in ihren Kissen. Der Tee wird ihr gebracht, er ist kochend heiß. Ich schütte ihn zwischen zwei Tassen hin und her, um ihn abzukühlen. Dann sagt Hanna, jetzt ist es aber genug, und schlubbert ihn Schluck für Schluck und knabbert ihren Keks dazu. Sie leckt sich die Lippen, sucht jeden Schokoladenkrümel zwischen den Zähnen, jeden kleinen Krümel, der auf ihren Schlafanzug fällt, stopft sie, als wäre es ein Riesenbrocken, genüßlich in den Mund. Sie hat 3 Wochen lang nichts essen können, und nun wagt sie es, sich etwas zu gönnen. Die Tante kommt, geht aber meinetwegen wieder. Ich bleibe so lange, bis Hanna ihren Keks gegessen hat. Zwischendurch nimmt sie ohne Probleme ihre Tabletten ein. Hanna bietet mir einen Keks an: ich muß Ihnen ja auch was anbieten, sagt sie. Ich sage, daß ich beteiligt sei an ihrer Freude und an ihrem Genuß und deshalb keinen Keks brauche. Sie sagt glücklich, da sind Sie aber die erste, die das sagt und verwahrt ihre Keksschachtel. – Alle anderen essen ihr wohl eher alles weg, keiner begleitet sie bei ihrer Selbstbefriedigung, und beläßt ihr ihre Gefühle, spiegelt sie. Das ist es, was sie braucht, wozu sie mich braucht. Ich bin voller Freude, und auch Hanna ist zufrieden mit sich. Ich soll am nächsten Tag um 12.00 Uhr kommen. Dann kommen Sie zwar während des Essens, sagt sie. Da kann ich dich ja wieder begleiten, sage ich.

Diese Stunde ist ein herrliches Beispiel für das Mitagieren bei psychosomatischen Patienten, das eben keinen negativen Aspekt darstellt, vielmehr geht es im Lorenzerschen Sinne um das unmittelbare Zusammenspiel mit dem Patienten, das dann in Sprache gefaßt wird und dadurch dem Patienten symbolisch verfügbar wird.[12] Ich mache mit Hanna Gebrauch von dem psychoanalytischen Setting im stationären Feld: der Patient liegt, der Analytiker sitzt. Allerdings können beide sich anschauen, was sinnfällig in der Bearbeitung früher psychosomatischer Störungen ist und dem Lächelspiel zwischen Säugling und Mutter entspricht. In meinem Gesicht spiegelt sich Hanna im wörtlichen Sinne und erlebt dabei ihre Gefühle in geteiltem Gewahrsein. Gemeinsam

12 Lorenzer, A., *Sprachzerstörung und Rekonstruktion*, Ffm. 1971[5], darin: Kapitel VI, 195-229.

fädeln wir die bestimmmte Interaktionsform in Sprache ein: ›das Kind bekommt einen Namen‹.[13] Das unmittelbare Zusammenspiel wird in das allgemeine Bezugssystem ›Sprache‹ eingefaßt und damit dem Bewußtsein zugänglich und verfügbar, auch jenseits des situativen Kontextes. Der Sprachspielraum schafft Handlungsspielraum.

16.9.83 Frau M.: Das Geheimnis

Frau M., die Tante von Hanna, die Hanna bei mir in der Ambulanz angemeldet hatte, verließ im Krankenhaus immer fluchtartig das Zimmer, wenn sie mich sah. Heute erzählt mir nun Frau M., die um ein Gespräch in der Klinik bei mir gebeten hatte, weil sie meinte, mit Hanna einiges falsch zu machen, daß sie sehr eifersüchtig auf mich sei. Sie habe die Familie, die sich in alles reinhänge, dazu gebracht, daß Hanna und ich die Stunde für uns haben, daß sie aber eifersüchtig sei, genauso wie die anderen. Das hätte sie von sich nicht gedacht. (So hat sie – was ich später erfahre – Hanna heute morgen Brote mitgebracht mit selbstgemachter Wurst, was sofort wieder zum Erbrechen führte, weil die Wurst viel zu fett war. Damit wollte Frau M. offensichtlich den Keksgenuß übertrumpfen.) Sie fühle sich Hanna sehr ähnlich und leide darunter, wahrzunehmen, wie sehr sich in ihrer Familie alles wiederhole. Wie sehr die Ehe des Bruders der der Eltern gleiche. Ich zeige ihr, daß sie mehr auf die anderen schaut und dabei sich selbst nicht wahrnimmt, denn sie ist es doch, die es geschafft hat, die Familie zu verlassen, eine Psychotherapie und ihre Ausbildung zu machen, und die jetzt vor ihrer großen Reise in die UdSSR steht. Sie kann die Freude spüren, aber nicht genießen. Die Reisevorbereitungen gestalten sich fahrig: ob die Tochter mit kann oder nicht, wann die Fahrt losgeht, alles ist ungewiß. Frau M. teilt mit ihrer Tochter nicht die Unruhe und Ungewißheit, in der sie ja selber steckt, sondern behandelt die Tochter (5½ Jahre) irgendwie »richtig«. – Ich habe die Vermutung, daß das Kind sie eigentlich stört, wie Hanna ihre Eltern störte, also eigentlich unerwünscht ist, sie das aber mit Überfürsorglichkeit übertönt. –

13 Vgl. Sanders Konzept des »Shared awareness«, in: Köhler, L., 1982, 828-840.

Ich frage sie, ob sie nicht ganz schön sauer auf Hanna sei, die sie ja schließlich in die Familie zurückgezogen habe, so daß sie wieder mit Mutter und Vater, denen sie an Hannas Bett dauernd begegne, konfrontiert sei. Ja, sagt sie, das habe sie in ihrer Therapie ganz reingerissen. Aber das mit Hanna, das habe sie sich nicht zu denken gewagt, ... aber zu fühlen, ergänze ich. Sie nickt. – Das ist offensichtlich das Geheimnis: Hanna ist ihr lästig, sie erkennt sich in ihr wieder, und fühlt sich verpflichtet, sie aus der Familie zu retten. – Ich sage ihr, daß Hanna sie nicht in Moskau besuchen kann im Frühjahr, daß sie da wahrhaftig sein müsse mit Hanna. Sie selber könne die Reise für sich genießen und Hanna daran beteiligen, wenn sie ihr davon erzählt. Das leuchtet ihr ein, es sind ihr aber absolut neue Gedanken.

Das Gespräch dauert 20 Minuten, ich hatte diesen Rahmen gesteckt, weil es ja keine therapeutische Behandlung war, vielmehr ein Beratungskontakt. Frau M. spricht sehr schnell und gedrängt, der Kontakt zwischen uns ist gut. Sie geht irgendwie abrupt. Trennungen, nein, *Nähe* und *Beziehung* scheinen für sie etwas Traumatisches zu sein.

16.9.83 Eine erste Rundfahrt auf dem Balkon

Im Zimmer herrscht unglaublicher Trubel: Frau M., Hannas Mutter, die ich an der Ähnlichkeit mit Hanna erkenne, und Frau M., die Tante, sind anwesend. Die Mutter fragt, wann sie wiederkommen solle, sie schaut mich nicht an. Ich stehe rum und warte. Auch Hanna begrüßt mich nicht. Ich stelle mich dann Frau M. vor: Ich bin Frau von Vietinghoff-Scheel aus der Psychosomatischen Klinik, ich nehme an, Sie sind die Mutter von Hanna. Frau M. sagt lapidar, ich habe schon von Ihnen gehört, und wendet sich wieder Hanna zu, um mit ihr eine offensichtlich wieder vorhandene Überschneidung der Besuche zu besprechen.

Als alle gegangen sind, explodiert Hanna: nie könne sie sich auf ihre Mutter verlassen. Sie habe sie gebeten, um 15.30 Uhr zu kommen, nach mir und der Schwester. Die Schwester und die Mutter dürften sich nicht begegnen, nicht bei ihr hier im Zimmer, sie seien wie Hund und Katze. Die Mutter kann sich nicht auf Hanna einstellen, sie ruft nicht an, wenn sie nicht kommt oder

kommt einfach später. Ich sage Hanna: die Mutter provoziert immer, daß du sie ablehnst und dann schließlich wegschickst, sie kann wohl nicht anders. – Ich sage ihr freilich nicht, daß die Mutter damit ihre Ablehnung des Kindes schuldhaft wiederholt, indem sie sie ins Gegenteil verkehrt, und das Kind nun scheinbar sie ablehnt. – Hanna ist wütend und rasend vor Hilflosigkeit in ihrem Bett. Sie brauche die Zeit, um mit der Schwester zu sprechen, die mit einem geschiedenen Mann ein Verhältnis habe, und beide hätten einen Plan ausgeheckt, wie man die Familie, die sich da ganz reinhänge, ablenken könne, indem man vortäusche, sie habe einen jüngeren Freund.
Ich bekomme Kopfweh, sage es Hanna und frage sie, ob sie noch mit der Mutter beschäftigt ist. Sie bestätigt das. Sie hätte einen schönen Morgen gehabt, habe sich wohlgefühlt, jetzt sei sie verärgert und alles sei hin. Ich frage sie, warum das gute Gefühl von heute morgen nun durch dieses Durcheinander kaputt gehen sollte. Hanna sagt schließlich vor sich hin, sie werde es der Mutter einfach sagen, sie werde ihr sagen, daß sie wiederkommen solle. Ich ermutige Hanna dazu, ohne Umwege, unverhohlen, der Mutter zu sagen, was sie brauche, denn es zähle nur ihr Wohlergehen, sonst nichts. Rücksicht habe sie lange genug genommen.Hanna sagt: Ich mag sie, aber manchmal ... – ... könntest du sie auch zum Teufel jagen? sage ich. ... Ja, sagt Hanna. Die Mutter provoziere immer Ablehnung, das sei so unerträglich. Sie könne sich einfach nicht auf Vereinbarungen einlassen.
Dann spricht Hanna vom Essen: Sie habe lustvoll Kekse gegessen, und es sei auch gut gegangen. Nachts hatte sie Schmerzen, aber erst morgens nach dem Wurstbrot der Tante, schwere fette Hausmannswurst – Hanna schmunzelt genüßlich –, da mußte sie erbrechen, aber das habe ihre Laune nicht getrübt. Erst die Mutter, die ihren Besuchsplan nicht respektierte, habe sie ärgerlich gemacht. Die Kekse seien ihr bekommen, aber es sei eine Hektik wie zu Hause gewesen, keine Ruhe beim Essen. Als ich sie frage, wie denn zu Hause gegessen wird, kann sie sich nicht erinnern, wann sie das letztemal zu dritt zusammen gegessen haben. Sie wundert sich darüber, daß sie daran keine Erinnerung mehr hat, so lange sei sie nun schon im Krankenhaus. Sie weiß nur, daß die Mutter in der letzten Zeit bis nachmittags oder sogar abends mit ihren Tabletten im Bett gelegen habe und deshalb sie und die Schwester sich nach der Schule ihr Essen gemacht haben.

Sie erzählt von blauen Flecken, die sie und die Tante heute morgen im verhängten Himmel gesucht haben und zeigt mir, daß sie von ihrem Bett aus genau in das Stationszimmer der HNO-Klinik schauen kann, wo sie als Praktikantin gearbeitet und nach ihrem Unfall dann gelegen hatte. – Es ist richtig unheimlich, wie sich die Orte verweben ... scheinbar unter Hannas Regie. Tatsächlich versucht sie, die *Kontrolle* zu behalten, und ist doch Spielball: Man benutzt sie als Vertraute und Beraterin für kitzlige Geschichten, was ihr natürlich gefällt. Offenbar gibt ihr das das Gefühl, am Leben beteiligt zu sein, selbst wenn es nur die Sensationen der anderen sind.

Ein Mädchen, Beate, kommt ins Zimmer und stellt sich an das Fußende des Bettes. Hanna begrüßt sie: sie habe die gleiche Kette wie Beate. Das Mädchen kann jetzt für 14 Tage nach Hause, sie ist dünn und hager. Sie fragt Hanna, wie es ihr geht. Zwei Todkranke unterhalten sich als Spezialisten ihrer medizinischen Behandlung. Auf mich wirkt das grauenhaft, diese Nüchternheit und Expertenhaftigkeit unter Ausschluß der Gefühle. Ich sitze dabei und sage nur einmal, als Hanna sagt, wer weiß, ob es nach der Bestrahlung nicht wieder bergab geht, warum denn! Im Nebensatz sagt Hanna dem Mädchen, daß sie gestern auf dem Balkon war.

Als das Mädchen weg ist, spreche ich voller Erstaunen an, daß Hanna mir nicht von ihrer Balkonfahrt erzählt hat. Sie sagt strahlend: Es war kalt, aber wundervoll. Wir hatten gemeinsam diese Phantasie ausgeheckt, daß Hanna den Tropf fährt und jemand Hanna mit ihrem Rollstuhl, und sie hat sie unmittelbar mit der Tante umgesetzt. Ich frage sie lachend, warum sie mir das Schöne nicht erzählt. Sie lacht mit mir.

Ja, warum vergessen diese Menschen das Schöne! Ich kann es mir nur selber beantworten; Hanna ist heute dafür noch nicht zugänglich. Diese Menschen haben nie einen empathischen Partner in ihren Glücksgefühlen erlebt. Sie gingen ins Leere, wenn sie sich freuten, so daß sie keine Erinnerung an ihr Wohlgefühl, an schöne Erlebnisse haben. Der Schmerz des Alleinseins im Moment der Selbstbefriedigung ist unendlich viel größer, als der körperliche Schmerz des Krankseins, über den sie sich mitteilen können, weil sie damit andere für sich interessieren können; für sich: d.h. für den kranken Körper.

Auf dem Flur spreche ich Dr. L. an, die Oberärztin, die von

meiner Gegenwart auf der Station noch nichts wußte. Das ist ja gemein, ruft sie aus. Wir verabreden ein gemeinsames Gespräch über Hannas medizinischen Befund und sie fragt mich, ob ich bereit wäre, auch mit Maria, 20 Jahre, Herztumor, zu sprechen: Die bräuchte Sie auch dringend, sagt sie. Ich stimme zu.
Wir kennen uns aus der Balintgruppe, die ich 1981/82 geleitet hatte.[14] Wir kennen uns und wissen nur zu gut um unser unterschiedliches Verständnis von Krebserkrankung und Krebsbehandlung. Frau Dr. L. vertritt als Onkologin eine rein somatische Sichtweise von Krebs. Für sie ist Krebs das Böse und medizinische Krebstherapie der Kampf gegen das Böse. Ich meine demgegenüber, daß es darum gehen muß, den Krebs zu entpathologisieren und statt ihn heilen zu wollen, den Menschen in seiner Lebendigkeit trotz Krebs zu achten und zu begleiten. Wenn Frau Dr. L. mir einen ihrer Patienten ans Herz legt, muß es ein Todeskandidat sein, schoß es mir durch den Kopf, als ich sie sagen hörte: Maria, die bräuchte Sie auch dringend. Spontan erinnerte ich mich an die Fallbesprechung von Michael[15]. Oder aber Maria mußte eine jener Patienten sein, an dem zwar die Bekämpfung des Krebses geglückt ist, aber die Eltern ohne krebskrankes Kind zu dekompensieren drohen. Dabei kam mir das Ehepaar X., das Dr. L. mir überwiesen hatte, in den Sinn.[16] Ich wußte aus der Balintgruppenarbeit nur zu gut, daß die Lebendigkeit der Krebspatienten trotz Krebs das Problem der Krebsbehandler ist, weil sie in der Empathie für sich selbst gestört sind. Die Arbeit mit Hanna zeigt mir das erneut. Dennoch stimmte ich zu, Maria zu sprechen. – Dann kam Frau S. auf mich zu: Ich habe gehört, daß Sie psychotherapeutisch mit Hanna arbeiten. Meine Tochter ist 20 Jahre, sie hat einen Herztumor, sagt sie und unser Problem ist, daß Maria ihre Krankheit überleben wird. – Ich erschrak zutiefst über diesen Zynismus ... (vgl. Teil 2, 276 f.).

14 Siehe 1991b, S. 392 ff.
15 Siehe 1991b, S. 423-431.
16 Siehe 1991b, S. 438 f.

17.9.83 Samstag ... müde

GÜ: Ich bin etwas in Druck, weil es für mich nicht ganz einfach ist, den Besuch auf Station mit meinen Samstagsgepflogenheiten, Markt etc., zu vereinbaren. Ich hatte aber die klare Entscheidung getroffen, Hanna auch samstags zu besuchen und ruhe mich vorher still in der warmen Herbstsonne aus, so daß ich in innerer Übereinstimmung mit mir auf Station gehe. Ich bringe Hanna zwei Blumen und eine kleine Steckspieltonne mit. Wir hatten von dem Denkwürfel gesprochen und mir war dabei diese Tonne als Bastelspiel eingefallen, die ich zu Hause hatte. Hanna legt gleich los, aber ich sage ihr, daß sie vielleicht enttäuscht sein werde, wenn sie im jetzigen Zustand nicht mit beiden Händen das Spiel werde spielen können. Irgendwie ärgere ich mich über mich: Ich hatte ihr das Spiel versprochen, erst dann entdeckte ich, daß sie mit der geschienten Hand vielleicht nicht zu Rande kommen und vielleicht wütend werden würde auf mich, wenn ich ihr so ein kniffliges Spiel zumutete. – Hanna spielte und ich schaute ihr dabei zu.
Dann bekam sie Spritzen und wurde müde. Sie hatte gegessen und ein fettes Kuchenstück stand auf dem Nachttisch. Ich sprach von der schönen Herbstsonne heute und erzählte ihr, daß ich draußen im Café gesessen hatte, aber daß es schon kühl war. Ich plapperte einfach weiter, ich hätte die Plastiktüte, eine hübsche grüne Tüte, auf die ich mich gesetzt hatte, schließlich im Café vergessen ... .Hanna sagt, wenn jetzt die Sonne draußen scheint, brauche ich ja die Sonnenblumen als Sonne im Zimmer, wie Sie es genannt haben, nicht mehr. Ich verstehe sie so, als lehnte sie die Sonnenblumen (ich denke wohl: die Tante) ab und rücke den Strauß so zurecht, daß sie sehen kann, daß der Strauß neben den schon welken immer noch wunderschön frische Sonnenblumen enthält. Aber ich hatte sie wohl mißverstanden – die Sonne draußen schien ihr offenbar verläßlicher als die Blumen – Sonne, die verwelkt, bzw. die Tante, die verreisen wird ...
Hanna will, daß ich erst Montag wiederkomme. Es entlastet mich, nicht sonntags in die Stadt fahren zu müssen. Ich sage ihr von mir aus, das Ende der Stunde am Montag: 13.20 Uhr, weil ich dann wieder einen Patienten habe, und sie sagt mir den Beginn: 12.30 Uhr. So timen wir gemeinsam unsere Stunde.

19. 9. 83 Übers Sterben reden oder sich an der Lebendigkeit freuen

GÜ: ich bin glücklich und innerlich fröhlich, unbeschwert und ausgelassen und ertappe mich, bevor ich zu Hanna auf Station gehe bei dem Gedanken, ob ich es nicht wahrhaben will, daß sie sterben muß, ich sie nicht loslasse, sie quasi zum Leben zwingen will in dem Sinne der Selbstobjektgegenübertragung wie Köhler sagt: der Therapeut wolle sich als guter Therapeut – gute Mutter – erleben, und dafür müsse der Patient sich bessern. Oder spreche ich Hanna nur mit meiner Lebendigkeit an, und sie antwortet mir mit ihrer verborgenen Lebendigkeit, ihrem wahren Selbst? Vor der Klinik hüpft mein Herz vor Freude, ich freue mich auf Hanna, sehe sie vor mir und kann mir meine Vorfreude auf unsere Begegnung eingestehen. Zudem bin ich gespannt, wie sich das erste Wochenende der Mutter zu Hause auf Hanna auswirken wird.

Ich komme vor Hannas Zimmer an, es sind noch zwei Minuten Zeit, und ich sehe unter der Tür durch den Vorhang hindurch Kinderschuhe am Bett stehen. Ich frage, ob Hanna wieder verlegt worden sei. Nein, ein Kind sei mit ihr im Zimmer. Ich weiß, wie sehr Hanna es genießt, allein zu sein, und daß sie dagegen ankämpfte, daß man ein anderes Kind in ihr Zimmer legen wollte, um sie abzulenken. Ich finde die Situation ärgerlich, weil auch unser beider Gespräch, das der Intimität bedarf, durch einen Dritten unmittelbar behindert ist. Nun, das ist Klinikrealität!

Ich komme ins Zimmer. Hanna ist gut gelaunt und stellt mir ihre Zimmernachbarin vor: eine ca. 7jährige Ausländerin, die mit wuscheligem Lockenhaar, keck überschlagenen Beinen in meeresgrünen Cordhosen auf dem Bett liegt und entspannt und tief schläft. Dieses Kind soll Krebs haben!, denke ich. Hanna weiß nicht, welcher Nationalität das Kind ist, der Mann, der es brachte, wußte auch nicht sein Alter. Ich weiß davon, daß libysche Kinder medizinisch auf Station betreut werden und Eltern auch nicht-eigene Kinder mit nach Deutschland bringen, so daß sie dann nicht wissen, wie alt diese Kinder sind. Ich spreche Hanna auf sich an. Sie ist gerade dabei, mit Cola Tabletten, die so bitter seien, zu schlucken. Ich rede ihr gut zu, und immer mit dem Blick auf mir ruhend, bewerkstelligt sie die Tabletteneinnahme ohne bitteren Nachgeschmack. Sie ist darüber erstaunt und glücklich. – Metapsychologisch gesprochen: Ich biete ihr mit meiner Gegenwart eine Brücke zur Realität an, so daß sie nicht im Moment der Tabletteneinnahme in den malignen Dialog zwischen ihrer Körperrepräsentanz und der Objektrepräsentanz, die nur das böse Ende androhen kann, versinkt, sondern ihr Selbst mit mir real erlebbar das bittere Übel überwindet. Ich als Übergangsobjekt helfe verbalisierend und mit meinem Lächeln, daß Hanna ihren Körper anders erlebt und somit Szenen, in denen ihre Körperrepräsentanz positiv besetzt ist, implantiert werden können.

Dann sprudelt sie los: Schon morgens habe sie Pizza gegessen, die andere Hälfte von der, die sie gestern abend gegessen habe. Ich nehme erst jetzt wahr, daß sie nicht mehr am Tropf hängt, mir war nur aufgefallen, daß sie ihre Uhr wieder anhat. Nein, sagt sie mir fröhlich, seit ich wieder essen kann, brauche ich das nicht mehr. Sie fühlt sich gut und hat heute morgen mit der Tante auch ein Brötchen gegessen, jetzt trinkt sie Cola! – Der Magen, der eben noch mit dem Nichts kaum klar kam, wird nun total überfordert und keiner hat etwas dagegen. Ich bin empört. Das Kind nebenan wird von einem fremden Mann aus dem Schlaf gerissen. Obwohl es weint und sich sträubt, werden ihm Pommes frites und ½ Hähnchen und ein Kilo Weintrauben vorgesetzt. Das Zimmer quillt über von Essensgeruch. Hanna erinnert sich ihres letzten Hähnchenessens, das übel endete. Sie habe Hunger gehabt heute nacht und habe überlegt, ob sie die halbe Pizza essen solle im Dunkeln, dann habe sie doch Kekse gegessen, drei Stück, und das habe ihr gutgetan. Gestern abend war sie draußen auf dem Flur gewesen und eine Schwester habe ihr zugerufen, daß sie morgen den 100. Tag auf der Station sei. Spaßeshalber hat man ihr versprochen, daß sie bis 9.00 Uhr ausschlafen dürfe, und tatsächlich habe sie bis 9.00 Uhr geschlafen. Sie erzählt das strahlend.

Als sie draußen auf dem Flur gewesen sei, gestern abend, und ihre Pizza aß, habe eine Putzfrau ins Nachbarzimmer, wo ebenfalls eine 15jährige Leukämiepatientin liege, gerufen: Du bekommst Diät und Hanna ißt Pizza! Hanna ist empört, daß sie keine Diät bekommt. Ich bestärke sie darin, daß sie das mit den Schwestern anspricht, daß *sie* für ihr Wohlergehen sorgen müsse – sowie sie den ersten Keks mit Tee genüßlich Krümel für Krümel kostete und er ihr bekam. Sie erinnert sich an das erste Glas Milch, das sie

Schluck für Schluck in zwei Stunden geleert hatte. Sie sagt, sie habe das Gefühl, das Essen hamstern zu müssen. Ich sage ihr, daß es zwei Möglichkeit des Hamsterns gebe: im Nachtkastl oder im Bauch. Im Bauch habe es quälende Folgen, im Nachtkastl könne sie es *für sich aufheben, bewahren,* damit es ihr keiner stiebitze, und dann wohldosiert essen. Ich sage ihr, sie sei wie ein Neugeborenes: gestern noch am Tropf und heute Hähnchen! Wenn keiner sie schütze und auf sie achtgebe, müsse sie selber das tun. Sie sei die Expertin ihres Wohlergehens.
Sie erzählt, daß sie heute schon mit dem Fahrstuhl allein zur Blutabnahme gefahren sei, aber Kopfweh bekommen habe. Sie führt es auf das Fahrstuhlfahren zurück. – Ich weiß aus der Gegenübertragung, wann es Kopfweh gibt: Wenn sie Ärger und Wut unterdrückt. Ich frage sie deshalb, ob sie verärgert war. Ja, man habe gesagt, sie müsse allein runterfahren, weil keiner Zeit habe, und unten habe sie dann die Schwestern beim Frühstück gesehen, das hätte sie nicht verstanden.
Wir teilen den Jubel über Hannas Wohlbefinden. Sie erzählt von ihrer Mathematiklehrerin, die ihr heute von einer brustkrebskranken Freundin erzählt habe, die einfach leben wollte und alle Energien aufs Leben verwandt habe. Ihr sei dazu eingefallen, wie sie für die todkranken Katzen gebetet habe, und sie hätten überlebt. Daß die Lehrerin dann meinte, ihre Energien seien auf die Katzen übergegangen, das findet sie zuviel, das wolle sie der Lehrerin demnächst auch sagen. Ich sage, du hast auch alle Energien auf dein Leben verwandt, und es geschafft. Sie erinnert sich: Ja, als ich aufgestanden bin, um der Stinka das Stück Zucker zu holen, und es gar nicht gemerkt habe, daß ich gehen kann, bis ich dann wieder auf dem Stuhl saß! Und ich ergänze: Und dann hast du Schluck für Schluck von der Brühe gekostet und es ging, dein Magen machte mit, und du warst ganz erstaunt darüber. – Wir holen die Ernte unserer ersten gemeinsamen drei Wochen ein. Ich stärke sie narzißtisch, daß sie mitbestimmt hat, leben zu wollen. Sie sagt, ihre Leukozyten seien gestern auf 1600 (von 500) gestiegen, und jetzt gehe die Bestrahlung los. Sie wisse nicht, ob ihre Energie die Leukozyten oder die Leukozyten ihre Energie hervorgerufen hätten. Ich meine, das sei ein Wechselspiel, aber sie sei es, die ihr Leben in die Hand genommen habe. Wir teilen die unglaubliche Freude. Sie nimmt während des Gesprächs tapfer ihre Tabletten mit Cola, und immer wenn sie sie geschluckt hat,

schmatze ich, als wäre es was Gutes, was sie geschluckt hat und überbrücke ihr lächelnd das bittere Ende, den bitteren Nachgeschmack, den sie fürchtet, der dann aber tatsächlich ausbleibt. Das Wichtigste sei, daß sie jetzt wieder allein aufs Klo gehen könne, sagt Hanna, es wäre so peinlich gewesen, von dem Pfleger, der nur wenige Jahre älter sei als sie, auf den Topf gesetzt zu werden.

Hanna erzählt, daß Dr. X seit Freitag weg sei, sie habe fast geweint. Er war rauh, aber es sei unglaublich gewesen, wie dieser Mann die schreienden kleinen Kinder habe beruhigen können, als hypnotisiere er sie. Zunächst war er mit großer Mähne auf Station erschienen, sie habe sich aus der liegenden Perspektive hilflos gefühlt und ihn wie einen Riesen erlebt. Als er sie Freitag gefragt habe, wie es ihr gehe und sie gesagt habe: gut, habe er fast getanzt im Zimmer, so habe er sich gefreut. Daß man das auch mal von dir hört!, habe er gerufen. Hanna meint, vielleicht war er sogar traurig, daß er weg muß von der Station.

Wir rekapitulieren heute unsere gemeinsame 3wöchige Geschichte auf Station, das, was wir als Erinnerung gemeinsamen Erlebens angesammelt haben. Sie meint, jetzt müsse sie nur wieder laufen lernen, dann sei sie wieder fit. Freilich stehen jetzt gleich die Bestrahlungen auf dem Programm, die kalte Tour runter in den Bunker... davon hatten sie und Beate, die andere Patientin, am 16. 9. gesprochen.

Wir vereinbaren den morgigen Termin, und sie sagt, ich müsse dann auch so kommen, daß ich nicht wieder wegen ihrer Müdigkeit gehen müßte. Ich sage ihr, ihr Schlaf sei so wichtig wie meine Gegenwart. Sie sagt, ich solle um 13.00 Uhr kommen. Es ist wie immer, aber sie erfindet diese Vereinbarung immer wieder neu, überlegt. Jetzt sei allerdings die Schwester in Rom und störe nicht. Sie sei traurig und neidisch deswegen: Rom und Paris und ich! Du machst Ferien in G. Rom... Paris... Schwester hin oder her, du zählst, sage ich lachend.

GÜ: Meine Zweifel, ob ich Hanna nur nicht sterben lassen kann oder sie mit meiner Lebendigkeit eben zum Leben verführen will, statt über Tod und Sterben mit ihr zu reden, sind ausgeräumt. Meine Lebensfreude ist, was in der therapeutischen Behandlung von Psychosomatosen als Gegenübertragung gerade der Übertragung vorausgehen muß.

Wie Ferenczi sagt, haben ungewollte Kinder nie erlebt, daß man sich an ihrer Lebendigkeit freut, und deshalb reißt sie jeder Schnupfen an die Todesgrenze, was man dann fälschlicherweise Todestrieb nennt.[17] Diese Kinder sind unerwünscht und in ihrer Lebendigkeit ungeschützt. – Hanna kam von einem Tag auf den anderen vom Tropf zu Pizza und Cola, ohne daß jemand ihre Kindlichkeit wahrte, sie schützte und ihr vorsichtig das Richtige zu essen gab. Was für ein Hohn. Ihre Pseudoerwachsenheit wird respektiert, und man schafft sie sich damit vom Leibe. Sollte sie sich Pizza holen lassen von ihrer Familie! Statt daß man ihr Diät gibt und sich vielleicht ihr Meckern einhandelt. Tatsächlich würde sie die Fürsorge annehmen können, wenn man sie ihr ebenso sinnfällig erklärte, wie die medizinischen Maßnahmen. Aber bei ihrer Prognose scheint man zu denken: Was soll's. Welch ein Zynismus!, denke ich – das ist der Krebsholocaust. Ich fühle mich in der Selbstobjektfunktion als Fürsprecher ihrer Schutzbedürftigkeit, wobei ich *sie* zum Sachwalter ihres Selbst ernenne, ihres Wohlbefindens: daß sie im Nachtkastl hamstern soll, statt im Magen, wo dann alles steinschwer liegt und sie beeinträchtigt. Die frühe Mutter-Kind-Störung, die sich in der Essensproblematik bei leukämiekranken Kindern niederschlägt, ist jetzt auf dem Tisch. Aber ich folgte nicht meinem Impuls, auf Station eine Diät für sie zu fordern, was hieße, die Station in ihrem Verhalten Hanna gegenüber offen zu kritisieren und einzugreifen. Das wird die 15jährige für sich tun, wenn ich der Fürsprecher des Kindes in ihr bin, der seine Wünsche zu benennen wagt, damit sie sie dann für sich zu verwirklichen wagt.

20. 9. 83 Für sich sprechen ... die Diät fordern

Hanna setzt sich aufrecht ins Bett, tatendurstig, zeigt mir ihren Zeichenblock: sie hat eine ihrer Sonnenblumen gezeichnet. Es sei noch nicht der Ausdruck von ihr selbst darin, so daß das Bild ganz als ihrs zu erkennen sei, sagt sie. Sie habe keine Lust zu Spielen, die ihr die Kindergärtnerin aufschwätzen wolle, sie mache ihre Wolltiere und male lieber ihre Blume. Sie nimmt wieder

17 Vgl. Ferenczi, »Das ungewollte Kind und sein Todestrieb«, in: *Schriften zur Psychoanalyse* Bd. II, Ffm. 1982, 251-256.

ihre Tablette mit Cola, und ich spreche die Diät an: Sie hat vergessen, danach zu fragen. Ich sage ihr mein Entsetzen: sie müsse für sich sorgen, wenn keiner sie schütze. Sie habe sich auch gewundert, daß der Vater ihr gleich die Pizza geholt habe. Manchmal, sagt sie, wünsche sie sich jemanden, der ihr auch mal sage, wo es lang gehe. Ich sage, ich werde das tun, auch wenn du mir vielleicht böse bist, aber das werde ich verkraften. Dennoch werde ich nicht für dich auf Station die Diät fordern, das mußt du machen, aber ich unterstütze dich darin. Sie ist einverstanden.

Ich teile Hanna mit, daß ich Donnerstag mit Frau Dr. L. sprechen werde und mir auch ihre Befunde geben lassen werde. Später, wenn sie zur ambulanten Therapie zu mir kommt, könne sie mir die Befunde mitbringen, aber heute würde ich es für sie machen. Sie ist einverstanden. Sie sagt dann: Ich muß noch mal aufs Essen zu sprechen kommen, selbst wenn Ihnen das komisch erscheint. Sie esse gern und gut. Jetzt habe sie 42 kg und finde sich toll, sie könne sich in der Glastüre spiegeln. Aber sie habe immer einen dicken Bauch, als wäre sie schwanger, im 4. Monat oder so, das störe sie ganz gewaltig. Ich sage ihr, daß sie das Essen steuern könne, und wenn sie wieder mehr Bewegung habe, werde es mit dem Bauch vielleicht auch besser. Sie spricht davon, daß es jetzt draußen schon so kalt sei, wenn sie rauskomme, wisse sie gar nicht, was sie dann tun könne, außer im Zimmer zu hocken. Ich sage ihr, wie toll es sein wird, wenn sie wieder nach Hause kommt, daß sie dann mit einem dicken Mantel rausgehen könne. Ich bremse sie in ihrer pessimistischen »Wenn... dann-Sicht«, die sie wegen der ausstehenden Bestrahlung hat. Mittwoch soll es losgehen. Sie werden im Bus rübergefahren in den Strahlenbunker, es dauere immer länger und sei so kalt. – Ich habe die Phantasie, wie dieser Kinderzug, diese glatzköpfigen Kinder mit ihren aufgemalten Fadenkreuzen auf den kahlen Köpfen in den Krankenwagen verfrachtet werden, als ginge es in die Gaskammer, und ich habe die Phantasie, ich würde sie begleiten, sie fest in die Arme nehmen und nicht in die Kammern gehen lassen. – Sie soll 14 Tage lang bestrahlt werden, und in etwa 4 Wochen könne sie heim: Wenn alles gut geht..., sagt sie vorsichtig. Sie spricht wieder vom Essen. Heute nacht habe sie Bauchweh gehabt und habe ganz deutlich eine Stimme sagen hören: Du mußt bedachter und nicht so viel auf einmal essen... Und sie wisse nicht, ob sie

geschlafen habe und träumte oder nicht. Ich reagiere spontan und erfreut auf diese innere Stimme, die ihr gut zuredete. Sie kommt darauf zu sprechen, wie sie mit 13 Jahren mit den Großeltern an den Neusiedler-See fuhr. Dort habe sie mit den Großeltern in einem Zimmer geschlafen und gefürchtet – weil sie wußte, daß sie nachts im Schlaf spreche –, sie könnte ihre ganze Wut über die Großeltern ausplappern. Sie sei sehr unzufrieden gewesen. Zwar wurde sie mitgenommen, aber es waren alte Leute, sie interessierten sich für Landwirtschaft, der Großvater sei in jedes Gewächshaus gekrochen, und da er schwerhörig sei, gab es oft große Szenen, z. B. im Café, wenn es um eine Mark Wechselgeld ging ... Sie erinnert sich an eine Szene: als sie nach Hause telefonierte und das Geld nicht reichte, habe ihr der Großvater vorgehalten, was sie hätte sagen sollen ... Sie litt sehr unter der Einmischung der Großeltern, unterdrückte aber ihre Unzufriedenheit. Ich sage ihr – und verbinde in trauma-analogem Verstehen die Szene von damals mit der von heute nacht –: Beide Male sagt dir deine innere Stimme, was du fühlst und denkst. Aber du scheinst zu fürchten, wenn du das aussprichst, störst du den Frieden der anderen und stehst dann als Spielverderber da. Immerhin meinten es die Großeltern gut mit dir und nahmen dich mit in die Ferien, da konntest du schlecht sagen, was dir stinkt. Immerhin ist eine Pizza was Tolles ... Aber wenn du schweigst, verrätst du dich selbst. Hanna nickt. Das ist es ja, brav sein oder sie übersehen mich, und es gibt mich nicht, sagt sie. Das war früher so, heute könntest du deiner inneren Stimme folgen und deine Diät fordern. Ich glaube, ich verstehe, was Sie meinen, sagt Hanna, Pizza erst dann wieder, wenn sie mich nicht umbringt. Genau, sage ich lachend, Diät, um gesund zu werden und Pizza, um das Gesundsein zu genießen.
Wir verabreden uns für morgen 13.00 Uhr, obwohl sie wohl vormittags zur Bestrahlung muß.

Nachtrag 3
... Harmonie oder Nichtsein

Ich habe Hanna mit Worten von Fritz Zorn gesagt, was er über seine Sozialisationsbedingungen als Krebskranker in *Mars* schreibt: Er sei mit der Familiendevise »Harmonie oder Nichtsein«[18] »zu Tode erzogen worden«[19]. Damit kennzeichnet Zorn treffend die unempathische Umwelt des psychosomatisch Kranken. Kutter hingegen, der »die Basisstörung der Psychosomatosen« objektpsychologisch auf den Begriff »Sein oder Nichtsein«[20] gebracht hat, unterstellt auch den psychosomatisch Kranken nur wieder ödipale (resp. hamletische) Thronfolgerabsichten und mißversteht damit die primären Bedürfnisse dieser Menschen nach Achtung und Verstandenwerden durch ein spiegelndes Selbstobjekt als aggressiv-ödipale Triebimpulse. Q. e. d., das Amen des psychoanalytischen Credos.

21.9.83 Das Prinzip kennen wir nicht in unserer Familie

Ich komme früher als verabredet auf Station und begegne Hanna vor ihrer Türe: Zum ersten Mal stehen wir uns gegenüber. Sie ist eine kleine zierliche Person. Sie ist gerade unterwegs zum Kindergartenzimmer, um sich eine Schere zu holen. Ich gehe zunächst zu Maria, die aber zur Bestrahlung ist, und hinterlasse ihr ein Briefchen. Ich warte dann, um pünktlich bei Hanna anzukommen. Ich spreche noch mit dem Arzt über Hannas Diät und die Bestrahlung. Die Radiologen wollen die Bestrahlung nicht beginnen, weil sie nicht glauben, sie bei Hannas Zustand durchziehen zu können. Man streitet sich über die Behandlung.

Ich komme zu Hanna ins Zimmer, und sie bastelt an ihrem Papagei. Sie ist ratlos, ob die Vorlage der Kindergärtnerin die Flügel oder den Schwanz darstellt. Sie ist guter Laune, obwohl sie heute zweimal gestürzt ist. Die Knie versagten oder der Kreislauf. Einmal verlor sie die Balance, konnte sich aber auffangen, und das andere Mal, als sie mittags vom Tisch aufstehen wollte mit ihrem Tablett, um es ordnungsgemäß in die Küche zu tragen, schlug sie der Länge nach hin. Sie meint, daß sie nicht zwei Sachen auf einmal tun könne, sie müsse eher darauf achten, daß sie Halt finde. Sie habe einen furchtbaren Schreck bekommen, aber sich nicht getraut zu weinen, sondern gelacht, sie sei so verdutzt gewesen. Die Schwester brachte sie zu Bett. Es ist zuviel, daß du

18 Fritz Zorn, *Mars*, 1977, 28.
19 Ibid., 44.
20 P. Kutter, *Sein oder Nichtsein, Die Basisstörung der Psychosomatosen*, 1981, 47-60.

zugleich vernünftig dein Tablett aufräumen willst, statt erst mal für dich zu sorgen, sage ich. Aber das kennt sie nicht.
Etwas anderes habe ihr auch nicht die Laune verderben können, sagt sie stolz. Sie habe für die Tante einen Schal in braun und schwarz begonnen und die habe dann, als sie schon ein Stück weit gestrickt hatte, nur einen schwarzen Schal gewollt, sie habe sich geärgert, weil sie selber der Tante zu braun und schwarz geraten hatte und sie jetzt den Schaden habe. Überhaupt wünschte sie sich schwarze Wolle für eine schwarze Katze, aber was ihr nun bleiben werde, sei braune Wolle. Aber sie betont, ich habe die Laune nicht verloren, weil ich mich über den Matheunterricht so freue, ich habe tolle Erfolge mit Pythagoras und so. Die Mathelehrerin (Klinikslehrerin) habe sie heute morgen vor der Visite gelobt, das sei ihr zwar peinlich gewesen, aber sie sei so stolz, weil sie sich das selbständig erarbeite. In der Schule habe sie nach dem Unfall schnell aufgeholt und in Mathe den anderen sogar die Aufgaben gezeigt, aber keiner habe sie gelobt. Jemand habe gesagt, sie solle sich beim Lehrer beschweren. Aber, ergänze ich, daß du nicht gelobt wirst, kannst du nicht einklagen. Ja, sagt sie, die haben gemeint, ich solle mir Hilfe holen, aber Hilfe habe ich nicht gebraucht, nur Lob. Immer war alles selbstverständlich, die Hanna, die kann das, habe es geheißen. Ich fasse zusammen, was ich verstehe: Nur wenn es dir ganz dreckig geht, kümmert man sich um dich, und wenn es dir besser geht, hast du das Gefühl, alle sagen, Hanna kann das schon; keiner würdigt deine seelische Anstrengung, keiner lobt dich. Das Kind im Zimmer und sein Vater machen viel Krach, und Hanna sagt, das sei ein wenig rücksichtslos. Das Mädchen sei sehr lieb, aber lieber wäre sie allein. Wieder knüpfe ich an das an, was Hanna mir ganz zu Beginn der Behandlung sagte, man meine, man müßte sie ablenken, man bringe ihr Spiele, gestern hatte sie gesagt, man wolle sie beschäftigen, aber, sage ich, sie habe eine reiche Innenwelt, und das verstehe keiner. Ja, sagt sie, ich unterhalte mich gern, aber ich kann auch allein sein und träume mir dann Geschichten zusammen oder schreibe mein Tagebuch oder mache die Wolltiere, ich brauche keinen Fernseher. Ich sage ihr, sie habe die Fähigkeit, allein zu sein, die hätten nur wenige Menschen, das sei ihr Reichtum.
Sie freut sich über sich und genießt unser Gespräch. Sie strickt an dem Schal und ich sitze gelassen dabei: Sie spielt, und wir spre-

chen miteinander. – Ich frage nach der Diät. Sie wolle wissen, warum sie keine Diät bekam, als die Anke eine bekam. Sie fühle sich ungerecht behandelt. Es leuchtet ihr gar nicht ein, daß sie nun eine Diät braucht, um ihrem Bäuchlein gerecht zu werden. Ich sage, daß ich verstehe, daß es ihr nur um das Unrecht geht, aber es könne nicht nur darum gehen, sondern um sie, daß *sie sich* schützt durch sinnvolles Essen. Ich will keine Diät, sagt sie. Warum soll ich mich schützen, ich habe jetzt keine Magenschleimhauteintzündung mehr! Heute morgen, erzählt sie genüßlich, haben ich und die Tante 5 Brote und eine Dose Hausmacherwurst miteinander verputzt, die Rinderbrühe mittags konnte ich dann nicht essen. Ich sage, daß das unvernünftig ist. Warum denn!, schreit sie auf, ich will Wurstbrote essen, die Tante hatte schon 10 Magenschleimhautentzündungen und ißt auch Wurstbrote! Aber du brauchst nur 1 Magenschleimhautentzündung zu haben, jetzt kannst du es steuern, wie es dir geht. Jetzt weißt du, daß deine Familie dir alles mitbringt, was du willst, du hast das ausprobiert, sogar eine Pizza auf leeren Magen. Aber du hast dich auch gewundert, warum der Vater das so unhinterfragt tut. Er ißt ja auch jede Schüssel leer, wie du mir gesagt hast, er weiß nicht, was ihm gut tut, und er weiß nicht, was dir gut tut, er beschützt dich nicht. Du brauchst Fürsorge, damit dein Bäuchlein nicht wieder krank wir, das kannst du mitbestimmen. Es leuchtet mir jetzt ein, sagt sie, aber das Prinzip kennt unsere Familie nicht. Bei uns heißt es: Iß, Hauptsache es wird dir nicht schlecht. Ich habe oft aus Langeweile gegessen, irgendwas. Ich sage ihr bestimmt und zärtlich: Ich werde dieses Schonprinzip für dich vertreten, selbst wenn du mir deshalb böse bist. Du kennst nur Rücksicht für andere, nicht aber für dein Bäuchlein, für dich selber, für dein Wohlergehen. – Sie denkt nach, schweigt lange.

Wir vereinbaren den morgigen Termin. Als ich gehe, frage ich sie, ob ich ihr mal andere Blumen mitbringen soll. Ja, sagt sie, schon, die lila und weißen, so etwas habe sonst keiner gehabt, da wäre sonst keiner draufgekommen, und es hat mich auch keiner gefragt. Ich solle ihr nun andere Blumen mitbringen, sie kann mir nicht sagen, was für welche, und ich sage ihr, das werde dann eine Überraschung.

GÜ: Ich war rundherum entspannt und, obwohl die zwei Stürze eine deutliche Sprache sprechen, hielt ich mit Hanna an der guten Laune fest: Daß sie stolz auf sich ist, wieder selbständig lernen zu können, zu essen, aufs Klo zu gehen, lebendig zu sein, das zählt: jeder Tag; jede Minute. Ich entdecke mich dabei, daß ich ihr ein Selbstbewußtsein geben möchte, damit sie ihren Körper liebevoller behandelt. Ich möchte den malignen Prozeß aufhalten, indem ich mit ihr positive Körpererlebnisse herstelle, so daß sie gegen die negative Selbstobjektrepräsentanz, die sie auf katastrophale Zukunft verweist, eine positive Körperselbstrepräsentanz aufbaut. Sie kennt nur die Pflege des kranken Körpers. Freilich ist meine Ambitioniertheit Ausdruck meiner Angst um sie. Ich muß Hanna die Regie überlassen, obwohl es mir so schwer ist zuzusehen, wie sie sich ruiniert, bzw. daß man auf Station ihr nicht beisteht, sich zu schützen. Gestern hatte sie es nicht eingesehen, daß sie sich die Arme eincremen muß: die seien zwar trocken, aber das gehe wohl gar nicht mehr weg, so trocken seien sie. Ich verstand das nicht, und sie cremte sich dann ein. Ich half ihr, sich sich zärtlich zuzuwenden, nicht nur dann, wenn der Körper krank ist, wie sie es tat, als die Hand noch in der Schiene war. Als ich fragte, ob sie auch ihr Gesicht eincreme, sagte sie mir, nein, dafür habe sie besondere Cremes zu Hause. Zu Hause?, fragte ich, warum hast du die Extra-Cremes nicht hier? Das war ein Gedanke, der ihr noch nie gekommen war. Sie muß notgedrungen auf so vieles verzichten, aber was ihr möglich wäre, hier in der Klinik zu haben, darauf kommt sie gar nicht; sie war selber erstaunt darüber. Ich bin sicher, daß sie vergessen hat, jemanden zu bitten, ihr die Creme von zu Hause mitzubringen. So abwegig ist ihr der Gedanke, sich dem gesunden Körper zuzuwenden!

22. 9. 83 Die eigenen Bilder und die Perücke

Ich komme ohne Blumen, weil die Frau mit den schönen Rosen heute nicht auf dem Markt war. Ich sage das Hanna und auch, daß ich Samstag Rosen bringen werde. Sie strickt und spricht davon, daß sie ihr Sonnenblumenbild weggelegt habe. Die Tante werde nun am 4. Oktober in die UdSSR fahren. Sie habe sich große Sorgen gemacht, was wäre, wenn nun die Amerikaner und Russen Krieg miteinander begännen. Ich möchte den Gedanken abwehren und frage eher scherzhaft, ob ihre Sorge daherkomme, daß die Tante dann auf der falschen Seite stehe. Sie bejaht. Ich schaue mir das Sonnenblumenbild an, es ist ein Clown mit abste-

henden borstigen Haaren hinzugekommen und frage, ob das Dr. X. sein soll. Sie lacht und sagt, ich habe den einen Arzt gern, er hat mich angeschaut..., dich wahrgenommen als Mensch?, frage ich, und sie sagt, ja. Hanna sagt, sie finde sich komisch, weil der Arzt ihr Vater sein könnte, das amüsiere sie, zumal sie ihre Schwester als abschreckendes Beispiel vor sich habe, die sei in einen älteren, geschiedenen Mann verknallt – eine unmögliche Geschichte. Ich frage, ob es nicht auch reizvoll für sie sei, in die Fußstapfen der Schwester zu treten, und ob sie nicht eher aus Scham ein wenig von ihren Gefühlen abrücke. Das kann sie unumwunden eingestehen, es sei ihr auch damals so gegangen, als sie den Jungen angerufen hatte, dessen Namen sie nicht einmal wußte, nur um ihn kennenzulernen.
Sie erzählt mir nun von ihrem Kunstunterricht, und von dem Kunstlehrer, den sie seit einem Jahr habe, der sie dazu angeregt habe, ihre eigenen Bilder zu malen, so daß sie sich darin ausdrükken könne. Sie ist verwirrt und unsicher, ob es vor einem Jahr oder vor eineinhalb Jahren war, daß sie diesen Kunstlehrer bekamen. – Daran wird immer wieder Hannas Entsetzen darüber deutlich, wie lange sie schon krank ist und daß sie vieles in der Erinnerung zeitlich nicht mehr einreihen kann. – Sie erzählt mir von einem eigenen Bild, einem Bild, das sie mir gern von zu Hause mitbringen wolle: Sie sollten eine Kunstpostkarte verändern und sie hatte eine Vorlage, die recht genau war: ein Blick aus dem Fenster, auf der Fensterbank eine Obstschale. Sie habe die Obstschale auf eine Wolke gesetzt und so das Bild sozusagen mit einem einzigen Handgriff verändert. Darüber mußte sie dann auch eine Geschichte schreiben. Erst als sie sagt, sie wolle mir das Bild von zu Hause mitbringen, und ich sie gleich daran erinnere, auch ihre Cremes sich mitzubringen (davon hatten wir gestern und vorgestern gesprochen) fällt ihr ein, daß sie am Wochenende nach Hause kann. Ich bin erstaunt, und wir freuen uns. Die Mutter wird auch wieder zu Hause sein, und Hanna hofft, daß die Eltern sich aus dem Wege gehen werden. Ich rate ihr, noch im Krankenhaus mit den anderen zu klären, wie und wann sie mit wem zu tun haben will. Das findet sie eine gute Idee. Sie wird mir also das Bild mitbringen können. Sie erzählt, daß die Mutter Fahrverbot mit dem Auto habe, sie heute aber fragte, ob sie dennoch mit ihr fahre. Sie habe abgelehnt, und die Mutter habe beleidigt reagiert. Hanna findet, der Vater hätte das Auto gar nicht

reparieren lassen sollen. Ich bestärke Hanna darin, daß sie der Mutter klar nein sagte und daß es egal sei, wie die Eltern das nun regelten. Die Mutter müsse eben Auto fahren, einfach, so meint Hanna, weil es verboten sei. Sie sei wie ein Kind.

Ich habe immer noch ihren Zeichenblock mit der Sonnenblume auf den Knien und sage ihr, daß ich auch male. Ich schlage vor, daß wir ein Thema suchen, zu dem sich jeder etwas einfallen lassen könne. Sie meint, wir sollten gemeinsam eine Geschichte aus dem Deutschbuch lesen oder einen Artikel von der Tante über die Bildzeitung. Ich finde das zu ambitioniert und schlage vor, einfach zu malen, wie jeder von uns sein Wochenende erlebt. Sie ist begeistert. Dann plötzlich erzählt sie, daß sie im Tagebuch nachgelesen habe, wie deprimiert sie damals war, als sie nicht laufen konnte, Treppen steigen, weil sie keine Muskeln in den Beinen hatte; jetzt traue sie sich auch nicht aus dem Bett wegen der zwei Stürze gestern. Sie traue sich nicht zu trainieren, weil sie Angst habe, zu stürzen. Ich schlage vor, morgen zusammen rauszugehen, wenn sie Lust dazu habe, wir müßten ja nicht im Sitzen miteinander sprechen. Sie freut sich und lächelt zufrieden. – Es ist für sie eine große Kränkung, unselbständig an das Bett gebunden zu sein und nicht aus Eigeninitiative loslaufen zu können, weil ihr die Muskeln fehlen. (Jetzt, beim Schreiben der Notizen, fällt mir ein: sie müßte Hilfe von einer Gymnastiklehrerin bekommen, das ist doch klar!)

Hanna zeigt auf die Perücke auf dem Schrank. Ich hole sie mit einem furchtbaren Gefühl des Grausens herunter und gebe sie ihr. Ich phantasiere mich in schützende Arme in der schauerlichen Erwartung, Hanna werde die Perücke aufsetzen, und ich werde versinken vor Scham über diese Verkleidung. Hanna sagt, die Perücke paßt nicht zu meinem Typ, das ist »eine Unschuld vom Lande«, ich trage aber gern Jeans und T-Shirts, nicht Rüschenkleider. Ich verbringe viel Zeit vor dem Spiegel, das versteht keiner, aber ich will *mir* gefallen. Bevor ich bestrahlt wurde, hatte ich mir gerade ein T-Shirt für DM 60,– mit Rückenausschnitt gekauft, dann wurden mir die Kreuze aufgemalt, und alles war aus. Hanna klagt darüber, daß sie zu Hause nur einen zu großen Perückenkopf habe. Ich sage: Vielleicht ist dein Kopf ja kleiner, aber es ist doch genügend drin. Sie betont abermals, daß der Perückenkopf zu groß sei und erklärt mir, es sei der Perückenkopf ihrer Faschingsperücke. Sie ist in einem Faschingsverein und

unheimlich sauer, daß sie dieses Jahr nicht auf die Fremdensitzungen könne. Silvester war nichts, Ostern war nichts, dann der Unfall und drei Wochen bei der Tante in Nürnberg; okay; Sommerferien war nicht; Klinik, Herbst ist nichts... Sie ist sehr ärgerlich. Im Faschingsumzug ist die Lehrerin, von der sie die zwei Rosenfarben abgeguckt hat, offensichtlich eine wichtige Bezugsperson für sie. Hanna gibt mir die Perücke zurück, ich halte sie in den Händen, linkisch wohl, dieses Kunsthaar schaudert mich, und ich lege sie fort, froh, daß wir das heute gemeinsam bewältigt haben. Morgen, wenn wir rausgehen, wird sie die Perücke als Schamschutz wohl aufziehen. Mich schaudert. Hanna hat mir heute schonend die morgen bevorstehende Verkleidung angekündigt. Ich bin froh darüber, weil ich Scham, vielleicht auch Ekel empfinden werde. Hanna weiß nicht, wie lieb ich sie gewonnen habe, so wie sie ist, ohne Haare, so wie ich sie kennengelernt habe. Aber sie schämt sich und wird sich die künstlichen Haare auf den Kopf setzen.
Wir verabschieden uns herzlich, auf morgen, wie immer, sagt sie, die anderen haben sich jetzt so darauf eingestellt.
GÜ: Heute ging ich in meinem Kittel in die Klinik rüber, es ist ein alter Kittel von P. Zu Maria konnte ich noch nicht gehen, als wäre es ein Verrat an Hanna. Auch der Besuch bei Frau Dr. L. fand heute nicht statt. Ich war seelisch nicht kräftig genug, zu erfahren, warum Hanna plötzlich am Wochenende nach Hause kann.

23.9.83 Erster gemeinsamer Spaziergang

Hanna sitzt auf ihrem Bett vor ihrem Spiegel und frisiert sich, das heißt, ihre Perücke, die sie auf hat. Sie schaut mich nicht an, sie klagt, weil das Haar so hart sei. Als sie fertig ist, guckt sie mich an: Wie finden Sie mich, fragt sie, und ich strecke ihr die Hand entgegen und sage: Grüß Gott, Hanna. Sie lacht und gibt mir auch die Hand. Ich sage, daß sie mir gar nicht so fremd erscheint, wie ich es erwartet hätte, und daß ich froh darüber bin. Sie paßt sich die Perücke an, nicht umgekehrt. Hanna hat nur ein halbärmeliges T-Shirt an, und ich sage, daß es zu kalt sei für draußen. Sie zieht sich einen Pullover über, wobei nochmal die Perücke ins Spiel kommt, sie muß sich erneut den Pony kämmen. Sie hat ein festes Bild von sich, das sie auch mit der Perücke herzustellen bemüht ist.

Ich habe heute meinen Kittel dabei, aber meine Jacke behalte ich an. Wir haben einen Spaziergang vereinbart, und draußen brauche ich diesen Schutz nicht. Nur in der Klinik am Krankenbett fühle ich mich im Kittel sicherer, und zwar, das wird mir jetzt bewußt, sicherer gegenüber den Schwestern, um nicht für einen Privatbesucher gehalten zu werden. So kann ich unsere Stunde als Therapiestunde kennzeichnen. Meine Phantasie dazu ist, daß der Arztkittel in dieser Situation auf Station ein Symbol für den von mir zu schaffenden und zu verteidigenden therapeutischen Raum ist.
Wir gehen auf den Balkon, die Sonne scheint. Es ist ein wunderschöner Herbsttag: Vetzberg, Gleiberg, Dünsberg sind klar in der Ferne zu sehen. Wir gehen Schritt für Schritt. Hanna geht sehr unsicher. Sie spricht von ihrer Sorge, ob die Eltern verstanden haben, daß sie mit jedem nur einzeln zu tun haben will. Als wir uns dann in die Sonne stellen, sagt sie, letztesmal, vor 3 Wochen – aber sie ist sich wieder nicht sicher, ob es nicht auch schon länger her ist – habe sie sich auch vor dem Nachhausekommen große Sorgen gemacht und nachher sei es wunderschön gewesen. Hanna rekonstruiert ihre Besuche zu Hause an den Stürzen, die sie dort hatte. Dieses Wochenende sei die Schwester ja nicht da, und sie habe Vater und Mutter für sich. Aber dann erzählt sie von einer anderen Sorge, als wir über das Klinikgelände schauen in Richtung Psychiatrie, wo die Mutter stationär ist. Die Mutter wird auch am Wochenende nach Hause kommen, ihr zweites Wochenende zu Hause. Die Mutter habe ihr heute erzählt, daß sie ein Geschwür an der Leber habe, man wisse zwar noch nicht, was es sei, ob gut- oder bösartig, aber sie habe keine Angst, habe die Mutter gesagt. Hanna meint, ich weiß doch, wenn sie dauernd betont, sie mache sich keine Sorgen, daß sie Angst hat. Aber sie sagt es mir nicht. Sie will sie nachher anrufen und sie direkt danach fragen. Ich frage Hanna, ob sie es denn wirklich wissen wolle. Ja, schon, sagt sie unendlich traurig. – Es ist furchtbar für mich, mitanzusehen, wie dieser Mensch, der Fürsorge bräuchte, sich um den Leberschaden der Mutter glaubt kümmern zu müssen. Es ist nicht einmal eine Ablenkung von sich, ihr Zustand ist ihr bewußt, vielmehr leidet sie unter der Unklarheit, in der die Mutter sie an einer Angst beteiligt, ohne sie selber zuzugeben.
Als wir uns im Flur setzen – es ist dort zugig und ich habe innerlich große Sorge, ob Hanna sich hier erkälten könnte, wo ich

doch weiß, daß die Schwester sagte, sie würde jede Erkältung als erste bekommen – im Flur also erzählt mir Hanna von einem Alptraum, den sie hatte: Im Sportunterricht riß ihr die Freundin die Perücke aus Versehen herunter, aber statt daß sie es schnell vertuscht hätte, fing sie zu lachen an. Zuvor hatte Hanna erzählt, daß sie sich im Sommer frei auf dem Kliniksgelände bewegen durfte und unter anderem auch im Café Weimar gewesen sei. Sie hatte, weil es so heiß war, die Perücke nicht auf, sondern nur ihren Jeanshut. Als sie im Café saß, hatte sie den Hut abgenommen, um sich Luft zuzufächeln. Erst dann habe sie bemerkt, wie die Leute sie anstarrten. Ich hatte vergessen, daß ich eine Glatze habe. Mir war es egal, ich sehe die Leute nie wieder, die sehen mich nie wieder. Die sind ja Fremde für mich. Dann erinnert sie den Alptraum. Den Unterschied, den sie macht zwischen sich mit und ohne Perücke, empfand auch ich sehr stark, sie scheint die Perücke für die anderen aufzuziehen, weil die sich ihrer schämen könnten. Ich sage ihr das, daß das im Café ja das Problem der anderen gewesen sei. Ich hätte auch meine Beschämung gefürchtet, angesichts eines Menschen mit künstlichem Haar. Aber meine Sorge war unbegründet. Sie sei lebendig spürbar mit und ohne Perücke. Sie trägt Schmuck: einen langen Ohrring, kleine Silberringe und Armreifen. Sie wirkt ein bißchen affektiert und bemüht weiblich, eigentlich eher ein kleines Mädchen, das irgendwie neugierig, aber auch unglaublich verletzlich und mißtrauisch in die Welt schaut. Mit dem einen Ring, den ihr die Schwester geschenkt habe, habe sie sich heute morgen furchtbar an der Narbe über der Lippe verletzt. – Sie berichtet das nicht wehleidig; es ist einfach so viel Schmerz mit jedem Atemzug verbunden.
Sie erzählt mir ausführlich, daß die Mutter der Mutter ganz für die Schwester eingenommen sei und die Eltern des Vaters, bei denen sie als Kleinkind war, ihr zugetan seien. Die Mutter der Mutter (sie wohnt unten im Haus – den Vater der Mutter gibt es nicht) habe sie als kleines Kind sehr schlecht behandelt und manchmal Mißgeburt genannt. Die Schwester bekam immer soviel Geschenke und sie fühlte sich ausgebootet. Sie erinnert ein Weihnachten, an dem sie eine Barby-Puppe, ein Pferd und einen Barby-Mann bekam. Als die Schwester das sah und das Pferd toll fand, mußte auch sie das gleiche bekommen, obwohl sie ja anderes geschenkt bekommen hatte. – Wir sitzen auf dem Flur, es ist zugig, ich höre Hanna zu, die ruhig, aber angefüllt von diesem

Unrecht und der Wut darüber spricht. Diese Frau, sagt sie von der Großmutter, ist für mich gestorben, alte Frau hin oder her! – Die Kränkung hat sie nie vergessen, und jetzt mit der Perücke fallen ihre Narben im Gesicht sehr auf: die Nase ist stark verzerrt und vernarbt, die große Narbe über der Backe ist tiefrot, heute muß sie sich als Mißgeburt erleben, denke ich und bewundere die Würde dieser 15jährigen. – Sie habe damals, vor einem Jahr, noch mit der Mutter zusammen das Haus verlassen und sei nach einem Streit der Eltern mit ihr in ein Hotel gezogen. Damals konnte ich noch nicht neutral sein, sagt sie, und die Mutter der Mutter beschimpfte die eigene Tochter, später aber war sie wieder ganz auf ihrer Seite und beschimpfte den Vater. – Hanna hat Hunger und erzählt, daß sie sich auf das Paprika-Schnitzel freut, das die Oma, die Mutter des Vaters, ihr machen werde, sie habe es bei ihr bestellt. Wir gehen zurück ins Zimmer, wo sie sich Kekse und Saft holt, wovon sie dann auf dem Balkon in der Sonne Häppchen für Häppchen genießt, nur so viel, sagt sie, damit das Schnitzel noch schmeckt. Ich wende nichts dagegen ein. Es sei das einzig Sichere, worauf sie sich freuen könne, daß sie ihr Lieblingsessen gekocht bekomme. Ansonsten sei mit dieser Oma nichts los, sagt sie, sie könne vor allem nicht mit ihr sprechen.

Hanna äußert Sorgen, wie sie die Tabletten zu Hause nehmen kann, und gemeinsam kommen wir auf eine passable Lösung: daß sie sie sich hier auf Station zerstampfen, in der Lösung auflösen und auf Spritzen aufziehen läßt. Wir freuen uns, daß dieses Problem lösbar ist. Eine Mutter kommt mit ihrer kranken Tochter vorbei, die auch eine Perücke trägt, und sie sagt mehrmals zu Hanna, sie habe sie gar nicht erkannt. Hanna klagt über ihre Perücke, sie finde sie nicht schön, und sie erklärt den beiden ganz ausführlich, warum sie dieses Wochenende heim könne, daß sich die Radiologen und die von der Station über ihre weitere Behandlung streiten etc. Als die beiden gegangen sind, spreche ich Hanna darauf an, daß ich ihr von dieser Meinungsverschiedenheit nichts erzählt hätte, weil ich dachte, sie wüßte nichts davon. Sie ist erstaunt, natürlich weiß ich davon, und ich will es auch wissen, sagt sie. – Wieder lerne ich etwas über falsche Rücksichtnahme.

Als wir auf dem Balkon entlanggehen, ruft eine schwarze Krankenschwester nach Hanna, sie sehe gut aus mit ihrer Perücke. Hanna schaut beschämt unter sich, na ja…, murmelte sie. – Die Schwester hat ihre krausen Haare zu ganz kleinen Zöpfchen ge-

flochten, die am Kopf anliegen. Hanna sieht in ihrer blonden Perücke eher aus wie eine kleine biedere Amerikanerin, »die Unschuld vom Lande« hatte sie sich selber genannt. Es ist schmerzlich, daß diese Schwester nach der Perücke schaut und nicht nach Hanna, die vorsichtig und leicht schaukelnd heute zum ersten Mal wieder den Balkon entlang läuft.
Hanna hat dafür gesorgt, das erzählte sie mir noch in der Türe, daß das 7jährige Afghanistan-Mädchen auch eine Klingel bekam. Sie hatte sie nachts durch ihr Rufen immer wach gemacht. Die Schwestern meinten, Hanna solle ihre Klingel abgeben, sie brauche sie jetzt ja nicht mehr. Aber das tat sie nicht, und ich bekräftigte ihre Entscheidung. Sie gehe nachts nicht allein aufs Klo, das sei am Ende des Ganges, und sie fürchte Stürze. – Das ist die einzige Hilfe, die sie fordert, aber sie muß sie einklagen.

26. 9. 83 Hilfe ... Schreihals ... Schweigen

Hanna sitzt angezogen mit Perücke auf dem Bett. – Sie freut sich über die Blumen. – Ich bin entsetzt: Im anderen Bett liegt das Mädchen, Beate, die am 16. 9. in Hannas Zimmer gekommen war, um sich zu verabschieden, weil sie nach Hause entlassen wurde. Es geht ihr offensichtlich sehr schlecht. – Hanna und ich flüstern miteinander. Ich hole zunächst ein Messer und eine Vase und mache dann die Blumen zurecht, auf dem Tisch liegt Hannas Bild: Die Obstschale in den Wolken. Auf dem Flur hatte Schwester T. zu mir gesagt, Hanna sei so munter von zu Hause zurückgekommen. Sie sagt es irgendwie verblüfft, und ich antwortete, ja, das nehme ich auch so wahr. Mehr sagte ich nicht. – Wir sprechen über Hannas Bild, das irgendwie leblos ist, die Wolken sind wattige Deckweißwolken. Sie sagt, daß das Wochenende nicht so war, wie sie es sich gewünscht habe, aber sie strahlt, und ich meine, das gilt. Sie war mit dem Vater zusammen am See, sie habe auf einer Decke in der Sonne gesessen. Ich erzähle, daß ich am L.-See baden war. – Ich platze gleich damit raus, ich hatte es eigentlich schon ganz vergessen, und ich muß mich bremsen, damit ich Hanna den Spielraum lasse, mit mir *ihre* Lebendigkeit zu teilen. Heute brauche ich keine Vorgabe meiner Lebenslust zu machen: Ich höre ihr zu. – Wir gehen auf den Balkon in die Sonne, gehen ein-, zwei-, dreimal auf und ab. Hanna kann kaum laufen vor

Muskelkater, sie hat ihre Tennisschuhe angezogen, darin gehe sie sicherer, aber tatsächlich stakst sie und torkelt hin und her. Ich vermute, daß das, was sie Muskelkater nennt, Knochenschmerzen sind, sie hat geschwollene Beine.
Sie erzählt, daß es große Konflikte mit der Mutter gab. Schon Samstagmorgen, als sie mit dem Vater beim Frühstück saß, sei die Mutter dazu gekommen und habe gesagt: So geht es nicht. Dann habe sie den Fernseher aus der Küche geholt. Am Sonntagmorgen habe sie sich rauchend dazugesetzt. Hanna fühlte sich gestört und wollte der Mutter klar machen, daß sie ihr Streit mit dem Vater nichts angehe, aber das habe die Mutter nicht verstanden. Sie wurde in die Konflikte der Eltern verwickelt. Sie erzählt, daß sie abends Tee gemacht habe für sich und die Mutter, aber die Mutter habe nicht zusammen mit ihr Tee trinken wollen, so daß sie dann schließlich allein in ihr Zimmer gegangen sei und bei Kerzenschein ihren Tee getrunken habe. So bin ich eben, ein Träumer, sagt sie lächelnd vor sich hin.
Ich sah, daß Hanna sich die Wimpern getuscht hat und spreche das an. Wir sprechen dann lange über die Perücke, und sie sagt, daß sie die wegen der Leute trägt. – Wie falsche Schamhaare, um die Scham der anderen zu schützen, denke ich. – Wenn sie in den Spiegel schaue, sagt sie, könne sie dabei an sich vorbeischauen, aber die anderen müßten sie ansehen. Es scheint, als meint sie, die Perücke für mich aufziehen zu müssen. Ich sage ihr, daß ich den Moment gefürchtet habe, wenn sie sie aufziehen wird und daß wir wohl Freitag beide beklommen waren. Sie sagt: im Eiscafé habe eine Frau gesagt, guck mal, die hat aber schöne Haare. Da habe sie sich einerseits gefreut, daß man das mit ihrer Perücke nicht merkt, und andererseits geärgert, daß man das Falsche an ihr gut finde und nicht sie wahrnehme. Nach dem Unfall hätten Leute gesagt, sie hätten sie gern besucht, aber sie nicht anschauen können, das sei ehrlich gewesen. Dabei habe sie sich gut gefühlt, nur ob das die anderen interessiere, wisse sie nicht.
Ich sage ihr, daß mir ihre Wimpern gefallen. Sie habe sich noch zu Hause die Wimpern getuscht, weil man im Krankenhaus nicht wisse, wo man das tun könne, es gebe keinen eigenen Raum, keine Privatheit. Die Cremes hat sie nicht vergessen, aber sie waren fast leer, und sie möchte sie nicht von ihrem Taschengeld kaufen, sie hofft, der Vater werde sie ihr kaufen.
Hanna fragt mich nach den Wahlergebnissen, weil sie sich darum

nicht gekümmert habe. Ich sage, daß wohl anderes wichtiger für sie gewesen sei. Wir stehen in der Sonne auf dem Balkon. Ich rede ohne Bedenken von meiner Erfahrung mit ihr und habe ein Gefühl von Schutzlosigkeit und totaler Offenheit.
Sie sagt, daß es mit der Freundin immer so gewesen sei, wenn sich einer verletzt habe, habe man gelacht. Ich frage sie, ob sie immer lache, wenn es ihr eigentlich zum Weinen sei, wie neulich, als sie stürzte und vor Schreck gelacht habe. Ja, sagt sie, hier im Krankenhaus seien alle krank, und sie habe sich gesagt: Das kannst du allemal, beiße die Zähne zusammen. Hier könne man höchstens bei körperlichen Schmerzen weinen, sonst nicht... Sonst, wann sonst?, sage ich zärtlich, ... wenn die Seele schmerzt? Ja. Aber zu Hause könne man dann schon mal weinen. Da sind alle gesund, und es sei dann auch ein wenig Selbstmitleid, das einen beschleiche. Ich frage sie, ob sie mit dem Lachen die innere Verletzlichkeit tarne. Sie schaut in die Ferne und scheint dem Weinen nahe. – Ich empfinde große Sorge um sie, habe Phantasien von über die Brüstung springen, als sie so auf den Zehen wippend in die Ferne schaut. Die ganze Tragweite der narzißtischen Gefährdung komprimiert sich in meiner Gegenübertragung in solchen Selbstmordphantasien.
Ich bespreche mit Hanna, daß ich das nächste Wochenende in Alsfeld sein werde, und hole meinen Stundenplan aus der Tasche. Sie sagt, sie dürfte vielleicht ja wieder nach Hause. Mein Vorschlag, sie nächsten Montag statt um 13.00 Uhr um 11.00 Uhr zu besuchen, schränkt sie ein: Nicht so gern, dann wird meine Schwester wieder da sein. So planen wir gemeinsam unsere gemeinsame Zukunft: morgen wieder um 13.00 Uhr. Als ich ihren Namen in meinem Stundenplan mit »ph« einschreibe, sagt sie mir, mit »f«, und ich sage, okay. Und korrigiere. Und sie sagt, es gäbe drei (... ihr tatsächlicher Name) in der Klasse, aber nur sie schreibe sich mit »f«, und ich betone, daß sie ja etwas Besonderes habe. Sie sagt, eine Lehrerin habe ihr darauf, daß sie mit »f« geschrieben werde, erwidert: Ich weiß, aber ich kann mich nicht dran gewöhnen. Mit mir wagt sie, *sich* zu zeigen in all den narzißtischen Verstümmelungen, unter denen sie leidet. Auch daß es in ihrem Zimmer nur das Bett für sie gibt, und einen Tisch für kleine Kinder. Ich sage, sie sollte mal nach einem großen Tisch fragen, darauf sei bloß noch niemand gekommen. Sie wendet ein: Woher sollen die denn einen Tisch nehmen! Ich sage, das weiß ich nicht, aber du kannst doch mal fragen.

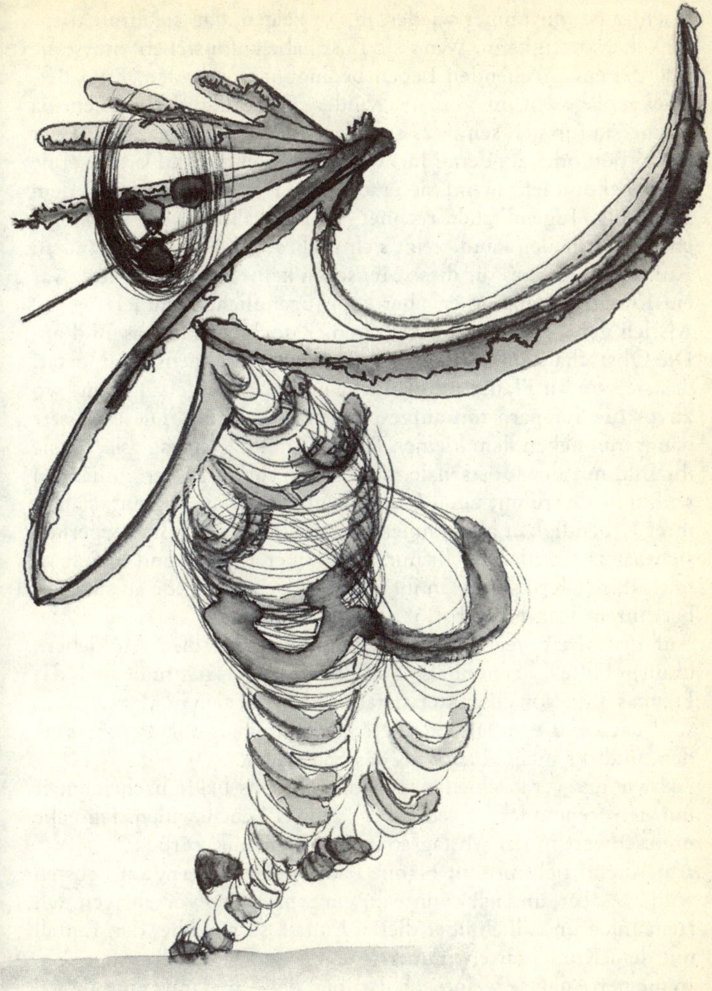
A. v. U.-S., 5.10.87

Wichtig ist mir immer wieder, ihr zu zeigen, daß sie ihre Lebendigkeit wahren kann. Wenn sie Lust habe aufzustehen, müsse sie sich die entsprechenden Lebensbedingungen schaffen. Zum Beispiel schlage ich ihr vor, ins Kindergartenzimmer zu gehen, da könne sie für sich sein, das sei zwar für die Kleinen, aber besser als im Bett oder auf dem Flur, wo immer Hektik ist. Darauf sei sie nicht gekommen, meint sie erstaunt. – Daß man nicht mit dem Leben der Jugendlichen rechnet, weil man ihre akute Leukämie eben nicht heilen kann, zeigt sich in diesen äußeren Umständen: Auf Station gibt es für diese Menschen keine Bleibe. Es gibt zwar ein Kindergartenzimmer, aber kein Jugendlichenzimmer.

Als ich gehe, spreche ich im Zimmer nochmal Hannas Bild an: Die Obstschale auf Wolken. Sie zeigt auf ein Palmenstrandposter, das sie von zu Hause mitgebracht und dort aufgehängt hat, wo zuvor der Leopard mit aufgesperrtem Maul hing. Dieses Poster hängt nun neben dem kleinen Kreta-Tonbild. Ich frage sie, ob sie ihr Bild mit der Obstschale nicht neben ihrem Poster aufhängen will, und sie stimmt zu. – Ich freue mich, wie sie beginnt, sich in ihrer Lebendigkeit im Zimmer zu entfalten, das heißt: körperlich sichtbar zu werden, nicht nur als kranker Körper und in Selbstmitleid, sondern gerade in ihrer narzißtischen Freude an sich selber: ihrem wahren Selbst.

Auf dem Bett liegt ihr Mathematikbuch mit drei Aufklebern drauf: »Hilfe«, »Schreihals« und »Schweigen«. Ich finde, daß das Hannas Situation charakterisiert: sie versenkt sich in Mathematik, weil nach Hilfe rufen bedeutete, als Schreihals abgetan zu werden, und ihr nichts bleibt als das Schweigen.

Als wir uns verabschieden, schauen wir uns beide nacheinander um. Ich freue mich so sehr über Hannas Lebenswillen. Ich gehe unbeschwert in der Mittagssonne in die Klinik zurück.

Am Abend fiel mir ein: Hanna badet doch so gern, am liebsten wild im Meer, und ich könnte ihr ein Schaumbad vorschlagen. Ich freue mich unendlich über diesen Einfall, so wie über den Einfall mit dem Kindergartenzimmer.

In meiner Analyse weinte ich darüber, daß ich Hanna zum Leben verhelfen kann und dennoch den körperlichen Zerfall nicht stoppen kann.

In Frankfurt kaufe ich das Buch von Wunnerlich: *Zur Psychologie der ausweglosen Situation – Die Bedeutung tödlich verlaufender Krankheiten bei Kindern, gezeigt am Beispiel der akuten*

Leukämie.[21] Ich lese gierig darin. Beschrieben ist die Krankheit als eine ausweglose Situation, weil in Richtung Krankheit statt in Richtung Leben gesucht wird. Die Krankheit ist aber nur ein Teil des Menschen, er muß insgesamt gewürdigt und respektiert werden: Ob mit Haaren oder mit Glatze! Mit Hanna hilft mir nur meine Lebendigkeit: Wir lesen in unserem Lebensbuch, wir schreiben unser gemeinsames Lebensbuch.
Auf der Fahrt von Frankfurt nach G. durchschauert es mich: Ihr sagen, daß ich ein Buch über uns schreiben will, daß sie den Titel mitbestimmen soll, ob ich sie bei ihrem tatsächlichen Namen nennen darf. Ich möchte, daß sie in dem Buch überlebt. Ich denke an Fritz Zorn, der einen Tag vor seinem Tod erfuhr, daß sein Buch veröffentlicht wird. Ich versuche, mich mit allen psychischen Mitteln mit der Tatsache, daß Hanna gerade ihre Lebendigkeit entdeckt und dennoch sterben wird, auseinanderzusetzen. In dem Buch von Wunnerlich hatte ich nichts von dem gefunden, was ich mit Hanna erlebe. Darüber kann nur ich schreiben. Hanna liegt mir am Herzen. Keiner wird mich verstehen, wenn ich über Hanna spreche, sagte ich zu K. Er meinte: Sie schauen immer noch, was andere denken, das ist doch ganz egal; wichtig ist nur, was Sie erleben.

27. 9. 83 Drei Krebskinder in der Zeitung spielen »Mensch ärgere dich nicht« ... Hanna platzt vor Wut

Ich komme zu Hanna, sie liegt flach auf dem Rücken in ihrem Bett. Das andere Mädchen, Claudia, fängt mich gleich an der Türe ab, ich solle etwas an ihrem Tropf einstellen. Sie fragt mich herrisch, und ich spüre starken Unwillen, etwas für sie zu tun, was ich nicht durchschaue, und bitte sie zu klingeln. Sie tut es.
Hanna hat gerade geschlafen, sie ist punktiert worden und müde. Sie ist niedergeschlagen und sieht aufgedunsen aus. Es gehe ihr nicht gut, sagt sie. Der Mund brenne wieder, sie fürchte erneut Magengeschichten, sie habe rote Flecken am ganzen Körper, Stellen, die auf Druck hin sehr schmerzen. Ich sage, wenn sie nicht drücke, täten sie ihr nicht weh und sie lacht. Keiner wisse, was die

21 A. Wunnerlich, Bern 1972.

Flecken bedeuten, auch Prof. Z. nicht. Ich sage zärtlich scherzhaft, sie gebe der Forschung Aufgaben und Fragen auf. Sie lächelt. Ich versuche sie in ihrer Niedergeschlagenheit narzißtisch anzusprechen. Ich versuche das nicht krampfhaft, sondern so selbstverständlich wie bisher. Sie könne sich vor Muskelkater gar nicht bewegen. Bei der Untersuchung habe sie gelacht: Und ich weiß, wenn sie lacht, heißt das, sie hat geweint. – Sie sagt, sie sei so kitzelig. Dr. X. habe das gewußt, der neue Arzt komme damit aber nicht klar. Sie hat einen Katheter am linken Arm und kann deshalb nicht stricken. (Jetzt beim Notieren wird mir klar, daß sie von der Tante, für die sie ja strickt, spricht und von dem Abschied, der bevorsteht.) Ich lasse mir genau erklären, was das heißt, der Katheter. Wir sprechen über das neue Poster: eine Palmenlandschaft am Meer. Ihr Bild hat sie noch nicht aufgehängt. Ich sage, es paßte genau in die Wolken auf dem Poster. Welche Wolken, fragt sie, die hat sie bisher nicht bemerkt.
Hanna bittet die Schwester, ihr den Wattebausch vom Rücken wegzunehmen, sie habe eine Pflasterallergie. Die Schwester tut es, und sie fragt, ob sie sich wieder aufsetzen dürfe. Sie darf. Als die Schwester ihr blaues Knie sieht und fragt, erzählt ihr Hanna von ihrem Sturz. – In dem Moment, als sie sich aufsetzt und stier vor sich hinschaut, erlebe ich sie wie eine Greisin, aufgedunsen, einen zerfallenden Körper, und bin zutiefst erschrocken, sogar irgendwie angeekelt. Ich spüre im folgenden Gespräch immer stärker werdendes Kopfweh, was ich dann als Gegenübertragung begreifen kann. – Es sei so schwer, sagt Hanna, erst auf den Balkon, gestern sei sie sogar mit der Oma unten auf dem Klinikgelände gewesen. Sie liebe die Freiheit und habe es furchtbar gefunden, zurückzumüssen in die Klinik, sie wollte nicht zurück. – Ich habe das Gefühl: als ahnte sie, daß sie nie wieder aus dem Krankenhaus hinauskommt. – Ich frage sie, ob es nicht wie mit dem Vogel sei, der sie gerne wäre, aber zugleich denke sie, der Vogel dächte vielleicht, er wäre gern ein Mensch, und so wäre alles wie ein Zirkel, gleichviel. – Irgendwie scheint sie es zu bereuen, daß sie überhaupt das Bett verlassen hat. Ich ahne, daß sie mir böse ist, weil ich sie dazu verführt habe. Ich sage ihr, daß sie jetzt aber schöne Bilder in sich hätte, vom See, vom Balkon, von draußen und daß wir heute ja gemeinsam am Palmenstrand spazieren gehen könnten, wenn sie nicht raus kann. Sie sitzt da und spielt mit dem Finger an der Unterlippe, irgendwie schmollend. Und ich

habe Kopfweh. Ich frage sie, ob sie ärgerlich ist. Ärgerlich, warum, sagt sie verständnislos. Weil's so wellenartig geht, mal besser, mal schlechter. Du scheinst dir den Kopf darüber zu zerbrechen, warum das so ist. Ja, sagt sie heftig. Gestern unten vor der Klinik bin ich zusammengebrochen. Ich habe geweint. Ich hätte gar nicht erst aufstehen sollen, erst auf den Balkon, dann das Wochenende ... ich liebe die Freiheit und habe nicht wieder zurückgewollt auf Station. Erst um 17.00 Uhr bin ich wieder raufgekommen. Seither geht es mir schlecht, das war ein Schlag. Die Verzweiflung und Enttäuschung sind endlich raus!, denke ich.

Als ich sage, daß ich gehen muß, möchte sie mich nicht gehen lassen. Ich bleibe noch ein wenig. Wir besprechen, wann ich morgen wiederkomme. Dann sagt sie: Habe ich Ihnen nicht erzählt, daß in der Westfalen-Post ein Bild von mir und zwei anderen Kindern der Station war? Unter dem Verbandskasten hatte man sie fotografiert, drei leukämiekranke Kinder, die »Mensch ärgere dich nicht« spielen, es sei ein blödes gestelltes Foto und ein Artikel, der so allgemein sei, das Schicksal von Leukämiekindern und so ... Ich frage, was unter dem Bild stand und knüpfe damit an unser Gespräch über ihr Foto im *Stern* an und daß sie damals nicht mit ihrem Namen genannt werden wollte. Unter dem Bild stehe ... der Name. Ich frage, mit f oder mit ph? Mit f, sagt sie strahlend, und an diesen kleinen narzißtischen Pünktchen erreiche ich sie in ihrer Niedergeschlagenheit. Das Bild von dir stimmt in deiner Einmaligkeit, wenigstens ist dein Name richtig geschrieben, sage ich. Es wurde nach unserem Gespräch damals aufgenommen, als sie glaubte, sich aus Scham mit ihrer Glatze verstekken zu müssen. Ich frage sie nach dem Artikel, Prof. Z. habe ihn. Im *Stern* war das Foto von ihr damals nicht erschienen. Bei ihrer Reaktion auf diesen Artikel habe ich das Gefühl, sie fühlt sich vernachlässigt und sucht, ob sie mich halten kann. – Dr. X., sagt Hanna, habe sie nicht besucht. – Ich weiß, daß er bei Maria sehr wohl war. Hanna scheint zu fürchten, daß es ihr erst wieder dreckig gehen muß, damit man sie nicht vergißt. – Sie hört plötzlich Dr. X.'s Stimme auf dem Flur, aber er kommt sie nicht besuchen. Der kriegt von mir kein müdes Lächeln mehr, sagt sie, so sagt meine Mutter immer, daß ist jetzt *mein* geflügeltes Wort. Du bist wütend und verzweifelt, weil du dich vernachlässigst fühlst, sage ich. Hanna weint. – Ich fühle mich mutlos und bleibe still bei ihr, bis sie sich ausgeweint hat. Ich sage nichts, bin nur da.

28.9.83 Behandelt, aber nicht als Mensch wahrgenommen ... Ich höre Sie gar nicht klopfen

Ich rief auf Station an, um mit den behandelnden Ärzten über Hannas Befinden zu sprechen. Ich war sehr beunruhigt. Dr. H. sagt mir, sie hätten mit der Therapie wieder begonnen, gestern abend hätte Hanna hohes Fieber gehabt, wohl aufgrund des Endoxans. Heute sei sie mit zu den Bestrahlungen gefahren. Es gehe ihr verhältnismäßig gut, aber es bestehe ein Meinungsstreit zwischen der Leitung des Behandlungsplans in Münster und Prof. Z. hier in G. Dr. H. gibt unverhohlen zu verstehen, daß er es schlimm findet, daß der Patient zwischen diesen beiden Stühlen sitze. Ich bin erleichtert über das offene Gespräch mit dem neuen Arzt.

Ich bin etwas zu früh auf der Station und gehe auf dem Flur auf und ab. Wieder steht das weiß-metallene Kinderbettchen, diesmal mit einer durchsichtigen Plastikhülle abgedeckt, auf dem Flur: mich schaudert.

Ich komme zu Hanna, klopfe an, sie gießt sich gerade Milch ein, gibt mir die linke Hand und meint, sie sei unhöflich, aber sie finde es so förmlich, sich die Hand zu geben, das mache sie nur mit Leuten, die sie nicht kenne. Ich höre ihr zu. Sie war im Strahlenbunker, aber weil die Markierungen auf dem Kopf nicht mehr da waren, sei sie für morgen früh neu bestellt worden. Sie ist mit Maria zur Bestrahlung gefahren. – Erst später wird mir klar, daß die beiden zusammentrafen und sicherlich miteinander gesprochen haben. Maria hatte das Siezen als zu förmlich abgelehnt, sich dann aber über das Duzen und über die Zudringlichkeit auf Station beklagt.

Hanna ist heute ganz in ihre Bettdecke zurückgezogen, sie friere, sagt sie. Sie wundere sich, daß sie die Menschen gar nicht vermisse, für sie existierten sie nur, wenn sie sie besuchten, wenn sie nicht da seien, vergesse sie sie, habe kein Interesse an ihnen. Mir ist weh zumute, während Hanna so spricht. Ich sage ihr, daß ich oft an sie denke. Hanna spricht davon, daß die Mutter drei Tage nicht dagewesen sei und sie sie gar nicht vermisse. Die Schwester wäre nun auch eine Woche lang nicht da gewesen, und sie hätte gar nicht an sie gedacht. Vorhin habe sie angerufen, aber sie vergesse alles so schnell. Ich frage, ob das früher anders war. Sie sagt,

ja, früher habe sie die Menschen vermißt. Ich frage sie, ob sie sich in ihrer Krankheit einsam und verlassen fühlt. – Ich erlebe mich zunehmend als hilflos. Wir schauen uns lange an, unverwandt, lächeln einander an, schweigen. Hannas Blick ist leer und schweift fort.
Dr. W. und eine Schwester kommen, um Hanna nacheinander 3 Spritzen zu geben. Der Arzt schaut sie dabei nicht an, spricht kein Wort. Ich betrachte Hanna, wie sie hilfesuchend, fragend zwischen Schwester und Arzt hin und her schaut. Dann ist sie fertig, zieht den linken Mundwinkel runter, schaut mich an und versteckt sich wieder unter der Bettdecke. Ich sage: Die haben dich behandelt. Sie nickt. Wieder wandert Hanna mit den Augen fort, und ich frage sie, ob sie allein dort am Strand, in dem Palmenstrandposter, wandere. Sie sagt, sie wisse nicht, sie sei irgendwie so zweigeteilt. Sie gehe so nach innen fort, und dann sei ich da. Ich sage, ich klopfe an, und du wendest dich ab, so erlebte ich dich heute, so fern, daß ich mich hilflos fühle. Sie sagt, ich höre Sie gar nicht klopfen. Ich bin zutiefst erschrocken. Sie sagt, wenn Sie früher kommen und dann draußen warten, das kenne ich nicht. Ich habe Tagebuch geführt, aber nicht hinschreiben können, wie ich mich fühle. Ich habe in Büchern gelesen, daß man in das Tagebuch tolle Sachen schreiben kann, aber mir fiel nie ein, was ich schreiben kann. Dennoch habe ich Tagebuch geführt, im Juli und August, als es mir schlecht ging, habe ich aufgehört damit. Da war ich dann da, sage ich, und sie lächelt dankbar. Sie habe nie jemanden für sich gehabt, jemanden, der ihr zuhöre, mit dem sie sprechen könne, das sei sie nicht gewohnt. Sie habe gedacht: ein Psychiater, der kommt mit dem Notizblock und frage, und sie werde antworten. Aber so wisse sie oft nicht, was sie sagen solle, sie denke nach, aber es falle ihr nichts ein, sie habe keine Worte. Ich verstehe sie jetzt besser. Ich begreife, daß sie eine andere Wellenlänge hat, wie sie es nennt. Für dich ist alles lauter, sage ich, und es gibt dich nur, wenn du dich verteidigen

mußt gegen äußere Angriffe, aber du bist nicht gefragt oder wirst nur als Ratgeber benutzt. Für dich fehlen dir noch die Worte, du hast nie jemanden gehabt, zu dem du von dir sprechen konntest.

Sie fragt mich: Was machen Sie eigentlich, sind Sie viel hier auf Station? Ich sage ihr, nein, ich sitze eigentlich in meinem Zimmer in der Psychosomatischen Klinik und komme nur zu dir und zu Maria auf Station. Sie fragt, was ist das eigentlich, Psychosomatik, und ich sage ihr: So wie wir hier miteinander sprechen, ich behandle dich, indem wir miteinander sprechen und Worte für deine Gefühle finden. – Ich spüre, jetzt habe ich sie erreicht. – Sie sagt und nimmt dabei einen Schluck Milch: Aber eigentlich gehören Psyche und Soma dann doch zusammen, das dürfte man gar nicht trennen! Ich bin verblüfft und sage: Du triffst den Nagel auf den Kopf. Es hat einmal einen Jungen auf Station gegeben, den hat man medizinisch behandelt und er hätte nach Hause gekonnt, aber er ist gestorben, weil er seelisch verhungert ist. Ja, sage ich, deshalb bin ich für dich da, damit du nicht seelisch verhungerst. – Zum erstenmal spricht Hanna vom Sterben, vom seelischen Verhungern: Sie hat die Schallmauer zu mir durchbrochen. Ich habe angeklopft, zu leise zunächst, zu vorsichtig, ängstlich, zudringlich zu sein und von ihr zurückgewiesen zu werden, was sie gleichzeitig ratlos und sprachlos machte. Dann konnte sie es aussprechen: Ich höre Sie gar nicht klopfen... Weil sie es nicht gewohnt ist, daß jemand für sie da ist, daß ihre Existenz zählt.

Ich sage Hanna, daß es schwer für uns beide ist, wir kennen uns ja erst so kurze Zeit, und daß ihre Tante mich ausgesucht habe für sie und nicht sie. Die Tante hätte uns den Weg gebahnt, aber wir müßten ihn gehen. Sie stimmt zu, und wir lachen miteinander. Allein hätte sie sich nicht helfen können, sie hätte sich auch niemanden suchen können, sagt sie.

Die ganze Zeit über hört das andere Mädchen zu, wälzt sich im Bett, offensichtlich stören wir sie in ihrem Schlaf. Aber auch ich fühle mich von ihr sehr gestört. Ich frage Hanna, als Claudia das Zimmer verlassen hat, ob es für sie nicht auch bedrückend sei, vom Wochenende zurückzukommen und so eine kranke Begrüßung vorzufinden. Sie sagt, nein. Wenn sie allein seien, sprächen sie auch miteinander, nur wenn sie Besuch habe, ziehe sich Claudia zurück.

Als ich die Station verlasse und vor der Türe meinen Kittel ausziehe, habe ich wieder das Gefühl der Bedingungslosigkeit: Obwohl ein Dritter im Raum ist, arbeiten Hanna und ich uns durch den Tunnel durch hin zu einer gemeinsamen Verständigung.[22]

29.9.83 Die beste Freundin hat mich vergessen

Ich finde Hanna in einem total leeren Zimmer vor, sie liegt in Jeans und Pullover ohne Perücke, aber mit neuen Kreuzchen auf dem Kopf, auf ihrem Bett. Claudia, die Zimmernachbarin, ist wieder zu Hause. Sie kommt, so erfahre ich heute, immer nur für 2-3 Tage. Sie hatte vor 7 Jahren Leukämie (inzwischen ist sie 20 Jahre), und Anfang des Jahres bekam sie einen Rückfall. – Heute

22 In *Aufzeichnungen eines seelischen Nacktflitzers* schrieb ich im Zusammenhang mit dem Kaspar-Hauser-Komplex ausführlich über die zeitgenössische Sozialisation durch Medien statt durch menschliche Beziehungen (1991b, S. 277-284). Auch Hanna weiß nur aus der Literatur von Gefühlen, aber wenn sie versucht, in ihrem eigenen Tagebuch ihre Gefühle niederzuschreiben, fehlen ihr die Worte für ihr Selbsterleben. Daß ich nicht mit dem gespitzten Bleistift wie ein Psychiater protokolliere, was sie mir auf *meine* Fragen antwortet, sondern allenfalls mit gespitzten Ohren dasitze und *ihr* zuhöre, macht sie ratlos. Aber sie begreift die Chance, sich durch Sprechen über sich – und sei es zunächst nur darüber, daß sie sich selbst fremd ist –, vor dem »seelischen Verhungern« bewahren zu können. – Bereits mit einem Jahr hatte sie sich, als sie das erste Mal in ihre Familie kam, büschelweise die Haare ausgerissen, was ein nicht mehr nur latentes, sondern bereits körperlich sedimentiertes Hospitalismussyndrom darstellte. Hanna und ich arbeiten nicht an der Heilung des Krebses. Wir arbeiten an ihrer Selbst-Erfahrung, an der sie zwar von klein auf gehindert wurde, aber ohne die Suche nach selbststützenden Objekten ganz aufzugeben. Ich tanze doch so gern, sagt Hanna und benennt damit ihre Lebensfreude, mit der sie sich bei niemandem aufgehoben fühlen konnte: weder bei der suchtkranken Mutter, die allenfalls »ein müdes Lächeln« für sie hat ... noch beim suchtkranken Vater, der mit seiner Unfallträchtigkeit kokettiert ... noch bei der psychosomatisch kranken Oma, die auf jede menschliche Regung stereotyp mit »zu fetter Nudelsuppe« reagiert ... noch beim Opa, der sein Hörgerät abstellt ... noch bei der Schwester, die notgedrungen schon als 3jährige Hanna gegenüber Mutterfunktionen übernehmen mußte, sich von klein auf den Kopf für andere zerbrach und an Kopfschmerzen leidet ...

kann ich meine Gegenübertragungsgefühle für mich klar benennen. Ich weiß immer nicht, was das Nachhauseentlassenwerden bedeutet, ob der Patient geheilt ist oder unheilbar ist: fertig behandelt oder keine Behandlung mehr möglich ist. Dieses steinerne knöchrige Gesicht von Claudia – ich mag sie nicht, eine wandelnde Leiche: ein Maschinen-Mensch. Hanna spricht verständnisvoll über sie, obwohl sie in meiner Gegenwart nicht ein Wort mit ihr wechselt.
Hanna ist lebendig, aber müde, weil sie von morgens 8.00 bis 11.30 Uhr im Strahlenbunker zubringen mußte. Man ließ sie dort warten, obwohl sie bestellt war. Ich spreche ihre Bemalung zärtlich als »Kriegsbemalung« an. Sie lacht mit mir. – Später mache ich mir Vorwürfe, ob ich sie nicht mit diesen Worten gekränkt habe. Aber es war genau die passende Bezeichnung. – Hanna meint, sie wüßte schon, was kommen würde und habe sich ein Buch und Schokolade mitgenommen in den Bunker. Die Schwester habe sie erst wegen der Schokolade gehänselt, später habe sie sehr wohl davon mitgegessen. Ich sage ihr, daß ich es bewundere, wie sie sich zu helfen weiß und sich nicht die Laune verderben lasse bei all den Prozeduren. Ich lasse mir ausführlich von ihr die Erfahrung im Strahlenbunker beschreiben: Die Bemalung findet in einem Extra-Zimmer statt, dann muß sie sich nackt auf den Untersuchungstisch auf den Bauch legen: Es wurde mir fast schlecht, sagt sie. Ich frage sie nach der Kobaltbombe, – ich wage nicht, sie so zu nennen, obwohl ich weiß, daß sie so heißt. Ich selber habe diese Räume und diese Apparaturen gesehen und auch, wie nackte Frauen dort lagen; mich grauste ob der Schamlosigkeit und Schonungslosigkeit, mit der man diese Menschen dort ausgezogen liegen läßt. – Hanna also hat diese Apparatur nicht wahrgenommen und kann sie mir auch nicht beschreiben, die sehe sie ja nicht, weil sie auf dem Bauch liege. Als sie heute zurückgekommen sei vom Bunker, hätte es eine zweite Enttäuschung gegeben: Sie habe sich sehr auf das angekündigte Schnitzel gefreut und was sie vorfand, war ein paniertes, total durchwachsenes Fleischstück, das kaum zu genießen war. Sie half sich, indem sie dann von der Tante mitgebrachtes Fleisch zu den Pommes frites aß. Hanna sagt dann aufgeräumt: Heute bin ich schon *be*handelt und schaut kurz auf den Katheter an ihrem Arm. Sie hatte die Arme unter den Kopf verschränkt. Sie ist guter Dinge. Damit bezieht sie sich auf meine gestrige Bemerkung, als Dr. W.

sie wortlos und blicklos gespritzt hatte. Sie habe dann auch erbrochen gestern, aber, sagt sie, wenn sie Essen erbreche, sei es nicht so schlimm, als wenn der Magen leer sei und die Magensäure hochkomme und sie nur Krämpfe habe.
Hanna erzählt mir dann begeistert und witzig, was sie heute im Strahlenbunker gelesen hat: *Tipsis Abenteuer*, eine baltische Jungmädchengeschichte, das Lieblingsbuch des Vaters. Ich höre ihr zu, der Inhalt ist mir egal, aber wie Hanna spricht und gestikuliert, ist ein Vergnügen, und ich sage ihr das. Sie genießt, daß ich sie wahrnehme und erzählt mir gleich noch das Lieblingsbuch der Mutter *Kampf der Terzier*.
Dann wird sie ernst und sagt, daß die beste Freundin sie nicht mehr besuche. Sie ist enttäuscht, daß sie sie vergessen habe und auch den Platz in der Klasse nicht mehr freihalte. – Hanna liegt in diesem leeren Zimmer heute und spricht von ihrer Isolation. Sie gehört nicht mehr zu den Gleichaltrigen (tatsächlich liest sie ja auch die Jugendbücher des Vaters und der Mutter). Ich frage mich, ob sie jemals dazugehört hat, denn sie war ja mehr oder weniger nur mit den Großeltern zusammen. – Ich sage, heute hast du mir anvertraut, womit du dich im Strahlenbunker über Wasser hältst. Ja, sagt Hanna, einen muß der Mensch doch wenigstens haben, der ihm zuhört. Klar, sage ich, wenigstens einen.

30.9.83 Hannas kindlich-fröhlicher Exhibitionismus, schamlos mißbraucht

Ich war außerhalb von G. auf einer Tagung und wußte, daß ich es nur knapp schaffen werde, von Hannas Stunde dorthin zurückzukommen. Deshalb ging ich schon eine Viertelstunde früher zu Hanna. Sie hatte mir gesagt, daß ich vor der Türe wartete, wenn ich früher da sei, verstünde sie nicht, und letzten Freitag war sie wegen unserer Stunde länger in der Klinik geblieben. Deshalb dachte ich: statt später auf der Autobahn zu rasen, mich zu opfern, nutze ich diese Viertelstunde, obwohl ich damit unsere gemeinsame Verabredung einseitig veränderte, was Hanna als Übergriff mißverstehen könnte. Ich war im Konflikt wie eine Mutter: Ich wollte es dem Kind recht machen und zugleich auch meine Bedürfnisse respektieren. Kurz: Ich fragte als erstes im Stationszimmer, ob Hanna an diesem Wochenende nach Hause kann. Ja, aber erst Samstag. Ob sie von der Bestrahlung schon zurück sei: Ja. Ob sie gerade Besuch habe: Ja, vorhin jedenfalls sei die Oma dagewesen.

Hanna lag wieder angezogen auf dem Bett und las. Ich erklärte ihr mein Früherkommen und brachte ihr die Nachricht mit, daß sie am Wochenende nach Hause könne, was sie bisher nicht wußte. Meine ganze Behutsamkeit verstand sie nicht. Es war mir wichtig, ihr zu zeigen, daß ich nachher auch etwas für mich Wichtiges vorhabe. Sie spricht von zu Hause, sie würden seit langem zum ersten Mal wieder zu viert sein. Der Vater habe ihr erzählt, die Schwester habe ihm erzählt, daß ihr die Mutter erzählt hatte, sie hätte ein zwei Zentimeter großes Geschwür an der Leber. Deshalb, so Hanna, müsse sie wohl letztes Wochenende so gereizt gewesen sein. Aber Hanna sehe nicht ein, warum sie in die Konflikte zwischen den Eltern reingezogen werde. Sie verstehe nicht, warum die Mutter ihr nicht gesagt hat, daß sie dieses Geschwür hat. Ich hätte sie doch bestimmt verstanden, sagt sie. Hier führt falsche Rücksichtnahme zu einem Schonklima, in dem alle Angst haben, die sie umverteilen, statt darüber zu sprechen, und sie miteinander zu teilen. Ich sage das Hanna und sie versteht es. Das habe es nie gegeben, miteinander sprechen.

Es sind neue Gardinen an den Fenstern: Stores. Ein Stück Schutz, sage ich. Hanna fühlt sich eingeengt, sie schaue so gern raus. Sie sagt, das sei wie mit der Schwester. Nach dem Unfall bekam Hanna eine Sitzgarnitur für ihr Zimmer. Die Schwester strich es ihr neu an und räumte es um. Es sei ganz süß, sagt Hanna, aber sie könne nicht mehr vom Schreibtisch aus rausschauen wie früher. Sie erklärt mir genau, welche Umstände sie machen muß, um rauszuschauen. Ich sage ihr: Hier könne *sie* doch die Gardinen auf- und zumachen, *sie* könne bestimmen, ob *sie* sich schützen wolle oder rausschauen, um mit den Blicken zu wandern. Ja, das habe ich nicht wahrgenommen. Meine Schwester hat mich durch ganz Rom geschleift, an ihrer Fahrt beteiligt, daß es mir zum Hals raushing. Dann sind wir mit dem Bus hierhingefahren und ausgestiegen und wieder eingestiegen ... Die Schwester hat auch einen Freund in Rom gehabt. Ich sage lachend: Und da hat sie dich nicht mitgenommen, hat dich vor der Tür stehenlassen. Ja, da hieß es nur noch, Spanische Treppe und so ... Wir lachen.

Ich erinnere mich daran, daß ich Cremepröbchen mitbringen wollte und frage sie, ob sie die Schwester nach den Cremes gefragt hat. Nein, sagt sie, es sei komisch, sie denke daran, und wenn dann die Schwester da sei, vergesse sie es. – Ja, darum geht es: In der Gegenwart des anderen zählt sie nicht körperlich, nicht mit *ihren* sinnlichen Bedürfnissen. Sie wird *behandelt:* die Schwester schleift sie durch Rom, um sich ihr vorzuführen, räumt ihr das Zimmer um, ohne nach Hannas Bedürfnissen zu fragen. Sie tut ihr, der kranken Schwester, Gutes... Die Mutter spart Hanna aus ihren Sorgen aus, um sie zu schonen, in Wahrheit teilt sie ihr ihre Ängste mit, ohne sie zu benennen. Wieder wird Hanna körperlich traktiert, ohne daß »das Kind beim Namen genannt wird«. Das ist unser Thema, deshalb spreche ich von mir: meinem Zufrühkommen und warum: weil ich nachher was anderes vorhabe. – Meine Phantasie, ihr Cremes mitbringen zu wollen, spreche ich nun an und frage sie, ob ihr das recht ist. Sie erinnert sich, mit der Freundin durch den Seltersweg von Drogerie zu Drogerie gezogen zu sein, sich geschminkt und gegenseitig angemalt, vollgeschmiert zu haben, sagt sie lachend. Es war unglaublich komisch, sie wären wie Indianer gewesen. Ich hatte ihre Kreuzchen »Kriegsbemalung« genannt und überlege mir jetzt wieder, ob ich das anspreche, ob sie sich dadurch gekränkt gefühlt hatte, aber ich lasse es. Zum Schluß hatten sie und die Freundin einen ganzen Sack voll Pröbchen. Ich frage Hanna, ob sie eine bestimmte Creme weiß, die sie haben will. Sulfoderm fällt ihr ein. Okay, ich werde dran denken, sage ich.

Sie sagt nun, mit dem Essen sei es komisch, sie habe in den letzten Tagen gar keinen Hunger mehr. Ich frage sie, was sie meint. Sie esse ganz wenig, sagt sie, der Mund tue ihr weh, sie habe Angst vor einer neuen Magenkrise. Aber es muß sich doch nicht alles wiederholen, sage ich. Sie wisse nicht, ob sie Bauchweh vor Hunger habe oder ob ihr schlecht sei. Ein Wurstbrötchen steht auf dem Tisch, an einem Schokoladenweihnachtsstern knabbert sie zwischendurch. Ich hatte mich – wie ich finde – mit der Diät verrannt und das Thema gelassen. Jetzt kann Hanna die Initiative ergreifen und vom Essen sprechen. Ich höre ihr zu, begleite sie. Ich frage, was es heute zu Mittag gab: irgendetwas, es schmeckte nicht, höchstens die Salzkartoffeln, sie sei dann aber in ihr Zimmer gegangen. Jetzt fällt ihr ein, sie hätte ja Salzkartoffeln mit Butter und Salz essen können, was sie sehr mag, und sie findet diese Idee gut. Erst jetzt beim Sprechen fällt ihr das ein. Ich sage, wie gut, daß wir darüber sprechen, da bekommst du die richtigen

Ideen, den richtigen Appetit. – Im Sichmitteilen werden ihr ihre Körperbedürfnisse bewußt, sie findet Sprache für sich und ihre Bedürfnisse. Unspezifische Hungergefühle werden symbolisch in Worte gefaßt: formulieren sich »appetitlich«. Statt von der Schwester durch Rom geschleift zu werden, statt der Mutter als Sklave zu dienen, geht es darum, daß Hanna sich selbst körperlich in ihren Gefühlen und Bedürfnissen wahrnehmen lernt. Ich ermuntere sie, auszuprobieren, ob ihr vor Hunger oder vom Magen her übel sei. Es ist interessant, wie ihr diffuses körperliches Befinden nach Worten sucht.

Also, dann probiere ich es: Sie haben es gesagt! sagt sie keck. Und sie holt sich den Teller mit dem Brötchen vom Nachttisch, stellt ihn sich auf die Brust und beginnt nun häppchenweise ihr Brötchen zu essen. Es ist sehr trocken, ich sehe und sage es. Ja, sagt sie und trinkt vorsichtig etwas dazu. Wieder teilen wir eine kleine Mahlzeit, und als ich Hanna frage, ob es denn gehe, was der Bauch sage, antwortet sie, den habe sie ganz vergessen, es gehe ihr gut. Beim Sprechen und Essen beißt sie sich auf die Zunge und ich schweige, damit sie sich ganz ihrem Essen widmen kann. Dann stellt sie den Teller mit dem halben Brötchen weg und beginnt verschämt zu mir schauend, die Krümel vom Pullover zu sammeln. Ich sage, sie tue das, als würde sie einen ganzen Berg Krümel wegschleudern, wie einen Berg Sand. Es sieht so aus, als würde sie sie sich von einer Last befreien, fast übermütig und glücklich. Sie lacht unglaublich herzlich auf, ich lache mit ihr, wir lachen gemeinsam Tränen. Immer und immer wieder streicht sie sich über die Brust und tut so, als ob da noch Krümel wären, die sie wegschleudert. Mutter und Kind spielen ihr Spiel. – Voller Glück und gemeinsam haben wir einen Angstberg bewältigt: Essen macht lebendig, nicht Schmerzen. Ich freue mich an ihrer Eigeninitiative und genieße mit ihr, ohne sie zu bestimmen. Diät hin, Diät her, daß sie mit ihren Sinnen lebendig ist und jemand mit ihr die Freude darüber, die Freude an sich, teilt, das, nur das bewahrt sie vor der Einbahnstraße: eigener Körper gleich Schmerzen gleich Tod, wie sie es von der Mutter erlebte: entweder war sie nicht da (die ganze Woche über kam sie nicht), oder sie ist da, spricht aber nicht von sich und ihren positiven Erlebnissen, sondern teilt unter der Hand Gerüchte über Körperbeschädigungen mit. In dieser Mutter kann Hanna sich in ihrer Lebendigkeit nicht wiedererkennen.

Hanna sagt lachend, ich bin ein drittes Mal fotografiert worden. Da waren Typen, die haben im Bunker rumgeknipst, auch Leute, die gar nicht fotografiert werden wollten, schonungslos waren die. Dr. X. kam dazu und hat mir die Hand auf die Schulter gelegt und gesagt, du bist die meistfotografierte Frau der Station. Ich weiß nicht, sagt Hanna, ob ich etwas Falsches mache, wenn ich mich fotografieren lasse. Was meinen Sie? Du scheinst dich zu schämen, sage ich. Hanna nickt, irgendwie schon. Ich verstehe, daß du dich gern fotografieren läßt, jeder möchte gern mal in die Zeitung. Aber ich glaube, du spürst auch, daß die Fotografentypen etwas Respektloses tun, und die Bemerkung von Dr. X. hat auch was Anzügliches, finde ich. Ich glaube, was du bräuchtest, wäre, daß Dr. X. dir die Hand auf die Schulter legt und ein paar Worte mit dir spricht. Das hätte dich seelisch mehr gesättigt, als ein Foto in der Zeitung. Hanna schreit wütend, enttäuscht: Dr. X. hat mich immer nur *behandelt.* Als er mein Arzt war, mußte er sich um mich kümmern, als Mensch spricht er keine 2 Worte mit mir. Es ist furchtbar, was du sagst, aber es ist wahr. Ich erlebe es auch so: statt als lebendiger Mensch wahrgenommen zu werden, schießt man Fotos von dir als 15jähriger Frau mit Glatze. Es ist so schwer, sagt Hanna, sich zurechtzufinden. Ich bin halt schon kein Kind mehr, aber irgendwie fühle ich mich auch mißbraucht. Es ist gut, wenn wir darüber sprechen, sage ich, damit du mit deiner Wut nicht in die falsche Richtung läufst und aus lauter Rache gegen doofe Typen dir selber schadest. Übrigens, sagt Hanna, die Schmerzen in den Beinen sind weg. Ihnen kann ich das ja sagen, Sie sind kein Arzt, aber Sie können sich mit mir freuen, wenn es mir besser geht. Klar, sage ich, wenn du mir davon erzählst. Wir lachen.

3. 10. 83 Mit roten Fingernägeln am Familienkochtopf

Ich komme aus Alsfeld und bin 10 Minuten zu spät. Hanna liegt auf dem Bett. Eine Tante sitzt strickend bei ihr, sie fragt Hanna: Ist sie das? und steht auf. Ich erkläre Hanna meine Zuspätkommen, und zu dritt besprechen wir, daß ich heute nur eine halbe Stunde bleiben werde, dann kann die Tante auch noch dableiben, so daß Hanna nicht durch mich die Tante verliert. Zugleich bin ich entlastet und muß nicht zum Tagungsort zurückrasen. Ich sage das Hanna, damit sie mich nicht als die Mutter erlebt, die sich überfordert und der gegenüber sie dann Schuldgefühle haben muß.

Heute war Hanna länger im Bunker als erwartet und hatte gedacht, ich wäre schon wieder gegangen. Ich sage ihr, daß ich ihr dann ein Briefchen schreiben würde. Hanna ist fröhlich und lebendig, hat rote Fingernägel. Das Wochenende war gut: sie sei sehr *aktiv* gewesen, habe samstags allein gekocht. Während sie erzählt, ißt sie vorsichtig ein Mohnstückchen, der Mund ist besser, der Mund ist gut bis auf eine Blase, der Magen okay. Ich frage sie nach ihren Cremes, ob sie sich etwas Gutes, Zärtliches tun konnte. Und tatsächlich zeigt sie mir strahlend: am Waschbecken hat sie ihren Hautreiniger angebracht, und ihre Cremes und Schminke hat sie im Nachtkastl.

Zu Hause hat sich die Familie arrangiert: zwei Töchter mit dem Vater gegen die Mutter. Hanna kochte also und hatte sich dabei das Radio angestellt. Plötzlich kam die Mutter in die Küche, riß den Stecker raus, klemmte das Radio unter den Arm und verließ damit die Küche. Hanna hat vor Entsetzen geweint. Es stellt sich raus, daß Hanna nur für drei kochte, nicht für die Mutter. Die Mutter scheint nun zu Hause ein völlig separates Leben zu führen, und versucht, sich durch Übergriffe bzw. Störmanöver Hanna, die ja immer *ihre* Verbündete war, zurückzuerobern. Aber Hanna fühlt sich sicher beim Vater und der Schwester. Es sei gut gewesen, daß die Schwester auch da war. Sie und der Vater grübelten sonst immer: Selbstmitleid und die böse Welt und so! Mit der Schwester sei es leichter, sagt sie. Sogar der übliche Sonntagsknall wäre ausgeblieben. Sie hätten den Vater überredet, samstags nicht nach außerhalb zu fahren, sondern mit ihnen einkaufen zu fahren. Sonntag sei Hanna dann nicht mit dem Vater mitgefahren, die Heizung im Auto sei kaputt. Ich merke vorsichtig an, daß das vielleicht auch zuviel geworden wäre für sie.

In der Familie findet eine Spaltung statt: Vater und die beiden Töchter gegen die Mutter. Zuvor hatte Hanna sich zwischen den Stühlen in Vermittlungsbemühungen zerrieben bzw. als Zünglein an der Waage sich schadlos gehalten. Die Böse ist nun wohl die Mutter. Hanna steht am Herd mit roten Fingernägeln: Sie fungiert als Frau und Mutter, aber zugleich konnte sie auch Sonntag mit der Schwester zusammensitzen, Musik hören. Allerdings im Zimmer der Schwester und unter deren Bedingungen: sie erzählte

von Rom. Immerhin konnte Hanna sich wohl fühlen. Was so schwer ist, ist, daß es Hanna zu ihren Bedingungen gutgehen kann: Entweder sie ist in der Küche und füttert die anderen, oder sie muß den anderen zuhören: wird von ihnen gefüttert, aber es geht keinem um sie.
Wir freuen uns beide, daß es ihr gutgeht, der Muskelkater in den Beinen ist weg, der Magen ist okay, beim Hinknien verließen sie allerdings wieder die Kräfte. Ich sage ihr lächelnd, sie müsse eben aufrecht gehen. Sie versteht mich. Ich ging, und wir verabredeten uns auf morgen 13.15 Uhr, auf Hannas Wunsch, weil das mit der Bestrahlung passe.

4. 10. 83 Selbstmörderische Rache gegen die böse Welt

Ich komme in Hannas Zimmer: Beate, die ich aus Zimmer 1 schon kenne, liegt da, am Tropf, total sediert, und Hanna ist nicht da. Zunächst weiß keine der Schwestern, wo sie ist. Schwester R. im Stationszimmer weiß es dann, und ich nutze die Gelegenheit, mit ihr und Dr. H. über Hannas Befinden zu sprechen. Sie habe Hanna mit der einen Tante zum Abschiedskaffee der anderen Tante nach Hause fahren lassen. Es habe eine Auseinandersetzung gegeben, man habe Hanna wegen der Infektionsgefahr nicht in den Kiosk gehen lassen. Ich frage Dr. H. nach dem Behandlungsstand: Er wirkt unsicher, schaut immer wieder Schwester R. an, die eigentlich die Auskunft gibt. Hanna hat schlechte Leukozytenwerte (500), was aber im Behandlungsverlauf normal sei, gleichviel, so erfahre ich, ob jemand sehr aktiv sei, wie Hanna, oder dauernd im Bett liege, die Leukozytenwerte fallen. Alle freuen sich über Hannas Lebendigkeit, die Bedrohung sei freilich groß. Schwester R. spricht an, wie schlimm sie es findet, daß die Familie des Vaters Hanna regelrecht umlagere und die Mutter wie abgeschoben dastehe. Das tue ihr leid, sie habe regelrecht Wut auf die Oma. Irgendetwas an der Situation begreife ich nicht. Ich verteidige Hanna in ihrer Entscheidung, sich jetzt an den Vater zu halten. Ich sage, daß das Abgeschobensein der Mutter eine Umkehrung der Kindheitssituation sei, wo die Mutter Hanna zur Oma abgeschoben habe. Ich merke nicht recht, daß ich die Spaltung rechtfertige, statt sie als Reinszenierung der familialen Spaltung auch im stationären Bereich zu begreifen. Unter dieser Spaltung leidet offensichtlich Schwester R., als wäre sie die Mutter. (Erst im Gespräch mit Hanna später wird mir das bewußt.) Schwester R. gegenüber verteidige ich Hanna in ihrer Entscheidung für den Vater, obwohl ich im Erstgespräch mit dem Vater klar wahrgenommen hatte, wie sehr sich dieser aus Angst vor den Konsequenzen der Scheidung mit den Töchtern »abpolstert«. Aber – wie auch immer – die beiden haben eine emotionale Beziehung, Hanna und der Vater, wenn auch sexualisiert.

Plötzlich sehe ich Hanna mit einem weißen Sommerhut – die Bemalung auf dem Kopf deutlich sichtbar – grotesk, arrogant und erhobenen Hauptes vor dem Fenster vorbeigehen, neben ihr die kleine, knabenhafte Tante, die andere Schwester des Vaters. Ich bin verblüfft: das ist also Hanna, die 15jährige Jugendliche – aufmüpfig, irgendwie peinlich, wie sie die Zeichen ihrer Krankheit zur Schau stellt.

Ich gehe zu Hanna und die Tante geht raus. – Hanna erzählt: mit der Tante feierten sie heute Abschied mit Sekt, und um 14.00 Uhr würden die Großeltern sie nach Hause holen zum Kaffee mit der Tante, die nun nach Moskau fahren werde, obwohl sie dort kein Zimmer habe, aber sie habe ihre Wohnung hier ja auch aufgegeben. Hanna ist lebhaft und aufgekratzt, es ist wunderschönes Wetter, sehr heiß, die Vorhänge sind zu wegen des anderen Mädchens, die während der Behandlung sediert ist. Hanna erklärt mir, daß das Mittel Gift für den Körper sei und sie sonst dauernd spucken müßte.

Sie erzählt mir schelmisch, ihr sei es gelungen, doch in den Kiosk zu gehen. Sie hätte Kartoffelsalat mit dem Messer gegessen. Sie ist belustigt, daß sie heimlich etwas hingekriegt hat, ich freue mich mit ihr. Ich durchschaue den Streit mit der Schwester nicht. Ich spüre nur zunehmend Druck bis hin zu starken Kopfschmerzen und weiß genau aus der Gegenübertragung heraus, daß es um einen großen Ärger gehen muß, den Hanna in sich trägt.

Ich frage Hanna, ob sie sich nicht ein wenig ausruhen und hinlegen wolle, wenn sie doch um 14.00 Uhr wegginge. Ich finde es einfach unglaublich, in welchem Streß sie sich befindet. Ich spreche davon, daß ich, während ich auf Hanna wartete, Frau O. im Kindergartenzimmer getroffen habe. Hanna öffnet mir die Augen: sie sei sauer auf diese Kindergärtnerin, die ihr Spiele aufdränge und von der sie wisse, daß sie zwei Praktikantinnen rausgeschmissen habe. Ich höre heute die 15jährige, die die Station

kritisch mit den Augen einer Jugendlichen betrachtet, die selber Praktikantin in der HNO-Klinik war und weiß, wie sehr Praktikantinnen ausgenutzt werden, die aber in der Krise wie ein Kleinkind hat stillhalten müssen: brav sein und basteln.
Hanna zeigt mir stolz, daß der Katheter weg ist. Dr. H. sei sehr unsicher, anders als Dr. X., vor dem sie Respekt gehabt habe und kaum zu sprechen wagte. Sie habe Dr. H. gezwungen, den Katheter abzumachen, und er habe es getan. Bei ihm bestimme sie, was sie wolle, sie kommandiere ihn regelrecht herum. Ich sage, ich hätte ihn kennengelernt, mit ihm könne man sprechen, das sei ihre Chance, er höre ihr zu. Aber, denke ich traurig: für Hanna heißt Sprechen »Kommandieren« und Zuhören »Kleinbeigeben«. Tatsächlich erlebe auch ich Dr. H. unsicher, wohl deshalb, weil er den schwelenden Konflikt zwischen den Kliniken zwar schlimm findet, aber Hanna entlasten will, indem er sie gewähren läßt, statt mit ihr zu besprechen, was für sie sinnvoll sein kann und was ihr schaden kann.
Ich bekomme zunehmend Kopfweh und denke: Wo ist der Ärger, die Wut, die Hanna in sich hat. Sie erzählt, wie sie gelitten habe, als man sie mit der Speichelschale ohne Papiertaschentücher eine halbe Stunde habe warten lassen, obwohl sie im Intensivzimmer war, obwohl der Tropf hätte leer sein können, was eine große Gefahr bedeutete etc.... Ich sage, es sei ja nichts geschehen, aber ich verstünde, wie gekränkt sie darüber sei, ohnmächtig und hilflos wie ein Kleinkind dazuliegen und auf die Hilfe der anderen angewiesen zu sein. Sie könne jetzt wohl nicht anders, als sich für diese narzißtische Kränkung bei den Schwestern zu rächen. Hanna erzählt, wie sie einmal eine Praktikantin zusammengeschissen habe, was ihr später leid tat. Sie habe ihr eine Briefmarke geschenkt, weil sie wisse, daß die Praktikantin Briefmarken sammle. Besonders auf Schwester R. sei sie sehr wütend, sie fühle sich von ihr wie eine 5jährige behandelt. Jetzt ist die Wut raus. Hanna läßt eine Schimpftirade »auf dieses Weib« los, und ich bekomme eine unappetitliche Kostprobe des häuslichen Ehekriegs, wie ihn wohl der Vater führt. Ich sage, eine hübsche Wut hast du im Bauch. Jetzt bist du sie bei mir losgeworden. Ich hoffe, das nützt, ich hab's jedenfalls überlebt. Nächstesmal sagst du Schwester R. gleich, wenn du dich als Kind verarscht fühlst. Eins weiß ich ganz sicher, Kartoffelsalat mit dem Messer essen macht Spaß, aber mit deiner Gesundheit zu spaßen, das finde ich nicht

spaßig. Da kann von mir aus eine Schwester doof sein, aber wenn du, statt zu sagen, was du willst, dich aufführst wie eine 5jährige, dann bist du die Doofe. Hanna tobt. Sagen Sie mal der Tussi, was sie für eine Tussi ist! Sag es ihr doch selber, sage ich lachend. Hanna stutzt. Sie scheint etwas begriffen zu haben.
Als ich gehe, spielt das kleine afghanische Mädchen, – sie ist jetzt glatzköpfig – Fangen mit dem Pfleger. Schreiend, juchzend rast sie an mir vorüber...

6. 10. 83 Sprechen schafft Beziehung

Während ich die Rose ins Wasser stelle, setzt Hanna sich aufs Bett und legt los. Sie habe gleich Dienstag nach unserem Gespräch mit Dr. H. gesprochen. Wenn sie schon im Kliniksgelände rumlaufen dürfe, ob sie dann nicht auch raus könne. Er habe nichts dagegen gehabt, und sie sei mit der Oma ins Café gegangen. Ich beglückwünsche sie, daß sie es probiert hat, mit dem Arzt zu sprechen, und sie ist stolz, daß sie verstanden wurde.
Hanna erzählt davon, daß sie gerade jemanden verführen wolle, deshalb habe sie telefoniert. Sie legt sich in ihre Kopfkissen zurück, verschmitzt und fröhlich. Sie hat die roten Fingernägel nicht mehr, es sei vernünftiger, darin Prof. Z. zu folgen, um keine unnötigen Infektionsherde zu schaffen. Auch Kneipen und Kioske zu meiden, finde sie sinnvoll, und tue es auch. Nachmittags werde sie, statt mit dem Großvater auf den Schiffenberg zu fahren, mit dem Vater dessen Tour in den Taunus mitmachen, der sei lustig und außerdem sei das Autofahren mit ihm sehr viel angenehmer als mit dem Opa. Hanna erzählt ausführlich von den entsetzlichen Erlebnissen mit dem Großvater, der sehr unsicher und zugleich sehr aggressiv Auto fahre. Sie scheint sich an den Unfall mit der Mutter erinnert zu fühlen, ohne es unmittelbar anzusprechen. Aber sie streicht sich immer wieder über die große Narbe auf der Backe. In der Körpersprache spricht sie also eigentlich von ihrem Unfall.
Hanna ist ausgelassen vor Glück. Sie jubelt darüber, daß mit Dr. H. zu sprechen ist, daß sie ihm habe sagen können, was sie von der Chefvisite halte, daß das eine Farce sei, der Chef gebe ihr zwar die Hand, aber er interessiere sich höchstens für die Fieberkurven und rede über ihren Kopf hinweg. Dr. H. sei sprachlos

gewesen, er scheine das auch zu meinen. Sie habe ihn dann festgehalten und Fragen gestellt, und er habe ihr geantwortet. Ganz im Gegensatz zu Dr. X. fühlt sie sich von ihm respektiert und verstanden. Ich sage ihr, wie wichtig es ist, daß sie sich nicht nur ins Lachen rettet, wenn sie sich vom Prof. Z. gekränkt und als Mensch übergangen fühlt, wenn dieser nur mit den Ärzten über ihre Krankheit spreche, sondern daß sie auch das Recht habe, ihre Fragen unmittelbar zu stellen. – Hier wiederholt sich, was sie von der Mutter in traumatischer Weise kennt: der Professor würdigt sie keines müden Lächelns, er blickt auf die Fieberkurven, und das ärgert sie.

Hanna wird rausgerufen. Die Schwester hat einen Blutsack in der Hand; Hanna soll ans Blut angehängt werden. Ich sitze still im Zimmer, das andere Kind liegt im Bett und liest, sie hat ein kleines wuscheliges Kuschelmäuschen in der Hand, das sie nach dem Umblättern der Seite immer wieder streichelt: ihr Übergangsobjekt. Ich mache mir Notizen, während ich auf Hanna warte. Ich schaudere in Erinnerung an die Patientin, mit der ich 1980 auf der onkologischen Station sprach, einer 65jährigen Uteruskrebskranken Frau, die ihren Blutsack in den zitternden Händen hielt und von mir wissen wollte, ob sie sterben müsse: ... Sagen Sie mir die Wahrheit, keiner spricht mit mir, keiner sagt mir die Wahrheit. Der Arzt, der immer mit mir lachte, lacht nicht mehr mit mir, seit die Werte der letzten Untersuchung da sind ...

Hanna kommt zurück und schiebt mit der einen Hand den Infusionsständer, an dem ihr Blutbeutel hängt, vor sich her, ich bahne ihr vorsichtig den Weg zu ihrem Bett. Sie setzt sich, meckert, daß die Schwester ihr den Verband nicht so anlegte, wie sie es wollte. Dann dämmert ihr langsam, daß das Blut wohl mindestens 1½ Stunden brauchen werde, und sie wohl nicht mit dem Vater würde wegfahren können. Sie ist wütend, enttäuscht, verärgert: Wozu mache ich dann Pläne, wenn doch alles zusammenfällt ...!, schreit sie mich an. Ich akzeptiere ihre Enttäuschung und tröste sie ganz vorsichtig: Nicht das Pläneschmieden ist falsch, sage ich, du kannst nur heute nicht verwirklichen, was du dir vorgenommen hast, aber ein andermal. Jetzt sagt sie, sie habe ja schon morgens Blut übertragen bekommen; es gehe so schnell, daß sie plötzlich wieder rauskönne, aber sie habe seit heute morgen Enttäuschungen und Ärger gehabt.

In der Chefvisite sei es so, wie wenn 2 miteinander sprechen und man zwar dabei sei, tatsächlich gehe es aber gar nicht um einen. Der Chef gebe ihr zwar die Hand und wisse sogar ihren Vornamen, aber es werde über ihren Kopf hinweggeredet, verhandelt und gestritten. Sie habe heute erspäht, daß sie nur wieder 400 Leukos habe und Prof. Z. habe gesagt, wenn das die Leute vom Bunker wüßten, würden sie nicht weiter bestrahlen... Aber sie wisse nicht, was das bedeutet. Ich sage: Wenn 2 sich streiten, muß das dir so vorkommen, wie ein Streit zwischen deinen Eltern. Aber da ist ein Unterschied: Deine Eltern haben sich schon vor deiner Geburt viel gestritten, das hat dein Vater mir erzählt. Wenn die sich heute streiten, hat das wenig mit dir zu tun, das ist deren Sache. Aber wenn sich die Kinderklinik und die Strahlenklinik streiten, hat das mit dir zu tun, die sind verschiedener Meinung, wie sie dich weiterbehandeln wollen, da geht es um dich. Du hast ein Recht mitzusprechen, um zu wissen, was gemacht werden soll und warum. Ich teile Hanna mit, was ich Dr. H. am Dienstag gefragt habe: ob sie mit ihrer Aktivität den Fall der Leukozyten mitbewirke, und daß er mir gesagt hatte, die Behandlung als solche bringe den Fall der Leukozyten mit sich. Wenn sie Dr. H. gefragt hätte, hätte er ihr das Gleiche gesagt, und zwar schon heute morgen. Sie sagt: ich denke immer, ich kann nur fragen, wenn ich körperliche Schmerzen habe, sonst habe ich kein Recht zu fragen. Aber du hast von heute morgen, als du auf die Kurve gespäht hast, bis jetzt um 14.00 Uhr *seelische* Schmerzen gehabt, weil du etwas mit dir herumträgst, die Angst, nicht zu wissen, was es bedeutet, daß deine Leukozyten wieder gefallen sind, wovon das kommt, und in der Phantasie bist du damit beschäftigt, dir etwas zurechtzukonstruieren. Wenn du fragst, kannst du deine seelischen Schmerzen lindern und dir Angst ersparen. Du und die Station sitzen im gleichen Boot. – Sie folgt mir begierig, weil unser Gespräch Wort für Wort auf ihrer Erfahrung, mit Dr. H. sprechen zu können, aufbaut. Sprechen schafft Beziehung und Kontakt, und sie kann sich aktiv aus der Isolierung durch Schweigen herausbewegen.

Ich sehe die Preisschilder an ihren Stiefelsohlen und puhle sie ihr zärtlich wie eine Mutter es täte, von den Sohlen weg. Die Freude, den Stolz des Kindes an sich selber, teile ich mit ihr, ich bin innerlich bewegt, und schaue sie auch an, während ich sie »behandle«, es ist eine sehr nahe Berührung, die Hanna geschehen läßt und genießt: ein Stück Fürsorge, die sie nie kannte.

Sie sagt mir, sie wisse, sie müßte morgens sich mit kaltem Wasser waschen, um schnell fit zu sein, aber heute morgen habe sie lang getrödelt und sei dann zu spät zum Frühstück gekommen. Ich frage sie, was sie denn gemacht habe. Sich das Gesicht gecremt, sagt sie strahlend, und ich freue mich mit ihr. – Wir haben es geschafft, daß sie sich zärtlich behandeln kann, daß sie ihren Körper positiv entdeckt und nicht nur als krank und lästig empfindet, daß sie wagt, sich anzuschauen.

7. 10. 83 Mein Leben hat einen Sinn

Ich war etwas zu früh und malte auf dem Flur den Apfel-Leukämie-Lebensbaum fertig ab. Hanna kommt plötzlich mit der Großmutter und begrüßt mich. Ich sage ihr meinen Einfall von dem Baum mit den roten, weißen, rot-weißen Äpfeln-Blutkörperchen, und sie sagt, das könnte man so sehen, das paßte zur Station. Wir gehen ins Zimmer, in dem heute wieder nur Hannas Bett steht: eine gähnende Leere und immer die Ungewißheit, ist der andere Mensch nach Hause entlassen worden oder gestorben. Ich spreche das nicht an. Die Oma packt Hanna Kartoffelsalat und Würstchen aus und holt ihr ein Messer, das aber nicht schneidet. Ich setze mich still hin, innerlich stört mich die Großmutter sehr, aber ich sage nichts und warte ab. Als Hanna über das stumpfe Messer meckert, sage ich, sie könne das Würstchen ja mit der Hand essen. Sie tut es. Die Oma drückt sich im Zimmer rum, mir ist ungemütlich. Schließlich geht sie, sie werde noch jemanden anderen besuchen. Hanna sagt, sie habe eine Bitte, und ich bin erstaunt: Ob wir heute nur eine halbe Stunde sprechen könnten, weil sie gesehen habe, es gebe eine Holland-Woche im Seltersweg (die Fußgängerzone in der Innenstadt), sie liebe doch Holland und wolle gern dorthin gehen. Ich stimme ihr unumwunden zu: assoziiere mit ihr Meer, Tandem fahren, schöne Ferien, damals, wie sie es erlebte hatte, mit der noch heilen Familie, Palmenstrandposter an ihrer Wand hier im Zimmer und heute selber nach »Holland« stapfen...

Hanna kann am Wochenende wieder nach Hause und freut sich darauf. Sie schmiedet Pläne: in den Weihnachtsferien zur Tante nach Staade, in den Osterferien zu der Tante nach Moskau, vielleicht könne sie auch die Schule schwänzen und noch zur Tante

ungebrochen, A.U.V.-S. 4.10.87

nach Nürnberg. Ich freue mich mit ihr darüber, daß sie Zukunft plant, und frage nach der Mathematik. Sie habe Ferien, sagt sie mir, Herbstferien. Ich bin erstaunt, daß auch hier in der Klinik die Schulferien eingehalten werden, wo sie doch, als sie Fieber hatte, nicht lernen konnte. Sie ist entrüstet, das sei ihrer Mathematiklehrerin nicht zuzumuten, die habe ja Probleme mit dem Herzen, immer wenn es ihr seelisch schlecht gehe, habe sie Herzschmerzen. Sie brauche ihre Ferien, sei übrigens in Ibiza bei einer Freundin, kostenlose Logie. Hanna phantasiert, ob diese Freundin vielleicht eine Tochter hätte, mit der sie eine Brieffreundschaft beginnen könnte, um sie dann nach G. einzuladen, damit sie anschließend nach Ibiza eingeladen werde ... Sie plant und ißt dabei grazil ihr Würstchen und den Kartoffelsalat.
Sie habe gestern großen Krach mit dem Vater gehabt, sagt sie. Er hatte sich gar nicht gemeldet, und als er dann kam, habe er ihr nicht gesagt, wo er gewesen sei. Sie habe ihn zur Strafe weggeschickt, zweimal sogar, zwei italienische Salate habe er holen müssen. Er hatte sich zwar gesträubt, aber das habe ihm nicht geholfen. Die zwei italienischen Salate seien dann schließlich in der Spuckschale gelandet. Kurz: Hanna war enttäuscht gewesen, daß sie an der Blutkonserve hing und deshalb nicht mit dem Vater in den Taunus fahren konnte. Zugleich hatte sie darauf gewartet, daß der Vater anrief, was er aber nicht tat. Hätte er ihr gesagt, daß auch er etwas anderes, etwas Wichtiges vorhabe, so wie Hanna: nämlich die Bluttransfusion machen zu lassen, dann hätten beide die Enttäuschung tragen können, ohne sich über den andern zu

ärgern. Statt dessen strafte Hanna den Vater; er mußte ihr Essen holen, auf das sie schließlich pfiff. Es ging alles schief, dahinter steckt, so besprechen wir es, die verquergestellte Frage: Hast du mich lieb, oder vergißt du mich. Diese Frage wird dann übers Essen gestellt. Hanna versteht meine Deutung und spricht davon, daß das mit dem Essen*hamstern* – wie ich es genannt hatte – ihr klar geworden sei. Sie wisse nicht, wie lange es ihr gut gehen werde, und deshalb esse sie. Ich sage ihr, daß es aber neben dem Essenhamstern auch um ein seelisches Hamstern gehe und daß dafür ja wir beide zuständig seien. Sie stimmt zu.
Hanna sagt mir nun in tiefem Ernst, daß sie etwas für sich sehr Wichtiges festgestellt habe. Wie schlimm es sei, sich um Kleinigkeiten zu streiten, wo sie doch sterben könnte. Sie sehe ja, wie andere Rückfälle hätten (und sie schaut dabei dorthin, wo gestern noch das Bett von Beate stand) und wie schlimm es sei, dann jemanden wegzustoßen. Ich frage, ob sie das Gefühl hat, jemanden weggestoßen zu haben, und sie spricht von ihrer Mutter. Sie verstehe es nicht, immer wieder stoße die Mutter sie weg, es tue so weh, weil sie die Mutter liebhabe. Sie habe mit der Mutter über den Sinn des Lebens gesprochen. Die Mutter habe sie ausgelacht, was sie davon mit 15 Jahren verstünde, und habe dann Hanna gefragt, was sie meine, was der Sinn des Lebens der Mutter sei. Da habe sie verstanden, daß sie mit der Mutter darüber nicht sprechen könne. Ich frage sie: Du lebst gerne, nicht wahr? – Sie sinnt nach. Ich fürchte, sie könnte ›nein‹ sagen, aber ich bleibe bei meiner Frage: Aug in Aug. – Sie habe nach dem Unfall, als die Krankheit anfing, an Selbstmord gedacht, habe sich immer gefragt: Warum denn ich! – In dieser vorwurfsvollen Verzweiflung hatte ich sie vor 5 Wochen in ihrer Krise kennengelernt, denke ich. – Dann aber habe sie sich gefragt: Was ist es denn, was so schlimm ist an der Krankheit. Sie müsse sich übergeben und habe Fieber, das sei alles. Sie wolle jeden Tag bewußt leben, das habe sie jetzt begriffen. – Schon zu Beginn des Gesprächs war mir aufgefallen, daß zwischen ihr und mir auf dem Nachtkastl der Spiegel stand, die Hohlspiegelseite nah vor mir, was mir unangenehm war. Aber bevor ich den Spiegel wegstellte bzw. Hanna darauf ansprach, nahm ich wahr, daß Hanna, während sie aß und mit mir sprach, sich immer wieder im Spiegel anschaute, als suchte sie sich. Ich hatte mich darüber gefreut, ohne etwas dazu zu sagen. Vor 2 Wochen genau hatte sie mir gesagt: sie ziehe die

Perücke für die Leute an, die ihren Anblick nicht ertrügen, sie müsse sich ja nicht anschauen, auch im Spiegel schaue sie an sich vorbei. Ich hatte vorsichtig über das Eincremen des Gesichts versucht, sie sich nahe zu bringen, und heute schien mir, daß es geglückt war. Ich freue mich sehr und höre Hanna weiter zu, betroffen von dem Ernst, mit dem sie spricht. Zum erstenmal spricht sie davon, daß sie sterben könnte, aber leben will.
Die Mutter habe eine Tante gehabt, die sie sehr lieb hatte, aber eines Tages besuchte sie sie nicht mehr. Als sie vor einem Jahr gestorben sei, habe die Mutter sehr geweint und geklagt und bedauert, daß sie die Tante haben fallenlassen. Hanna fürchtet, es könne mit ihr und der Mutter auch so gehen wegen unnötigem Streit, wobei sie das Geschwür an der Leber der Mutter erwähnt, die Mutter sei doch auch krank. Sie sagt, als sie mit der Oma eben vom Kiosk kam, habe sie den Wagen der Mutter gesehen und gehofft, die Mutter auf der Station anzutreffen, aber sie sei nicht gekommen. Ich sage, daß sie dann enttäuscht sein mußte, nur mich anzutreffen. Ich zeige Hanna meinen Respekt und meine Bewunderung, indem ich sage: sie habe nachgedacht und für sich etwas gefunden, was die Mutter noch nicht gefunden habe, daß sie gern lebe und daß das Leben für sie einen Sinn habe, ihr Herz klopfe. Sie ergänzt, ... und daß der Schnee getaut sei. Ich sage ihr, sie sei der Mutter voraus, sie wage sich im Spiegel anzuschauen, während die Mutter bisher mit den Tabletten an sich vorbeigeschaut habe. Hanna sei weiter als ihre Mutter. Ja, sagt sie, sie sei stolz darauf, durch die Krankheit wisse sie mehr über sich als andere Menschen in ihrem Alter, das habe die Krankheit ihr gebracht.
Wieder sinnt sie nach und sagt plötzlich fest entschlossen, sie werde heute abend die Mutter anrufen und fragen, ob sie sie morgen abhole, schließlich hätten sie ja beide den gleichen Weg nach Hause fürs Wochenende. Ich freue mich mit ihr über ihren Einfall, wie erfinderisch sie unser Gespräch umsetzt, verwirklicht, woran ihr liegt.
Jetzt beim Aufschreiben wird mir klar: vor 2 Wochen hatte die Mutter Hanna dazu überreden wollen, mit ihr Auto zu fahren, was der Mutter während der Therapie untersagt war, und Hanna hatte es abgelehnt. Die Mutter hatte sich beleidigt von Hanna zurückgezogen. Damals hatte Hanna aus Selbstschutz abgelehnt, weil sie fand, daß die Mutter das aus Trotz gegen das Verbot des

Therapeuten tue. Hanna hat den Unfall nicht vergessen, nicht verarbeitet. Sie hatte ›nein‹ dazu gesagt, von der Mutter als Komplizin mißbraucht zu werden, und ich hatte das richtig gefunden. Heute bedeutet ihr Einfall, die Mutter zu bitten, gemeinsam mit dem Auto nach Hause zu fahren, eine Versöhnungsgeste: Daß sie sich von der Mutter fahren läßt, also aktiv das Trauma bewältigt und damit die stumme Vorwurfshaltung der Mutter gegenüber aufgibt. Hanna bewältigt damit selbständig die von Schwester R. so beklagte Ausstoßung der Mutter aus der Familie, wobei Schwester R. nicht sehen konnte, welche Bedeutung der Unfall für Hanna hat, der Unfall, den die Mutter verursachte; daß also die Mutter unmittelbar für Hannas Gesichtsverletzungen = Gesichtsverlust verantwortlich war. Hanna hatte sich von der Mutter immer weggestoßen und ungeliebt gefühlt, so hatte sie wohl nach dem Unfall die Mutter innerlich verstoßen. Jetzt, wo sie leben will, möchte sie sich mit der Mutter versöhnen. Es ist die Illusion aller ungeliebten Kinder, eines Tages doch noch geliebt zu werden. Ich bestärke sie und sage ihr: Jetzt sei sie nicht mehr so allein, sie habe mich, und ich wisse davon, daß sie die Mutter anrufen wolle, egal wie es ausgehe, es könne nicht mehr so schlimm sein wie früher. Jetzt spreche ich es an, daß sie sich auch wieder anschauen könne, sie schaue ja ab und zu in den Spiegel. Ja, sagt sie, sie schminke sich nachher auch, nur wenn fremde Leute, so wie die Mutter von Beate, im Zimmer seien, geniere sie sich.
Als ich Hanna heute frage: Wie ist es mit uns am Montag, schaut sie mich fast vorwurfsvoll an: Das ist doch selbstverständlich: 13.00 Uhr.

10. 10. 83 Ich tanze doch so gern

Ich komme um 13.00 Uhr auf Station. Hanna ist gerade zur Bestrahlung. In ihrem Zimmer liegt heute Beate – die mir unsympathische maschinen-menschartige, knöchrige Person – deren Namen ich erst gar nicht erinnere. Als ich im Fahrstuhl zurückfahre, denke ich, um hier zu überleben, muß man eine Menge guter Laune haben. Ich habe sie. Ich habe allerdings auch das starke Gefühl, daß in unsere Therapiestunden hineinbestrahlt wird, zumal ich ja gegen den Willen der Station zu Hanna gerufen worden

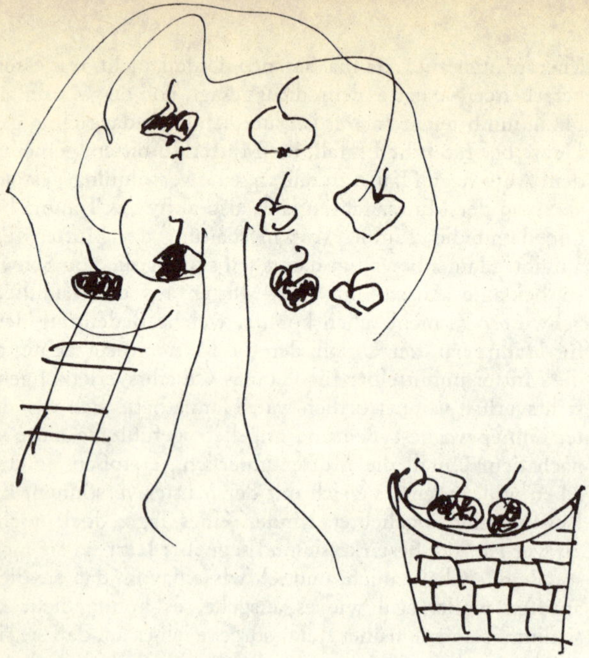

bin. Ich hinterlasse Hanna einen Brief mit einem neuen Terminvorschlag: 14.30 Uhr, und der Bitte, daß sie mich anruft, wenn ihr dieser Termin nicht paßt.

Ich komme um 14.30 Uhr und finde Hanna mit der Oma vor, die ihr gerade ein Kotelett mit Pommes frites auf dem Nachttisch ausbreitet, und Hanna nimmt auf der Bettkante Platz, um zu essen. Wir besprechen zu dritt, wie wir verbleiben wollen, und die Oma geht mit dem Strickzeug eine andere Frau besuchen.

Hanna beginnt zu essen, und ich frage sie, wie es ihr geht. Sie schluckt ihren Bissen runter, um mir antworten zu können. Ich stelle mich innerlich auf Gelassensein, einfach da sein ein, während sie ißt, das kennt sie ja nicht, in Gegenwart eines anderen genußvoll etwas für sich tun zu können. Später sagt sie mir dann, daß sie gern esse und von zu Hause gutes Essen gewohnt sei und deshalb nicht einsehe, warum sie das Stationsessen essen solle. Sie esse jetzt viel weniger, hamstere, sagt sie lachend zu mir, die Schokolade, die die Oma ihr mitbrächte, im Nachtkastl, habe sie dort gestapelt, die interessiere sie aber gar nicht. Sie zeigt auf das halbe Kotelett, das sie nicht aufaß, sie esse nur so viel, wie sie Lust habe, und das sei neu. Sie müsse nicht mehr wie zu Hause alles aufessen (wie der Vater) – und ich denke, spreche es aber nicht aus, daß sie nicht mehr aus Langeweile ißt, weil sie inzwischen weiß, daß Essen die ihr zustehende Selbstbefriedigung ist. Jetzt weiß sie, daß sie alles bekommt, und wählt bewußt aus, was ihr bekommt. Ich bestätige sie darin und korrigiere mich in meiner früheren Anschauung zum Essen, auch was die Diät angeht, wir sprechen offen darüber.

Hanna sagt zunächst, sie werde diese Woche noch zweimal bestrahlt und könne dann nach Hause. Sie habe aber nicht kapiert, ob sie nur für das Wochenende nach Hause komme oder ganz. Ich frage sie, wie sie das wohl klären könnte, sie meint, sie müßte nachfragen. Ja, sage ich lachend, nachfragen oder schweigen und grübeln. Sie lacht mit mir und versteht. Es ist das Thema: Sprechen, um als Mensch respektiert und behandelt zu werden.

Hanna erzählt vom Wochenende, daß sie *kein Wort mit der Mutter gesprochen habe.* Ich frage sie, ob sie die Mutter am Freitag angerufen habe, um mit ihr nach Hause zu fahren. Nein, sie habe es vergessen, und dann sei sie schon im Nachthemd gewesen und habe es gelassen. Sie hätte sich vorstellen können, wie die Mutter reagiere: Der Papa hat wohl keine Zeit, dich zu fahren?!..., sagt sie hämisch, da bin ich dir wohl gut genug...! Ich ergänze, die Mutter hätte dann nicht verstanden, worum es dir dabei ging, daß du dich mit ihr versöhnen wolltest. Ich sage ihr, daß ich glaube, es sei nicht gut, wenn sie beide im Auto fahren, weil sie beide den Unfall bisher nicht verkraftet hätten. Ich sage Hanna, daß ich mir Gedanken gemacht hätte über ihren Vorschlag, mit der Mutter von sich aus wieder Auto zu fahren, und daß ich froh bin, daß sie es nicht getan hat. Es sei gut, daß sie vergessen habe, die Mutter anzurufen, das habe seinen Sinn. Hanna legt nun los in ihrem Gram und ihrer Verzweiflung. Die Mutter sei damals auch verletzt gewesen, aber sie sei neidisch gewesen auf Hanna, die von wildfremden Leuten Geschenke bekommen habe im Krankenhaus. Heute sei die Schwester eifersüchtig auf ihre Leukämie. Als sie der Mutter gesagt habe, wie schlimm die Narben im Gesicht seien, habe die Mutter gesagt: Ein paar Falten mehr im Gesicht, was macht das schon! Ich sage ihr, wie lieblos die Mutter sie behandelt habe und wie allein sie mit ihrer Kränkung geblieben sei. Ja, nur der Vater und die Tante hätten sie verstanden.

Eine Schwester kommt rein, ich grüße sie, sie kommandiert mich mit einem Blick aufzustehen, weil sie an mir vorbei will, um einen Zettel an den Tropf der Mitpatientin hängen zu können: Sie *verdrängt* mich also wortlos von meinem Platz und geht dann genauso wortlos raus. Ich bin sauer über diese Behandlung. Hanna fragt mich, ob ich ärgerlich sei. Ich bejahe es, ich hätte mich geärgert, daß die Schwester mich wortlos aufscheuchte und daß ich so schnell keine Worte für meinen Ärger gefunden hätte. Dabei könnten wir doch miteinander sprechen als zwei Menschen, sage ich. Jetzt fährt Beate dazwischen: Es sei doch *logisch*, daß die Schwester an ihren Apparat wolle und es sei logisch, daß ich da im Weg säße, ich könnte mich doch auch ans Fenster setzen, das hätte ich doch vorhersehen müssen. Ich erwidere ruhig, aber mit Entschiedenheit: Es ist *psycho-logisch* für mich, daß ich Hanna besuche und mit ihr spreche und mich deshalb auch nicht hinter ihren Rücken, sondern vor sie setze. Die Schwester bräuchte nur ein Wort zu sagen, was sie wolle, statt mich stumm zu verdrängen, darüber hätte ich mich geärgert. Nun fallen beide, Hanna und Beate, einmütig über mich her: Man wisse doch, wie überarbeitet die Schwestern seien, und da müsse man ihnen von sich aus aus dem Weg gehen, Rücksicht auf sie nehmen. Ich spüre für einen Moment Angst und erwidere, daß ja auch ich hier mit Hanna arbeite und daß das nicht eine stumme respektlose Behandlung rechtfertige. Ich komme ja gerade zu dir, sage ich Hanna, damit du lernst, dich zu respektieren und für dich zu sprechen, selbst wenn man dich respektlos, d. h. wortlos behandelt. Hanna versteht mich, aber Beate wiederholt ihren Standpunkt und meint, sie hätte sich wohl eingemischt. Ich bestätige das, sage ihr aber, daß sie ja auch gezwungenermaßen an unserem Gespräch beteiligt sei und wir nicht Rücksicht auf sie nehmen könnten. – Ich weiß gleichzeitig, wie sehr alle bisher mit im Zimmer liegenden Kinder begierig an unseren Gesprächen teilgenommen hatten, und nur ich immer wieder Scham empfand und mich durch die stumme Anwesenheit eines Dritten in der gewohnten therapeutischen Intimität des Zweiergesprächs gestört fühlte. Ich muß akzeptieren, daß ein stummer Dritter gleichzeitig noch von der seelischen Nahrung mitzehrt.
Hanna sagt dann plötzlich: Das ist eigentlich wie zu Hause am Wochenende. Die Mutter hat kein Wort mit mir gesprochen. Sonntag habe ich in der Küche gegessen und gesehen, wie die

Mutter mit Kaffee und Tablett an mir vorbei wollte – sie zeichnet mir mit dem Finger ausführlich auf dem Nachttisch eine Skizze der Küche, wo sie saß und die Beine ausgestreckt hatte. Als die Mutter an mir vorbei wollte, habe ich die Beine noch länger gemacht, aber die Mutter hat kein Wort darüber verloren. Ich leide furchtbar darunter, daß wir uns totschweigen, sagt Hanna. Ich spreche die Parallele aus: hier sei ich Hanna gewesen, und die Schwester habe mich wortlos totgeschwiegen, indem sie einfach an mir vorbei wollte, ohne mit mir zu sprechen. Ich sei verärgert gewesen und hätte so schnell keine Worte dafür gefunden, genauso wie Hanna zu Hause.
Hanna fragt mich dann: Sie haben doch auch eine Art *ärztliche Schweigepflicht?* Ja, sage ich. Sie sei Sonntag in der Disco gewesen mit einer Freundin, der Vater habe es erlaubt. Ich bin verblüfft. Es sei toll gewesen, aber auch furchtbar. Sie habe am Tisch gesessen mit Leuten, die sie von früher kannte, und sie habe kein Wort sagen können, die hätten auch kein Wort gesagt. Dabei sei es doch für die vielleicht leichter gewesen, die seien doch mehrere gewesen. Sie sei dann weggelaufen, allein durch die Disco, in die Toilette und so. Aber ich habe doch dorthin gewollt, ich tanze doch so gern, sagt sie. Die Freundin tanze aber nicht so gern, sie sei dann abgehauen. Sie habe ihr 5,– DM geborgt, damit sie überhaupt mitgehen konnte, und einen Orangensaft spendiert, aber dann habe sie ihr gesagt, kannst du austrinken, und habe sie sitzengelassen. – Ich erlebe die tiefe Erschütterung und Einsamkeit, das nackte Grauen, das Hanna durchlitten haben muß: Ich sehe sie vor mir, in ihrer Perücke, das vernarbte Gesicht, die großen Augen und die stumme Hoffnung, jemand werde sie ansprechen. – Ich sage ihr, wie mutig es war, daß sie in die Disco gegangen sei, ob es jemanden gab unter den Leuten, den *sie* gerne angesprochen hätte. Ja, sagt sie, sie hatte wissen wollen, ob man sie wiedererkenne, und ob sie die Leute wiedererkenne. Das sei der Fall gewesen und darüber sei sie sehr froh. Ich teile mit ihr diese Freude, so daß wir etwas gefunden haben, was ihr Disco-Unternehmen rechtfertigte. Aber das Schweigen sei furchtbar gewesen. Ich tanze doch so gern, aber ich habe mich nicht getraut allein, und die Freundin tanzt nicht gern, und ich habe mich wie eine alte Frau gefühlt, so langsam habe ich nur die Treppen runtersteigen können. Ich sage: Sie habe vielleicht Angst gehabt, die Perücke könnte runterfallen, wenn sie tanze, aber eigentlich sei

das doch egal. Sie tanze gern, und wenn sie sicher sein könnte, nicht verlacht zu werden, dann könnte sie auch ohne Perücke tanzen, es sei das Problem der anderen, die damit nicht fertig würden. Sie könne sich jetzt im Spiegel betrachten und auch ohne Perücke lieb haben. – Sie hatte sich während unseres ganzen Gespräches im Spiegel betrachtet. Das hatte ich stillschweigend wahrgenommen. – Sie schreit mich verzweifelt an: Daß ich mich anschauen kann, heißt noch nicht, daß ich mich schön finde! Es ist nicht nur das Problem der anderen, ich selber würde niemals ohne Perücke tanzen. Aber dann schaust du auf das ,was du nicht hast, und nicht auf die, die du bist, ob mit oder ohne Perücke, sage ich zärtlich. Ich kenne dich nur ohne Perücke, ich kenne dich, so wie du bist in deinem Wesen. Ja, sagt sie verblüfft, das stimmt, die Haare sind vielleicht nicht so wichtig. Wenn du darauf schaust, kannst du nicht tun, worauf du Lust hast: Tanzen und fröhlich ein, sage ich. Ich glaube, daß eine Disco noch zu ungeschützt ist, um dich dort ohne Perücke zu zeigen, aber mit mir kannst du es wagen.

Und Hanna liegt ausgestreckt und entspannt auf dem Bett, den Arm unter dem Kopf, und hört mir zu, sie genießt meine Worte als seelische Nahrung. Ihre Turnschuhe sind nahe vor mir, und ich stupse sie zärtlich am Fuß an: He du, ich sehe dich. Heute haben wir uns fast gestritten, aber ich habe angeklopft, hast du mich gehört? Ja, sagt sie. – Ich nehme Bezug auf die Stunde, wo sie mir gesagt hatte, daß die beste Freundin sie vergessen habe, und sie gar nicht hören könnte, wenn ich anklopfe. Sie hätte keine Worte, um ihre Gefühle in ihr Tagebuch zu schreiben. Wir tun es gemeinsam: wir schreiben ihr Tagebuch, wir formulieren gemeinsam ihre Lebensgeschichte: Wir finden Worte für ihr wahres Selbst: wir nennen das Kind beim Namen. – Ja, sagt sie, wenn ich Ihnen so zuhöre, sind Sie der einzige Mensch, der mich akzeptiert, wie ich bin, und ich müßte abheben, so stehe ich über allen. Ja, sage ich, wenn wir deinen Selbstwert nicht vergessen. Ich spreche aus, wer du bist, dann brauchst du dich deiner Lebendigkeit nicht zu schämen. Du hast ein Recht zu tanzen, wenn du Lust dazu hast.

Wir verabreden, daß Hanna mich morgen anruft, wenn sie zum Bestrahlen geht, weil das jetzt immer häufiger in unsere Sitzung fällt, so daß ich nachmittags komme, dann kann ich mich nach ihr richten. Zugleich übernimmt sie damit ein Stück Initiative, indem

sie sich mit mir verabredet: Zum Tanzen, zum Lebendigsein, zum Sprechen.
Als ich gehe, verabschiede ich mich auch von Beate und frage sie, ob sie Beate sei. Nein, Claudia. Ein Schreck durchfährt mich: Beate war das Mädchen, das bis Freitag letzter Woche hier lag. Ob sie noch lebt oder tot ist? Ich weiß es nicht, aber Hanna hatte am Freitag zum erstenmal davon gesprochen, daß sie sterben könnte. Ich muß das erfragen, sonst rudere ich in seelischen Schrecken hilflos herum, denke ich, wie Hanna, wie Claudia...

11. 10. 83 Wir haben umgeräumt, damit wir uns gegenseitig sehen können

Hanna rief mich um 13.00 Uhr an, sie sei zurück von der Bestrahlung, habe es vorher nicht geschafft, mich anzurufen, ich könnte jetzt zur Stunde kommen. Ich freue mich und gehe zu ihr rüber.
Das Zimmer ist total umgeräumt, und es herrscht eine große Spannung im Raum, das Radio läuft. Ich stehe still dabei und werde Teilhaber folgender Szene: Hanna sitzt auf dem Bett, vor ihr ein Schreibblock, sie ist bedrückt, die Oma steht am Fenster, herrisch, grinsend, so wie immer. Als sie mich sieht, macht sie Anstalten zu gehen. Hanna ignoriert mich und sagt zur Oma, die zu ihr ans Bett kommt, während Hanna den Schreibblock aufblättert, ein Papierle rausreißt und eine Telefonnummer notiert: Ich finde es nicht gut, daß du die Nummer haben willst, ich meine, das geht dich nichts an, und schreibt die Nummer aufs Papier. Die Großmutter nimmt das Papier triumphierend an sich und verläßt das Zimmer.
Hanna erklärt mir empört, worum es geht: Die Oma habe von ihr die Telefonnummer vom Freund der Tante erpreßt, um zu hören, ob die Tante gut in Moskau gelandet sei. Hanna findet, daß die Oma sich in etwas reinmischt, was sie nichts angeht, die Tante werde sicherlich zunächst doch die Mutter anrufen. Ich wende ein, selbst wenn sie das nicht tue, müsse die Mutter das respektieren. Hanna stimmt zu und fährt dann fort: sie vermute, daß die Großmutter dem Freund nachschnüffle, der Mann verdiene viel Geld und sei kinderlieb und eigne sich als Ehemann, die Tante sei doch unverheiratet und habe eine 5jährige Tochter. Hanna wußte

nicht, daß sie die Telefonnummer hatte und entdeckte sie dann. Sie beteuert, sie wollte der Oma die Nummer gerne geben, aber sie finde es nicht gut, daß sie sich in die Angelegenheiten der Tante mische. Ich sage ihr, die Oma verstehe sie nicht. Sie nickt. Ich bestätige sie darin, daß sie der Oma gesagt habe, worum es ihr gehe, was die Oma daraus mache, sei nicht mehr ihre Sache, dafür könne sie nichts.
Hanna erzählt, sie sei auch sehr neugierig zu hören, wie es der Tante gehe. Sie habe gerade ihren ersten 4 Seiten langen Brief fertig, der werde 10 Tage brauchen. Und 10 Tage werde dann die Antwort von der Tante brauchen. Ich sage, vielleicht überschneiden sich ja die Briefe, und dann dauere es nur halb so lang. Sie freut sich. Sie assoziiert zu Moskau: Die Tante wußte nicht, wo sie übernachten werde, es fallen ihr ihre Hollanderfahrungen ein; sie seien einfach hingefahren und hätten sich dort Zimmer gesucht. Am tollsten sei es bei dem alten Ehepaar auf dem Lande gewesen, wo es ein so tolles Frühstück gab, das für den ganzen Tag vorgehalten habe, damals sei die Familie noch intakt gewesen. Sie hatte mir in unserem ersten Gespräch davon erzählt und zählt nun ausführlich alles auf, was damals auf dem Frühstückstisch aufgetischt wurde. Derweil zieht sich Claudia an. Ich überlege, sie zu fragen, ob ich rausgehen soll, lasse es aber, als ich sehe, daß sie unter dem Schlafanzug ihre Unterwäsche anhat. Etwas in mir sperrt sich, auch noch auf Claudia Rücksicht zu nehmen. Später spricht Hanna lange von der Rücksichtslosigkeit anderer Eltern, aber das Schlimmst für sie sei gewesen, daß ihre Mutter sie nicht verstanden habe. Sie sei dann rausgegangen, um sich zu waschen, weil die fremden Eltern im Zimmer geblieben waren ... und die Mutter zu denen gesagt habe: die Hanna schämt sich halt und geht sich deshalb draußen waschen. Sie habe Hanna quasi vor den anderen Leuten zusätzlich bloßgestellt, das sei furchtbar gewesen. Sie krümmt sich jetzt vor Scham für die Mutter, die sie so gar nicht verstand.
Als Claudia das Zimmer verlassen hat, spreche ich sofort an, daß das Zimmer total umgeräumt sei, ob sie zufrieden damit sei. Ja, sehr, es sei ja ihre Idee gewesen, weil es so eng zwischen den Betten war. Gestern hatte ja eben das zum Konflikt zwischen mir und der Schwester bzw. zwischen Claudia, mir und Hanna geführt. Sie habe auf ihrem Bett gesessen und die Schwestern rumdirigiert, sie hätten alles so gemacht, wie sie es wollte. Ich bestä-

tige sie in ihrer Initiative und frage sie nach ihren Bildern, die jetzt so hängen, daß sie sie kaum sieht; ihr selbst gemaltes Bild ist im Zeichenblock versteckt und auf der Fensterbank hinter den Stores verkramt. Ich frage sie, ob wir ihr Bild nicht aufhängen sollen, und sie sagt, sie fände es schon gut, aber irgendwie schäme sie sich, und sie rationalisiert es damit, daß sie sagt, sie müßte einen Rahmen für das Bild haben, sonst würde es vergilben, wie die Bilder der Schwester auch vergilbt seien.

Sie habe dafür gesorgt, daß das Zimmer umgeräumt wurde, so daß sie und Claudia sich anschauen könnten, damit Claudia mit ihrem Tropf am linken Arm klarkommt... und du am rechten Arm, ergänze ich. Das war ihr nicht aufgefallen, daran habe sie nicht gedacht, sie brauche jetzt ja keinen Ständer. – Tatsächlich hat sie den Katheter am rechten Arm, so daß sie den Ständer rechts am Bett haben müßte. Sie hatte nur an Claudia gedacht, nicht an sich, und ich bin nicht ganz sicher, ob es von mir nun taktlos war, sie an sich zu erinnern und an eine Verschlechterung ihrer Situation: wieder am Tropf zu hängen.

Sie erzählt, es gehe ihr gut mit Claudia, sie verstünden sich viel besser, seit ich neulich gesagt hatte, es sei so schwer, Claudia anzusprechen. Sie gehen auch zusammen morgens zum Frühstück auf den Flur. Das sei neu. Der Pfleger hatte gemeint, sie bräuchte sich nicht zurückzuziehen. Man hatte sie für hochnäsig gehalten, als wollte sie mit der Station nichts zu tun haben, weil sie ihr Essen immer auf dem Zimmer esse. Dabei sei es für sie so schwer gewesen, alleine am Tisch zu sein oder mit den Kleinen. Da sie sich geschämt habe, sei sie lieber mit dem Essen in ihr Zimmer gegangen. Ich frage sie, ob sie denn mit ihrem Essen nicht rausgehen könne, aber darauf ist sie bisher nicht gekommen. Vielmehr setzt sie sich dann mit an den Tisch und trinkt etwas und kostet etwas von dem, wovon sie weiß, daß sie es keinesfalls essen wird.

Sie spricht vom Essen und daß sie jetzt ohne Perücke einen sehr runden Kopf habe, sie vergleicht sich mit Claudia, die 20 Jahre ist und viel zu dünn, während sie sich zu Beginn der Krankheit mit ihren 48 kg geschämt hatte und Komplexe hatte, wie sie sagt. Sie steht auf und führt sich mir in ihren Jeans vor, die hätten damals gespannt. Sie dreht mir ihren Hintern zu, der jetzt in den Jeans völlig unsichtbar ist. Ich sage ihr, daß sie heute gut drin aussieht. Sie genießt es. Meine Bewunderung für ihre Figur kann sie dann

ein wenig beschämt akzeptieren, sie finde sich heute auch in Ordnung mit ihren 45 kg und setzt sich wieder aufs Bett. Sie erzählt, während sie die Kerne aus Weintrauben herauspuhlt, daß sie jetzt mehr Obst und Gemüse esse. Sie erzählt das stolz, in dem Sinne, daß sie auf ihre Figur achtet. Gestern abend hatte sie sich Gurkensalat vom Vater gewünscht und extra zu Hause angerufen, damit er den Salat nicht vergißt. Er hatte sich darüber geärgert, weil er dran gedacht hatte. Und was gab es dann zum Abendbrot! Gurkensalat, und der schmeckte sogar, sagt sie lachend; als der Vater dann kam, haben wir gemeinsam den Salat gegessen. Dann hatte ich einen riesigen Gurkensalatbauch.
Wir sprechen eine Weile über ihre Beziehung zu Claudia, mit der sie ganz zu Beginn ihres Krankenhausaufenthaltes in einem Zimmer lag. Mit ihr konnte sie mehr anfangen als mit Beate beispielsweise. Beate, frage ich, die bis Freitag hier lag? Ja, die. Ich sage, ich wisse immer nicht, was mit den Menschen sei, die hier bei ihr liegen, plötzlich seien sie weg, so schnell könnte ich das gar nicht erfassen. Sie nickt und versteht mich. Sie habe Beate heute besucht, sie hätten sich nichts zu sagen gehabt und hätten geschwiegen. Mit Claudia sei das anders, sie komme immer für 4 Tage und habe keinen Besuch, sie sei aus Siegen.
Hanna hat Hunger, der Opa sollte das Essen zu Hause kochen und herbringen. Nudeln und Soße, das genüge ihr. Für die Oma sei das kein Essen, sagt sie meckernd, also da müsse Fleisch dabei sein. Später kommt der Opa. Ich begrüße ihn mit: Guten Abend – ein Versprecher, über den Hanna lacht. Oma und Opa flüstern miteinander und reichen sich Plastiktüten zu. Hanna scheint sich für die Großeltern zu schämen. Ich erinnere mich dann, daß der Großvater schwerhörig sein soll, und verstehe nun, warum er so devot dreinschaut. Er ist ein schmächtiger Mann im Gegensatz zu der dicken Oma, mit grauem Bart, irgendwie schaut er originell aus. Ich stelle mich ihm mit Händedruck vor, sage meinen Namen und daß ich aus der Psychosomatik bin; er scheint es zu wissen. Ich verabschiede mich dann mit Händedruck, auch von der Oma, die mir vor der Türe begegnet und die Hand gibt, als kondoliere sie mir: Ich spüre die Dankbarkeit der beiden, die irgendwie ratlos-bemüht sind. Ich akzeptiere sie, indem ich meine Gegenwart offen vertrete. Langsam lerne ich die ganze Familie kennen. Aber ich bleibe auf Hanna als meine Patientin konzentriert. Hanna beginnt sich jetzt auf der Station einzurichten, ihr

Zimmer zu bewohnen und sichtbar zu werden, mit den anderen zu essen und andere Kinder zu besuchen. Am Ende der Woche soll sie nach Hause entlassen werden. Sie freut sich darüber. Ich habe die Vermutung, daß die Bestrahlung beendet wird, weil man aufgibt, und damit ist der Streit der Mediziner: Strahlentherapie versus Chemotherapie, beendet. Ich werde morgen nachfragen. Ist so der Händedruck der Oma zu verstehen? Wissen sie mehr oder fühlen sie nur das Ende, von dem sie immer schon gewußt haben, und nicht Hannas Lebendigkeit, die jeden Tag, jede Minute lebenswert macht?

12. 10. 83 Ich lache doch so gern

Heute sind drei Kinder im Zimmer: Beate, Claudia und Hanna. Außerdem ist die Mutter von Beate da, die später fortgeht. Auch Hannas Oma ist da, sie steht an der Wand, während Hanna einen Brief von der Tante liest. Sie begrüßt mich. Ich gebe ihr zwei Mandarinen, wie versprochen, worüber sie sich sehr freut. Sie sagt zur Oma, sicher wolle sie wissen, was die Tante schreibe. Ich mische mit ein, das sei doch ihr Brief, das müsse sie schon ertragen, daß die Tante *ihr* geschrieben habe. Ja, sagt sie, dankbar lachend, dann lese ich auch weiter, die Russen haben andere Eisenbahnspuren und an der Grenze wurden die Waggons hochgehoben und auf die russischen Schienenspuren gesetzt...
Ich sitze am Bett, die Oma steht, das ist freilich sehr unhöflich, aber es ist unsere Therapiestunde, das weiß die Oma und muß es respektieren. Sie macht sich mit dem Ordnen von Hannas Kleidern zu schaffen. Ich sitze still da und betrachte Hanna, die liest und selig vor sich hinlächelt; sie spielt ihr Spiel und ich bin da, denke ich. – Beate wird auf den Topf gesetzt. Soll ich rausgehen, frage ich mich, Mutter und Tochter erledigen still ihr Geschäft, ich störe nicht. Claudia liest. Es ist sehr eng und voll im Zimmer, ich leide unter dieser Menschenmenge und begreife nicht, wie man diese Kinder jeden Tag in eine neue Situation stürzen kann. – Hanna hat den Brief fertiggelesen, die Oma will gehen, baut sich in Hab-Acht-Stellung vor ihr auf: Wann soll ich wiederkommen, um 17.00 Uhr, um 18.00 Uhr?! Hanna erwidert: Um 17.00 Uhr wäre ganz schön.
Als die Oma gegangen ist, meint Hanna, sie war bestimmt sauer,

weil ich ihr nichts vom Brief gesagt habe. Ich wiederhole, daß die Tante ihr geschrieben habe und es doch schön sei, einen Brief von der Tante ganz allein zu bekommen, um sich nun ein Bild von der Tante in Moskau machen zu können. Ja, sagt sie, versinkt ein wenig, ich denke über den Brief nach. Kannst du auch, sage ich, ich bin da. Als Hanna sich mir wieder zuwendet, frage ich sie, wie es ihr geht. Körperlich, sagt sie, nicht so gut, gestern abend mußte ich kotzen, es war mir schwindelig und ich war müde von der Bestrahlung. Die Schwester meinte, es wären die Auswirkungen der vor 5 Wochen abgebrochenen Bestrahlungen. Merkwürdig, ich verstehe das nicht, wir können uns darüber aber nicht verständigen. Jedenfalls geht es dir nicht so gut, körperlich, sagst du, und das finde ich nicht gut, egal welche Gründe das hat, und seelisch, wie geht es dir seelisch? – Ich greife damit bewußt ihre Zweiteilung in körperlich und seelisch auf. – Nicht so schlecht, meint sie, und sie nimmt eine Mandarine und beginnt sie sorgfältig zu schälen, entschuldigt sich dafür, daß sie das tue, aber ich sage, von gestern, als du deine Weintrauben so sorgfältig entkernt hast, weiß ich doch, daß du dir dein Obst so zurecht machst, wie du es brauchst, das ist okay. – Immer wieder eigne ich ihr ihr Tun zu und seien es die kleinsten Kleinigkeiten. Sie braucht das, weil hier auf Station nichts selbstverständlich ist und nichts ist von Dauer, nichts bleibt das Eigene der Patienten. Sich lebendig zu bewahren, ist die große Kunst, und Hanna ist eine kleine Genießerin, ein Lebenskünstler. Wie sie ihre Mandarine sorgfältig schält und vorsichtig ißt! Als sie später allerdings aufstoßen muß, schiebt sie es gleich voller Sorge auf die Mandarine. Ich sage: Mal ein Schluckauf, mal ein Hick, das ist doch nichts Schlimmes!
Sie ist wieder auf dem seelischen Rückzug, liegt zusammengekringelt unter der Bettdecke. Ich erzähle ihr ausführlich von meiner Exkursion in die Stadt und meinen Schwierigkeiten, die Sulfodermproben für sie zu ergattern. Ich mache quasi einen Spaziergang durch den Seltersweg mit ihr, so wie sie es damals mit ihrer Freundin getan hatte. Zunächst schlägt sie sich ganz auf die Seite der Verkäuferin. Es könnte ja sonst jeder, besonders Jugendliche, sich mit Proben eindecken. Ich finde das okay, und sie erinnert sich dann auch, daß eine Verkäuferin bei Horten ihr und der Freundin je eine Probe geschenkt hatte, die sei einfach nett gewesen. Sie meint dann, ich hätte vielleicht nicht so direkt nach Sulfoderm fragen sollen, sondern mehr indirekt. Sie sagt mir, wo

ich Sulfoderm bekommen kann, in der Drogerie am Markt. Ich hatte eine Apotheke im Seltersweg gefunden, die mir Proben bestellte, die ich aber erst in 14 Tagen bekommen kann. Als ich es sage, denke ich, ob das nicht zu spät ist, ich werde lieber vorher in die Drogerie am Markt gehen und die Creme holen, die zu Hannas Haut paßt. Diese innerliche Sorge um die Zeit ist so schmerzlich wahr. Wir spüren es beide, aber wir bauen unsere Gegenwart aus, Zentimenter für Zentimeter, wir wagen Nähe. Ich bin ganz vorbehaltlos da, und sie kuschelt sich in ihre Bettdecke, rollt sich wohlig zusammen. Wir schauen uns manchmal schweigend an, wir halten einander mit den Blicken fest, in mir ist ihre Lebendigkeit aufgehoben.
Claudia wird von einem Klinikpsychologen abgeholt, mit dem sie ein Gespräch führen will. Ich staune. Es wundert mich, daß Claudia Hilfe beansprucht. Sie holt sie sich beim Klinikpsychologen, so daß die zwei konkurrierenden Fächer Psychosomatik und Psychologie in einem ›Revier‹ arbeiten.
Die Mutter von Beate stürzt über den Balkon ins Zimmer, sie sei schon halb in der Stadt gewesen, und es sei ihr eingefallen, ob Beate auch ihre Tabletten heute morgen genommen habe. Ja, sagt Beate. Bestimmt?, fragt die Mutter zärtlich. Ja, gib mir bitte das Buch rüber, erwidert Beate, und die Mutter gibt ihr das Buch und stürzt wieder davon über den Balkon. Hanna und ich schauen uns an. Ich sage, die Mutter ist besorgt, nicht wahr, das ist schön? Hanna ist schmerzerfüllt und den Tränen nahe. Ich gebe ihr bewußt Worte für ihr Gefühl. Nun sagt sie, bei ihr sei es anders. Sie könne die Großeltern manchmal nicht mehr ertragen, sie sei ihnen sehr dankbar, aber alles drehe sich nur ums Essen. Das ginge ihr manchmal furchtbar auf den Geist. Die Großeltern schöben alles auf den Krieg, da habe man nichts zu essen gehabt, aber der Krieg sei doch nun schon 40 Jahre vorbei. Ja, sage ich, man kann nicht mehr das eigene Essen auf den Krieg schieben, das muß man schon selber verantworten, so wie du es jetzt tust. Sie hat mir erzählt, daß sie jetzt auf die 45 kg zugehe und finde das sei eine Grenze, und deshalb lieber Obst und Gemüse esse. Sie ist sehr stolz darauf, daß sie darauf achtet, ihr Gewicht zu wahren. Das ist ihre Antwort auf mein Sprechen vom Hamstern. Die Großeltern würden sich permanent um das Essen streiten, überhaupt streiten sie permanent. Ich sage, vielleicht sei das ihre Art einer Liebeserklärung. Ja, so könne man das sehen, meint Hanna. Jedenfalls

kochten sie immer Wahnsinnsportionen für sie, und sie solle dann tagelang davon essen, das könne sie nicht. Die Großeltern hätten keine Vorstellung davon, was eine Person für sich brauche, für sie gäbe es nur Hamstervorräte. Bei ihnen gäbe es immer Reste, weil sie nie so viel kochten, wie sie wirklich essen, sondern immer viel mehr. Sie klagt, daß sie nur die Großeltern habe, die für sie sorgten und auch viel Geld für Kleinigkeiten für sie ausgäben, ihre Wäsche waschen etc., und sie könne sie nicht wegschicken, sonst wäre sie allein, aber mit ihnen könnte sie nicht lachen, es seien eben alte Leute. Ich sage, ob es nicht ein schlechter Kompromiß sei, ob sie dann nicht doch lieber mal allein sei. Ich weiß, daß Hanna allein sein kann. Sie meint, ich sei ja nur eine Stunde am Tag da. Ich erwidere, eine Stunde ist mehr als nichts. Sie würde so gern mit jemandem spazierengehen. Ich sage, das können wir doch tun. Sie freut sich.

Ihr Rückzug ins Bett scheint sowohl durch die Bestrahlung bedingt, als auch durch die stumme, unbewußte Frage an mich: Ob ich mit ihr rausgehe. Ich frage sie, was sein wird, wenn sie nach Hause kommt. Ja, da wird nur nachmittags die Schwester da sein. Hanna erinnert sich an gestern abend, wo sie ein lustiges Asterix-Heft verschlungen habe, das dann der Vater mit nach Hause genommen habe, um es zu lesen. – Immer verliert sie alles, was ihr gehört. So haben die Schwestern auf Station ihr, ohne daß sie es merkte, ihren Kassettenrecorder weggenommen, die Oma wollte gleich den Brief haben etc. – Sie erzählt mir die Geschichte voller Freude, ihre Geschichte der Heimatlosigkeit und Omnipotenz: Obelix findet ein *Findelkind* und will es füttern, er organisiert eine Kuh, füllt die Milch in eine Flasche, die aber noch halb voll mit einem Zaubertrank war, so daß das Findelkind plötzlich unglaubliche Kräfte bekommt und die Kuh am Schwanz packt und durch die Luft schleudert. So macht es das Kind mit allen, die ihm nicht passen, die ihm in die Quere kommen. Ich müßte dir auch so einen Zaubertrank mitbringen, sage ich, damit du dir alle, die dir auf den Geist gehen, vom Hals halten kannst. Ja, das wäre toll. Wenn wir es schaffen, daß du für dich sprechen kannst, bekommst du die Kraft, um du selber zu sein, ohne Selbstaufgabe, sage ich.

Sie erzählt mir nun, daß sie gestern mit zwei anderen Kindern und einer Kindergartenpraktikantin, die 17 Jahre sei, im Kinderzimmer gespielt habe, und es sei richtig schade gewesen, daß ihre

Schwester kam und sie das Spiel habe abbrechen müssen. Auch mit Claudia habe sie gespielt, aber Claudia sei sehr ernst, und es sei ein Denkspiel gewesen, wo man lange Zeit grübeln mußte. Das habe ihr nicht so gefallen, sie lache lieber. Ich freue mich mit ihr, daß sie Freude am Spielen hat, was sie früher weit von sich gewiesen hatte. Das hängt wohl damit zusammen, daß sie gern spielt, wenn sie den mag, mit dem sie spielt. Sie ist eben ein Kind, das immer mit Erwachsenen und Alten zusammen war und eigentlich nicht spielen kann. Aber auch hier entdeckt sie Neues für sich, gerade jetzt, wo sie am Ende der Woche die Station verlassen soll. Tragisch.
Als ich gehe, sagt Hanna zärtlich, ... und nun bis morgen. Zum erstenmal gibt sie ihrer Freude, daß ich zu ihr komme, Ausdruck. Ich verabschiede mich von ihr und auch von Beate.

13. 10. 83 Idolisierter kranker Körper – Unser Spaziergang

Ich telefoniere morgens mit Dr. H., frage ihn nach Hannas Befinden und was es bedeutet, daß sie am Wochenende entlassen werden soll. Er erklärt mir, daß jetzt der 57. Behandlungstag der *Konsolidierungstherapie* mit Schädelbestrahlung rum sei, wovon bei der myeloischen Leukämie die ersten 8 Tage plus 3-4 Wochen als *Induktionstherapie* bezeichnet würden. Nach Beendigung der Bestrahlung heute (Donnerstag) und morgen (Freitag) stünde noch die letzte Endoxangabe an, was über 4-5 Tage gehe. Hanna könne zuerst übers Wochenende heim und dann zu Beginn der Woche das Endoxan bekommen oder aber gleich. Das – so einigen wir uns – könnte mit Hanna besprochen werden. Bei Hanna, so sagt mir Dr. H., gebe es vom Alter her ein größeres Risiko und zudem sei ihr Zentralnervensystem befallen gewesen, weshalb sie auch am Kopf bestrahlt wurde. Jetzt schließe sich eine *Dauertherapie* über 2 Jahre an, die *ambulant* durchgeführt werde.
Ich frage Dr. H., wie er Hannas Befinden einschätzt. Er sagt, es gehe ihr jetzt sehr viel besser als früher, besser, trotz aller Schärfe ihres medizinischen Befundes. Ich freue mich über das offene Gespräch mit Dr. H. und spreche dann später mit Hanna darüber.

Ich treffe Hanna im Zimmer an, sie liegt auf dem Bett, angezogen. ich gebe ihr eine schöne Williams Christ-Birne, und sie sagt: was ist denn das, so eine große Birne habe ich noch nie gesehen. Sie hat bereits eine Birne auf ihrem Nachttisch liegen. Ich habe ihr eine Klarsichthülle und zwei Nägel für ihr Bild mitgebracht. Sie will wissen, warum ich will, daß sie das Bild aufhängt. Ich dachte, es gefällt dir, dein Bild, sage ich. Ja, schon, aber dann fragt mich jeder, was ist denn das, was soll denn das bedeuten und so. Ich meine, du mußt ja nichts darüber sagen, wenn du nicht willst. Sie schäme sich, zu Hause würde sie das Bild schon aufhängen, aber hier, sagt sie. Ich überlasse es ihr, was sie mit der Hülle anfängt.
Es ist ein wunderschöner Herbsttag, und ich schlage vor rauszugehen. Sie fragt, ob im Kliniksgelände oder weiter weg, ob mit Hut oder mit Perücke. Ich sage, wir könnten im Kliniksgelände bleiben. Sie zieht einen selbstgestrickten Pullover an, ein Minikleid, wie sie sagt, über ihre Jeans.
Wir gehen in der Sonne und schauen von außen auf die Klinik, ich zeige auf den Balkon, wo wir vor 3 Wochen zum erstenmal standen. Hanna erzählt, es habe Streit gegeben über ihre Leukozytenwerte, man war sich nicht sicher, ob sie nun 1500 oder 800 Leukozyten habe, ob die Maschine richtig gezählt habe oder die Schwester. Jemand hatte gesagt, nehmen wir doch den Mittelwert, 800, soviel habe Hanna immer. Dann brauchte man ja gar keine Untersuchung zu machen, hatte eine andere Schwester eingewandt. Schließlich wurde die Untersuchung wiederholt, aber Hanna wagte nicht zu fragen, wieviel Leukozyten sie nun hatte. – Immer ist sie Streitobjekt und andere verhandeln über sie, die Ergebnisse bleiben objektive Daten, die von ihr als Person abgelöst sind, ihr nicht mitgeteilt werden. Sie selber erlebt sich auch nur so: es wird über sie verhandelt, aber wenigstens als Streitobjekt ist sie für die anderen von Bedeutung, mehr wagt sie gar nicht zu hoffen.
Wir setzen uns auf eine Mauer neben der HNO-Klinik an der Straße. Hanna erzählt, daß sie so darunter leide, wie die Oma Besitz von ihr ergreife, sie könne ja nicht weglaufen. Die Oma habe geweint, als sie ihr gestern erzählt habe, sie komme nach Hause. Die Oma habe niemanden sonst, die Töchter seien aus dem Haus, und der Opa sei so schwerhörig, fast taub, und stelle sein Hörgerät oft nicht an wegen der Nebengeräusche, er stelle die Oma quasi ab. Wenn Hanna jetzt nach Hause komme, sähe

die Oma sie weniger, sie komme ja wegen der Mutter nicht zu ihnen nach Hause. Die Oma freue sich nicht, daß Hanna aus dem Krankenhaus komme, solange sie krank war, konnte sie über sie verfügen, dabei ginge die Oma ihr oft auf den Geist. Ich frage, wie es jetzt mit der Behandlung stehe, und sie erzählt, wie enttäuscht sie gestern war, als sie hörte, sie werde noch morgen und Freitag bestrahlt. Sie solle, so sagten ihr die Schwestern, zu Dr. H. gehen und fragen, warum das so sei, und sie habe laut geschrien: Der soll doch zu mir kommen! Ich bestätigte sie: Ja, schließlich ändern sie die Behandlung, ohne dich zu fragen. Sie sagt mir, daß sie lieber die Behandlung durchgezogen hätte und erst dann nach Hause wolle. Sie äußert ihr Unverständnis darüber, daß Claudia, die gestern hätte nach Hause fahren können, eine Nacht länger in der Klinik blieb, weil sie von einem bestimmten Taxifahrer nach Siegen gefahren werden wollte, den sie kennt und den sie mag. Hanna versteht das absolut nicht, sie sieht nur eins, raus aus der Klinik, nach Hause.

Auf Hannas einem Turnschuh lese ich »All you need is love« und auf dem anderen »Petting statt Pershing«. Sie erzählt, das seien die Turnschuhe der Schwester, ihre Turnschuhe habe sie seit dem Unfall, wo sie mit Blut beschmiert wurden, nicht wieder angezogen. Als sie damals die HNO-Klinik verlassen habe – wir sitzen neben der HNO-Klinik auf einem Mäuerchen –, wäre sie am liebsten barfuß durch den Schnee gegangen, statt die Schuhe mit den Blutresten anzuziehen, das hätte sie so furchtbar gefunden. Die Schwester sei anders, sie sammle alle Krankheitssachen und habe auch die Splitter aus Hannas Sachen vom Autounfall aufgehoben. Sie habe zunächst auch die Spritzen sammeln wollen, die sie bekommen hatte. Heute denke sie, weg damit, nichts wie weg. Ich sage, sie könnte ja auch Erinnerungen an Lebendiges, Fröhliches sammeln. So wie wir noch vor 3 Wochen dort oben auf dem Kliniksbalkon standen und heute hier draußen in der Sonne sitzen, und du jetzt nach Hause aus der Klinik rauskommst und nur noch ambulant her mußt. – Sie fungiert als kranker Körper für die Oma und für die Schwester, als Idol, denke ich. – Als wir aufstehen, fragt sie mich, ob Kiefern immer die Nadeln verlieren würden, dann seien es ja quasi auch Laubbäume. – Ich hatte mit einer Kiefernadel gespielt und sie zerstückelt, während ich es tat, war ich mir dessen nicht bewußt gewesen, sicherlich war ich innerlich angespannt. Hanna hatte das wahrgenommen und verpackte es in eine Wissensfrage.

Im Gehen tauschen wir unser Wissen über die Behandlung aus. Sie sagt nochmals, sie möchte lieber fertig behandelt werden und dann erst heim. Ich ermutige sie, das mit Dr. H. so zu besprechen, er hätte am Telefon zugestimmt, daß die Entscheidung mit ihr zusammen getroffen werde. Ich verbinde nun beide Szenen: Hanna/Oma und Hanna/Station, mit unserer Beziehung und frage sie, wie wir weiter arbeiten werden, wenn sie aus der Klinik entlassen wird und dann nur noch ambulant herkommt. Sie meint, sie könne dann ja zu mir kommen, aber wohl nicht jeden Tag, das koste 5,– DM Busgeld. Aber wenn sie wieder in die Schule gehe, sei sie ja dann jeden Tag in Gießen und könnte zu mir kommen. Ich sage ihr, daß wir gemeinsam besprechen, wie oft sie kommt, und daß ich es gut finde, wenn sie zu mir kommt.

Wir gehen dann durchs Kliniksgelände und Hanna spricht lange darüber, daß die Oma keinen Sinn des Lebens für sich habe, es seien immer die Kinder gewesen, sie verstehe das zwar, aber sie als Enkelin solle nun dafür herhalten. Sie fühle sich blockiert dadurch, daß sie die Oma verstehen kann. Sie habe oft schon darüber nachgedacht und habe große Angst davor, daß sie auch einmal alt sein werde und in der Ecke sitzen und auf die Hilfe anderer Leute angewiesen sein werde und keiner komme. Ich sage, ihr könnte das nicht passieren, wenn sie wisse, wer sie sei und für sich ihren Lebenssinn entdeckt habe. – Innerlich sehe ich vor mir die Szene, wie Hanna letzten Samstag in der Diskothek saß, einsam und hilflos in der Ecke, den Gesunden gegenüber, ohne ein Wort sprechen zu können. Ich spreche diese Szene nicht explizit an, ich nehme nur ihre Sorge ernst: Es ist die Sorge der 15jährigen Todkranken, die nur die Oma hat, von der sie für deren Überlebenszwecke benutzt wird. Für Hanna geht es um das Leben. – Sie sagt, die Oma sage manchmal, was denn werden solle, wenn sie sterbe. Ich sage, daß ist ja fast eine Erpressung. Ja, sagt sie schüchtern. Sie sagt, sie wolle am liebsten mit 60 Jahren sanft sterben.

Wir zwängen uns zwischen den Autos durch, und Hanna wedelt öfters Spinnen und kleine Fliegen und Insekten fort, verliert einmal, laut aufschreiend: eine grüne Spinne!, fast das Gleichgewicht. Sie erzählt, sie habe früher vor jedem Insekt, jeder Ameise, allem, was krabbelt, Angst gehabt. – Phobisches Material tritt zutage, das mit ihrer Angst vor Blut zusammenhängen mag. Ich weiß aber auch von der phobischen Angst der Mutter vor dem Menstruationsblut der Töchter und der Dekompensation der Mutter durch Migräne... – Ich nehme Hannas Angst vor den Spinnen ganz realistisch, später auf der Bank schnippe ich eine kleine Fliege weg, sie landet auf Hannas Arm: wir lachen darüber. Hanna versucht sich aus dem *Blutkreislauf* der Mutter bzw. Oma zu lösen, ich höre darauf »mit dem dritten Ohr« (Reik). Ich warte, bis sich hier für mich ein Evidenzerlebnis ergibt und ich das ansprechen kann.

Als wir dann hinter der HNO-Klinik sitzen, sagt Hanna, daß sie genauso wie der Vater nicht für sich sprechen könne. Der Vater habe die Oma gestern mit Hilfe der Schwester abgewimmelt. Ich sage, genauso wie du jetzt essen kannst, was und soviel dir bekommt, und nicht mehr wie der Vater alle Schüsseln aufessen mußt, kannst du auch für dich sprechen. Ich sage ihr, daß ich gern mit ihr arbeite und auch meinetwegen zu ihr komme, weil ich viel von ihr lerne, daß wir miteinander besprechen, was ihr bekommt und guttut. Sie ist deprimiert, schweigt viel. – Ich sitze links von ihr und nehme den linken zerstörten Nasenflügel ganz sinnfällig als ihre körperliche und seelische Verletzbarkeit wahr: sie versucht, sich aus dem mütterlichen Blutkreislauf zu lösen, aber sie hat noch keine Sprache, kein eigenes Blut, kein Eigenleben: alle, die sie umgeben, sind Nicht-Ich, vielmehr »Ich ist ein anderer«, und Hanna ist im vampiristischen Zweieck gefangen. Die anderen zehren von Hannas Kranksein: Hannas kranker Körper ist das idolisierte Körper-Selbst der anderen. Ihr Gesundwerden wäre die Absage an die negative Vorhersage der anderen, mit der sie ihre eigene Lebensangst magisch in Schach halten.[23]

Als wir zurückgehen, wieder an der HNO-Klinik vorbei, sagt Hanna, wie froh sie damals gewesen sei, nach 14 Tagen aus der Klinik rauszukommen, sie habe so furchtbares Heimweh gehabt und so viel geweint. Jetzt sei sie schon monatelang in der Klinik. Der Vater habe neulich zu jemandem gesagt, sie sei eben schon Monate hier. – Wieder wird mir deutlich, daß Hanna als Gesprächsstoff auch des Vaters herhalten muß. »Je länger, je lieber«, mit ihrer Krankheitskarriere protzen die anderen. Ich hatte die

23 Vgl. L. Domash, »Self and Object Representation and ›Evil Eye‹«, in: *Bulletin of the Menninger Clinic*, Vol. 47, No. 3, 1983, 217-224. Siehe Teil 5, S. 646ff.

Prahlerei mit seinen Unfällen im Erstgespräch erlebt. – Ich sage, aber jetzt hast du einen Abschnitt geschafft und kommst raus, du mußt nur noch ambulant her. Ich arbeite mit ihr an der Gegenwart und Zukunft: einer Lebensperspektive. Im Fahrstuhl flunkern wir gemeinsam: Wie toll es sei, sich vorzustellen, der Fahrstuhl habe auf einen gewartet. So wichtig könne man sich fühlen.
Wir verabreden uns für morgen 13.00 Uhr, wir wollen wieder rausgehen. Aber nur, wenn es nicht so graues Wetter wie die letzten Tage ist, sagt Hanna. – Sie kann nicht sagen, aber nur, wenn es so schön ist wie heute, das Schöne als Maßstab kennt sie nicht, nur das narzißtische Negativ, an dem sie sich mißt.
Vor dem Einschlafen sehe ich Hanna mit einem Schnuller im Mund vor mir und denke, sie lebt, weil sie genießen kann. Ich bin zufrieden mit unserer Arbeit und schlafe ein.

15. 10. 83 Herr M. und Hanna: Ich ist ein anderer

Ich treffe Hanna allein auf ihrem Bett sitzend, einen Edgar Wallace-Krimi lesend, an. Ich habe ihr eine weiße Rose mitgebracht und einen rotbackigen Apfel, außerdem zwei Proben von Marbert. Sie freut sich über die Proben, »Marbert, ui!«, mit der Mutter sei sie einmal in der Drogerie gewesen, und die Mutter hätte sich Sachen für knapp 100,– DM gekauft; als sie darüber erschrocken sei, habe die Mutter gesagt, na, was denkst denn du!
Ich stehe im Zimmer, und der Kontakt zu Hanna ist noch kaum hergestellt, ich habe die Rose in die Vase gestellt und bewundere sie in ihrer Bluse. Ich höre ihr zu, wie sie mir von der Mutter erzählt. Wir werden vom Vater unterbrochen, der vier Puddingbecher vor Hanna aufbaut. Damit will sie sich die Endoxan-Gabe von heute morgen: 6 Tabletten, buchstäblich versüßen. Der Vater macht keinerlei Anstalten, unsere Therapiestunde zu respektieren, was mich sehr ärgert, ich finde aber keine Worte.
Ich setze mich also und schaue Hanna zu, wie sie sich den Pudding mischt, die Tabletten einzeln auf dem Löffel im Pudding versteckt und dann schluckt: Ich halte sie mit dem Blick fest, sie schaut strahlend über den Löffel zu mir hinüber, wenn sie es geschafft hat, die Tablette ohne Nachgeschmack zu schlucken. Derweil protzt der Vater mit Hannas Schwierigkeiten bei der

Tabletteneinnahme, dem Ritual in der Familie, alle mußten fast klatschen, wenn es geglückt war, bis Hanna dann den Trick mit dem Pudding bzw. Joghurt fand. Wenn man sie jetzt frage, sage sie stolz, als wisse sie von gar nichts, warum man denn frage, wenn sie die Tabletten doch längst eingenommen habe. Während der Vater protzt und ich sie ermutige, ruhig ihre Tabletten einzunehmen, sagt sie: Ich glaube, ich kotze nur nach den Tabletten, *weil ich mich innerlich gegen die Behandlung sträube.* Der Vater quasselt irgendetwas, so daß ich Hannas Bemerkung nicht aufgreifen kann, aber ich bewahre sie. Hanna hat ihren Hosenknopf aufgemacht und meint, früher hätte sie sich sehr geniert, einmal sei sie von der Visite überrascht worden und hatte die Hose aus Bequemlichkeit offen. Heute nehme sie es nicht mehr so genau. Dabei hatte sie charmant lächelnd sowohl meine Bewunderung für ihr Aussehen in der Bluse entgegengenommen als auch selbstbewußt-charmant die Hose geöffnet und sich auf dem Bett bequem zurückgesetzt. Sie sieht heute entzückend aus: das runde Köpfchen schaut aus einer weiblichen Bluse (von der Tante aus S.), während die Füße in den Turnschuhen der Schwester stecken; dazu die Jeans, die sie auch beim Unfall anhatte.
Hanna spricht von dem Ärger gestern. Erst hatte sie bis Viertel vor eins auf die Bestrahlung gewartet, was sie mir am Telefon erzählt hatte. Ich war dann nicht zur Therapiestunde auf Station gekommen, weil sie sich mit der Freundin verabredet hatte. Als die Freundin dann da war, wollte sie mit ihr zusammen Eis essen gehen. Aber es hieß, sie bekomme einen Pickser. Sie hatte aber nicht gefragt, was für einen Pickser und wann sie ihn bekomme, sondern wartete dann bis halb vier. Dann explodierte sie, als sie erfuhr, sie bekomme eine Knochenmarkpunktion, was heißt: 2 Stunden danach totale Ruhelage. Also nichts mit Eis essen gehen. Sie sagte Dr. H. die Meinung, aber zu ihrem Erstaunen verstand er ihren Ärger. Man hat richtig seine Verzweiflung gesehen, am liebsten hätte er mir selber ein Eis geholt, sagt sie. Ich sage ihr, daß sie mit Dr. H. sprechen könne, der verstehe offensichtlich nicht nur ihren Ärger, sondern auch ihre Wünsche. Heute morgen, erzählt Hanna dann weiter, habe sie mit den Schwestern gefrühstückt; sie war sehr stolz darauf, an ihren Tisch eingeladen worden zu sein. Sie habe auch was gesagt und sich gewundert, warum die Praktikantin kein Wort gesprochen habe, ob das wohl aus hierarchischen Gründen sei. Es sei darum gegangen, daß

Dr. H.s achtjährige Zwillingsbuben nicht mit Kriegsspielzeug spielen sollen, aber sie bekämen eben doch solches Spielzeug von anderen geschenkt, und Dr. H. selber habe ja auch solches Spielzeug gehabt und sei heute trotzdem ein Atomwaffengegner. Sie habe protestiert, als man meinte, nur Jungens spielten mit Autos etc., das hänge von der Erziehung ab, habe sie gesagt. Der Vater erzählt nun davon, daß sie und die Schwester eine Carrera-Bahn hatten, denn der Vater habe den Mädchen geschenkt, womit er selber gerne spielte. Er erklärt mir auch, warum Hanna mit den Erwachsenen mitreden könne: Sie und die Schwester hätten Barbie-Puppen gehabt und mit den Puppen ganze Bücher und Hörspiele nachgespielt, daher könnten sie sich gut ausdrücken. Der Vater erzählt leutselig Kindergeschichten und macht vor, wie Sabine sich als Einjährige am Puppenwagen festhielt und durchs Zimmer schwankte wie ein Cowboy. Hanna lacht Tränen. Im Nebensatz erwähnt sie, daß die Schwester Schillerlocken hatte, und ich frage sie, ob sie auch Schillerlocken hatte. Ich bringe so das Gespräch auf sie, denn der Vater schweift immer wieder zur tollen Schwester ab. Hanna erzählt von Fotos, wo sie immer mit klatschnassen Haaren drauf zu sehen sei, bei Familienfeiern etc. Ich sage, daß es für sie wohl eine Anstrengung gewesen sein muß, sich bemerkbar zu machen. Sie seufzt.

Der Vater überschlägt sich mit Stories darüber, wie er sich verletzte, und gibt zum Besten, wie er beim Aufstehen vom Fliesenlegen einen Wandschrank aushängte und ein Loch im Kopf hatte. Er schlägt schließlich Hanna aufs Bein und triumphiert: darin seien sie sich ähnlich, und zitiert, wie Hanna in den Stacheldraht gefahren sei, die beliebte Story, die er mir schon im Erstinterview auftischte. Es ist sinnfällig, wie der Vater sich in der Krankengeschichte von Hanna spiegelt und sie in seine Trinkerkarriere einbaut. Ich höre zu und spreche immer wieder zu Hanna. Besonders wenn der Vater Geschichten von der Schwester zum Besten gibt, frage ich, ob sie sich daran erinnert. Die Schwester war für Hanna die Mutter. Mit drei Jahren wickelte sie Hanna schon und hatte selber noch Windeln an, sie fütterte sich und Hanna mit Mettwurst vom Messer. Der Vater kann sich gar nicht groß genug tun darüber, daß seine Frau eben alles ein wenig laufen ließ. Deutlich wird für mich, wie sehr Hanna ein wildes Kind blieb, nebenbei versorgt wurde von der Schwester, wie die Schwester mit ihr spielen wollte und sie fast dabei erschlug: sie knallte einen großen Ball in den Kinderwagen, und die knapp ¾jährige Hanna sollte gefälligst zurückwerfen – Szenen, in denen das Einfühlungsdefizit der Familie deutlich wird und Hanna immer wieder Spielball war und ist. Nicht einmal die Krankheit ist ihre, in den Höchstleistungen von Ekel und Abscheu und Erbrechen spiegelt sich der Vater noch mit seinen Unfällen. Ich bleibe auch heute dabei, ihr zu spiegeln, daß es ihre Leistung ist, die Tabletten folgenfrei zu schlucken, daß es sich lohnt, sich die Einnahme mit Pudding zu versüßen, wenn es ihr dadurch besser gehen kann.

Ich beende das Wetteifern des Vaters mit Unfällen dadurch, daß ich sage, es müsse ja nicht immer alles schiefgehen, und durchbreche damit die Familienideologie des »Evil eye«.[24] Ich unterlaufe das Sich-genüßlich-Sonnen im »narzißtischen Negativ«[25], wobei Hanna mit ihrem kranken Körper die Stichworte liefert, die der Vater dann für sich narzißtisch ausbeutet. Derart pflegen beide, wie Hanna es mir erzählt hat, sich über »die böse Welt« zu verständigen. Ich mache dieses Spiel nicht mit. Es ist ein teuflisches Spiel, und mir ist fast übel.

Ich frage, wann wir uns neu verabreden wollen, und Hanna fragt den Vater, ob er morgen komme. Er sagt ja, aber mittags müsse er sich um das Auto kümmern. Ich spüre Wut und Widerwillen darüber, sonntags einzuspringen, wo der Vater sich solche Ausreden leistet.

Ich bin entsetzt über diese familialen Lebensbedingungen, bleibe aber abstinent in Sachen Interpretation: daß Hannas Ekel vor den Tabletten auch mit dem Tablettenabusus der Mutter zu tun hat, deute ich noch nicht. Auch daß der Vater blieb bzw. Hanna ihn dabehalten wollte und damit eine familiale Dreierkonstellation mit mir inszenierte, benenne ich nicht. Ich akzeptiere es stillschweigend in dem Sinne, daß sie sich quasi Eltern schafft, die für sie da sind, wobei ich auf einem Erwachsenenstuhl und der Vater auf einem Kinderstühlchen saß.

24 L. Domash, a.a.O.

25 E. Bartosch, »Das narzißtische Negativ«, in: *Materialien zur Psychoanalyse und analytisch orientierten Psychotherapie* 8, 1982, 1-67.

17. 10. 83 Voller Hoffnung

Hanna sitzt auf ihrem Bett und liest einen Hitchcock-Kinderkrimi. Heute ist Beate wieder im Zimmer. Hanna ist deprimiert, weil der Vater für 3 Tage in Soest arbeitet und sie ihn sehr vermißt. Beate und ihre Mutter sind im Zimmer und ich frage Hanna, ob wir rausgehen sollen; es ist allerdings sehr stürmisch. Hanna stimmt zu und zieht sich eine Winterjacke an, ohne aber den Hut mitzunehmen, was mich wundert. Beate streitet mit der Mutter darüber, daß die Ärzte so rücksichtslos seien; die Mutter verteidigt die Ärzte, das ginge nicht anders...
Wir gehen den Flur entlang, Hanna will sich auf den Flur setzen. Sie erzählt, daß sie so niedergeschlagen sei. Heute vormittag sei wieder alles schiefgegangen. Die Oma war da, die Schwester kam hinzu und dann die Lehrerin, die hielt große Diskussionen. Schließlich gingen die Oma und die Schwester, und der Unterricht dauerte dann doch bloß 10 Minuten. Sie hatte sich sehr geärgert... Weil du wieder alle verloren hast? Sie nickt. Ich frage, wie sie das am Samstag erlebt habe, da hätte es ja auch Überschneidungen gegeben zwischen dem Vater und mir. Ja, er habe später gesagt, er hätte wohl gehen sollen. Ich hatte gedacht, er tut das wie die anderen auch von sich aus, aber denkste!, sagt sie niedergeschlagen.
Es ist sehr zugig auf dem Flur, und ich schlage vor, ins Kindergartenzimmer zu gehen, aber dort machen die Kindergärtnerinnen Mittag. Es gibt auf der Station keine Möglichkeit, für sich zu sein. Vor dem Zimmer von Hanna steht ein Kindertisch und ein Kinderstühlchen. Das wäre eine Möglichkeit sich hinzusetzen, aber wir ziehen es dann doch vor, ins Zimmer zurückzugehen. Beate und die Mutter gehen fort. Beate geht an einer Krücke, ich frage Hanna, warum. Sie hat einen Beintumor gehabt. Sie ist sehr schwierig. Die Mutter von Beate ist auch in Psychotherapie, das hat sie mir erzählt, wegen Depressionen. Die Eltern tun alles für Beate, verwöhnen sie. Sie erzählt: Wie Beate mit den Eltern umspringt, das täte ich nie mit meinen Eltern; Beate ist oft unvernünftig gegen sich selber, und immer haben die Schwestern Schuld. Ich frage, wie sie beide miteinander auskommen, sie antwortet, gut. Ich sage, ob Beate es sehr schwer mit sich selber habe und deshalb so ungnädig sei. Hanna meint, das könne sein. Beate kommt wieder rein, legt sich aufs Bett, liest und hört wohl zu.

Hanna erzählt davon, daß sie den Vater vermisse, aber er habe heute morgen angerufen und ihr erzählt, welche Sorgen er dort am Arbeitsplatz habe. Sie sei wohl eine Art Feuerwehr für ihn, sage ich lachend, und sie bestätigt es. Ja, gestern abend habe er angerufen und gesagt, daß er gut angekommen ist, darüber habe ich mich sehr gefreut.
Wir sprechen weiter darüber, daß es verfehlt ist, die Kranken zu verwöhnen, weil sie dann kein Gefühl mehr dafür haben, selber etwas tun zu können. Ich sage Hanna, daß es mich in der ersten Stunde sehr beeindruckt habe, daß sie mir gesagt habe, es sei eine große Kränkung, so vieles nicht zu können und auf Hilfe angewiesen zu sein, so daß ich immer schauen würde, daß sie die Initiative behalte, daß sie mir sagt, was sie will und wie, denn sprechen könne nur sie für sich. Ja, sagt sie, die Oma redet mir immer rein. Bevor Sie gekommen sind, habe ich mir Clogs von Bi kaufen wollen, aber die waren zu teuer, und ich hatte noch nicht so viel zusammen gespart. Die Oma hat mir schließlich 4 Paar Clogs mitgebracht, aber nicht diese bestimmten Clogs, die ich wollte. Keiner hat mich verstanden. In der Klasse gibt es eine große Konkurrenz, wer was anhat. Nach dem Unfall mit dem zernarbten Gesicht war es so unerträglich, und ich habe mir viele Kleider gekauft, die Schuhe habe ich freilich immer noch nicht, jetzt muß ich mir eher Winterstiefel kaufen und die Clogs dann im Frühjahr. Eine Zukunftsperspektive kommt ins Spiel, und ich freue mich darüber. Ich sage ihr: Mit Kleidern kann man nur schlecht tarnen, wenn man sich in seiner Haut nicht wohlfühlt, sich nicht leiden kann. Ja, das stimmt, sagt sie.
Wir sprechen von der Behandlung und ihrem Gewicht. Es wird deutlich, daß Hanna in der Pubertät starke Gewichtsprobleme hatte und in der Familie kein Verständnis für ihr Bemühen fand, ihr Gewicht zu halten. Als dann der Unfall hinzukam, und sie sich dick und fett fühlte, war das Unglück perfekt. Sie begann, Gurken und Salat zu essen, und die Mutter und Oma sagten höhnisch: Wie eine Schwangere. Die Oma kaufe und esse egal was, obwohl sie Diabetes habe.
Hanna erzählt, wie sie Samstag mit der Oma und dem Vater ins Dachcafé ging und gleich unten vor der Klinikstüre in hohem Bogen alles von sich gegeben habe. Ich frage, ob sie sich *so sehr gefreut habe,* raus zu kommen. Nein, das sei nichts Psychisches gewesen, sondern von den Tabletten. Ich äußere meine Zweifel

und sage scherzhaft, die Psyche hast du wohl derweil weggesteckt. Sie lacht. Ich frage, ob sie Fahrstuhl gefahren sei. Ja, sagt sie verblüfft, da ist es mir hochgekommen. Dann erzählt sie von ihrer Angst im Fahrstuhl zum Dachcafé: es waren 4 dicke Leute drin und sie, und sie sagte, sie wolle nicht steckenbleiben, aber eine dicke Frau habe gemeint, die 300 kg kriegten sie nicht zusammen. Ich sage, dicke Menschen hätten oft kein Bewußtsein von ihrem Körper, sie würden sich schlank und dünn malen, wenn man sie dazu aufforderte. Ja, sagt sie, die Mutter habe sehr zugenommen, nachdem sie die ersten zwei Hungerjahre nach dem Hausbau hinter sich hatten. Die Leute hätten ihr gesagt, du siehst ja wieder ganz hübsch aus, aber sie hatte nicht verstanden, was die Leute damit meinten. – Offensichtlich hat nicht nur die Oma, sondern auch die Mutter mit Übergewicht zu kämpfen, denke ich. – Hanna ist durch das Erbrechen wieder bei 42 kg angelangt, und Claudia mit ihren 40 kg schwebt ihr als erschrekkendes Beispiel vor: Claudia wiegt schon seit 7 Jahren so wenig und hatte jetzt ihren ersten Rückfall. Sie ist 20, sagt Hanna bedeutungsvoll.

Hanna freut sich, daß die Behandlung in zwei Tagen vorbei ist. Sie habe kein Fieber: Warum sollte ich auch welches kriegen, sagt sie hoffnungsvoll. Sie werde entlassen, wenn sie 800 Leukozyten habe und hoffe sehr, daß sie das erreiche. Aber man könne ja nicht wissen, die Alexandra habe schon die Koffer gepackt gehabt und dann habe sie am letzten Tag Fieber bekommen... Ich sage trocken und zärtlich: Du bist nicht Alexandra, du bist Hanna, warum solltest du Fieber bekommen. Sie lächelt und schaut mich dankbar an. Gemeinsam mit mir wagt sie zu hoffen.

Wir verabreden uns für morgen 12.00 Uhr, weil sie keine Bestrahlung bekommt.

Komisch, denke ich, Claudia ist 20 Jahre; mit 13 Jahren bekam sie Leukämie. Warum dann die absolute These: Wir haben noch nie jemanden mit Erwachsenen-Leukämie durchgekriegt! 7 Jahre lebt Claudia mit der Leukämie, warum freuen sich die Ärzte nicht über jeden Tag dieser 7 Jahre! Warum zählt nur das Rezidiv, warum! Sie stehen sich – und den Patienten – mit ihrem Heilungsanspruch selber im Wege. Freilich, Claudia ist ein Beispiel für die Onkologie, die einzig auf Lebensdauer aus ist. Wie sie lebt, danach fragt keiner... ihre Maschinenhaftigkeit entsetzt mich immer wieder.

18.10.83 Urlaub im Süden! Aber der Alltag...

Als ich komme, spricht Hanna mit Beates Mutter darüber, wie der Einstieg in die Schule zu schaffen sei. Ich stehe dabei und höre zu. Hanna sorgt sich, das Mathematikbuch und Aufgaben liegen auf dem Tisch, der Unterricht hat wieder begonnen, sie müsse die Bücher aufgeschlagen liegen lassen, sonst vergesse sie es. Ich sitze so, daß mir die Spuckschale unmittelbar ins Auge fällt, und ich frage, wie es ihr geht. Sie erbreche sich viel, sagt sie, aber es gehe ihr eigentlich gut. Sie sei mit Dr. H. nicht einig, ob sie zwei Tage Pause habe nach der Tabletteneinnahme oder nur einen Tag. Sie bräuchte die Pause eigentlich, um die Endoxan-Gabe zu verkraften, aber, weil sie gern nach Hause will, möchte sie es schnell hinter sich bringen. Sie ist glücklich, daß dann die Behandlung erstmal beendet ist. Sie legt sich aufs Bett, streckt sich wohlig in die Kissen. Sie plane, was sie tun werde, wenn sie das Schmerzensgeld für den Unfall bekomme – davon hat der Vater gesprochen –, und zwar, obwohl sie nicht angeschnallt war, aber damals wäre das noch nicht Gesetz gewesen – sie wolle von dem Geld in den Süden fahren und Urlaub machen, am liebsten mit dem Vater. Sie überlegt, ob Schwester und Mutter Grund zur Eifersucht hätten, nein, meint sie, die Schwester war in Südfrankreich und Rom. Der Vater werde es vielleicht nicht annehmen können, wenn sie ihm als Tochter den Flug bezahle. Sie verstehe sich mit dem Vater unheimlich gut, sie ähnele ihm. Es gäbe keine Krankheit, die er nicht gehabt habe. Ich höre zu und erinnere mich an Samstag: beider Schwelgerei in ihren Unfällen und Katastrophen. Ich sage, die größte Katastrophe in deiner Familie ist das Gesundsein. Ja, sagt sie, die Schwester sei eigentlich die einzig Gesunde, aber eigentlich kränkele sie immer mit Grippe, sagt sie höhnisch, und Kopfweh habe sie seit der Kindheit. Sie habe aber nichts, wo die Familie voller Angst draufstarre. So wie bei dir?, fragte ich. Ja. Aber jetzt hast du eine Etappe geschafft. – Ich betone ihre Leistung, gesund zu werden, als narzißtische Leistung, um ihr ein Äquivalent für den sekundären Krankheitsgewinn anzubieten. – Ich gebe ihr ganz bewußt zu bedenken, daß ihre Pläne auf Sand gebaut sind, da das Geld dafür ja erst durch einen Prozeß reingeholt werden muß. Ich sage ihr, daß ihr sonnige Gedanken zustehen, daß sie nach dem langen Krankenhausaufenthalt viel Sonne und Meer und Schönes brauche. Ja, sagt sie, ja, ich fühle mich wie

ein Sträfling, der noch 3 Tage bis zur Entlassung hat. Ich freue mich auf zu Hause, die freien Felder. Sie erinnert sich, wie sie als Kind durch die Maisfelder gestöbert ist. Es ist Nieselregen draußen, und sie erzählt, sie mag Regen, wenn sie Regenschirm und Stiefel und Mantel anhat... dann nichts wie raus!
Ich frage Hanna, wie es zu Hause sein wird; sie habe mir gesagt, nachmittags sei die Schwester da. Ja, die Mutter sei wieder zu Hause seit einer Woche. Ich bin erstaunt darüber, denn sie hatte mir davon nichts erzählt. Sie habe Angst, wenn sie allein sei, wieder auf die Oma angewiesen zu sein. Ich sage, es gebe doch auch andere Möglichkeiten, daß sie sich z. B. mit Schulfreunden nachmittags verabredet und mit ihnen gemeinsam etwas tut. Sie kann sich Eigeninitative nur schlecht vorstellen. Sie sei ja aus dem Leben rausgerissen, seit sie hier in der Klinik ist. Ich frage zurück, aus dem Leben, hast du hier nicht gelebt? Doch, sagt sie, sie meine aus dem Alltag sei sie gerissen. Trotzdem könne sie doch Verabredungen treffen und zusammen mit anderen etwas tun, sage ich. Ja, aber nur nachmittags! Sie wird traurig. Sie habe sich nur auf zu Hause gefreut, aber nicht bedacht, daß die Mutter wieder da sei, und die habe sich überhaupt nicht geändert. Sie nimmt zwar keine Tabletten mehr, aber der Charakter ist der gleiche geblieben. Sie kann sich nicht beschweren, daß ich und meine Schwester mich für den Vater entschieden haben, daß ich sie als Objekt fallengelassen habe. Sie ist nie eine Mutter für mich und meine Schwester gewesen. Hanna phantasiert, wie gern sie zu Hause Hausfrau für die Schwester und den Vater spielen würde, die Verpflichtungen übernehmen würde, die die Mutter niemals übernommen hat. Sie schwelgt darin, gebraucht zu werden. Ich sage, sie brauche doch vielleicht, daß sie mal versorgt werde. – Die nahe Zukunft ist ein großes Loch, ohne Bezugsperson, deshalb phantasiert sie sich in südliche Gefilde. Ich respektierte das, erinnere sie aber behutsam an die Realität.
Tatsächlich ist der Alltag für sie nicht auszudenken. Sie erzählt von ihren Kochkünsten. Es entsteht wieder ein langes Gespräch übers Essen, wobei ich das starke Gefühl habe, dieses Gespräch selber über das Essen füttert sie gleichzeitig: sie nährt sich mit dem, was sie mir auftischt. Thema ist wieder, daß sie Wahlmöglichkeiten ersehnt. Zu Hause, so erinnert sie, habe die Mutter sie zwingen wollen, Pilze zu essen, sie habe die Pilze dann ausgespuckt und die Mutter habe sie geschlagen. Sie will eben mitspre-

chen können, von der Oma fühle sie sich entmündigt, und die Mutter sei nie eine Mutter gewesen für sie. Die Oma hörte nicht auf ihre Wünsche, als es ihr sehr schlecht ging, habe sie ihr eine Suppe mit Grieß untergejubelt. Es habe zwar geschmeckt, aber die Großmutter habe triumphiert: Siehste, es war Grieß drin. Das sei zwar gutgegangen, aber sie wolle gefragt, nicht verschaukelt werden, sagt Hanna.
Am Ende der Stunde sage ich Hanna, daß ich heute auch zu Maria gehe. Sie erzählt, daß sie und Maria nicht so gut miteinander könnten. Maria sei zu alt, und sie habe auch der Schwester gesagt, daß sie lieber mit Beate zusammenliegen wolle. Hanna meint, die kleine Afghanin sei zu klein, aber Maria sei zu alt für sie.

19. 10. 83 Flash dance

Ich komme 10 Minuten zu spät und finde Hanna im Nachthemd *auf* dem Bett liegend, an der Infusion hängend, den linken Arm geschient, wütend und weinend vor: ein verzweifeltes Häufchen Mensch. Ich habe eine Dahlie mit zwei Blüten für sie, reiche sie ihr und sage vorsichtig: Du weinst ja, schau mal, hier habe ich zwei Blumen für dich, die zusammen gehören. Ich will ihr damit durch die Blume sagen, daß sie nicht mehr allein ist. – Sie lächelt ein wenig und gibt mir dann eine Schere aus dem Nachtkastl. Ich kürze die Blume, ohne sie auseinanderzuschneiden, sage das auch Hanna und stelle sie in die Vase zu der weißen Rose von Samstag, dann setzte ich mich still hin und schaue sie an. Sie ist verzweifelt und weint, ich gebe ihr wortlos ein Taschentuch, das ich im Kittel dabei habe... Sie hatte gerade ein Extra-Mittel gegen das Erbrechen eingenommen, und es wieder mitsamt den Tabletten rausgebrochen. Sie habe gebeten, daß jemand ihr das Bettzeug wechsele, aber keiner tue es. Ich kenne ihre Scham und Wut, wenn sie das Bett vollgespien hat. Ich höre ihr zu und sage dann: Egal, was aus dem Bettzeug wird, du darfst jetzt nicht auch noch zusätzlich frieren. Sie ist einverstanden, daß ich ihr die Decke unter dem Po rausziehe und sie zudecke. Dann kann sie weitersprechen. Sie habe sich für heute nachmittag mit der Freundin verabredet, um in den Film »Flash dance« zu gehen, dann habe sie aber das Endoxan bekommen. Sie habe nicht mehr gewußt, daß sie dann am Ständer hängen werde. Dr. H. habe vorausgesetzt, daß sie das

wisse. Dann wollte sie bei der Freundin anrufen, aber das Telefon in der Klinik sei kaputt. Sie ist wütend darüber, daß man den Patienten die einzige Kontaktmöglichkeit nach draußen abschneidet. – Ich weiß von dem Film von Marias Mutter, die mit Maria zusammen drin war, und teile Hannas Ärger und Enttäuschung. – Der Film spiele nur noch heute und morgen, meint Hanna. Ich sage, das ist gemein, aber ich bin sicher, der spielt auch noch woanders, wo du hingehen kannst. Vielleicht in Frankfurt. Sie meint, ja, in Wetzlar. Ihr Gesicht hellt sich auf. Ich betone unsere gemeinsame gute Idee, und sie beruhigt sich ein wenig.
Dann gab es noch eine andere Enttäuschung: Sie habe die Schritte vom Vater des kleinen afghanischen Mädchens für die ihres Vaters gehalten, und als sie sich umdrehte, er es aber nicht gewesen sei, sei sie weinend zusammengebrochen. Er komme wohl erst am Wochenende wieder und fehle ihr sehr. Er verstehe sie gut, seit einem Jahr habe der Vater sich sehr verändert, ihre Krankheit habe ihn verändert. Früher habe er sie wegen der Tabletten kritisiert, heute verstehe er, wie schwer es für sie sei, die Tabletten einzunehmen. Der Vater sei reifer geworden. Ich verstehe sie und sage, daß es gut sei, daß der Kummer aus ihr rausgebrochen ist.
Die Schwester überzieht ihr das Bett neu, ich stehe neben Beate, die total sediert daliegt, ein halb geöffnetes Auge schaut mich an, ich sage vorsichtig: Ich bin es, ... sie antwortet nicht. Erst in dem Moment nehme ich wahr, daß Hanna neben mir im Nachthemd mit nackten Füßen auf dem Linoleum-Boden steht, an ihrem Ständer hängend, und ich wende mich ihr wieder zu, helfe ihr, das Nachtkastl zurechtrücken, als sie wieder im Bett ist. Sie weint, sie wolle ja ihre Tabletten nehmen, aber wenn es ihr dann hochkomme und der Schleim im Hals – wie beim Vater – so ekelig sei und der Puddingschleim auch noch... alles sei furchtbar. Sie fühle sich entsetzlich verlassen. Die Tabletteneinnahme sei ihr ein Greuel. Ich sage ihr heute: Für dich muß es besonders schwierig sein mit den Tabletten, weil du zu Hause erlebt hast, daß die Mutter Tabletten nahm und davon nun durch einen Entzug loskommen soll. Und du mußt Tabletten einnehmen, die dir helfen sollen, aber erst einmal haben sie ekelige Folgen. Ja, sagt Hanna, das habe sie auch schon oft gedacht. Sie weint. Nie würde ich eine Tablette nehmen, die ich nicht nehmen müßte, ich verstehe meine Mutter nicht. Sie sei oft wütend auf die Behandlung. Sie zieht eine Grimasse zur Infusion hin. Ich sage, man müßte auch noch die

Zunge rausstrecken, und tue es. Sie habe ein Schlafmittel bekommen, aber es wirke nicht, sie fühle sich gar nicht müde. Ich sage, daß ich ja da sei und sie vielleicht wach mache. Ich bin froh, daß ich gekommen bin, obwohl ich zu spät bin, sage ich. Sie habe gar nicht gemerkt, daß ich noch nicht da war, so verzweifelt sei sie gewesen. Ich frage, ob sie meinen Brief von gestern bekommen habe, daß ich erst um 13.00 Uhr kommen würde. Sie sagt: Gut, daß Sie nicht früher kamen, da wäre ich im Untersuchungszimmer gewesen, und Sie hätten mich gar nicht hier gefunden! Wir teilen in ihrem Unglück den kleinen Lichtblick, daß wir uns heute getroffen haben.

Sie habe zwar mit Dr. H gesprochen, aber wie vor zwei Wochen, als sie nachmittags mit dem Vater wegfahren wollte, hatte sie sich nicht erinnert, daß sie am Ständer hängen werde bei der Endoxan-Gabe. – Sie scheint diese Umstände zu verdrängen und plant gerade dann, als wollte sie fliehen, Ausflüge, in die Stadt, die dann scheitern müssen. Sie sei jetzt am linken Arm wieder gestochen worden, aber die Vene am rechte Arm hatte 14 Tage gehalten. Sie berechnet es anhand der Abreise der Tante nach Moskau. Früher hatte sie anhand der Stürze, die ihr passiert waren, zurückgerechnet, wann sie das letzte Mal zu Hause war, denke ich. Damals sei es auch so schmerzhaft gewesen. *Immer wenn sie seelisch mürbe sei, seien die körperlichen Eingriffe besonders schmerzhaft.* Ich verstehe das, sage ich. Ich lobe sie, daß sie sich auf ihren Körper verlassen könne, sie habe gute Venen, was sie gar nicht gedacht hatte. Sie genießt mein Lob. Ich mache sie stolz auf sich, was der stolzen Klage über kaputte Venen zuwiderläuft. Sie kann sich an sich selber freuen. Sie schaut unter das Pflaster an der rechten Hand, ich sehe eine kleine Fleischwunde. Ich frage, ob sie denn mit der linken Hand am geschienten Arm ein wenig Bewegungsfreiheit habe. Ja, sie probiert die Finger aus und ist erstaunt: ein wenig kann sie sie bewegen. Das ist ein bißchen Spielraum!, sage ich. – Ich spreche damit das wilde Kind an, das raus in die Felder will, in die Stadt, um dem Schmerz und der Einsamkeit zu entgehen, das sich nie die Fingernägel zu schneiden braucht, weil sie sich durch Abbrechen von allein kürzen. – Ich sage ihr, wenn sie vergessen hätte, daß das Endoxan keine Spritze sei, sondern eine Infusion, würde ich das für sie erinnern, und das nächstemal gäbe es dann nicht diese entsetzliche Enttäuschung. Sie sagt: Es gibt kein nächstesmal, das ist jetzt das letztemal, wenigstens vorab das

letztemal ... – Es durchfährt mich merkwürdig: Wie sehr wünschte ich, daß sie keine weitere Infusion bekäme, und doch wissen wir beide, es wird weitere Infusionen geben. Beate nebendran, Claudia, die ich kennengelernt habe, sind die lebendigen Zeugen dafür, deshalb ist es wichtig für sie, daß ich ihr helfe, die schmerzliche Realität auszuhalten und für sie zu erinnern. Sie verschätzt sich so leicht, weil sie dem allein nicht gewachsen ist. – Beate schnarcht, und Hanna sagt, sie habe ein Schlafmittel bekommen. Unter meinem ruhigen Zuschauen nimmt sie dann ihre Tabletten mit Pudding ein. Als ein Tropfen Pudding auf das Bettzeug zu fallen droht, versuche ich ihn aufzufangen, aber es gelingt mir nicht. Wir können beide darüber lachen, daß der Pudding auf dem Bettzeug landet. Es gibt Schlimmeres, das wissen wir beide.
Sie erzählt, die Mutter von dem Jungen aus Neuwied – ich ergänze: ... der, der so gern Nudeln ißt?, ja, der sei gestern wieder in der Ambulanz gewesen und habe ihr einen Kuchen mitgebracht und eine Tafel Schokolade. Hanna hatte sich vorgestellt, daß die Mutter und der Vater und der Junge und sie und vielleicht die Schwester zusammen Kaffe trinken würden und diesen Kuchen essen. Sie hatte sich eine Familienidylle vorgestellt, denke ich. Was rauskommt, ist, daß der Kuchen im Schwesternzimmer abgegeben wurde und sie vielleicht – wenn sie es verkraftet, Rotweinkuchen zu essen: es war nämlich Rotweinkuchen, wie die Tante vorgeschlagen hatte! – ein Stück davon abbekommen wird. So groß die Illusionen, so klein die Realitäten.
Wir verabreden uns auf morgen, nach ihrem Wunsch um 11.30 Uhr. Als ich gehe, ist Hanna ein wenig beruhigt. Ich kam in der richtigen Minute und bin froh, daß ich trotz meines eigenen Arztbesuches hingegangen bin. Als ich gehe, sitzt am Fahrstuhl im Flur die Mutter von Beate und liest. Ich bin zu erschöpft, um sie anzusprechen und zu danken, daß sie unsere Therapiestunde respektiert, obwohl es Beate so schlecht geht. Aber sie spürt wohl, daß ich innerlich auch für Beate da bin, dann kann sie gehen und auch etwas für sich sein. – Es ist ein unglaubliches Leid. Ich bin heute sehr erschöpft. Ich war schon gestern zu erschöpft, um auf das spürbare Bedürfnis von Frau S., Marias Mutter, nach einem Gespräch einzugehen.

20. 10. 83 Kaum habe ich einen Berg geschafft, gibt es einen neuen Berg ... Ich will nicht mehr

Ich treffe Hanna gerade beim Mittagessen an: Rotkohl, Klöße und Schweinefleisch. Sie ißt ganz vorsichtig, es schmeckt ihr sogar ein wenig. Aber sie fürchtet, der Magen werde nicht mitmachen. Ich setze mich still dazu. Beate liegt wie tot auf ihrem Bett, die Klingel auf der Brust, Mutter und Tochter halten sich bei der Hand. Ich spüre die unglaubliche Spannung im Zimmer, Todesangst...

Hanna schaut immer wieder zu Beates Infusion hoch, die nervtötend tropft. Ich sage, es sei schwer auszuhalten, sie selber sei nicht mehr an der Infusion, aber die nervliche Belastung durch die Geräte müsse sie teilen, ob sie wolle oder nicht. Die Schwester kommt, schimpft, daß Hanna immer als letzte die Tabletten nähme. Ich möchte protestieren, sie in Schutz nehmen. Hanna steckt die Schelte ein. Als wir allein sind, sage ich: Du nimmst die Tabletten eben allein, kriegst sie nicht von der Schwester reingeschoben, das ist doch was! Ich versuche, sie narzißtisch zu stärken, sie ist sehr niedergeschlagen. Ich sage, du hast jetzt einen Berg hinter dir, du hast die Infusion geschafft, aber du siehst gar nicht, was hinter dir liegt. Hanna sagt weinend: Kaum habe ich einen Berg geschafft, gibt es einen neuen Berg, ich will nicht mehr, ich will in Ruhe gelassen werden, ich kann nicht mehr... ich kann es nicht schaffen... keiner ist schuld, das ist das Schlimme! – Es gelingt mir, ihr zuzuhören, sie anzuschauen, ohne falsche Tröstung mit ihr gemeinsam das Furchtbare der Situation auszuhalten. – Sie muß auf den Topf, und ich gehe auf den Flur. Sie holt mich dann wieder rein. Dann klingelt sie der Schwester, die ihr sagt, sie brauche nicht mehr auf den Topf zu gehen, sie könne aufs Klo gehen. Hanna ist unglaublich enttäuscht, das sei ihr zuviel, das verstehe keiner. Ich sage, es steht dir zu, wenn du dich sicherer fühlst, dann auch im Zimmer auf den Topf zu gehen. Ich weiß von den Stürzen, die passieren, wenn sie sich übernimmt, es ist o.k.

Hanna klagt darüber, daß der Pudding so schleime. Ich schlage ihr vor, die Tabletten statt mit Pudding mit Joghurt zu nehmen. Ich hole ihr einen Joghurt aus der Küche: Maracuja und Pfirsich. Sie kostet ihn, er schmeckt ihr. Sie beginnt mit der Tabletteneinnahme und schafft 4 von 8 Tabletten. Unterdessen weint die

kleine Afghanin im Nebenzimmer verzweifelt, zetert, klagt, man hört, daß keiner sie versteht, aber man versucht, sie zu beschwichtigen; Schwestern und Vater überreden sie: Es ist doch gar nicht so schlimm..., heißt es immer wieder, aber sie weint wütend, verzweifelt. Hanna sagt, sie höre es nicht. Dann sagt sie, sie würde auch gern die Station zusammenschreien. Die Kleinen weinten, sie seien wütend, sie könne das nicht. – Es ist quälend, genauso quälend, wie die Infusion, die nervtötend tropft, die ganze Stimmung ist tödlich. – Plötzlich muß Hanna sich übergeben und speit das gesamte Mittagessen samt Tabletten aus. Ich stehe dabei, mein Impuls ist, ihren Kopf zu halten, aber ich tue es nicht. Ich wechsele nur die Schale und gebe ihr neue Taschentücher. Hanna bittet dann die Schwester um das Mittel gegen Erbrechen. Sie bekommt es und ist dann ganz heiter, ißt verschmitzt ein halbes Stück Zucker, gegen den komischen Geschmack, wie sie sagt. Während ich jetzt die Notizen mache, denke ich, ob das ein Tranquilizer bzw. Aufhellungsmittel war?
Hanna bittet mich, länger zu bleiben. Sie erzählt, daß die Schwester heute nachmittag kommen werde, und der Vater sei auch wieder da. Er habe gestern die Oma gebeten, mal nicht zu kommen, und sie habe gleich geweint, sie müsse doch wissen, wie es Hanna gehe. Wir besprechen das Problem und finden eine Lösung: Daß Hanna der Schwester, die nachher anrufen will, sagt, wie es ihr geht, und die Schwester könne dann die Oma anrufen und ihr berichten. Dann müsse die Oma sich nicht sorgen und Hanna muß nicht die Oma in Kauf nehmen, wenn sie nicht will. Hanna ist zufrieden mit dieser Lösung.
Sie starrt immer wieder auf die Infusion von Beate, die nervtötend tropft. Sie spricht davon, wie furchtbar es nachts sei, diese Geräusche auszuhalten. Chinesische Folter, denke ich. – Hanna spricht von den Millionenbeträgen, die die Apparate kosten, und ich höre mich den blöden Satz sagen: Daß man es sich so viel kosten lasse, ihr zu helfen. – Ich weiß, daß die Millionenbeträge gerade nicht helfen. Was sie braucht, sind Menschen!
Wir verabreden uns für morgen.
Ich gehe deprimiert. Auf dem Flur spreche ich mit einer Schwester, die meint, Hanna solle ruhig mal wütend sein. Ich habe das Gefühl, Hanna fürchtet gerade, dann für verrückt erklärt zu werden. Ich spüre eine große Beängstigung, als warteten die Schwestern darauf. Ich entdecke in mir die Angst, Hanna könnte tat-

sächlich die Station zusammenschreien und man würde sie dann auch mit Psychopharmaka stillstellen ... wie Michael ...[26]

21.10.83 Das Haar im Obstgarten angeln

Als ich komme, ißt Hanna ihr Mittagessen, sie hängt an einer Blutkonserve; die Oma hängt am Bettende, ihre Handtasche und eine dicke Plastiktüte sind auf dem Fußteil deponiert, ich nehme zwischen ihr und Hanna einen Lächelkontakt wahr, stehe still da, höre mich in die Szene ein. Hanna bespricht mit der Oma, daß sie in einer Stunde wiederkommen solle. Dann werde ich ans Telefon gerufen und muß zurück in die Klinik, weil ich einen Wagen zugeparkt habe. Ich sage es Hanna, und die Oma bleibt noch da.

Als ich zurückkomme, bekommt Hanna eine neue Blutkonserve. Alle sind angespannt-hektisch. Beate liegt total sediert da, die Mutter zieht ihr eine pinkfarbene Bluse an und fragt sie, ob sie Kuchen wolle, sie sagt: Ja bitte ... Es zerreißt mir das Herz. Dann legt die Mutter ihr einen Schlabberlatz auf die Brust, und Beate ißt ihren Kuchen. Die Mutter geht in die Stadt ... bleib nicht zu lang, ruft Beate ihr mit leiser Stimme nach. Ich suche den Blick der Mutter, als sie ihren Mantel anzieht, aber sie schaut nicht auf.

Hanna meckert die Schwester an, sie wolle das Mittel gegen das Brechen, aber die Schwester will es ihr nicht geben. Hanna sagt: Aber bitte! Ich kann ja die Tabletten erst nehmen und sie dann ausbrechen! Ich frage die Schwester, die eine zweite Blutkonserve anlegt – Hanna hilft ihr fachmännisch dabei –, was das für ein Mittel sei. Sie spricht über »sie« und meint damit die Patienten: Sie sind dann sediert, ruhiggestellt, es ist nicht gut, wenn sie sich an Limbatril gewöhnen! Sie fühlt sich mir gegenüber im Rechtfertigungszwang. Ich sage ruhig zu Hanna, ich habe es bisher nicht verstanden, aber es ist mir aufgefallen, daß du gestern ganz aufgekratzt warst, als du das Mittel bekamst, jetzt verstehe ich es. – Zum erstenmal habe ich aktiv in die Behandlung eingegriffen, aber in dem Sinne, daß ich etwas verstehen möchte und mir erklä-

26 Vgl. *Aufzeichnungen ...*, 1991b, S. 423 ff. und in diesem Band, Teil 5, S. 673-681.

ren lasse. – Die Spannung zwischen der Schwester, Hanna und mir legt sich . Ich sage Hanna, es sei wichtig, daß sie ihre Tabletten einnehme und nicht unnötig mit Medikamenten vollgepumpt werde, dann bliebe es ihre Leistung. Sie kann das verstehen. – Daß sie eine kleine liebe Sucht entwickelt hat – wie die Mutter –, spreche ich nicht aus, allzu verständlich ist es, und dennoch macht es sie abhängig. Ich mute ihr zu, daß *sie* die Behandlung durchsteht.

Die Oma bleibt, ich setze mich. Hanna ißt genüßlich ihren Kuchen, als sie Krümel auf ihrer Brust entdeckt und sie wegschnickt, sage ich ihr lächelnd (und knüpfe damit an das gemeinsame Lachen neulich an), du schiebst Sandberge weg, nicht wahr?, und erinnere sie, als sie mich fragend anschaut, daran, wie wir gemeinsam Tränen darüber lachten, daß sie die Krümel so wegschnicke, als wären es große Sandberge, die sie fortschmeißt. Ich spreche damit an, daß sie sich im Moment doch ganz gut fühlen muß. Entlastet. Die Oma will gehen und fragt, was sie Hanna mitbringen könne. Hanna sagt, Mandarinen oder Granny Smith-Äpfel. Ich erinnere mich, daß ich ihr welche versprochen habe und sage das auch, sie droht mir mit dem Zeigefinger.

Hanna legt die Hand mit der Infusion unter die Bettdecke, das Blut sei so kalt, das tue weh. Vor ihr steht noch Quark von der Tabletteneinnahme, und sie ißt genüßlich von dem Sandkuchen, den es heute zum Nachtisch gab. Die Oma habe vorhin gesagt, ... Nun könntest du an die Tabletten denken ..., das habe sie sehr wütend gemacht. Ich verstehe, daß sie wütend ist, weil man sie ihre Tabletten nicht so einnehmen läßt, wie sie will, und daß sie nicht einfach zum Spaß ein paar Quarklöffel essen kann. Wenigstens ein Mensch, der mich versteht, seufzt sie. Sie puhlt ihre Lippen. Ich meckere. Sie erklärt mir, daß sie das so brauche. Ich lasse sie.

Es ist eine ruhige Stunde, ohne viel Sprechen, sie knabbert ihren Kuchen, und wir sind beide da, die Spannung und Hektik legt sich. Dann ergreift sie den Quark: ›Obstgarten‹ heißt er, sage ich, und er hat Aprikosengeschmack, sie leckt genüßlich den Löffel ab, sie ißt nur Quark, weiter nichts; die Tabletten können warten. Das demonstriert sie mir, und ich akzeptiere es. Dann beginnt sie mit der ersten Tablette, ich helfe ihr, schlucke mit ihr die Tablette runter, sage, geschafft. Wir lächeln uns an. Sie meint, sie werde der Schwester gegenüber unglaubwürdig, wenn sie die Tabletten ohne das Mittel einnehmen könne. Ich sage ihr: Nein, mal geht es mit, mal ohne das Medikament, und die Schwester hat dich verstanden, sie hat gesagt, daß du Angst hast, nach den Tabletten könnte es dir schlecht werden und du dich erbrechen mußt. Sie begreift also deine Sorge, das heißt, Hanna, sie versteht dich. Hanna sinnt nach und fühlt sich nun sicher in ihrem Tun. Bei der dritten Tablette entdeckt sie ein Haar im Quark, ich schaue in den Topf, sage, ja, eine Wimper, und sie angelt sie mit dem Löffelstiel raus. Ich gehe den Löffel abwaschen. – Derart pflegen wir deinen Narzißmus, denke ich. – Ich gebe ihr den Löffel zurück und sage: Heute angelst du im Obstgarten. Wir lachen ausgelassen über meine Bemerkung, sie greift sie als ein Sprachspiel auf: Heute angelte ich ein Haar im Obstgarten, sagt sie, lachend, wie ein Reporter und assoziiert dann: Ein kleiner Junge habe in der Ambulanz zu Dr. H.: Tschüß, Dr. Rollmops, gesagt. Die Mutter habe ihm im übertragenen Sinne ans Schienbein getreten, aber sie fand es irre komisch. Ich sage, dieser Junge könntest du sein, so humorvoll bist du auch. Ja. Sie erzählt von einem kleinen Cousin: Konrad, 5 Jahre, der verwöhnt werde und alles bekomme, und die Cousine Katharina, 8 Jahre, sei traurig und vernachlässigt, man kleide sie häßlich, aber in der Schule sei sie ausgezeichnet, nur daß das keinen interessiere, keiner spreche über sie, über ihre Leistung, das sei selbstverständlich. Die Cousine tue ihr sehr leid. – Offensichtlich ist sie mit diesen beiden identifiziert: sie ist geistreich und pfiffig wie der kleine Konrad, fühlt sich aber als Mädchen vernachlässigt und zu Leistungen gezwungen, wie Katharina. Ich verzichte auf eine Deutung. – Jetzt greift Hanna auf den Quark zurück, eine Tablette lag derweil drinnen, sie werde wohl aufgeweicht sein, meint sie. Ich sage: Die blöde Kuh, warum ist sie nicht abgehauen, sie hätte doch die Chance gehabt! Wieder lacht Hanna über mich und nimmt die Tablette. Ich kommentiere: drei zu zwei. Drei Tabletten hat sie geschafft, noch zwei Tabletten liegen vor ihr. Sie sagt, jetzt sei sie satt, könne nicht mehr Quark essen und stellt ihn weg.

Ich muß gehen, und sie fragt, ist es schon 1 Uhr, ich sage ja, es ist halb zwei. Ich war heute länger geblieben, ich hatte Zeit, und ich hatte das Gefühl, daß es richtig war, einfach mit ihr da zu sein. Wir verabreden, daß sie mich nachmittags anruft, wenn sie weiß, ob sie am Wochenende nach Hause kommt oder ich morgen, Samstag, zu ihr auf Station kommen soll.

Ich gehe im Stationszimmer vorbei und spreche Dr. W. an, frage, ob sie nach Hause kommt und wie ihr Befinden sich darstellt. Er meint: Gut. Sie solle heute abend entlassen werden, die Thrombozyten seien schlecht, die Leukozyten aber 1600, sehr gut für Hanna. Der Allgemeinzustand sei ebenfalls sehr gut. Ich frage, ob ich es ihr sagen solle, er meint, er könne ja mitgehen. Ich sage ihm, wie wichtig es sei, daß ich mich informiere, weil sonst die Gefahr bestehe, daß, wenn Hanna nach Hause käme, der Kontakt abreiße, weil die Familie zu brüchig sei, um für die Kontinuität der Arbeit mit mir zu sorgen. Dr. W. meint, er werde demnächst mit daran denken und mich auf dem laufenden halten.
Wir gehen gemeinsam zu Hanna zurück. Dr. W. setzt sich auf das Bettende und spricht mit Hanna: Hanna, wie geht es dir?, fragt er etwas gezwungen. Sie sagt unsicher, einigermaßen. Und er informiert sie über die Thrombozyten und die Leukozyten, Blut habe sie ja bekommen. Sie dürfe nach Hause, müsse aber Montag in die Ambulanz kommen. Wenn sie zu Hause Kopfweh bekäme oder sich stoße und blaue Flecken bekäme, sollte sie gleich auf Station kommen. Hanna hört zu, selig, daß sie heim darf. Ich stehe dabei. Als Dr. W. fertig ist, steht er auf und sagt: Sie wollen ja vielleicht auch noch mit Hanna sprechen. Wir verabschieden uns voll gegenseitigem Respekt.
Ich setze mich auf den Stuhl und teile die Freude mit Hanna. Wir verabreden, daß sie mich Montagnachmittag anruft und wir dann ausmachen, wann sie zu mir kommt. Sie notiert sich meine Telefonnummer, ich bin erstaunt, wie wendig sie schreibt. Wir verabschieden uns voller Freude. – Ein Berg ist wieder geschafft. Mit mir konnte sie gestern ihre Niedergeschlagenheit teilen, nicht mehr zu wollen, weil hinter jedem Berg ein neuer Berg liegt; heute gingen wir gemeinsam weiter. Ihre seelische Not, nicht respektiert zu werden, als die, die sie ist: Hanna; diese seelische Not verpackte sie in die Konrad-Katharina-Geschichte, die wir ›als Haar aus dem Obstgarten angelten‹; es geht um ihre narzißtische Störung, an deren Ende erst die Leukämie stand.
Es geht mir darum, ihr die Obstschale, die für sie in den Wolken hängt (ihr Bild), schmackhaft und erreichbar zu machen, ihr das Lebendigsein verfügbar zu machen ... Und wenn *ich* Dr. H. und Dr. W. anspreche, arbeiten sie in diesem Sinne mit.
Es gelingt mir das Kunststück, auf dieser Station ruhig mit Hanna zu arbeiten, entsprechend meiner Konzeption: den Krebs entpa-

thologisieren, d. h.: den Menschen in seiner Lebendigkeit, seinen Gefühlen zu achten, trotz Leukämie und gleichviel mit welcher Prognose ... Und diese beiden Ärzte, die eingebunden sind in die diametral entgegengesetzte Konzeption medizinischer Krebstherapie, die den Krebs als das Böse mit allen Mitteln bekämpft, machen in meinem Sinne mit. Sie sprechen mit Hanna und respektieren sie als menschlichen Partner. Ich habe keinerlei Ambitionen, die onkologische Konzeption kritisieren oder gar verändern zu wollen. Ich habe nur eine Ambition: für mich zu sprechen, mich in meinem Tun zu vertreten. Das schafft Beziehung, Beziehung zwischen Menschen. Diese beiden Ärzte sind neu auf der Station. Sie waren nicht 1981/82 in der Balintgruppe dabei. Beide antworten als Menschen, ich freue mich darüber.

25.10.83 Hanna hat nicht angerufen

Hanna hat mich Montag nicht wie verabredet angerufen. Ich war in Sorge und rief auf Station an, sie ist zu Hause. Okay.
Meine Gedanken sind: Die erste Therapiephase begann damit, daß die Tante mich als Ersatz für sich Hanna nahebrachte und Hanna mich akzeptierte, um die Zeit in der Klinik zu überbrükken. Jetzt müßte sie mich aktiv rufen und damit sich als Mensch außerhalb der Klinik, als ihren gesunden Teil, akzeptieren, der dennoch Hilfe brauchte. Dennoch oder gerade. Damit akzeptierte sie auch mich als Person außerhalb von sich, zu der *sie* in Beziehung tritt und damit mich und sich erschafft (Winnicott). So klar sie als Kranke mich in ihren Kliniksalltag einbauen konnte und als Gesunde brauchte, um sich narzißtisch zu stabilisieren, so neu müßte es sein, wenn wir beide uns außerhalb der Station begegneten. Zugleich hieße es auch, sich freiwillig wieder in eine Klinik zu begeben, um die seelische Krankheit neben der Körpererkrankung als heilungsbedürftig zu dokumentieren und gesund werden zu wollen. Das hieße für sie aber auch: vom idolisierten kranken Körper als Familienfetisch abzurücken ...
GÜ: Ich ertappe mich dabei, »guter Therapeut« sein und Hanna vor dem seelischen Verhungern bewahren zu wollen. Ich habe die Sorge, daß sie die Therapie abbricht und damit in der Beziehung mit mir wiederholt, was ihr angetan worden ist: vergessen zu werden. Ich muß es aushalten zu warten, daß *sie* sich meldet.

8. 11. 83 Telefonat mit Herrn M.: Angst essen Seele auf ... und Ärger

Am 8. 11. 83 ruft Herr M. mich an, Hanna sei wieder auf Station, habe ein schlechtes Gewissen, daß sie sich nicht gemeldet habe; ob ich sie besuchen könne. Ich sage zu.
Ich spüre: »Angst essen Seele auf«, aber auch Ärger, daß Hanna mich erst ruft, als sie wieder auf Station ist. Ich gehe nicht gleich hin, um mich erst in meiner Reaktion zu begreifen.
Ich schreibe ihr und schlage zwei Termine vor, Mittwoch oder Donnerstag. Mittwoch liegt ein Zettel im Fach: »Hanna freut sich, wenn Sie heute um 14.00 Uhr kämen.«

9. 11. 83 Hannas Zwickmühle ... die Ratlosigkeit der Ärzte

Ich komme auf Station. Hanna soll in Zimmer 1 liegen, dort lag sie, als ich sie das erste Mal besuchte, heute vor 10 Wochen. Als ich die Türe öffne, schreckt Maria aus dem Schlaf hoch. Ich bin erstaunt, sie hier zu finden, und begrüße sie und Hanna, indem ich zwischen den beiden Betten stehe und beiden eine Hand hinstrecke. Eine unglaubliche Situation: Mit zwei meiner Patienten in einem Zimmer getrennt voneinander Therapie zu machen. Aber ich kann innerlich die Abgrenzung herstellen, so daß die Stunde kein Problem ist. Ich sage Maria, heute wäre ich bei Hanna und Freitag bei ihr, und setze mich zu Hanna. Maria stimmt zu. Innerlich entscheide ich mich klar für Hanna, und es ist eine intensive Stunde, ohne Scham vor Maria, ohne Sorge, sie könnte neidisch sein, vielmehr hört sie mit, was sie für sich verwenden kann, denke ich.
Hanna freut sich, mich zu sehen, und die Beziehung ist unverändert selbstverständlich. – Krebspatienten kennen nicht die Angst vor Fremden. Sie haben, denke ich, die 8-Monats-Angst als Angst *vor Fremden* gar nicht erlebt. Wie auch! Wenn sie doch die Mutter als Vertraute, die gleichsinnig auf sie antwortet, nicht erfahren haben! Vielmehr reagierte die Mutter (resp. Großmutter bei Krebskranken!) fremdbestimmt = normgerecht = quasi als ›öffentliche Hand‹ auf den Selbstausdruck des Kindes, so daß sich diese Menschen dann in der Öffentlichkeit, mit Fremden, »selbst-

verständlich« bewegen. Tatsächlich sind sie sich selbst unverständlich. Wie Hanna sagte: sie habe keine Worte für ihre Gefühle.[27] Um überhaupt überleben zu können, hat sie es gelernt, sich seismographisch dem anzuähneln, wie sie sein soll. Sie weiß, daß die Krankenschwester überfordert ist, und richtet sich danach ... stillschweigend. Erst in zweiter Linie fallen ihr ihre Bedürfnisse ein, weil wir sie gemeinsam aus der Verdrängung, besser Anonymisierung durch die Mutter, hervorholen.[28] Diese These muß ich noch genauer erforschen.[29]

Hanna und Maria kommen also mit der Situation gut zurecht. Ich habe es inzwischen gelernt, daß die Intimität des Sprechens in der therapeutischen Arbeit ungebrochen ist, selbst wenn ein Dritter anwesend ist, wie so häufig im stationären Setting (in der Klinik ja auch bei Videoaufnahmen von Erstgesprächen). Ich habe mich innerlich auf die Stunde mit Hanna eingestellt. – Als Maria auf den Topf muß, frage ich sie, ob ich rausgehen soll. Nein, sagt sie und geht mit ihrem Infusionsständer raus. Ich sehe zufällig, daß sie statt der schwarzen Oma-Pantoffeln jetzt blaue flauschige Stiefel als Hausschuhe anhat. Ein wichtiger Eindruck, den ich mir bewahre.

Nun zum Gespräch mit Hanna: Es gehe ihr schlecht, sie sei schon seit einer Woche auf Station wegen starkem Erbrechen und Fie-

27 Siehe die Stunde am 28. 9. 83: »Behandelt, aber nicht als Mensch wahrgenommen ... Ich höre Sie gar nicht klopfen«, S. 102-105. Hanna entdeckte, daß sie keine Worte für ihre Gefühle hat. Sie hatte in Büchern über Gefühle gelesen, aber in ihrer Familie spricht man nicht über sich.

28 Am 10. 10. 83 hatte es die Szene zwischen mir und der Krankenschwester gegeben. Daß ich mit Hanna darüber sprach, wie sehr ich mich darüber ärgerte, mich der wortlosen Verdrängung nicht sprechend zur Wehr setzen zu können, ermöglichte es Hanna, über die durch die Mutter erlittene Selbstanonymisierung zu sprechen. In der Stunde konnte sie sich dann in ihrer Lebensfreude »Ich tanze doch so gern« vor mir veröffentlichen (S. 123 ff.).

29 In *Aufzeichnungen eines seelischen Nacktflitzers* schreibe ich über meine Ergebnisse in bezug auf die strukturelle Ähnlichkeit von narzißtisch gestörten Patienten und Krebspatienten. Insbesondere im Kapitel 6: »Belvedere: Erkenne dich selbst«, habe ich die Affektlogik von »Freude und Selbstwahrnehmung / Scham und Fremdwahrnehmung« entfaltet, die die Sozialisationsbedingungen der anonymisierten Persönlichkeit benennt. Siehe 1991b, S. 296-310.

ber. Zu Hause war es ihr ganz gut gegangen, sie schlief viel durch die Medikamente, die Mutter pflegte sie, brachte ihr Sachen ans Bett, das hätte sie nie erwartet. Sie wollte mich anrufen, tat es auch mehrmals, aber erreichte mich nicht; sie wollte nicht, daß der Vater anruft, und hier auf Station war sie dann zu müde. Ich sage ihr, daß ich auf ihr Zeichen gewartet hätte, damit sie die Initiative behielte. Sie findet das gut, und wir kommen überein, daß wir uns das nächste Mal besser verabreden müßten, z. B. per Post. Der Kontakt zur Mutter sei abgerissen, seit sie wieder in der Klinik ist, die Mutter helfe ihr nicht, sie fühle sich herumgeschickt. Vielleicht, so meint Hanna, sei sie auch enttäuscht, daß sie mit der Tante nach Nürnberg habe fahren wollen. Die Tante fälle schnelle Entschlüsse, habe Lebensgeist, während die Mutter alles stundenlang überlege. Sie habe viel mit der Mutter gesprochen, die keine Initiative ergreifen könne. Sie bekam dann Fieber und Erbrechen in der Nacht, bevor sie nach Nürnberg fahren wollte, und kam in die Klinik. Als Therapeutin, sagt Hanna, habe sie der Mutter wohl genützt, aber emotional könne die Mutter nichts für sie tun. Ich tröste sie, daß ich jetzt zu ihr käme, wenn die Mutter nicht komme. Ja, sie nimmt das gern an. Sie klagt, sie habe so große Angst, sie habe Kopfschmerzen und Erbrechen, und die Ärzte wüßten nicht, was das bedeute. EKG, CT ... und der Augenarzt war auch da. Sie habe das Gefühl, Dr. H. spreche viel, weiche ihr aber aus.
Die Klinikspfarrerin kommt rein, Frau K., die ich aus der Balint-Gruppe kenne, und fragt, ob sie störe. Ich sage, ja, und sie geht wieder. Hanna ist erstaunt, daß ich das so unumwunden tue. Sie fürchte, wenn sie Dr. H. direkt anspreche, werde er ärgerlich. Ich sage ihr: Schweigen, nicht Sprechen macht ärgerlich und Kopfzerbrechen. Sie lacht. Sie grübelt darüber, daß Frau K. heute, Mittwoch, komme, sie komme doch sonst dienstags oder donnerstags. – In mir denkt es: Sollte Hanna daraus schließen: So schlecht steht es um mich ... Ich kann das nicht formulieren.
Hanna weiß, daß sie Krebszellen im Gehirn hatte, und hat Sorge, daß das Kopfweh daher kommt. Besonders, daß die Schwester sie schimpfe, weil sie die Tabletten nicht nimmt, quält sie sehr. Sie quäle sich, die Tabletten zu nehmen, und kotze sie aus, und dann bekomme sie die Vorwürfe zu hören: Wann nimmst du endlich die Tabletten! Das ist eine Zwickmühle, sage ich. Ich verstehe, daß du ratlos und verzweifelt bist. Du willst die Tabletten einneh-

men, obwohl es dir so schwerfällt, dann kommen sie dir wieder hoch, und man wirft dir vor, du hättest keinen guten Willen. Wenn du willst, kann ich Dr. H. ansprechen und ihm deine Not schildern, meinst du, daß dir das helfen würde. Schon, sagt Hanna, die Schwester habe gesagt, wenn sie nicht mehr wolle, solle sie es Dr. H. und Prof. Z. sagen: Sie nehme die Tabletten nicht mehr, basta. – Ich bin bestürzt: welche Schwester rät Hanna zum Therapieabbruch, wo sie Verständnis braucht, um die medizinische Hilfe, die nun mal in ihren Auswirkungen zum Kotzen ist, sinnvoll verkraften zu können. Ich erinnere mich an die Worte von Schwester R.: Wir haben noch nie eine Erwachsenen-Leukämie durchgekriegt ... aber das heißt doch nicht aufgeben.

Hanna und ich schweigen eine Weile und halten gemeinsam die Ratlosigkeit aus. Dann sagt sie: Ich habe wieder Blasen auf der Zunge, und sprüht sich den Mund mit dem Desinfektionsspray. Auch Verdauungsstörungen habe sie, überhaupt, es sei ihr elend. Du bist enttäuscht, sage ich, die letzten 2 Behandlungstage und so eine Scheiße. Ja, sagt Hanna, dann lächelt sie und streichelt sich über den Kopf, alles Scheiße, aber meine Haare wachsen wieder, und ich habe mir überlegt, daß ich mir eine Bubikopffrisur machen lassen werde, wenn mehr Haare da sind. Sie streichelt sich zärtlich über die kleinen Stoppeln. Der weiche Flaum, mit dem ich sie kennengelernt hatte, ist weg. Ein kleiner Lichtblick, sage ich zärtlich. Hanna nickt.

Wir vereinbaren einen neuen Termin für morgen, und ich verabschiede mich von Hanna und Maria.

Ich stehe auf dem Flur und bin mutlos: Ein Mensch kotzt sich zu Tode, aber sie streichelt sich über die kleinen Stoppeln ...

Ich spreche Dr. H. an und schildere ihm Hannas Schwierigkeiten mit der Tabletteneinnahme. Er sagt, er verstehe die Ratlosigkeit, auch die Mediziner seien ratlos: entweder seien die Kopfschmerzen Folgen der Nachbestrahlung oder aber auf Metastasen im Gehirn zurückzuführen. – Ich spreche dann mit der Oberärztin, Dr. L., und teile ihr Hannas Sorge über den Besuch der Pfarrerin mit. Sie ist verblüfft und sagt: Die Pfarrerin ginge jetzt mittwochs mit der Visite mit und sei deshalb mittwochs da. Sie ist erstaunt, welche Schlüsse die Patienten ziehen. Ja, sage ich, wenn sie ihre medizinischen Befunde nicht kennen, kombinieren sie sie mit den Veränderungen im Stationsalltag und beziehen diese auf sich.

Verstehen könne sie das schon, sagt Dr. L., Prof. Z. habe heute morgen nach der Visite vor Hannas Türe gemeint, das sei wohl ein Rezidiv. Ob Hanna das spüre, frage sie sich. Man muß Hanna an den Forschungsschritten beteiligen, sie braucht es, daß man *mit* ihr und nicht *über sie* spricht, sage ich. Schweigen ist für Hanna: Totgeschwiegenwerden. Das kennt sie aus ihrer Familie. Wenn auch die Station sie verschweigt, muß sie sich bei lebendigem Leibe tot fühlen.
Es war ein intensives Gespräch mit beiden Ärzten. Ich sprach mit Absicht von »Forschungsschritten«, weil ich weiß, daß man eben nur wenig weiß. – Frau Dr. L. sagte mir, daß die Station ein Forschungsprojekt beantragt habe, ob ich eventuell an einer Zusammenarbeit interessiert sei. Ich weiß von Schwester R., daß es darum geht, daß die Schwestern die sterbenden Kinder at home versorgen sollen. Ich sage Frau Dr. L.: Ich arbeite gern mit Hanna und Maria, auch für mich sind das wichtige Forschungsschritte, aber ich will nicht ausschließlich mit Sterbenden arbeiten. Ich will am Leben ansetzen, und das heißt für mich, daß die Arbeit viel früher beginnen muß. Mich würde ein solches Projekt nur interessieren, wenn ich schon an der Planung mitarbeiten könnte. Sie stimmt zu.
Als ich heute die Klinik verließ und an der Pforte meinen weißen Kittel aus- und meinen Mantel wieder anzog, spürte ich: Ich kann hier nur arbeiten, *weil* ich diesen Holocaust verlassen kann, sonst hielte ich diese grauenhaften Bedingungen der medizinischen Krebsbehandlung nicht aus. Diese Bedingungen sind es, die man verändern könnte, wenn man den Krebs schon nicht heilen kann. Aber ich will hier nichts verändern, das weiß ich. Ich will nur mit Hanna und Maria menschenwürdig arbeiten können. Das ist schon schwierig genug. Ich bin erschöpft, aber glücklich.
Hanna hat keine kritische Meinung zur zytostatischen Krebstherapie. Das Problem: Tablettenabusus der Mutter und ihre Tablettenangst sehe ich auf einer psychischen Ebene. Wie sollte die 15jährige auch! Sie leidet nur unter der Behandlung, und es kann allenfalls darum gehen, ob nicht eine palliative Therapie angemessener ist als eine aggressive Übertherapie. Aus der Arbeit mit diesem Stationsteam in der Balintgruppe weiß ich aber, daß dieses Thema tabu ist. Das Forschungsziel von Prof. Z. heißt: Bekämpfung der Leukämie durch Behandlungsprogramme, die computergesteuert sind. Ein Rezidiv bedeutet, daß der Patient aus dem

Programm und damit der Erfolgsstatistik rausfällt. Der Fall »Stefan und sein Arzt: Easy Rider« hatte mir gezeigt, daß die Assistenzärzte die Marschroute ihres Chefs verfolgen, selbst wenn sie anderer Meinung sind.[30] Ich ahnte, daß hier eine Schwester die Folgen der zytostatischen Behandlung mit dem Patienten durchzustehen hatte und Hanna zum Boykott der Therapie anstachelte, weil sie direkt ihren Konflikt mit den »Alles-oder-Nichts«-Onkologen nicht auszusprechen wagte. Was Hanna braucht, ist medizinische Hilfe, aber auch Verständnis für ihre psychische und physische Grenzsituation, um die Behandlung sinnvoll verkraften zu können. Ihr zu raten, die Flinte ins Korn zu werfen, kann ich nur verstehen als die Wut einer Schwester, die sich sagt, bei der Prognose ... wir haben noch nie eine Erwachsenen-Leukämie durchgekriegt ...

10. 11. 83 Hanna schläft – Ein Gespräch mit ihrer Schwester Sabine

Ich mußte den Termin mit Hanna am Donnerstag absagen und habe ihr ein Kärtchen geschrieben. Dann bin ich aber doch um die Mittagszeit auf Station, um ihr direkt zu sagen, warum ich nicht kommen kann. Sie schläft, und ich treffe Sabine, ihre Schwester, auf dem Flur. Ich spreche sie an und setze mich zu ihr. Ich frage sie danach, was Hanna mir erzählt hatte: Die Schwester habe gesagt, sie solle das mit den Tabletten lassen und Professor Z. oder Dr. H. sagen, basta, sie wolle nicht mehr! ... Sabine sagt, daß sie das nicht gesagt habe, das sei ein Mißverständnis, mit Schwester müßte Hanna eine Stationsschwester gemeint haben. Sie achte sehr darauf, daß Hanna ihre Tabletten einnehme und helfe ihr auch, sich zu beruhigen und abzulenken, wenn sie so voller Ekel sei. Sie kenne sich in Psychologie aus durch einen ihrer Lehrer und rede dann ganz ruhig mit Hanna. – Es graust mich, wie hier Psychologie als Technik der Ruhigstellung eingesetzt wird – nicht Einfühlung, sondern Manipulation.
Trotzdem ist es eine erstaunliche Begegnung mit dieser jungen Frau (18 Jahre). Ich habe Hochachtung für sie und sage ihr das, frage sie, ob sie nicht manchmal lieber in die Disco ginge, tanzen.

30 In: 1991b, S. 417-423.

Ach, nein, sagt sie, es war mir schon immer wichtiger, was mit Hanna ist. – Ich weiß, daß sie Hanna von klein auf wie einen Teil von sich behandelt hat, Mutter für sie war und sie umgekehrt aber als Objekt brauchte. Hanna ist für Sabine der Zuhörer: Ihre Romabenteuer mußte sie sich anhören, ob sie wollte oder nicht. Sabine schildert mir, wie enttäuscht Hanna gewesen sei, daß die Mutter zunächst verändert war, als sie aus der Psychiatrie kam. Hanna habe nicht durchschaut, daß das nicht lange anhalten werde. Sie, Sabine, sei unabhängig von der Mutter und lasse sich auf sie nicht mehr ein. Hanna hingegen sei sehr enttäuscht gewesen, als sie ihre Gefühle von der Mutter nicht zurückbekam. Sie setze immer wieder Hoffnung in die Mutter und fühle sich dann total zerstört.
Ich sage Sabine, wie wichtig es mir ist, sie getroffen und gesprochen zu haben, wir hätten uns ja schon oft gesehen, aber sie schien immer fluchtartig das Zimmer zu verlassen, als »verdrängte« ich sie. Etwas daran ist sicherlich wahr, sagt Sabine, aber es ist gut, daß Sie zu Hanna kommen.

11.11.83 Therapiestunde mit Maria, während Hanna im gleichen Zimmer lag (vgl. Teil 2).

14.11.83 Milch heilt ... aber ich mußte Hannas Zögern aushalten

Hanna geht es gut. Sie liegt mit einem fremden Kind im Zimmer. Als ich komme, verschwindet Sabine in leichtem Regenmantel und Pumps, draußen ist es bitterkalt. Die Mode! An Hannas Fußende auf dem Bett liegt ein Spiel: Ein Haus soll man zusammensetzen aus Eßmaterialien: Linsen, Bohnen etc. – ein Zuhause, das nährt, denke ich, spreche es aber nicht aus.
Hanna ist guten Mutes: Sie habe auf den Rat der Oma hin am Freitag und am Samstag Milch getrunken, und die Zunge sei wieder in Ordnung, die Blasen im Mund seien wie weggeblasen. Samstag war sie mit Oma und Opa im Kloster Arnsburg und aß dort sogar Pußtaschnitzel, das gräßlich gewürzt war, aber es sei nichts passiert. – Immer wieder fällt mir die Ungeschütztheit auf, in der Hanna lebt. Kaum hat sie eine Krise hinter sich, ißt sie sofort die schärfsten Sachen, wodurch, aufgrund der Reizung ih-

rer Schleimhäute, wieder dieselbe Katastrophe entstehen könnte. Aber es ist niemand da, der sie vorsichtig führt, so daß sie nicht von einer Krise in die andere schlittert. Man scheint sie alles machen zu lassen, als müsse man Angst vor ihr haben, wenn man sie nicht gewähren läßt. In Wahrheit sucht sie so sehr nach Rat.
Sie nehme jetzt Sitzbäder, so daß ihre Poentzündung und ihre Verstopfung weg seien. Sie ist rundherum guter Dinge, schmerzfrei und freut sich auf zu Hause. – Mir scheint, daß sie viel von Marias Lebenswillen ›abbekommen hat‹, als die beiden das Zimmer teilten.
Wir machen einen neuen Termin aus: Hanna kommt jetzt auch aus der Klinik, und es geht nun darum, daß diesmal unser Kontakt hält. Aber unter Hannas Bedingungen, das heißt, daß sie die Initiative ergreift. Sie will zu mir in die Klinik kommen, und ich soll sie hier in der Kinderklinik abholen. Ich bin heute taub auf diesem Ohr, irgendwie unempathisch, denn ich zeichne ihr auf einem Brief von mir den Weg auf, wie sie von sich zu mir, von der Kinderklinik in die Friedrichstraße, kommt. Später werfe ich mir vor, daß ich ihren Vorschlag, daß sie abgeholt werden will, nicht ernstgenommen habe, sondern ihr meinen Vorschlag aufgezwungen habe.
Ich begleite sie dann in den ersten Stock hinunter, wo sie zu einer Blutuntersuchung muß. An der Türe in den Untersuchungsbereich sage ich: Ich kann dich nicht begleiten, da mußt du jetzt allein weiter. Und ich sage ihr, sie solle sich melden, es sei so wichtig, daß sie verstehe, daß ich nicht nur da sei, wenn es ihr schlecht gehe und sie hier in der Klinik liege, sondern daß ich für das Gutgehen auch zuständig sei. – Das waren meine Worte, als ich sie das erste Mal sah. Damals kotzte sie unmittelbar danach, als sei das Gutgehen eben zum Kotzen, wie sie es in ihrer Familie erlebte. – Irgendwie scheint sie mir abwesend, als ich ihr das sage. Ich fühle mich hilflos. Die Zeit ist so kostbar, und letztes Mal haben wir 14 Tage verschenkt. Dennoch muß Hanna die Initiative behalten.
Wir stehen uns gegenüber: zwei Menschen, und ich ringe darum, daß sie die Initiative ergreifen möge und zu mir kommt, nur dann wird sie begreifen, daß es mir nicht nur um ihren idolisierten kranken Körper geht, sondern um sie als ganzen Menschen, trotz Krebs. Ich möchte sie zum Leben »verführen«, aber ich kann nur rufen und anklopfen und warten ...

Und ich warte. Eine Woche lang warte ich und ringe mit mir: Ob ich, – wie K. und ich es immer wieder besprochen haben –, weiterhin auf Hannas Eigeninitiative setze, die bisher unsere therapeutische Zusammenarbeit bestimmt hat. Ja, es war gelungen, sie in ihrem wahren Selbst anzusprechen, so daß sie vorsichtige Schritte aus ihrer seelischen Selbstverborgenheit und Isolierung heraus zu machen wagte, weil ich nur da war, ohne etwas zu fordern oder für sie zu machen ... Oder ob ich nun aktiv werden, sie anrufen und damit in ihren Spiel-Intim-Raum eindringen sollte. Das bedeutete aber, sie nicht zu respektieren, unser bisheriges Arbeitsbündnis zu denunzieren und unsere gemeiname Arbeit infragezustellen. Aber die kostbare Zeit!
Ich warte. Es ist schmerzlich, aber ich muß es akzeptieren, wenn für Hanna die Therapie beendet ist, jetzt, wo sie wieder aus der Klinik raus und zu Hause ist.
S., mit der ich meine Arbeit mit Hanna in der Supervision bespreche, rät zum Telefonieren ... Hanna habe keine Übergangsobjekte ... brauche meine Hand.
Fast bin ich überzeugt, aber nur fast. Ich warte weiter.

20. 11. 83 Hanna ruft von sich aus in der Klinik an

Die Sekretärin ruft mich, ich renne ans Telefon. Es ist Hanna! Es gehe ihr gut, psychisch, sagt sie, gehe es ihr ganz gut. Sie habe letzte Nacht Alpträume gehabt, nachdem sie im Fernsehen »Krieg und Frieden« gesehen habe. Sonst gehe es ihr gut, körperlich und so, sagt sie.
Wir verabreden, daß ich sie morgen, am Dienstag, in der onkologischen Ambulanz abhole und wir gemeinsam zu ihrer Stunde zu mir in die Klinik gehen.
GÜ: Glücklich und stolz. Wir haben es geschafft. Sie fängt an, mich zu gebrauchen; sie erschafft mich als Objekt, und sie beginnt – psychisch – zu existieren. Ich jubele vor Freude, ich habe ausgehalten, und Hanna hat diesmal die Zeit genutzt.
K. hatte das gewußt und mir geholfen, nicht durch Ungeduld zu gefährden, was wir gemeinsam unter Hannas Bedingungen aufgebaut haben.

21. 11. 83 Ich hätte zweimal sterben können, das habe ich nicht gewußt – Hanna beginnt zu existieren

Ich treffe Hanna und den Vater in der Kinderklinik, der Vater mit Colabüchse, Hanna läßt sich gerade Geld geben. Ich gehe mit beiden in Richtung Friedrichstraße, der Vater brabbelt ununterbrochen. »Angst essen Seele auf«, denke ich. Er scheint entlastet, mir Hanna zu übergeben. Er redet den ganzen Weg über Schulden, die er bei seiner Mutter hat ... Als er gegangen ist, sagt mir Hanna, ihr Vater sei ein Hampelmann, da brauche sie keinen anderen; er sorge für Abwechslung, wenn sie in der Ambulanz warten müßten. Sie sagt das irgendwie beschämt, und ich sage, er wolle ihr wohl helfen. Ja, sagt sie, das sehe sie auch so. Ich weiß inzwischen genau, warum ich keinesfalls at home mit Hanna arbeiten will: Ich will nicht in das Trinkermilieu hineingehen, und diesmal kann ich klar zu meiner Entscheidung stehen.
Wir gehen langsam die Straße hinunter, ich freue mich so sehr. Schon einmal war dieser gemeinsame Weg geplant gewesen und ins Wasser gefallen. Heute begegnen wir Professor H., und ich denke, er wird Hannas Perücke bemerken. Da stimmt etwas nicht, denke ich sofort, daß ich stolz darauf bin, daß man an Hannas Perücke ablesen kann, daß sie meine Krebspatientin ist. Das ist ein falscher Stolz. Oder ist es Scham?
Ich fühle mich unbeholfen dieser Hanna gegenüber, die hinter der Perücke versteckt ist, geschminkt sogar, die Mutter habe ihr gesagt: Wenn du morgens aufstehst und dich schminkst, bist du gleich ein ganz anderer Mensch. Im Klinikszimmer erzählt sie mir voller Freude, daß sie jetzt wieder so viel tun könne, sie sei selber verblüfft darüber. Sie sei sogar gestern abend wieder im Verein gewesen. Eine Freundin habe ihr geholfen, einen Stuhl von der Bühne herunterzutragen. Das sei ein schlimmer Moment gewesen, als sie fürchten mußte, sie könnte stürzen, weil sie diesen Stuhl nicht würde die Treppen hinuntertragen können, sie konnte ja kaum allein sicher hinunterkommen. Aber die Freundin habe ihr das angesehen und geholfen. Sie war glücklich darüber. Sie stehe jetzt gern morgens auf, wasche sich als erstes und frühstücke dann. Früher habe sie sich immer wieder ins Bett zurückverkrochen. Ich frage sie, ob sie sich denn auch morgens im Spiegel anschaue. Nein. Ich erzähle ihr, daß ich mich morgens im

Spiegel begrüße. Sie lacht mich verblüfft an. Nein, sagt sie, ich schaue mich nicht an. – Ich denke daran, was Winnicott sagt: Viele Kinder machten die Erfahrung, nicht zurückzubekommen, was sie selbst geben. »Sie schauen – und sehen sich selbst nicht wieder.« Beim Kind bilde sich eine bestimmte Vorstellung davon, was es im Gesicht der Mutter erblickt, wenn es sie anschaut. Von Hanna weiß ich: was sie zurückbekam, war »ein müdes Lächeln«. Ich kenne das Zucken ihres rechten Mundwinkels. Hanna ist ein Kind, das zwar lernte, daß man Spiegel anschauen kann, das aber bisher nicht begriffen hat, daß man in den Spiegel *hineinschauen* kann.[31] Psychotherapie muß für Hanna die Funktion des Gesichts haben in dem Sinne, daß sie erfährt: »Wenn ich sehe und gesehen werde, so bin ich.«[32] Wenn ich Hanna wahrnehme, kann sie es wagen, sich anzuschauen.

Sie erzählt, daß der Spiegel im Badezimmer zu Hause so hoch hänge, daß sie auf Zehenspitzen davor stehen müsse, das Fönen sei eine Last. Als ich frage, ob es nur Spiegel für die Erwachsenen gebe, sagt sie, man könne doch die Spiegel nicht für die Kleinen aufhängen, was täten dann die Großen! – Immer wieder kann sie die Bedürfnisse der Erwachsenen erklären und gibt dabei ihre Bedürfnisse auf, die typische Parentisierung. – Selbst die Mutter sähe sich nicht ganz im Spiegel. Ich ermuntere sie, wenn der Vater nun für sich und die Töchter eine neue Wohnung suche, darauf zu achten, daß es eine Gelegenheit gebe, die Spiegel so aufzuhängen, daß auch sie sich darin sehen kann. Sie findet den Gedanken toll und völlig neu. – Für sie zählen eben nur die Erwachsenen, an deren Bedürfnisse sie sich anzupassen versucht. Im Spiegel sieht sie daher auch nicht sich, sondern die, die sie meint, sein zu sollen: ein vernünftiger Mensch, geschminkt und gefaßt für den Überlebenskampf.

Sie erzählt, *daß sie jetzt so vieles wieder allein tun könne*, z. B. das Bettzeug aus dem Bettkasten herausholen und es tragen. Wir erinnern uns gemeinsam daran, wie sie in der Klinik beim Hinknieen fast in Ohnmacht gefallen war vor Anstrengung. Mächtige Fortschritte hat sie gemacht.

Die Oma mache ihr Sorgen, sagt Hanna, sie fühle sich ihr verpflichtet, sie habe sich um sie gekümmert, als sie in der Klinik

31 D. W. Winnicott, *Vom Spiel zur Kreativität*, ²1979, 129f.

32 Ebenda, 131.

war. Aber sie wolle jetzt nicht dauernd die Oma besuchen müssen. Ich frage, ob sie sie nicht anrufen könne, dann wisse die Oma, wie es ihr gehe und sie müsse kein schlechtes Gewissen haben und könne das tun, was ihr Freude macht. Das ist ein guter Gedanke, findet sie.
Die Schwester habe ihr vorgeworfen, sie denke zu wenig nach. Sie habe ihr gesagt, woher sie das wissen wolle, sie spreche nur nicht darüber. Ich vergleiche die Beziehung zur Oma mit der zur Schwester: Bei der Oma bekomme sie alles wortlos, nur nicht das, was sie wolle, sondern das, was die Oma für sie richtig findet; mit der Schwester schweige sie aus Angst vor Ärger und Streit, und die denke, sie dächte nicht nach. Jetzt konnte sie mit ihrer Schwester darüber sprechen, sagt Hanna, warum ihr eher an Popmusik liege und sie nicht soviel mit Klassik anfangen könne. Die Schwester sei über ihre Ausführungen erstaunt und verblüfft gewesen. Hanna erzählt eine andere Szene: Die Schwester habe sie weggeschickt, sie wolle allein sein. Als Hanna sich dann der Mutter zugewandt habe, kam die Schwester und warf ihr das vor. Hanna sagte ihr, daß sie so nicht mit ihr umgehen dürfe, und zum ersten Mal verstand die Schwester sie. Wir freuen uns gemeinsam darüber, daß Hanna für sich sprechen kann und sich damit Spielraum schafft. Sie ist zufrieden mit sich.
Mit Ihnen und der Mathelehrerin konnte ich zum erstenmal sprechen, auch über Tod und Sterben, sagt sie. Ich weiß jetzt, daß ich zweimal fast gestorben wäre, das eine Mal nach dem Unfall und dann mit der Leukämie ... Ich denke: seit ich sie kenne, ist sie mindestens viermal dem Tod nahe gewesen, aber ich höre zu, sage nichts weiter. ... Damals habe ich das nicht gewußt, sagt Hanna. Ich habe gestern Briefe gelesen, der Opa hat mir geschrieben, daß er und die Oma ihr Haus verkaufen wollten; wenn es in USA bessere Therapien gäbe gegen Leukämie, würden sie es mir bezahlen. Ich mußte weinen. Die hätten alles für mich getan damals, aber damals, als ich die Briefe bekam, war ich so weit weg und so ohne Gefühl, daß ich das nicht merken konnte. Die freuen sich auch, daß du lebst, sage ich vorsichtig. – Heute kann Hanna benennen, was sie von sich weiß und was sie verkraften kann. Ich bin da, damit sie sich artikulieren kann, aus der Phase des Zögerns herauskommen kann, um mit mir ihre Gefühle zu benennen und sich ihrer selbst bewußt zu werden. Dem Zögern des Patienten muß ein Wartenkönnen des Therapeuten entsprechen, so daß der

Patient sich im intermediären Erfahrungsraum zu artikulieren wagt.
Mit der Mutter habe sie probiert zu sprechen, aber die verstand sie nicht, sagt Hanna. Jetzt habe ihr Leben einen Sinn bekommen, jetzt wolle sie leben. Zu Hause bekomme ich jetzt alles, wenn ich spreche, das ist völlig neu, die helfen mir, wo sie können. Ja, unterstütze ich sie, wenn du sprichst, bewirkst du etwas in deinem Sinne, das ist das Neue. Sie nickt stolz. Sie habe Pläne: sie wolle so gerne den Film »Vom Winde verweht« sehen und vielleicht für eine Woche nach Nürnberg fahren, die Tante dort habe sie eingeladen. Sie habe ja Fieber bekommen, als sie hinfahren wollte. Ich frage, ob sie es mit den Ärzten besprochen hat. Nein, sagt Hanna. Ich frage sie, ob es ein wenig eine Flucht sei. Und sie sagt, ja, sie habe die Ärzte gefragt, die hätten gesagt, das müsse sie sich aus dem Kopf schlagen. Die meinten, es ginge ihr darum, eine tolle Reise zu machen, aber für sie sei es wichtig, sich zu beweisen, daß sie sich wieder selbständig bewegen könne, das verstünden die nicht. Ich sage zärtlich: Du machst ja schon fast eine kleine Reise, wenn du zu mir fährst. Sie schaut mich ruhig an. Ich spüre, ich habe sie erreicht in ihrer Selbstverborgenheit. Sie lächelt zaghaft, ja, ein wenig ist es so, wie Sie sagen.
Hanna hat Zukunftspläne. Sie will nicht mehr Medizin studieren, sondern Apothekerin werden. Krank seien die Leute immer und bräuchten Medikamente, meint sie allen Ernstes, ohne dabei an sich als Kranke zu denken. Sie sei recht geldbezogen, aber sie wolle eben gut leben können. Ich finde das okay, Geld gehört eben zum Leben dazu, sage ich.
Am Ende der Stunde geht sie vor den Spiegel und rückt ihre Perücke zurecht. Sie ist unzufrieden damit, und ich sage ihr, daß ich es eine gute Lösung finde, wie sie die Haare hinter die Ohren gekämmt hat, das gefalle mir. Sie geht fröhlich wie ein kleines Mädchen mit einer großen Plastiktüte, in der sie den hellblauen Borsalino der Schwester hat, den sie ihr bringen soll. Sie hatte ihn mir gezeigt. Sie sagt fröhlich, bis morgen. Morgen, das heißt, daß wir beide uns wieder auf Station treffen, wo sie für ein paar Stunden für eine Bluttransfusion sein wird.
Die Treffen mit Hanna sind für mich immer Sternstunden. Die Stunde heute auch deshalb, weil sie zum ersten Mal ambulant in die Therapie gekommen ist. Wir kennen uns seit dem 31.8.83, 49 Therapiestunden, fast täglich. Ich habe das stationäre Setting ge-

nutzt, und es ist uns in knapp 3 Monaten gelungen, eine tragfähige Beziehung aufzubauen. Und das in einer ausweglosen Situation ...

22. 11. 83 Gastrecht für Vampire

Ich treffe Hanna in einem Zimmer, wo man sie für die Bluttransfusion provisorisch reingestellt hat, und zwar erst nachdem sie dagegen protestiert hatte, für mindestens vier Stunden auf dem Flur liegen zu sollen. Ich gebe ihr recht und teile ihre Empörung, daß sie nicht auf den Flur gehört. Sie habe, wenn sie schon kein Gastzimmer auf der Station bekomme, wo sie doch nun hingehöre, ob sie wolle oder nicht, das Recht, wenigstens ein Gastrecht zu genießen. Sie habe einmal erlebt, sagt Hanna, wie ein Mädchen in ihr Zimmer kam und sie fragte, ob sie etwas dagegen habe, daß sie in ihrem Zimmer bleibe für die Zeit der Bluttransfusion. Das hatte sie sehr beeindruckt, und sie hatte mit diesem Mädchen viel sprechen können.

Ich stelle einen Stuhl neben ihr Bett als Nachtkastl, wo sie ihre Tabletten und die Colabüchse draufstellen kann. Eine Mutter verläßt das Zimmer und knallt rücksichtslos gegen Hannas Infusionsständer. Hannas und meine Blicke treffen sich: Ich halte sie fest, sie ist zutiefst verletzt, und ich lächle sie an: ›Ich bin ja da, hab keine Angst.‹

Sie habe einen dicken Kopf, sagt Hanna. Sie war gestern 17 Stunden auf den Beinen. Als hätte sie geglaubt, wenn sie in die Klinik gehe, komme sie nicht wieder raus, mußte sie alles auf einmal machen, so war sie auch in dem Film »Vom Winde verweht«, obwohl sie vor Erschöpfung fast einschlief. Sie ist glücklich, daß sie den Film nun gesehen hat.

Die Oma war da, und statt wie verabredet den Schnitt für den Mantel mitzubringen, damit Hanna sehen und mitbestimmen könne, was die Oma für sie näht, muß sie nun nach der Bluttransfusion mit zur Oma nach Hause. Ich sage, das ist ja Erpressung. Ja, sagt sie, das finde sie auch. – Hanna ist dankbar, daß ich ausspreche, was sie fühlt. Sie wird verwöhnt, solange sie krank ist bzw. sich einkleiden läßt, wie die anderen es sich für sie ausdenken. Wehe, sie sagt, wenn *sie* was will, dann ziehen sich alle von ihr beleidigt in Schweigen zurück und lassen sie fallen = stehen. –

Eine Schwester kommt herein und sagt zu Hanna: Na, du Vampir! Ich bin erschlagen von soviel Dummheit. Die Familie hängt an Hanna und saugt sie aus, und Hanna hängt hier auf Station an der Bluttransfusion, um neu aufzutanken, und man nennt sie Vampir ...
Hanna will nach Nürnberg, die Tante besuchen, ohne die Ärzte zu fragen. Ich rate ihr ernsthaft, sich mit den Ärzten darüber zu verständigen, damit sie guten Gewissens fahren kann und auch etwas davon hat. Ihr sitzt im gleichen Boot, sage ich.
Ich decke sie zu, und sie legt sich wie ein erschöpftes kleines Kind auf die Seite; als ich gehe, kringelt sie sich zusammen.
GÜ: Vor der Türe sitzt ein afghanisches Kind, glatzköpfig, mit Kanüle am Schädel auf einem Kinderstuhl im Yogasitz: fernab. – Ich bin zutiefst betroffen, erschöpft, fahre nach Hause und lege mich auch ins Bett, schlafe wie Hanna.

23.11.83 Mein Leben ist begrenzt, obwohl die Krankheit nicht da ist

Hanna kommt zu mir. Es geht ihr gut. Sie freut sich auf Montag, sie müsse es sich beweisen, daß sie wieder eigene Schritte tun könne. Sie sagt, mein Leben ist begrenzt, aber ohne krank zu sein, denn die Krankheit merke ich nicht. Ich bin zunächst erschrokken, aber Hanna meint nicht, daß ihr Leben zeitlich begrenzt ist, sondern daß sie räumlich eingeschränkt ist. Sie möchte schwimmen gehen, weil sie das gern tut, aber die Ärzte raten ihr kommentarlos ab. Sie ist enttäuscht, weil keiner versteht, was sie braucht. Sie erlebt die Ärzte immer als diejenigen, die ihr alles vermiesen, statt daß sie ihr klarmachten, daß sie gemeinsam in einem Boot sitzen. – Sie sprechen nicht für sich, sonst müßte ihnen – und sei es nur ihrem Forschungsprogramm zuliebe – daran liegen, denke ich, Hanna als Bündnispartner zu gewinnen. Für sie ist der Mensch ein Störfaktor ...
Hanna möchte gern wieder zur Schule. Sie verstehe die anderen nicht, die ›null Bock‹ hätten. Sie wisse, wofür sie lerne. Ihr sei vieles jetzt egal, aber sie habe einen Sinn für sich gefunden. – Hanna spricht ernst, in einer hinreißenden Bestimmtheit. Sie schaut mich ruhig an, lächelnd; kleine Pausen entstehen, die wir gut ertragen, und immer fällt ihr etwas Wichtiges ein, das sie

aussprechen will. Ich bin immer wieder erschüttert über diese Würde und Entschlossenheit und folge ihr unverwandt: offen und respektvoll. Sie spricht von Weihnachten, den Gerüchen auf dem Weihnachtsmarkt. – Ich denke, wie gern ich ihr die Welt zu Füßen legen würde, daß sie sich wohlfühlen und genießen kann, worauf sie Lust hat. Ich bin einfach da, und sie beginnt, sich ›allein zu zweit‹ erfahren zu lernen.
Sie geht und mummelt sich vorher betulich ein: Ich denke an dich, viel Spaß in Nürnberg, sage ich. Sie sagt, auf nach Rußland, als sie sich in Schal und Mütze verpackt hat. Ich schaue ihr zärtlich sorgenvoll nach.

5. 12. 83 Telefonat mit Hanna

Ein fiepsendes Stimmchen: sie sei wieder da aus Nürnberg und komme morgen dann. Ich hörte erst gar nicht genau zu, so erfreut bin ich. Es ging ihr nicht so gut in Nürnberg, es war nicht besonders, es war kalt, und sie habe sich kaum rausgetraut. Sie habe mir und der Freundin eine Karte schicken wollen, aber sie sei total blank gewesen. Ich freue mich, daß sie wieder da ist und sage ihr das. Wir verabreden uns für morgen.

6. 12. 83 Telefonat und 10 Minuten mit Hanna

Hanna ruft aus der onkologischen Ambulanz an, sie schaffe es heute vielleicht nicht, weil sie sich auch für 13.00 Uhr mit der Schwester in der Stadt verabredet habe.
Sie kommt dann 10 Minuten vor Ende der Stunde. Ich sitze gerade inmitten von Papieren und diktiere meinen Aufsatz: »Leben ist eine prima Alternative – Psychosoma-Analysen mit Krebspatienten«. Sie ist niedergeschlagen, der Arzt hat ihr das Schwimmen ohne Begründung verboten. Sie fühlt sich unverstanden. In Nürnberg ließ man sie links liegen, Oma und Tante quatschten miteinander, und sie fühlte sich überflüssig, wie zu Hause.
Zu Hause habe sie den Koffer noch nicht ausgepackt. Die Schwester wollte, daß sie zu ihr komme, sie hatte Kopfweh. Als sie nicht gleich sprang, war die Schwester eingeschnappt. Nur, wenn sie es den anderen recht mache, sei sie willkommen. Sie ist ent-

täuscht und deprimiert. Ich spreche es für sie aus, was ihr ein wenig zu helfen scheint.

13. 12. 83 Die Stufen vom Bus sind wie Bergsteigen … seit Montag bin ich wieder in der Schule

Hanna begrüßt mich mit der Nachricht, daß sie wieder in der Schule sei. Sie habe sich gesagt, wenn ich in die Disco und einkaufen gehen kann, dann ist es auch egal, dann kann ich auch in die Schule gehen. Egal? frage ich. Nein, nicht egal, es sei wunderschön gewesen, der Moment, als sie vor der Klasse stand: Erst habe sie keiner erkannt, aber dann sei sie aufgenommen worden und gehöre wieder dazu, obwohl fünf Monate dazwischen liegen. Sie habe sofort ihren Platz in der Klasse gefunden und auch dafür gesorgt, daß eine Neue neben ihr sitze. Schlimm sei das Jucken der Perücke, die kleinen Härchen wüchsen und sie habe Angst, im Sport bei Ballspielen könne ihr die Perücke runterfallen. Ich grüble mit ihr zusammen, was sie vielleicht statt Sport tun könnte, um lustvoll etwas für sich zu tun. Ich denke an Musiktherapie oder ähnliches, aber ich habe noch keine genauen Vorstellungen.
Sie erzählt, wie sie so vieles noch nicht könne, aber so vieles auch schon zustande bringe und dann immer wieder verblüfft sei. So hatte sie Montag Angst vor den hohen Stufen im Bus, sie habe gedacht, das ist wie Bergsteigen, aber es ging. Die Schwester habe ihre Nervosität bemerkt und sie bis ins Klassenzimmer begleitet. Auch nach dem Unfall sei sie eines Tages plötzlich wieder in die Schule gegangen, ganz unvermittelt. Sie erzählt voller Ironie, wie die andern wegen der Mode frieren, und sie in ihren warmen Moonboots herumlaufe. Jetzt gingen plötzlich auch die anderen in Discos, während früher sie es war, die allen voran daran interessiert war. Sie erzählt voller Freude, daß sie eingeladen worden sei zu einer Party am Freitag, mit Schlafsack und so. Sie werde dann auch Freitag deswegen nicht zu mir kommen, was sie ursprünglich vorhatte, weil sie lieber ihre Kräfte sammeln möchte, um auf die Party zu gehen. Ich finde das okay. Eine Freundin hat sie heute gefragt, ob sie nicht mitgehen wolle zum Schlittschuhlaufen, der Schwanenteich sei zugefroren. Ich freue mich mit Hanna, aber in meinem Herzen denke ich voller Kummer: Um Gottes willen, wenn du fällst, aber davon spreche ich nicht.

Hanna trinkt ihren Kaffee – sie hatte mich darum gebeten –, die Grazie, mit der sie die Tasse hält, ist erstaunlich, ich bewundere sie. Immer wieder entstehen kleinere Pausen, ich höre zu, ich empfinde die Spannung, aber ich halte sie heute aus, während ich ihr früher oft darüberweghalf. Hanna spricht weiter, sie nimmt sich die Zeit, sie gebraucht mich selbstverständlich, unsere Beziehung ist »unverbrüchlich«, denke ich. Wenn wir schweigen, schaut sie mich von der Seite an, zuckt zunächst mit dem linken Mundwinkel: Das müde Lächeln der Mutter, davon hatte sie mir erzählt, und in der ersten Zeit in der Klinik war es dauernd in ihrem Gesicht, sobald auch nur die kleinste Pause entstand. Heute folgt diesem ›müden Lächeln‹ ein freundliches Lächeln, und dann spricht sie weiter.
Kein Wort von der Mutter, kein Wort von zu Hause ... Die Großmutter wolle ihr zu Weihnachten unbedingt eine Stofftasche für ihre Vereinstätigkeit schenken, die Schwester sei aber neidisch und eifersüchtig. Das Kranksein bringe ihr Annehmlichkeiten, Geschenke, aber sie fürchtet, die Beziehung zur Schwester zu verlieren. Lieber wäre ihr Geld, um selber darüber verfügen zu können. Aber die Oma verstehe das nicht, sie zwinge ihr auf, was sie für richtig hält.
Hanna ist die Schule sehr wichtig, das ist ihr Lebensbereich, in dem sie sich selbst bestätigen kann. Sie möchte gern zwei Termine (wie Maria denke ich), aber Freitag wird sie auf die Party gehen, also kommt sie Montag nach der Schule zu mir, nachdem sie im McDonalds ein bißchen was gegessen haben wird, sagt sie. – Es ist neu, wie sie ganz still vor sich hin assoziiert, ihre Einfälle ruhig ausspricht und sich an mich wendet.
Sie spricht von ihrer Angst vor dem Alexan, der Dauertherapie, die ihr in Spritzen verabreicht wird. Es ist für sie so fürchterlich, weil sie sich eigentlich gesund fühlt und die Spritzen irgendwie erlebt, als machten sie sie krank. Sie erinnert sich an die Tetanusspritze, die alle auf Station bekamen, weil dort eine Infektion ausgebrochen war. Sie habe dermaßen Angst vor der Spritze gehabt, daß sie gar nicht bemerkt habe, daß sie sie schon bekommen hatte. Es ist wichtig zu begreifen, daß sie mit mir ihre Angst, ihre Erwartungsangst – die wir zu Beginn unserer gemeinsamen Arbeit immer wieder entdeckt und bearbeitet haben –, daß diese Angst vor etwas sie in ihrem Erleben blockiert. Heute sieht sie selber das als ihr Problem an. Wir arbeiten. Ich bin zufrieden.

20. 12. 83 Das Problem wie früher: anderen zuhören zu müssen und sich für alles schuldig zu fühlen

Hanna kommt später, erschöpft, hatte den Bus verfehlt und war die Ludwigstraße heraufgelaufen. Sie legt die Perücke ab und kühlt sich Hände, Gesicht und Kopf mit Wasser. Sie kommt aus der Schule, wo sie heute »The day after« sah. Sie meint, das hätte sie sich sparen können. Morgen ist die erste Untersuchung, davor hat sie große Angst, vor den Spritzen, sie wisse gar nicht, wann der Termin sei, der Vater wisse das. Das ist dein »The day after« sage ich, deine Realität ist hart genug, da brauchst du keine solchen Filme anzuschauen.

Sie habe wieder mehr als früher das Problem, anderen zuhören zu müssen und sich für alles schuldig zu fühlen, sagt Hanna. Als Sie täglich zu mir kamen und meine Tante da war, da war das nicht so, jetzt will jeder meine Hilfe und lädt seine Probleme bei mir ab: der Opa, der Vater, und ich meine immer, ich müßte helfen, was machen.

Zur Schwester habe sie jetzt einen guten Kontakt, so gut wie noch nie. Früher sei sie zwischen den Eltern hin und her gerissen und von ihrer Freundin beeinflußt gewesen, die die Schwester nicht leiden konnte. Außerdem, ergänze ich, gehörte ja die Schwester zum Vater und sie stand auf der Seite der Mutter. Jetzt sprechen beide miteinander über Probleme: Schule, Kleidung, Freunde und auch über Schönes. Ich sage, daß sie das mitbewirke, weil sie jetzt klar sage, was sie fühle und meine, so wie sie es mit der Popmusik tat. Die Mutter sei wohl traurig, daß sie jetzt wieder viel »nach draußen« gehe, sie hätte wohl lieber »die kleine Hanna« für sich, aber sie akzeptiere es auch, wenn sie später nach Hause käme, dann bräuchte sie nicht zu kochen, und darüber sei sie froh. Ich frage nach der Party am Freitag: Es war nicht so toll, tanzen ging nicht, die paar Jungs haben nicht getanzt, und die Mädchen alleine haben sich vor den Jungs geniert. Sie spricht von Rauchen und Trinken und erzählt von der geplanten Fahrt über Weihnachten zu der Tante nach S., auch Discobesuche seien schon geplant. Diese Tante habe starke Probleme mit ihren Eltern (Hannas Großeltern), sagt Hanna, und sei wohl froh, so weit weg von zu Hause zu wohnen. Ihr sei es egal, wenn der Opa immer wieder das gleiche wiederhole, er sei eben so, sage sie sich, den

könne sie nicht ändern. Ich äußere meine Sorge, daß sie sich zu viel zumutet, aber sie sagt, sie schlafe dann auch mittags. – Ich spreche am Ende der Stunde die Bewegungstherapie an, weil ich meine, daß das etwas sein könnte für sie, was ihr Spaß macht. Sie strahlt.
Sie setzt die Perücke wieder auf, sie wolle sich einen Pagenkopf schneiden lassen (so wie ich, denke ich). Sie will die Woche ein zweites Mal kommen, Mittwoch. Ich brauche Ihre Rückendekkung, damit mich nicht alle belagern, sagt sie.

21.12.83 Die Mutter hat uns sehr selbständig erzogen ... sie hat unsere Seelen vernachlässigt, das ist schlimm

Hanna kommt, packt eine Cola und ein Käsebrötchen aus und ißt selbstverständlich, während sie spricht, so wie sie es in der Klinik tat. Ich bin immer wieder verblüfft über die stille Vornehmheit, mit der dieser 15jährige sich gibt. Ich kann mich daran sattsehen, es ist ein Genuß für mich, wie sie unverstellt zu genießen versteht.
Während Hanna ißt, packt sie Kummer und Enttäuschung aus. Sie erzählt, warum sie mich zuvor anrief. Sie habe die Uhrzeit und mich vergessen. Die Ärzte haben ihr die Reise nach Stade untersagt, weil ihr Blutbild zu schlecht sei. Sie meint, daß die Party daran schuld sei. Sie habe sich so sehr darauf gefreut, niemand hätte ihr das ausreden können.
Ich frage sie, was sie Weihnachten und Silvester machen wird, und sie erzählt, der Vater wolle an Silvester mit einem Vergnügungszug fahren, und sie werde vielleicht mitfahren. Ich wende zaghaft ein, daß das für sie ja auch nicht gerade schonend sei, ob niemand da sei, der sie etwas beschütze. Sie meint, selbst wenn da jemand was sagen würde, sie mache eben doch, was sie wolle. Die Mutter habe sie sehr selbständig erzogen. Sie staune, wenn Gleichaltrige erzählten, die Mutter wasche ihnen die Jeans, das kenne sie nicht. Sie hat unsere Seelen vernachlässigt, und das ist schlimm, sagt Hanna gramvoll. Ich bin erschüttert über diese Selbstanalyse und höre still zu und sage: Dann müssen wir beide hier schauen, daß du für deine Seele etwas bekommst.
Sie erzählt, letztes Jahr Silvester sei sie mit einer Freundin durch

Discos in G. gezogen; zu Hause habe sie gesagt, sie schlafe bei der X., und dann zogen sie los. Es sei kalt gewesen, sie hatte Pumps an mit einem Loch drin, und sie habe sich eine Plastiktüte in den Schuh gelegt. Sie lacht über sich selber. Heute hat sie Turnstiefel an, sie schaut sich an, schaut mich an. Ich frage, ob sie die neu hat, sie hatte doch zuvor die Turnschuhe der Schwester getragen. Ja, erinnert sie sich. Wir stellen immer kleine gemeinsame Erinnerungsspuren fest. Sie sagt gickerich, sie habe warme Strumpfhosen an, sie sorge sich um ihren Körper, und teilt mir mit, daß sie sich etwas zu schützen verstehe. Ich sage, sie habe mir damals, als wir zum erstenmal auf dem Balkon in der Klinik waren, erzählt, daß sie sich zu Hause auch meist für sich einen Tee mache und sich in ihr Zimmer setze. Das hatte mir sehr imponiert, sie könne ja Weihnachten vielleicht auch für sich einfach mal in ihrem Zimmer einen Tee trinken, wenn die Eltern sich streiten. Ja, sie erinnert sich an damals auf dem Balkon in der Sonne, da war sie zum erstenmal wieder zu Hause gewesen. Gemeinsam stellen wir fest, wieviel Zeit vergangen ist, daß sie jetzt wieder in der Schule ist und ein gutes Stück Weges hinter sich hat. Sie kann das befriedigt akzeptieren und die Enttäuschung darüber, nicht fortzufahren, kann sie nun mit ihren Erfolgen: seelisch so viel zu ihrer Gesundung geleistet zu haben, vergleichen und besser aushalten.
Sie spricht viel von dem Streit der Eltern und daß sie froh sei, wenn die Scheidung durch sei, sie leide sehr darunter. Die Mutter meine immer, sie sei etwas Besseres als der Vater, aber das stimme nicht. Sie verstehe das nicht, die Mutter habe sie und die Schwester seelisch vernachlässigt, dabei habe *sie* eine Mutter, von der sie doch noch heute jeden Wunsch erfüllt bekomme. Ich sage, mit Geld versorgt werden heißt vielleicht noch nicht, geliebt zu werden. Apropos Geld, sagt sie, packt ihre Börse aus und zählt ihr Geld; sie wolle nachher Weihnachtsgeschenke einkaufen. Sie hatte mir gesagt, wie sehr sie hinter dem Geld her sei (wie die Mutter); nun meint sie, der Vater brauche kein großes Geschenk, der wisse, daß sie ihn liebe. Hoffentlich sei ein Stempelhalter nicht so teuer, das sei die Geschenkidee der Schwester ...
Hanna hat fertig gegessen, es hat ihr geschmeckt. Ich nehme ihr das Papier ab und trage es in den Papierkorb, wie einen Schlabberlatz, denke ich.
Hanna sagt, sie versuche die Mutter zu überreden, daß sie mit

dem Vater spricht, aber dann spreche die Mutter mit ihrer Mutter, und alles sei umsonst gewesen. Ich sage, wie schwer es für sie sein müsse, mitanzusehen, daß Mutter und Vater nicht miteinander reden könnten, aber das habe nichts mit ihr zu tun, daran sei sie nicht schuld. Ja, die Mutter weigere sich, ihre Fehler einzusehen, daß sie den Vater nicht hätte heiraten dürfen. Daß er nie viel Geld haben würde, war schon damals klar gewesen. Er sollte ihr (die keinen Vater gehabt hatte) Vater und Mann sein, aber Mann sei er wenig gewesen. Viel Geld sollte er ranschaffen. Neulich habe sie ihn abends in der Firma angerufen, weil er ihr Zigaretten bringen sollte. Sie sei wie ein verwöhntes Kind und drohe immer gleich, das Geschäft aufzugeben, wenn er nicht spure. Immer werfe sie ihm vor, er mache mit Mücken herum. Sie wüßte gern, wie die Schwester zu Vater und Mutter stehe, aber sie redeten nicht darüber.
Bevor sie geht, schaut sie im Spiegel nach der Perücke. Ich stelle mich hinter sie und schaue sie an, sie ist mit dem Pony der Perücke unzufrieden, der sei zu lang. So wie mein Pony, frage ich sie. Sie will die Perücke schneiden lassen und die Schwester solle mitgehen. Ich ermuntere sie, ruhig allein zu gehen, sie wisse genau, was sie wolle, und könne das mit ihrem Friseur besprechen. Ich sage, selbst wenn es schiefgehen sollte und du dir dann mit dem neuen Haarschnitt nicht gefällst. Dann wird der Vater dir helfen und dir eine neue Perücke von der Krankenkasse organisieren, das kann er bestimmt. Wir beide wissen doch, daß es Schlimmeres gibt. Ja, sagt sie, sie könnte die Perücke im Bus verloren haben, dabei dreht sie sich verschämt spielerisch um die eigene Achse, lacht pfiffig, aber auch gequält. Der Gedanke, ihr könnte das wirklich passieren – vor der versammelten Schulmannschaft im Bus die Perücke zu verlieren, scheint sie zu quälen; sie hatte ja geträumt, daß die Freundin ihr aus Versehen die Perücke herunterreißt und, statt sie ihr schnell wieder zu geben, zu lachen anfängt.
Wir verabschieden uns lachend. Wir werden uns erst im Januar wiedersehen.

9. 1. 84 Hanna hat einen Freund

Hanna kommt später als verabredet, sie hatte versucht, mich anzurufen, ob sie nicht früher kommen könnte, mich aber nicht erreicht. Ich las derweil und war ganz sicher, daß sie kommen würde.

Sie ist sehr verändert – strahlt –, freut sich. Sie hat eine Gelbsucht, so daß sie nicht in die Schule muß, und nutzt die Zeit fürs ›Lumpen‹, wie sie sagt. Sie hat einen Jungen kennengelernt, einen Polen: Peter, und freut sich sehr auf eine Verabredung am Mittwoch. Daß es nicht nur an der veränderten Perücke liegen kann, daß er sich für sie interessiert, kann ich ihr daran zeigen, daß sie beim ersten Mal, als sie sich sahen, noch den alten Schnitt hatte. Damals ließ sie ihn aber abblitzen. Jetzt mit der neuen Haarfrisur interessiert er sich genauso für sie, und *sie* konnte auf ihn zugehen. Sie sprudelt: Sie sucht begierig nach Spiegelung ihrer Gefühle. Die Freundin sei neidisch auf sie, sie wolle auf jeden Fall ohne sie zu der Verabredung gehen. Aber was ist, wenn ich allein dort sitze? Wir besprechen, daß sie ja den Vater bitten könnte, sie abzuholen, für den Fall, daß sie dort in der Disco allein herumsitzt. (Sie wohnt ca. 20 km außerhalb der Stadt.)

Sie spricht davon, daß sie dieses Jahr wieder ein Berufspraktikum machen werde. Sie will in einer Apotheke arbeiten und hat sich heute schon vorgestellt. Ich bewundere die Konsequenz, mit der sie ihre Berufspläne in Angriff nimmt: sie will ja Apothekerin werden. Sie meint, sie müsse sich entscheiden: Schule oder Weggehen, beides gehe nicht. Sie habe am Wochenende Schulaufgaben gemacht und gemerkt, da seien jetzt große Lücken. Ich sage ihr: sie wolle erstmal Tanzen und Weggehen nachholen und dann wieder zur Schule gehen. Das sei ja keine Alternative, beides stehe ihr zu. Ja, sie sei froh, daß sie diese Woche nicht zur Schule dürfe, da könne sie noch nachholen. Ich bekräftige, daß sie bis Mittwoch ja lernen und dann ausgehen könne, da habe sie etwas, worauf sie sich sehr freue, danach sei dann noch eine halbe Woche Zeit, um weiterzulernen. Ja, sie habe jetzt den ganzen Tag für sich, sonst sei ihr Tag vom Schulbusfahrplan bestimmt. Jetzt bestimmst du deinen Fahrplan, sage ich.

Als sie aufsteht, ist ihr schwindelig, es sei zu warm im Zimmer. Wir freuen uns beide auf Freitag, sie geht und will sich was zu essen kaufen.

Hanna ist glücklich, sie plant ihr Leben. Freilich weicht sie sowohl der Krankheit als auch der Schule zunächst aus. Heute erwähnt sie nur einmal, daß sie Freitag in die Ambulanz müsse und danach zu mir kommen will. Sie kommt dann vor Maria zu mir, was ich ihr auch sage, denn beide werden sich entweder bei mir oder in der Ambulanz begegnen. Hanna sucht Kontakte, sucht Menschen. Sie ist nicht hektisch, aber so lebt sie: sie hat keine festen Beziehungen, organisiert sich und sucht. Ich verstehe das und unterstütze sie. Sie plant, nachholen zu müssen und dann erst wieder Schule. Sie will auf jeden Fall das Abitur machen, aber sie bittet sozusagen um einen Aufschub: ›Erst leben, dann lernen‹.
Ich habe ein gutes sicheres Gefühl mit ihr, sie ist voller Elan und Gefühl, herzlich und offen, sie ist auf der Suche nach sich, aber sie muß sich in den anderen suchen. Ich bin froh, daß sie die Therapie als festes Angebot in ihren Lebensfahrplan einplant. Die Gelbsucht steckt sie weg, als wär's nichts. Mein Gott, warum auch noch das!

13. 1. 84 Ich sage ihr: Du siehst gut aus, fühlst du dich auch gut? – Ja, ich kann mich jetzt auch wieder mehr leiden, seit die anderen mich auch wieder mehr mögen

Hanna strahlt und sieht unglaublich hübsch aus. Sie war in der Ambulanz und auf Station. Alle hätten sich um sie geschart und hätten gefunden, wie gut sie aussehe, so weiblich. Das sei richtig peinlich, sie sei immer schon weiblich gewesen, das hätten die bloß nicht bemerkt. Ich sage ihr: Du siehst gut aus, fühlst du dich auch gut? Ja, ich kann mich jetzt auch wieder mehr leiden, sagt Hanna und schaut verschämt unter sich, seit die anderen mich auch wieder mehr mögen, dabei schaut sie mich an.
Sie erzählt von der Begegnung mit dem Jungen und strahlt glücklich: Sie kam zu spät, und er wartete. Die Schwester, überhaupt alle, hatten sie vor ihm gewarnt: steig bloß nicht in das Auto, dann bist du wehrlos, paß bloß auf, der reißt doch jede auf ... Ihr sei es egal, wieviele Frauen er vor ihr hatte, nur wenn er mit ihr gehe und dann gleichzeitig eine andere anmache, das wolle sie nicht. Sie finde ihn sympathisch. Daß er sie auch mal am Ober-

schenkel anfasse, dabei finde sie nichts, sie wolle ja Berührung, sie sei nicht so prüde wie die Schwester und die Mutter. Zu Hause könne man nichts sagen, gleich hätten alle alle möglichen Bedenken. Sie sage jedem, was sie wolle. Als sie mit ihm draußen war, sei gar nichts passiert. Als er ihr die Beifahrertür aufschließen wollte, habe sie ›nein‹ gesagt, das wolle sie nicht. Ob sie kein Vertrauen hätte, habe er gemeint, ja, genau, hat sie gesagt, sie kenne ihn eben nicht gut genug. Hanna sagt, ich setzte mich mit auf den Fahrersitz und die Türe blieb offen, basta. Ich sage ihr: Du kannst für dich sprechen, das können die anderen nicht, da passiert dir dann auch nichts.

Ich frage sie nun – was ich vom Vater aus dem Erstinterview weiß, aber was zwischen mir und Hanna bisher nicht zum Thema wurde: Es ist vielleicht eine dumme Frage, aber hast du schon mal mit einem Mann geschlafen? Ja, sagt sie ohne Scheu. Und nimmst du die Pille? – Ich weiß vom Vater, daß Hanna mit einem Jungen geschlafen und danach die Mutter gebeten hatte, ihr die Pille zu besorgen, sie hatte es vergessen. – Nein, sie habe ihre Tage seit Juni nicht und wisse nicht, ob sie die Pille nehmen dürfe oder ob sie ihr schade. Sie traue sich nicht, Dr. Y. danach zu fragen, sie höre ihn schon sagen: Was, du! Die Pille! Alle halten mich für ein Kind, aber ich bin schon immer erwachsener gewesen, als ich vielleicht im Nachthemd gewirkt habe. Ich ermutige sie, Dr. Y. zu fragen, damit sie keine Angst haben muß, ein Kind zu bekommen; damit ihr der Bereich der Sinnlichkeit sprachlich verfügbar wird. – Sie glaubt offensichtlich, Rücksicht auf die Prüderie der anderen nehmen zu müssen, aber die Gefahr ist, daß sie – wie die Mutter – schwanger werden könnte und damit deren Geschichte: »ungewolltes Kind, Heiratenmüssen« wiederholen würde. – Sie ist – wie auch ich – erleichtert, daß wir dieses Thema miteinander besprechen können, und sagt, sie werde sich das überlegen, vielleicht frage sie ja doch lieber die Mutter noch einmal. Ich sage ihr, klarer sei es, wenn sie genau frage und genau erfahre, was Sache ist, statt daß die Mutter ihr etwas Unklares mitteile und sie dann doch rückfragen müsse.

Hanna hilft dem Vater im Geschäft bei der Kasse, das macht ihr Spaß. Trotz Hepatitis und auch wenn die Dauertherapie beginnt, will sie dem Vater helfen und solange zur Oma ziehen, wegen der weiten Fahrerei. (Die Oma wohnt in der Stadt.) Ich gebe ihr zu bedenken, ob das nicht zuviel sei, ob sie nicht erstmal schauen

wolle, wie sie klarkomme. Ja, gewiß, meint sie. – Mir scheint, daß sie im Krankheitszustand zur Oma flüchtet, die für das Kleinkind »zuständig« ist, sie versorgt, wenn auch verwaltet.
Sie wird Montag zur nächsten Therapiestunde kommen.
Eine gute Stunde ... ich bin froh, daß wir gemeinsam ihre sexuellen Bedürfnisse aussprechen konnten, damit sie darin mündig wird, um nicht ›auf die Schnauze zu fallen‹. Ich bin auch stolz, daß ich warten konnte, bis Hanna dieses Thema von sich aus anschnitt.
In der Supervision spreche ich mit S. darüber. Sie rät, Frau Dr. B. anzusprechen, die in jedem Fall helfen könne. Auf jeden Fall sei es richtig, Hanna in ihrem Bedürfnis zu unterstützen. Bei ihrer Sozialisation gebe es nur eine Sexualisierung des Körpers, Zärtlichkeit gebe es nicht. Bewegungstherapie und Tanztherapie wären eigentlich das Richtige für sie.

16. 1. 84 Wenn's mir schlecht geht, kümmern sich alle, weil sie meinen, sie müßten ... wenn's mir gutgeht, bin ich Luft für sie

Hanna hatte angerufen, sie sei erst jetzt in der Ambulanz fertig, ob sie noch kommen könne. – Sie kommt, zeigt mir die drei Pflaster von den Spritzen, es sei mit der Hepatitis so, daß sie jetzt ihren Freund vielleicht angesteckt habe, weil nicht nur Stuhl und Blut die Krankheit übertragen würden, sondern auch das Küssen sei ansteckend, das habe ihr Frau Dr. L. gesagt, sie hatte es nicht gewußt. Ich auch nicht, sage ich. Sie ist sehr erschöpft. Ich hatte ihr einen Kaffee besorgt, und sie freut sich darüber. – Während sie trinkt, muß ich denken, ob ich mich auch anstecken kann, wenn sie aus meinen Tassen trinkt ... – Frau Dr. L. habe sie vor der Zukunft gewarnt, sie wisse ja nicht, daß sie sich geküßt hätten.
Hanna fragt mich, ob sie nun dem Freund sagen müsse, er solle sich impfen lassen. Der Vater habe gesagt, das zahle die Krankenkasse nicht, sie könne ihm ja sagen, daß sie die Kosten übernehme. Ich finde das nicht o.k. und sage, erstmal abwarten, was es überhaupt kostet, aber sagen solltest du es ihm wohl, damit du dich nicht bei jedem Kuß sorgen mußt, was du damit anrichten könntest. Ich spreche nochmals die Pille an: Ich weiß eine Ärztin,

die dir bestimmt raten kann. Wahrscheinlich bekomme ich keine Kinder, sagt Hanna. Die Eltern haben unterschrieben ... die Chemotherapie war die letzte Möglichkeit gewesen, sonst hätte ich wohl ins Gras gebissen, aber das macht eben auch alles kaputt, sagt sie scheu und ernst.
Sie macht auf mich einen sehr bedrückten Eindruck. Ich höre ihr zu. – Sie erzählt, daß der Junge o.k. sei, sie seien viel zusammengewesen, auch Samstag, Sonntag, sie in seiner Familie und er in ihrer. Aber wenn er das schluckt, daß ich krank bin, und das mit der Perücke und daß ich keine Kinder bekommen kann und jetzt noch das mit der Gelbsucht, dann ist er wirklich mein Schutzengel, sagt sie zärtlich. Ich sage, daß er sie wohl mag und nicht nach der Krankheit schaut. Das stimmt, das merke ich, und ich bin immer wieder verblüfft darüber, verblüfft, weil ich als Hanna interessiere. Ich frage sie, ob sie denn in Gegenwart des Freundes die Perücke abgenommen habe. Ja, sagt sie, die war ganz verrutscht, ich wußte gar nicht mehr, wo sie saß. Da habe ich sie abgenommen, aber ich hatte ihm den Rücken zugekehrt, ich habe ihn nicht angesehen ... Ich frage sie, ob sie sich schämt, wenn sie sich selber anschaut. Sie verneint. Sie sei nicht so mutig wie Maria, die trage ihre kurzen Haare ganz offen. Ich erzähle ihr, daß ich darüber nachgedacht habe und glaube, daß Maria viel geschützter sei, ihre Mutter sei dabei. Ja, sagt sie, bei mir sagen alle: daß es ja niemand merkt! Eigentlich bist du auch mutig, so habe ich dich kennengelernt, aber du mußt auf die Scham der anderen Rücksicht nehmen.
Sie ist weiterhin sehr bedrückt. Sie erzählt von der Therapie. Frau Dr. L. habe gesagt, es könne ihr übel werden und schlecht gehen. Ich kenne ihre Angst vor der möglichen schlechten Zukunft und wende ein, ja, es kann, aber es muß nicht. Es ist schwer für dich, nun wieder gespritzt zu werden nach der großen Behandlungspause. Aber jetzt hast du einen Freund, da hat sich doch etwas geändert für dich ... Sie sagt, sie fürchte, ihm sagen zu müssen, daß es ihr schlecht gehe. Ich beharre, es müsse doch gar nicht so kommen. Es sei toll, wie er sie verstehe, er habe ihr viel erzählt, auch von Oberschlesien, da seien sie vor acht Jahren hergekommen, eine achtköpfige Familie. Sie habe die 16jährige Schwester kennengelernt und finde sie sehr nett.
Ich frage nach der Schule. Englisch habe sie weitergemacht, aber Deutsch nicht mehr. Ich frage sie weiter, wie es mit Mathe sei, ob

sie nicht die Mathelehrerin von der Station fragen könne, die könnte ihr doch helfen. Jetzt wird Hanna lebendig, ja, das stimme, sie habe ihr die Telefonnummer vom Rektor gegeben, damit sie sogar daheim Unterricht bekommen könnte, aber der Vater habe vergessen, dort anzurufen.

Ich sage, dann sei es ja gut, daß ich nachfragte, ich wisse ja, daß sie gern lerne, aber vielleicht fehle ihr ein wenig Unterstützung. Ja, genau! Morgens beim Frühstück, da schwätzen wir uns fest, meine Mutter und ich, da ist keiner, der mal sagt, so, jetzt geht jeder seiner Aufgabe nach. Ich komme zu nichts, die Mutter hält mich regelrecht fest. Ich sage ihr, daß es wichtig sei, daß sie ihre eigenen Sachen in Angriff nehme, ihr Leben gestalte, den Rektor anrufe. Auch ich wolle nichts stellvertretend für sie tun, ich hätte nur eine neue Idee wegen der Bewegungs- und Tanztherapie, das wär alles, was ich helfen könne, etwas ausfindig machen für sie, damit sie auf die Beine kommt. Und sie freut sich darüber, das brauche sie. Die Mutter habe auch Gymnastik in der Klinik und wolle Aerobic mit ihr zusammen machen. Sie habe in der Stadt nach Kassetten gesucht; aber das werde nichts mit der Mutter, meint sie, das könne nicht gutgehen. Ich sage ihr, sie müsse unter Anleitung beginnen, und ich fände nicht, daß es dabei um Gymnastik geht, sondern um Spaß am Tanzen. Sie strahlt. Ich habe das Gefühl, sagt sie, wenn es mir schlecht geht, kümmern sich alle um mich, weil sie dann nicht anders können. Wenn's mir aber gutgeht, bin ich Luft für sie. Dann verlierst du ja gerade alle, wenn du gesund bist. Ja, so ist es, da ist keiner mehr da.

Ich sage ihr jetzt, daß ich sie so bedrückt erlebe und daß ich das jetzt besser verstehen könne: Mit dem Freund könne sie sprechen, es sei zwar schwer für sie, ihm alle ihre Nöte mitteilen zu müssen, aber er höre ihr zu. Die Familie sei nicht an ihr interessiert, wenn es ihr besser gehe. Die Schwester lasse sie jetzt fallen, sagt Hanna. Als ich aus der Klinik kam, habe ich der Schwester geholfen, mich regelrecht angestrengt für sie, und jetzt, wo sie *mir* helfen könnte, zieht sie sich zurück. Mit dem Vater war es Sonntag auch so: Der Freund wollte, daß ich mit auf den Geburtstag seines Onkels gehe, und ich wußte nicht, was ich dort sollte. Ich brauchte den Rat des Vaters. Der aber saß hinter seiner Zeitung und sagte einfach: Du gehst heute besser nicht weg. Er verstand mein Problem nicht, er hörte mir gar nicht zu. Das fehlt mir, daß die sich in mich einfühlen, aber ich soll mich in sie

einfühlen, sagt Hanna. Sie sei dann nicht mit auf den Geburtstag gegangen, das hatte sie nicht gewollt, aber sie hätte jemanden gebraucht, der ihr zuhörte, was sie dachte und fühlte, verstand. Den Vater interessiere in der letzten Zeit nur noch sein Geschäft, es sei wichtig für ihn, daß er sich darin beweise und wieder selbständig sei. Aber sie habe gemerkt, daß sie nun Luft für ihn sei. Ich frage sie, ob sie mit dem Vater drüber sprechen konnte. – Nein, ich war wütend, das hat er dann gemerkt. – Wie hat er das gemerkt, frage ich. Der Vater sagt, ich bekomme dann ganz große schwarze Augen. Und was sie mache, wenn sie wütend sei, frage ich sie. Sie ignoriere ihn. – Und sie zieht die Schultern hoch, schaut abfällig und zuckt mit der rechten Mundpartie, wo die Narbe ist, das bekannte »müde Lächeln« der Mutter. – Dann habe er gefragt, was denn los sei, aber verstanden habe er sie nicht.
Ich sage nun, daß ich ihr nicht raten würde, weil sie ja meistens selber wisse, was ihr wichtig sei. Du brauchst mich als jemanden, um dich formulieren und verstehen zu können, jemanden, der dich begleitet, wenn es dir gutgeht. Ich erinnere sie daran, daß ich ihr in der Klinik gesagt hatte, sie solle mich anrufen, wenn sie zu Hause sei, ich sei auch für das Gutgehen zuständig. Beim zweiten Aufenthalt zu Hause habe sie dann die Initiative ergriffen und mich angerufen, so daß sie jetzt ambulant zu mir in Therapie komme. Mit meiner Freude bin ich immer allein geblieben, sagt Hanna. Davon bist du krank geworden. Es ist wichtig für dich, daß sich jemand für dich interessiert, damit du gesund wirst, sage ich.
Wir machen einen neuen Termin aus. Hanna wohnt doch noch zu Hause. Sie hatte zur Großmutter ziehen wollen, um die langen Fahrten in die Klinik während der vier Tage Therapie zu sparen, aber auch, wie sie mir heute sagt, um versorgt zu werden. Sie braucht nun aber nicht in die Klinik, sondern bekommt die Spritzen vom Hausarzt. Freitag wird sie wiederkommen. Wenn es mir schlecht geht, rufe ich Sie an. Ich sage, es muß dir nicht erst schlecht gehen. Hanna lächelt und geht.

20. 1. 84 Dauertherapie und Lebensplan

Hanna ruft mich an, sie habe den Bus verpaßt, ob ich auch später Zeit hätte.

Sie kommt vergnügt und munter. Die Spritzen machen ihr gar nichts aus, sie lumpe viel rum und sei eher davon müde. Sie habe mir heute was mitgebracht: den *Plan der Dauertherapie*. Wir besprechen ihn gemeinsam. Ich trage die Medikamente ein, sie diktiert mir die Namen. Sie kommt mit dem Hausarzt, der sie spritzt, gut zurecht. Wir besetzen diesen Plan positiv, und ich behalte ihn da, um mir eine Fotokopie zu machen.

Dann zeigt sie mir ein Foto von ihrem Freund – ein hübscher Mann, blitzende Augen. Ich frage sie, ob er herzlich ist. Sie sagt, ja, er ist süß, er ist sehr verständnisvoll, ich finde das toll. Wir sprechen viel miteinander. Immer wieder zeige ich ihr, daß ihr Sprechen bewirkt, daß zwischen ihr und dem Freund Klarheit und Verständnis entstehen kann. Sie ist stolz auf sich. Sie hat ihm von der Hepatitis erzählt und daß er sich impfen lassen muß. Er machte es selbstverständlich. Er habe sie seinen Freunden vorstellen wollen. Sie sagte ihm, sie sei keine Sache, mit der er angeben kann. Als er sie dann demonstrativ küßte, im Sinne von »die ist mir!«, habe sie ihm gesagt, daß ihr das nicht gefällt. Mit dem Tanzen sei es schwer, ihr fehle die Kondition, das sähe vielleicht so aus, als habe sie keine Lust. Sie freue sich, heute zu mir zu kommen. Sie schlafe immer sehr lange und komme dadurch nicht raus. Sie kratzt sich am Kopf. Ich sehe, daß sie ganz schwarze Haare bekommt und sage es. Sie nimmt die Perücke ab. Sie hat ganz kurze schwarze Haare.

Sie erzählt vom Freund, der eine Elektrikerlehre macht, und ich frage nach ihrer »Lehre«, der Schule (als ich Lehre ausspreche, denke ich innere Leere). Sie sagt, ich habe mich entschlossen, Stolz hin, Stolz her, das Schuljahr zu wiederholen. Ich hab gedacht, jetzt mit Peter nicht mehr weggehen zu können, um zu lernen. Das kann ich nicht. Ich verstehe das und freue mich über ihre Entscheidung. Du kannst dann in diesem Schuljahr machen, was *dir* Spaß macht, sage ich. Sie erzählt von der Deutschlehrerin. Für die muß man so schreiben, wie sie es hören will. Ich denke mir meinen Teil und hole mir dann meine 1. Die muß sehen, wie sie damit klarkommt, daß sie nur Nachbeter hat, sagt Hanna.

Wir vereinbaren Dienstag, dann kommt sie *vor* der Ambulanz zu mir. Es ist ihr Vorschlag, als beginne sie nun auch, wie Maria, Psyche vor Soma zu stellen. Sie geht strahlend, und ich sage ihr, wie sehr ich mich freue, daß es ihr gut geht. Freilich sagte ich ihr auch eindringlich, wie wichtig es sei, daß sie ihrem körperlichen Bedürfnis nach Ruhe nachkommt und ihren Mittagsschlaf macht. Rouge brauchst du dann nicht, du bist ganz o.k., so wie du bist, sage ich.

25.1.84 Nie hat er sich um das Seelische gekümmert, immer nur um das Körperliche – nach seiner Moral habe ich ihn nicht gefragt!

Hanna hat Dr. Y. gefragt, ob sie Kinder bekommen könne oder nicht. Er habe gesagt, mit 90%iger Wahrscheinlichkeit ja. Dann habe sie sich einen Ruck geben müssen und habe ihn nach der Pille gefragt. Er habe mit einer Moralpredigt geantwortet: So jung ... sie solle sich Zeit lassen. Sie habe mit der amerikanischen Schwester lachen müssen, aber dann habe er nichts mehr gesagt, es war richtig peinlich, sagt Hanna. Was hast du denn innerlich gesagt? Laß mir meine Ruhe, habe ich gedacht. Nie hat er sich um das Seelische gekümmert, immer nur um das Körperliche, das hätte er auch hier tun können, danach habe ich ihn gefragt, nach dem Körperlichen, nicht nach seiner Moral! Ich stimme Hanna zu und sage ihr meine Bewunderung, daß sie den Arzt gefragt hat. Peinlich sei gewesen, daß der Arzt sich auf Moral rausredete, dann aber sagte, die Leber verkrafte das nicht ... Ich gebe ihr die Adresse der Frauenärztin und biete ihr an, dort für sie anzurufen. Aber das will sie nicht. Sie könne sich darauf beziehen, daß sie bei mir in Psychotherapie sei, sage ich. Sie ist zufrieden.
Es geht ihr gut, die Untersuchung war o.k., der Arzt ist verblüfft, wie gut sie die Spritzen verträgt. Sie meint, sie sei abgelenkt ... mit dem Leben, ergänze ich. Ja, sagt sie lachend. Ihr Leben sei ganz auf Peter konzentriert, der abends komme. Als er Samstag nicht kam, war sie in Panik geraten, alles könnte aus sein. Dienstag kam er auch nicht. Sie rief bei ihm zu Hause an, aber dort wisse keiner, wo der andere sei. Ich frage, ob das anders sei als bei ihr, und sie sagt, ja, zumindest die Schwestern wüßten voneinander. Der Freund war im Schnee in den Graben gefahren, aber ihm und dem Wagen war nichts passiert. – Sie erzählt das wie das

Normalste der Welt: So wic der Vater in seinen Unfällen schwelgt, Katastrophen sind für sie eben das Normale.
Sie erzählt vom Haushalt. Sie habe es übernommen, die Wäsche zu machen, klagt aber, sie sei in ihrem Handlungsspielraum doch eingeengt. Sie schreibe das im Haushalt Fehlende auf, aber sie könne nicht einkaufen gehen, das sei zu schwer, allerdings war das früher nicht anders. Sie bräuchte ein Auto. Sie sei jedenfalls aktiv und freue sich, wenn die anderen sie lobten. Die Mutter ziehe sich immer mehr zurück, fühle sich auch in der Stadt fremd. Sie habe ihr angeboten, mit ihr zu gehen, damit sie sich wieder auskennt, aber sie will nicht. Sie habe eine Anzeige aufgegeben und suche wieder einen Mann, der ihr alles mache. Wenn nichts zu essen da sei, gehe die Mutter zu ihrer Mutter in den 1. Stock, da bekomme sie dann alles; im Haushalt bei ihnen fasse sie nichts an.
Hanna spricht ruhig und selbstbewußt, ohne zu klagen. Es geht ihr gut. Sie und ihr Freund waren auf der Gleiburg, es sei wunderschön gewesen im Schnee. Sie wollte Schlittenfahren, aber sie war an den Schlitten auf dem Speicher nicht rangekommen. Im Zusammenhang mit der Pille und der Leberbelastung erwähnt sie auch, daß sie nichts Alkoholisches trinken soll, und ich frage sie, ob ihr das schwerfällt. Sie sagt, nein, Peter bestelle für sie immer Cola oder Apfelsaft, sie trinke zwar gern mal Cola mit Rum, aber nicht viel. Der Bruder von Peter habe den Führerschein gerade wegen Alkohol am Steuer verloren.
Bevor sie geht, bittet Hanna mich um Papier und Stift. Sie schreibt in Seelenruhe ein Kärtchen an eine Cousine, das sie mit einer Kassette zusammen abschicken will. Ich sitze da, und sie schreibt: Alleinsein zu zweit ist ihr ganz selbstverständlich mit mir. Ich bin verblüfft und freue mich darüber. Hanna kommt am Montag wieder.

30. 1. 84 Hanna braucht Zärtlichkeit, und die kriegt sie nur von einem Mann

Hanna ist müde und erhitzt, war die Straße hinaufgelaufen. Aber es geht ihr sehr gut. Sie zupft nervös an der Perücke, und ich frage sie danach. Sie nimmt die Perücke ab und zeigt mir ihre neuen schwarzen Haare. Die Stunde über ist sie ganz selbstverständlich

ohne »ihr Tierchen«, wie sie ihre Perücke jetzt nennt, seit sie sie richtig handhaben kann: Kämmen etc., so daß sie nicht mehr so strohig ist, wie sie sagt. Sie geht auch ohne Perücke aufs Klo, und ich sitze derweil in meinem Sessel, »das Tierchen« liegt im anderen. Die Perücke scheint für Hanna jetzt den Charakter eines Übergangsobjektes bekommen zu haben, mit dem sie spielerisch umgeht. Sie ist sehr stolz auf ihre eigenen Haare und sagt, die Eltern sagten, als Baby habe sie auch schwarze Haare gehabt.
Sie fühlt sich wohl, weil ihr Freund sie so richtig aufbaue, verstehe, sagt sie. Sie sei heute müde, weil sie bei der Schwester des Freunds einen Videofilm: »American Werewolf« gesehen und von Blut und Tod geträumt habe. Gestern, sagt Hanna, habe ich dem Freund gesagt, ich brauche einen Tag für mich. Er akzeptierte es und meinte, dann komme er Mittwoch, und ich fiel aus dem Himmel, ob er jetzt sauer auf mich ist und meint, ich mag ihn nicht mehr. Ich rief ihn erneut an und fragte ihn danach, er lachte: Nein. Das kennt sie nicht, daß ein anderer sie in ihren Bedürfnissen spiegelt und akzeptiert. Sie nennt es: Peter baut mich so richtig auf. Ich sage: Du zeigst dich, und dann antwortet dir dein Freund in deinem Sinne, das ist neu, es scheint dich zu verblüffen, aber das bist du, die spricht und das bewirkt. Ja, ich verstehe die anderen oft nicht, die machen alles hintenherum, meine Schwester und ihr Freund beispielsweise, und alles ist chaotisch. Ich bin sehr stolz, daß meine Beziehung anders ist, mein früherer Freund verstand mich nicht, jetzt sage ich, was ich will. Damals hielt ich an der Beziehung fest, weil ich die Zärtlichkeit irgendwie brauche und die kriege ich nur von einem Mann. Sie erzählt vom Faschingsverein, wo auch alles unklar zugeht. Sie will direkt fragen, ob sie auch Karten bekommt, wenn sie nicht aktiv mitarbeitet.
Mit der Schule hat sie ihre Entscheidung klar getroffen: Für mich ist es jetzt wichtiger, ein Bad zu nehmen als Englisch zu lernen. Ich werde das Jahr nachholen. Angst hab ich vor der neuen Klasse, da sind fiese Frauen drin, so breit und einen halben Meter größer als ich! Ich sage, das wird nicht einfach für dich sein, mit neuen Menschen zusammen, aber eins wissen wir: Es muß nicht immer alles eine Katastrophe werden. Sie lacht herzlich und erleichtert. Ja, das weiß ich, und ich weiß, daß ich das Lernen schaffen kann.
Ich sage ihr, wie sehr ich mich darüber freue, daß es ihr gut geht,

und sie sich jetzt mehr leiden kann. Als sie mit der Perücke spielt, mit ihrem »Tierchen«, lacht sie mich verschmitzt an. Sie ist glücklich und lebendig.
Wir verabreden, daß sie Freitag kommt, weil sie Dienstag vor der Ambulanz so schwer einschätzen kann, wann sie dort fertig ist. Sie geht jetzt in die Stadt. Sie ist mit einer Freundin aus dem Verein verabredet.

3.2.84 Gefühle zeigen heißt, dem anderen nachlaufen und die Freundschaft zerstören

Hanna ist depressiv: Sie hatte sich nach der letzten Stunde mit Teddy, ihrer Schulfreundin, getroffen, um über Vereinsfragen zu sprechen und um überhaupt Kontakt zu halten, aber auch, um für sich und den Freund Karten für Vereinsauftritte zu bekommen. Aber, obwohl Teddy das Treffen in der Stadt vorgeschlagen hatte, hatte sie sich gleichzeitig mit Andrea (die Hanna einfühlsam den Stuhl von der Bühne getragen hatte) verabredet, so daß sie sich abgeschoben fühlte. Die sprachen dann über Freunde, die ich nicht kenne, und rasten durch die Stadt nach Turnschuhen. Ich fühlte mich verraten und abgehängt. Die beiden gingen in der Menschenmenge immer weiter, ohne auf mich zu warten oder mich wahrzunehmen. Es war furchtbar. Ich habe den Anschluß verloren und fürchte mich davor, der Teddy nachzulaufen und gerade dadurch die Freundschaft zu zerstören. – Es spielte sich genau so ab, wie Hanna sonst um die Zuneigung der Mutter ringt: ihr nachlaufen und mißachtet werden und sich selber dafür verachten. – Als ich sie frage, ob sie dieses Gefühl aus anderen Situationen kennt, kann sie erleichtert feststellen, daß die Situation nichts mit der Krankheit zu tun hat. Auch früher war es schwierig mit Teddy. Alle buhlten um sie – und um den Mercedes des Vaters – sagt Hanna verschmitzt. Sie gewann ihre Zuneigung gerade dadurch, daß sie sie *nicht* umgarnte, sondern ihren Selbstwert betont habe. Heute ist sie in der schlechteren Lage, nicht konkret anwesend in der Schule. Hanna ist unglaublich traurig und enttäuscht. Ich halte mit ihr diese Spannung, dieses Leid, aus, ohne sie zu trösten, obwohl ich ein starkes Bedürfnis danach spüre. Sie fühlt sich verlassen und vergessen, und gerade das ist ihr Lebensgefühl. Sie spricht alle ihre Empfindungen aus. Ich bin

verblüfft über ihre seelische Arbeitsfähigkeit: Sie weicht sich nicht aus.
Sie erwähnt heute den Freund mit keinem Wort, nur den Vater, der gesagt habe, es sei doch klar, daß die anderen sie in dem halben Jahr vergessen hätten. Sie erwähnt die Mutter, die sich per Annonce mit einem Mann verabredet hat. Hanna trägt heute wieder ihre eigene Uhr, nicht mehr die der Mutter.

7. 2. 84 Die Familie würde mich am liebsten verstecken

Hanna war auf einer Party, es war schön. Die Perücke juckt, und sie erzählt, ihr sei es egal, aber gestern abend in der Küche sei die Schwester gekommen und habe sie ausgeschimpft, daß sie die Gardine nicht zugezogen habe. Die Familie würde mich am liebsten verstecken, sie schämen sich vor den anderen, sagt Hanna gramvoll. Allein sei die Schwester nett, aber dann schäme sie sich. Nach dem Unfall war es genauso, die Reden der Leute ..., jetzt heißt es in der Disco, verlier nicht deine Perücke. Das schmerzt. Mit dem Freund sei es anders, mit ihm könne sie sprechen. Ich frage, wie es mit dem Tag ging, den jeder für sich haben wollte. Gut, diese Woche habe sie es auch so gemacht, da habe sie ihre Perücke gewaschen, ob ich es gesehen hätte. Nein.
Der Hb-Wert ist auf 8,5. Sie ist sehr bedrückt, und ich frage sie, ob sie sich die Schuld daran gibt. Ja. Ich sage ihr: Du kannst nur nach deinen Bedürfnissen gehen, die Scham der anderen, das ist deren Problem. Wir haben ja viel über unsere Haare gesprochen, ich meine: *Ich* muß es ertragen, daß ich Haare habe und du nicht, deshalb bin ich nicht schuldig. Hanna hört gespannt und hellwach zu: Wie richtiges Futter nimmt sie begierig auf, was ich sage.
Mir fällt das kleine Tandem ein, das ich in einem Laden in der Stadt gesehen habe. Ob ich es ihr schenken soll, frage ich sie. Ja, in rosa. Wir sprechen von damals, von ihrem Bild, das sie nicht zu veröffentlichen wagte. Das seien ihre Schätze, sagt sie, sie sei wie die Mutter, die verstecke alles hinter 3 Türen. Die Cousine hatte ihre Puppen offen im Zimmer aufgestellt. Die Mutter fand das unordentlich, und alles mußte in die Schränke. Ich arbeite daran, mich zu ändern, sagt Hanna. Ihre Fotos habe sie aufgeteilt: Ein

Album zum Vorzeigen und extra die wichtigen, damit keiner lacht über ein Bild mit der Oma im Badeanzug oder so, sagt sie. Die Mutter habe sie getadelt, weil sie ein Weihnachtsgeschenk für mich vergessen habe. Ich sage, du lebst, das ist ein tolles Geschenk für mich. Sie schaut vorsichtig, verletzbar. – Freitag kommt sie nicht, da hat sie ihre Party. Sie geht, um dafür einzukaufen.

14.2.84 3500 Leukos und kein Wort davon

Hanna ruft an, ob wir um 11.30 Uhr oder um 12.30 Uhr Stunde haben.
Sie strahlt. Ich frage nach der Untersuchung. Die war gut. Ich frage nach ihrer Party. Die war im nachhinein vielleicht doch nicht so schlecht, obwohl sie sich geärgert hat, daß die Leute in Grüppchen und Pärchen rumsaßen und nicht tanzten, und sie dann auch nicht getanzt hat. Sie habe gemerkt, die spielen nicht, nur, wenn sie es vorschlage. Sie erzählt von dem »Hase-und-Igel-Spiel«, Karotten als Einsatz und Bezahlungsmittel. Ich kenne das Spiel. Sie habe sich überlegt, ob sie die Leute dann nicht lieber zum Spielen einladen sollte, statt große Parties zu veranstalten. Aber sie tanze eben auch gern.
Sie knibbelt die ganze Zeit am Finger mit dem Pflaster von der Blutabnahme, ich frage sie deshalb nach der Untersuchung. Sie hatte heute 9,2 Hb-Wert (gestiegen von 8,5) und 3500 Leukos. Dr. Y. habe sich auch gefreut. Aber sie sei doch keinen Zentimeter gewachsen, die amerikanische Schwester habe sich korrigieren müssen. (Hanna ist klein und jeder Zentimeter ist ihr wichtig.) Sie habe wieder abgenommen. Ich frage sie, ob sie zu wenig Karotten bekomme. Sie lacht, das stimme. Wir sprechen ausführlich darüber, daß zu Hause keiner für ihre Ernährung sorgt, es gäbe selten etwas, was ihr schmeckt. Die Mutter tippt gerade eine Examensarbeit, da gäbe es erst recht nichts, auch mittags nicht. Sie klagt nicht, sie sagt nur, wie es ist. Ich ermutige sie, vielleicht für sich selber einzukaufen und darüber mit dem Vater zu sprechen. Die Salate für die Party machte der Opa, seither essen die Mutter und sie von den Resten. Die Ernährung sei nie gewährleistet gewesen zu Hause. – Die ganze Tragweite der seelischen und körperlichen Unterversorgung wird mir wieder deutlich. Heute

beginnt die 2. Therapiephase: 4 Spritzen, sie spricht gar nicht über ihre Angst davor. Es geht um das Leben: Wir sprechen darüber, wie sie ihre Versorgung selber gestalten könnte. In der Klinik hatte sie mir erzählt, daß sie dort von den Großeltern eine Extrawurst bekam, zu Hause essen sie das Billigste, jeder sieht zu, daß er satt wird. Sie wird nach der Stunde durch die Stadt gehen, sagt sie. – Welche Einsamkeit, welche unendliche Einsamkeit, aber welche innere Sicherheit hat sie inzwischen!
Ein neuer Termin am Montag, wegen des Busgelds kommt sie nicht Donnerstag; Freitag kann ich nicht.

7. 3. 84 Ich kümmere mich jetzt nur noch um mein Leben

Hanna hatte mich mehrmals vergeblich angerufen; ich sie auch, nachdem sie Montag vor 10 Tagen abgesagt hatte, weil es ihr nicht gut ging. Ich hatte ihr geschrieben. Sie flucht über meine Schrift, aber sie hat sich gefreut. Wir treffen uns heute zum ersten Mal im Institut, wo ich stundenweise einen Raum gemietet habe, um Patienten, die nicht zu mir rausfahren können, zu behandeln. Meine Stelle im Krebsprojekt in der Klinik ist Ende Februar ausgelaufen.
Hanna kommt mir im Treppenhaus entgegen, ein stilles fröhliches »Hallo«. Ich freue mich unendlich, und wir gehen nebeneinander die Treppe hoch. Sie nimmt ihre Mütze ab: Sie hat dunkelblonde ganz kurze Haare. Sie trägt keine Perücke und zeigt sich mir selbstverständlich und stolz. Ich bin überwältigt vor Freude und sage es ihr. Außer in der Disco trage sie keine Perücke mehr. Manchmal sei es merkwürdig, wie die Leute reagierten, aber der Vater sei sehr stolz auf sie gewesen, als sie so ins Geschäft gekommen sei, das habe sie gemerkt. Und bist du auch stolz auf dich, frage ich sie. Ja, es geht mir gut. Sie streichelt sich zärtlich über den Kopf, das ist so unglaublich schön, das muß ich immer tun, sagt sie.
Sie mußte auf Station, weil der Hb-Wert auf 7,2 gefallen war, eine Nacht lang bekam sie eine Transfusion. Jetzt gebe es eine Tagesklinik auf Station, ein Gästezimmer sozusagen. Sie habe sich dort wohlgefühlt, viel gelesen. Sie ist verdammt mager, ich spreche es an. 40 kg, Peter helfe ihr zu essen, sie balle innerlich die Fäuste, esse aber. Sie habe furchtbaren Widerwillen vor dem Essen gehabt, die Mutter koche immer das gleiche. Samstag war sie mit

dem Vater einkaufen und habe sich die Suppen gekauft, die ihr schmeckten. Sie habe es jetzt in die Hand genommen, für sich selber zu kochen. Der Streit der Eltern lasse sie auch kalt. Die Mutter schwärme vom neuen Freund. Der Vater trauere, aber es berühre sie nicht mehr, wenn jeder was von ihr wolle. Sie sage auch dem Vater, wenn er mit ihr diskutieren wolle, sei es gut, aber sie könne ihm nicht helfen.

Ich kümmere mich nur noch um mein Essen, um mein Leben, sagt Hanna. Es sei jetzt auch morgens ganz anders. Jetzt stehe sie gern auf, sie gehe abends auch nicht mehr so spät zu Bett. Es störe sie auch nicht mehr, wenn die Mutter lange schlafe und sie allein sei. Sie gehe mit dem Frühstück in ihr Bett und freue sich auf den Tag. Die Beziehung zu Peter sei gut. An Fasching feierte jeder sogar auch mit anderen, und gestern gingen sie anderthalb Stunden spazieren und sprachen miteinander. Über ihre Sünden. Ich sage, vielleicht waren es ja keine Sünden, wenn ihr darüber sprechen konntet. Ja, sie habe einen Jungen getroffen, der ihr sehr gefalle, und sie hatte ihm auch versprochen, ihn wieder zu treffen, aber sie ging dann nicht hin, weil sie die Freundschaft mit Peter nicht gefährden wollte. Sie erzählt, daß sie ein Problem habe: ob sie Kinder kriegen könne oder nicht. Sie hätte bei Frau Dr. W. erst für Ende März einen Termin bekommen und wolle nun zu Frau Dr. K. Ich kenne diese Frauenärztin, eine alte Bißgurken, und frage sie deshalb, ob ich noch einmal bei Frau Dr. W. nachfragen soll. Ja, sie wolle das sicher wissen. Sie schliefen miteinander. Sie habe ja seit einem Jahr ihre Tage nicht, aber sie wolle Klarheit darüber. – Hanna ist ruhig und gelassen. Ich kann mich gar nicht satt sehen an diesem Menschen, der sich selbst gefunden hat und lebt. Ich sage es ihr.

Wir besprechen die Geldfrage. Sie meint, jetzt könne sie auch allein weiter, wenn es brenne, könne sie ja kommen. Ich sage, was sie nicht erlebt habe, sei, daß jemand für sie da sei, mit ihr gehe, wenn es ihr gut gehe, nicht erst, wenn es brennt. Ja, das stimme, aber der Vater habe nicht soviel Geld. Ich sage, daß wir eine Lösung finden werden und daß ich mit ihr weiterarbeiten möchte. Sie schaut mich dankbar an und strahlt. – Sie ist ein zartes zerbrechliches Persönchen, aber voller Lebensfreude. Als ich ihr in den Mantel helfe und sie die Handschuhe anzieht, sieht sie uralt aus und geht dann klapprig neben mir die Treppe runter. Sie habe Gleichgewichtsschwierigkeiten auf Treppen, sagt sie.

Gestern auf der Tagung in München war nur von Zahlen die Rede gewesen. Ich hatte meine Arbeit mit den Krebspatienten lustvoll vertreten und alle miterregt. Aber es ist klar, daß ich mit meinem Projektentwurf »Zur Erforschung des sozialen Gehalts der Lebensentwürfe von Krebskranken« im Maßnahmenkatalog des Bundesministeriums für Forschung und Technologie nicht unterkommen werde. Ich kann keine Zahlen vorweisen. Nur Therapieverlaufsforschung mit wenigen Menschen.

Anmerkung 1987: Ich hörte nie mehr etwas von dem Projektantrag. Ich hatte gehofft, eine Stelle zu bekommen. Tant pis! Ich arbeitete selbständig weiter und genieße es, mein eigener Chef und Projektleiter zu sein. In: *Aufzeichnungen eines seelischen Nackflitzers* habe ich mein Projekt verwirklicht und das Fallmaterial in der Doppelperspektive primärer vs. sekundärer Sozialisation aufgearbeitet und damit meine Forschungshypothese[33] belegt:

- zum einen habe ich aus dem Fallmaterial in trauma-analogem Verstehen die *Über*-Lebensentwürfe der Krebspatienten als Produkt primärer Sozialisation erfaßt;
- zum anderen habe ich das Interaktionsfeld Patient–Therapeut in seiner Wirksamkeit und Bedeutung als sekundäre Sozialisation im Sinne der Neuproduktion von Interaktions- und *Lebens*entwürfen beschrieben.

21.3.84 Probetrennung vom Freund = Gefühlstest: ich oder du

Hanna kommt fröhlich und auch ich freue mich, sie so gut beisammen zu sehen. Sie sieht bildschön aus. Sie war letzte Woche nicht gekommen, weil ihre Tante aus M. zu Besuch da war. Wie immer in dieser Familie, war das freudige Ereignis mit einer Katastrophe verknüpft: die Tante hatte aus der UdSSR die Windpokken mitgebracht, die für Hanna lebensbedrohlich sind. Sie bekam zwei Spritzen à 1000 DM, was sie beeindruckend findet. Sie habe gemerkt, die Tante sei richtig stolz gewesen, aber sie habe begriffen, daß keiner in der Familie sie schütze. Dafür brauche ich Sie, damit ich lerne, mir selber zu helfen, sagt Hanna. Der Vater stimme zu, daß sie die Psychotherapie weitermache. Ich sage, ... aber nicht wegen der Katastrophen. Sie lächelt mich an. Ich erzähle ihr, daß ich eine Möglichkeit gefunden habe, die Behand-

33 Siehe 1991b, S. 228f., S. 349.

lung über die Kasse zu beantragen, und sie ist froh. Sie versteht: Der Arzt verschreibt mir eine Medizin, und so verschreibt er Sie mir, toll. Wir lachen. So ist es, sage ich.
Die Beziehung zum Freund sei abgestumpft gewesen, sie hätten darüber gesprochen. Sie habe gemerkt, daß sich für sie alles um Peter drehe, das finde sie falsch. Wenn er weg sei, werde sie zusammenbrechen, sie könne nicht allein sein. Sie wolle in den drei Wochen, die sie sich nicht sehen, etwas für sich tun: Nähen lernen, wieder in die Schule gehen, gleich in die 9. Klasse, wieder Fuß fassen, für sich sorgen. Vor allem essen müsse sie, sie habe keinen Hintern, wenn sie sich einen Rock nähe, sähe es nichts aus, findet sie. Sie habe Sorge, der Freund bleibe nur aus Mitleid bei ihr, das müsse sie überprüfen. Sie fühle, daß sie ihn liebe und er sie auch. Sie schwärmt von Flitterwochen in München, übernachten in einem teuren Hotel, frei sein von zu Hause. Dort gehe es zwar besser seit Silvester, aber sie strebe eben weg von zu Hause.
Es macht mir unglaublich Freude, mit Hanna zusammenzuarbeiten. Sie sucht sich, und ich begleite sie. Wir lachen und freuen uns aneinander. Ich empfinde Respekt für sie; sie ist stolz auf sich, das gefällt mir; sie trägt ihre Haare voller Würde, selbstbewußt, ohne Scham.

28. 3. 84 Zweites Frühstück ... ein Keks

Hanna kommt fröhlich, wenn auch erschöpft vom Treppensteigen, packt ihr Brot aus der Manteltasche aus und ißt es. Ihr 2. Frühstück, erläutert sie, sie esse gern, wenn jemand dabei sei. Bei Ihnen ist ja sogar Ruhe, anders als zu Hause, sagt sie lachend. Ihre Haare sind gewachsen, viel heller, sie hat heute keine Mütze auf. Sie ist so stolz auf ihre Haare und hat die Mütze beim Vater gelassen. Sie hat die Augen geschminkt, ich sehe es und sage es. Sie habe Cortison in dem Medikament, der Vater sagte gestern bei der Behandlung, sie esse wie ein Scheunendrescher. Dr. Y. habe sie verteidigt, es war richtig süß, sagt Hanna. Sie verstehe sich jetzt viel besser mit ihm, seit sie sich länger kennen, er sei nicht mehr so reserviert. Und du auch nicht, sage ich. Nein. Ich glaube auch eigentlich nicht, daß ich wegen des Cortisons mehr esse, es schmeckt mir einfach besser.

Als Hanna den letzten Bissen in den Mund steckt, beißt sie sich auf den Finger. Sie lacht und beginnt vom letzten Mittwoch an zu erzählen: Erst die Hektik mit dem Paß der Tante; der Freund der Tante bekam die Windpocken, sie hat sie nicht bekommen, darauf ist sie stolz. Dann rief ihr Freund an; es war schön, aber dann hatten sie sich nichts mehr zu sagen, das Gespräch verstummte. Er sagte, tschüß, auf immer. Sie war verzweifelt und sprach mit dem Vater, der ihr riet, den Freund noch einmal anzurufen. Sie trafen sich dann am Sonntag. Es muß sich ja nicht ausschließen, sagt Hanna, daß ich mich selbst finde und mich mit ihm treffe. Nein, sage ich, du hast gesprochen und etwas bewirkt, da findest du dich, gehst dir nicht verloren und gewinnst den anderen.
Sie werde ab nächster Woche wieder in die Schule gehen, gleich in die 9a. Sie kennt Mädchen aus R., die in die Klasse gehen. Sie hat das Gefühl gehabt, die in der alten Klasse fragten nur aus Verpflichtung, ob sie mitgehe, aber eigentlich war sie fremd geworden und gehörte nicht mehr dazu. Jetzt werde sie zu neuen Menschen kommen und wenn die sie akzeptierten, dann wisse sie, daß es nicht aus Mitleid sei. Ich freue mich über ihre Entscheidung. Sie habe sich Stoff gekauft und gestern abend einen Rock zugeschnitten, heute wolle sie zu nähen beginnen. Sie ist stolz darauf und meint, wenn es nicht klappt, könne die Oma ihn ja fertignähen. Ich betone, wie toll das Gefühl sein muß, etwas für sich selber zu machen. Ja, das spüre ich jetzt auch, sagt Hanna.
Sie ißt glücklich, leise knuspernd ihren Keks, den sie auch noch aus der Manteltasche hervorgeholt hat. Es erinnert mich an ihren ersten Keks, zu dem ich sie vor Monaten verführt hatte, und wir sprechen davon, wie sie sich einen schwarzen Tee dazu bestellte. Ich bin unendlich glücklich, wie sie zu leben versteht und meine Gegenwart nutzt, um selbstbefriedigend zu essen. – Sie erzählt vom Vater, der die Kekse gekauft habe. Sie habe alle aufgegessen. Er wisse, daß sie Kekse mag, aber sie ist sich nicht sicher, ob er sie ihretwegen gekauft hat. Er hat großen Druck, Schulden und die neue Firma, aber er schafft das, sagt sie. Er kaufe ein, für 600 DM, und die Mutter nutze das aus, öffne Sardinenbüchsen, um zu kosten, und werfe sie dann weg, das verstehe sie nicht. Die Mutter sei ein verwöhntes Kind. Die Eltern lebten in Scheidung, aber das sei ein Dauerzustand. Reden nütze nichts, sie halte sich die Klagen des Vaters vom Leib. – Sie geht fröhlich. Ich sehe sie zur Bushaltestelle laufen und freue mich unendlich.

Telefonat mit Herrn M.: Stolz auf seine Tochter, auch ohne Perücke

Ich rufe Herrn M. an wegen des Gutachtens für die Krankenkasse und wegen der Rechnung. Ob er sich auch über Hanna freue, frage ich ihn. Ja, sagt er, eine kleine Geschichte: Hanna saß eines Tages im Geschäft ohne Perücke, er gestikulierte ihr, ob sie die Perücke vergessen habe, sie zuckte mit den Schultern, »Was soll's«. Das war ein Weihnachten, sagt er, wenn Sie verstehen, was ich meine. Ich bin stolz auf meine Tochter. Sie wird zwar als Junge verwechselt, weil sie jetzt auch so dünn ist, aber das macht nichts. – Wir freuen uns beide.

Nachtrag 4
April/Mai 84: Meine paradoxe Lebenssituation

Im April und Mai 1984 machte ich keine Aufzeichnungen von der Arbeit mit Hanna (auch nicht von der Arbeit mit Max L.). Es ging kontinuierlich, entsprechend Hannas Befinden weiter. An ihrem 16. Geburtstag, Anfang Mai 84, mußte sie stationär in die Klinik, diesmal weil sie das Pfeiffersche Drüsenfieber bekommen hatte: als wäre die Station der Ort, wo sie in ihrer unerwünschten Existenz noch am sichersten ist ... Ich erinnere mich, daß der Vater mit ihr in einem alten rostigen Wagen vors Haus fuhr: Hanna saß darin, mit buntgefärbter Mullwindel um die Ohren, einen Teddy im Arm. Sie kuschelte ihr Gesicht in den Teddy und sagte: Dafür bin ich nicht zu alt, im Gegenteil, endlich konnte ich ihn mir wünschen. Und du hast bekommen, was du dir gewünscht hast, sagte ich lachend und lachte auch Herrn M. an. Ja, sagte Hanna, *er* versteht mich, und gab dem Vater zärtlich einen Kuß auf die Wange. Wir besprachen, daß Hanna heute ihre Therapiestunde nicht wahrnehmen würde, sondern nach Hause ins Bett fahren solle, und vereinbarten einen neuen Termin. Beide kurvten davon in ihrem rostigen Schiff. Dieser Mann tat alles, um Hannas Arbeit mit mir zu unterstützen, denn er wußte – und er stand zu dieser Wahrheit –, daß er selber ihr nicht geben konnte, was sie brauchte: Verläßlichkeit. Er selber hatte sie ja entbehren müssen. Hanna winkte mir noch lange und ich ihr: unser Lächelspiel. Dies Kind hat seinen Namen bekommen, dachte ich glücklich, an ihrem 16. Geburtstag ... Wir fühlten beide, daß Hanna

etwas für sich geschafft hatte: sie hatte sich ihren Eltern ohne Scham als Kind offenbaren können, als Kind, das Wärme und Zärtlichkeit braucht. Aber ein Teddy würde verläßlicher sein, als die ewig streitenden Eltern, das wußte Hanna. Sie wußte es seit 15 Jahren. Deshalb hatte sie gehofft, von Männern Zärtlichkeit zu bekommen, aber sie hatte begreifen müssen, daß ihr Bedürfnis mit Sexualität nichts zu tun hat. Sie hatte die Beziehung zum Freund beendet, ohne aber ihr Bedürfnis nach Stützung ihres Selbst aufzugeben. Sie hatte sich zwischen uns eine Brücke gebaut, ein Übergangsobjekt, denn auch ich war nicht ständig verfügbar, das wußte sie. Sie war erfinderisch und hatte sich gegen die Angst vor dem Alleinsein, die für sie noch immer eine Bedrohung der Kontinuität des Selbst durch narzißtische Leere darstellte, einen Bündnispartner geschaffen.
Ich befand mich in einer paradoxen Lebenssituation: Ende Februar 84 hatte ich die Klinik verlassen, da meine Stelle mit dem Ende des Krebsprojekts ausgelaufen war. Ich arbeitete seither selbständig mit meinen Patienten weiter in meiner Wohnung außerhalb der Stadt. Mit Hanna, Maria und Max L. arbeitete ich in einem gemieteten Raum des psychoanalytischen Instituts in der Stadt, um ihnen die Fahrerei zu ersparen. Wenn ihr körperliches Befinden es uns diktierte, arbeiteten wir auf Station.
Die Monate April/Mai 84 waren für mich eine seelische Zerreißprobe: mit K. rang ich darum, mein selbstbefriedigendes Dasein genießen zu lernen, und gleichzeitig mußte ich begreifen lernen, daß Marias akute Lebensbedrohung meine Lebendigkeit nicht gefährden konnte.[34] Immer wieder schien mir meine Lebendigkeit schamlos und verboten. Eigene Kindheitsgeschichte wurde virulent: immer hatte ich angesichts äußerer Katastrophen mein Selbstbefinden anonymisieren müssen, und das verzerrte mir den Blick für die Realität ... und ich glaubte, ich dürfe doch nicht glücklich sein, wenn gleichzeitig ... Sie setzen da kausal zwei Sachen in eins, die nichts miteinander zu tun haben, sagte K. Ich erlebte diesen Widerspruch traumatisch und rettete mich vor Scham in alte Verstecke. K. half mir, zu meiner Realität trotz Krebsholocaust zu stehen: wir bauten mich aus den Bruchstükken meiner selbstentfremdeten Geschichte und den neuen Bausteinen gemeinsam erlebter Gegenwart auf.

34 Siehe Teil 2, S. 395 ff.

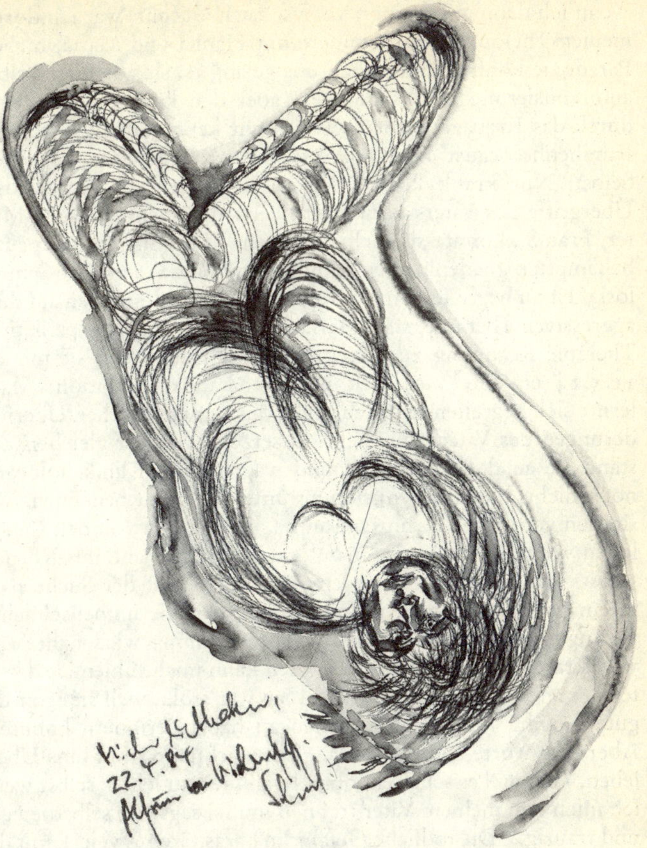
22.4.84

Wenn ich dann aus meiner Analyse nach G. fuhr, war ich dort in meinen Therapien, insbesondere mit Hanna und Maria, mit der Paradoxie konfrontiert: Auch uns gelang es, sie aus ihrer Selbstanonymisierung herauszulocken, aber den körperlichen Zerfall durch das Krebsgeschehen würden wir kaum aufhalten können. Familienholocaust *und* Kliniksholocaust arbeiteten gegen ihr Selbst. Nur krank konnte Maria sich gegen die respektlosen Übergriffe des Vaters verwahren, denn die unempathische Mutter, Frau S., konnte sie nicht schützen.[35] Die Chemotherapeuten bekämpften gnadenlos den Tumor, ohne Marias seelische Schutzlosigkeit zu begreifen und zu respektieren. Sie bestanden auf ihrer aggressiven Therapie, statt Maria als Mensch mit einer palliativen Therapie Rechnung zu tragen.[36] Marias Traum, den sie mir am 11.5.84 erzählte[37], spiegelt unsere paradoxe Situation: Maria lernte sich begreifen und sich gegen die unmenschlichen Überforderungen des Vaters zur Wehr zu setzen, aber zur gleichen Zeit stand sie an der Krebsfront und wagte es im Kliniksholocaust noch nicht, die Anonymisierung ihres Selbst zu benennen. Was sie sich vom Vater verbitten konnte, ließ sie sich von den Onkologen weiterhin antun: schamlose Übergriffe auf ihr Körperselbst. Wir arbeiteten an ihrem Wortschatz auf der Suche nach ihrem Selbst, aber gleichzeitig überrannten die unmenschlichen Bedingungen eines Holocaust-in-Potenz immer wieder ihre Abwehrkräfte (ihr Immunsystem). »Ich kann mich fühlen ... das ist toll«, sagte sie mir am 12.3.84.[38] Sie war stolz, weil sie jetzt das gute Gefühl, für sich gesprochen zu haben, erinnern konnte.[39] Aber ihre Worte betrafen bislang den nackten Kampf ums Überleben. »Ich will es schaffen, ohne Krankheit zu leben, selbst wenn ich mich von meinem Vater trennen muß«, sagte sie selbstbewußt und traurig.[40] Die tödliche Gefahr im parasitären Zweieck mit der depressiven Mutter, die ihr ihre Lebendigkeit klammheimlich »elsterte«, war für Maria viel schwieriger zu durchschauen, als die offensichtlichen, weil handgreiflichen Übergriffe des Vaters.

35 Siehe Teil 2, S. 381 f.
36 Siehe Teil 2, S. 338-341.
37 Teil 2, S. 399 f.
38 Teil 2, S. 380 ff.
39 Teil 2, S. 381.
40 Teil 2, S. 400.

20 Jahre Selbstverrat im »siamesischen« Verbund[41] hatten sie sprachlos = schutzlos gelassen. Wir konnten das mit unseren kaum mehr als 20 Therapiestunden (im Zeitraum von ca. 9 Monaten) schwerlich wettmachen. Was wir brauchten, war Zeit, aber ihr immer und immer wieder unterlaufenes Körperimmunsystem hatte sich verselbständigt und sein eigenes Tempo eingeschlagen ... K. und ich wußten das, aber wir gaben nicht auf: er und ich nicht ... Maria und ich nicht ...
April/Mai 84 malte ich, statt Hannas Stunden aufzuzeichnen: für diesen zeitaufwendigen Nachvollzug der Stunden hatte ich nicht die Muße, während ich im Malen mühelos all meine zärtlichen Gefühle und Sorgen ausdrücken konnte.
Die Behandlungsstunden mit Max L. im April/Mai 84 zeigen, daß ich in dieser Zeit manchmal unempathisch war: die Sorge um Maria beeinträchtigte mich, der Tod seines Stiefvaters, die Trennung von seiner Freundin, sein Liebäugeln mit den Baghwans taten ein übriges, meine seelische Belastbarkeit auf die Probe zu stellen. Ich machte gravierende Fehler, beispielsweise die zwar richtige, aber im Zeitpunkt verfehlte objektale Deutung zu geben: »Sie merken jetzt, daß sie sich eine Frau gesucht haben, die Sie wie die Mutter für ihre Zwecke mißbraucht.«[42] Max L. spürte seismographisch meine innere Unruhe und erkundigte sich zärtlich besorgt nach »der kleinen Leukämie«, wie er Hanna nannte[43], weil er mich mit dem Arztkittel »erwischt« hatte. Auch bei Max L. fehlen Aufzeichnungen, die vom 23., 26. und 30. 5. 84.[44]
In den Abendstunden malte ich, weil mir Glück und Traurigkeit die Sprache verschlugen. Die Scham über meine Lebendigkeit gewann zeitweise wieder die Oberhand, wie in meiner Kindheit. Ich malte meine Gefühle, weil ich nur im Averbalen die Empathie für mich selbst bewahren konnte. Über die Bilder kommunizierte ich dann mit K., der mir die Worte für mich finden half ...
Wenn ich dann aus meiner Analyse nach G. fuhr, konnte ich es dort in den Therapiestunden mit Hanna und Maria wagen, lebendig zu mir selbst zu stehen. Hanna und Maria wagten es dann zusammen mit mir, trotz Krebs lebendig zu sein. Auch Max L.

41 Teil 2, S. 393 und 405.
42 Teil 4, S. 530.
43 Teil 4.
44 Teil 4, S. 540.

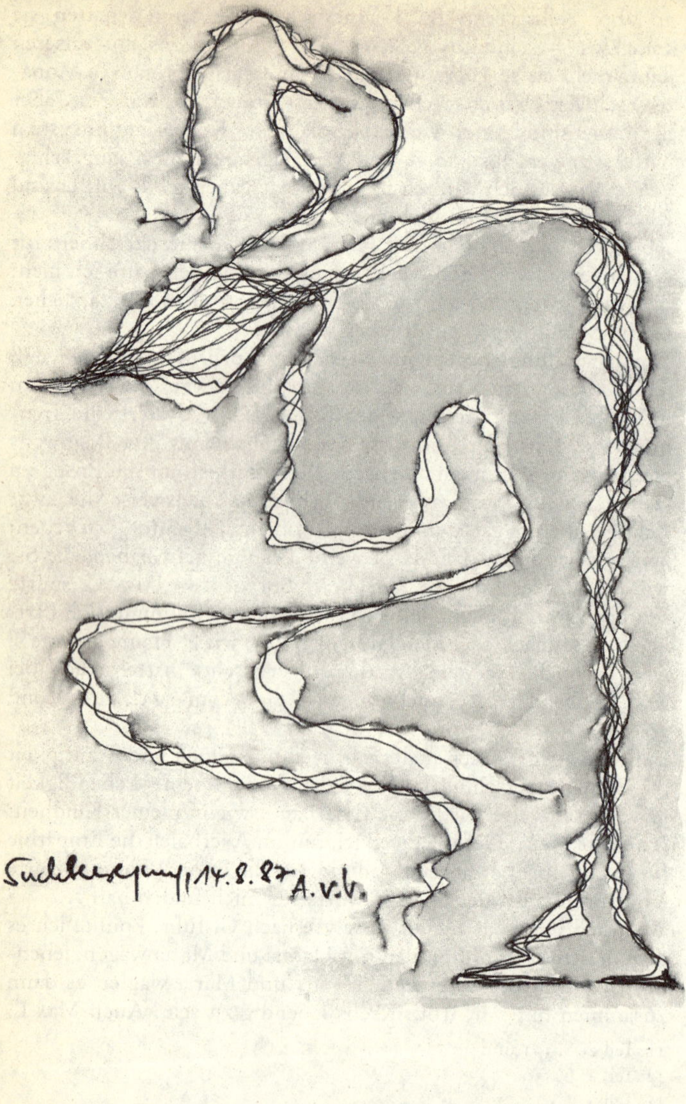
Suchbewegung, 14. 8. 87 A. v. V.

wagte es, lebendig zu sein, trotz des tragischen Todes seines Stiefvaters, trotz Inzests mit der Mutter ... Und da waren meine anderen Patienten, die von alledem nichts wußten und meine emotionale Gegenwart für sich forderten, ... zu Recht ... Ich habe diese seelische Zerreißprobe nur mit K.s Hilfe bestanden. Wir können nur da sein, sagte er, und er war für mich da ... Und während ich jetzt, September/Oktober 87, nach Worten suche, um die Lücke in den Aufzeichnungen von 84 zu schließen, male ich wieder: »Zusammen«, »Rückwärtsgedanken«, »Tanz der Bruchteile« (S. 6) sind Ausdruck meiner Suchbewegung, mich in der Arbeit mit den Menschen damals zu begreifen.

30. 5. 84 Hanna kann sich schützen

Hanna hat die Haare als Bürste hochgekämmt, punkartig, und ich drücke ihr mein Staunen über ihr Geschick aus, mit den Haaren zu leben. Sie ist enttäuscht, weil in der Schule keiner was gesagt hatte. Ich meine, sie werde dort vielleicht selbstverständlich begrüßt, ob mit oder ohne Haare. Das beeindruckt sie, sie hatte es als Gleichgültigkeit gewertet.
Sie ist wieder in der Schule, hat heute eine Englischarbeit geschrieben. Der Klassenlehrer hat mit ihr gesprochen, es sei ein »hirnloses« Gespräch gewesen, sagt Hanna. Dann weiß sie eigentlich nicht, warum sie das Gespräch abwertet, denn es stellt sich raus, daß der Mann ruhig auf sie einging. Er hatte gedacht, die Spritzen beträfen das Pfeiffersche Drüsenfieber. Sie habe ihm gesagt, daß es ihr u. U. schlecht werden könne, und sie das Klassenzimmer verlassen müsse. Er sagte, er werde nachfragen, ob das Zimmer für Kranke wieder eingerichtet werde. Ich freue mich, daß der Lehrer etwas versteht, und sie dann wissen wird, wo sie hingehen könne, wenn sie sich nicht gut fühle, statt aufs kalte Klo. – Sie strahlt, sie begreift erst mit mir, daß in diesem Gespräch mit dem Lehrer eine Menge Wichtiges geschehen ist.
Sie erzählt von Englisch, ihrem Lieblingsfach. Die Mutter meine, ihr Können sei vererbt, weil ihr Vater Amerikaner war (sie hatte ihn nicht gekannt, wollte aber immer in die USA, um ihn zu suchen, und Hanna mitnehmen), aber Hanna meint, die Schwester könne gar nicht gut Englisch. – Ich sage nichts zu diesem Quatsch, weil es darauf jetzt nicht ankommt. – In Englisch gehe

es um offene Geschichten, die sie selber weiterdenken sollen, das mache Spaß. In Latein ginge das ja leider nicht. Doch, sage ich lachend, es ginge schon, dann schrieben sie vielleicht keine Geschichte der Kriege. Sie glaubt, die Lehrerin wolle den Stoff durchziehen, bei der könne sie es nicht wagen, einen solchen Vorschlag zu machen. – Immer geht sie davon aus, daß ein Vorschlag auch gleich umgesetzt werden müsse, sonst gelte die Idee selber nichts.
Sie erzählt mir die Geschichte mit dem offenen Ende in Englisch heute: Ein Mädchen ist sehr allein, 16 Jahre oder so, und geht in einen Park. Dort sitzt sie dann auf einem Berg und grübelt. Eines Tages sieht sie einen Jungen auf ihrem Berg. Sie ist erst sauer: was will der denn hier. Sie geht zu ihm, er schient gerade einem Vogel das gebrochene Bein. Sie kommen ins Gespräch und vereinbaren, gemeinsam auf ein Pop-Konzert zu gehen. Dann kommt der Vater und hilft dem Jungen hoch. Jetzt sieht das Mädchen, daß der Junge an Krücken geht. Sie ist entsetzt. Der Junge ruft sie an, er habe die Karten fürs Konzert besorgt ... Hier endet die Geschichte. Was werden ihre Freunde denken, wenn sie mit einem criple geht?! Hanna sagt, sie werde die Geschichte so fortschreiben, daß das Mädchen dem Jungen ihre Bedenken sagt, aber mit ihm ins Konzert geht. – Ich bin zutiefst erschüttert, der Lehrer scheint mit der Klasse vorsichtig sensibel besprechen zu wollen, wie alle gemeinsam mit Kranksein fertig werden können. Hanna ist das nicht bewußt, und ich spreche es auch nicht an. Ich muß an die Begegnung mit einem Mann denken, den ich interessant finde und der mir, nachdem ich ihn lange Zeit nicht gesehen hatte, mit hinkendem Bein entgegenkam: ein einparkendes Auto hatte ihm das Bein zerquetscht. Wir sprachen lange miteinander, zum ersten Mal über uns persönlich. Ich erzählte von meiner Arbeit mit Krebspatienten und der Freude, die ich empfinde, wenn sie es wagen, trotz Krebs zu leben. Ich war furchtbar enttäuscht, als er erzählte, er mache eine Psychotherapie bei einer Therapeutin, die selber im Rollstuhl lebe, weil sie querschnittsgelähmt sei. Er selber schien sich auf Berentung und Immerkranksein einzustellen. Im TV gäbe es im Herbst den Film über seinen Unfall, aber die versicherungstechnische Seite seines Unfalls verlaufe katastrophal. Er verlegte sich aufs Klagen, statt an seiner Lebendigkeit festzuhalten. Ich begriff, daß uns nichts verbindet. – Hanna fühlt sich sehr entlastet, die Mutter habe gesagt, wenn sie eine neue

Wohnung nähme, werde sie in jedem Zimmer eine Schlafgelegenheit haben, so daß sie auch zu ihr kommen könne. Die Mutter habe es nur so beiseite gesagt, aber sie habe sie verstanden und ihr gesagt, daß sie sich darüber freue.
Hanna war heute in einer neuen Jacke gekommen. Sie hatte das Preisschild abreißen wollen. Sie weiß sich jetzt zu schützen: indem sie sich warmhält. In der Jackentasche hat sie eine ›eiserne Ration‹, damit sie nicht hungern muß, wenn sie bis 21 Uhr im Training ist; in der Schule, in der neuen Klasse, fühlt sie sich wohler, die seien jünger und weniger auf Kleidung aus, wo sie mit ihrem Taschengeld nie habe mithalten können; die seien mehr an Schule interessiert, und ihr bedeute Schule viel. Sie zieht also die neue Jacke an, nachdem sie die Stunde so lange überzog (ich ließ sie gewähren, es ging von meiner Zeit her), bis sie meinte, jetzt werde der Vater da sein und sie abholen. Den Trainingsstab habe sie im Auto vom Vater, damit sie nicht Schirm (sie hat auch einen Schirm dabei, um sich gegen Regen zu schützen!) und Stab schleppen müsse. Aber auch damit nicht andere Schüler ihr den Stab wegnähmen und sie sich ärgerte oder sie Übungen vorzeigen müsse, wovor sie sich schäme.
Nachmittags fand ich die Zusage von der Kasse, daß sie Hannas Behandlung übernimmt, im Briefkasten. Ich rufe den Vater an, und er nimmt es ganz selbstverständlich auf. Er habe Hanna gesagt, sie könne die Psychotherapie machen, denn er wisse, daß sie ihr guttue. Er rechne nicht mit dem Schlechten, bevor es eintrete. Seiner Frau hätten die Ärzte gesagt, daß Hanna nicht geheilt werden könne, ihm habe das noch niemand gesagt. So lange glaube er fest daran, daß alles helfen könne, was Hanna guttue. Ja, sage ich, helfen, mit dem Leben und der Krankheit fertig zu werden.

13.6.84 Es geht gut

Hanna kommt freudig, sie werde Ferien in Holland machen mit dem Vater. Ich gebe ihr das kleine rosa Tandem, das genau zu Holland paßt, dort war sie mit einem Jungen Tandem gefahren und in einer der ersten Stunden hatte ich gesagt: ich werde treten, dann kannst du ausruhen. Sie hatte die Unterstützung annehmen können, ohne sich entmündigt fühlen zu müssen. Ich will nach

Möglichkeit sehen, daß trotzdem keine Therapiepause entsteht: wie bei einem kleinen Kind, das Laufen lernt ... die Mutter fängt es jederzeit mit den Blicken auf und ist in Gefahrenmomenten da. Denn ich weiß nur zu gut, daß auch der Vater sich nicht fühlen kann, um sie vor Überforderung zu schützen.

Sie ist stolz auf sich, in der Schule gehe es gut, gestern abend habe sie noch für eine Englischarbeit gelernt, die sie heute schrieb. Zu Hause gehe es auch gut, sie komme jetzt mit Vater und Mutter klar. Wenn sie merke, daß die beiden Krach hätten, gehe sie in ihr Zimmer. Ich freue mich, daß sie sich nun besser schützen kann und nicht mehr vermitteln muß. Die Tante aus N. war da, die Mutter kam nachmittags verschlafen ins Zimmer. Hanna schämte sich dafür. Sie findet es ungerecht, daß die Mutter sich als was Besseres darstelle und die Familie des Vaters abwerte. Als kleine Kinder hatte man ihnen eingetrichtert, die Familie des Vaters sei der letzte Dreck. Heute wisse sie, was sie fühlt, und könne die Beziehung zu den Tanten selbständig gestalten. Darauf ist sie stolz. Sie sagt, bei den Großeltern seien jetzt Cousine und Cousin zu Besuch gewesen, da habe sie gesehen, wieviel die Eltern eigentlich verderben, wenn sie zwischen den Kindern vermitteln, statt sie gehen zu lassen. Sie wird um 16 Uhr ins Café gehen, weil das Training erst um 19 Uhr ist. Wo soll ich denn bis dahin hin, sagt sie. Sie ist sich selbst überlassen, aber sie gestaltet ihr Leben in ihrem Rhythmus.

Ich bin in Sorge, wie Hanna den Tod von Maria verarbeiten wird. Sicher weiß sie davon, sie können sich in der Ambulanz begegnet sein. Beide hatten die gleichen Ärzte. Aber ich warte, ob Hanna es anspricht.

19. 6. 84 Sich die Existenzberechtigung erkämpfen müssen

Hanna kommt heute zum erstenmal im Rock. Sie kommt aus der HNO-Klinik. Sie hatte auf dem einen Ohr nichts gehört und ging hin, bevor sie Schmerzen bekam. Das Trommelfell sei entzündet, aber sie habe keine Schmerzen wie die Mutter, das wundere sie. Dr. J., den sie von der Gesichtsoperation vor einem Jahr nach dem Unfall kennt, sei o.k. Dann war sie in der onkologischen Ambulanz. Dr. Y. habe gesagt, schwimmen im See oder Meer sei erlaubt, aber jetzt mit dem Trommelfell gehe es nun doch nicht.

Ich tröste sanft: Du weißt, daß du darfst, wenn es auch nicht gleich geht. Mit dem Haarewaschen kommen wir gemeinsam auf eine Lösung, sie strahlt und nennt es gute Zusammenarbeit. Sie versteht nicht, warum ihr das Ohr nicht wehtut, der Mutter hatte es damals sehr wehgetan. Ich sage, sie habe die gleichen Punktionen auch unterschiedlich erlebt, je nachdem, wie sie sich psychisch gefühlt habe; außerdem sei sie zum Arzt gegangen, noch *bevor* es schmerzte.
Ich notiere ihre Ferien und sage, es sei bisher immer schiefgegangen, immer sei sie krank nach Hause gekommen. Es sei wichtig, daß wir uns jede Woche sehen, ich sei in meinen Ferien da. Sie versteht das, das war ihr bisher nicht aufgefallen, aber es stimme.
Gestern abend war sie am See, es war schön, sie konnte zwar nicht schwimmen, aber es war schön. Sie sah jemanden, der dem Freund ähnelte, aber er war es nicht. Sie sagt, es sei gut, daß die Beziehung beendet sei, sie hätten sich nichts zu sagen gehabt. Beide seien eher passiv, sie vor allem brauchte Anstoß und habe oft geschwiegen, weil sie nichts zu sagen wußte. In der Klasse habe sie ein Problem: Sie wolle Eindruck hinterlassen und gerade dann habe sie im Kopf Hektik – was könnte sie sagen, was könnte den anderen interessieren, aber es falle ihr nichts ein. Sie habe immer Angst, was aus dem gemacht werde, was sie erzähle, also sage sie lieber nichts. Ich frage sie, wie es ihr mit mir ginge, ob sie da auch Hektik empfinde. Nein, mit Ihnen ist das was anderes. Ich zeige ihr, daß sie sich mit mir so gibt, wie sie ist, und daß dann keine Hektik entsteht und nichts passiert, aber sie Eindruck bei mir hinterläßt. Sie seufzt. In der Klasse sei alles ganz anders. Da müsse sie sich einen Platz erkämpfen, der gar nicht für sie vorgesehen war. Sie will zu denen gehören, die ihr gefallen, nicht zu denen, die außen stünden, dann komme man nie rein. Sie zerbreche sich den Kopf, was sie sagen könnte, aber daß sie Spaß an der Schule habe, verstehe keiner. Heute habe die Biolehrerin gesagt, du warst ja eine gute Schülerin, du wirst die 2 auch halten können. Sie habe sich unheimlich gefreut, die Nachbarin aber zischelte »Streber«: Es verstehe keiner, was es für sie bedeute, daß es Schule überhaupt gibt. Daß du dazugehörst, meinst du. Ja, die meinen, ich lerne für die Lehrer, aber ich bin froh, daß es sowas wie Schule überhaupt gibt. Daß die Lehrerin vom letzten Jahr dich wiedererkannt hat, muß toll für dich gewesen sein, sage ich.

Heute sprach Hanna ihre Situation in der Schule an, die ein exaktes Abbild ihrer Situation in der Familie von klein auf ist: Zuerst hatte sie sich büschelweise die Haare ausgerauft, als sie mit einem Jahr in die Familie kam, dann immer naßgeschwitzte Haare vor Anstrengung, um sich einen Platz in der Familie zu erkämpfen, in der sie nicht vorgesehen war. In der Schule muß sie sich nun unter den Gesunden einen Platz erkämpfen, hier war sie nicht *mehr* vorgesehen ...

27. 6. 84 Ein müdes Lächeln der Mutter, ansonsten Luft für sie

Als Hanna kommt, nehme ich wahr, daß die Narbe am rechten Mundwinkel heute stark zuckt, wie damals, als ich sie kennenlernte. Ich verstand das als den körperlich sedimentierten Niederschlag der gestörten Beziehung mit der Mutter, die höchstens ein müdes Lächeln, ein Achselzucken, für Hanna hatte. – Es gehe in der Schule doch nicht alles so, wie sie es sich vorgestellt habe, Mathearbeit nur 4+, obwohl sie in Mathe immer toll war und mit dem Vater am Sonntag 4 Stunden gelernt hatte. Ich sage, sie brauche Zeit, sie habe schließlich letztes Jahr nicht gefaulenzt, sondern einfach nicht dauernd an Schule denken können, es gab Wichtigeres (es ging um Leben und Tod, das spreche ich nicht aus). Sie fühlt sich verstanden, aber sie ist niedergeschlagen.
Zu Hause gehe es auch nicht gut. Die Mutter habe Ärger mit ihrem neuen Freund und spreche nicht mit ihr, sie sage Guten Morgen und Guten Abend und ansonsten schaue sie über sie hinweg. Überhaupt sei keiner da. Der Vater habe seine Arbeit, die Schwester ihren Freund, und sie habe das Training. Aber überall fühle sie sich fremd: sie sei zwar jetzt dabei, aber sie gehöre nicht dazu. Die anderen sprechen von Sachen und Leuten, die sie nicht kennt. In der Klasse sei es auch so. Sie würde sich gern mit einem Mädchen befreunden, in einem Steckbrief habe sie gelesen, daß sie die gleiche Musik mag und den gleichen Geschmack habe, aber sie wisse nicht, wie sie sie ansprechen solle. Ich sage, eben das: die Musik, ihr Geschmack, das wäre doch das Thema. Ja, das stimme. Aber sie denke immer daran, daß sie anderen gefallen wolle, und dann werde sie ganz hektisch im Kopf und könne nichts sagen. Sie könne ihre Gefühle nicht zei-

gen, es falle ihr nichts ein. Ich frage sie, wie es ihr mit mir geht, hier bei mir nähme ich sie nicht hektisch wahr. Nein, hier sind wir ja auch zu zweit. Das genieße ich, da kann ich ruhig sagen, was ich denke.

2.7.84 Termin vergessen

Hanna ruft an, sie sei beschämt, sie habe den Termin vergessen. Ich frage sie, wie es ihr geht. In der Schule besser, Englischarbeit eine 3+, und der Lehrer habe gesagt, ihre Arbeit sei eine Beschämung für die Klasse, sie hatte sie mitgeschrieben, obwohl es ihr wegen der Spritzen sehr schlecht gegangen war. Ich sage lachend: Da hast du deine Schätze ausgepackt, davon sollte ich wohl nichts erfahren. Sie lacht. Dann können wir ja morgen weitersprechen, sage ich, und das mit der Beschämung braucht's zwischen uns vielleicht nicht. Sie lacht erleichtert.

3.7.84 Selbstverständliches Miteinander-Sprechen

Hanna ist erschöpft vom Treppensteigen. In der Schule gehe es besser. Beim Trainieren habe sie auch gemerkt, daß die Kräfte fehlen. Sie habe zu Hause trainiert. Es ging. Vielleicht, sage ich, könne sie in Holland am Strand üben. Ja, sie werde 14 Tage fahren, aber ohne joggen. Was, joggen hattest du vor, sage ich erschrocken. Sie schaut unter sich, na ja, aber das geht nun mal nicht. Hätte ich doch Krankengymnastik gemacht, wie Maria S., sagt sie, dann wäre jetzt manches vielleicht einfacher. – Ich kann doch in diesem Moment nicht sagen, Maria ist tot. Es wäre zynisch, tot trotz Krankengymnastik, so mußte es klingen! Hanna lebt, aber sie muß lernen, daß sie für alles mehr Zeit braucht und daß manches für sie einfach nicht sinnvoll ist.
Ich erinnere sie an unsere ersten Schritte auf dem Balkon in der Klinik, und sie ist stolz auf sich: sie kann ihre Fortschritte genießen. Sie müsse sich beschränken, sagt sie. Sie könne eben den Showtanz nicht mitmachen, das wisse sie jetzt. Ich frage, nach welchen Liedern sie tanzen, und sie singt mir eines vor. Schade, ich kann es nicht erkennen bzw. ich kenne es nicht. Aber sie singt ganz ohne Scham. Wir machen einen neuen Termin aus. Zuerst

will sie die Schule schwänzen, aber dann doch nicht, sie ist ihr wichtig, obwohl die Zeugnisse feststehen.
Ein freies selbstverständliches Miteinandersprechen wie noch nie, eine wohltuende Unmittelbarkeit. Sie zeigt mir ihre Fotos von der Reise mit der Oma nach N. im Winter. Sie hatte erst jetzt Taschengeld übrig, um sie abzuholen und sich für Holland einen neuen Film zu kaufen. Ich zeige ihr meine Freude über sie: ihre Haare, ihre Entscheidungen, für sich zu trainieren, für sich zu lernen. Toll, immer wieder drücke ich meine Bewunderung aus, und sie ist stolz auf sich.

10. 7. 84 Telefonat mit Hanna: Es gehe ihr super

Frühmorgens ruft Hanna mich zu Hause an, ob wir die Stunde auf morgen verlegen könnten, sie habe die Schule geschwänzt. Klar. Es gehe ihr super: am Wochenende war sie schwimmen und ist glücklich darüber. Seit 2 Jahren zum erstenmal wieder schwimmen! Wir freuen uns beide.

11. 7. 84 Die Mitschüler sind für ›aktive Sterbehilfe‹ ... »Die Klapperschlange« ... Die alte Angst vor dem Alleinsein

Hanna kommt mit Trainingsstab. Bekam ihr Zeugnis: 2,7. Sie ist zufrieden. In der Schule gab es eine Diskussion über ›aktive Sterbehilfe‹, und die Klassenkameraden meinten, 3 Jahre querschnittsgelähmt, da müsse man nachhelfen. Sie sagte, nein, man könne einen Kranken besuchen, die Familie könne eine kranke Mutter 3 Jahre lang besuchen. – Sie spricht von sich, denke ich: sie ist die Mutter, die Therapeutin der Familie. – Sie ist wütend über das Unverständis der Klassenkameraden. Ich verstehe nicht, sagt sie, was die für eine Lebenseinstellung haben, was für eine Lebenseinstellung das ist, den Tod eines anderen bestimmen zu wollen. Ich sage, ich verstehe, daß du empört bist darüber, du weißt schließlich, wovon du sprichst.
Es gab den Film »Klapperschlange« in der Schule, eine grauenhafte Atmosphäre, sie wollte ihn nicht sehen, hatte aber Angst vor dem Alleinsein und konnte es nicht sagen. Sie erzählt mir den

Film (John Carpenter, 1981), den ich nicht kenne: 1977, auf der Manhattan-Insel ist ein Gefängnis; Flugzeug des Präsidenten stürzt über der Insel ab; es herrscht Gewalt; Frauen werden vergewaltigt. Wenn das so käme, sagt Hanna, spränge ich aus dem Fenster. Aber es reicht doch, was heute so ist, Waldsterben und so, warum dann sowas anschauen!, sagt sie empört. Ich stimme zu. Ich frage sie, was das für eine Angst vor dem Alleinsein ist, sie hätte doch in das Extraschulzimmer gehen können. Nein, in der Volksschule habe sie mal das Turnzeug vergessen und stellte sich in die erste Reihe, dort hatten aber die Jungens das Vorrecht und machten sie zur Sau ... Sie hatte bei der Fahrradprüfung im theoretischen null Fehler und rief es von weitem der Helge zu: ich hab null Fehler, vielleicht kriege ich den Ehrenwimpel, und alle verhöhnten sie. Sie machte dann Fehler im praktischen Teil und bekam nur einen einfachen Wimpel. Sie war, sagt sie, in der Volksschule Außenseiter und hat Angst, in der neuen Klasse auch Außenseiter zu sein. In der alten Klasse hatte sie gerade Fuß gefaßt.

Es ist heute sehr heiß und Hanna hat ein hübsches Kleid an, sie zieht die Schuhe aus und sitzt mit hochgezogenen Beinen im Sessel, während sie mir heute ihre traumatischen Erlebnisse in der Schule schildert. – Ich frage, ob sie in ihrer Kindheit Angst vor dem Alleinsein hatte. Ja, die Mutter und die Schwester verstanden sich immer schon besser, und die Mutter der Mutter noch dazu. Sie fühlte sich immer ausgeschlossen. – Tatsächlich war sie bis zum 1. Lebensjahr bei den Großeltern väterlicherseits aufgewachsen, die sich auch jetzt während der Krankheit in der Klinik um sie kümmerten. Als sie dann mit 1 Jahr in die Familie kam, hat sie sich büschelweise die Haare ausgerissen. Sie erzählte auch mal von Kinderfotos, auf denen sie immer naßgeschwitzte Haare hatte. Das Leben war für sie immer schon ein Ringen um Zugehörigkeit, das sie alle Kraft gekostet hat. – Als die Mutter mal aus dem Schlafzimmer ausgezogen war und auf der Liege bei der Schwester schlief, konnte sie oft nächtelang nicht schlafen, weil sie glaubte, die beiden sprächen miteinander. – Vielleicht, denke ich, hat sie da Todeswünsche gegen die beiden gehabt. Ich spreche es nicht aus, ich nehme nur wahr, daß der Film die gleiche Atmosphäre hatte, die sie von klein auf von zu Hause kennt und der sie schutzlos ausgeliefert war und ist. – Ich sage dann, ich verstehe, daß man da furchtbar wütend sein muß, wenn man

nachts gestört wird, genauso wenn man einen Film voller Grausamkeiten aufgetischt bekommt, wo du es zu Hause jetzt schaffst, in dein Zimmer zu gehen, wenn die Eltern mit ihrem grausamen Kampf loslegen. Aber ein bißchen mehr kannst du doch auch in der Schule für dich sprechen, trotz Angst, verhöhnt zu werden. Schließlich hast du offen ausgesprochen, welche Einstellung du zum Leben hast.
Sie habe ein Problem: Eine Woche komme ihre Freundin Helge mit nach Holland, dann komme der Freund der Tante und dann störe die Helge eigentlich. Aber sie wage nicht, ihr das zu sagen, aus Angst, sie zu verlieren. Ich sage, wenn du mogelst, verlierst du dich innerlich aus den Augen. Das leuchtet ihr ein. Sie meinen, das ist dann schlimmer, als wenn die Helge mir vielleicht ein wenig böse ist. Ja, sage ich.
Als Hanna aufbricht, frage ich sie, ob sie mir nicht etwas mit ihrem Stab vorführen will. Klar, sagt sie. Ihnen schon. Und sie jongliert graziös konzentriert ein paar Abläufe und summt dabei ein Lied vor sich hin. Dann fällt ihr der Stab hin, sie lacht und sagt, das war's. Ja, sage ich, toll, das bist du. Sie schaut sich, wie immer, im Gehen noch einmal um, und wir lächeln uns zu.

18.7.84 Man kann sich an dies Hin und Her nicht gewöhnen

Hanna ist sehr müde und gähnt viel. Sie habe gestern die letzte Spritze bekommen. Heute morgen hatte sie Kreislaufschwäche, keiner war da, Schwester und Mutter schliefen. Sie fuhr mit dem Minicar in die Klinik, wo die Kontrolle gemacht wurde. Sie sagt, sie wußte, daß die Mutter sie nicht fahren würde, und deshalb fragte sie sie erst gar nicht. Ich sage ihr, wie schwer es für sie sein müsse, in solchen Angstsituationen, wenn sie körperlich schwach sei, sich selbst überlassen zu sein, aber daß ich es bewundere, daß sie sich zu helfen wisse. Sie lächelt dankbar.
Sie freut sich auf die Ferien. Sie hat mit Helge gesprochen, daß sie nur eine Woche mitkommen solle, was sie akzeptierte. Der Freund der Tante komme nun doch nicht. Dann habe sie die Tante für sich allein, darauf freue sie sich. Hoffentlich würden die Ferien gut. Sie hat Angst, weil so viele Menschen in dem Haus aufeinandergepfercht sind, und sie hat Angst vor der Hektik der

kleinen Tochter der Tante. Ich sage, selbst bei Regen kannst du doch rausgehen. Ja, sie habe sich entschlossen, Zweckmäßigkeit gehe vor Schönheit, sie werde sich warm anziehen. Diese Ferien sollen besser werden als die letzten, das Pfeiffersche Drüsenfieber ist erst jetzt ausgeheilt (seit Ostern). Ich sage ihr, daß wir ja Verbindung halten könnten, daß sie mich anrufen könne, ich riefe sie dann zurück. Sie ist einverstanden und sehr daran interessiert, daß ihr die Ferien bekommen.

Mit der Mutter gehe es wieder schlecht. – Der Mundwinkel beginnt zu zucken, sie knibbelt an der Lippe, schmiert sich dann Labello drauf. – Wohnung und Job klappten nicht. Man könne sich nicht an dies Hin und Her gewöhnen. Neulich habe die Mutter mal gekocht. Früher habe die Mutter ewig Currywurst geholt, das hätte ihr zum Hals rausgehangen. Heute esse sie gern mal eine Currywurst, sie werde sich nach der Stunde auf dem Weg zum Bahnhof eine holen. Ich sage, das Schlimme für dich muß wohl sein, daß die Mutter da ist, ohne innerlich da zu sein. – Sie schaut mich vorsichtig von der Seite an, wie sie es immer tut, wenn ich etwas ausspreche, was an ihre narzißtische Verletzbarkeit rührt. – Sie nickt. Man kann sie nicht greifen, mit dem Vater ist es anders. Er ist zwar nicht sehr verläßlich, aber ich fühle, daß er es gut mit mir meint. Sie habe Freitag/Samstag bei ihm im Geschäft gearbeitet und dann einen Einkaufsbummel mit ihm gemacht. Sie erzählt mir, was sie sich gekauft hat: 2 T-Shirts, Cassetten, 1 Kalender für nächstes Jahr ... – irre, denke ich und juble innerlich vor Freude: Sie kann sich eine Zukunft für sich denken, sie will leben! –, Turnschuhe, sie hat sie an: Die Beine sind geschwollen, blaue Flecke, das sei so, die gingen bei ihr nicht weg. – Nach dem Unfall waren ihre Turnschuhe blutverschmiert gewesen, und sie trug dann die Turnschuhe der Schwester, auf denen »petting statt pershing« stand. – Auf den neuen Turnschuhen ist Farbe drauf. Ich gebe ihr einen Radiergummi, und sie rubbelt sie ab. Immer geht es darum, Abhilfe zu schaffen für die kleinen, aber in ihrer Seele so wichtigen Unglücke: als reinigte sie heute die Turnschuhe von damals. Ich schaue ihr still zu und freue mich mit ihr, als sie dann zufrieden ist.

25.7.84 Gemeinsames Probehandeln

Hanna sieht sehr angestrengt aus. Es ist sehr heiß, ich mache das Öfchen als Ventilator an. Sie nimmt es dankbar an, fächelt sich die kühle Luft zu. Es ist entzückend, wie schlicht elegant sie das tut.

Sie war in Frankfurt im Palmengarten, es war schön. Zunächst hatte der Ausflug mit der Freundin mit einer Katastrophe begonnen, weil die Freundin nicht zur verabredeten Zeit gekommen war. Sie behielt zunächst die Nerven, weinte dann aber doch, und der Vater fuhr sie. Die Schiffsfahrt auf dem Main wäre zu viel gewesen, Bötchen fahren im Palmengarten fiel auch ins Wasser. Sie fotografierte viel, aber dann riß der Film.

Sie freut sich irre auf die Holland-Ferien. Sie ist trotz Hitze wieder Fahrrad gefahren. Aufsteigen könne sie nur am Bordstein, die Beine seien zu schwach. Ich bin stolz auf mich, weil es ging, sagt sie. Schwimmengehen könne sie noch nicht, die Freundin meinte, sie könne ja mitgehen und dabei sitzen. Die versteht nicht, daß das seelische Grausamkeit wäre, wo ich doch so gern ins Wasser gehe, sagt sie.

Ich bin viel allein, ein bißchen viel für mich, sagt sie, ich will ausbrechen. Bei der Oma könne sie es nicht aushalten. Die weiß nicht, über wen sie ihre Liebe ergießen soll, dann überfällt sie mich, und mir ist ganz schlecht dabei. Meine Schwester bekommt zwar ein Kostüm genäht von der Oma, wird von ihr aber ganz ignoriert, statt dessen küßte die Oma mich stürmisch. Hanna spricht angewidert, und ich sage: das klingt so falsch, als ginge es der Oma nicht um dich, sondern um einen anderen, der damit getroffen werden soll. Ja, sagt sie erleichtert, so erlebe ich es. Die Oma sage immer, sie wolle alles für sie tun, aber sie wisse: so, wie sie sich mit dem Opa zanke, der dann das Hörgerät abschalte, müsse sie für was herhalten. Sie wolle eigentlich gar nicht hinfahren. Aber zu Hause sei sie dann allein. Sie wolle stricken und ihr Zimmer umräumen. Aber sie wisse nicht, wie. – Ich erinnere mich, daß ihr die Schwester nach dem Unfall das Zimmer umgeräumt hatte, aber nicht nach Hannas Bedürfnissen. – Mit der Schwester sei es immer irgendwie aggressiv, sagt sie, und die Mutter sei nicht ansprechbar. Ich frage sie danach, wie sie ihr Zimmer umräumen wolle, und sie entfaltet lebendig ihr Zimmer vor mir: Schreibtisch und Bücherregale sind nicht zusammen, sie will eine kleine Sitzecke, Kommode und der alte Teppich sollen raus, einen kleinen Spiegel wolle sie aufhängen. Ich frage sie nach dem Spiegel. – Im Krankenhaus hatten wir davon gesprochen, daß in der ganzen Wohnung die Spiegel viel zu hoch für sie hängen und sie einen Spiegel hat, ihn aber nicht aufhängt. – Sie phantasiert nun, wie sie ihn hinter dem Schrank aufhängen könnte, damit ich mich nicht verfolgt fühle, sagt sie. – Ich bin abstinent in Sachen Interpretation, ich weiß, daß sie sich fremd sein muß, wenn sie sich nie im wohlwollend lächelnden Gesicht der Mutter gespiegelt gefühlt hat. Die Mutter hatte sie immer nur mit »einem müden Lächeln« bedacht, wenn sie sie überhaupt eines Blickes würdigte. Die Oma überfällt sie mit falscher Liebe. Zwischen uns gibt es immer ein Lächelspiel. Wenn sie geht, schaut sie sich immer noch einmal um, ich warte in der Türe, und wir lächeln uns noch einmal zu. Das war im Krankenhaus so, das ist so geblieben. In der Stunde lächelt sie mich oft still und erwartungsvoll an, wenn sie nicht weiter weiß und einen kleinen Anstoß braucht. Mehr und mehr warte ich dann, lächle sie an, und sie findet selber die Worte für sich. Jetzt beginnt sie, mit sich Kontakt aufzunehmen, um die Fremde, der sie in ihrem Spiegelbild begegnet, von der sie sich noch verfolgt fühlt, für sich zu gewinnen. Dabei soll ich ihr helfen. Darf ich mich mit mir selber beschäftigen, mich selbst lieb haben, ohne dich zu verlieren, scheint sie mich fragen zu wollen.

Wir finden gemeinsam in der Vorstellung ein Eckchen in ihrem Zimmer für ihre Schminksachen, ein Intimeckchen, wie ich es nenne. Sie wolle sich einen Vorhang für den Schrank batiken. Ich bewundere, daß sie das kann, und sie nimmt stolz die Bewunderung an. Teppichreste müßte sie noch auf dem Speicher finden, der alte Teppich solle raus. Plötzlich sagt sie strahlend: Jetzt geht es mir wieder richtig gut. Zum ersten Mal kann sie in meiner Gegenwart ganz unmittelbar ihr gutes Gefühl aussprechen. Wir freuen uns darüber. Ich sage, sie warte auf die Inspirationen der anderen und sei doch selber voller Ideen, es fehlte ihr bisher nur ein Gegenüber, mit dem sie sich veröffentlichen könne, sich verwirklichen. Sie wollte das Schlafzimmer der Eltern ausräumen, um dort einzuziehen, aber die Mutter gehe eben doch nicht, keine Wohnung, keine Arbeit. Ich höre unter diesen ödipalen Tönen das narzißtische Bedürfnis nach Spiegelung und Selbstbestätigung und bleibe auf dieser Wellenlänge: Du kannst dein Zimmer für dich gestalten, dann brauchst du nicht auf andere zu warten, sage ich. Wir gehen in den Flur, wo sie ein Glastischchen gesehen hatte. So eines hätte sie gern für ihre Sitzecke. Die Zeit reicht heute nicht, sagt sie, um in der Holzbude bei Sommerlad am Bahnhof nach einem Tischchen zu schauen. Erst will sie wissen, was sie sich hinstellt, dann umräumen. – Sie ist pragmatisch, könnte man meinen, aber wenn man die Unbehütetheit bedenkt, in der sie von klein auf lebt, versteht man gut, daß sie sich die Realität erarbeiten muß, sonst geht sie unter in der Leere, mit der die anderen auf sie reagieren. Nur, wenn sie konkret weiß, was sie will, kann sie sich in der Realität einrichten.

Sie geht glücklich. Nächste Woche kommt sie nach der Sprechstunde in der Onkologie.

Eine unglaublich dichte Analysestunde heute: Selbstfindung mit dem anderen. Ich kann die Einsamkeit dieser 16jährigen gut verstehen. Ich selber bin als 15jährige, überhaupt immer, an meiner Einsamkeit fast krepiert. In meiner Analyse werden Erinnerungen daran wach. K. begleitet mich auf meinen einsamen Wegen von damals, so daß ich Hanna gelassen zuhören kann, ohne von eigenen seelischen Schmerzen überwältigt zu werden. Ich kann mir heute freundlich im Spiegel begegnen, um nicht als Wahn zu diagnostizieren, was Hannas Realtraumen sind. Wir arbeiten an ihrer narzißtischen Lebensstörung, an deren Ende erst die Leukämie steht.

31.7.84 Wir vergessen Zuhause, wenn wir weg sind, weil ... Gottseidank, denkt jeder, daß er weg ist

Der Film vom Palmengarten war nicht gerissen, aber Hanna sagt, sie wisse nicht, wie man das merke, wenn der Film zurückgespult sei. Ich sage, das kannst du hören. Sie ist erstaunt; das ist ihr eine große Neuheit, die sie als Entdeckung gern annimmt. Ich erzähle ihr, daß ich gern fortlaufende Bilder fotografiere, die minutiöse Veränderungen festhalten, so daß ich dann kleine Filme habe. Ihr fallen die kleinen Bildgeschichten ein: wenn man blättert, entsteht der Filmeffekt. Wir kombinieren beide Ideen: Wenn man Bilder von minutiösen Veränderungen macht, sie hintereinanderklebt und dann blättert, hat man kleine Filme. Hanna ist begeistert von unserer gemeinsamen Idee. Sie will es vielleicht in Holland ausprobieren. Sie wartet auf einen Anruf von der Schwester, die schon dort ist. Sie wüßte gern, wie es ihr gefällt. Aber, sagt sie, wir vergessen Zuhause, wenn wir weg sind, weil ... Gottseidank, denkt jeder, daß er weg ist. – Vergessen als seelischer Selbstschutz, denke ich, aber ich deute nicht. Ich höre Hanna weiter zu.

Hanna hat ihr Zimmer umgeräumt und ist glücklich darüber. Die anderen halfen nicht, sie sagten, du hast doch erst umgeräumt. Aber das war die Schwester gewesen, nicht sie. Sie sagten, die spinnt wieder. Aber jetzt findet es sogar die Mutter besser als vorher. Jetzt könne sie auch wieder Ordnung halten in ihrem Zimmer. Jetzt ist es dein Zimmer, sage ich, deine Farben. Ja, Teppich raus ... der Spiegel habe noch keinen Platz ... den Vorhang habe sie auch noch nicht gebatikt, das sei ein irrer Aufwand. Spontan entwickeln wir die Idee, sie könne ihn doch auch mit Wasserfarben bemalen. Begeistert ruft sie aus: eine Meerlandschaft, Schiffe, Strand, Palmen. – Sicher steht hier ihr Poster aus dem Krankenhaus Pate, auch das kleine Kretabild, das ich ihr in die immer neuen Zimmer brachte. – Sie hat ein wenig entzündete Augen, hoffentlich werde das nichts Schlimmes, meint sie besorgt. Sie war auf dem Rummel mit dem Vater. – Wie vor der Fahrt nach Stade, denke ich, da bekam sie dann das Pfeiffersche Drüsenfieber.

Sie erzählt, daß sie heute, wie vor einem Jahr, im Kliniksgelände Kartoffelsalat gegessen habe, aber zu Hause schmecke der besser, da werde sie ihn dort nicht mehr essen. Wir sprechen von vor einem Jahr.

Dr. Y. sei mit den Werten sehr zufrieden. Ich bin mit deinen Selbstwerten sehr zufrieden, sage ich, das hast *du* geschafft. Wir sprechen von ihren Haaren. Sie meint, die wüchsen im Sommer mehr, ob das an der Jahreszeit liege, beim Onkel, der Lymphdrüsenkrebs habe, sei das auch so. Ich sage ihr, daß ich an solche Zusammenhänge nicht glaube, mich aber sehr für sie freue, daß ihre Haare wachsen, und sie mir gefalle. Ich kenne sie ja nicht mit längeren Haaren. Sie spricht streng mit sich, daß sie in den Ferien früher ins Bett gehen sollte, um früher aufstehen zu können. Jetzt schaffe sie es nicht. Ich sage, das ist o.k.; nicht, was sein sollte, sollte sie beschäftigen, es sei eben auch so toll, nun alles wieder mitmachen zu wollen. Sie strahlt. Sie genieße so, zu leben und

auch zu faulenzen, sagt sie scheu und schaut mich von der Seite an. Ich gebe ihr einen Zettel mit meiner Telefonnummer, damit du mich anrufen kannst in den Ferien, wenn du willst, gerade wenn es dir gutgeht, sage ich. Ja, ich weiß, was Sie meinen. Mal sehen, ob ich dran denke.
Am 8. 8. 84 bekomme ich ein Kärtchen von Hanna aus Holland: »Viele Grüße aus Katwijk am Zee sendet Ihnen ›in bester Verfassung‹ Hanna ...« Was meint sie mit bester Verfassung in Anführungsstrichen, denke ich. Sie scherzt gern, aber es wird wohl kein Scherz sein. Auf der Karte sind oben links 2 erwachsene Personen, die aufs abendliche Meer schauen; rechts eine Dünenlandschaft mit Blick aufs Meer; unten links wilde schäumende Wellen; unten rechts tollt ein Hund am Strand entlang, untergehende Sonne ... Ist sie der wilde Hund, endlich ein wenig frei. Sie ruft nicht an. Ich bin unendlich gespannt, ob es ihr gutgeht.

20. 8. 84 Heil zurück aus den Ferien

Hanna kommt später. Ich warte voller Freude und Ungeduld auf sie. Wie immer steht die Tür offen. Plötzlich steht Hanna in der Türe. Wütend böse guckt sie mich an. Sie ist erschöpft von den Treppen. Wütend, weil sie seit 9 Uhr (jetzt ist es 11.30 Uhr) vergeblich in der onkologischen Ambulanz gewartet hatte. Sie kommt zu mir ohne Untersuchung. Sie sagt, es seien immer mehrere gleichzeitig zu 9 Uhr einbestellt, und sie wage nicht, eine Extrawurst zu sein. Ich sage, daß sie ein Recht hat auf ihre Untersuchung zur vereinbarten Stunde, wie sie zu ihrer Stunde zu mir käme, und ich für sie da sei, kein anderer säße gleichzeitig auf ihrem Sessel. Ja, sagt sie, ein Recht habe ich schon, das sehe ich auch so, aber keiner respektiert es. Hier ist es anders, wenigstens hier bin ich willkommen.
Es war schön in Holland, vor allem das Meer. Das Haus war zu klein für so viele Menschen; die Freundin ließ sich von ihr bedienen, bis die Tante es mal ironisch ansprach. Ab da half sie dann auch mit. Sie spricht von Fahrten nach Amsterdam, Den Haag, in Museen, sie erzählt mir ausführlich ihre Erlebnisse.
Sie habe Angst vor der Schule, der neuen Sitzordnung, daß sie es nicht wage zu sagen, neben wem sie sitzen will, und der Lehrer sie dann einteilt. Ich ermutige sie, ihre Wünsche auszusprechen,

vielleicht das Mädchen direkt anzusprechen. Sie freue sich auch auf die Schule; Mathe, da bekomme sie den alten Lehrer, Latein mache ihr Sorgen, aber sie habe ja 4 Jahre vor sich. Sie fürchtet, die neue Lehrerin, die sie sehr nett findet, werde böse sein, daß sie so schlecht ist. – Implizit sprechen wir von ihrer Zukunft, denke ich. – Sie sagt, ich bin voller Hoffnung. Sie sieht gut aus, ein wenig braun und bildschön. Sie phantasiert vor sich hin, sie könne ja auf die anderen zugehen und von Holland erzählen, da habe sie auch was, wovon sie sprechen könne. Ich sage, du meinst, du mußt immer etwas mitbringen, um gemocht zu werden. Ja.

Morgens kam sie nicht ins Bad, die Schwester war drin; dann deren Freund; dann der Vater, und sie ging schließlich ohne Frühstück, um den Bus zu kriegen, und saß dann seit 9 Uhr in der Ambulanz. Ich sage, da verstehe ich, warum du wütend bist; du mußt deine Ansprüche laut anmelden: jetzt bin ich dran! Sonst wirst du nicht wahrgenommen, wie in der Ambulanz. Aber eine Extrawurst, das geht doch nicht, sagt sie vorwurfsvoll. Klar, sage ich, du bist eine Extrawurst, du bist einmalig und hast das Recht, zur einbestellten Zeit dranzukommen und ins Bad zu kommen, statt zu warten. Aber du mußt sprechen. Sie ist erleichtert. – Ich danke ihr für die Karte und frage nach ihrer Bemerkung »in bester Verfassung«. Sie hatte zu Beginn der Ferien eine Augenentzündung, die sich verschlimmerte. Sie war wütend, keiner beachtete es, bis es so schlimm war, daß der Vater sagte, sie müsse zum Arzt. Es war eine Wimpernentzündung, in 2 Tagen auskuriert, aber es tat höllisch weh. Ich sage, dann hattest du zu Beginn der Ferien den Ärger, aber diesmal bist du heil wiedergekommen. Wir lachen.

28.8.84 Sie kann wieder lachen

Erschöpft von den Treppen kommt Hanna an. Die Werte letztes Mal waren gut, 3 Pfund hat sie zugenommen, aber Frau Dr. L. habe nichts gesagt. Dr. Y. war in Urlaub, der hätte sich bestimmt gefreut. Einer Frau, die für 10 Uhr einbestellt war, habe sie gesagt, sie sei zu 9 einbestellt, also eher dran, das war o.k. Um 12 bekam sie dann sie Spritze.

Vor dem ersten Schultag, morgens, kotzte sie, wohl vor Aufregung, der Vater fuhr sie dann. Vielleicht war es Vorfreude, sage ich vorsichtig. Sie schaut mich von der Seite an, weiß nicht, sagt sie. Die Sitzordnung blieb unverändert, anders als die alte Klasse bleibe diese neue Klasse auf dem Fleck hocken, das finde sie doof. Eine neue Schülerin kam gerade zwischen sie und das Mädchen, neben dem sie sitzen wollte. Scheiße. Aber ich bin optimistisch, voller Hoffnung, sagt sie. In Mathe ist es spitze. Sie hat den alten Lehrer, bei dem sie früher lernte und toll war. Sie mag ihn menschlich nicht. Es sei schlimm zu sehen, wie der mit der Klasse nicht klarkomme. Sie habe nach einem anderen System gelernt. Ich sage, jetzt hast du einen Vorsprung. Der hat die Sorgen, die du früher hattest. In Chemie verstehe sie die logischen Sachen, sie hoffe damit Eindruck machen zu können. Sie habe heute laut gelacht, weil die chemische Formel wie ein Indianer mit Kriegsschmuck ausgesehen habe. Sie habe das der Nachbarin gesagt und laut gelacht. Alle lachten mit, der Lehrer drehte sich nicht um. Sie hoffe, daß er es ihr nicht böse vermerkte. Ich sage, das ist wohl einer, dem man das nicht sagen könne. Nein. Aber, daß ich wieder lachen kann, fällt mir an mir selber auf, ich bin wieder unbeschwert wie früher, ich gehe auf Leute zu; he, laßt mich mal dazu, hier bin ich, und man nimmt mich in den Kreis auf, ganz wie früher. Ja, wenn du sprichst, gehörst du dazu, und es gibt wieder was zum Lachen, sage ich.

Sie werde ein Praktikum in der Apotheke machen. Jetzt bekomme das Abitur plötzlich Sinn. Sie spricht von 1600 DM, die sie verdienen könne als Praktikantin. Ich gebe zu bedenken, ob sie sich da nicht irre. Vielleicht, aber sie wisse jetzt, daß sie als Apothekerin Geld verdienen könne. – Die Oma werde ein Rock'n'Roll-Kleid nach ihrem Geschmack zur Hochzeit der Tante für sie nähen. Sie sagte ihr klar, was sie will, statt Puffärmel, wie die Oma sich es für sie gedacht habe. Sie ist stolz darauf, daß sie rundheraus sagen konnte, was sie will, und Gehör findet, sogar bei der Oma.

Sie gehe morgen zum Zahnarzt, das nehme sie jetzt in Angriff. Sie ist stolz darauf, obwohl sie Angst hat, hinzugehen. Sie hat Angst, wie die Schwester Parodontose zu bekommen; der Vater hatte schon mit 25 ein Gebiß. Ich sage ihr, daß ich morgen auch zum Zahnarzt gehe und an sie denken werde. Ich erzähle ihr, daß ich dem Arzt sagte, ich hätte Angst und er solle mit mir sprechen, wenn er mich behandelt und ich nicht sprechen könne, damit ich

mich nicht so abgeschnitten fühle. Sie sagt, sie werde an mich denken und hoffe, daß es nicht so schlimm werden wird. Sie könne dem Arzt ja auch sagen, daß sie Bammel habe.
Mit dem Vater sprach sie über die Scheidung der Eltern. Er habe jetzt sein Geschäft, schlechter könne es nicht mehr werden, nur noch besser, sagte er ihr. Sie verstehe sich gut mit dem Vater.
Mit der Helge, ihrer Freundin, war sie zweimal in Diskos. Seit sie mit der Freundin zu Hause vor dem Spiegel tanze und sie und die Helge wüßten, wie sie dabei aussähen, mache auch der Freundin das Tanzen Spaß. Sie habe auch immer gedacht, was gucken die so blöd. Ich frage, hast du dir im Spiegel gefallen? Ja, sagt sie. Dann weißt du jetzt, daß du den anderen auch gefällst, deshalb gucken die, nicht blöd, sondern wohlwollend. Die Freundin kenne jetzt auch Leute, sie lasse sich von deren Stimmungen nicht mehr fertig machen, sie spreche dann. Der Vater springe immer ein, fahre sie in die Disco, und sie hätten immer 18 DM dabei, um mit dem Minicar nach Hause fahren zu können; sie und die Freundin, jede habe 9 DM, damit sie wegkönnten, wenn sie wollten. – Nach der Stunde wird sie sich in einer weiteren Apotheke vorstellen. Ich sage, daß dem Inhaber noch eine andere Apotheke gehöre. Aber sie ist pragmatisch, die erste liege bequemer an ihrer Buslinie und sei folglich geeigneter für sie. Ich bin baff über ihre Realitätstüchtigkeit und freue mich mit ihr über ihre Aktivitäten.
In den Pausen, die immer wieder entstehen, spüre ich Druck und Spannung. Sie sprudelt still vergnügt und weltvergessen – nicht selbstvergessen, wie man es fälschlicherweise zu nennen pflegt, wenn jemand ganz bei sich ist! – eine gute Nachricht nach der anderen aus sich raus. Wir teilen die Freude über ihre Erfolge mit sich, dadurch, daß sie es wagt, für sich zu sprechen. Innerlich fühle ich die Paradoxie: es geht Hanna gut, aber die Krankheit kann ich darüber nicht vergessen. So mag es ihr immer gehen, heute erlebte ich die Spannung massiv.

3.9.84 Probleme mit dem Alkohol ... aber Sprechen ist besser als Kotzen

Erschöpft kommt Hanna die Treppe hoch. Es platzt aus ihr raus: Letzte Woche habe sie blau gemacht. Sie freue sich so sehr auf die Schule, aber sie habe immer anderes im Kopf. Letzte Woche hatte der Vater Geburtstag, natürlich, sagt sie, hatten alle das vergessen, und die Schwester war zu faul, in die Stadt zu gehen; also fuhr sie, kaufte ein weites T-Shirt, weit wegen seines Bauches. Der Vater freute sich und lud die Schwestern abends zum Essen ein. Sie hatte dann nur 2 Stunden für Aufgaben, machte sie schlampig; dann trank sie Wein, und morgens mußte sie sich übergeben. Ich frage, ob der Vater eine Entschuldigung schrieb. Ja, eine Entschuldigung, dabei ist es doch keine Schuld, sagt sie, wenn man richtig krank ist. Nein, bestätige ich ihr, Kranksein ist keine Schuld. – Ich spreche damit implizit ihre Schuldgefühle wegen der Leukämie an. – Sie wolle nichts versäumen, die Schule nicht, darauf freue sie sich, und den Geburtstag des Vaters auch nicht, das mache ihr auch Spaß. Aber das alles sei schon viel, Alkohol gehe dann wohl über ihre Kräfte. – Es ist der nackte Wahnsinn, der Vater ist Alkoholiker, und Hanna kann sich nicht schützen; sie möchte nur dabei sein, und die Eintrittskarte war dann wohl an diesem Abend der Wein. Bei Maria waren es die Zigaretten gewesen. Ich könnte schreien über diesen Wahnsinn. Ich höre Hanna zu.

Sie war am See schwimmen, sie würde so gern jeden Abend mit dem Vater gehen, der bräuchte das als Diät. Sie sei aus dem Verein ausgetreten. Es war nicht möglich für sie, dort den Anschluß zu kriegen; sie fühlte sich ignoriert. Die Tante sei jetzt ganz mit ihren Problemen beschäftigt; anders als damals in der Klinik, müsse sie ihr zuhören, sich um sie sorgen. Du kommst dabei zu kurz, sage ich. Mit der Schwester habe sie auch Probleme: Gestern habe sie sich billig Bücher bei Karstadt gekauft. Eins, in dem sie von Alkoholismus las, der Vater trinke viel, 2, 3 Bier, aber eben doch auch mehr, sagt sie beschämt, er brauche es. Zum ersten Mal deutet sie sein Alkoholproblem an, von dem ich durch ihn selber im Erstgespräch weiß. Schwimmen wäre eine Ablenkung für ihn. Sie schwimme auch so gern, aber es gehe noch nicht gut, sobald sie Grund verliere, müsse sie husten und bekomme Angst unterzugehen, keine Kondition, sagt sie trocken. Aber ein bißchen besser als vor einem Jahr geht es schon, sage ich ruhig. Ja, das verdränge sie, daß es ihr mal schlechter gegangen ist. Sie lächelt mich schüchtern und zugleich stolz an, daß sie diese Vokabel benutzt – von mir kennst du sie bestimmt nicht, schmunzelt es in mir. Ich sage, vielleicht ist das auch gesund, daß du das kannst, vergessen ist manchmal auch wichtig, damit du dich traust, Neues zu versuchen, aber du mußt auch ein wenig Geduld mit dir haben. Nur, ich meine nicht, daß du unbedingt Alkohol ausprobieren mußt. – Ich sage es ohne Vorwurf, aber bestimmt. – Sie kaufte also, fährt sie fort, »vernünftige« Bücher, heute gibt's keine Romane habe sie sich gesagt, und zeigte sie der Schwester, die auf dem hohen Roß die Kluge in der Familie spiele und Hannas Vorliebe für Romane abfällig kommentiere. Aber wieder sagte die Schwester abfällig, was'n das! Mir scheint, sage ich, es geht ihr ums Bessersein, als ob sie sich besser vorkommt gegenüber denen aus der Familie des Vaters. Du hast mir mal erzählt, sie gehöre in die Familie deiner Mutter, die sich als was Besseres fühlt, und du zu der Familie des Vaters. Ja, sagt sie erleichtert, genauso wie die Mutter: immer was Besseres sein wollen, aber um 4 nachmittags im Morgenmantel dasitzen. Sie liest schlaue Bücher, wie man es in der Schule tun soll, du magst lieber Romane, die gehen ans Herz. Aber, sage ich, vielleicht liest die Schwester heimlich Asterix auf dem Klo. Oh, ja, genau, Asterix liest sie auch gern. Und nun erzählt mir Hanna strahlend die »letzte Geschichte« von Asterix, wie sie sagt, die ich schon vom letzten Jahr von ihr kenne. Ich nehme es wortlos hin, ich weiß, wie sehr sie die Geschichte von dem Zaubertrank liebt, der dem Kind die Kraft gibt, mal ordentlich alles und alle durch die Luft zu wirbeln. Sie lacht, ihr Gedächtnis sei nicht so gut, meint sie. Ich sage, die Zauberkräfte bräuchtest du auch, um dich der Entwertungen von allen Seiten zu erwehren, aber Alkohol ist kein geeignetes Mittel, glaube ich. Sprechen ist besser als Kotzen. Ja, sagt sie strahlend und fühlt sich verstanden.

Wir vereinbaren für montags, 11.30 Uhr, nach der Schule, zum ersten Mal einen festen Termin. Sie schreibt sich den Termin auf, weil sie so viel vergesse. Als sie geht, sage ich, daß sie eine schöne Jacke anhabe, und schaue sie eingehend an. Das sei die Jacke, die sie letztes Jahr in S. auf dem Flohmarkt gekauft habe. Ohne Spiegel habe sie sich gut gefallen, mit Spiegel sei sie unsicher geworden. Ich bestätige sie in ihrem Gefühl, daß sie hübsch ausschaut und mir gefällt. Es ist ein bißchen eine Oma-Jacke, aber sie trägt sie in ihrer ihr eigenen Art mit schlichter Grazie. Sie geht stolz, und ich schaue ihr wie immer lächelnd und glücklich nach, sie schaut über die Schulter lächelnd zurück.

10. 9. 84 Hanna schafft Klarheit ... aber etwas ist unklar

Hanna kommt etwas später; sie will nachher den Bus nicht verpassen. Letztes Mal habe sie ihn verpaßt, deshalb wollc sie heute früher gehen, sonst könne sie keinen Mittagsschlaf machen, und heute nachmittag gehe sie doch zum Zahnarzt. Ich habe viel vor, sagt sie, und ballt strahlend die Fäuste in der Luft. – Ich stelle die Uhr so, daß ich dafür sorgen kann, daß sie ihren Bus erreicht.
Sie habe der Tante Freitag, als sie ihr am Telefon wieder gleich von Streitigkeiten mit ihrem Freund erzählt habe und sie gar nicht zu Wort kam, gesagt, daß die Tante mit ihr jetzt genauso umgehe wie alle anderen letztes Jahr in der Klinik, daß sie auf die Probleme der anderen eingehen solle. Die Tante habe sie verstanden und vorgeschlagen, daß sie sich nur noch anrufen, wenn sie wirklich beide Lust haben, miteinander zu sprechen. Sonntags habe dann die Tante angerufen, und sie hätten sich gut verstanden. Sie ist stolz darauf, daß sie sich der Tante verständlich machen konnte, und ich bestätige sie darin. Der Vater sei entsetzt gewesen, so könne sie doch nicht mit der Tante sprechen. Ich vermute, daß er, der Hanna ja sehr mit seinen Problemen beansprucht, ihr Sprechen abwehren muß, aus Sorge, er könnte auch gemeint sein. Hanna meint aber, der Vater habe immer auch ein Ohr für sie, nie vereinnahme er sie ganz und gar mit seinen Problemen.
Mit Helge hat sie großen Ärger. Sie hatten sich für die Disko verabredet, aber die ließ sie kurzfristig sitzen. Sie habe der Freundin gesagt, wie gemein das sei. Sie wisse, daß sie sonst keine Freundin mehr habe, aber lieber bleibe sie allein, als sich so kleinmachen zu lassen. Sie war dann mit der Schwester und deren Freund in der Disko, allerdings in der »Fledermaus«, wo ihr die Musik nicht sehr gefalle: amerikanischer Hard Rock, sie mag lieber englische New Wave Music, wie sie im »Atlantis« gespielt wird. Ich ermuntere sie, die Schwester zu fragen, ob sie mit ins »Atlantis« gehe, was diese noch nicht kenne und vielleicht ja auch toll findet. – Immer geht es darum, daß Hanna es wagt, andere auf ihre Bedürfnisse anzusprechen, statt sich aus Scham anderen und deren Bedürfnissen unterzuordnen und sich selbst dabei zu verraten.
Ich frage sie, wie weit die Oma mit ihrem Kleid sei. Es sei noch gar nicht angefangen. Die Oma nähe ganz toll, sie habe insgesamt 4 Kleider vor. Ich sage Hanna, sie solle acht geben, daß ihr Kleid

rechtzeitig drankommt. Sie sagt, die Oma habe gesagt, sie wolle Hanna einen Kavalier suchen. Sie lacht. Sie selber mag einen Jungen in der Klasse sehr, der immer was zum Lachen habe, grad im Bus habe sie in ihren Schoß schauen müssen, so habe sie sich gebogen vor Lachen. Der müßte mit ihr auf der Hochzeit tanzen, aber den ansprechen, was werde er dabei denken, gleich mehr, und vor allem, was werde er in der Klasse über die Familie erzählen. Ich ermutige sie, ihn doch ganz direkt zu fragen, sie tanze gern und auf der Hochzeit habe sie keinen Partner, ob er nicht Lust habe, mit ihr zu tanzen. Sie meint, der lache sie bestimmt auch an, weil er sie nett finde, es sei ja noch Zeit bis Mitte Oktober, ihn vielleicht kennenzulernen.
Ich frage, wie es in der Klasse ist, neben wem sie sitzt, ob es ihr gefällt. Sie kommt auf Mathe zu sprechen, was ihr leichtfällt. Nur sei die Stimmung in der Klasse Scheiße, sie sei richtig beschämt, daß sie es könne und die anderen nichts verstünden. Es sei dann für sie kein Vergnügen, das sei schade.
Wir besprechen den neuen Termin: Nächste Woche bleibt es zwar beim Montag, aber die Woche drauf muß sie in die Klinik, und schon ist es aus mit meiner Phantasie, jetzt hätten wir einen regelmäßigen Termin gefunden. Ich glaube, das ist die unbewußte Unruhe in mir: daß wir die Leukämie zwar verdrängen können und auch müssen, um mit ihr zu leben, aber vergessen können und dürfen wir sie nicht. Wenn Hanna hoffnungsvoll ist, ruht die Last des Bewußtseins der Bedrohung auf mir. Und die Scheidung der Eltern rückt näher. Hanna spricht zwar nicht davon, aber ich weiß, wie sehr sie darunter leidet.

17.9.84 Bedrohliche Anzeichen ... In die Scheidung mit reingerissen

Ich gehe noch einmal ins Sekretariat, weil Hanna später kommt, und mache ihr dann direkt die Türe auf: Sie strahlt und ist zugleich außer Atem. Wir gehen gemeinsam langsam die Treppe hinauf. Verschämt lachend sagt Hanna, es gehe ihr sonst gut, aber sie habe so Stiche. Sie meine, das könne die Leber sein. Heute nacht sei das ganz schlimm gewesen. Ich frage sie, ob sie nicht vor nächster Woche, wenn sie wieder in die Ambulanz müsse, Dr. Y. anrufen wolle, bevor es schlimmer werde. Sie stimmt zu. – Ich

denke, Lebermetastasen, Hepatitis, weiß aber auch, daß sie mit Alkohol und Rauchen ihren Körper zusätzlich belastet. Ich denke es voller Kummer und höre ihr weiter zu. – Dr. Y. sei noch in Ferien, hoffentlich ist er nächste Woche wieder da, sagt sie strahlend. Bei dem bist du gut aufgehoben, sage ich, der freut sich, wenn du kommst und deine Werte o.k. sind.
Sie habe eine Praktikantenstelle in W. Der Vater habe die Stelle für sie besorgt. Sie ist nicht ganz erfreut darüber. Der Vater meine, ob sie wegen der Hepatitis die Stelle auch bekommen werde, sei fraglich. Ich sage, das könne sie mit Dr. Y. besprechen. Sie ist erleichtert. Ich frage sie unmittelbar, wie es mit dem Alkohol ist. – Die Leber ist das Organ des Vaters, der trinkt; während des Klinikaufenthalts letztes Jahr hatte sie auch erfahren, daß die Mutter ein Geschwür an der Leber habe. Ich frage sie, um zu sehen, wie sie selber sich die Leberschmerzen erklärt. – Sie lacht. Neulich sei sie zusammengebrochen. Sie kam um halb 1 Uhr nachts nach Hause und erzählte der Mutter, wie es in der Disko war. Plötzlich stotterte sie, brachte keinen zusammenhängenden Satz raus, dann schlief die rechte Hand ein, dann der Arm. Sie habe sich hingelegt, habe einen Riesenschreck bekommen. Die Mutter sagte, das sei der Kreislauf. Es ging dann weg. – Ich bin entsetzt: Kreislauf... das klingt ja fast wie Schlaganfall, denke ich. Aber Hanna sitzt mir munter gegenüber, deshalb bleibe ich auf der Ebene, wo ich sie ansprechen kann, um sie vor unnötigen Belastungen zu schützen. Mehr kann ich nicht tun. Mehr hieße, sie beunruhigen, ohne medizinische Fakten als Grundlage zu haben. – Ich frage sie (vielleicht ein wenig unempathisch, denke ich jetzt, während ich die Aufzeichnungen mache – ich hatte Kohut im Ohr: keine Moralpredigten... aber ich weiß auch, daß Hanna gern einen Rat annimmt, wenn ich ihr ihn so gebe, daß sie spüren kann, sie könnte sich dadurch ein wenig selber helfen...), ich frage sie also, ob sie neulich nachts einen kleinen Schwips hatte. Sie habe nur ½ Glas Sekt getrunken, das gebe es in der Disko als Begrüßungstrunk am Eingang. Ich sage, ich verstehe, daß du den Sekt trinkst, es ist schön, begrüßt zu werden. – Ich denke, es ist tragisch, daß es durch Sekt in der Disko geschieht. – Du möchtest gern alles mitmachen, das ist auch o.k. Aber du machst alles mit und fällst dann auf die Nase. Du müßtest dich ein wenig schützen, damit die Leber gar nicht erst piekst. Du rauchst auch, sage ich vorsichtig und trinkst viel Cola. Ja, neulich, auf dem Geburts-

tag des Vaters, alle rauchten, also habe sie auch geraucht. Das ging ja überhaupt schief an diesem Geburtstag, das Kotzen am nächsten Tag. Ich kann mir vorstellen, daß du da unzufrieden mit dir warst. Vielleicht hättest du lieber gesprochen, statt geraucht und getrunken. Auf dem Schulhof sage sie oft, ich brauche nicht zu rauchen, aber es stimme nicht so ganz, es gehe ihr auch um Anerkennung und Aufmerksamkeit.
Auch an dem Geburtstag war sie angespannt, so wie am Wochenende, sagt Hanna. Die Eltern hätten jetzt einen Termin vor Gericht, vor dem Familiengericht. Sie fände es gemein, daß sie nun doch reingezogen werde. Die Schwester sei volljährig, aber sie solle vor Gericht sagen, wo sie hinwolle. Sie sei empört darüber. Ich sage ihr, das brauchst du nicht, du kannst einen Brief schreiben und darlegen, was wu willst, und überläßt das Gericht den Eltern. Sie reagiert interessiert, ob sie nicht begründen müßte, warum sie nicht erscheine. Nein, daß du nicht reingezogen werden willst in die Streitangelegenheiten der Eltern, das ist die Begründung. Es war furchtbar am Wochenende, sagt sie gramerfüllt. Sie stritten den ganzen Tag, ich blieb in meinem Zimmer. Ich hab' versucht zu lesen, im Fernsehen gab es nichts und dann die Späß': die Mutter wolle versorgt werden und den Anteil des Hauses; der Vater sage: so war es nicht vereinbart; die Mutter: dann lasse sie sich nicht scheiden; darauf der Vater: toll, dann bleibst du hier, besonders weil du ja hier soviel im Haushalt machst... Es war furchtbar, ich hatte den ganzen Tag Stiche in der Seite. Spontan sage ich: Dann waren das vielleicht eher Herzschmerzen, es muß dich ja schmerzen, was die Eltern dir für ein Theater vormachen. – Und ich weiß vom Vater aus dem Erstgespräch, die Ehe war schon immer so ein Theater, besser, ein Kampf und die Kinder, insbesondere Hanna, immer zwischen den Fronten, beliebig benutzt als Bündnispartner. Wenigstens bleibt sie jetzt in ihrem Zimmer, denke ich, aber was nützt das schon: seelisch gesehen! – Sie haben recht, es ist ein richtiges Theater, ich soll zuschauen und dann den Schiedsrichter machen. Nein, schreit sie auf, nein, laßt mich in Ruhe! Ich blieb in meinen Zimmer. Wenn man doch nur nicht Ohren hätte! Ich sage sanft: es ist schlimm, was du erzählst. Aber du kannst einen Brief entwerfen, wenn du willst, gehen wir beide ihn gemeinsam durch, und du schickst ihn ab und hast dann wenigstens das hinter dir, und die Eltern gehen allein auf ihren Gerichtstermin im Novem-

ber. Der Vater kann den Brief mitnehmen, sagt Hanna. Nein, gebe ich zu bedenken, du solltest nicht den Vater als Briefkasten benutzen, genausowenig, wie er das mit dir machen darf. Du kannst deinen Brief direkt ans Gericht schicken, dann hast du für dich ausgesprochen, was du willst. Ich verstehe dich jetzt besser: ich hatte die Leberschmerzen erst als was Krankes verstanden, aber mir scheint jetzt, in Wahrheit sind die Seitenstiche Herzstiche, Herzschmerzen, weil du zwischen den Eltern stehst und dich zerrissen fühlst. Ja, sagt Hanna, in der Familie hieß es früher immer, als sie noch ein Kind war, dein linkes Herz klopft wieder, weil sie immer so Herzschmerzen hatte. – Herzneurose, denke ich, lange bevor die Leukämie da war. Kein Wunder!
Ich sage ihr im Gehen: ich habe dich erst falsch verstanden, ich muß besser aufpassen und auf das Gesunde hören, auf dein Herz, das schmerzt, wenn die Seele wehtut vor Kummer. Ja, sagt sie, hoffen wir, daß es bald vorbei ist. Und sie meint damit wohl, daß die Eltern seit Jahren von Scheidung sprechen und sie seit Jahren in dieser vergifteten Atmosphäre lebt, ohne daß es zur Scheidung kam. Jetzt ist der Gerichtstermin im November.

20.9.84 Supervision

E. meinte entgeistert, warum muß sie zwei tödliche Krankheiten haben: Er nahm die Kreislaufschwäche auch sehr ernst und wußte gleich: das Herz. Bluterkrankung ... die Mutter; Leber ... der Vater ... und schon seit der Kindheit ... das Herz. Lebensgeschichtlich betrachtet, in trauma-*analogem* Verstehen, schreit einem die Evidenz ins Gesicht. Ich bin froh, mit E. dieses Drama immer wieder in aller Ruhe zu begreifen. Die Tränen darüber weine ich in meiner Analyse. Nur so kann ich die Arbeit mit Hanna trotz allem gelassen tun.

24. 9. 84 Wieder auf Station ... und nichts als »Totentanz« in der Familie

Hanna kam 40 Minuten nach Stundenbeginn noch immer nicht. Ich war in Sorge und rief bei ihr an: Die Mutter sagte mir, Hanna sei auf Station, der rechte Arm und das rechte Bein seien gelähmt, sie arbeite und habe vergessen, mich anzurufen. – Ich gehe auf Station, wieder mit dem weißen Kittel, und nehme die 2 roten Rosen mit, die ich heute in meinem Zimmer hatte.
Ich sage Hanna, die mich strahlend, überrascht begrüßt: wenn du nicht zu mir kommst, bringe ich dir die Rosen her. Ich sage ihr, daß ich Dr. Y. ansprechen will, sie stimmt zu.
Gespräch mit Dr. Y:
Es gehe um Abklärung, ob Rezidiv, Virenerkrankung oder was Neues. Ich spreche meine Sorge aus: Kreislauf, Herz. Nein, Herz sei o.k., der Kreislauf sicherlich auch durch Medikamente geschwächt. Er wußte nicht, daß ich auch Hanna behandle, und wir kommen auf Maria zu sprechen. Woran sie gestorben sei, weiß er nicht, daß er keine Obduktion machte, werfe er sich vor, aber die Familie wollte es nicht. Ich sage, es muß schlimm sein, nicht weiterzukommen in der Forschung, um mehr zu verstehen. – Wir sind uns unglaublich nahe. Ich spreche alles aus, was mich bewegt, spreche ohne Umschweife über meine Sichtweise von Hannas Situation. Wir sprechen miteinander, jeder spricht für sich.
Ich komme zu Hanna und teile ihr mit, was ich weiß: Punktion. Sie weiß von nichts, Dr. Y. habe es vielleicht gesagt, nebenbei, sie habe es wohl überhört. Sie hoffe, daß es nichts Schlimmes sei. Sie schaut mich an, ich schaue sie sicher und offen an. Ich hoffe es auch, sage ich, die Klärung ist wichtig, damit du geholfen bekommst. – Im Zimmer ist auch Claudia an den Apparaten: total entstelltes Gesicht. Ich habe sie erkannt, aber ich habe sie nicht begrüßt. Ich sah nur nach Hanna, die ruhig und lebendig gerade auf der gelähmten Seite liegt, abgewandt von Claudia. Ich spreche Hannas schöne Haare an, sicherlich aus der inneren Sorge, Zytostatica könnten ihr den kleinen Stolz wieder rauben. Sie klagt, die seien so dünn. Aber es sei sicher ein schönes Gefühl, durch die weichen Haare zu streichen, sage ich zärtlich.
Ob sie ein schönes Wochenende hatte, frage ich. Es war alles etwas daneben, sagt sie, zu anstrengend. Die Tante, die Schwester der Mutter aus B., nahm sie mit ins Theater nach Frankfurt, aber

Strindbergs »Totentanz« gab es dann nicht, war vor der Nase ausverkauft. – Ich denke, was für ein Witz, sie sollte sich diesen Ehekrieg auch noch auf dem Theater anschauen –. Statt dessen gingen sie ins Theater am Zoo, das Stück gefiel ihr nicht ... Übernachten bei der Tante, die ich kenne, dic jetzt in F. lebt. Der Streit der beiden beim Frühstück: die Tante erzählte, daß ihre Tochter in der Tagesschule vor Lärm umkomme, besonders mittags beim Essen, die Kinder machten sich selber taub. Sie habe vorgeschlagen, man solle die Kinder zwei und zwei antreten lassen und bei Tisch auch für Ruhe sorgen, und der Freund meinte, so seien Nazis entstanden, 2 und 2 im Marsch. – Ich denke, Totentanz life, und sage, die sprachen davon, wie der Lärm lähmt und taub macht, und streiten sich dabei so heftig, daß du ganz taub und gelähmt wirst. Beim Frühstück konnte sie nur mit links alles machen und wollte sich beschweren, daß die sich so streiten, aber es habe ihr die Sprache verschlagen, sagt Hanna. Ich fühle mich leer und ratlos und sage ihr: da fühlt man sich nur noch ratlos bei soviel Lärm und Streit, wie zu Hause muß es für dich gewesen sein. Schrecklich. Ja, mittags waren sie bei Freunden der Tante, und die Tante ging raus und ließ sie mit den Ehemännern allein. Sie fühlte sich total daneben. Nicht das richtige Theaterstück, sagt sie (sie kann gar nicht wissen, wovor sie da verschont worden ist, denke ich), schlecht geschlafen bei der Tante, der Streit schon beim Frühstück und nachmittags die Leute, die ich gar nicht kannte ... aber auf dem Nachhausewege im Auto habe ich mir überlegt, was ich mir dann wenigstens selber Gutes tun kann: Teetrinken bei einer Kerze, und darauf habe ich mich dann gefreut, sagt sie. Toll, ich bin begeistert, daß du in dir selber gute Vorstellungen hast und weißt, was dir guttut, daß du dir immer wieder selber helfen kannst. Sie genießt, was ich ihr sage. Sie trank dann Tee mit der Mutter – und mit Kerze?, frage ich dazwischen, nein, die gibt es nur in meinem Zimmer, sagt sie voller Stolz, zugleich ein ganz klein wenig schamhaft, wir saßen aber in der Küche.

Sie öffnet das Nachtkastl und zeigt mir etwas, schließt es wieder. Ich habe so schnell nichts sehen können und frage, was sie mir zeigen wollte. Essen hat sie da drin, das Essen auf Station sei nicht so toll. Aber sie habe sich ein Stückchen geholt, das stand rum, man habe die Kuchen nicht ausgeteilt, das empört sie. Aber du nimmst dir, was du brauchst, das finde ich toll, sage ich. Sie will

das Stückchen jetzt weiteressen, aber es fehle ihr ein Tischchen in der richtigen Höhe, sie kann wegen der Punktion die ganze Zeit über nicht auf dem Rücken liegen und müsse zwei Stunden so liegen bleiben. Ich habe den Einfall, daß der Stuhl, auf dem ich sitze, ihr als Tischchen dienen kann. Ein Bettisch steht in der Ecke, den stelle ich auf den Stuhl, so daß sie im Nu ihren Tisch hat. Hanna freut sich und stellt Kuchenteller und die halb volle Teetasse drauf. Ich frage, ob sie nicht heißen Tee wolle. Ja. Ich gehe los und will ihn ihr holen. Claudia möchte Kamillentee. Ich sage es im Schwesternzimmer, und man macht den Tee.
Ich komme zurück und wir besprechen, wie wir beiden den Kontakt halten können. Sie habe meine Telefonnummer zu Hause. Ich gebe sie ihr hier und jetzt: sie freut sich. Sie wird anrufen bzw. ich werde mich melden, sage ich ihr. Ich warte nicht, bis der Tee kommt, und gehe. Sie gibt mir mit festem Druck die Hand, wir lächeln uns, wie immer, lange, einander entfernend, zu: sie ist so gut gelaunt und lebendig. – Ich habe Gänsehaut, stehe im Fahrstuhl und denke: ich werde sie nicht wiedersehen, will zurücklaufen. Denke, lasse ich sie denn sterben, sie lebt doch, und ich lebe und habe ein starkes ruhiges Gefühl.
Fahre nach Hause, will K. anrufen; lasse es, schlafe, esse. Rufe K. an. Er hilft mir: Sie können nur da sein, das Mädchen stirbt oder nicht, aber daß sie lebendig ist, das können Sie ihr geben. Ich liebe Sie, habe ich auf der Heimfahrt geschrien, sage ich ihm; darf ich denn leben, selbst wenn Hanna sterben sollte, übersetzt K. meine Not und sagt, ja, das hat mit uns beiden nichts zu tun. Danke, sage ich, ich bin so froh, daß Sie mich verstehen.

27. 9. 84 Abszeß oder Tumor im Gehirn

Hanna liegt angezogen im Bett und sagt mir voller Freude, sie sei ganz aufgeregt, daß sie es der Familie sagen kann, es wisse noch keiner. Aber jetzt erzähle ich es Ihnen, sagt sie: Dr. Y. habe ihr gesagt, sie werde am Freitag operiert und könne dann in 14 Tagen nach Hause. Sie strahlt. Ich schalte: auf die Hochzeit tanzen, meinst du ... Ja. Ich bin entsetzt über diese Information, vor allem, daß man ihr sagt, in 14 Tagen sei alles vorbei. Aber ich sehe, daß Hanna mit dieser Zeitvorstellung als Handlungsentwurf leben kann, also ist es gut, und ich lasse es so. Ich frage, wann die

Operation sein wird. Das weiß sie nicht. Sie meint, wie bei der Blinddarm-Operation werde sie die Narkose im Bett bekommen und nichts weiter erleben. Da bin ich skeptisch und sage ihr, ob ich morgen kommen solle, um sie zu begleiten, wenn sie eventuell werde warten müssen. – Von 2 Krebspatientinnen weiß ich, wie traumatisch vor der Operation das Warten war. – Aber Hanna spricht weiter, und ich höre ihr zu: Gestern abend habe sie sehr geweint, der Vater war da, wollte zum Arzt gehen, aber er sollte doch grade bei ihr bleiben. Der Arzt kam dann noch um 8 Uhr zu ihr und sprach lange mit ihr. Sie ist stolz darauf, sie hätten sogar gelacht.

Die Tante kommt, sie war beim Zahnarzt und legt mit Wehklagen los. Ich sage lächelnd zu ihr: das zählt heute nicht. Sie hält inne und nickt, ohne gekränkt zu sein. Ich sage, ich werde den Arzt wegen der Operation fragen gehen, ob sie einverstanden damit ist. Ja, sagt Hanna.

Die Schwester läßt mich streßig abfahren. Ich beharre darauf, den neuen Arzt sprechen zu wollen. Er weiß nicht mehr, keiner wisse mehr. Aber er gibt mir die Telefonnummer vom Sekretariat von Prof. P., um dort nach dem Operationsplan zu fragen. – Ich telefoniere unten im Haus mit Oberarzt Z.: Hanna werde nicht operiert, sagt er. Diagnose: Abszeß. Konventionelle Therapie: Antibiotika. Er ist empört, daß falsche Informationen kursieren, wenn keiner nachfrage. Ich bin glücklich, daß ich nachfragte, sage, daß ich als Psychotherapeutin wissen muß, wie die medizinische Behandlung aussieht, um mit Hanna zusammen die Situation bewältigen zu können. Er versteht. Ich danke ihm für das gute Gespräch.

Im Fahrstuhl denke ich, wenn *ich* das Hanna sage, werde ich Verwirrung stiften, und es wird Kompetenzärger geben, wenn sie durch mich etwas Neues über die anstehende medizinische Behandlung erfährt. Also gehe ich zu Dr. S. zurück, ein guter Entschluß, denke ich. Dr. S. ist verblüfft, da sei mir was gelungen, den Oberarzt erreiche man sonst nie, sagt er. Er glaubt nicht an Abszeß, weil Hanna kein Fieber habe. Jetzt ergreift er die Initiative, ruft Prof. N. an und erfährt das gleiche: man werde es mit Antibiotika probieren, dann eventuell stereotaktische Operation, den Tumor abpunktieren. – Es war ein gutes Gespräch mit Dr. S., denke ich, als ich gehe. Die Schwester, die mich hatte abwimmeln wollen, hat die ganze Zeit still zugehört.

Ich gehe zurück zu Hanna, die am Tisch am Fenster Mittag ißt, die Tante sitzt dabei. Ich sage: Es wird dich verwirren, Dr. S. ist auch verwirrt, aber die letzte Untersuchung hat dazu geführt, daß du morgen nicht operiert wirst. Du wirst mit Antibiotika behandelt. Nur, wenn die nicht ansprechen, dann mußt du operiert werden. Sie ist entsetzt, wütend, verzweifelt... dann käme sie nicht zu der Hochzeit. Sie sieht nicht die Entlastung. Die Tante meint, es sei doch gut, wenn nicht geschnippelt werde, man meine immer, damit sei alles erledigt und vergessen. Ich spreche intensiv mit Hanna, die weiterißt. Ich verderbe dir wohl das Essen, und du bist vielleicht auch auf mich wütend. Du siehst nur die Hochzeit in 14 Tagen und nicht dich, *jetzt*. Sie hat einen Schokopudding mit Sahne, und Claudia darf nichts Süßes essen, darum geht es gerade, und ich sage, da hast du einen Platzvorteil. In dieser unmittelbaren Realität kann ich das kleine Leckermaul erreichen, das sich falsche Illusionen macht: als sei eine Operation ein Lekkerbissen, den man ihr vorenthalten will, um ihr das Tanzen zu vermiesen. – Als uns der Pudding ein wenig geholfen hat, die Wut und Enttäuschung zu verkraften, machen wir einen neuen Termin für Freitag aus.
Eine wichtige Anmerkung: Hanna hatte bestimmt, daß sie die Infusionsnadel nicht an die rechte Hand bekam, dann sei sie ganz handlungsunfähig. Man habe sie nicht verstanden, aber dennoch ihren Wunsch respektiert, hatte sie mir zu Beginn der Stunde erzählt.
Ich lese stundenlang über Aphasien nach, weil Hanna Sprachstörungen hat, Buchstabenverwechslungen, langsames schleppendes Sprechen. Ich sorge mich, der Kontakt könnte abreißen, wenn der Tumor das Sprachzentrum zerstört. Aber ich weiß, daß mein Wissen nichts ändern kann. Ich will nur begreifen, was geschieht, um ihr zu helfen, die narzißtische Kränkung, die Gewalt über sich zu verlieren, wenn sie nicht mehr über ihre Sprache verfügt, ertragen zu können.
Gespräch mit S., die mir sagt, Hannas Euphorie sei typisch für Schlaganfallpatienten. Ich kann mit dem Begriff »Euphorie« nichts anfangen. Ich denke, so etwas überlebt zu haben, muß einem einfach als Stolz in den Knochen sitzen, als unendliche Dankbarkeit zu leben.

26. 9. 84 Ich bin so stolz, daß ich lebe

Ich finde Hanna am Waschbecken, mit der linken Hand Zähne putzend, ruhig und fröhlich. Fröhlich, nicht euphorisch. Die Schwester hat ihr ihren Teddy gebracht, und sie streichelt ihn. Sie habe mit Dr. Y. gesprochen. Ihre Schwester habe gestern gemeint, sie hätte neulich einen Schlaganfall gehabt, aber daß die Lähmung erst jetzt einsetzt, spräche dagegen. Dr. Y. sagt, sie habe einen Tumor im Hirn, der die Lähmung bewirke, ob er gutartig oder bösartig sei, wisse man nicht. Sie sagt mir das ruhig. Ich bin zutiefst erschrocken und mache kein Hehl daraus. Für sie sei der Schlag gestern gekommen mit der Mitteilung ihrer Schwester. Sie lacht. Ich bin erstaunt darüber und frage sie. Es ist fast peinlich, sagt sie, ich bin nicht grad froh, daß ich schon wieder was Neues hab', aber ich bin so stolz, daß ich lebe. Die anderen sorgen sich mehr als ich. Ich freue mich mit ihr darüber, sie habe Grund, stolz auf sich zu sein, sage ich. Gestern habe sie mir so fest die Hand gedrückt mit dem gelähmten Arm, ich hätte nicht gleich meine Freude darüber ausdrücken können. Ja, ich habe mir gesagt, solange ich zeigen kann, daß ich die Hand geben kann, tue ich es. Heute geht es schon nicht mehr. Sie gibt mir die Hand und ihre Finger krallen sich um meine. Es ist mir unheimlich. Sie zeigt mir Schreibübungen, den kleinen Block holt sie aus dem Nachtkastl. Ich lese: »Ich schreibe genauso gut wie Helge mit links, nur nicht so schnell.« Sie habe Angst, daß sie nicht mehr sprechen könne. Das verstehe ich, sage ich, aber dann schreibst du. Wir lachen uns an. Sie brauche ihre Ruhe und habe das auch der Oma gesagt, sie solle nur um 15 Uhr kommen, nicht auch um 17 Uhr. Bloß keine Hektik, sagt Hanna, ich kann mich mit mir beschäftigen. Anders als im letzten Jahr, sage ich, da brauchtest du dauernd jemanden. – Ich freue mich, die Angst vor der Leere scheint geringer zu sein. – Das sei jetzt anders, nur die Angst, nicht mehr sprechen zu können, die sei groß.

Ich frage Hanna, wann ich wiederkommen soll. Jeden Tag, wenn Sie können, sagt sie. Du bestimmst es, du hast bestimmt, wann du zu mir kommst oder ich zu dir, so bleibt es zwischen uns. Sie freut sich. Wir schauen uns zärtlich lächelnd an, wie immer.

Claudia war heute nicht im Zimmer. Diese Lebend-Tote läuft herum, ich kann das immer nicht begreifen. Aber so ist es.

28. 9. 84 Die furchtbare Wahrheit: Wir arbeiten daran, daß Hanna für sich sprechen lernt, aber ... was zählt, ist ein Pfefferminztee

Ich kam heute ein wenig früher, wodurch die folgende Szene zustande kam: Hanna sagt, sie sei nicht pünktlich. Der Vater sage immer ›ja‹ und halte nicht alles ein; die Mutter sage immer ›nein‹ und komme dann doch. Ich sage, ich habe dich ein wenig anders erlebt, du hast mir immer vorher gesagt, wegen des Busses kommst du später oder mußt früher gehen. Sie ist stolz auf sich, etwas unterscheidet sie von den Eltern, selbst wenn es rein äußerlich gleich aussehen mag.

Ich setze mich ans Fenster, aber es blendet Hanna, und ich setze mich rechts von ihr zwischen beide Betten. Es ist sehr eng, und ich fühle mich ein wenig eingeklemmt. Claudia ist nicht da, kommt dann aber. Ich höre Hanna zu und spüre Kopfweh. Hanna sagt, sie sei oft ärgerlich über ihr Sprechen und sei geängstigt. – Sie spricht langsam, hat einen müden Augenaufschlag. – Ich sage, das verstehe ich, das muß kränken und vielleicht wütend machen. Du mußt mir sagen, wenn es dich zu sehr anstrengt, und ich gehen soll. Nein, es strengt mich nicht an, es bedrückt und ärgert mich. Sie lächelt irgendwie beschämt, und ich begreife. Es muß dich beschämen, sage ich zärtlich. Ja, sagt Hanna traurig.

Sie erzählt davon, daß Claudia, die draußen ist, eine zweite Perücke von der Krankenkasse will, und sie das auch braucht, wenn nach der Operation ein Loch in den Haaren ist. Aber in der Schule, wo sie mit kurzen Haaren war, könne sie dann doch nicht mit langen Haaren kommen. Ich sage, die zweite Perücke stehe ihr zu. – In meiner Seele schreit es: niemand kann ihr einen Sprachersatz verschreiben, das scheint sie mir doch sagen zu wollen. – Aber das sei jetzt weniger ihr Problem, eher daß sie überhaupt Haare verlieren könnte, sage ich. Ja, sagt Hanna. Sie steht auf und geht zum Spiegel, schaut hinein. Sie ist mit ihrer Haarfarbe, die dunkler ist, weil das Haar nicht frisch gewaschen ist, sehr unzufrieden. Als sie sich im Spiegel sieht, lächelt sie sich zaghaft an. Ein Bad nehmen, heute morgen, ging nicht, weil Wäsche in der Wanne war. Sie ist verärgert darüber. Du mußt nochmal fragen. Ja, heute abend vielleicht. In der HNO-Klinik gab es immer Pfefferminztee – und hier, frage ich. Das weiß ich nicht, sagt sie. Ich gehe fragen und komme zurück: du bekommst, was du willst, der Pfefferminztee wird gekocht. Sie ist erstaunt. Ich verknüpfe die beiden Szenen: Claudia muß den Arzt nach der zweiten Perücke fragen, und sie wird sie bekommen, so wie ich nach dem Pfefferminztee für dich gefragt habe, und du ihn gleich bekommen wirst. Sie strahlt glücklich. – Ich ahne, was sie fragt: Wirst du für mich sprechen, meine zweite Sprache sein, wenn ich nicht mehr für mich sprechen kann? Die furchtbare Wahrheit ist: ich habe mit ihr daran gearbeitet, daß sie für sich sprechen lernt und kleinweis ist es gelungen. Jetzt wird der Tumor ihr die Sprechfähigkeit nehmen. Wie können wir es schaffen, daß sie dann trotzdem nicht in alter Weise übergangen wird. Ich höre ihr weiter zu. Sie habe mit dem Arzt gesprochen: sie werde mit Antibiotika gespritzt, man meine, sie habe einen Abszeß im Kopf. Aber Dr. S. meine, das passe nicht, weil sie kein Fieber habe. Sie schweigt lange. Und ich denke: wo ist Dr. H., Dr. Y., die sie derweil behandelt haben; warum schweigen sie entweder oder sagen dann dem Patienten gleich alles: vor allem ihre Unsicherheiten, warum tragen sie die nicht erstmal allein. – Plötzlich sagt Hanna, es gehe ihr jetzt wieder so richtig gut, es könnte doch ein Abszeß sein und die Medikamente könnten helfen, es müßte keine Operation sein. Ja, sage ich, du sprichst auf die Medikamente eben so an, wie es dir entspricht.

Claudia war ins Zimmer gekommen und hatte ihre Fußgelenke gebadet. Als sie wieder rausgeht, wünscht Hanna ihr viel Glück. – Noch nie habe ich Hanna mit jemand anderem im Zimmer unmittelbar und emotional Kontakt aufnehmen hören. Ich freue mich darüber. Seit sie sich selber besser versteht, kann sie das. Wir haben gut gearbeitet, denke ich zufrieden. – Was Claudia machen müsse, frage ich sie. Infusion. Sie wolle sie jetzt an den Füßen. Dr. S. steche schlecht, unsicher, wie Dr. H. und Dr. W., beide seien nett, aber unsicher. – Genauso nehme ich sie wahr. – Dr. Y. sei sicher, aber er habe sich aus dem Staub gemacht. – Ich bin betroffen, auch das hatte ich so wahrgenommen. – Ich beziehe mich auf Hanna, die ja für sich durchgesetzt hatte, daß man ihr die Infusionsnadel wenigstens an die linke Hand anlegt, damit sie nicht total handlungsunfähig ist. Sie meint, sie ließe sich vielleicht auch die Nadel an die Füße legen. Ich stimme zu, aber ich sage auch, davon ist doch jetzt noch gar nicht die Rede. Sie ist erleichtert. – Claudia kommt hüpfend ins Zimmer, ist total erschöpft, als sie im Bett liegt.

Hanna steht auf, will jetzt den abgekühlten Pfefferminztee trinken. Ich sage ihr, wie toll ich es finde, daß sie eine sichere Vorstellung davon hat, was ihr guttut. Plötzlich rutscht sie zwischen Bett und Nachtkastl zu Boden. Ich hebe sie erschrocken auf, behutsam und schamhaft, daß ich sie anfasse, so wie Mittwoch, als ich vor Freude ihre Hand ergriff, als sie so stolz darauf war, daß sie lebt. Sie ist auch erschrocken, setzt sich dann und trinkt ihren Tee. Sie mache zweimal am Tag, morgens und abends, wie zu Hause, ihre Teatime mit einer kleinen Süßigkeit, erklärt sie mir, und wie zu Hause nach dem Essen ihren Mittagsschlaf. – Sie richtet sich nicht nach der Klinik, sondern macht sich die Klinik im Sinne ihrer Bedürfnisse zunutze. Sie fühlt sich nicht mehr ausgeliefert. Was für ein Unterschied zu letztem Jahr, als sie im Clinch mit der Station lag und sich innerlich zurückgezogen hatte, denke ich.
Es gibt Essen. Die Schwester, die gleiche, die ganz lieb und selbstverständlich den Pfefferminztee gemacht hatte, fragt beide, ob sie Fisch oder Ei wollten. Hanna will Ei. Sie setzt sich am Nachtkasten hin und ißt: sie hat Appetit auf den Salat, aber gleich merkt sie, daß der Essig auf der Zunge schmerzt. Sie wird wieder spülen müssen gegen die Mundentzündung, stellt sie ruhig fest. Sie ißt, und es ist ihr peinlich, daß ihr Kartoffel- und Eistückchen auf die Hose fallen. Ich schaue zu und rate ihr, sich wie Claudia eine Stoffserviette zu organisieren. Sie scheint das als Kritik an ihren Eßmanieren zu verstehen und ißt plötzlich spaßig manieriert, daß ich herzlich lachen muß; so esse ihre Tante, die auch Ärztin ist, erklärt sie mir. Ich hole ihr eine Papierserviette, aber sie wischt sich die Hände an der Hose ab, strahlt mich an, das mache sie am liebsten so. Sie sagt mir damit: ich weiß, wie man essen soll, aber meine Hose ist meine Serviette, basta.
Sie hat die Schwester nach einem Pudding als Nachtisch gefragt, weil sie keinen Kuchen wollte, und bekommt ein Dany mit Sahne. Ihr fällt eine Schulkameradin ein, die sie Sahny nannten. Sie ist verblüfft, daß sie bekommt, was sie will: Ich weiß nicht, wie es kommt, aber oft denke ich einfach, es geht ja doch nicht. Ich sage, wenn du fragst, geht es, du hast nach dem Pudding gefragt und ihn bekommen, und ich habe nach dem Pfefferminztee für dich gefragt und ihn bekommen; vorher hast du mir aber deinen Wunsch gesagt, manchmal braucht man eben ein bißchen Rückendeckung, dann geht es. – Während sie den Pudding genie-

ßerisch löffelt, spricht sie von der Sahny. Ich frage sie, ob sie auch einen Spitznamen hat. Tiffi, ja, Tiffi und Samson, so hießen sie und ihre Freundin. Samson, sage ich, das ist ein biblischer Name. Was, sagt sie, der ist aus der Sesamstraße. Wir lachen.
Sie spricht häufig schwer, verspricht sich oft. Sagt dann, sie ärgere sich sehr über das Sprechen, habe Angst, daß man sie nicht versteht. Das verstehe ich, sage ich, es muß schmerzlich und kränkend sein, daß du das nicht kontrollieren kannst, wo du eine so schöne Sprache hast. Aber ich verstehe dich gut. Sie legt sich zum Mittagsschlaf hin. Claudia ißt noch und fragt, was Feldsalat ist. Hanna erklärt, der ist einfach grüner als Salat. Später fragt Hanna Claudia, ob ihr der Salat schmecke. Claudia antwortet in tiefster glucksiger Selbstverständlichkeit, es geht. – Diese beiden Menschen haben eine emotionale Beziehung miteinander und nicht übers Kranke, denke ich voller Freude und verlasse beide glücklich und zufrieden.
Ich brauchte am Wochenende nicht zu kommen, sagt Hanna, da käme die Familie. Okay.
Samstag will ich ihr rasch eine Rose vom Markt vorbeibringen, denke dann aber: sie war sich so sicher, bis Montag, daß ich es aushalten muß.
Sonntagabend ist ein wunderschöner Himmel, ich denke, Hanna könnte sterben. Ich erinnere mich an ihr Wolkenbild und unser Wolkenspiel letztes Jahr. Ich bin unruhig, rufe an, Schwester A. (ich kenne sie aus der Balintgruppe) weiß nichts Genaueres, aber Hanna gehe es gut. Ich schaue in den wunderschönen Himmel: das ist das Leben. Nur die Gegenwart zählt, denke ich und mache noch einen Spaziergang.

1. 10. 84 Behindert, aber lebendig

Widerstand, Aufzeichnungen zu machen. Ich möchte am liebsten einfach loslaufen und Hanna begrüßen, aber ich muß die Zeit einhalten, damit sie sich auf mich einstellen kann und sich nicht überrumpelt fühlt. – Schnupfen und Sorge, ob ich nicht, wie die Tante letztes Jahr, einen Mundschutz tragen muß. Störende Gedanken, die sich zwischen meine Freude und Hanna schieben, aber sie verändern nicht mein Gefühl.
Ich komme und finde Hanna angezogen auf dem Bett: eine Prali-

nenschachtel vor sich, wählerisch, welche Praline es sein könnte, die ihr als nächste zusagt. Sie bietet mir eine an, ich lehne dankend ab. Ich weiß, wie sehr sie letztes Jahr litt, weil ihr die Leute ihre Süßigkeiten wegaßen. Die Oma begrüßt mich freundlich, nicht mehr mit dem pathetischen Kondolenzhändedruck, der mir immer widerstrebte. Ich fühle mich in dieser Familie akzeptiert. Die Oma geht, sie war spontan gekommen, und Hanna sagt, sie werde ihr später sagen, sie solle sie nicht zwischendrin besuchen. Die Oma kommt noch einmal zurück – sie hat den Schirm vergessen – und fragt Hanna, ob sie ihr was zu essen mitbringen soll. Mich ekelt diese ewige Essensfrage, aber Hanna sagt besonnen, etwas Obst vielleicht, süße Trauben. Die Oma wird sie mitbringen, und ich begreife erschüttert, wie wesentlich diese Frage nach Hannas Essensbedürfnissen ist, weil Hanna darauf für sich antworten kann. Darin hilft die Oma heute sinnvoll. Freilich, sie nutzt die Situation und kommt, wann sie will. Hanna fühlt sich dadurch nicht respektiert. Ich weiß von mir, wie gern auch ich spontan hereinschauen würde, aber das hieße, sie zu übergehen, die gemeinsamen Vereinbarungen einseitig verletzen, nur aus Angst.

Am Fußende liegen lange Gladiolen, und Hanna kann sich nicht richtig ausstrecken. – Ich habe die Phantasie: Kinder, die in Supermärkten in die Einkaufswagen zwischen Dosen und Joghurt und Lenor gezwängt, wie eine Ware unter vielen, sitzen. – Ich räume die Blumen weg, Hanna streckt sich wohlig aus. Sie erzählt: Gestern war ich mit Oma und Opa im Dachcafé, das war schön. Ich bestellte mir ein kleines Malzbier und ein Schnitzel mit furchtbar viel Pommes frites. Ich ärgerte mich, weil Oma und Opa bloß Tee tranken. Dann waren die Mutter und die Schwester da. Mit der Schwester hatte sie Streit: sie wollte auf den Balkon, aber die Schwester wollte lieber stricken. Sie ging dann mit der Mutter. Die Schwester komme, als sitze sie ihre Pflicht ab, nach dem Motto, »was willste mehr!«, und wenn sie eine neue Zeitung habe oder es gäbe was im TV, dann stürze sie sich darauf. Das muß dich kränken, sage ich, als käme deine Schwester nicht zu dir, sondern wegen der Zeitung. Du müßtest die Zeitung wegpakken und sagen: Hier bin ich, um mich gehts. Aber vielleicht ist dir nicht danach zumute, die Schwester müßte fühlen, was sie tut. Nein, das versteht sie nicht. O.k., sage ich, aber du bist nicht von deinem Interesse abgerückt, bist auf den Balkon gegangen. Ich

finde das gut, daß du tust, was dir guttut. Ich habe aber Schuldgefühle. Die Schwester kommt zwar wieder, das weiß ich, nach einer halben Stunde hat sie alles vergessen, sie ist nicht nachtragend. Ich werde mit ihr darüber sprechen, sagt Hanna.
Andrea, eine etwa 15jährige, kommt in mondänem Nylonnachthemd herein, nörgelnd, sie hat prachtvolle Locken – eine völlig verrückte Frau-Kind-Erscheinung. Claudia ist für 3 Wochen nach Hause entlassen worden, sagt Hanna, sie gönne es ihr, daß sie den Altweibersommer genießen könne, sie sei ja schlechter dran als sie selber. Mit Claudia kannst du jetzt, sage ich, das ist mir aufgefallen, du sprichst mit ihr, das finde ich toll. Ja, es geht mir gut. Sie genießt ihre Pralinen und trinkt einen schwarzen Tee dazu.
Heute morgen war es furchtbar, sagt sie. Sie konnte das Ei nicht mit der einen Hand essen, es rutschte immer wieder weg. Was hast du getan, frage ich. Mich füttern lassen, sagt sie kindlich fröhlich, ein klein wenig verschämt. Wir überlegen gemeinsam, wie das Problem gelöst werden könnte. Dann sagt Hanna, morgen werde ich die Schwester bitten, ob sie mir ein Eibrot machen kann. Ich freue mich über ihre Findigkeit, sie strahlt voller Genugtuung. – Sie erlebt die Lähmung als starke narzißtische Kränkung, aber sie hält an ihren Bedürfnissen fest und kann sich jetzt auch in ihrem Sinne helfen lassen. Hanna hat eine Klingel, das fällt mir auf, sie ist stolz darauf. Nachts komme der Student mindestens sechsmal den Puls messen. Mit dem Arm sei es nachts schlimm, sie liege drauf und die Hand kralle sich in die Bettdecke. Ich gebe ihr die Hand. Sie kann es mit Anstrengung denken, mir die Hand zu geben, aber sie kann es nicht mehr denken, sie zu öffnen, sagt sie. Sie erzählt mir ausführlich von den Spritzen, die sie alle 8 Stunden bekommt. Sie freut sich, daß sie kein Fieber hat, sich nicht schlapp fühlt, es gehe ihr recht gut. Sie hofft, daß die Medikamente helfen. Das hoffe ich auch, sage ich.
Die Kindergärtnerin kommt rein, ach du hast Besuch, sagt sie und verschwindet wieder. Hanna sagt, sie könne auch Mathe nicht machen, da machten sie jetzt Geometrie. Gestern war die Lehrerin da und hat sie wieder in die Krankenhausschule aufgenommen. Als die mich fragte, was wir in Mathe machen, hatte ich ein Brett vor dem Kopf, ich wußte nichts. Ich bin erschrocken. Ich sage vorsichtig, das hat jeder mal, ich konnte mich heute morgen auch an einen Namen nicht erinnern. Aber, denke ich, das hatte

natürlich seine Bedeutung: die Patientin, deren Namen mir nicht einfiel, hatte die Therapie abgebrochen, was mich geärgert und gekränkt hatte. Ich sage, bei dir ist jetzt soviel auf einmal, was alles nicht geht, das muß schrecklich sein. Sie sagt, das hat bei mir keine tiefere Bedeutung, nur daß ich wieder hier ins Krankenhaus und in die Schule muß. Ja, sage ich, das ist deine tiefere Bedeutung: das ist eine tiefe Kränkung für dich, gerade wo du in die neue Klasse kamst und froh darüber warst, in deinem Fach bei dem alten Lehrer aus dem Schneider zu sein. Und jetzt sollst du dich hier möglicherweise wieder für längere Zeit einrichten. Sie fühlt sich verstanden.
Sie hat morgens gebadet, aber es war schlimm. Sie hatte gedacht, das werde allein gehen, aber es ging nicht. Die Hand mußte außerhalb des Wassers bleiben, und so hing sie in der Wanne. Sie werde sich in Zukunft lieber nur waschen. Schade, sage ich, das schöne Baden aufzugeben, vielleicht kann dir jemand dabei helfen. Die Schwester ruft: es gebe Essen, ob sie Canneloni wolle. Hanna ist verblüfft, was? Canneloni, sagt die Schwester, und Andrea weiß nicht, was das ist. Hanna weiß es und freut sich drauf. Wieder ist sie verblüfft, das Essen hätte sich echt geändert. Die Schwester meint, ich solle Hanna die Nudeln schneiden. Ich sage, das könne sie mit der Gabel bewerkstelligen, und es geht. Ich habe ihr das Bettischchen gegeben. So bleibt sie Subjekt ihres Handelns im weitest möglichen Rahmen, und der ist immer noch erstaunlich viel weiter, als es auf den ersten Blick scheint. Ich helfe ihr nur so weit, daß sie sich dann selber helfen kann, und bleibe bei ihr. Sie ißt voller Genuß, bestellt sich wie Andrea eine Dose Miranda und nörgelt, man habe ihre Tabletten vergessen. Ich sage, früher waren die Tabletten ein Graus für dich, heute denkst *du* sogar mit dran. Die Tabletten standen schon auf dem Tisch. So weit ist es schon mit mir gekommen, sagt sie sorgenvoll selbstironisch. Sie gähnt herzhaft. So habe ich dich noch nie gähnen sehen, sage ich lachend. Das wird ja Zeit, meint sie scherzhaft. Ich reiche ihr die Kekse, noch eine Überraschung im Kliniksessen. Sie nimmt ruhig, ohne Ekel, selbstverständlich ihre 4 Tabletten mit Miranda und Kekshappen. Sie ist zufrieden und satt, rülpst und entschuldigt sich. Ich sage, es klinge lustvoll. Sie lacht. Die Schwester hätte Diätkekse gebacken, grauenvoll, ohne Zukker, die schmeckten wie Sand. Auch ich bin müde und erschöpft. Ich bin seit anderthalb Stunden da. Aber auch ich bin zufrieden.

Ich bin total in Hannas schleppend langsamen Sprech- und Bewegungsrhythmus eingeschmolzen, so daß sie ihre Behinderung als ihr Tempo akzeptieren kann und genußvoll spricht und ißt. Das Kopfweh ist längst weg: es ist nichts Störendes zwischen uns. Jetzt will sie ihren Mittagsschlaf machen. Ich komme morgen erst um 11.30 Uhr, anders geht es nicht bei mir. Es macht nichts, sagt sie, da essen wir wieder zusammen.
Ich rufe später E. an und erzähle ihm. Ich bin stolz auf unsere Arbeit, er kann es verstehen. Ja, es ist selbstbefriedigend auch für uns, wenn der Patient es sich leistet, sich in unserer Gegenwart zu befriedigen. Mit E. teile ich die Sorge, aber auch die Freude.

2. 10. 84 Wieder eigene Schritte

Ich kann es kaum erwarten, Hanna wiederzusehen: ängstlich gespannt fühle ich mich. Komme etwas zu spät, was ich schon bei unserer Terminabsprache befürchtete, und ertappe mich immer wieder dabei, daß Hanna wütend sein könnte, wenn auch ich mich als unzuverlässig herausstelle. Ich weiß, daß ich in der Gegenübertragung erlebe, was ihre Wut über die Willkür und Unzuverlässigkeit ihrer Familie ist, aber ich weiß, unsere Beziehung ist tragfähig, wir werden mit diesen Störungen fertigwerden.
Ich finde Hanna beim Mittagessen auf dem Flur mit zwei anderen, etwa 14jährigen Mädchen. Sie wirkt still verhalten, begrüßt mich freundlich und ißt weiter. Ich freue mich, daß sie mit anderen zusammen ist. Früher war sie isoliert und verließ ihr Zimmer nicht. Es gibt heute Rindfleisch mit Kartoffelbrei und Schwarzwurzeln, die mag sie nicht. Sie ißt langsam. Ich hole mir einen Erwachsenenstuhl aus ihrem Zimmer, auf dem Flur stehen nur Kinderstühlchen, und diese drei Jugendlichen sitzen auch auf Kinderstühlchen. Ich sage, ich wollte mich nicht kleiner machen, als ich bin. Die Runde ist gespenstisch still. Ich sehe Hanna von der Seite an, ihr zartgliedriger Nacken lugt heute aus dem Sportpullover: in diesem Körper schreitet die Zerstörung voran, denke ich. Es schmerzt mich unendlich, wie vorsichtig und behindert sie ißt. Aber es schmeckt ihr, sie ißt nicht auf, befürchtet einen Rülpser, trinkt ein wenig Milch und steht auf. Sie hat ihre schwarzen Hausschuhe an, und wir gehen nebeneinander her: sie den Milchbecher in der linken Hand in ihrem weitausschlenkernden Gang,

ich meinen Stuhl in der rechten Hand. Ich schaue sie zärtlich von der Seite an, sie lächelt verschmitzt. Haben Sie schon was bemerkt, fragt sie. Nein, was, verrätst du es mir? Es geht viel besser mit dem Bein, ich kann es mehr bestimmen heute. Ich betrachte sie intensiv beim Gehen: sie geht vor mir, voller verhaltener Freude, fast stolz. Das rechte Bein schleift sie nicht mehr, es knickt im Kniegelenk ein, sie stolpert fast, die Pantoffeln hindern sie, sie rutscht seitlich raus. Ich lasse den Stuhl stehen, nehme ihr den Milchbecher ab und führe sie, wobei ich sehr vorsichtig bin, ihr den Stolz auf ihre gerade zurückgewonnene Selbständigkeit nicht zu schmälern. Im Zimmer geht sie ohne Pantoffeln auf und ab. Geht dann zur Toilette.
Ich warte voller Freude auf dem Flur auf sie. Sie zeigt mir, daß sie heute schon wieder ihren Pullover unter den rechten Arm klemmen kann. Er tut's, sagt sie. Wir jubeln vor Freude. Schon heute morgen ging das Laufen unheimlich gut. Die Medikamente scheinen anzusprechen, meint sie, die Sprechstörung ist wesentlich besser. Sie spricht zwar langsam, verspricht sich aber viel weniger. Sie zieht sich aus für ihren Mittagsschlaf. Ich decke sie zu. Sie läßt sich nur gern helfen bei Sachen, von denen sie weiß, daß sie sie selber kann. Ich frage sie, ob sie gestern ein wenig draußen war. Ja, mit Helge, ihrer Freundin, die zu Besuch war. Die sei jetzt in der Lehre in W., zwischen ihnen gäbe es aber nur noch wenig zu sprechen. Kuschelig aus ihrem Bett lächelt sie mir zu, als ich sie ihrem Mittagsschläfchen überlasse.

4. 10. 84 Hanna gibt nicht auf ... Die rechte Körperhälfte nicht links liegen lassen

Ich komme in Hannas Zimmer, das voller Menschen ist. Hanna liegt auf ihrem Bett, angezogen, beginnt gerade ein Schinkenbrötchen zu essen. Andrea und die Krankengymnastin arbeiten; eine Oma und eine Mutter reden; es ist laut und störend. Hanna und ich sprechen intensiv miteinander. Da sie sehr leise spricht, sitze ich, wie ich bemerke, vorn auf der Stuhlkante mit aufgestützten Fußspitzen, angespannt bis aufs letzte. Als ich mich so wahrnehme, setze ich mich zurück, öffne die Beine wie immer, hänge den Arm über die Heizung. Es ist meine Sitzliegehaltung körperlicher Aufmerksamkeit. Hanna ißt lustvoll ihr Brötchen, nach

einem Stück Bienenstich, wie sie sagt. Sie erzählt fröhlich vom Essen. Gestern abend drei Portionen Thunfischsalat, die die Mutter mitbrachte. Abends rief der Vater an, was er mitbringen solle. Nichts, sagte sie ihm, nur er solle kommen. Vater und Mutter fuhren sogar gemeinsam im Auto heim. Es sei vielleicht albern, aber sie habe lieber jeden der beiden allein. Das finde ich nicht albern, sage ich, das finde ich o.k., dann geht es um dich, statt daß sie sich über deinen Kopf hinweg streiten und du mittendrin hängst. Als Kind hattest du vielleicht nie genug den einen oder anderen ganz für dich allein.
Sie habe die Kanüle weg, bekomme 3 große, aber gut schluckbare Tabletten pro Tag über die nächsten 14 Tage. Montag werde eine CT (Computertomographie) gemacht. Jetzt wisse sie, worauf sie sich einstellen muß. – Ich frage sie nach dem Arm. Es gehe besser. Heute kam die Krankengymnastin. Es war unglaublich anstrengend, aber unglaublich wohltuend, sagt sie. Gestern morgen ging es schlecht. Die Oma war da, und sie probierten das Kleid. Dann flüchteten sie vor der Krankengymnastin in die Sonne. Sie kam dann nachmittags noch einmal. Du wolltest in die Sonne und dachtest nicht, daß die Gymnastik dir auch wohl tun kannn. Aber du kannst beides bekommen: Gymnastik und Sonne. Ja, sie wußte gar nicht, daß es zwei Turnhallen und ein Schwimmbad in der Klinik gibt. Wenn sie das letztes Jahr gewußt hätte ... Maria hätte immer Gymnastik gemacht, sie nicht. Ich halte sie in der Gegenwart, daß das eine gute Entdeckung ist.
Sie schlafe schlecht. Andrea sitze nachts im Bett, sie wisse nicht, ob sie schlafe oder wach sei; ob sie wartet, daß sie aufwache. Sie fühle sich gestört. Sei nachts oft naß geschwitzt, kalter Schweiß. Und heute nacht schrie nebenan ein vier Wochen altes Baby. Sie klingelte nach der Schwester, die auch kam, aber später nicht mehr. Hanna meint, die hat es doch hören müssen; sie konnte nicht nochmal klingeln. Wir arbeiten heraus, daß sie dann schon so verletzt war, als sie Schwester nicht von sich aus nach dem Baby schaute und damit sie in ihrem Schlaf schützte, daß sie sich innerlich zurückzog aus Angst, sie könnte ihr ihre Wut zeigen. – Ich schaue nach ihrem Teddy, der im Stuhl sitzt. Er habe keinen Platz im Bett. Sie könne ihn nachts aufs Fensterbrett setzen, damit er da ist, wenn sie aufwacht, und sie sich nicht von Andrea beunruhigt fühlen müsse, schlage ich ihr vor. Darauf wäre sie nicht gekommen, sagt Hanna.

Das mit dem Ei morgens habe sie aufgegeben. Heute morgen habe ihr die Schwester ein Eibrot gemacht mit einem fast noch rohen Ei. Ich teile ihre Empörung, beharre aber darauf, sie müsse trotzdem immer wieder sagen, was sie will, immer und immer wieder. Sie ist resigniert, das sei wie zu Hause. Ich sage, ja, das kann einem so vorkommen. Aber tatsächlich kennt man dich hier ja nicht, und deshalb mußt du sagen, was du brauchst. Ein Fünfminutenei aufs Brot. Sie habe das schlabbrige Brot nicht gegessen, sondern ein Schinken- und ein Käsebrot. Während Hanna spricht, hebt sie plötzlich den rechten Arm hoch. Ich bin erstaunt, was, das geht schon, rufe ich erfreut aus. Das geht immer, aber ich hatte mich eben auf links umgestellt. Das hat dich dermaßen gekränkt, daß dein Arm und dein Bein nicht mitmachten wie immer, daß du sie abgeschrieben, links liegengelassen hast, sage ich. Du mußt die Hand an die Hand nehmen, sage ich, mit ihr zusammenarbeiten. Es leuchtet ihr sehr ein. Sie hatte resigniert – wie wenn sie um etwas Selbstverständliches mehrmals bitten mußte – und ihre rechte Körperhälfte abgeschrieben. Dadurch setzte die Muskelatrophie ein. Jetzt habe die Krankengymnastin begonnen, ihr ein Gefühl für ihren Körper zu geben; ein wohliges Gefühl, sie sei ganz begierig aufs Turnen; sie werde gleich die Mutter anrufen, daß sie ihr die Turnhose mitbringt. Ich streichle ihren Arm, ob sie das fühle, ja, sagt sie, sie habe nur keine Kraft.

Sie habe mich gestern morgen, als es ihr so schlecht ging, anrufen wollen. Dann habe sie überlegt, sie könne nachmittags schlafen, und habe sich klar gemacht, was es nachts bedeutet habe, dann ging es. Da hast du seelisch durchgearbeitet, was dich beschäftigt hat und dich dann selber besser verstanden, toll, sage ich. Sie ist stolz auf sich. – Ich sage ihr nun auch, daß ich gern vorbeigekommen wäre, daß ich es aber wichtig fände, daß sie vormittags ihren Unterricht habe, dann sei sie hier im Krankenhaus nicht nur krank.

Als wir aus dem Zimmer kommen, grüßt Hanna die Schwester, die das Baby in den Armen wiegt, herzlich mit Hallo. Wir gehen nach ein paar Schritten wieder zurück ins Zimmer. Hanna legt sich aufs Bett. Sie schweigt immer wieder. Ich suche nicht nach Worten, bin einfach da. Plötzlich schwitzt sie sehr, setzt sich auf den Bettrand, zieht den Pullover aus. Sie sei oft sehr ratlos, wenn sie so schwitze; sie denke nichts weiter, aber sie fühle sich dann

sehr ratlos. Ich bleibe noch, um sie in dieser Ratlosigkeit nicht allein zu lassen. Ich helfe ihr, die Turnschuhe anzuziehen, binde ihr die Schleifen. Es ist für mich merkwürdig, so körperlich unmittelbar mit ihr in Berührung zu sein. Es ist selbstverständlich, aber ich bin scheu. – Dann kommt die Krankengymnastin und Hanna sagt ihr, sie wolle erst noch die Mutter wegen der Turnhose anrufen.
Ich verabschiede mich von ihr. Sie zieht mit der Krankengymnastin eifrig los.

6. 10. 84 Die Diagnostik rollt ... Hanna nach H. ... ich helfe ihr, sich zu helfen ... Angst vor ›aktiver Sterbehilfe‹

Hanna ruft mich frühmorgens an: es gäbe soviel Neues, sie habe unseren Termin vergessen. Operation in H., sie werde mit der Mutter hinfahren; endlich werde etwas getan. Sie sei in Hektik, die Gymnastiklehrerin warte. Wir vereinbaren einen neuen Termin, heute, 14.30 Uhr, statt morgens.
Als ich komme, liegt Hanna auf dem Bett und liest. Die Schwester kommt, die Mutter sei am Telefon. Sie zieht die Gymnastikschuhe an und stakst in weiten Schwüngen, nach Gleichgewicht an der Schrankwand suchend, zum Telefon. Ich warte, ein wenig verärgert, dann denke ich, ich kann nur da sein. Sie kommt zurück, glücklich über ihr Gehen, obwohl die Schwünge sie fast das Gleichgewicht kosten.
Die Mutter wolle, daß sie nicht mit dem Krankenwagen fahren, sondern, daß der Vater fahre. Aber sie könne die Atmosphäre mit Mutter und Vater zusammen in einem Auto nicht verkraften. Sie fürchtet, die Mutter werde das nicht verstehen. Sie habe der Mutter gesagt, das müsse sie mit dem Vater besprechen. Die Mutter wolle ihr Auto in H. haben, aber Hanna wisse, sie fahre nicht in einer fremden Stadt mit dem Auto. – Ich lasse mir detailliert von ihr erzählen, wie es in ihrer Behandlung weitergehen soll: morgen nachmittag für einen halben Tag nach Hause, um ihre Sachen zu packen. Ob sie das gut finde. Ja, dann kann ich bestimmen, was ich mitnehme. Dann Montag morgen mit dem Krankenwagen nach H. Dort auf die neurologische Station für Erwachsene. Mir graust, welches Elend sie da erwartet. Hanna ist froh, daß sie

konkret weiß, was gemacht wird. Ich sehe das vergammelte Blumenwasser und schütte es weg, will die Blumen auch wegtun. Das versteht sie nicht, sie wird richtig böse. Ich sage, ich hole dir nachher neue Blumen, die alten tue ich erst dann weg. Sie ist einverstanden. – Ich merke, was in mir vorgeht: auch ich gerate ins Machen, in mir dachte es: stereotaktische Operation, also nicht Abszeß, sondern doch Tumor, der punktiert werden soll ... was für ein Wahnsinn, schon allein die Fahrt nach H.! Sie denkt nur, jetzt wird was gemacht, egal was.
Es ging ihr schlecht: die Oma und die Tante, die heiraten wird, waren da, sie sprachen nur von der Hochzeit und den Kleidern, sie ließen sie links liegen. Sie wisse, die Hochzeit sei für sie gelaufen. Aber, meint sie, das könne doch nicht alles sein, sie brauche etwas, womit sie sich beschäftigen könne. Wir beginnen gemeinsam darüber nachzudenken. Knüpfen, Puzzeln ... mit den Händen, das gehe nicht. Sie werde den Fotoapparat mitnehmen, darauf freue sie sich sehr. Erschreckt stellt sie fest, mit rechts werde sie den Auslöser nicht bedienen können. Also, den Apparat abstellen, auf Balkonbrüstung u.ä. und mit links handhaben. Sie wolle so gern festhalten, was sie sehe. Tagebuch schreiben, mit links, das gehe. Ein Satz, ein Wort, sage ich, es sei wichtig, daß sie ihre Eindrücke, Gefühle festhalte. Dann meint sie, sie könne der Mutter ihre Träume diktieren. Die Mutter wolle für den Beruf Steno üben, da könnten sie sich gegenseitig helfen. Ich frage sie, was sie zu Hause mache, wenn sie sich langweile. Radio hören. Ich komme auf den Kassettenrekorder, den könne sie mitnehmen. Sie fängt Feuer, assoziiert los: Kassetten aufnehmen. Als Kinder hatten die Schwester und sie Hörspiele produziert, sie hat mir früher einmal davon erzählt. Sie könnte Kassetten besprechen und Musik reinschneiden. Reportagen machen, mit den Leuten bei der Operation sprechen. Ich wende vorsichtig ein, bei der Operation werde sie ihre Kräfte brauchen, da könne sie kaum aufs Tonband achten. Aber ich verstehe, sage ich, daß du mit den Ärzten sprechen willst, die dich operieren werden. Sie schreibt mir ihre Lieblingspopgruppen gekonnt mit links auf, dann kann ich ihr Kassetten mit deren Musik schicken. Ich bewundere, wie sie mit links schreibt und sie sagt, erst war sie resigniert, daß das mit dem rechten Arm nicht mehr wird. Sie habe nachgedacht und sich an die Diskussion in der Schule über die ›aktive Sterbehilfe‹ erinnert, daß jemand über drei Jahre eine Belastung für alle sein

könnte ... Sie habe nachgedacht, sie könne etwas tun, das habe sie jetzt gemerkt. Sie habe sich geärgert, daß die Ärzte nicht gleich operierten, dann wäre alles erledigt, jetzt wisse sie, sie müsse auch was dazu beitragen. Der Vater habe gesagt, es bleibe wohl eine Narbe im Gehirn und die Hand werde vielleicht nie wieder gut. Sie habe gesehen, eine der Gymnastiklehrerinnen habe eine gelähmte Hand und mache trotzdem ihre Arbeit, das gehe. – Ich bin erschüttert, daß die Panik vor der ›aktiven Sterbehilfe‹ sie jetzt zur Eigeninitiative gebracht hat. Auch, daß sie mit bleibender Behinderung beschäftigt ist; daran habe ich gar nicht gedacht angesichts der akuten Lebensbedrohung. – Sie übe jetzt immer mit der rechten Hand, auch wenn sie das Bett runterlasse, das gebe zwar einen Rumms, aber es gehe.
Sie sitzt auf dem Bettrand, ich sehr nahe bei ihr, näher als sonst. Wir sprechen intensiv miteinander, obwohl die Familie der Mitpatientin im Zimmer ist. Unsere Intimität ist unstörbar für uns beide. Es fällt Hanna noch etwas ein: Sie will aus dem *Stern* die Werbung von einer Möbelfirma einschicken und sich aus den Prospekten eine Traumwohnung zusammenstellen. Wir trennen die Anzeige raus. Aber die müßte dann an das Krankenhaus in H. geschickt werden. Dann brauchen wir deine Adresse, sage ich, die brauche ich ja auch, gehen wir sie bei der Schwester holen, sage ich.
Wir tun das. Ich schnappe zugleich die Diagnose in den Unterlagen auf. Hanna ist stolz, daß sie die Adresse der Klinik in H. hat. Sie erzählt weiter von der Traumwohnung, das sei eine Idee der Schwester. Aber das mit dem Praktikum war auch ein Traum, der schiefgegangen sei. Du kannst nicht auf der Hochzeit tanzen, das ist gemein. Es geht nicht nur dir so, daß nicht alle Träume erfüllt werden. Aber du hast die Fähigkeit zu träumen, die hat nicht jeder, sage ich. Sie freut sich darüber, das empfinde sie auch so. Sie könne ja der Mutter ihre Träume diktieren, sie übe ihr Steno dabei. Ja, da habt ihr etwas Gemeinsames: die Mutter hat die Fähigkeit, schnell zu schreiben, und du hast die Fähigkeit zu träumen.
Wir verabreden uns für morgen, Sonntag, 14 Uhr, statt Montag, das sei zuviel Hektik. – Ich gehe ihr eine Rose kaufen. Sie freut sich darüber, als ich sie ihr bringe. Oma und Opa sind da. Die Oma sagt, ach, ich dachte, Sie waren schon da. Gewiß, sage ich, und der Opa wünscht mir bedeutungsvoll ein angenehmes Wo-

chenende. Hanna geht mit raus, einen Teller für den Kuchen holen. Sie fragt Andrea, ob sie auch einen Teller braucht. Wir winken uns auf dem Flur zu. Ich stehe hinter der Glastüre am Fahrstuhl, sie stakst zur Küche. – Sie beginnt, aktiv zu leben. Und ich weiß, daß es auch aus der Angst vor ›aktiver Sterbehilfe‹ ist, für die ihre Klassenkameraden so einmütig plädiert haben.

7. 10. 84 Hanna mit Teddy im Arm ... jetzt bin ich nur leer

Hanna liegt auf dem Bett, der Teddy auf dem Stuhl vor ihr. Ich nehme den Teddy auf und setze mich. Geben Sie ihn mir, sagt sie und behält ihn die ganze Stunde im Arm. Sie ist still, wir schweigen viel. Auch ich bin ratlos. – Sie freut sich, sie habe etwas Gutes im Bauch, sagt sie unvermittelt, Wiener Schnitzel und Pommes frites, es schmeckte. – Gestern war sie vormittags mit Oma und Opa im Dachcafé, sie saßen da, wo sie weit rausschauen konnte. Ich war richtig stolz, aus G. zu sein, sagt sie, die Altstadt gefiel mir. Der Opa habe sein Hörgerät angemacht, und sie hätten sich gut unterhalten. Nie mache er es an, der ist so, wie ich mit meinem Arm, sagt sie, aber gestern habe sie ihn richtig als Mensch erlebt, der war sonst nur wie so ein Statist dabei; die Oma war, glaube ich, richtig eifersüchtig. Das hat mit den beiden zu tun, daß er das Gerät nicht anmacht, auch auf Familienfeiern nicht. – Ich weiß aus dem Erstgespräch mit dem Vater, daß sein Vater den Hörschaden hat, seit er als Kind vom Lehrer geohrfeigt wurde, daß das Trommelfell platzte; später kam auf dem anderen Ohr Schädigung durch Lärm an der Arbeitsstelle noch hinzu. – Ich freue mich, daß du deinen Arm wieder benutzt und der Opa wieder aufgewacht ist, das hast du bewirkt, sage ich.
Sie habe mit dem Vater besprochen, daß sie, wenn möglich, Donnerstag nach G. käme und Freitag ... und wenn nur für eine halbe Stunde, auf die Hochzeit. Ich lenke sanft ein, merke aber, sie braucht die Vorstellung, daß es möglich sein könnte, und sage, du hast schon soviel möglich gemacht, vielleicht schaffst du sogar das. – Ich frage, ob die Eltern miteinander klären konnten, mit welchem Auto sie fahren. Ja, der Vater wolle die Strapaze nicht auf sich nehmen, er habe nicht verstanden, daß sie die Atmosphäre mit beiden Eltern im Auto, diese Spannung, nicht ertragen

könne. Es sei doch schon viel besser geworden, meinte er. Dafür ist er auch magenkrank, sage ich und denke, der weiß nicht, was er da dauernd schluckt, sonst wüßte er, warum er so viel »schluckt«. O.k., dann fährst du mit dem Krankenwagen. Mir fällt spontan noch das Wolkenspiel als Beschäftigung ein, das wir zu Beginn unserer Beziehung letztes Jahr gemeinsam gespielt hatten.

Hanna sitzt mit ihrem Teddy im Arm da und sagt, daß sie dort im Krankenhaus am Fenster liegen wolle und daß sie mit Erwachsenen zusammen sein werde. Und Behinderten, denke ich voller Gram und spreche es dann vorsichtig aus. Sie spielt mit dem Teddy, ein kleines ratloses Mädchen. – Warum, denke ich, jetzt unter Erwachsene, dieses hilflose Kind. – Sie werde ungeduldig, warum der Vater nicht komme, sagt Hanna. Wir können ja gemeinsam anrufen gehen.

Wir gehen. Im Fahrstuhl hat sie Gleichgewichtsprobleme, es fällt ihr ein, im Dachcafé (man fährt dort auch mit dem Fahrstuhl hoch) sei sie aufgestanden und hatte es ganz vergessen ... das war wie ein Schock, die Leute ... sie könne sich nicht freuen, daß es wieder gehe, am liebsten wäre mir, das wäre mir nicht passiert. Ich lehne mit dem Kopf an der Telefonzellentüre, die ich offenhalte, das denke ich auch, sage ich, es hat schon gereicht, da hast du recht. Sie ist erstaunt, daß ich auf sie warte und mit ihr wieder hochgehen will, wenn sie telefoniert hat. Ich denke, wie recht sie hat, das hätte nun nicht auch noch sein brauchen in diesen 16 Jahren voller Traumen ohne Zahl ...

Wir gehen ins Zimmer zurück. Sie will auf den Balkon, zieht sich allein geschickt den Anorak an. Wir stehen am Geländer, sie ist still resigniert, hier habe sie oft gestanden und gewartet. – Ich denke, und ich habe immer hoch geschaut nach dir, wenn ich kam, aber ich habe dich nie stehen sehen. Ich spreche es nicht aus. Sie ist so klein und ratlos, und ich weiß nichts zu sagen, nichts. Ich fühle mich hilflos und erschöpft, die ferne schöne Herbstlandschaft tröstet nicht. – Ein Kind schreit herzzerreißend. Hanna sagt, das sei schlimm. Aber das Kind, sage ich leise, gibt seiner Verzweiflung Ausdruck, die Erwachsenen tun das oft nicht mehr, du auch kaum. Aber, was nützt das, das ist doch egal, sagt sie. Nein, wenn jemand da ist, der einen auffängt, wenn es zum Weinen ist, dann ist das nicht egal. Aber wie das Kind schreit, sage ich, hört es sich nicht so an, als werde es verstanden und

gehalten in seiner Not. Sie empfinde das auch so. Sie fühle sich so richtig leer, sie wolle am liebsten in einer Ecke sitzen und ein Buch lesen. Sie will wieder rein ins Zimmer. Ich sage, du bist ratlos, und das hat vielleicht auch mit uns beiden zu tun: ich kann dich nun auch nicht mal besuchen, aber du bist nicht allein. Ich weiß davon, wenn du dich leer fühlst, und das ist ein kleiner Unterschied zu früher, wo du mit einem Buch allein in der Ecke gesessen hast. Ja, sagt sie, bei Ihnen bin ich, wie ich bin, jetzt bin ich nur leer. Aber ich weiß, wenn ich weinen könnte, würde ich es tun. Sie würden das aushalten. Aber wenn ich mit meiner Mutter nach H. fahre, weiß ich, daß ich die Starke sein muß. Sonst bricht sie zusammen und greift nach den Tabletten, dann bin ich ganz allein dort. Du meinst, es schützt dich, daß du dich leer fühlst. Ich verstehe dich, das ist eine furchtbare Wahrheit, die du mir heute sagen kannst. Sie nickt, ... daß meine Mutter mitfährt ist eben schon viel, das hätte sie früher nie getan.
Wir gehen zurück in das Zimmer. – Ich bin todunglücklich: ich fühle, was Hanna nicht fühlen darf. Sie sieht, daß der TV an ist, oh, Fernsehen, das ist jetzt das Richtige, sagt sie erfreut. Sie schaut auf die Scheibe, schaut den anderen Vater von der Seite an, zieht ihren Anorak aus und setzt sich auf ihre Bettkante. Ich verabschiede mich von ihr, umarme sie zärtlich. Ich denke an dich, sage ich. Sie lächelt flüchtig, der Fernseher stopft jetzt die Leere, denke ich. Wir haben uns ohne neuen Termin getrennt, zum ersten Mal, denke ich auf dem Flur. Ich weine auf dem Weg durch die Herbstsonne und schäme mich nicht.

12. 10. 84

Telefonat mit Hanna: Müde nach Operation

Mittags: Hanna ist operiert. Gestern war die Punktion, mit der Operation heute hat sie nicht gerechnet, sagt sie. Aber eine Schlaftablette half, ich fühlte mich wie im Siebenten Himmel. (Sie hatte mir vor 2 Tagen am Telefon gesagt, als sie das Klinikum in H. gesehen hatte, sei es wie ein Sanatorium, wie im Siebenten Himmel, gewesen; ihr Bild von den Früchten im Himmel war mir eingefallen, und ich hatte große Sorge um sie, mußte mich ermahnen, ihre Worte nicht als Vorahnung zu hören, sondern mit ihr in der Realität zu bleiben; sie erzählte mir dann, wie gut die Klinik eingerichtet sei, daß sie sich wohlfühlen könne. Sie ist realistisch, Vorahnungen hin oder her, wenn es eine Pizza an der Ecke gibt, dann ist das der Siebente Himmel.) Sie ist sehr müde, und ich sage, ich rufe später noch einmal an.

14.45 Telefonat mit Prof. O.: Leukämisches Infiltrat...

Ich telefoniere mit Prof. O. Es ist ein leukämisches Infiltrat, sagt er, es sieht schlecht aus. Weiterbehandlung in G., wenn sie nicht da schon alles Pulver verschossen haben. Ich bin sprachlos vor Schreck.
Als ich mich gefangen habe, rufe ich ihn ein zweites Mal an. Ich teile ihm meinen Schrecken mit und sage: Ich behandle Hanna psychotherapeutisch, es ist für mich wichtig zu wissen, ob und was Sie Hanna gesagt haben. Ja, Sie haben mir das gesagt, und als ich das Mädel gesehen und gesprochen habe, habe ich gedacht, woher nimmt sie diese Kraft, diese Würde, entschuldigen Sie das altmodische Wort, aber das war ungewöhnlich, jetzt verstehe ich das. Wenn Sie mich so direkt fragen, ich habe ihr nichts gesagt, aber ich werde sagen, daß der Befund mit der Grunderkrankung zu tun hat. – Wie freuen uns beide über das offene Gespräch.

16.45 Telefonat mit Hanna... unterbrochen

Ich rufe Hanna an. Die Mutter ist am Apparat, ich finde keine Worte mit ihr. Sie sagt, es gehe wieder besser, Dienstag käme sie nach G. zurück. – Dann spreche ich Hanna. Sie schlafe die ganze Zeit, bekäme nichts zu essen. Sie spricht langsam schleppend, aber eben drauflos erzählend. Das Gespräch wird unterbrochen, als sie gerade erzählt: heute war ja schönes Wetter mit einer Unterbrechung...

13. 10. 84 Telefonat mit Hanna: Das Schlafen geht besser

Die Frau aus Italien sei weg. (Die schnarchte wohl. Sie hatte sich über sie geärgert und unverhohlen ihre Ausländerfeindlichkeit kundgetan, sich als was Besseres gefühlt.) Das Schlafen gehe besser. Sie habe mir einen Brief geschrieben, aber den müsse sie erst noch durcharbeiten, sagt sie. Sie erzählt etwas vom Fotoapparat des Freundes der Schwester, den er ihr leihen wollte, aber sie habe es dann vergessen. Ich tröste sie, sie laufe eben nicht immer mit Fotoapparat durch G. Tatsächlich, denke ich, vergißt sie immer ihre Motive. Ich frage sie, ob ich sie abends noch einmal anrufen soll. Sie meint, ach nö, es gibt bis dahin sicher nichts Neues. Ich bin erschrocken und sage, ich rufe an, um dich zu hören, das ist Neues genug. Das versteht sie nicht. Sie hat keinen Selbstwert, denke ich traurig. Wir verabschieden uns.
Ich fahre nach F. Ich fühle mich frei und begreife die unglaubliche Last, die die Familie trägt. Zum ersten Mal trägt die Mutter mit. Die Leukämie hatte nicht gereicht, erst der Hirntumor mußte her, damit dieses Kind die Idee einer »Mutter« kriegte. Aber was für eine Mutter: eine *Leidens*genossin! Hanna hätte eine *Lebens*genossin gebraucht, früher, denke ich. Es sind traurige Gedanken, unnütze Gedanken. Ich fahre schnell und genieße es. Ein wunderschöner Herbsttag.

15. 10. 84 Telefonat mit Hanna: allein ... zu allein

Ich bin sehr in Angst und Sorge und rufe an. Frau M. ist dran, es gehe besser, morgen früh um 8.30 Uhr zurück nach G. Ich spreche mit Hanna: sie spricht völlig gedehnt, das Sprechen sei nicht anstrengend, nur mühsam. Ich lehne mich im Stuhl zurück, auch das Zuhören ist mühsam, denke ich, dann geht es besser. Sie freut sich, nach G. zurückzukommen, sagt sie. Die Briefe habe sie fertig, aber nicht abgeschickt. Ich freue mich, daß sie Kontakt halten konnte. Ich sage, wir können sie ja gemeinsam lesen. Sie habe Fotos von der Fahrt gemacht. Ich freue mich mit ihr, daß sie an ihren Plänen festgehalten hat. Ich schaue bei mir aus dem Fenster und sage, es ist ein schöner bunter Herbst, siehst du das von deinem Bett aus... ja, kann mich nicht freuen, sagt sie... Tante hat angerufen, viel von der Hochzeit. Ich bin sprachlos über sowenig Einfühlungsvermögen: schlimm genug, denke ich, daß die kranke Nichte die Hochzeit überschattete, aber kann sie nicht einmal sich auf die Nichte einstellen und nach ihr fragen, statt ihr vorzuschwärmen, wo Hanna doch so gern dabei gewesen wäre, getanzt hätte im Rock'n'Roll-Kleid. ... Ich bin sprachlos und wir schweigen. Dann sagt Hanna, etwas Gutes gebe es doch noch: der Vater habe entdeckt, daß es neben der Klinik ein italienisches Restaurant gebe, die Bestellungen aufnähmen... zum goldenen Abschluß werden die Mutter und sie heute abend zwei Pizzas bestellen. (Dieser Mann ist Realist, er tut, was er tun kann, und verschafft ihr eine kleine schmackhafte Perspektive.) Ich will was Liebes für die Mutter kaufen... weil sie mit mir hier gewesen ist... Sie wissen, sagt sie. Ich sage, du kannst ihr das Liebe doch sagen. Nein, sagt sie entschieden, ich will ihr was schenken. Schade, daß sie ganz weggeht, sagt sie und weint. Ich sage, daß ich sie nicht verstehe. Sie ringt nach Worten... Scheidung, am 23. November, schluchzt sie. Allein, sagt sie, zu allein hier... wenn ich das jetzt rauslasse, kann ich es nicht verarbeiten. Ich sage, du meinst, ich soll von der Traurigkeit wissen, und wenn wir uns morgen wiedersehen, können wir zusammen davon sprechen und es gemeinsam tragen. Trubel, sagt sie, am Wochenende... heute sogar ein paar Schritte, aber zu schwach. Morgens geht das Sprechen besser. Als die Schwester da war... die ist so lebhaft und ungeduldig... mich dauernd unterbrochen, keine Rücksicht, sagt sie. Unvermittelt sagt Hanna, letztes Jahr waren die Großeltern mit ihr in Kloster Arnsburg, es war unheimlich schön. Dann gibt es etwas Schönes, woran du denken kannst, sage ich zärtlich. Auf bald, in G., sagen wir uns.

16. 10. 84 Hannas letzter zärtlicher Wille: Einkäufe in der Stadt

Nachmittags. Ich komme auf Station und finde Hanna mit Frau M. auf dem Balkon. Die Mutter geht sofort ins Zimmer. Ich begrüße Hanna: sie steht vor mir, zerzaustes Haar mit Pflaster auf dem Kopf, als wäre sie gerade aus dem Schlaf gerissen worden, das rechte Bein ist bis zum Knie gewickelt, das soll ihr wohl Halt beim Gehen geben, denke ich. Sie läßt mir keine Zeit, sie lange anzuschauen. Fahren Sie mit mir, sagt sie. Ich verstehe

nicht. Ich will meiner Mutter und Schwester was kaufen. Bitte, können wir in die Stadt fahren. Sie sagt es nicht drängend, nur todernst. Ich erinnere mich, was sie mir am Telefon gesagt hatte, und verstehe. Ich werde Dr. W. fragen, ob wir rausdürfen, sage ich. Sie nickt.
Ich spreche Dr. W. an. Ich sage, ich habe mit Prof. O. telefoniert und weiß, was ist. Hanna will, daß wir ... er erlaubt es umstandslos. Ich erschrecke zu Tode; das ist mörderisch, denke ich, wie könnt ihr das erlauben; aber wir wissen beide, es ist Hannas letzter zärtlicher Wille: in die Stadt fahren und Geschenke für Mutter und Schwester ... Meinen Sie wirklich, sage ich, worauf muß ich denn achten, ich weiß doch nicht, was mit ihr war in den letzten Tagen, ich weiß doch nur ... Auf gar nichts, sagt er ruhig, fahren Sie, das geht in Ordnung, wenn sie es will.
Hanna steht in der Türe. Ich sage: Wir dürfen. Sie strahlt, schaut Dr. W. verschmitzt an. Dr. W. und ich nicken uns zu. Ich bin ihm dankbar, daß er meinen Blick aushält. Ich weiß, auch er ist mir dankbar, weil ich tue, was nur menschlich ist: Hanna begleiten, um ihren letzten zärtlichen Willen in die Tat umzusetzen.
Hanna und ich gehen los. Ich versuche, mich auf ihren Schlenkerschritt einzupendeln. Ich habe sie untergehakt, aber es gelingt mir nicht gleich, ihren Rhythmus zu finden. Wie immer, wenn ich mich ihr gegenüber unbeholfen fühle, spreche ich es aus, damit wir nicht erst lange schmerzlich aneinander zerren. Wir lachen über unsere zappligen ersten gemeinsamen Gehversuche. Dann sagt sie, so schlecht sind Sie gar nicht, da habe ich ganz anderes erlebt. Sie konzentriert sich aufs Gehen, wir schweigen. Ich überlege, wie ich den Wagen von meiner Klinik ein paar Straßen weiter heranfahren kann; wo sie warten kann; zu welcher Straßenseite ich sie am besten führe, damit sie einsteigen kann; Parkmöglichkeiten gibt es hier weit und breit nicht. Jeder von uns ist auf seine Aufgabe konzentriert: sie aufs Gehen, ich aufs Fahren, derweil wir aus der Klinik schaukeln. Ich hole den Wagen, sie bleibt an die Mauer gelehnt stehen. Ich finde sie am gleichen Fleck und helfe ihr beim Einsteigen, lege ihr behutsam den Sicherheitsgurt um. Sie lacht, als ich am Steuer sitze, mich angurte und tief durchatme, ein schönes Auto, sagt sie. Sag mir, wenns zu schnell ist, lache ich sie an. Ich fahre gern schnell, sagt sie und genießt still die Fahrt. Wohin willst du. Zu Horten, sagt sie, für meine Mutter eine Geldbörse und Fenjala-Duschschaum, das

mag sie, ich weiß es; und für meine Schwester Süßigkeiten; das habe ich mir ausgedacht, sagt sie zufrieden mit sich.
Bei Horten – der Weg dahin war schon ein still-gekonnt-gemeinsames Dahinschlenkern, immer mit kleinen Pausen und kleinem Lächeln, wenns erneut galt, unseren Takt zu finden, immer auch das schmerzliche Aneinander-Zerren, wenn wir aus dem Takt gerieten – dort bei Horten sucht Hanna bedächtig unter vielen Geldbörsen eine aus. Das Geld muß für alle beide reichen, sagt sie, und für eine kleine Süßigkeit für mich selber, after eight, das habe ich eingeplant. Die Börse haben wir. Das Duschgel kriegen wir hier nicht, aber die Süßigkeiten. Hanna drängt in die gegenüberliegende Drogerie. Dort werden wir, der Vornehmheit des Ladens entsprechend, mit unserem Anliegen abserviert. Ich hatte es befürchtet, aber Hanna beharrte auf einem Versuch. Wir entscheiden, zurück zu der Drogerie in der Nähe des Klinikums. Entlang der langen Fensterfront des Kaufhauses... plötzlich stockt sie, bleibt stehen, scheint verwirrt, den Tränen nahe. Bis eben ging es gut, sagt sie, aber ich wußte ja nicht, wie ich aussehe. Sie schaut mich verzweifelt an, neben uns stehen Jugendliche vor den Schallplattenauslagen, debattieren. Ich schaue sie an: wie siehst du aus, sage ich. Sie blickt in die Schaufenster, auch ich tue es, sehe uns beide. Ich kanns nicht ändern, sagt sie, nicht besonders chic. Du hast recht, sage ich zärtlich, aber ich finde es toll, daß es geht und du dich ganz gut fühlst, das zählt für mich.
Wir schaffen es zur Straße. Sie wartet. Ich komme mit dem Wagen. Das Hupen hinter uns kann uns nicht stören. Wir haben nur ein Ziel: ruhig in die nächste Drogerie und das Fenjala für die Mutter kaufen. Ich gehe allein in den Laden, sie ist zu erschöpft. Ich bitte die Verkäuferin, die mich kennt, um ein hübsches Papier und laufe zurück zu Hanna. Das dauert aber lange, nörgelt sie. Ja, sage ich, du kriegst es hübsch als Geschenk verpackt. Ich laufe zurück, bringe ihr stolz ihr Geschenk. Es liegt in ihrem Schoß neben der Schokolade für die Schwester und ihrem kleinen Päckchen after eight.
Erschöpft sinkt sie auf ihr Bett. Sie strahlt die Mutter an, die neben dem Bett sitzt und strickt. Das ist für dich, sagt sie der Mutter und schaut auf die 2 Geschenke auf dem Nachtkastl. Die Mutter nimmt sie an sich, das ist für mich, sagt sie und reißt lieblos hastig die Papiere auf, freut sich über die Börse, küßt Hanna, die vor sich hin lächelt, das war doch nicht nötig, sagt sie,

danke. Doch, sagt Hanna und schaut zu mir, weil du mitgefahren bist und ich das eine Mal, du weißt schon, sagt sie... sie ist erschöpft und schließt die Augen. Sie scheint mit sich zufrieden zu sein.
Was in ihr vorging, weiß ich nicht. Ich weiß nur, was in mir vorging, nachdem ich diesen Ausflug zusammen mit Hanna heil überstanden habe, und davon wird nur K. erfahren.

17. 10. 84 Hanna weint... ich dachte, ich kann gar nicht weinen

Hanna sitzt mit der Oma da. Als die Oma geht und fragt, was sie für Wünsche habe, sagt Hanna ihr, du mit deinen Wünschen, ich ersticke ja fast. Die Oma solle den Kuchen mitnehmen. Ich sage, die Oma meine es wohl gut, aber sie verstehe nicht, daß es ja reiche, wenn sie komme. Hanna sagt, sie habe ihr gesagt, daß sie sich selbst versorge, aber die Oma verstehe das nicht. Die Tante habe heute morgen angerufen und gesagt, sie komme gleich, und habe den Hörer aufgelegt. Das geht doch nicht, sagt Hanna verzweifelt, keiner fragt mich. Wieder geht die Respektlosigkeit los, denke ich. Das kranke Mädchen im Zimmer streitet mit seiner Mutter, Mißverständnisse. Hanna will rausgehen.
Wir sitzen auf dem Flur. Vor einem Jahr saßen wir beide auch mal hier, denke ich. Hanna sagt, es sei schlimm, seit 10 Jahren mache die Mutter das. Ich verstehe nicht, sie spricht von der anderen Mutter. Sie ist deprimiert und erzählt, in H., als sie aus dem Palmencafé kamen und an einer Disko vorbei gegangen seien, habe sie die Beherrschung verloren und geschrien, sie könne nicht mehr... wie die Leute in der Raststätte ihr Platz gemacht hätten... daß das überhaupt nötig sei... behandelt werden als Behinderte, sie habe geschrien: sie habe keine Lust mehr. Selbst wenn es Kleinigkeiten gäbe, die sich besserten, sie quäle sich nur... die Ärzte hätten bei der Visite gesagt, sie würden es dann mal mit Bestrahlungen versuchen... aber sie hätten doch erst gesagt, die Operation sei die bestmögliche Methode... Ich denke an das Telefonat mit Prof. O.: Leukämisches Infiltrat, Weiterbehandlung in G., wenn die nicht ihr Pulver schon... er werde sagen: der Befund habe mit der Grunderkrankung zu tun. Wem hat er es gesagt, denke ich. Hanna scheint nichts zu verstehen, er

muß es der Mutter gesagt haben, blitzt es in mir auf. Ich will Hanna fragen, was hat dir Prof. O. gesagt nach der Operation ... Hanna weint, weint herzzerreißend, lautlos erst, dann schreit sie auf, sie weint besinnungslos ihren Schmerz aus sich raus. Ich halte sie in den Armen, sage nichts Tröstendes, alles wäre nur falsch in diesem Moment. Ich streichle ihr über den Kopf, streichle ihr den Rücken wie man ein Kind streichelt, das tödlich erschreckt ist und fassungslos weint. Ich bin ruhig da. Gebe ihr dann ein Taschentuch, wir schauen uns an. Dann sagt sie, als wäre sie aus einem Alptraum erwacht, sagt verdattert: ich habe geweint, ich dachte, ich kann gar nicht weinen. Sie ist erleichtert.

Hanna sagt, ich schaffe das auch noch, aber manchmal mag ich nicht mehr. – Ich bleibe auf unserer gemeinsamen Beziehungsebene und sage: mit unserem Ausflug, gestern, da ist dir mehr als eine Kleinigkeit geglückt. Du hast deiner Mutter deine Gefühle zeigen können, und die Mutter hat dich verstanden. Ja, sagt sie, jetzt habe ich eine richtige Mutter. Sie habe in H. alles für sie gemacht und sei zuverlässig gewesen. Es sei klar, daß sie ... 2.00 Uhr habe sie gesagt, komme sie, und sie werde kommen, früher gab es das nicht. – In mir schreit es, zuverlässig, ja, das mag sein, aber sie hat dich belogen. Ich kann es Hanna nicht sagen in diesem Moment und bleibe in ihrer Gegenwart: jetzt habe ich eine richtige Mutter, ich kann ihr dieses Gefühl unmöglich zerstören. Ich müßte es tun, damit sie den Sinn der Behandlungsversuche der Ärzte begreifen kann, aber ich kann es nicht, nicht in diesem Moment.

Hanna will ins Zimmer zurück. Sie sinkt erschöpft aufs Bett, die Augen fallen ihr zu. Ich konnte ihr die Anstrengung im Flur nicht ansehen. Ich denke, ich muß an meiner Erschöpfung ablesen, was sie nicht für sich rechtzeitig benennen und mir sagen kann. Wenn sie dann sagt, daß sie erschöpft ist, ist sie schon überanstrengt.

18. 10. 84 Ich muß Hanna die Wahrheit sagen, denn die Mutter hat sie belogen

Ich weinte in meiner Analyse und begriff meine Wut über die vielen, die helfen, ohne zu helfen: die Oma, die Kriegsüberlebensfutterrationen anbringt; den Opa, der einen Ausflug ins Krankenhaus macht, wie andere Menschen mal vor die Türe gehen, einen kleinen Spaziergang machen, der aber sein Hörgerät nicht anschaltet, wenn er mit Hanna zusammen ist; die Schwester, die ihre Stunden an Hannas Bett absitzt, ihre Aufgaben macht, Zeitschriften liest oder strickt, um die Zeit zu nutzen; die Mutter, die nicht anders kann, als zu lügen, und damit in meine Therapiesuppe spuckt, so daß ich verzweifelt und überfordert bin. Keiner spricht mit Hanna, keiner teilt mit ihr die medizinisch aussichtslose Situation. Mit K. verstand ich, was ich tun muß, wenn es keiner tat. Ihr sagen, daß der Tumor mit der Leukämie zusammenhängt, aber trotzdem nicht aufgeben. Genauso wenig wie wir beide vor einem Jahr aufgegeben haben, als wir uns kennenlernten.

Ich sprach mit Dr. W. Er hatte geglaubt, weil ich gemeint hatte, die Mutter trage jetzt mit... Ja, sage ich, sie ist mit nach H. gefahren, sie war auch zuverlässig, anders als früher. Das ist das eine. Aber sie muß Hanna belogen haben. Prof. O. hat mir gesagt, er werde Hanna sagen, daß der Tumor mit der Leukämie zusammenhängt. Dr. W. begreift. Er werde, sagt er, Hanna sagen, worum es geht.

Ich finde Hanna auf dem Flur, niedergeschlagen und matt. Ich höre ihr zu, aber sie kann nicht aussprechen, welche Untersuchungen gemacht werden. Ich fühle mich gestört von der Schwester, die dabeisitzt und strickt, strickt, strickt. Dann sagt sie, ob sie gehen solle, und zu meiner Verblüffung sagt Hanna, ja, und sie geht.

Hanna sagt, sie sei niedergeschlagen, habe gut geschlafen, aber ohne sich gut zu fühlen, sie habe Angst vor dem Stechen. Sie sei müde. Ich sage, du kannst dich hinlegen, ich komme zu dir, damit es dir gutgeht, und wenn dir das Hinlegen jetzt guttut, dann ist das o.k. Es sei schlimm, sagt die, die Schwester, die Oma, am liebsten... wegschicken. Ich sage, o.k. Aber ich habe Angst, die kommen nicht mehr wieder, sagt Hanna.

Wir gehen ins Zimmer. Sie lächelt abwesend vor sich hin. Ich mache ihr die schmuddelige Binde vom Bein ab. Ich bin ganz bei mir, ein wenig fürchte ich mich, Hanna anzuschauen. Als ich es tue, liegt sie still mit geschlossenen Augen da. Die Oma kommt mit dem Anorak, Hanna müsse in den Strahlenbunker. Wozu, wisse keiner. Ich sage ihr, sie solle Hanna ein paar Minuten ruhen lassen. Ich sage Hanna, sie solle Dr. W. fragen, er sei ein guter Partner. Sie nickt. Ich solle die Schwester reinholen, sagt sie.

Welche Schwester, sage ich. *Meine* Schwester. Sie holt die Schokolade, die sie ihr gestern gekauft hat, aus dem Nachtkastl, schenkt sie der Schwester. Sie lächelt die Schwester an und nimmt gern eine Praline, die die Schwester ihr anbietet.
Die Oma kommt erneut mit dem Anorak, gefolgt von einer Krankenschwester. Ich bitte sie um eine frische Binde für das Bein. Sie bringt sie. Während die Oma ungeschickt das Bein nach Hannas Anweisungen wickelt – das soll beim Gehen gestützt werden –, frage ich die Schwester, wohin es geht. Sie sagt schneidend: zur Abklärung, ob sie bestrahlt wird oder nicht. Hannas Schwester verabschiedet sich mit Küßchen und Schätzchen und haha (unerträgliche Scham, denke ich) und sagt, sie könne ja wiederkommen und schauen, ob sie bleiben soll. Die Krankenschwester sagt, lieber nachmittags, das lohnt doch nicht, zweimal der Weg. – Ich stehe still da, in mir brüllt das Kind vor Schmerz über diese barbarische Wirklichkeit. – Ich schaue nach Hanna, die der Oma die Anweisungen für das Wickeln des Beins gibt. Ich frage sie nach einem neuen Termin, sie sagt, Samstag (nicht Freitag, morgen), kommen Sie Samstag. O.k., sage ich.
Schließlich gehen wir alle los. Hanna am Arm der Oma. Ein lebendiger Leichenzug, denke ich. – Am Fahrstuhl weint Hanna, sie zieht so, sagt sie flehentlich zur Krankenschwester. Ich stelle mich neben sie. Ich öffne Hanna die Fahrstuhltüre und schaue sie an. Wir lächeln uns zu. – Ich gebe ihr die Würde zurück, denke ich, die Würde, als Mensch gefragt und geachtet zu werden. – Sie stockt vor dem Krankenauto. Es entsteht Gedrängel. Der Fahrer, der sie wohl kennt, begrüßt sie jovial. Ich sage ihr, tschüß, bis Samstag. Ja, sagt sie. Es ist ein festes Abkommen zwischen uns, wir sehen uns am Samstag.

19. 10. 84 Es geht nicht mehr ... aber ich laufe nicht weg

Ich entscheide mich, heute, Freitag, kurz zu Hanna zu gehen. Ich finde sie angezogen auf dem Bett liegend. Sie lächelt mich an, sagt mit großer Mühe ... es geht nicht mehr ... Als ihr der Satz schließlich geglückt ist, sage ich still ... aber ich laufe nicht weg. Sie nickt. Sie schließt die Augen, und ich bleibe eine Weile still bei ihr. Wir verabschieden uns dann, sie brauche Ruhe, sagt sie. Ich denke an dich, sage ich zärtlich. Ich schaue später wieder rein.

O.k., kann sie mühsam rausbringen. – Ich vergesse meinen Mantel an der Pforte, bemerke es erst, als ich im Arztkittel hinter dem Steuer sitze. Auf der Nachhausefahrt stelle ich mir vor, ... in dem Moment von rechts, ein Wagen wechselt die Spur, irrsinniges Schleudern meines Wagens, mir ist schwarz vor Augen. Ich reiße das Steuer rum, fange den Wagen auf. Der Fahrer des anderen Wagens schaut nicht einmal, biegt seelenruhig ab. Ich muß gut auf mich aufpassen, denke ich ... Ich hatte Spiele entworfen, konstruiert, welche Art der Aphasie eintreten würde und wie ich Hanna helfen könnte, trotzdem, auch ohne Sprache sich auszudrücken. Ich sah sie im Rollstuhl vor mir, wie sie mir stolz einen Zettel gibt, auf dem sie mir geschrieben hat, was sie gerade sagen wollte. Sie lachte. Dann ...

13.00 Uhr

Ich rief Dr. W. an. Hanna hat hohes Fieber, sagt er. Sie habe ihn vor einer Stunde etwas fragen wollen, er habe lange gewartet, sagt er, dann ging nichts mehr, sie brachte kein Wort mehr raus. – Er kam nicht drauf, daß sie es aufschreiben könnte. – Man beginne mit der Bestrahlung, aber ob es helfe, wisse man nicht, sagt er.

18.00 Den Teddy im Arm

Ich finde Frau M. strickend in Hannas Zimmer, das leer ist; es ist kein zweites Bett im Zimmer ... ich kann noch, sagt sie bedeutungsvoll. Hanna wurde zur Punktion in die Neurochirurgie geholt. – Dann wird Hanna ins Zimmer gefahren, einen Mullverband um den Kopf, sie schaut sehnsuchtsvoll die Mutter an, dann ihren Teddy. Sie braucht ihren Knuddel, sage ich zur Mutter, sie versteht jetzt und gibt ihn ihr, dann streichelt und liebkost sie Hanna. – Herr M. kommt, küßt Hanna inbrünstig. Zum ersten Mal erlebe ich Mutter und Vater gleichzeitig bei Hanna. Als der Vater rausgeht, – auch die Mutter hält es nicht lange in der Stille aus –, sage ich zu Hanna, die still umherschaut, sie sind beide da. Ja, sagt sie und ringt dann lange um eine Formulierung, die in ihr da ist, aber sie kann sie nicht ausdrücken, ... ja, Eltern entspannt, sagt sie ... aber trotzdem. Ich ahne, was sie sagen will, ... trotzdem werden sie sich scheiden lassen. – Der Vater kommt zurück und tuschelt zärtlich mit ihr, sie lächelt. Die Mutter bittet mich auf den Flur.

Ob sie geistig behindert sein werde, fragt sie mich. – Von »sie« spricht die Mutter, von einem Gegenstand, der nun nicht mehr klug reden kann und nicht mehr hübsch anzusehen ist, sozial auffällig sein wird, das ist ihre Sorge, und ich muß daran denken, daß Hanna erzählte, am liebsten würde die Familie mich verstekken. Die Gardinen in der Küche mußten geschlossen sein, wenn sie zu Hause ohne Perücke rumlief. – Ich sage, es muß schwer für Sie sein, daß Hanna kaum noch sprechen kann. Aber noch lebt sie, was sein wird, das weiß keiner. Ja, sagt Frau M., sie sei allen gerade durch ihre Sprache aufgefallen, sie habe immer etwas zu sagen gewußt. Ich steuere zurück in Hannas Zimmer.
Ich bleibe noch eine Weile still da. Fiebermessen, auf den Topf, die Schwester bittet mich um kleine Handgriffe. Plötzlich fallen die Blätter der einen weißen Rose ab, sie wird sterben denke ich, Aberglaube, denke ich, ich weiß es, auch ohne daß die Blätter zu Boden fallen. Hanna lächelt, den Teddy im Arm, die Eltern stehen neben dem Bett. Ich verabschiede mich, sage ihr, ich gehe jetzt, ich komme wieder. – Mehr als die Eltern braucht sie nicht, denke ich.

20. 10. 84 ... Hanna hat ihr Leben gelebt

Samstag, 9.10 Uhr, ich habe verschlafen. Um 9.30 Uhr waren wir verabredet. Ich rufe auf Station an, um zu hören, wie es Hanna geht, und damit man ihr sagt, daß ich komme, und ich in Ruhe fahren kann. Hanna sei heute morgen um 5.00 Uhr gestorben, sagt die Schwester.
Ich komme auf Station, spreche mit Dr. W., man habe punktiert und ich weiß nicht was noch versucht, sagt er. Ich gehe mit der Schwester; die Eltern seien um 8 Uhr weggegangen, keiner war nachts zu erreichen. Warum haben Sie mich nicht angerufen, sage ich. Wir wußten, daß Sie immer zu Hanna kommen, aber wir hatten ihre Nummer nicht. – Es stimmt nicht, denke ich, aber was spielt das nun noch für eine Rolle. – Sie sei bei Hanna gewesen, sie sei nicht mehr aufgewacht. – Ja, denke ich, es gab nichts mehr zu sagen, wem auch, keiner war da.
Ich finde Hanna, den Teddy neben sich, und lege ihr die zwei roten Rosen, die ich heute für sie hatte, in den Arm, streichle über die Narbe am Mundwinkel, weine. Ich begrüße den Vater, die

Mutter ist nicht da. Der Opa jammert was von ... zu früh aus dem Leben ... und ich sage, Hanna hat ihr Leben gelebt, mehr als mancher, der älter geworden ist als sie. Leben ist keine Frage der Zeit. Ich sage es vor mich hin und schaue Hanna an. Der Vater sagt, ja, Hanna konnte leben, ... die Ferien in Holland, sie hatte soviel Spaß am Meer. Sie haben ihr das ermöglicht, sage ich diesem Mann. Er kann es annehmen. Hanna hat Sie sehr gemocht, sagt er. Ich weiß, sage ich, ich sie auch. Bitte, denken Sie an den Brief, den sie Ihnen für mich gegeben hat. – Er wird es vergessen, denn in dieser Familie vergißt man alles, hatte Hanna mir gesagt.

Ich werde die Arbeit mit Hanna und dieser Familie nicht vergessen.

Ich fuhr nach F. zum Friseur, so wie ich es für diesen Samstagvormittag vorgehabt hatte. Ich versuchte, an meiner Realität festzuhalten und nicht auch in Totenstarre zu fallen. Dann rief ich K. an. Er war nicht da. Am Montag fragte ich ihn, hätten Sie mir am Samstag eine Stunde gegeben? Ja, sagt er, ich glaube schon. Ich fühlte, ich habe die Stunde bekommen, auch wenn es real nicht so war.

Teil 2
Mein Herz klopft wie wild, das habe ich noch nie erlebt

Psychosoma-Analyse mit Maria, 20 Jahre, Herztumor

Übersicht

16.9.83 Erste Begegnung mit Frau S., Mutter von Maria, 20 Jahre, Herztumor

Ich hatte Frau Dr. L., die Oberärztin der kinderonkologischen Station wegen Hanna angesprochen, und sie hatte mir am Ende des Gesprächs gesagt, Maria, die bräuchte Sie auch dringend. Es schoß mir durch den Kopf: wenn Frau Dr. L. mir einen ihrer Patienten ans Herz legt, mußte es entweder ein Todeskandidat sein oder aber einer jener Patienten, an denen die Bekämpfung des Krebses geglückt ist, dessen Eltern nun aber ohne krebskrankes Kind zu dekompensieren drohen. Ich wußte das aus der Balintgruppenarbeit mit dem kinderonkologischen Stationsteam. Der Fall: Michael schweigt, weil ..., die Beratungsgespräche mit dem EHEPAAR X. standen mir vor Augen.[1] Ich ahnte zwar, daß ich wohl wieder als Feuerwehr fungieren sollte, aber ich stimmte zu, Maria zu sprechen.
Dann sprach mich gleich auch Frau S. an, die Mutter von Maria: Ich habe gehört, daß Sie psychotherapeutisch mit Hanna arbeiten. Meine Tochter ist 20 Jahre, sie hat einen Herztumor und, sagt Frau S., *unser Problem ist, daß Maria ihre Krankheit überleben wird.* Ich erschrak zutiefst über diesen Zynismus: als wollte Frau S. damit sagen: es wäre für uns kein Problem, wenn Maria stirbt, aber ihre Lebendigkeit, das ist unser Problem. Ich schaute Frau S. an: silbern geschminkte Augenlider maskierten ihre braunen lebhaften Augen... verschluckte Tränen, dachte ich. Ich hörte dieser Frau zu, die mir hastig einen Abriß von Marias Krankengeschichte gab: Herztumor, Operation, Kur, Herzstillstand, dann massive zytostatische Behandlung und Bestrahlungen. Und, sagte Frau S., es sind seither 5 Wochen vergangen, der Tumor ist zurückgegangen, aber es waren nicht nur schlechte 5 Wochen. Sie bat mich um ein Gespräch, denn, wissen Sie, sagt Frau S., Marias Tumor ist nicht eine rein medizinische Sache, das habe ich immer gewußt, daß da mehr reinspielt. Maria lebt, aber wir alle kommen nicht damit zurecht. Ich war entsetzt und erschüttert, verstand mich aber: die Zerrissenheit, dachte ich, die ich fühle, das muß die Zerrissenheit sein, in der diese Frau lebt, darüber will sie sprechen. Ich spürte Interesse an diesem Menschen, vor allem

1 Vgl. *Aufzeichnungen eines seelischen Nacktflitzers*, 1991b, S. 423 ff. und S. 438 f.

aber an Maria. Wir vereinbarten ein Gespräch bei mir in der Klinik.

21.9.83 Erstgespräch mit Frau S., 41 Jahre, Mutter von Maria: Sunny girl ... Abi, aber sie fand sich verloren ... Herztumor ... vom Geheimnis entbunden ... ein Baby mit Studentenausweis

Ich war gespannt auf das Gespräch mit Frau S., die es wagte, schonungslos das Problem beim Namen zu nennen: das Problem, daß ein Krebspatient überlebt, sein Überleben aber die Familie bedroht. Frau S. saß schon im Wartezimmer. Ich begrüßte sie, sagte ihr aber, daß ich noch ein paar Minuten für mich brauche, und trank erst meinen Café. Dann holte ich Frau S. ab.
Als sie mein Zimmer betritt und meine Blumen sieht – wundervolle Rosen –, fragt sie: sind die echt? Überprüfen Sie es doch, sage ich; sie bückt sich und riecht an den Rosen. – In mir fügen sich 2 Mosaiksteine zusammen: Unser Problem ist, daß Maria ihre Krankheit überleben wird, hatte Frau S. mir gesagt, und sie führte mir nun das Problem leibhaftig vor Augen: die Lebensstörung der Mutter, die lebendig und tot (bzw. künstlich) nicht unterscheiden kann ... So wie Dr. X., Hannas Arzt, denke ich, der die lila Rose auch erst anfassen mußte. – Diese zierlich knabenhafte Frau mit herben Gesichtszügen, die Augenlider silbern geschminkt über lebhaften Augen, verschlang mich mit Blicken, saß kerzengerade im Sessel, die Hände zwischen die Schenkel gepreßt, und sagte, sie freue sich, daß die Psychosomatik sich nun um Krebspatienten kümmere. Ja, sage ich, unsere Forschung steht am Anfang, und Sie sind mit vorn. – Ich mache keinen Hehl daraus, daß ich stolz auf meine Arbeit mit Krebspatienten bin, und gebe ihr damit zu verstehen, daß auch sie Grund hat, stolz zu sein auf sich, wenn sie es wagt, die Krebserkrankung ihrer Tochter psychosomatisch verstehen zu wollen. – Sie wolle mir Marias Krankengeschichte erzählen, im Telegrammstil, sagt Frau S., die Gefühle lasse ich jetzt mal draußen und erzähle Ihnen nur die Ereignisse. – Was für ein Widerspruch, denkt es in mir: sie freut sich, daß ich es wage, Psyche und Soma des Krebspatienten zu-

sammenzudenken, und nun soll ich gerade von ihren Gefühlen nichts erfahren. Ich fühle mich manipuliert.

Maria sei 20 Jahre alt. Vor 4 bis 6 Wochen habe sie sich schwach gefühlt, ein wenig anämisch, sie habe abgenommen, aber da sie eher füllig gewesen sei, habe sie sich nicht weiter gesorgt, sagt Frau S. Dann habe Maria eine schwere Bronchitis bekommen. An ihrem zwanzigsten Geburtstag sei sie furchtbar elend an den Kaffeetisch gekommen, und ihr Mann habe bestimmt, daß Maria zum Internisten gehe. Das habe Maria getan und sei anschließend zu ihr an die Arbeitsstelle gekommen, weinend. Frau S. erläutert mir, daß sie Arzthelferin in einem Reha-Zentrum für Alkohol- und Tablettensuchtkranke ist und früher in einer Tumor-Nachsorgeklinik für Brustkrebspatientinnen gearbeitet habe. Maria habe geweint, weil der Arzt eine Lungenentzündung festgestellt und sie sofort ins Kreiskrankenhaus eingewiesen habe. Sie fuhr mit der Tochter ins Krankenhaus und habe sich die Aufnahmen der Lunge selber angesehen. Maria schwebte in akuter Lebensgefahr, aber, sagt Frau S., Gefühle lasse ich mal weg und erzähle Ihnen nur die Ereignisse. Maria wurde also am Herzen operiert, *sie hatte einen faustgroßen Tumor im Herzen,* der die Herzklappe zudrückte. Als ich das höre, kommen mir die Tränen vor Schreck. Ich verberge es nicht. Frau S. rast weiter in ihrem Bericht, und ich sage hilflos: mal Luft holen. Sie schaut mich an, als wollte sie sagen, was willst du denn, was soll ich denn erst sagen!

Maria sei 20 Jahre kerngesund gewesen, hochempfindsam und sensibel, ein bewundernswertes Mädchen, *von allen ins Herz geschlossen,* sagt Frau S. Letztes Jahr habe sie das Abitur gemacht, sie wollte Sozialpädagogik studieren, dann aber doch lieber praktisch in einem sozialen Beruf tätig werden. Sie habe nichts als Absagen bekommen und wurde traurig. Sie habe die Wartezeit dann damit gefüllt, daß sie ein dreimonatiges Praktikum bei Schwerstbehinderten machte (Januar bis März 83). Das ist sehr schwere Arbeit gewesen, aber doch auch befriedigend, sagt Frau S., denn Maria hat immer Kontakt zu den anderen Praktikanten gefunden. Frau S. lächelt versonnen vor sich hin. Maria sei sehr engagiert. Aber jetzt wisse sie aus den Gesprächen mit Maria, daß die Arbeit mit den Schwerstbehinderten sie sehr mitgenommen habe. Sie hätten auch damals viel miteinander gesprochen, sagt Frau S. Sie selber hätten schon die Erzählungen teilweise so mit-

genommen, daß sie nicht verstehen konnte, wie Maria das verkraftete. Vielleicht hat sie ihrem Herzen doch zuviel zugemutet?, sage ich vorsichtig. Frau S. stimmt zu, das glaube sie heute auch. Maria hätte ja aufhören können, das habe ich ihr auch gesagt, das wäre keine Schande gewesen. Das Warten und Herumlungern zu Hause ist aber furchtbar gewesen, darunter hat Maria sehr gelitten, sie hat sich unnütz gefühlt und überflüssig. *Sie fand sich verloren,* verstehen Sie, sagt Frau S. Deshalb hat sie die Praktika machen wollen. Sie habe ihr schließlich eine Praktikantenstelle in einer Jugendberatung für ausländische Jugendliche, Türken etc., besorgt. Einen Tag vor ihrem Geburtstag habe Maria gesagt: Das erste Mal, seit ich lebe, freue ich mich nicht auf meinen Geburtstag, was soll bloß aus mir werden ... Ich höre zu, in mir denkt es: seelische Überforderung ... Aufhören, keine Schande, Überforderung, ist das denn eine Ehre ... zu Hause herumlungern ... wer beschimpfte Maria in dieser Weise ...
Die Operation, sagt Frau S., es dauerte Stunden, und *ich tigerte wie eine Löwin vor dem Käfig auf und ab,* in den ich doch nicht hineindurfte. Mein Mann ist dabei gewesen. Frau S. weint: – Tigerte ... wie eine Löwin, Sprachakrobatik, denke ich, nein, diese Frau ist nicht nur wortgewaltig, sie hat ein martialisches Selbstverständnis, dabei streiten sich gleich zwei Bestien in ihr, die sich von Natur aus bekämpfen ... – Frau S. weint und sagt, beide, sie und ihr Mann, hätten den Schock: Maria, 20 Jahre, und todkrank!, nicht realisieren können, Maria habe das bis heute nicht realisiert. Ich frage sanft: und Sie auch nicht? Nein, ich auch nicht. Sie seien nach Hause gefahren, und um 4 Uhr morgens kam ein Anruf: Das Herz schlage wieder, aber es seien auch bösartige Zellen da gewesen, und man wisse nicht, ob alles entfernt sei. Maria habe 3 Tage lang auf der chirurgischen Intensivstation gelegen, danach 14 Tage in der Chirurgie; dann wurde sie nach Marburg in die Radiologie zur Nachsorge überwiesen. Warum, das verstand keiner, die histologischen Befunde hätten auf sich warten lassen. Prof. G. habe dann eine Kur vorgeschlagen und sie sei dann mit Maria für 6 Wochen nach R. an den Bodensee gefahren. Ihr Mann sei für 14 Tage mit dem Sohn nachgekommen. – Pervers, denke ich, Marias Genesung wird zum Familienausflug. – Die ersten 4 Wochen habe sich Maria zusehends erholt und sei guter Dinge gewesen. Sie habe darunter gelitten, daß sie nur unter erwachsenen Infarktpatienten war, sie habe ihre Versehrtheit sehr

stark empfunden, sagt Frau S., sich dann aber tapfer arrangiert. Sie habe menschlichen Kontakt gefunden, alle hatten sie *ins Herz geschlossen*. Nach 3 Wochen bekam Maria Fieber, wie sich später zeigte, sagt Frau S., war das das neue Tumorwachstum und zwei Lungenmetastasen. Maria sei wieder an die Infusion gekommen, aber sie habe sich auf zu Hause gefreut. Dort sei sie 3 Tage gewesen und auch mit Freunden eine Runde über den Kirmesplatz gegangen. Am nächsten Morgen mußte mein Mann zu einem Personalgespräch nach B.: Er sollte zum 1. 10. versetzt werden, was aber nun wegen Marias Erkrankung nicht geht. Maria hat morgens den Vater geweckt, damit er nicht verschläft und ist die Treppe wieder runtergegangen. Dann hörte ich einen dumpfen Aufschlag, Maria war der Länge nach hingeschlagen ... Herzstillstand, wie wir später erfuhren, sagt Frau S. Mein Mann und ich trugen sie ins Bett.

Einen Tag zuvor hatte ich bei Prof. G. angerufen und erfahren, daß null Chance bestehe, daß man nur abwarten könne, bis Maria sterbe. Es bleibt Ihnen nichts anderes übrig, als viel Kraft zu haben, gab mir Prof. G. mit auf den Weg. Ich wußte also, was Marias Ohnmacht *bedeutete*, sagt Frau S. Maria nahm es als Ohnmacht und witzelte darüber. Sie habe dann Maria gebeten, im Bett zu bleiben und sei an die Arbeitsstelle gefahren. Frau S. hält inne und schaut mich fragend an. Sie sind weggelaufen?, frage ich sie vorsichtig. Nein, sagt Frau S., ich fuhr an die Arbeitsstelle, um alles abzusagen und Telefonate zu führen und dann wiederzukommen. – Ich denke: Herzstillstand, sie weiß es und läßt Maria derweil allein, um zu telefonieren. – Ich sage: Sie haben mir das Gefühl gegeben, Sie seien vor der Wahrheit, von der Sie wußten, geflohen, weil Sie sie nicht aushielten, da habe ich Sie mißverstanden. Frau S. erzählt weiter. Sie habe sich schon die ganze Zeit umgehört und von Prof. Z. und seiner Behandlung von leukämiekranken Kindern gewußt. Mit ihm hat sie telefoniert, ob er auch 20jährige behandle. Ich wußte damals nicht, was kommen würde, sagt Frau S. Jetzt habe sie mit Prof. Z. telefoniert, ob er Maria trotz infauster Prognose anschauen würde. Ich wollte, sagt Frau S., daß mir ein Zweiter das gleiche sagt. Die Betten seien belegt, habe Prof. Z. gesagt, aber er wäre zu einer ambulanten Vorstellung bereit, wenn Frau S. die Unterlagen mitbrächte. Sie habe die Unterlagen in Marburg bekommen, sagt Frau S. Ich packte die Unterlagen ein, schnallte Maria auf den Vordersitz und fuhr los.

Frau S. lächelt. Drei Meter vor der Klinikstür in G. brach Maria zusammen ... Herzstillstand, weil der Tumor sich vor die Herzklappe geneigt hatte, wie sich später zeigte. Es kam zur Notaufnahme. Dann habe ein Gespräch mit Dr. X., stattgefunden, der gesagt habe: Entweder Sie nehmen Maria mit nach Hause und lassen sie sterben, oder wir fangen sofort mit der Chemotherapie an. Alles oder nichts, sagt Frau S., aber ich konnte Maria nicht mitnehmen, ich konnte nicht eine Stunde über Tod oder Leben eines Menschen entscheiden, die Ärzte müssen aber behandeln. Und sie machten alles!, sagt Frau S. Ich habe meinen Kopf neben Marias Kopf gelegt, meinen Arm unter ihr Kopfkissen, meine Stirn an Marias Stirn, und dann, sagt Frau S., dann klopfte das Herz wieder am Hals ein wenig. Der Tumor ist jetzt nach 5 Wochen kleiner geworden, und Marias Gesamtzustand ist relativ zufriedenstellend. Jede Stunde, die Maria lebte, war nicht nur mühselig. Jetzt am Sonntag seien sie im Film »Flash dance« gewesen; morgens um 10 im Gottesdienst, Maria im Rollstuhl (Frau S. beschreibt ausführlich, wie sie und ihr Mann das Kind mit Auto und Rollstuhl beförderten), und Maria habe den Gottesdienst akzeptieren können; dann seien sie im Martinshof essen gewesen und im Kino. Inzwischen seien sie noch zweimal mit Schwestern in dem Film gewesen, dann einmal im Dachcafé. Ihr Mann und sie hätten trotz der schockartigen Ereignisse danach gesucht, was das Wichtigste für Maria sein könnte: positive Zukunftsgedanken, hätten sie gemeint. Mit ihrer Behinderung könnte sie ja nicht mehr Krankengymnastin werden, also sollte sie vielleicht doch studieren, Sozialarbeit auf einer Fachhochschule. Sie muß ja nicht im Tempo der anderen mithalten, das braucht sie nicht bei ihrer Krankheit, sagt Frau S. Ende Mai war Maria operiert worden. Mitte Juni war Bewerbungsschluß. Ihr Mann sei mit den Unterlagen nach Dortmund gefahren. Er sagte: Wenn man die Unterlagen ausgefüllt hat, hat man schon das halbe Studium bestanden. Es kam ein Ablehnungsbescheid. Wir haben gedacht, das bringt Maria um, und verheimlichten es ihr. 14 Tage später kam die Aufhebung der Ablehnung, und Maria bekam einen Studienplatz in Fulda. Sonntagabend übergab mein Mann im Dachcafé Maria ihren Studentenausweis und das Studienbuch. Maria hat geweint, sagt Frau S., als sie ihr Paßfoto sah, weil sie so krank aussähe. Aber sie lebt, sage ich. Ja, sagt Frau S., sie hat 5 Wochen überlebt, und die Wochen waren nicht nur beeinträchtigt. Maria hat Bedürfnisse wie ein Baby geäußert, und ich habe sie erfüllt. Z. B. das Baden mit Schaum und Planschen, bedingungslos genußvoll überläßt sie sich meiner Pflege, sie schämt sich gar nicht. Ich frage Frau S., ob es für sie manchmal schwer sei und ungewohnt, Maria körperlich so nah zu sein, so nah, wie sie beide sich wohl nie zuvor waren. Ja, sagt Frau S., aber Maria nimmt es wohlig an, und deshalb fühle ich mich auch sicher. Es geht mir tief ans Herz, sagt Frau S., wie die 20jährige sich in meine Arme fallen läßt. Frau S. sagt, wie wichtig Dr. X. als Bezugspartner für sie und Maria sei, es sei schlimm, daß er jetzt weggehen werde von Station. – Ich kenne Dr. X., er behandelt auch Hanna, auch er kann lebendige von künstlichen Blumen nicht unterscheiden, wie Marias Mutter. – Ich sage: Dann kann ich ja vielleicht an seine Stelle treten. Frau S. stimmt zu, sie könne Maria nicht allein auffangen, was sie auf dem Herzen habe, nicht allein tragen. Sie brauchen auch jemanden, in dessen Arme Sie sich mal fallen lassen können, sage ich. Frau S. weint still und tief erschüttert. Sie könne nicht schlafen, es gehe über ihre Kräfte, was sie alles auf der Station erlebe. Aber, sagt Frau S. und schaut mich lange an, aber ich bin ja geübt darin, das mit Maria, das ist nicht das erste schlimme Ereignis gewesen. Ich will Ihnen ein umfassendes Bild geben. Frau S. lehnt sich entspannt im Sessel zurück. Wir sprechen seit anderthalb Stunden miteinander. Ich nehme mir Zeit für das Gespräch mit diesem Menschen: diese Frau, denke ich, hat noch mehr auf dem Herzen als nur die Herztumorgeschichte der Tochter.

Ich ahne, sagt Frau S., Marias Tumor ist mehr als eine rein medizinische Sache, da spielt mehr rein. Ich ergänze: Sie meinen, da spielt das Herz mit rein. Frau S. nickt erleichtert. Sie habe ihre beiden Kinder unter schweren Bedingungen bekommen. Maria bekam sie mit 20. Ihr Mann studierte Medizin, und sie war MTA. Maria war unterwegs, und es wurde geheiratet, sagt Frau S. Damals dachte man noch nicht an Abtreibung oder sowas. Ich gab meine Berufspläne auf, aber, wissen Sie, ich war nicht emanzipiert: man begann damals einen Beruf und suchte derweil einen Mann, um zu heiraten, es war in dem Sinne kein Verzicht gewesen, daß ich wegen Maria den Beruf aufgab. – Ich freue mich, diese Frau steht zu ihrer Wahrheit. – Ihr Mann mußte sich umorientieren, um die Familie zu ernähren, denn er wollte nicht von seiner Mutter finanziell abhängig sein. Die Schwiegermutter sei Psychologin und Philologin gewesen, der Mann im Krieg gefal-

len. Mein Mann wurde Berufssoldat, sagt Frau S. Ich war eben ganz Hausfrau und Mutter, die Kindererziehung trug ich allein, mein Mann kümmerte sich nur um seinen Beruf. Es war nicht immer einfach. Nach 3 Jahren bekam ich den Sohn, um ein Haar hat er mich das Leben gekostet, es war eine schwierige Geburt, sagt Frau S. Dann war Karl ein Jahr (Maria also 4 Jahre alt) und mein Mann bekam eine Meningitis: jeden Tag in die Klinik mit beiden Kindern. Sie mußten ihren Mann stehen, sage ich, erst an der Familienfront, dann an der Krankenfront. – Und, denke ich, Maria immer mitten drin. Ich spreche das nicht aus, höre Frau S. zu. – Frau S. sagt, nicht ohne Stolz: Ich war ja Arzthelferin. Dann litt die Schwiegermutter am Alzheimer Prozeß, progressiver Hirnzerfall, belehrt sie mich, geistiger Zerfall, wobei alle Körperfunktionen erhalten bleiben. Ich war 3 Jahre lang in ununterbrochener Pflege dieser Sache befaßt, sagt Frau S. – Mich schaudern Frau S.' Worte: Pflege einer Sache, dröhnt es in mir ... die Gefühle lassen wir mal weg, hatte sie mir gesagt ... funktionstüchtig ist sie. Wie könnte sie sonst all diese Katastrophen – die Katastrophen der anderen – durchstehen. Aber warum überhaupt? Sie muß ihre eigene Katastrophe, ihre Lebenslüge, damit tarnen, denke ich. – Die Schwiegermutter war vorzeitig in den Ruhestand gegangen, sagt Frau S., um ihr Leben noch zu genießen. Sie machte erst Reisen durch Europa. Sie war Berufsberaterin für einen bedeutenden Umkreis gewesen, eine tüchtige, geistig interessierte Frau. Ihre Briefe zeigten dann plötzlich Schreibstörungen, dann kamen Wortfindungsstörungen hinzu. Es war furchtbar für meinen Mann, den geistigen Zerfall der Mutter mitzuerleben. Er hat mich mehr oder weniger allein damit gelassen.
Ein halbes Jahr nach dem Tod der Schwiegermutter, ich dachte gerade, jetzt leben wir mal ganz ruhig als Familie, stand eines Abends mein Bruder (er ist 8 Jahre jünger als ich, der jüngste Bruder ist 12 Jahre jünger) vor der Tür: er war am Boden, verwahrlost, drogenabhängig, Alkohol und Haschisch; er konnte nicht mehr, das sah ich als Laie. Nicht wahr, das alles hört sich an wie eine Kriminalstory, das kann sich kein Hirn ausdenken, sagt Frau S. Das alles brennt Ihnen auf der Seele, sage ich, das alles haben Sie durchgemacht, aber vielleicht nicht verkraftet. Ja, sagt Frau S. Der Bruder war zwischen 75 und 78 in die Drogenszene abgerutscht; als sie mit ihm zum Arzt ging, stellte der eine beginnende Schizophrenie fest, er hatte Halluzinationen. Er war 24

Jahre. Das darf doch nicht wahr sein, dachte ich, und nahm ihn bei uns auf. Er lebte mit uns, fand eine Arbeit, damit er Geld verdienen konnte und Selbständigkeit fand, dann suchte er sich eine Bude. Heute, sagt Frau S., fast zur Stunde, heute macht er seine Meisterprüfung für Gehörtechnik. Ich habe bei Punkt Null angefangen mit ihm zu exerzieren: Bewerbungsunterlagen zusammenkriegen, Lebenslauf schreiben ... – Von Punkt Null an exerzieren, dröhnt es in mir, welcher Überlebenswille, aber immer im Dienste von anderen ... – Freilich, sagt Frau S., er ist wieder zu den Eltern zurückgegangen, aber er sitzt auf seinem Pferd und reitet es. Kommen wir zu unserem Pferd, sage ich mit sanfter Striktheit. – Ich fasse einfach nicht mehr an Ereignissen und Katastrophen, die ich traumatisch in der Gegenübertragung erlebe, und ich möchte Frau S. darauf ansprechen, was sie für Vorstellungen auf sich und Maria und mich bezogen hat. Was meinen Sie, sage ich, was ich für Maria und Sie tun könnte.
Frau S. sagt, bevor Maria den Tumor hatte, hatten sie beide ein partnerschaftliches Verhältnis. Aber Maria hatte sich mehr aufgeladen, als sie verkraften konnte, das sehe sie heute erst. Maria war immer unbeschwert, zwischen uns gab es kein Thema, das nicht besprechbar war, sagt Frau S. stolz. Mir wird klar, sage ich, daß Maria mehr ihr Partner war, als ihr Mann es für Sie war und ist. Ja, bestätigt Frau S. Von allen wurde Maria gemocht, sie hatte den Namen »sunny girl«. *Aber alle beuteten ihr Herz aus*, sage ich. Ja, sagt Frau S., ich will Ihnen alles sagen, auch was die Ehe angeht, das ist nie so toll gewesen zwischen mir und meinem Mann, wir haben ein Schwester-Bruder-Verhältnis. Ich frage, was sie darunter versteht. Keinen sexuellen Kontakt, sagt Frau S., ihr Mann habe Potenzprobleme. Vor 2 Wochen habe sie gemerkt, daß etwas Furchtbares Maria bedrücke, sie war so furchtbar traurig. Aber Maria habe gesagt, das könne sie nicht sagen, sie habe dem Vater versprochen, nichts zu sagen. Sie habe Maria gesagt, sie wolle nicht wissen, worum es gehe, aber Maria müsse sich das von der Seele reden. Sie habe ihren Mann angerufen, er müsse Maria von dem Eid und dem Schweigen entbinden. Mein Mann kam, wir sind ins Café gegangen und haben miteinander gesprochen. Mein Mann hatte mit meiner besten Freundin ein Verhältnis, wovon Maria wußte, ich nicht. Ich fand die Tatsache nicht so furchtbar, ich selber habe mich in den Skiferien in einen Mann verliebt, den ich ab und zu treffe. Wir können uns als Mann und

Frau bestätigen, das ist himmlisch schön, sagt Frau S. und strahlt. Aber es steht für uns beide fest, daß wir niemals unsere Familien aufgeben oder verlassen würden. Was ich nicht verstehe, sagt Frau S., ist, daß die Freundin, der ich meine Skrupel und Schuldgefühle wegen meines Verhältnisses erzählte, daß sie das meinem Mann hinterbrachte, und die beiden dann in der Zeit zusammen waren. Der möchte ich nie mehr begegnen, sagt Frau S. voller Empörung. Oder gerade, sage ich. Ja, vielleicht, sagt Frau S., um sie zu fragen, wie sie sich dabei fühlt! Maria wußte vom Vater über diese Beziehung Bescheid und war gleichzeitig bei dieser Freundin wie ein Kind im Haus und hütete deren Kinder. – Auch während der Vater mit dieser Frau zusammen war, denke ich. Ich bin empört über diese seelische Ausbeutung. Frau S. sagt, meine Vertraute hat meinen Mann über alles informiert, so daß er immer alles über mich und meinen Freund wußte. Mich hat das erstaunt, und er tat so, daß er eben die Dinge ahne. Das Verhältnis zu meinem Mann hat sich nicht verändert, seit wir miteinander gesprochen haben, sagt Frau S. Ich sage, daß beide, obwohl 20 Jahre verheiratet, noch nicht Mann und Frau miteinander geworden seien, vielleicht, weil die Gefühle füreinander fehlen. Ja, sagt Frau S., wir stehen am Anfang, und keiner wagt ein Wort zu sagen.
Ich komme erneut auf meine mögliche therapeutische Funktion zurück und sage, es gehe wohl darum, daß Frau S. nicht nur Maria bade, sondern daß auch sie selber sich ein Bad gönne. Ja, sagt Frau S. lebhaft, ich sehne mich nach einem Bad. Auf Station, wo ich wohne, gibt es nur Duschen, und ich wage es nicht, mal nach Hause zu fahren. Auch der Sohn ist ganz vernachlässigt. Der muß glauben, daß er auch erst krank werden muß, damit man sich um ihn kümmert, sage ich. Ich ermutige Frau S., Maria zu zeigen, daß sie sich nicht nur für sie aufopfert, sonst müsse sie sich schuldig fühlen und denken, es wäre besser, sie stürbe. Ich meine damit, daß sie ihre eigenen Lebensbedürfnisse zeigen und Maria ein wenig zur Eigeninitiative ermuntern solle. Frau S. stimmt zu. Maria sei jetzt aus der Babyphase raus, sie sprächen jetzt viel miteinander. – Es klingt funktional technisch, wie sie Maria in Phasen einstuft. Sie tat »das Richtige«, denke ich, sie *funktionierte* als Mutter, als Marias Herz still stand, aber sie *ist* nicht Mutter, nicht sie selber, sie fühlt *sich* nicht in ihrem Tun. Ich nehme das wahr. Das ist ihre narzißtische Lebensstörung, aber es ist nicht der Zeitpunkt, das heute anzusprechen. Ich sage: Viel-

leicht können Sie mit Maria besprechen, daß Sie gern nach Hause fahren wollen und ihr sagen, daß Sie sich auf ein Bad zu Hause freuen, sie an Ihrer Lebendigkeit beteiligen. Ja, ein Bad, sagt Frau S., und mit Freude einen Kaffee mit Freunden trinken, das wünsche ich mir sehnlichst. Na klar, sage ich, Sie haben ein Recht darauf, und wenn Sie wieder hier in G. bei Maria sind, können Sie Maria davon erzählen. Wenn Sie fort sind, wird Maria sich zwar nach Ihnen sehnen, aber Sehnsucht tötet nicht; was tötet, ist die schweigende Aufopferung der Mutter, da kann sich Maria nur als Belastung erleben und glauben, es wäre besser, wenn sie nicht mehr lebt.

Wir vereinbaren, daß Frau S. mit Maria bespricht, daß sie heute bei mir war, und ich heute um 13 Uhr zu Maria auf Station kommen werde. Ja, sagt Frau S., dann kann ich Ihnen Maria anvertrauen und kann auch wieder ein bißchen was für mich tun. – Frau S. ist tief bewegt, und auch ich bin tief bewegt von unserem Gespräch. In der Türe sagt sie, in Ihnen habe ich einen Menschen mit Herz getroffen. Ich antworte, nicht nur Sie haben etwas von mir, auch ich lerne von Ihnen.

Nachtrag 1
Narzißtische Lebensstörung der Mutter: Sich-opfern-Müssen auf dem Schlachtfeld der anderen – Drei familiale Sozialisationsbedingungen von Krebserkrankung – Leben trotz 20 Jahren Lieblosigkeit

Frau S. und mir ist eine Begegnung zwischen Menschen gelungen. Sie erschreckte mich mit ihrem technisch perfekten Helfergebahren, aber ich fühlte ihre darunter liegende narzißtische Bedürftigkeit, sprach sie darauf an und erreichte sie. Mich erschreckte diese pflichtbewußte Mutter und ihr technisch perfektes Management von Krankheit: sei es die Meningitis des Mannes, der Alzheimer Prozeß der Schwiegermutter, die Drogensucht des Bruders oder der Herztumor der Tochter. Für sie sind das »Sachen«, mit denen sie »in ununterbrochener Pflege befaßt ist« und die Kranken sind Soldaten, die sie auf Vordermann bringt. Mit dem Bruder habe sie von Punkt Null angefangen zu exerzieren, bis er heute wieder auf seinem Pferd sitzt, sagt sie. Dabei verliert sich Frau S. aber selber aus den Augen: mal auch ein Bad nehmen und »mit Freude mit Freunden einen Kaffee trinken«, sind ihre sehnlichen Wünsche. Ich begriff, daß sie einen Partner brauchte für ihre Lebendigkeit, die sie auf dem Schlachtfeld der anderen opfert, opfern muß, denke ich. Warum das so ist, darüber konnten wir heute noch nicht sprechen. Die Suchterkrankung des Bruders läßt mich aber eine schwer gestörte Mutter vermuten, für die Frau S. dem 8 Jahre jüngeren Bruder gegenüber einsprang. Auch sie – wie Maria durch sie – muß parentisiert worden sein, vermute ich. Maria war ihr Partner, den sie seit der Tumorerkrankung verloren hat. Sie behandelte Maria nach der Herz-Operation »phasengerecht« als Kleinkind, nun scheint sie – abermals – mit Marias Lebendigkeit und ihren eigenen Bedürfnissen in Konflikt zu geraten. Ich spürte deutlich, daß sie nach einem spiegelnden empathischen Selbst-Objekt sucht, um zu sich selber zu kommen. Eine Selbst-Objekt-Übertragung würde aber wohl als idealisierende Übertragung entstehen, denke ich. Dr. X. hatte offensichtlich diese Funktion für sie (wie sie umgekehrt für ihn). Aber beide haben die gleiche Lebensstörung: beide können nicht lebendige Blumen von künstlichen unterscheiden und sind deshalb wohl beide zwar Experten in Sachen Überleben, nicht aber in Sachen Leben. Psychodynamisch scheint mir, steht Dr. X., der Arzt, für Frau S., die Arzthelferin, für den abgebrochenen Medizinstudenten Herrn S., den sie zwar als Bruder im Schlepptau hat, aber nicht als gestandenen Mann idealisieren kann.

Wie bei Hanna weist die Familienanamnese von Maria die drei Sozialisationsbedingungen von Krebspatienten aus:

1. die Eltern sind narzißtisch gestört, was durch
2. eine psychosomatische resp. Suchtsymptomatik überlagert ist (Frau S.: Helfersucht; Herr S.: mit 29 Jahren Meningitis, mit 40 Jahren Verdacht auf Hodenkrebs[2], beides spricht für totale körperliche Zusammenbrüche aufgrund psychischer Überforderung und
3. die Ehe ist brüchig: ein Bruder-Schwester-Verhältnis. Maria war »passiert«, und sie »mußten« heiraten. Die schweren lebensbedrohlichen Geburten deuten auf Frau S.' gestörte Sexualität hin; Herr S.' Potenzstörungen sprechen die gleiche Sprache: zwar steht Herr S. als Berufssoldat seinen Mann, Sexuali-

2 Das erfuhr ich später von Maria, s. u. S. 301, 303.

tät scheint im selbst-losen Gewaltverhältnis: Befehlshaber/Befehlsempfänger zur »Männersache« pervertiert (meine erste Vermutung).

Das Problem der Familie S. ist die Lebendigkeit und Sinnlichkeit. Selbstbehauptung ohne Selbst beherrschen die geschilderten Szenen. Und Maria ist mit 20 Jahren aus diesem »Reigen der Pflichterfüllung bis zum Letzten« ausgestiegen. Ihr Herz spielt sinnfälligerweise nicht mehr mit: ein faustgroßer Tumor führte zum Herzstillstand. Die narzißtische Ausbeutung, die dem »sunny girl« von allen Seiten widerfuhr, komprimiert sich für meine Wahrnehmung in dem Eid, den der Vater ihr in seiner Herzenssache abverlangte. Nicht nur für die Mutter war Maria der Partner, mit dem man alles besprechen konnte, sondern auch für den Vater. Er machte sie zum Geheimnisträger seines Verhältnisses mit der besten Freundin der Mutter, und sie hütete derweil die Kinder dieser Frau. Sie muß, denke ich, aus ihrem Herzen eine Mördergrube gemacht haben. Aber die Herz-Operation hatte nicht genügt, sie aus der seelischen Falle: der Parentisierung, zu befreien. Auch die Nachkur wurde zum Familienausflug. Nichts hatte sich verändert. Der Tumor wächst erneut, Lungenmetastasen kommen hinzu, jetzt erst begreift die Mutter, daß Maria unter unerträglichen Spannungen steht. Frau S. hört von dem Geheimnis, das Maria unter Eid versprochen hat, für den Vater zu wahren. Und wieder verschlägt mir Frau S.' Zynismus die Sprache: Das Geheimnis als solches findet Frau S. gar nicht schlimm, denn sie selber hat ein außereheliches Verhältnis; nur, daß die beste Freundin sie an ihren Mann verraten hat, das ärgert sie. Die Eheleute besprechen sich im Café: beide sind quitt, sie einigen sich: alles bleibt beim alten: die Form-Ehe bleibt gewahrt. Maria, denke ich, muß sich doppelt verarscht fühlen: sie mußte als Geheimnisträger fungieren, dann platzt die Bombe, und es ist ein Windei, für das sie sich verzehrt hat. Mit Maria sprach keiner darüber, was ihr mit dem Eid – aber nicht nur damit, er steht, scheint mir, für ihre ganze Lebensgeschichte – angetan wurde, das interessiert nicht. Seither aber geht der Tumor zurück, er sei nicht nur eine rein medizinische Sache, sagt Frau S. Sie hat recht.

Der Zynismus, der mir in ihren ersten Worten entgegenschlug: Unser Problem ist, daß Maria die Erkrankung überlebt, ist nur eine Facette der zynischen Verlogenheit dieser Familie. Jeder opfert sich vermeintlich für den anderen, um irgendwie sein Selbst zu retten. Frau S. dient an der Familien- und Krankenfront, um sich außerhalb etwas »Himmlisch-Schönes« zu gönnen... Herr S. opfert sich, wohl zunächst für die Mutter, um – wie der Vater, der gefallen ist –, Soldat zu werden, dann wohl fürs Vaterland, um sich ein kleines Glück außerhalb zu gönnen. Maria mußte das absegnen. Maria aber opfert sich für Vater und Mutter, wohl um ihre Überlebensschuld als ungewolltes Kind abzugelten, d. h. um die Eltern für die Zwangsehe, die sie mit ihrer Existenz verschuldet hat, zu versöhnen. Darüber hinaus überforderte sie sich mit psychiatrisierten Kindern und belebte damit – unbewußt – das Trauma, als Kleinkind Zeuge des Siechtumsprozesses der verblödenden Oma geworden zu sein.

Der Herztumor muß Marias seelischer Selbstheilungsversuch auf der Körperebene sein. Aber die »alles oder nichts«-Onkologie fragt nicht nach dem Sinn der Krebserkrankung: Sie schneidet, bestrahlt, zerstört mit Chemie... bis Frau S. begreift, das ist keine rein medizinische Sache, und spricht. Der Tumor geht zurück, aber wie leben, scheint Frau S. zu fragen, wie leben mit dem Wissen um seinen Sinn. Das jedenfalls verstand ich in diesem Gespräch, und Frau S. schien entlastet, trotz Marias Tumor, etwas für sich tun zu dürfen.

Mein Herz schlägt für Maria, bevor ich sie kennengelernt habe. Ich bin froh, daß sich Frau S. Ersatz für Dr. X. suchen konnte. Aber ich bin mir bewußt, ich werde nicht Dr. X. in seiner Funktion bezogen auf das Kranke ersetzen. *Ich bin für das Gesunde zuständig*. Und Frau S. weiß das, in Ihnen habe ich einen Menschen mit Herz gefunden, sagte sie im Gehen. Ich bin mir bewußt, daß diese Frau einen Partner für ihre und Marias Lebendigkeit sucht, aber ob *sie* mich auch in dieser Weise gebrauchen können wird, bezweifle ich. Das hieße, daß sie ihre eigene Lebenslüge in Frage stellt. Davon konnte im Erstgespräch nicht die Rede sein. Vielmehr scheint »die Sache« für Herrn und Frau S. bereinigt, nur der Tumor ist noch ein unschöner Rest. – Ich denke das voller Sorge, denn ich werde sie enttäuschen, wenn sie annimmt, »Psychosomatik kümmere sich um Krebspatienten«, hieße, daß ich den Tumor heilen kann. Mich interessiert einzig Maria. Den Tumor, scheint mir, brauchte sie in ihrer 20 Jahre währenden psychischen Überlebensnot. Das zu verstehen, würde der Sinn unserer Zusammenarbeit sein. Sollte uns das aber glükken: Maria mit Tumor, aber lebendig, werden diese beiden Eltern

ihren seelischen Mülleimer, Maria-sunny-girl, verlieren und unweigerlich mit ihrer eigenen Lebensstörung konfrontiert sein.
Ich mache mir keine Illusionen: Noch bevor ich Maria kennengelernt habe, weiß ich, was unserer Arbeit entgegensteht: zwei bis unter die Zähne bewaffnete Eltern, die sich mit seelischem Wettrüsten durch Schuldzuweisung zynisch in Schach halten. Die Schuld an Marias Tumor scheint Frau S. eindeutig ihrem Mann zuweisen zu wollen. Die Schuld an Marias Lebendigkeit ginge auf unser, Marias und mein Konto. Aber für mich geht es nicht darum, was sie aus Maria gemacht haben. Es kann nur darum gehen, mit den tragischen Folgen 20jähriger Verlogenheit aus vermeintlicher Pflichterfüllung, tatsächlich aber der Unfähigkeit zu lieben, zu leben. Das ist es, was diesen Menschen bevorstünde, wenn ... Und das ist schwerer, als mit dem Tod eines Menschen fertig zu werden.

21.9.83 Unsere erste Begegnung mißglückt

Ich komme, wie mit Frau S. vereinbart, um 13 Uhr auf Station, aber Maria ist zur Bestrahlung. Ich schreibe ihr einen Brief und schlage ihr Mittwoch als neuen Termin vor, bitte sie aber, mich anzurufen, ob sie mit dem Termin einverstanden ist. Ich denke, die Mutter hat unsere Begegnung gebahnt, aber Maria muß aktiv unser Gespräch wollen, sonst haben wir beide keine Beziehungsgrundlage, sondern Maria bleibt wieder nur der Gehorsam.
Nachmittags ruft mich Maria an, der Termin Mittwoch sei o.k. Sie hat eine unglaublich harte metallene Stimme, das ist meine erste Wahrnehmung von ihr.

23.9.83 Telefonat mit Frau S.: ... mein eigener Gast

Frau S. ruft an: Ich war für 24 Stunden zu Hause, ich war mein eigener Gast, sagt sie fröhlich, habe mal ein Bad genommen und bin früh zu Bett gegangen. Am kommenden Wochenende gehen wir, ich und Maria, nach Hause. Ich vereinbare ein Gespräch mit Frau S. und mit Maria für Dienstag, den 27.9.83, 10 Uhr.
Ich freue mich: Sie hat es gewagt, etwas für sich zu tun, und nichts ist passiert. Beide haben die Trennung überlebt.

27.9.83 Mein Herz klopft wie wild, das habe ich noch nie so erlebt

Ich freue mich auf das Gespräch. Als ich das Zimmer betrete, bin ich verschwitzt, vor Scham, vor Anstrengung, denke ich und nehme es hin. – Frau S. sitzt am Bett. Ich begrüße Maria. Frau S. ist auf dem Wege in die Stadt. Ich frage sie, ob sie auf den Markt geht. Sie kennt den Markt nicht, und ich beschreibe ihn ihr in allen Farben: Obst, Gemüse, Blumen, etc.
Maria ist mir gegenüber reserviert. Am Wochenende habe sie regelrecht Angst vor mir gehabt, Angst, ich könne sie durchschauen, analysieren, sie kenne die Psychologen, sie selber wollte Psychologie studieren, sagt sie. – Die Großmutter war Psychologin, denke ich, Frau S. erzählte davon, aber ich spreche das nicht aus. – Sie habe mein Kommen wie einen Überfall erlebt, sagt Maria, weil die Mutter ein Gespräch mit mir vereinbart habe, ohne sie zu fragen. – Ich überlege, ob ich ihr sagen soll, daß ich keine Psychologin bin, entscheide mich aber, ihr zuzuhören. – Ich sieze Maria, weil ich weiß, daß sie 20 Jahre ist, dies Häuflein Haut und Knochen mir gegenüber sieht freilich aus wie 3 oder 4 Jahre oder eher wie eine Greisin. Maria sagt, ich könnte sie ruhig duzen, jeder täte das, es sei ihr ganz gleich, nur bei einer Fremden, einer Verkäuferin oder so, wäre sie sauer, wenn die sie duzen würde. Sie meint, wir würden uns ja vielleicht näher kennenlernen und deshalb könnte ich sie duzen. Ich spüre die tiefe Verletztheit: Die Mutter vereinbarte ein Gespräch über Marias Kopf hinweg, man duzt sie auf Station, sie wird nicht respektiert, denke ich. Maria fallen eine Menge Beispiele ein, die alle die Respektlo-

sigkeit zeigen, mit der sie auf Station behandelt wird, aber ich halte in mir fest: daß sie auch mein Kommen als respektlosen Übergriff erlebt.
Dr. X. kommt ins Zimmer. Ohne mich zu begrüßen, spricht er mit Maria und behandelt mich als Unperson. Er ist nicht mehr auf Station. Er freut sich, daß es Maria besser geht, bestreitet aber, daß das auf die Bestrahlungen zurückzuführen sei. Das meinten zwar die Radiologen, aber es habe mit der zytostatischen Behandlung zu tun. Es sei aber auch egal, sagt er, Maria müsse beides machen. Maria spricht davon, daß sie vorher gerade 4 Treppen rauf- und runtergelaufen sei und wie gut der Lungentest ausgefallen sei. Dr. X. erwidert, die Schwestern kennen ja nur Kindertests. – Damit ist Marias Freude dahin, sie sackt in sich zusammen. – Ich frage Dr. X., der offensichtlich an Marias Wohlergehen, allerdings im Sinne des Organbefunds, interessiert ist, ob er die Herz-Operation gemacht hat. Nein, die Kardiologen. Er geht, ohne sich zu verabschieden. – Ich denke, was für eine blöde Frage, natürlich ist er nicht Chirurg, wenn er für die zystotatische Behandlung zuständig ist. Das muß meine Wut gewesen sein, von ihm wie Luft behandelt worden zu sein. Ich habe das schon öfter mit ihm erlebt, aber heute traf es mich, wohl weil mich seine unempathische Reaktion auf Marias Lebendigkeit ärgerte.
Ich sage Maria, daß ich Dr. X. kenne, er halte nichts von Psychotherapie. Ich meine aber, es geht darum, wie es *Ihnen* geht und nicht darum, wem der Erfolg für die Besserung zuzuschreiben ist. Daß sie 4 Treppen gegangen sind, das zählt für mich. Ja, sagt Maria, seit sie wisse, daß sie Krebs habe, habe sie sich gesagt, das schaffst du! Klar, das schaffst du!, sage ich, und wir lachen beide. Sie erzählt mir, daß sie lange Zeit nicht informiert wurde. Freilich, sagt sie dann, ich hätte es vielleicht zunächst auch gar nicht verkraftet, aber jetzt weiß ich genau Bescheid, dann kann ich mich freuen, wenn die Werte steigen.
Maria beginnt, mir ihre Krankenodyssee zu berichten. Irgendwie will ich sie bremsen, weil ich das ja schon von der Mutter weiß, aber dann begreife ich: es ist *ihre* Geschichte, die die Mutter an sich gerissen hat, um sie mir aus ihrer Perspektive als Helfer und Retter zu präsentieren. Ich höre Maria zu. Besonders eindrücklich ist für mich, was Frau S. nicht erwähnt hatte: daß sie aus der Kurklinik nach Hause kam mit dem Vater, er hatte sie ans Steuer gelassen. Ich fuhr also mit dem BMW zu Hause vor, sagt Maria,

und die Mutter traute ihren Augen nicht. Ich hätte einen Kollaps kriegen können am Steuer. Hast du aber nicht!, sagte ich. Drei Tage später bekam sie ihn dann, davon hatte Frau S. gesprochen. Maria sagt, sie müsse auf den Topf und will rausgehen. Ich sage, ich werde rausgehen. Maria ist erstaunt über mich. – Auf dem Flur fährt ein Pfleger ein metallenes Kindergitterbett vorbei, in mir schreit das Heimkind erschreckt auf.

Maria fährt fort mit Beispielen für die fehlende Intimität auf Station. Ich betrachte ihre Bilder im Zimmer, u. a. ein Foto von ihr. Von Anfang August 83, sagt sie. Vor 5 Wochen also: eine kräftige junge Frau, und mir gegenüber sitzt ein Knochenhäufchen, lebendig zwar, aber bis auf die Substanz runtergebrannt, glatzköpfig. Daneben ein Poster von einem Cottonwoolbaum, der mich an meinen Baobabbaum erinnert. Ich erzähle Maria, daß ich ein Bild von diesem Baum bei mir im Klinikszimmer habe, erzähle ihr die Sage über diesen Baum: die Götter hatten sich geärgert und ihn ausgerissen und umgekehrt eingepflanzt, so daß sein unglaubliches Astwerk eigentlich sein Wurzelwerk ist.[3] Maria kann das nachvollziehen. Der hat auch nicht aufgegeben, sagt sie lachend. Ich drücke meine Bewunderung darüber aus, daß sie ihr Zimmer selbst gestaltet hat: die Glasscheibe zum Nebenzimmer ist mit Tapete verklebt. Ja, sagt sie, jeder schaut rein, selbst wenn ich auf dem Topf sitze, man ist nie für sich. Ich bekomme unmittelbare Kostproben von dem, was Maria beschreibt: eine Putzfrau putzt die große Fensterfront zum Balkon und starrt ungeniert ins Zimmer – es gibt keine Gardinen; eine drahtig-ruppige Krankenschwester fällt uns regelrecht ins Wort und mißt Maria den Blutdruck. Maria sagt, der Schieber sei voll, die Schwester sagt, den hole ich später. Ich bitte sie darum, daß sie ihn gleich mitnimmt. Sie tut es nicht und kommt auch später nicht.

Maria sagt, ich muß die kommenden 24 Stunden alles, was ich esse, abmessen und notieren, und alles, was ich ausscheide, wird ebenfalls gemessen und analysiert. Scheißkontrolle, sagt sie, und kringelt sich im Bett zu einem ganz kleinen Häufchen zusammen, jeder Furz, den ich lasse, wird kontrolliert... Nein, sage ich lachend, den kannst du lassen, den kontrolliert dir keiner, der bleibt deiner. – Maria lacht auch, und ich weiß, in diesem Moment habe ich sie in ihrer narzißtischen Bedürftigkeit erreicht und gefüttert.

3 Vgl. Aufzeichnungen, 1991b, S. 244ff.

Maria kommt auf die Angst vor mir zurück, die sie am Wochenende empfunden hat. Sie sagt, sie brauche jemanden, aber sie habe Sorge, durchschaut zu werden. Sie hatte sich sehnlichst gewünscht, bei den Nachbarn auf der Terrasse in der Sonne zu liegen, und dort lag sie dann auch Samstag in Decken und Kissen eingepackt, und es war wunderschön. Sie schildert diese Nachbarn als liebe Menschen, die auch Probleme in der Ehe haben. Als sie das ausspricht, sagt sie plötzlich: Mein Herz klopft, sehen Sie es, es klopft wie wild! Sie ist verwirrt, geängstigt, erschrocken. Ich sehe es, wie die Bettdecke zittert und sage: Du bist lebendig. Maria versucht nun, von ihrem Befinden abzulenken, indem sie irgendetwas erzählt. – Ich weiß von den Eheproblemen der Eltern aus dem Gespräch mit Frau S. und verstehe ihr Herzklopfen. Sie muß nah an ihr Geheimnis, das ihr der Vater ans Herz gelegt hatte, herangekommen sein, als sie gesagt hatte, die Nachbarn haben *auch* Eheprobleme. Ich halte den Auslöser ihrer Erregung fest und höre ihr zu. Maria erzählt mir von ihrem Hund, den sie sehr liebe, sie sei froh, daß er ein gutes Unterkommen während ihrer Abwesenheit gefunden hat. Dieser Hund sei sehr lebendig, sie mache mit ihm viele Spaziergänge. Maria zittert nach wie vor am ganzen Körper, und ich sage vorsichtig: Vielleicht hast du einen Sprung auf mich zu gemacht, es dann aber mit der Angst bekommen. Sehen Sie, sagt Maria, das ist das Analysieren, das ich meine. Ja, sage ich, ich habe ausgesprochen, was ich wahrnehme. Du versuchst dein Herzklopfen vor mir zu verbergen, dabei gehört es doch zu dem, worüber wir sprechen. Du hattest gesagt, die Leute haben *auch* Eheprobleme. Ich weiß nun, daß du etwas auf dem Herzen hast, wovon du vielleicht gern sprechen wolltest. Aber ich glaube, wir kennen uns noch gar nicht lange, und du brauchst wohl Zeit, um darüber mit mir zu sprechen. Maria nickt erleichtert. Ja, ich werde sicher irgendwann einmal davon sprechen, ich schäme mich nicht, von den Eheproblemen meiner Mutter zu sprechen, aber nicht gleich, sagt sie. – Ich bin erstaunt, daß sie die Eheprobleme der Mutter zuordnet, nicht dem Vater und auch nicht beiden Eltern. – Maria zittert immer noch, und ich frage sie vorsichtig danach. Sie akzeptiert nun, daß ihre Erregung zu unserem Sprechen dazugehört. Es sei ihr neu, sagt sie, ihr Herzklopfen als Lebendigkeit positiv zu betrachten. Dann schreit sie mir ins Gesicht: Ich brauche Sie! Im Strahlenbunker habe ich so Furchtbares erlebt! Eine Frau hat mit eklig offenem Ohr die

ganze Zeit davon gesprochen, und es jedem erzählt, auch ich habe mich davor nicht bewahren können. Maria ist den Tränen nahe und windet sich vor Ekel und Entsetzen. Da ist alles hochgekommen, was ich in dem einmonatigen Praktikum mit autoaggressiven Kindern in der Psychiatrie erlebt habe. Ich habe damals versucht, das alles zu verdrängen, was mir auf dem Herzen lag, aber ich habe es allein nicht verkraften können. Ich habe die ganze Zeit hier im Krankenhaus unter furchtbaren Spannungen gelitten, habe mir die Nägel runtergekaut bis aufs Blut. Schon als Kind habe ich mir die Nägel gekaut. – Davon hatte Frau S. nichts gesagt. Aber es ist sinnfällig für Marias Vorgeschichte: schon mit 3 Jahren immer mit in die Klinik zum meningitiskranken Vater, dann mit 10 jahrelanges Miterleben des Zerfallsprozesses der Oma, dann der drogensüchtige, schizophreniegefährdete Onkel, der in der Familie lebte. Und das alles in einer Familie, in der die Eltern sich nie grün waren ... denke ich. – Es hat mich furchtbar geschmerzt, das Nägelkauen, aber ich habe geglaubt: ich habe Krebs, und das muß weh tun. Ich sage nichts zu ihrer Krankheitstheorie und höre zu. Maria holt Handschuhe aus dem Nachtkastl, rosafarbene Stoffhandschuhe, und reicht sie mir wie Beweisstücke ihrer Qual. Ich betrachte sie genau, befühle sie. Die habe ich getragen, sagt Maria, um mich vor mir selber zu schützen, und weil ich mich vor mir selber geekelt habe. Aber ich war voller Spannungen und habe das Fingernägelkauen einfach nicht lassen können. – Ich betrachte die Handschuhe eingehend, etwas muß ihr auf den Nägeln gebrannt und zugleich den Mund verschlossen haben, daß sie sich selber verzehrte, denke ich. Ich weiß von dem Geheimnis, das der Vater ihr auf die Seele gebunden hatte, aber davon spricht Maria nicht. – Sie sagt, ich gelte als viel selbständiger, als ich mich fühle. Ich habe viele Probleme. Ich sage, du hast wohl Probleme, aber das Herzklopfen hat auch gezeigt, du hast nicht nur Probleme, du bist auch lebendig, vielleicht aber ungeschützt darin. Vielleicht brauchst du mehr Schutz, um lebendig sein zu dürfen, wir könnten das vielleicht gemeinsam probieren. Ja, sagt Maria, wir könnten das zusammen probieren.
Ich frage sie, ob sie eine Vorstellung hat, wie oft ich kommen soll. Sie antwortet: einmal die Woche wäre zu wenig, zweimal die Woche, das kann ich mir gut vorstellen. – Ich bin verblüfft, aber ich denke, wem das Herz aufgeht, dem geht der Mund über, und stimme zu. – Wir vereinbaren Dienstag und Donnerstag um

10.30, wobei wir erst Dienstag beginnen, bzw. weitermachen können, weil ich Freitag noch weg bin. Maria sagt, bevor Sie kamen, hatte ich richtig Angst vor Ihnen, aber jetzt finde ich es gut, daß Sie kommen. Ich sage ihr, daß es auch für mich wichtig war, daß die Verabredung letzten Mittwoch nicht gleich klappte. Auch ich habe die Woche gebraucht, um mich auf dich vorzubereiten. Ich sage dir das, damit du merkst, daß wir beide Zeit brauchen, um uns aufeinander zu zu bewegen.

Nachtrag 2
Gegenübertragung, trauma-analog verstanden

Als ich anschließend im Café in der Sonne saß, voller Freude und Stolz über diese Begegnung mit Maria, sprach mich eine Frau an: Machen Sie Gedichte? Ja, Gedichte, die das Leben schreibt, antwortete ich. Die Frau begann auf mich einzureden. Ich sagte, ich möchte jetzt nicht mit Ihnen sprechen, ich will weiterschreiben, sonst verliere ich meinen Faden. Ich freute mich über meine Entschiedenheit, mit der ich sogar im Café meine Arbeit mit den Krebskindern vertrete. – Tatsächlich durchlaufe ich wie immer entlang dem szenischen Faden und seinem trauma-analogen Verstehen die Behandlungsstunde.
Maria war an ihr Trauma mit dem Vater nah herangekommen, und ich hatte es trauma-analog benannt: Du mußtest etwas verschweigen, aber deine Lebendigkeit brauchst du vor mir nicht mehr zu verschweigen. Ich hatte Sorge, daß die Station Marias Erregung als Aufregung, die ihr das Gespräch verursacht habe, mißverstehen und mir Vorwürfe machen könnte, daß ich sie überfordere – ein Vorwurf, der nur entstehen kann, wenn man den Inhalt des Gesprächs nicht kennt und versteht. – Tatsächlich hatte mich nachmittags ein PJ-Student (Medizinstudent im praktischen Jahr) bei mir in der Klinik angesprochen: Sie arbeiten doch auch mit Maria. Ja, sagte ich. Ob Maria nicht verrückt sei zu meinen, sie schaffe, was die Mediziner nicht schafften: den Krebs zu bewältigen, sagte er. Maria sagt nur, daß sie als Mensch an ihrem Befinden beteiligt ist und ein Wörtchen mitzureden hat. Wenn das für die Mediziner und Sie als angehenden Mediziner verrückt ist, dann ist Maria verrückt, nur dann. – Mit K. sprach ich über meine Begegnung mit Maria und über die Freude, sie in

ihrer Lebendigkeit trotz Krebs erreicht zu haben. Er half mir, meine Sorge zu verstehen: Es ist die Scham, daß Maria unsere Lebendigkeit, ihre und meine, der Station mit ihrem Herzklopfen verrät, dem Herzklopfen, das die Mediziner nur als bedrohlich verstehen können. Das ist noch immer oder immer wieder die Scham, mit der ich zu kämpfen habe, wenn ich von meinem Glücksgefühl abrücke und danach frage, was andere dazu meinen könnten. Als spielte das eine Rolle zwischen Maria und mir...

5. 10. 83 Ich war erschöpft, daß ich weinte... Weinen heißt aber Lebendigsein

Maria schläft, als ich komme, so daß ich sie störe. Ich spreche es aus, und sie sagt, daß sie nachts schlecht geschlafen habe und müde sei. Ich sage: Ich respektiere deinen Schlaf, schlaf nur weiter. Maria fürchtet, daß das schlimm für mich sei, ich hätte mir ja die Zeit für sie genommen. Ich sage, daß ihr Schlaf so wichtig sei wie unsere Gespräche, und frage sie, wie es ihr nach der letzten Stunde mit dem Herzklopfen gegangen ist. – Von Frau S., die ich vor der Klinik getroffen habe, weiß ich, daß Maria geweint hat, sie habe Maria noch nie so ergriffen gesehen. Ich frage Maria ganz bewußt danach, wie sie das Herzklopfen verarbeitet hat: ob als etwas Bösartiges oder Lebendiges. Maria sagt, sie habe sich erschreckt, weil sie ja jetzt auf alles gefaßt sein müsse, was das Herz angehe. Sie sei nach unserem Gespräch sehr erschöpft gewesen und habe geweint. Vielleicht war es zuviel, sage ich, aber ich wollte es nicht zulassen, daß du dein Herzklopfen, deine Lebendigkeit, unter der Bettdecke vor mir versteckst. Es ist wichtig, daß wir uns gemeinsam darüber verständigen, daß deine Müdigkeit heute vielleicht auch ein Schutz gegen die Gespräche ist, weil du das Herzklopfen als etwas Krankes fürchtest. Maria nickt, ja, anders kenne ich es nicht, sagt sie. Wir vereinbaren Freitag, 10.30 Uhr, ich sage zärtlich, schlaf dich gesund.
Ich fühle mich nicht gut dabei, als hätte ich mir diese Bemerkung verkneifen sollen. Tatsächlich ist es eine paradoxe Aufforderung. Aber ich wollte Maria sagen: dein Schlaf ist dein Eigenleben, dein Selbstwert, dem ich nicht entgegenstehe, den ich respektiere. Freilich, denke ich, schützte sie sich heute mit Müdigkeit vor ihrer Lebendigkeit mit mir und ihrer Scham davor. Sie wehrte

mich körperlich konkret ab, schickte mich weg, um ihre Intimität zu wahren. Ich ahne, daß das Fort-da-Spiel zwischen uns begonnen hat. Ihre Frage scheint zu sein: Hältst du es aus, wenn ich dich wegschicke, oder gehst du kaputt, wenn ich für mich sein will? – Mit unserem kurzen Gespräch heute, so erlebte ich es, versuchte Maria den Überfall, den mein Kommen für sie darstellte, weil ja die Mutter das Gespräch mit mir vereinbart hatte, ohne sie zu fragen, rückgängig zu machen, so daß ich Freitag dann zum ersten Mal auf der Grundlage einer von ihr mitbestimmten Vereinbarung kommen werde.

7. 10. 83 Unter dem Pantoffel einer Toten ... Ich bin heilfroh, für mich allein zu sein

Ich treffe Dr. H. im Fahrstuhl. Er fragt mich, ob ich zu Hanna gehe. Nein, heute gehe ich zu Maria, sage ich. Maria komme für eine Woche nach Hause, sagt er, die Behandlung lasse diese Pause zu. Ich freue mich, aber in mir kommt die bange Frage hoch, ob das vielleicht Aufgabe heißt. Wir sprechen von Hanna, und ich sage Dr. H., wie gut es ihr tut, daß er mit sich reden lasse. Dr. H. versteht, daß Hanna es braucht, raus zu können. Sie ist wohl selbstmordgefährdet, sagt er. Ja, sage ich, nach dem Unfall war es so, und sie fühlt sich immer in ihrem Selbst bedroht, wenn sie sich behandelt fühlt, ohne daß man mit ihr spricht. Dann ist sie wütend und maßlos verzweifelt und will alles hinschmeißen. Sie ist ein wildes Kind, das sich niemals geborgen unter Menschen fühlen konnte, deshalb hilft es ihr sehr, wenn Sie mit ihr sprechen. Dr. H. nickt. Wir verabschieden uns herzlich.
Ich warte noch auf dem Flur, weil Maria gerade Blut abgenommen bekommt. Das kleine afghanische Mädchen spielt mit einem Pfleger Fangen, schreiend, juchzend. Mir fällt eine Zeichnung auf dem Flur auf: ein Baum mit roten, weißen und rot-weißen Äpfeln, in den eine Leiter gestellt ist, die sehr plastisch einlädt, sie zu besteigen, um die Äpfel zu pflücken. Am Boden steht ein voller Korb mit Äpfeln, wieder rote, weiße und rot-weiße. Spontan denke ich: das ist ein Sinnbild des menschlichen Blutkreislaufs, rote und weiße Blutkörperchen und bei der Leukämie die rot-weißen = entgleisten Zellen. Die Leiter berührt mich merkwürdig: wer pflückt die Äpfel, der Leiter, der Chef? Die Leiter ist

unglaublich einladend gemalt: nimm dir das Leben! Das Bild demonstriert darüber hinaus den Prozeß objektloser Innerlichkeit, denke ich, die Vorgeschichte der leukämiekranken Kinder. Der Korb ist wie eine Mauer gemalt, auch das finde ich merkwürdig. Ich male diesen »Lebensbaum« ab, als Frau S. mich anspricht.

Frau S. und ich teilen die Freude, daß Maria für eine Woche nach Hause darf. Sie sagt, es sei so schwer, die plötzlichen Veränderungen zu verkraften. Man müsse sich nun auf einen neuen Rhythmus einstellen: eine halbe Woche Klinik, eine halbe Woche zu Hause. Wir besprechen, daß wir unsere Termine dann jeweils finden werden. Dienstag sei Maria seelisch zusammengebrochen. Und ich, sagt Frau S., habe sehr an Sie gedacht und hätte Ihre Hilfe gebraucht. Ihr Mann habe am Telefon gesagt: vor 8 Wochen haben wir die Liste der Trauergäste zusammengestellt, und heute kommt Maria nach Hause, mein Gott, ist das schön, das ist nicht zu fassen! Ich sage Frau S., was ich ihr auch in unserem ersten Gespräch gesagt hatte, daß es wichtig sei, daß sie Maria zur Verfügung steht, und ich stünde ihr zur Verfügung, wenn sie mich braucht. Frau S. dankt mir tief bewegt, ja, sie brauche mich, sagt sie, und ich wiederhole, daß sie mich jederzeit in der Klinik anrufen könne und wir immer einen Termin finden werden. Frau S. betont, daß das mit Maria nichts zu tun habe und sie ihr auch sagen wolle, daß sie nichts wissen wolle von unseren Gesprächen. Ich sage ihr, daß das sicher immer wieder Anlaß zur Sorge sein werde, aber daß wir dann gemeinsam darüber sprechen werden.

Ich betrete mit Frau S. Marias Zimmer, und Frau S. verabschiedet sich. Ich begrüße Maria strahlend und sage, ich wisse schon die tolle Nachricht. Maria meint, die Mutter nehme ihr alles weg. Nein, sage ich, Dr. H. hat es mir im Fahrstuhl erzählt, nicht die Mutter. – Als pflückten die Mutter oder Dr. H. die Früchte von Marias Heilungsprozeß, Lebensbaum, blitzt es in mir auf, das muß Marias Lebensangst sein, beklaut zu werden in ihrer Lebendigkeit; der Leiter: die Mutter, und hier in der Klinik die Ärzte, denke ich. – Ich beruhige Maria und gebe ihr Spielraum zur Selbstdarstellung.

Maria spricht nun weitläufig, erfaßt *sich* in psychologischen Zusammenhängen mit anderen, daß ich verblüfft bin. Ich fühle mich innerlich zugleich gedrängt, sie bremsen zu wollen, als spräche sie zuviel an, was sie dann nicht verkraften kann. Dann begreife ich: Das ist Maria, übervoll von Erlebnissen, die sie mit niemandem teilen konnte, und jetzt öffnet sie die Schleusen und reißt mich in die seelischen Fluten eines in seiner Einsamkeit und dem Wissen davon fast ertrinkenden Menschenkindes. Ich höre ihr still zu, so daß sie endlich als Akteur *ihres Erlebens* zu Wort kommt. Nicht einmal ihr Leiden blieb ihre *Leidens*geschichte, wenn schon ihr Leben nicht ihre *Lebens*geschichte war: die Mutter beklaute sie.

Maria freut sich darauf, eine Woche aus der Klinik zu kommen, eingesperrt halte sie es nicht mehr aus. Aber sie sorgt sich, was dann in der nächsten Woche kommen werde, wie sie die Behandlung verkraften werde. Ich spreche aus, was ich wahrnehme: Mir fällt auf, daß du dich mit dem Schlechten und Bedrohlichen beschäftigst, dabei hast du doch das letzte Wochenende als schön erlebt, aber davon sprichtst du nicht. Maria lacht, aber das ist keine self fullfilling prophecy, sagt sie. Ich bin verblüfft, daß sie sich metapsychologisch beschreibt. – Der Wasserhahn der Badewanne tropft, was mich stört; ich stopfe ein Taschentuch hinein. Auf der coinästhetischen Ebene bestimmt dieses Geräusch unser Gespräch. – Maria sagt, vor kurzem habe der Wasserhahn so getropft, daß sie draufgeschlagen habe und er ganz schief sei. Ich schaue mir den Wasserhahn an: er ist tatsächlich schief, sie muß sich furchtbar wehgetan haben bei diesem Schlag, denke ich, wie schmerzlich muß erst der psychische Terror dieser chinesischen Folter gewesen sein! Ich bleibe aber abstinent in Sachen Interpretation und folge Marias Assoziationsfluß: der Wasserhahn tropft... Badewanne... Selbstverstümmelung der Hände... Nägelkauen... denke ich. Maria sagt, am Dienstag habe sie einen seelischen Kollaps gehabt (ein befremdliches Wort, denke ich, das brauchen alte Leute), sie fühlte sich eingesperrt, sie habe so furchtbare Angst vor den Pieksern, besonders davor. Es sei vielleicht albern, sie müßte tapfer sein, ein Vorbild für die Kleinen, aber letzte Woche, als sie wieder auf die Hände gestochen worden sei und an den Fingern, da habe sie geweint. Sie werde schier verrückt, sagt Maria, *verrückt vor Angst,* wenn man sie an den Händen oder an den Innenseiten der Arme steche. Sie ist voller Angst und streckt mir die Arme hin, um mir deutlich zu machen, was sie quält. Ich verstehe, daß du geweint hast vor Schmerzen. Die Haut durchstochen zu bekommen ist ja nicht nur ein körper-

licher, sondern auch ein seelischer Schmerz, sage ich, eine Verletzung deiner Integrität. Wenn du da weinst, dann ist das ein sinnvoller Ausdruck deines Selbst. Was andere davon halten, ist ganz egal. Jeder wird bei einem solchen Angriff auf sein Selbst weinen, jeder, ob groß oder klein. Sie verstehen mich, sagt Maria. Ich habe immer geglaubt, tapfer sein zu müssen. Ich habe den Vater niemals weinen gesehen, nur auf der Beerdigung seiner Mutter. Ich habe damals gedacht: dein Vater weint, aber das ist ja auch schlimm, du würdest auch weinen, wenn dein Vater oder deine Mutter sterben würden, das ist ja eine traurige Sache. Das Spritzen, sagt Maria, ist für mich furchtbar. Früher habe ich mir überlegt, wie ich es machen würde, wenn ich mich umbringen wollte; keinesfalls würde ich mir die Pulsadern aufschneiden; wenn, dann würde ich ein Pfund Salz in die Badewanne schmeißen, mich reinsetzen und ein Radio oder einen Föhn reinfallen lassen. Ich sage: Es muß dir früher sehr schlecht gegangen sein, wenn du dir so konkret Gedanken gemacht hast, was du dir antun würdest. Ja, sagt sie, es war eine schlimme Zeit, mit Freunden und in der Schule ging es schlecht. Ich habe mir vorgestellt, die Eltern zu bestrafen. Dann habe ich aber gedacht, sie werden eine ganz verkohlte Maria vorfinden, und das habe ich dann doch nicht gewollt. – Tatsächlich ist sie um ihre Kindheit und Jugend betrogen, verkohlt worden, denkt es in mir: die dahinsiechende verblödende Oma, der drogenabhängige Onkel, der kranke Vater und sie immer dazwischen. Die Angst, selber auch verrückt zu werden, muß massiv gewesen sein. Und weinen war verboten...
Maria erinnert sich, daß das auch die Zeit war, als beim Vater der Verdacht auf Hodenkrebs bestand und die ganze Familie in Angst schwebte. Maria sagt, sie bewundere es, wie der Vater zur Arbeit ging und sich nichts habe anmerken lassen. Er sei Berufssoldat sagt sie, nur mit ihr hat er von seiner Angst gesprochen. Maria sagt unvermittelt: Mir fehlen 3 Tage in meinem Leben, die 3 Tage nach der Operation. Seither verfolge sie ein Bild: Man habe ihr das Handgelenk abgeknickt (sie führt es mir vor) und ihr eine Infusion gelegt, sie werde schier wahnsinnig, wenn sie nur daran denke. Das war ja vielleicht wie Selbstmord für dich, die Pulsadern aufschneiden, sage ich vorsichtig. Nein, nicht wie Selbstmord, schreit Maria auf, eher Mord! Vielleicht hätte es dir geholfen, wenn die behandelnde Schwester mit dir gesprochen hätte, dir gesagt hätte, was sie tut. Aber man kann doch von den Schwe-

Stehender Sturmlauf, 12.11.87 A.v.B.-S.

stern keine psychologische Schulung verlangen, erwidert Maria vorwurfsvoll. Es wäre nur menschlich, sage ich, wenn mit dem Patienten gesprochen wird, damit er sich als Mensch behandelt fühlt. Ihr Vater, sagt Maria, habe nie geweint, erst beim Tod seiner Mutter habe sie ihn weinen sehen. Sie sei stolz gewesen, den Herzkathetereingriff durchgestanden zu haben, so wie der Vater bei seiner Hodenkrebssache tapfer gewesen sei. Maria beschreibt die Hodenkrebsoperation des Vaters, wie schlimm so etwas für einen Mann sein müsse. Ihr wurde bei der Herzkatheterlegung in die Leiste gepiekst und dann der Katheter gelegt, ins Herz, um Kontrastmittel zu spritzen, damit die Herzfunktion sichtbar wird, erklärt sie mir. – Ich lasse mir das genau beschreiben, weil sie nur so ihr traumatisches Erleben an ihrem eigenen Körper benennen kann, das sie in der Krebsgeschichte des Vaters verpackt, eingelagert, zu begreifen versucht. – Sie sei stolz darauf gewesen, daß sie den Eingriff tapfer durchgestanden habe, dann konnte sie dem Vater sagen, daß nicht er allein Furchtbares durchgestanden habe. – Sie habe nicht geweint, das betont sie immer wieder, der Vater habe erst beim Tod der Mutter geweint. Sie hat aber Dienstag geweint, und das war für sie ein Kollaps, sie hat Angst, verrückt zu werden. Ich nehme das immer wieder wahr, aber ich verstehe noch nicht genügend, um es ansprechen zu können. Ich halte in mir die Szenenfolge fest und spüre an der Heftigkeit meiner Gegenübertragung, der Angst, weggeschwemmt zu werden von der Sturzflut erlittener Traumen, daß das alles in dem Herztumor körperlich sedimentiert sein muß: Badewannenhahn tropft... keiner ist da, um diese Folter zu beenden, sie schlägt mit der Hand drauf, daß er ganz schief wird: welche Wut, welche Verzweiflung!... furchtbare Angst vor den Spritzen, Angst, verrückt zu werden... Kollaps am Dienstag: sie weinte, weinte, wie der Vater, aber erst beim Tod seiner Mutter... Selbstmordphantasie... drei Tage ihres Lebens fehlen ihr seit ihrer Herz-Operation: als wäre sie schon tot gewesen, so muß sie das erleben, denke ich. Das ist die traumatische Erfahrung, die Herzoperierte nach der Operation oft in Verwirrungszustände stürzt, wenn sie niemanden haben, der ihnen so vertraut ist, daß er ihnen hilft, das Bewußtsein für sie zu behalten, damit sie die Lücke in ihrem Erleben mit dessen Lebendigkeit füllen können...

Maria erzählt von dem körperlichen Zerfallsprozeß der Oma. Sie war in eine Pflegeanstalt gekommen, und Maria sagt, sie erinnere sich immer wieder an das grauenvolle Bild, wie der Vater seiner Mutter Grimassen schnitt, wie man es mit einem Kind tut, wissen Sie, und die Oma hat fröhlich gelacht. – Maria schaut zur Türe und ich habe, während sie spricht, das starke Gefühl, diese Oma lebt für Maria noch immer und könnte gleich in der Tür stehen. – Ich frage Maria genau nach dem Bild, das ihr so grauenvoll vor Augen steht. Sie sagt: Sie sah den Vater von hinten, seinen Rükken, wie er der Oma wohl Grimassen schnitt, und sie habe gesehen, wie die Oma selig, wie ein Kind, ein kleines Kind, lachte. Sie habe dieses Bild von der Oma bewahrt. Sie sei dann ganz am Schluß nicht mehr mitgefahren in das Heim, die Eltern hätten ihr den Anblick der Oma ersparen wollen. Der Vater habe die Oma oft besucht. Während eines Manövers sei er in der Nähe des Heims gewesen, habe dort vorbeigeschaut und habe von weitem gesehen, daß das Zimmerfenster der Mutter offen stand und da habe er gewußt: da wird gelüftet, wie man lüftet, wenn einer gestorben ist, nicht wahr, fragt mich Maria. Ich sage wahrheitsgemäß, das weiß ich nicht. – Sekunden zuvor hatte ich ganz stark den Krankenzimmergeruch wahrgenommen und bin überrascht über die Koinzidenz von meiner Sinneswahrnehmung und Marias Sprechen. Wir bewegen uns gemeinsam auf einer coinästhetischen Ebene des Erlebens. Tatsächlich holt dann die Schwester Marias Urintopf, der merkwürdigerweise immer etwa 20 cm von Marias Kopf entfernt auf einem Stuhl steht, einen halben Meter von mir entfernt. Marias Frage mag sein: stinke ich schon wie die tote Oma oder darf mein lebendiger Geruch sein, darf ich lebendig sein. Ich bin unmittelber schonungslos in Marias Intimsphäre einverleibt. Was ich fühle, ist die Antwort auf Marias ins Körperliche eingeschriebene traumatische Erleben. (Während ich jetzt meine Aufzeichnungen mache, fällt mir ein, daß am Fenster ein Bild aus Transparentpapier hängt: ein Fenster, das offensteht. Maria lebt mit Bildern der toten Oma, die für sie nicht tot ist: die Szene zwischen Vater und Oma; der Vater verkohlte seine verblödende Mutter und das Bild von dem Fenster, das offenstand, um nach ihrem Tod zu lüften...) Maria sagt, daß sie überzeugt sei, die Oma schwebe auf einer Wolke und stehe dort (sie zeigt aus dem Fenster an den Himmel) und lächle und warte auf die Familie, wenn sie gestorben sei. Wenn es ein Leben nach dem Tod gebe, sagt Maria, dann sei sie überzeugt, daß die Oma auf sie alle dort oben warte. Mir ist unheimlich, wie lebendig die Oma für Maria ist, ich frage sie, ob sie glaube, die Oma würde auch dort auf dem Wölkchen *lächelnd* stehen und *ihr* zuschauen, derweil sie hier unten *lebendig sei.* Ja, sagt sie, das könne sie sich gut vorstellen. Sie sagt, sie wolle mir Fotos von der Oma zeigen, sie finde, man könne sich mit Fotos immer besser ein Bild von dem Menschen machen.

Maria steht auf und zieht ihre schwarzen Pantoffeln an, unglaublich kuschelige schwarze Pantoffeln, Damenpantoffeln, die mir schon das erste Mal aufgefallen waren, und spontan wird mir klar: das können nur die Pantoffeln der Oma sein. Genauso, denke ich plötzlich, wie die Handschuhe, diese merkwürdig fleischfarbenen Handschuhe... ob die nicht auch von der Oma sind. Mir kommt das Wissen aus Volkans Buch: *Linking objects and linking phenomena*[4] in den Sinn. Ich ahne... in die Übergangsobjekte: die schwarzen Pantoffeln, die Handschuhe, und in die Übergangsphänomene: das Bild, wie der Vater der altersblöden Oma Grimassen schneidet, und das Erinnerungsbild, das geöffnete Fenster mit der Vorstellung, man lüfte ein Zimmer nach dem Tod dessen, der darin gelebt hat... in diesen traumatischen Szenen ist diese Oma für Maria lebendig. Aber ich habe schon lange die Vermutung, daß Volkans objektpsychologischer Ansatz zu kurz greift. Die Bilder und Szenen besagen nicht nur, daß diese Tote für Maria noch lebendig ist, so lebendig, daß sie gleich zur Türe hereinkommen könnte. In diese Szenen muß auch *Marias Lebendigkeit,* die ihr durch das Kranksein der anderen (Vater, Onkel, Oma) und dann den Tod der Oma enteignet wurde, – weil die Katastrophen der anderen alle absorbierten (vor allem die Mutter, »die in der ununterbrochenen Pflege dieser Sache befaßt war«) – *Marias Lebendigkeit muß in diese traumatischen Szenen eingeschweißt sein.* Die Übergangs*objekte* enthalten ihr totgeschwiegenes *Selbst*bild. Maria lebt unter dem Pantoffel einer Toten, denke ich.

Maria holt also ein kleines Kästchen, in dem die Fotos sind, und kramt darin wie ein kleines Kind in seinen Stammbuchbildern oder wie eine alte Frau in ihren Erinnerungen kramt: mit ihren dürren Fingern sucht sie Fotos heraus, Fotos von der Oma. Zu meiner Überraschung, nein, eigentlich bin ich nicht überrascht,

4 Vgl. Volkan 1981.

ich bin eher verblüfft, weil ich genau das erwartet hatte – zeigt mir Maria, während sie *weiter von der Oma spricht,* ein Foto von *sich:* etwa 4-5 Jahre alt, in einem bunten Karnevalskostüm, lachend, mit dem Brautschleier der Mutter auf dem Kopf, wie sie mir erklärt. Diesen *Brautschleier* habe sie sehr geliebt, und eines Tages habe sie ihn gebügelt und ein Loch reingebrannt, daß er ganz *verkohlt* aussah. – Verkohlt, denke ich, ihr Liebstes hat sie verkohlt, so wie sie verkohlt wurde, von den Eltern, die ihretwegen heiraten mußten ... sie hatte sie mit ihrem Selbstmord bestrafen wollen, aber *dann hätten sie eine ganz verkohlte Maria gefunden,* und das hatte sie dann doch nicht gewollt ... diese Eltern haben Maria *mit ihrem Geheimnis verkohlt:* ihr als Bombe auf die Seele gebunden, was sich dann als Windei herausstellte, die Seitensprünge des Vaters, die Maria als Geheimnis in ihrem Herzen bewahren mußte, unter Eid, und als sie rauskamen, waren die Eltern quitt und einigten sich: alles bleibt beim alten.

Dann zeigt mir Maria Fotos von der Oma: einer harten, drahtigen Frau, aufrecht und herrisch, immer allein auf den Bildern: vor einem Reihenhaus an einem Gartentisch sitzend mit 2 Handtaschen neben sich ... vor einem VW-Käfer. Maria sagt, das seien Fotos, die sie aus dem Umzugsmüll gerettet habe, dem Umzug von K. nach M., sie könne Fotos nicht wegwerfen. Sie habe die Oma sehr gemocht, sagt Maria, sie heiße Maria Alexandra, Alexandra nach der Oma. Dann zeigt mir Maria Fotos, auf denen sie mit ihren Eltern zu sehen ist. Ihr Lieblingsfoto: die Eltern lachen sich über Marias Kopf hinweg an, lachen wie zwei Streithähne, die sich gerade versöhnt haben, zwischen sich halten beide Maria, 3-4 Jahre alt, sie schaut mit hängendem Kopf zu Boden. Auf allen Fotos macht Maria einen einsamen Eindruck. Eines zeigt, wie sie vor den Eltern herstapft. Ich spreche aus, was ich wahrnehme: Mir kommt es vor, als wärst du immer sehr allein gewesen, aber tapfer, wie du daherstapfst, als sagtest du dir: das schaffe ich. – Ich greife damit ihre Worte auf: »das schaffst du«, die sie sich gesagt hatte, seit sie weiß, daß sie Krebs hat. – Maria sagt, schon, vielleicht habe ich einen solchen Trotzkopf wie die Mutter. – Ich spreche nicht aus, was ich denke: Maria wollte mir die Fotos der Oma zeigen, um mir zu bestätigen, daß die tote Oma auf ihrem Wölkchen auch der lebendigen Maria wohlwollend lächelnd zuschaut. Ich nehme auf den Fotos von Maria ›eine lachende Maria‹ wahr, zugleich aber ein kleines Mädchen mit total verkrampftem

Körper, die Beine schamhaft zusammengepreßt, mit angezogenen Schultern, als winde sie sich vor Anstrengung, ihre Lebendigkeit gleichzeitig zeigen und verbergen zu wollen. Ein Foto zeigt Maria: lachend, aber sie ist nur halb auf dem Bild, sonst ist das Bild leer. Mich rühren die Bilder unheimlich traurig an. – Ich sage vorsichtig: Ich habe das Gefühl, daß du ein lachendes Kind warst, aber vielleicht gab es nicht viel zum Lachen in deinem bisherigen Leben. Ja, sagt Maria und sinnt nach. Der Vater hat das Weinen gelernt, heute könne er weinen, er weint sich an meiner Schulter aus. Ich bin erschütert und sage zärtlich: Du hast mit deiner Krankheit den Vater gelehrt, daß er weinen kann, sich menschlich und lebendig zeigen kann. – Ich gebe Maria zum Geschenk, was ihr als Tribut ein Leben lang abverlangt wurde: Mit ihren Gefühlen, ihrem Herzen, für die narzißtischen Bedürfnisse der Eltern herzuhalten, ohne daß diese ihr zur Verfügung standen. Erst als Marias Herz stillstand, nahm die Mutter sie in die Arme. Aber auch nur »phasengerecht«, denke ich gramerfüllt. Und jetzt, seit ihrer Krankheit, weint der Vater zwar, aber er weint sich an Marias Schulter aus! Maria hat mit ihrem Herztumor das Herz des Vaters erweicht, aber sie ist es, die ihn trösten muß! Was für ein Wahnsinn!
Maria schweigt lange. Auch ich schweige. Dann sagt sie, es geht nicht darum, wer was verschuldet hatte. Nein, sage ich, es geht nur darum, was wir daraus machen können, was aus dir gemacht worden ist. Ich sage voller Bewunderung, daß sie weise sei. Maria sagt, ich finde es schön, daß Sie das sagen, aber warum muß ich mit 20 Jahren das alles schon mitgemacht haben. Sie sagt es nicht vorwurfsvoll, nur unendlich traurig. Ich verstehe, daß du mich das fragst, sage ich, ich denke wie du, daß es keinen Schuldigen gibt, und das muß es für dich noch schwerer machen. Du bist in die Tragik der anderen tragisch verstrickt worden und mußt dich einsam und verlassen gefühlt haben. Jetzt bist du nicht mehr ganz allein, ich bin da, damit du an deiner Lebendigkeit nicht verzweifeln und dein lebendiges Herzklopfen nicht mehr fürchten mußt. Sie sagt, sie wolle sich meinen Namen und meine Telefonnummer notieren, damit sie sich bei mir melden könne, wenn sie wieder auf Station sei.
Während unseres Gesprächs wurde Maria mehrmals zum Essen gerufen, als wir jetzt zur Türe gehen, sagt Maria: Wissen Sie, ich bin heilfroh, daß ich nach Hause komme und mich dort in mein

Zimmer zurückziehen kann. Meine Mutter geht mir manchmal auf den Geist, aber ich wage es nicht, sie wegzuschicken, ich bin ihr doch so dankbar, und sie könnte mich mißverstehen. Ich verstehe dich, sage ich, aber du mußt das deiner Mutter sagen, wenn du allein sein willst, dann kann deine Mutter ja auch mit gutem Gewissen etwas für sich tun, dann kann es euch beiden gutgehen, jedem für sich, ohne daß das gegen den anderen ist. – Ich sage damit Maria, was ich auch Frau S. sagte: Jeder darf lebendig sein und etwas für sich tun, trotz Tumor. Maria hatte mich letzte Stunde weggeschickt, ich hatte es verstanden als ihre Frage: Darf ich für mich sein, schlafen, ohne daß du dich gekränkt fühlst und dich zurückziehst. Ich hatte ihr ihren Schlaf als ihren Selbstwert (wie in der ersten Stunde ihren Furz als etwas von sich, das ihr keiner nehmen kann) zugeeignet, so daß sie es nun wagen möchte, auch die Mutter wegzuschicken, um mit sich allein zu sein. Allein, ohne aber den anderen zu verlieren. Heute konnte sie es aussprechen, daß sie heilfroh ist, für sich sein zu können, so wie die Mutter heilfroh war, mal ein Bad nehmen zu können, ohne an Maria schuldig zu werden.

Nachtrag 3
Empathie für mich selbst, um die Sturzflut der Traumen zu begreifen

Die Arbeit mit Maria hat ein unglaubliches Tempo. In der Gegenübertragung erlebe ich Marias Sprechen immer wieder traumatisch: ich fühle mich überschwemmt und fortgerissen von dem Fluß ihrer Assoziationen. Da ich sie in ihren traumatischen Szenen immer auf die Körper-Selbst-Ebene anspreche, spüren wir sie unvermittelt hinter den Fremdbildern der Kranken und Toten in ihrer verborgenen Sinnlichkeit auf: ihr Furz, ihr Herzklopfen (1. Sitzung – 90 Minuten); ihr Weinen, ihr Schlaf – ihre Intimität und ihr Anrecht, für sich selbst zu sein (2. Sitzung – 20 Minuten); die chinesische Folter: der tropfende Wasserhahn der Badewanne im Zimmer, Selbstverstümmelung und Nägelkauen, ihre Angst vor den Spritzen als Verletzung ihrer Integrität auf der Körperebene und ihre Angst, verrückt zu werden, wenn sie weint, ihre Selbstmordphantasie, die drei Tage, die sie nach der Operation »tot« war, ihr Lebensgeruch, ihre Fotos zwischen

den Fotos der geliebten(?) toten Oma (3. Sitzung – 60 Minuten).
Marias Trauma ist: Nicht erwünscht gewesen zu sein als Kind und sich in ihrer Lebendigkeit anonymisieren zu müssen, weil es der Mutter nur um die Kranken zu tun war. Maria lebte ›unter dem Pantoffel der Kranken und Toten‹: für ihre Gefühle fand sie als Kind und Jugendliche keinen Partner. Ihr Trauma wiederholt sich nun während ihrer Krebserkrankung: auch jetzt ist sie es, die den Vater trösten muß.
Ich stütze mit meinen Deutungen ihr Selbst, und zwar in dem Bedürfnis nach Spiegelung und Verstandenwerden und in ihrem Bedürfnis nach Alter-Ego-Selbstobjekten, mit denen sie sich in ihrer Körperlichkeit – obwohl krank – als wesensgleich mit mir als Mensch erfahren kann. Das bedeutet, daß ich Maria in der Kohärenz, Vitalität und Harmonie des Selbst stütze, was ihr schon als gesundem Kind von der offensichtlich für das Gesunde unempathischen Mutter vorenthalten wurde. Maria antwortet mir darauf mit einer Flut von traumatischen Szenen, die zeigen, daß sie ihr Leben lang ›unter dem Pantoffel der Kranken und Toten‹ stand. Sie sprudelt diese Szenen bedingungslos aus sich hervor.
Ich lasse mich bedingungslos von ihrer Lebendigkeit miterregen. Maria läßt mir keine Zeit, die Szenen deutend miteinander zu vergleichen. Sie will sie nur loswerden, denn ›wem das Herz aufgeht, dem geht der Mund über‹. Ich bin da und höre ihr zu. In trauma-analogem Verstehen verknüpfe ich aber *in mir* aus dem Verständnis meiner Gefühle die Szenen. *Empathie für mich selbst* ermöglicht es mir, diese Sturzflut von Traumen für sie zu begreifen und zu bewahren. Ich bleibe zunächst abstinent in Sachen Interpretation, zumal Maria mir in der 1. Stunde ihre Angst, durchschaut und analysiert zu werden, offenbart hat. Ich muß abwarten, bis *sie für sich* die Zusammenhänge begreifen und aussprechen kann. Wir nehmen uns die Zeit, obwohl die Zeit drängt – nicht zuletzt deshalb drängt alles sturzflutartig aus Maria heraus. Wir arbeiten erst seit 10 Tagen (3 Sitzungen) zusammen. Aber Maria arbeitet zwischen den Sitzungen für sich weiter. Besser kann die Zusammenarbeit gar nicht sein.

21. 10. 83 Gesundwerden als seelische Leistung

Ich komme zu Maria, während Dr. W. sie behandelt. Es scheint so, als müsse sie für den letzten Tag neu gepiekst werden, weil die Vene zugeht, aber Maria protestiert und spricht offen ihre Angst aus. Ich sehe, wie ihr Herz unter dem Schlafanzug rast. Es gelingt Dr. W. die Vene zu retten. Ich stehe still dabei und fange Marias hilfesuchenden Blick auf, ich weiß von ihrer Angst vor dem Piek-sen. Maria meint, ich solle mich ruhig schon setzen, aber ich bleibe stehen. Ich respektiere damit die Arbeit der beiden, nehme bewundernd daran teil. Von der Arbeit mit Hanna weiß ich, wie sehr sich Dr. W. von den anderen Ärzten auf Station unterscheidet, und ich freue mich, daß ich in ihm auch während der Arbeit mit Maria einen ansprechbaren Partner haben werde.

Maria erzählt mir als erstes, daß sie morgen (Samstag) für 14 Tage nach Hause könne, aber man wisse nicht, wie es dann weitergehe. Ich bremse ihre Zukunftssorgen; was danach kommt, sei jetzt nicht wichtig. Ich frage sie, ob sie sich nicht auf zu Hause freue und wie die letzte Woche zu Hause gewesen sei. Es war schön und sie habe viel für sich sein können, ausschlafen können, ihre eigenen Schritte tun ... Und sie freut sich auch auf die 14 Tage, sie bekomme schon nach den 4 Tagen, die sie jetzt wieder in der Klinik sei, einen Koller oder Kollaps, sagt sie. Eingesperrt fühle sie sich, und der Wasserhahn morgens von nebenan sei wie ein Donnerschlag, der sie aus dem Schlaf reiße. Nachts sei an Schlafen nicht zu denken, jede Stunde komme jemand und schaue nach der Infusion. – Schlafen hat eine immense Bedeutung für sie, denke ich. Ich sage ihr, daß sie stolz auf sich sein könne, daß sie jetzt schon 14 Tage nach Hause kann, daß *sie* die Schritte zum Gesundwerden tue, daß das *ihre* Leistung sei. Ja, sie habe auch die Chemotherapie diese Woche gut durchgestanden, aber sie empfinde das nicht als ihre Leistung. Die Mutter sage ihr das auch oft und erinnere sie an ein Mädchen in der Marburger Klinik, für die habe sie damals Hochachtung empfunden. Sie mußte die härteste Chemotherapie aushalten und saß dann mit ihrem kahlen Schopf, ihren Glatzhaaren da, ohne zu klagen, ohne Selbstmitleid. – Maria fährt sich durch ihren dichten Flaum auf dem Kopf. Sie kann nicht »Glatze« sagen, nicht »Kahlkopf«, denke ich, weil sie wohl fühlt, daß sie wieder Haare auf dem Kopf hat. Aber gemessen an ihrer früheren Haarpracht, ist es freilich nichts. – Ich frage sie, ob

sie sich denn ihre Krankheit vorwerfe. Nein, sagt Maria, eigentlich nicht, aber sie messe sich am Gesundsein. Ja, sie akzeptiere schon, daß sie Krebs habe und damit leben müsse. Sie habe jetzt ein sicheres Urteil: wenn jemand jammere, sage sie ihm, sei froh, daß du laufen kannst, es gibt Schlimmeres.

Maria hockt mit angezogenen Beinen im Bett, mit den Armen umschlingt sie ihre Beine, den Kopf kuschelt sie auf ihre Knie: sie spricht vertraut mit mir, gelassen, selbstbewußt. Der Vater habe ihr immer vorgeworfen, sie lasse sich hängen, sie sei ein Träumer, die Wirklichkeit sei hart und keine Spielerei. Jetzt lasse er sie in Ruhe. – Von der Mutter weiß ich aus dem Erstinterview, daß Maria als sie nach dem Abitur keine Lehrstelle fand, sich nutzlos und wertlos fühlte, und sie deshalb die Praktika bei den Behinderten begann und durchhielt, obwohl sie sie seelisch total überforderten. – Sie erzählt jetzt, stolz auf sich sei sie gewesen, als sie am Dienstag vor der Operation (Freitag) abends in der Team-Sitzung gewesen war und dann nach Hause laufen mußte, anderthalb Kilometer, und sie habe sich von Laterne zu Laterne gehangelt; sie habe keine Luft bekommen (das war der Tumor); sie habe zu Hause angerufen, aber die Mutter telefonierte, und das Telefon war besetzt. Ich kam regelrecht auf allen vieren nach Hause gekrochen. Die Mutter sagte später: Wie konntest du nur, wenn die Leute angerufen hätten, wir haben ihre Tochter tot auf der So-und-so-Straße gefunden, sie hätten niemals wieder froh werden können! – Ich bin erschüttert über diesen Zynismus: Frau S. hatte sich nicht an Marias Lebenswillen freuen können. Diese Mutter machte Vorwürfe, was die Leute hätten sagen können, wenn die Tochter auf der Straße gestorben wäre, statt wie anständige Leute im Bett. – Du hast es bis nach Hause geschafft, sage ich, das ist deine Leistung. Du hast nicht aufgegeben, du hast leben wollen, hast dich nicht hingesetzt, sondern bist weitergekrochen, das hat dir das Leben gerettet. Maria lächelt. – Ich gebe ihr ihren Lebenswillen als ihren Besitz zurück, und sie freut sich.

Sie sagt, ihr Vater habe den Bruder, der am Samstagabend aus Frankreich zurückgekommen war, am Sonntagmorgen aus dem Bett gerissen, sie fand das *brutal* und habe das auch der Mutter gesagt, die habe es dem Vater weitergesagt. Der Vater hat es früher mit mir genauso gemacht, aber er hat mich gezwungen, das Wort »brutal« zurückzunehmen. Früher ist er oft in meine Intimität eingedrungen. Er hat morgens in meinem Bad geduscht ohne Vorhang, tapste mit nassen Füßen über den Teppich und hinterließ seine Spuren. Meinen Schlaf hat er nie, nie respektiert. – Ich verbinde ihre traumatische Szene mit dem Vater mit dem Donnerschlag, der sie hier morgens in Gestalt des Wasserhahns aus dem Schlaf reißt. Ja, so war es immer, sagt Maria. – Ich hatte sie bei meinem zweiten Besuch müde und schlafbedürftig vorgefunden und hatte auch letzten Dienstag ihren Schlaf als ihr Gesundwerden narzißtisch benannt, als genauso wichtig wie unsere Gespräche, als ihre Leistung. Sie hatte mich fortgeschickt, ich ging daran nicht kaputt, ich freute mich mit ihr. Heute zeigt sich, daß der Vater Zuneigung nicht aussprechen kann, statt dessen aggressive Übergriffe startet. Er konnte dem Sohn nicht sagen,

daß er sich freute, daß er wieder da war, statt dessen warf er ihn morgens aus dem Bett.
Maria kann jetzt ihre Intimität wahren, sie benutzt das Wort Intimität, das Thema unserer ersten Stunde. Zu Hause habe sie, wie in der Klinik, immer erst nach der Klingel gegriffen, wenn ihr was fehlte, und dann habe sie entdeckt, daß sie die Mutter bitten kann, aber sie gehe jetzt auch allein auf den Topf, wasche sich auch wieder allein (sie hat mir nie erzählt, daß sie das nicht tut – das weiß ich nur von der Mutter –) und findet das schön. Auch die Mutter könne jetzt mehr für sich tun. Und Maria sagt, *Vater und Mutter sprechen jetzt viel mehr miteinander.* Der Vater bügele sich jetzt seine Uniform selber, das mußte sonst immer die Mutter Sonntagabend tun. Ich sage, das sei die Intimität des Vaters, seine zweite Haut, seine Schutzhaut, für die er jetzt selber sorge. Maria versteht das, kann das nachvollziehen. Jeder in der Familie wahre jetzt in seiner Weise das, was ihm seine Identität bedeute. Maria meint, sie habe dem Vater gegenüber große Spannungen. Sie kann nicht aussprechen, was sie damit meint. – Ich denke, der Vater muß für Maria ein idealisiertes, aber brüchiges Selbstobjekt sein, brüchig und deshalb stark sexualisiert. Der Vater duscht nackt vor der Tochter (ich erinnere mich, daß Frau S. sagte, er habe Potenzprobleme), und Maria bleibt offenbar auf ihrer Erregung als unbegriffenen Spannungen sitzen. Aber ich respektiere, daß Maria *sich* benennt, statt daß ich mit Deutungen in sie dringe. Deshalb sage ich: Es fällt dir noch schwer, darüber zu sprechen, das verstehe ich. Wir haben Zeit. Ich weiß jetzt von deinen Spannungen mit dem Vater, und du wirst Worte dafür finden. Maria lacht mich an, Gott sei Dank, Sie sind nicht so eine Psychologin, wie ich dachte, überhaupt, Sie sind richtig so für mich.
Wir verabreden uns neu, und sie schlägt vor, am 31., Montag, müsse sie in die Ambulanz, und sie und ihre Mutter könnten dann bei mir vorbeischauen. Abends gingen sie dann in ein Niederländisches Tanztheater in G., zusammen mit dem Vater. Sie erzählt, daß sie gern tanze, in die Disko gehe, Aggressionen und Spannungen damit abbauen könne. Ich frage sie, ob es nicht auch schön sei, eine Art Rausch, und sie belehrt mich, für sie sei Tanzen einzig eine Art Körperhygiene. Ich bin einverstanden, daß unsere Gespräche in diesen Lebenszusammenhang eingepaßt werden.

Als ich gehe, soll Maria zum Essen kommen. Sie zeigt mir ihre Tabletten, die sie einnehmen muß, aber, sagt sie, sie wisse nicht, ob vor oder nach dem Essen. Da kannst du doch fragen, sage ich lachend. Stimmt, sagt sie.
Mittags treffe ich Frau S. im Stationszimmer. Ich höre sie Dr. W. Vorwürfe machen: Man habe vor sechs Wochen... versäumt... Wir begrüßen uns und teilen miteinander die Freude, daß Maria für 14 Tage nach Hause kommt. Frau S. überlegt wegen eines neuen Termins und kommt auf diesen Montag, den Maria und ich schon verabredet haben. Ich sage ihr das, und sie rast strahlend davon, dreht sich noch einmal um, tippt sich an den Kopf, ruft lachend: Das nenne ich Teamarbeit. Ich lache mit ihr und denke: Ein Herz und eine Seele, würde ich sagen.

27. 10. 83 Eine Stunde für sich

Frau S. ruft mich wegen unseres Termins am Montag an. Sie erzählt, Maria geht es gut, sie ist sehr zurückgezogen, hockt den ganzen Tag im Nest. Sie versuche Maria zu aktivieren. – Warum das, denke ich, warum mit ihr exerzieren wie mit dem Bruder. Aber ich spreche das am Telefon nicht an. – Ich frage, wie es ihr geht. Ich muß... ich habe ja Verpflichtungen den beiden anderen gegenüber, sagt Frau S. Aber Sie brauchten auch ein wenig Rückzug ins Nest, sage ich zärtlich. Gut, daß Sie mir das sagen, sagt Frau S. Ich möchte gern auch eine Stunde für mich. Versprochen, sage ich und hole meinen Terminkalender. – GÜ: Ich freue mich, daß Frau S. mich für sich beansprucht. Neulich, am 19. 10. 83, als ich auf Station bei Hanna war, hatten wir kurz miteinander gesprochen, ich hatte gefühlt, daß sie mich nach einer Stunde für sich fragen wollte. Ich war zu erschöpft gewesen und hatte keine Worte für das Gefühl, das sie mir machte, gefunden: Hast du auch für mich Zeit. Heute konnte Frau S. für sich sprechen, so daß es ihre Initiative bleibt, etwas für sich zu wollen.

31. 10. 83 Frau S. und Maria: Lebensfreude statt Schadenfreude

Frau S. ruft mich an, daß Maria um 16.00 Uhr in der Ambulanz dran sei und sie dann beide um 16.15 Uhr kämen. Ich freue mich sehr und bin ganz aufgeregt. Als es später wird, gehe ich ins Wartezimmer. Sie sind gerade angekommen.

Maria kommt mir entgegen: klapprig, aber munter, mit ihrer Wollmütze auf dem Kopf. Frau S. geht zunächst auf die Toilette, und Maria, der der Pavillon sehr mickrig vorkommt, findet mein Zimmer dann annehmlich. Sie bleibt im Anorak, nimmt aber die Mütze ab und öffnet den Anorak mit langsamen Gesten. Alles geht noch sehr langsam, aber es geht wieder, sagt sie lächelnd. Und Dr. Y., der neue Arzt aus USA, sei gar nicht so schlimm, wie er beschrieben wurde, er sei sehr nett und gar nicht muffig. Sie klagt, in einer Woche wieder auf Station, ihr graue davor. Aber, ergänze ich: ... noch eine schöne Woche liegt vor dir, und wie war sie denn, die letzte Woche? Schön, sagt sie, so viele Kleinigkeiten und Selbstverständlichkeiten muß ich mir neu aufbauen, das Schuhband knüpfen, Treppensteigen, Spazierengehen, alles muß ich mir neu erobern.

Frau S. kommt, ich gehe ihr entgegen, empfange sie respektvoll in meinem Zimmer. Es entsteht ein Schweigen, ich lasse es zu. – Ich habe diese beiden Menschen noch wenig zusammen erlebt. Das Setting ist heute zum ersten Mal verändert. Bisher habe ich einzeltherapeutisch sowohl mit Maria als auch mit Frau S. gearbeitet, natürlich auf dem Hintergrund eines familiendynamischen Verständnisses von Marias Krebserkrankung. Ich mache aber keinen Unterschied in meiner einzel- und familientherapeutischen Arbeit. Ich versuche immer, den einzelnen in seinem Selbstverständnis anzusprechen, um dadurch der Wiederholung der in der Familie erlittenen Traumatisierung, als eigenständige Persönlichkeit anonymisiert worden zu sein, zu begegnen. Ich spreche nicht »die Gruppe«, nicht »die Familie« an, und ich spreche auch nicht von mir in der »Wir«-Form. In meiner familientherapeutischen Arbeit und in Selbsterfahrungsgruppen, die ich leite, habe ich die Sicherheit gefunden, ohne Scham, trotz Anwesenheit der anderen, mit dem einzelnen zu sprechen, so daß Begegnungen und Selbstbegegnungen möglich werden.[5] Ich strecke die Beine aus,

5 Vgl. »Mit Augen hören ...«, in: 1991b, S. 184-220.

lehne mich im Sessel zurück und lausche in mich: ich fühle mich wohl und nehme wahr. Frau S. hat ein weicheres Gesicht, die Augenlider sind nicht mehr silbern maskiert. Aber sie sitzt total verspannt da: sie hält die Hände zwischen die Oberschenkel geklemmt, durchgedrückte Arme, sitzt schräg, weggebogen von Maria, zu mir gewandt, im Sessel. Maria sitzt im Anorak da, sie braucht diese Schutzhaut, denke ich, und ich belasse sie ihr, obwohl es toll warm im Zimmer ist. Frau S. spricht *über* Maria, wie schwer ihr noch alles falle. Neulich habe sie geweint, als sie mit den Wäscheklammern hantieren wollte und ihr die Kraft dazu fehlte. Das sei ihr ans Herz gegangen, sagt mir Frau S., wie Maria die Tränen runtergekullert seien. Maria schaut vor sich auf den Boden und sagt, ich wollte auf dem Spaziergang mit meinem Hund loslaufen, es ging nicht. Die Beine tun es einfach nicht. Dr. Y. hat gesagt, ich soll hüpfen, es gelang mir nur fünf Zentimeter über den Boden zu hüpfen. Ich sage, vor fünf Wochen hätten sie das noch nicht gekonnt. Maria lacht. Sie messe alles an früher, dabei habe sie jetzt schon so viel geschafft. Ich frage beide, wie die Woche war. Sie hatten sehr viel Zeit, sagt Frau S., mehr als auf Station. Sie haben wenig gemacht, aber innerlich viel erlebt. Maria brauche die Intimität, sagt Frau S. – Sie spricht von Intimität, denke ich voller Freude. – Stolz holt Maria ihr Häkelzeug aus der Tasche, sie häkelt einen Fenstervorhang, nie glaubte sie, daß sie das könne, weil sie nie etwas für sich tat. Ich nehme ihre Arbeit in die Hand, schaue sie mir an. Frau S. bewundert vor allem, daß Maria sich alles neu erobert. Maria sagt spontan, mein Vater ist lieb, ganz anders als früher, die Spannungen sind weg. Er freut sich richtig, wenn er mich sieht, er freut sich und zeigt es. Dann ist er nicht mehr der, der die Fenster morgens aufreißt, der seine Zärtlichkeit in Rauhbeinigkeit und Verletzungen verpackt, sage ich. Ihr Mann sei jetzt ein Vater, wie sie sich ihn immer für ihre Kinder gewünscht habe, ergänzt Frau S. Er bügele sich seine Uniform selber, besser als sie es könne, zumal sie es nie gern machte, und er kaufe samstagmorgens für die Familie ein; er lebe für die Familie. Ja, wenn er etwas mit Freude und Geduld für *sich* tun kann, etwas, woran ihm liegt: seine Uniform bügeln, in der er *sich* so vorführt, wie er *sich* mag, dann kann er auch gern zur Arbeit gehen und gern nach Hause kommen, sage ich. Frau S. zieht über ihren Mann her, daß ihn früher jede Fliege an der Wand geärgert habe, und offensichtlich sei vor allem Maria häufig der Anlaß für solchen Ärger gewesen, wenn er nach Hause kam, habe man sich in die Löcher verkrochen. Heute zeige ihr Mann auch zärtliche Gefühle. Und Sie?, frage ich Frau S. Sie habe eigentlich immer zärtlich sein können. Ich sage: aber wohl eher versteckt, hinter einer harten Schale? (Die geschminkten Augenlider brachten mich darauf.) Ja, sagt sie, das stimme. Frau S. ist bedrückt, was die Arbeit angeht, Donnerstag solle ein Gespräch mit ihrem Arbeitgeber stattfinden. Sie meint, sie könne wegen Maria noch nicht wieder zur Arbeit gehen, könne sie noch nicht alleine lassen während der folgenden chemotherapeutischen Blöcke. Maria stimmt zu. Maria sagt, daß sie die Mutter früher, wenn sie arbeiten ging und sie aus der Schule nach Hause kam, oft gebraucht hätte und vermißt habe, sie hatte aber keine Sprache dafür, und es gab dann häufig aggressive Ausbrüche, weil sie nicht sagen konnte, daß sie die Mutter brauchte. Frau S. beschreibt beider Beziehung vor allem damit, daß sie und Maria philosophische Gespräche miteinander führen können, wie es mit dem jetzt 17jährigen Bruder nicht denkbar sei. – Ich deute nicht die Parentisierung von Maria, d. h. daß die Mutter sie als Gesprächspartner überforderte, die vielleicht lieber mit ihrem Hund rumgetollt wäre bzw. mit der Mutter gespielt hätte. Frau S. sagt, Maria könne so situationskomisch sein, daß alle lachten. – Auch hier ist Maria es, die die Stimmung und Laune der Mutter rettet, denke ich, sie muß sich oft verloren gefühlt haben, wenn sie emotional für die Stimmungen der anderen aufkommen mußte. – Frau S. sagt dann, sie müsse nicht arbeiten, das Geld reiche. Ich sage ihr, Sie dürfen um *Ihretwillen* zu Hause bleiben, die Arbeit sein lassen, auch Sie brauchen jetzt Zeit für sich. Frau S. nickt, ihre Schlafstörungen seien sehr schlimm, deswegen wolle sie auch mit mir sprechen. (Sie spricht damit ihre Extrastunde an, um die sie mich am Telefon gebeten hatte.)

Beide sprechen vom Theaterbesuch heute abend, und Frau S. sagt, sie müsse es heute aussprechen, daß sie vor fünf Wochen die Karten gekauft habe ... sie druckst ... Maria fällt ihr ins Wort ... Du hast wohl gedacht, du bleibst auf einer Karte sitzen ... – Hier wird Schadenfreude für mich fühlbar. Maria hatte mir gesagt, sie hatte die Eltern bestrafen wollen mit ihrem Selbstmord, sich dann aber gedacht, das kannst du nicht tun, daß die dich verkohlt finden ... Frau S. weist das von sich, nein, sie habe die Karten gekauft, um Maria Mut zu machen, aber sie habe nicht geglaubt,

daß sie heute wirklich ins Theater gehen würden. Sie nahm damals die erste Reihe für »flash dance«, sagt Frau S., damit sie mit dem Rollstuhl reinkämen und falls etwas passierte, ihr Mann und sie Maria rausfahren könnten. Frau S. hatte die Katastrophe geplant, denke ich und ich frage Maria, ob sie auch zweifelte. Nein, sagt Maria, niemals. Ich sage lachend, mich an ihre Worte erinnernd: Ja, du hast gewußt: Das schaffst du, das hast du mir damals von dir erzählt. Ja, sagt sie, na klar! Ich verstehe auch nicht die Leute, wie der, von dem ich das Buch lese mit der Lymphosomatose[6], der sich über die Fadenkreuze auf der Brust für die Bestrahlung als Stigmen und Kainszeichen aufregt. Solche Gedanken habe ich mir nie gemacht. Dafür war keine Zeit. Ich wollte leben, und nur daran habe ich gedacht. Und du hast es geschafft!, sage ich und gebe ihr ihren Lebenswillen als narzißtische Leistung zurück. Frau S. sagt, sie bewundere Maria dafür. Ich sage ihr, Sie haben mitgeholfen.
Ich sage, daß wir die Stunde nicht zu sehr ausdehnen sollten, damit Maria nicht überanstrengt werde. Sie meint, sonst schlafe ich im Theater ein. Na, das macht nichts, sage ich, ich habe mal in einem Film geschlafen (es war ein Handke-Film), der mir gefallen hat, aber ich war eben müde gewesen, und als ich aufwachte, habe ich weiter zugeschaut. – Ich sage ihr das, damit sie sich nicht ärgert, falls sie in dem Glücksgefühl zugleich wohlig vor Erschöpfung einschlafen sollte. Ich kenne die Bedeutung, die der Schlaf für sie hat, und sage es in dieser Absicht. – Ja, sagt sie, so schlimm wäre es vielleicht doch nicht.
Wir machen einen Termin aus. Zunächst ich und Maria: nächste Woche, wenn sie wieder auf Station ist. Sie will, daß ich erst dann komme, wenn sie auch etwas von unserem Gespräch haben kann. Sie sieht mein Diktiergerät und fragt mich, ob ich damit klarkäme, sie nicht. Ich erzähle, daß ich erst aufschreibe, was ich diktiere, weil ich meine Worte sehen und auf dem Papier ausformulieren müßte. Sie erzählt von einem Schriftsteller, der ihr in R. ein Diktiergerät gegeben hätte, damit sie ihre Empfindungen ins Mikro spreche, aber sie finde das *gewollt*, das gehe nicht. Damals konnte sie noch nicht wieder schreiben, jetzt könne sie schreiben, aber sie schreibe nicht Tagebuch. Sie sagt, ich weiß, daß ich jedem plastisch erzählen könnte, wie dreckig es mir gegangen ist. Ich

6 Gemeint ist wohl *Mars* von Zorn, München 1977.

stimme ihr zu, daß sie *ihre* Form der Bewahrung *ihrer* Gefühle habe und ich meine, daß ihr das keiner vorschreiben könne. Wir finden einen Termin am Freitag, um 10.30 Uhr.
Frau S. spricht noch darüber, daß das Erbrechen während der Chemotherapie psychisch bedingt sei. Maria hatte vier Tage lang nichts gegessen, Donnerstag abend habe sie Schmerzen vor Hunger gehabt. Sie beginnt mit langen Ausführungen und Maria unterbricht sie brüsk: sie solle keine solchen langen Ausführungen machen, sie habe sich eben Pizza mit Zwiebeln gewünscht, weil sie sich daran als an etwas Gutes habe erinnern können, das sie zusammen mit der Mutter einmal im Restaurant gegessen hatte, das hatte geschmeckt, und deshalb habe sie es sich gewünscht! Frau S. sagt, sie habe fest damit gerechnet, daß Maria nach dem ersten Happen alles ausspeien werde, das wäre doch *logisch* gewesen, sagt sie... aber nicht *psycho*logisch, ergänze ich. Sie lacht.
Beide gehen guter Dinge in ihr Tanztheater. Ich freue mich mit ihnen.

8.11.83 Depressiv: Gutgehen als Grauschleier

Frau S. ist sehr erschöpft, sie sehe alles hinter einem Grauschleier. Es gelang ihr nicht, die Zeit zu Hause zu nutzen, sie fiel in ein Loch, sagt sie. Sie weint, die Lidschminke tropft ihr die Backe runter. Ich kann mich aber nicht entschließen, ihr ein Taschentuch zu geben, aus Sorge, sie könnte es mißverstehen, sie solle zu weinen aufhören. Sie wischt sich dann die Tränen ab ohne Scham. Sie konnte also nicht die Zeit zu Hause nutzen, während Maria oft sehr schlapp war, aber beispielsweise bei Freunden in den Swimmingpool sprang und zwei Bahnen schwamm. Sie hingegen habe keine Initiative *für sich* ergreifen können. Am liebsten, platzt es aus ihr heraus, würde ich abhauen, in Skiferien fahren, in den Schnee... Sie fürchte sehr, sagt Frau S., daß das ganze Martyrium für Maria nichts bringe und sie doch sterben müsse. Maria lebt seit drei Monaten, ihr Leben beginnt nicht irgendwann, nachdem die Behandlung abgeschlossen ist, sage ich. Das kann Frau S. nicht erfassen. Sie mache sich oft Vorwürfe, wenn der Krebs psychosomatisch zu verstehen sei, was habe Maria dann alles erlitten, um diesen Tumor zu bekommen? Ich spreche Frau

S. darauf an, daß auch sie sich immer überfordert habe und nicht erst mit Marias Krankheit, sondern schon immer für das Überleben anderer zuständig war, z. B. das der Schwiegermutter. Es platzt jetzt Wut und Entsetzen aus ihr heraus, was es bedeutet habe, *diese* Frau zu pflegen..., aber ich konnte doch nicht anders!, schreit sie mich an. Ich verstehe Ihre Wut, sage ich, Sie mußten immer einspringen für andere, und Maria mußte das ganze Entsetzen miterleben, ohne sich als Kind ihrer Lebendigkeit freuen zu können. Sie sind nicht auf ihre Kosten gekommen, Sie nicht und Maria nicht, das ist das Tragische.
Frau S. erzählt von ihrer Lebendigkeit, die sie so wenig zeigen könne. Aber in den Skiferien vor zwei Jahren wurde sie so wahrgenommen und erlebt, wie sie ist, und erfuhr, daß andere sie so mochten. Maria könne genauso wie sie die Menschen für sich gewinnen durch Witz und geistreiche Bemerkungen. In R. verstand keiner, was Maria als junges Mädchen dort machte. Sie habe ihr T-Shirt hochgezogen und die Narbe gezeigt und alle seien erschauert. Sie beide: Mutter und Tochter wurden wie Schwestern akzeptiert, es waren unglaublich schöne Tage, so faßt sie den Kuraufenthalt nach Marias Herzoperation zusammen. – Maria verschaffte auch der Mutter einen Kuraufenthalt, denke ich gramerfüllt, Urlaub von Zuhause, wo sie sich nicht akzeptiert fühlt. Die Anonymisierung ihrer Sinnlichkeit machte Maria krank, und heute muß sie ihr Dasein mit der Operationsnarbe rechtfertigen. Früher brachte sie alle zum Lachen, heute zum Schaudern. Die Funktionalisierung ihrer Lebendigkeit bleibt sich gleich. – Heute, sagt Frau S., sei ihr Mann zwar besorgt um seine Familie, aber sie sehne sich nach dem Freund, der sie in ihrer Sinnlichkeit gespiegelt habe. Sie sei es, die ihren Mann, den Berufssoldaten, zu mehr Menschlichkeit anrege, so daß er es bei der Abschiedsrede von seinem Batallion auch gewagt habe, Gefühle auszusprechen. Später habe er seiner Frau gesagt, daß er Angst gehabt habe, aber auch stolz war.
Frau S. will für sich regelmäßig Therapiestunden und dann auch mit der Bahn nach G. kommen. Die Kinder bekämen dann Essen hingestellt, und sie könne etwas für sich tun. – Ich freue mich darüber, daß sie etwas für sich fordert und mein Angebot auch annimmt. Sie beginnt es zu wagen, sich ihr Leben zu nehmen. 20 Jahre litt sie in einer stumpfen Ehe, denke ich. Sie erzählt, wie erschütternd es gewesen sei, Maria weinend zu finden: Sie wolle

nicht sterben, sie wolle es schaffen, und wie sie das Lachen zweier junger Mädchen im Lebensmittelladen über Marias Glatze zutiefst verletzt habe. Maria tat ihr leid. Als ich sie frage, was sie gesagt hätte, wenn sie gekonnt hätte, meint sie: Meine Tochter hat sich den Krebs nicht ausgesucht! Ich sage ihr, die zwei jungen Menschen wären wohl beschämt und betroffen gewesen, sie waren ja so jung wie Maria. Frau S. erzählt als Beleg dafür, wie schlagfertig und witzig Maria ist und wie sie alle zum Lachen bringen kann, folgende Szene: In der Boutique am Ort probierte Maria neue Jeans, und die Näherinnen hätten beschämt geschwiegen, als sie die abgemagerte Maria mit Glatze sahen. Maria sei sich mit der Hand durch die Haare gefahren und habe gesagt, wie wäre es, wenn ich zum Coiffeur, der gerade neu eröffnet hatte, ginge und sagte: eine Dauerwelle, aber bitte recht füllig? Alle würden doch vor Scham versinken. Mit ihrem Witz habe sie die Situation gerettet, sagt Frau S., sie findet das gut. Ich gebe vorsichtig zu bedenken, wie bitter es sei, wenn der Kranke auch noch für die Scham der Gesunden gradestehen müsse, weil er merke, daß er sie bei Laune halten müsse. – Aber ich spüre, daß Frau S. das nicht fühlen kann. Für sie ist Maria das »sunny girl«, in deren Witz *sie sich* sonnt, die ihr den Grauschleier ihrer narzißtisch depressiven Leere vertreibt. Diese Tragik schaudert mich. – Am Ende der Stunde erwähnt Frau S., daß sie in ihrem elterlichen Zuhause nichts durfte, und ihr Mann, sagt Frau S., sei eine blendende Erscheinung, aber eben Blendwerk. Am Sonntag werde sie 41 Jahre, und sie sei todmüde. Ich muß Frau S. unterbrechen, die Stunde ist längst überzogen, aber sie ist unersättlich in ihrem Hunger nach Liebe und ihrer ungestillten Sehnsucht, sich selbst lieben zu dürfen. Von ihrem Zuhause haben Sie bisher wenig gesprochen, immer von den anderen, sage ich. Sie wolle das gern tun, sagt sie, das täte ihr bestimmt gut. Sie strahlt glücklich. Eine prachtvolle Frau hinter männlicher Härte und Verschlossenheit, denke ich.

Maria geht es gut, sie soll morgen nachhause entlassen werden. Sie hat ein bißchen Schnupfen, niest auch zweimal, aber sie und die Mutter wollen das den Ärzten verheimlichen. Ich frage, ob sie sich nicht lieber ein Medikament mit auf den Weg geben lassen wolle. Maria zeigt mir voller Stolz die Fenstergardinen, die sie häkelt. Ich denke dabei irgendwie an die Oma, aber ich denke auch, daß sie sich eine Art Schutz für ihre Intimität herstellt. Ich nehme die Handarbeit und betrachte sie voller Freude. Maria spielt die ganze Zeit über nervös mit dem Häkelhaken. Jetzt könne sie etwas für sich tun und darüber freue sie sich, sagt sie. Sie zeigt mir Photos vom Kinderfest (ich weiß, daß Hanna damals nicht hin konnte, weil es ihr zu schlecht ging). Auf den Photos sehe ich Maria im Rollstuhl und mit Handschuhen: Damals hatte sie sich selber aufgefressen, zerfleischt. Ich gucke mir die Bilder an und sage, was ich wahrnehme: daß Maria damals sehr viel dünner war als heute. Sie erzählt, daß ihr diesmal während der Chemotherapie Milchprodukte so gut bekämen, sie übergebe sich kaum. Sie bekäme *Cortison,* damit sie zunehme. Beim Baden in der Badewanne täten ihr die Knochen unglaublich weh, so abgemagert sei sie. Ich sage ihr, daß sie wohl nicht wisse, ob es das Cortison sei oder sie, die Appetit hätte, und dann esse und zunehme. Maria sieht das zwar auch so, aber das Cortison erscheint ihr wie eine Wunderdroge, die die Ärzte ihr verabreichen.[7]

Sie möchte so gern verreisen, am liebsten an die Nordsee, aber sie weiß nicht, ob das nicht zuviel ist. Freilich, auch das würde sie am liebsten machen, ohne die Ärzte zu fragen. Ich sage offen, daß ich das für zuviel halte, aber es gäbe doch Thermal- oder Wellenbäder; sie müsse vielleicht gar nicht bis an die Nordsee fahren. Sie assoziiert weiter und kommt darauf, daß die Oma in Bad P. wohnt, wo es ein Wellenbad gibt. Unversehens entwickelt sie ihre Reise dorthin. Gemeinsam spazieren wir in ihrer Vorstellung in Holland am Meer entlang, mit der Familie war sie oft dort: mit

7 Hanna liegt im gleichen Zimmer. Sie kann kaum sprechen, sie hat Blasen auf der Zunge. Sie verbirgt sich hinter einer Zeitung, unsere Blicke begegnen sich nicht, obwohl ich mehrmals zu ihr hinüberschaue, in Sorge, daß sie sich verletzt fühlen könnte, weil ich heute ganz bei Maria bin. Aber dann denke ich auch, sie wird mitessen, wenn ihr schmeckt, was Maria und ich miteinander besprechen.

Pommes frites und Ketchup in eisigem Wind am Strand entlang – herrlich!, sagt sie lachend. Hanna liegt nebenan und blättert verstohlen in einer Zeitschrift. – Auch sie liebt Holland und verbrachte dort mit ihrer Familie »als sie noch intakt war«, wie sie es nennt, schöne Ferien auf einem Bauernhof, wo die alten Wirtsleute ein immenses Frühstück auftischten, das für die ganze Familie den Tag über vorhielt. Ich weiß, daß Hanna an unserem Ausflug am Meeresstrand entlang teilnimmt, ihn mitgenießt. Während ich Maria ermuntere, die kleine Reise zur Oma ruhig selbständig zu wagen, hatte ich Hanna vor zwei Tagen gesagt, daß es für Nürnberg noch zu früh sei, das packe sie noch nicht. Es schmerzt sie vielleicht, daß Maria etwas wagen könnte, was ich ihr noch nicht zutraute und wovon ich ihr deshalb auch abriet. Das sind Gedanken, die ich auf dem Spaziergang mit Maria am Meeresstrand mitdenke: wie eine Mutter, die mit dem einen Kind etwas Lustvolles plant, während das andere noch fest mit Masern im Bett liegt.
Maria ist voller Zuversicht, sie ergreift die Initiative. Sie ist ganz sicher, daß sie im Herbst 84 in Fulda, wo sie ihren Studienplatz hat, studieren wird. Ich stelle mit ihr voller Freude fest, daß die Fingernägel wachsen. Ja, sagt sie, sie sei nicht mehr so nervös.
Sie erzählt mir von zu Hause, aber erst, als ich danach frage. Der Vater habe einen Wünschelrutengänger bestellt, und obwohl sie nicht daran glaube, meint sie, schaden könne es ja nicht. Der habe festgestellt, daß unter ihrem Bett, aber auch unter dem Bett von Vater und Mutter, eine Wasserader läge. Daraufhin hätten sie ihr Zimmer umgeräumt. Jetzt sei es viel heller und freundlicher. Ich sage, ich wüßte von einer anderen Krebspatientin, die auch einen Wünschelrutengänger durch ihr Haus gehen ließ, worauf der Sohn sein Zimmer umgeräumt habe. Danach konnte er morgens aufstehen, während er früher immer nicht wußte, wofür er den Tag beginnen sollte. Ich meine aber, daß *er* sich eingerichtet habe, sei das Entscheidende. Daß Maria umräumte, finde ich das Wichtige, sage ich, aber irgendwie hätte erst ein Fremder die Erlaubnis dazu geben müssen, aus Gesundheitsgründen darfst du dich jetzt in deinem Zimmer wohler fühlen, sage ich mit einem bißchen Ironie. Sie lacht. Ja, da sei was dran. Früher sei es ihr gar nicht aufgefallen, daß sie von ihrer Sesselecke ins dunkle Zimmer schaute. Jetzt habe sie einen weiten Blick und fühle sich wohl dabei.

Maria erzählt davon, daß die Eltern vor anderthalb Jahren eine Paartherapie gemacht hatten und nach den Therapiesitzungen immer so depressiv waren. Mit uns sei das anders, wir lachten ja auch mal miteinander. Sie ist zufrieden mit uns.
Eine Schwester fragt Hanna und Maria, ob sie zum Essen auf den Flur kämen. Beide wollen erst wissen, was es denn gibt. Spinat und Ei... Iihh, meinen beide einstimmig. Hanna sagt, ihre Mutter meine, Spinat sei gar nicht so gesund. Ich sage, ja, vielleicht nicht in großen Mengen, da sei alles nicht so gesund. Selbst eine zu große Menge Vitamin C könne der Körper auf einmal nicht verkraften. Ich erzähle, daß ich manchmal den Spinat von Babykost esse und daß er mir schmeckt. Vielleicht, so sage ich zu beiden, sei es ja ein Unterschied, ob man was esse, weil andere sagen, es sei gesund, oder weil man einfach mal Appetit darauf habe. Maria lacht mich aus, und ich stehe offen zu meiner Kindlichkeit: Spinat aus dem Glas! – Beide schälen sich nun aus ihren Betten, gebrechlich und vorsichtig, langsam ziehen sie ihre Morgenmäntel an: Maria in rosé mit ihren neuen blauen(!) Flauschhausschuhstiefeln: sie sieht eher kindlich aus. Hanna steht in einem eleganten Morgenmantel da, eher weiblich. Beide strahlen Würde und Geradheit aus. Ich öffne ihnen die Türe und beide verlassen das Krankenzimmer: ich bin in diesem Moment diejenige, die im Krankenzimmer zurückbleibt: die Kranke? nein, das Kind. Sie gehen beide essen. Es ist ein entscheidender Moment. Ich teilte mit ihnen die stille Freude: ich bin das Kind, das Spinat ißt, dann können sie beide es ja auch tun, vielleicht schmeckte er, das wäre eine Entdeckung. Nicht aus Gesundheitsgründen, sondern aus Lust kann man essen. *Für sich*, nicht im Auftrag: ... einen Löffel für Pappi, einen Löffel für Mammi...!

14. 11. 83 ... wie ein Wunder!

Frau S. ruft an, Maria habe in der Nacht auf Samstag Fieber bekommen und die gesamtmedizinische Diagnostik sei angerollt. Hanna sei verlegt worden, Maria also isoliert. Samstag morgen sei das Fieber weggewesen, wie ein Wunder, sagt Frau S.
Sie erzählt, daß sie zu ihrem Geburtstag alle Pflichtbesuche ausgeladen habe, nur liebe Freunde waren da, und daß es Maria dabei gutging. Sie habe ihr ein kleines Dankeskärtchen geschrieben, das

ihr ans Herz ging, sagt Frau S. Wir sprechen oft von Ihnen, sagt Frau S. und von der Freude, daß wir Sie getroffen haben. Ich erwidere, das geht mir genauso.

21.11.83 Sich auf etwas freuen können

Sie schaffe es nicht, diese Woche zu mir nach G. zu kommen, sie sei ganz zerschmettert, sagt Frau S. am Telefon. Maria sei gut bei der Großmutter gelandet, und statt froh zu sein, habe sie sich hingesetzt und geweint. Glauben sie mir, das kleine kahle Köpfchen meiner Maria hat mir so gefehlt, drüber zu streicheln... Ich frage sie, ob es denn vielleicht auch Freudentränen waren, die sie weinte, und ob sie es nicht vielleicht auch brauchte, daß jemand ihr über den Kopf streichelt. Sie weint und sagt, das könne sie manchmal nicht auseinanderhalten. Das könne schon sein, sie empfinde es so, daß sie von mir im übertragenen Sinne die Freude bekomme. Deshalb freue sie sich schon heute auf Dienstag in einer Woche, wenn sie zu mir kommen könne.

29.11.83 Immer zählte nur die Form, nie das Herz... von Rechts wegen müßte sie schon tot sein

Frau S. kommt frisch, in hübschen Farben und ist mädchenhaft zugewandt. Maria ist wieder auf Station, aber sie habe schon am Abend des ersten Tages Spaghetti essen können. Beim Kotzen hätten sie und Maria an mich gedacht, das sei nicht nur psychisch, hätten sie gedacht. Ich frage, ob sie denn abends beim Spaghettiessen auch an mich gedacht hätten, aber das weiß Frau S. nicht.
Sie erzählt von Marias Besuch bei der Großmutter, *ihrer Mutter.* Die Mutter habe sich beklagt über Maria, sie sei so egoistisch, nur auf ihr Essen bedacht, für keine ernsten Gespräche zu haben, nur kleine Knabbereien und saure Gürkchen; nie frage Maria, wie es der Großmutter gehe. – Offensichtlich hat Maria es aufgegeben, alle zu spiegeln, und nun sind alle sauer auf sie, denke ich. – Frau S. spricht von ihrer Beziehung zu ihrer Mutter. – Wieder ist das Sprechen über Maria die Bedingung für das Sprechen von sich, wie im Erstinterview Marias Bewußtlosigkeit die Bedingung da-

für war, ihre Leidensgeschichte zu erzählen. – *Immer zählte nur die Form, nie das Herz,* sagt sie.

Frau S. wurde mit 20 Jahren schwanger, sie kotzte viel, und eines abends kam die Mutter ins Zimmer und sagte: Ist das wahr...! Dann bist du nicht mehr meine Tochter! Sie ging von zu Hause weg und heiratete dann, um der Form zu genügen. Vor zwei Jahren Weihnachten platzte ihr der Kragen, als ihre Mutter zum Vater sagte: Dein Hals ist auch nicht mehr der schönste, alt und faltig, du könntest ein Tuch anziehen...! Sie habe der Mutter geantwortet, das sei *ihr* Problem, und die Mutter sei danach total durchgedreht und krank geworden. Sie sollte sich damals entschuldigen, was sie aber nicht tat. Ihr Mann schrieb später »der Form halber« einen Brief. Frau S.' Mutter rief an und sagte: Sie dürften nicht an ihr Grab kommen, das wäre ihr letztes Wort. Frau S. meint, die Mutter sei fast verrückt geworden. – Meine Phantasie ist, daß Maria auch hier schlichten muß: Lebendigkeit wird als Vorwurf erlebt und muß durch Formvollendetheit abgetötet werden. Als Maria krank war, war die Oma versöhnt; jetzt mit der gesunden Maria kann sie wenig anfangen.

Frau S. kann sehen, daß sie und Maria die Chance wahrgenommen haben, selbstbefriedigend zu leben. Sie ist stolz darauf. – So hat sie wiedergutmachen können, was sie mit Maria wiederholen mußte: Ihre maligne Beziehung zur Mutter, maligne insofern, als sie Maria wohl abtreiben wollte, und sie dann in Kauf nehmen mußte. Sie muß sich emotional genauso von Marias Lebendigkeit »bedienen« wie ihre Mutter von der ihrigen. – Frau S. schildert eine eindrucksvolle Szene mit ihrer Mutter: Um 6 Uhr Beine hoch, Knabbereien und die Fernbedienung des Fernsehers zur Linken, der Mann immer zu Diensten...

Zu Hause ging auch in Marias Abwesenheit alles gut, mit ihrem Mann verstehe sie sich jetzt besser. Als sie sagt, es sei wieder Normalität zu Hause eingekehrt, frage ich, wieder? Nein, so war es nie!, sagt Frau S. glücklich. Sie scheint jetzt zu beginnen, ihren Mann, der als Soldat stark tut, in seiner eigentlichen Schwäche zu akzeptieren. Voller Stolz erzählt sie, daß ihr Mann mal zu ihr gesagt habe: Eigentlich sei sie die Psychologin, obwohl sie nicht, wie seine Mutter, Psychologie studiert habe. Ich sage: Wenn Psychologie das Leben ist, dann haben Sie das Leben studiert. Sie strahlt. Der Mann akzeptiere Maria jetzt. Früher habe er ihr nur Vorwürfe wegen ihrer Arbeitslosigkeit gemacht und zu Hause

nur Frust abgeladen. Er sei eigentlich viel weicher als sein Soldatenberuf. Er und Maria verstünden sich jetzt viel besser. Und Sie, frage ich. Ja, wir beide auch. Wenn ich mal depressiv bin, versteht er, daß ich nicht mehr kann. – Der Mann hat deutlich Züge ihrer Mutter: antreiberisch und herrisch, aber eigentlich weich und ängstlich, denke ich. Aber es ist noch zu früh für objektale Deutungen, deshalb höre ich nur zu. – An ihrem 41. Geburtstag am Wochenende, erzählt Frau S., hob sie das Glas: Danke, daß wir leben, und Maria habe ergänzt ... und ich auch. Es habe allen die Sprache verschlagen. Frau S. versteht nicht, wie dieses Mädchen überleben konnte und leben will.
Im Gehen will sie mir Marias Pläne ausplaudern. Ich stoppe sie, das werde Maria mir erzählen. – Ich beginne ihr Grenzen zu setzen, wo sie Maria vampiristisch ausplündert. – In der Türe betont sie, daß sie nicht anders könne als skeptisch zu sein, was Marias Prognose angehe, so skeptisch wie die Ärzte, obwohl es nicht logisch sei, daß Maria lebe. Ich sage, vielleicht nicht logisch, aber psycho-logisch. Bereits auf dem Flur sagt sie, ... aber von rechtswegen müßte Maria schon tot sein! ... So, jetzt gehe ich erst mal essen.

30. 11. 83 Sich Kinderwünsche erfüllen können ... vom Krankengeld

Ich sehe Maria von weitem auf dem Flur: kahlköpfig, der weiche Flaum ist weg, statt dessen hat sie ganz dichte kleine Stoppelhaare auf dem Kopf und ein kugelrundes Gesicht. Sie ist unglaublich verändert. Sie nimmt ihren Kuchen und schiebt mit ihrem Ständer vor mir her, sicher und fest auftretend. Früher war sie staksig und gebrechlich. Wir gehen in ihr Zimmer. Ich spreche meine Verblüffung über ihre Veränderung aus, sie schiebt es sofort auf das Cortison. Ich sage, *sie* hätte wohl gegessen. Sie sagt: für Sie bin ich verändert, aber für mich werde ich jetzt langsam wieder so, wie ich früher war. Wir tauschen unsere unterschiedlichen Wahrnehmungen aus. Ich brauche Zeit und sage es ihr auch, nachzuvollziehen, was das bedeutet: Ihr Glücksgefühl, sich wieder zu ähneln, sich wiederzuerkennen. Ich suche in ihrem Gesicht die, die ich bisher kannte, und habe damit meine Not. Abgemagert und eingefallen war sie, sich fremd und mir vertraut. Sie zeigt mir

Photos von sich: eine junge Frau ... Heute streichelt sie sich über den Kopf, das findet sie so schön, sie liebkost sich und genießt es. Früher hätten die Jungs so kurze Haare gehabt und sie auch ... – Mir scheint, daß es aber weniger um Junge oder Mädchen geht, als vielmehr um die Erfahrung, sich lieben zu dürfen, sich anfassen zu dürfen, ohne Scham, sich selbst befriedigen zu dürfen.
Maria erzählt ausführlich von der Reise zu den Großeltern, und ich erfahre nun von ihrer Seite, was die Mutter von sich aus beschrieb. Sie sagt, gleich am Anfang habe die Mutter angerufen und geweint, sie sehne sich nach ihr. Am Ende habe es *ihr* gereicht, und sie weinte. Ruhe und regelmäßiges Essen seien schön gewesen, das habe sie gebraucht. Sie habe auch eine Daunenjacke bekommen, wobei sie sich gegen Übergriffe wehren mußte, daß sie das anziehen sollte, was den Großeltern gefiel. Sie habe ihnen gesagt: Dann friere ich lieber. Die Großmutter erwartete Gespräche und Diskussionen, ohne selber auszusprechen, was sie interessierte. Sie hatte keine Lust, so wie früher als Unterhalter zu funktionieren, sie brauchte Ruhe und nahm sich diese Zeit. Sie schwärmt glücklich davon, wie sie sich mit ihrem Krankengeld kleine Kinderwünsche erfüllen kann: Kaugummis und kleine Schokoladen etc., was sie früher nie bekam. Das hat man sich im Nikolausstiefel erhofft, aber nie war es ganz das, was ich mir wünschte. Jetzt bekommt sie, obwohl als Studentin eingetragen, Krankengeld und kann sich davon ihre Wünsche erfüllen. Vorher hatte ihr die Mutter hundert Mark Taschengeld gegeben, denn ihr Achtstundentag im Praktikum wurde mit keinem Pfennig entgolten. Ich sage, wie schwer sie sich das Geld verdient habe. Sie genießt jetzt die Freiheit, ihre kleinen Kinderwünsche ausleben zu können, und ich freue mich mit ihr. (Jetzt beim Diktieren bemerke ich, daß ich ja von meinen Kinderwünschen: Spinat, gesprochen hatte, was Maria vielleicht ermuntert hat, sich das Gute zu tun, wonach ihr zumute war.)
Sie erbricht sich während des Gesprächs dreimal. Aller guten Dinge sind drei, sagt sie beim dritten Mal, und entschuldigt sich wieder. Als ich sie fragte, warum sie sich für ihr Kotzen entschuldigt, sagt sie, der Form halber, aber sie habe gemerkt, daß das blöd sei. – Ich muß an Frau S. denken, die soviel kotzen mußte, als sie mit Maria schwanger war und dann wegen Maria »der Form halber« heiratete.
Maria spricht davon, daß der Tumor jetzt nur noch 3 × 3 × 3 cm

groß sei und die Ärzte es nicht fassen könnten. Die Lunge sei ohne Metastasen, sie werde es schaffen. Ich sage: Der Tumor hat lange gebraucht, bis er entstanden ist, er wird auch Zeit brauchen, bis er geht. Vielleicht brauchst du ihn ja noch. – Ich will sie damit narzißtisch ansprechen, und zwar sowohl dadurch, daß es *ihr* Tumor ist – denn sie hatte dieses kleine Quadrat unverhohlen zärtlich und liebevoll erwähnt –, als auch, daß *sie* sich Zeit nehmen muß, sich psychisch vom Tumor zu lösen, denn er hat ihr erst ihre Existenzberechtigung verschafft. – Maria schaut mich traurig an, dann sagt sie, darüber muß ich nachdenken.

5. 12. 83 Der Tumor hat alle meine Probleme gelöst

Maria ruft an. Sie freue sich so sehr, es gehe ihr unheimlich gut. Der Krebs passe genau zu ihr, das hätten sie und die Mutter festgestellt. Sie habe über Freitag nachgedacht, wo ich doch gesagt hätte: Der Tumor habe so lange gebraucht, um zu wachsen, und werde lange brauchen, um wegzugehen ... Er habe all ihre Probleme gelöst. Er macht allen Angst, aber ich weiß genau, daß ich es schaffe. Und die Härchen wachsen wieder, und ich hab zugenommen, daß ich aus allen Nähten platze. Es geht mir so gut, ich habe eine große Lebensfreude ...! Donnerstag fahre ich nach Fulda, meinen Studienplatz begucken. Ich bin glücklich, sagt Maria. Schön, daß du mir das sagen kannst, dann haben wir gut gearbeitet am Freitag, sage ich.

9. 12. 83 Nie angefaßt, nur Befehle und Vorwürfe ... Ich hatte keine Freunde ... Nur der Krebs konnte mir helfen

Sie kommen beide erschöpft bei mir in der Klinik an. Können Sie mir einen Kaffee geben?, fragt mich Maria völlig selbstverständlich. Ich bin verblüfft und gehe, einen Kaffee holen. Als ich im Flurschrank die Tassen hole, sitzt Maria schon im Zimmer, hat am Fußboden Schreibzeug und Jacke um sich verstreut, schreibt und ruft mir lachend zu: Jetzt weiß ich, was Sie damit meinen,

gesundwerden als seelische Leistung, jetzt fühle ich es, jetzt kann ich stolz auf mich sein.
Sie war gerade in der onkologischen Ambulanz, und der Tumor scheint mit Kalk eingelagert zu sein. Maria bestreitet nun die Stunde mit all dem, was sie seit letztem Freitag über sich erforscht hat, ihre Erkenntnisse, nennt sie es. Sie hat dort weitergemacht, wo ich sagte: Der Tumor hat lange gebraucht, um sich zu entwikkeln, und es wird Zeit brauchen, bis er sich zurückentwickelt. Darüber besonders habe sie nachgedacht und habe sich gefragt: Dann brauche ich ihn ja, aber wofür? Es sei ihr unangenehm gewesen, sich das zu fragen, und sie habe sich eingestehen müssen, daß sie durch den Tumor nur Vorteile habe. Alle springen sie um mich herum, ich kriege alles, Geld ist ganz egal... sie habe aber gemerkt, etwas hindere sie, den Tumor nicht mehr haben zu wollen. Und dann fand sie es: *Mein Vater ist der Schlüssel,* sagt Maria ernst. Und jetzt schildert sie eine erschütternde Szene, die ihre traumatische Kindheit beschreibt: Wenn sie nach Hause kam, hatte sie schon Angst, daß irgendwas nicht recht war; dann schlug der Vater sie, vor Angst machte sie sich in die Hose, dafür schämte sie sich, durfte aber nicht weinen und mußte sich entschuldigen, weil sie sich in die Hose gemacht hatte oder überhaupt... Sie mußte alles einsehen, was der Vater tat und sagte, und, sagt sie voller Verzweiflung: Ich war Maria, das Kind, das immer alles einsah, es immer allen recht machte. Ich war die lachende Maria, was sollte ich denn machen! Jetzt sehe ich zwar kindlich aus, aber jetzt bin ich ich selber, während ich früher erwachsen aussah und in Wahrheit die angepaßte, für alle lachende Maria war. Sie haben auf den Fotos auch nur die lachende Maria gesehen, sagt sie ärgerlich. Ja, Du wolltest mir die tote Oma zeigen, und ich habe auf die lachende Maria gesehen. Aber ich habe auch gesehen, wie verquält und verspannt dein Körper war, das habe ich dir damals noch nicht sagen wollen. Maria schreit auf voller Entsetzen: Was hatte ich denn! Der Bruder hatte sein Zimmer... der Vater hatte seine Arbeit und ließ zu Hause den Frust ab und du, sagt sie zur Mutter, du hattest deine Freunde! Aber ich, ich hatte niemanden, der mir half. Ich habe mir die Nägel und Hände buchstäblich aufgefressen vor Spannungen, ich hatte keine Freunde, nur der Krebs konnte mir helfen. Sie spricht davon, daß ich der Mutter damals gesagt habe, wie unglaublich es gewesen sei, daß sie sie, die dem Tode nahe war,

A.v.V.-J. 2.10.87

nach der Operation ans Herz gedrückt habe, sich nicht ans Fußende gesetzt habe, sondern sie angefaßt habe. Verstehen Sie, das habe ich als Kind nicht bekommen, das gab es nicht für mich, angefaßt werden, nur Befehle und Vorwürfe, die gab es. Aber als die Mutter mich nach der Operation ans Herz gedrückt hat, da habe ich erkannt, daß alle für mich da waren. Der Vater hat mir den Studienplatz besorgt, da habe ich gesehen, der steht zu dir. Du meinst, sage ich, du hast erst den Krebs gebraucht, um zu erleben, daß du erwünscht bist, nicht nur Blitzableiter für den Frust der anderen. Ja, sagt Maria, ich stand immer unter Spannungen, es war eine solche Qual. Ich hab aus meinem Herzen eine Mördergrube gemacht, was blieb mir denn anderes übrig. Seit letztem Freitag haben ich und die Mutter gemeinsam weitergearbeitet. Ja, sagt Frau S., wissen Sie, was mir wieder eingefallen ist: Als ich 5 Jahre alt war, da hat mich meine Mutter aus heiterem Himmel nicht mehr Ursula genannt, sondern einfach Karin. Plötzlich war ich eine Fremde, die ich nicht kannte. Sie sagte, du bist nicht mehr mein liebes Mädchen, du bist Karin. Ich bin erschüttert und spreche es aus: Das muß fruchtbar für Sie gewesen sein, Sie müssen sich fremd geworden sein, wenn die Mutter Sie plötzlich nicht mehr als ihr liebes Mädchen, Ursula, liebhatte. Die Karin, die war dann die böse. Ja, sagt Frau S., egal, was ich gemacht habe, ich war ein Nagel an ihrem Sarg. – Ich denke daran, daß Maria das »sunny girl« für Frau S. sein mußte, die umgekehrte Manipulation: Maria muß für sie heute die liebe Ursula sein. Die gleiche Vergewaltigung des Selbstausdrucks eines Menschen. Ich komme nicht dazu, was ich verstehe in Worte zu fassen. Die beiden sprudeln ihre Erkenntnisse hervor, und ich folge ihnen.

Wir haben weitergearbeitet, sagt Maria, und wir sind total erschöpft. Aber ich habe mich zu mir durchgerungen, sagt sie zufrieden. Sie fühle jetzt Energie in sich, die sie trage. Sie lebe und habe einen Sinn in ihrem Leben. Sie war in Fulda, es war superaffengeil. Das sagt sie mit einer unglaublichen Anstrengung, als würde sie dieses poppige Wort zum ersten Mal in Gegenwart der Mutter aussprechen und die philosophische Partnerschaft dadurch gefährden. Frau S. folgt ihr gebannt, aber auch ein wenig erschrocken. Auch ich kenne diese Maria nicht, diese Jugendliche, die sich aus dem Nest wagt. Immer wieder schaue ich sie an, mit ihren kurzen schwarzen Haaren. – In der Mensa in Fulda habe man sie gefragt, ob das Absicht sei, und sie habe gesagt: Nein, ich war, ich bin krank... Was?... Krebs... Sie hätten die sehen sollen! Ich frage sie, wie das für sie war, und sie sagt, irre, sie sei voller Stolz, daß sie beginne, mit ihrer Krankheit leben zu können. – Ich schaue sie an, folge ihren Worten, kann kaum erfassen, was sie alles übersprudelnd berichtet, weil sie mir immer wieder vom Äußeren her fremd erscheint, aber in dem, was sie sagt und wie sie mit mir spricht, in unserer Beziehung, darin erkenne ich sie wieder.

Es ist ganz toll, wie sie sich freut; sie wolle, das hatte sie mir gleich im Flur gesagt, Sozialpädagogik oder Psychosomatik studieren. Sie identifiziert sich mit mir, denke ich, sie nimmt Bücher aus meinem Schrank, voller Selbstverständlichkeit, greift nach dem Buch »Kinderanalyse« von Dolto[8], ich sage, daß das ein gutes Buch sei und leihe es ihr. Sie wisse jetzt, sie brauchte die Krankheit, um sie selber zu sein, sagt Maria. Heute spricht Maria *für sich*, die Mutter hört zu. Sie ist teilweise starr vor Schrecken, fast entsetzt und verwirrt, angespannt, während Maria selbstbewußt spricht. Früher hatte die Mutter *über* Maria gesprochen, und Maria hatte abgemagert bis auf die Substanz, kopfnickend, wie eine Greisin, beigepflichtet – ein Bonmot ab und zu, eine treffende Bemerkung, so daß alle lachen konnten...

Maria ist böse, als ich etwas formuliere, was sie auch für sich rausgefunden hatte. Immer habe ich Angst vor Ihnen gehabt, daß Sie etwas rausfinden, was ich noch nicht weiß bzw. noch wissen wollte, sagt sie. Ja, ich weiß nicht mehr als du, ich höre dir zu und begleite dich. Ja, jetzt habe ich keine Angst mehr vor Ihnen. Ich dachte früher: die kann ruhig wegbleiben, ich schlafe lieber, wenn sie kommt. (Sie meint die 2. Stunde, denke ich) Jetzt weiß ich, daß Sie mir helfen können, ich brauche Sie (zu Mutter und mir gewandt)..., ich brauche euch beide noch. Ja, wir sind da, sage ich ruhig. Ich glaube an Gott und habe Montagabend im Bett gelegen und gebetet, daß der Tumor weggeht und daß alle die Kraft haben, die Krankheit durchzustehen. Da habe ich eine Stimme gehört: Du bist auf dem richtigen Weg, Mädchen, und eine warme weiche Hand hat über meinen Schädel gestreichelt, das habe ich gefühlt. Ich lag auf der Seite, und es war wunderschön. Der Vater

8 Dolto, F.: *Der Fall Dominique. Bericht einer Kinderanalyse*, Frankfurt 1973.

habe es jetzt sehr schwer. Sie frage sich, wie sie ihm helfen könne, sie sei ihm dankbar, daß er ihr Disziplin beigebracht habe oder wie man einen Aufsatz gliedert und vieles mehr, sie liebe ihn, trotz allem, was er ihr angetan hat. Ich sage, sie müsse nichts für ihn tun, er werde, so wie sie, mit der Wahrheit umgehen: Es gehe nicht um schuldig oder nicht schuldig, sie lebten beide, und darum gehe es. Ja, er wäre doch ein gutes Versuchsobjekt, sagt sie mir begeistert. Ihre Familie überhaupt sei ein gutes Versuchsobjekt, an dem sie all das studieren könne, was sie später anderen Menschen gegenüber in Anwendung bringen könnte. Ich tröste sie, daß sie jetzt erstmal leben und, statt den Vater zu behandeln, für sich Land gewinnen solle.

Wir kommen auf die Parallele, daß auch der Vater einen Verdacht auf Hodentumor hatte, als sie sagt, *auch* er habe eine so schlimme Kindheit gehabt und so vieles durchgemacht und nicht verkraftet. Sie und die Mutter meinen einstimmig, bei ihr hätte eine Herzoperation nicht gereicht, um sie zu erreichen. Die Operation selber, sagt Frau S., habe Maria mit Bravour gepackt. Als der Vater den Tumorverdacht und sie dann die Herzbehandlung hatte, war sie regelrecht stolz gewesen, daß der Vater nicht mehr der einzige war, der so etwas Schlimmes durchstehen mußte. Frau S. und Maria erinnern gemeinsam einen Vortrag von Grossarth-Maticek, der Herzinfarktpatienten mit Krebspatienten verglich. Wie der Herzinfarktpatient lebenslang mit einem Partner zusammenlebe, ... lebe auch der Krebspatient mit einem Partner zusammen und verausgabe sich, ohne selber zu bekommen, was er brauche. Ich sage, und du hast dich doppelt verausgabt, für Mutter und Vater. Maria betont, daß sie damals wußte, daß nicht die Mutter Krebs kriegen werde, wie diese immer irgendwie befürchtet hatte, sondern sie.

Maria fühlt sich einzigartig durch die Krankheit und wie sie sie bewältigt. Am Ende der Stunde zeigt sie mir stolz das Foto des Tumors und erklärt es mir. Sie fühlt sich einzigartig, wie sie die Operation und die Therapien durchgestanden hat, aber, sagt sie voller Entsetzen, nie würde sie eine zweite Herzoperation an sich durchführen lassen. Auf der heutigen Herzaufnahme, sie zeigt mir das Foto, ist der Tumor scheinbar in Kalk eingelagert. Prof. Z. sagte, die Biologie schaffe das. Und du hast mir gesagt: Ich schaffe das. Ja, ich, sagt Maria still.

Frau S. erzählt nun ausführlich über den Grossart-Maticek-Vortrag, und Maria sucht in meinem Bücherregal, was sie interessieren könnte. Sie zeigt mir dann ihren Brief, ein verschlossenes Kuvert mit der Beschreibung ihres Gefühls, daß der Tumor weg sei, den sie Montag abgeschickt habe. Heute, Freitag, gaben ihr die medizinischen Untersuchungen weitgehend recht. Sie ist voller Jubel.

13. 12. 83 Einerseits die irre Freude ... andererseits die Angst

Einerseits sei da die irre Freude, sagt Frau S. am Telefon, daß es Maria entgegen allen Prognosen so gut gehe, sie sei manchmal richtig euphorisch, und dann sei da andererseits die Angst, Maria könnte abstürzen und alles könnte umsonst gewesen sein. Ich sage: Dann lassen Sie ja Maria abstürzen, wenn Sie so denken. Ja, ich merke, daß in mir so viel los ist, sagt Frau S., daß ich mit Ihnen sprechen muß. Ich stimme zu.

Immer wieder muß Frau S. mit zerstörerischen Gedanken Marias Freude an ihrer Lebendigkeit umbringen. Immer ist sie auf Seiten der Ärzte, die sich an ihren Prognosen, nicht aber an der Lebendigkeit des Patienten orientieren. Mit Gedanken an eine mögliche schlechte Zukunft bricht sie in der Gegenwart die Beziehung zu Maria ab, läßt sie quasi bei lebendigem Leibe sterben, nur weil sie lebt, was nicht in die medizinische Vorhersagekunst paßt.

16. 12. 83 Ist Maria nicht zu euphorisch? ... Das gibt sich schon wieder, spätestens beim ersten Rezidiv, sagt die Oberärztin

Frau S. kommt voller Freude und schildert Marias Wohlbefinden und die Entwicklung in der Familie. Sie zeigt mir Fotos, die sie von sich und Maria hat machen lassen. Maria mit ihren kurzen Stoppelhaaren, um den Mund herum beschämt. Genauso wie Frau S. Aber Maria hat einen sicheren, herausfordernden Blick. Frau S. legt die Fotos auf den Tisch zwischen uns, wo sie die ganze Stunde über liegen.

Sie schildert dann, um mir klarzumachen, was sich in der Familie tue, zwei Szenen:

1. Szene: Samstagmorgen vor 14 Tagen nach dem Frühstück
Vater: Wir sind knapp mit dem Geld.
Maria: Ich habe noch einen blauen Riesen auf der Bank, den kann ich ja spenden.
Vater: Man leiht nichts von Moribunden.
Maria: Ihr erbt ja sowieso alles.
Vater: Was meinst du, das geht doch alles für Grabschmuck drauf!
Mir verschlägt es die Sprache, und Frau S. sagt, wenn man ihnen zuhörte, müßte man denken, sie seien *herzlos oder* aber, sie seien *ganz offen miteinander.* Sie hätten alle herzlich lachen können, und sie hätten sich, so erinnert sie sich, sogar umarmt. Wir schaffen es jetzt, mit der Angst zu leben, sagt sie stolz.
2. Szene: Samstagmorgen vor einer Woche
Frau S. sagt, alle essen sehr gern, und sie würden sich Gutes leisten beim Essen. Karl hatte sich vom Roastbeef zum zweiten Mal eine Scheibe genommen, und der Vater meckerte, als er sah, daß nichts mehr da war. Sie sagte dem Vater, ob er das wohl richtig fände, dem Jungen die Wurstscheibe aus dem Mund zu nehmen. Der Vater verwahrt sich empört gegen die Bevormundung durch seine Frau, Karl schmeißt die angebissene Wurstscheibe wieder auf den Teller zurück, und der Vater geht mit seinem Teller in die Küche. Maria und die Mutter, so erinnert Frau S., hätten miteinander gelacht: Der ist zu wenig gelaufen heute morgen. Karl ging zum Vater in die Küche, und es gelang ihm, den Vater zurückzuholen, der dann zwar nicht mehr am Gespräch teilgenommen hätte, sich ins Schneckenhaus zurückgezogen hätte, aber die Gemeinsamkeit war nicht zerstört, sagt Frau S. Frau S. betont nun, daß mit Maria eine große Veränderung vorgegangen sei, sie sei nicht in die Bresche gesprungen, sie habe die Spannung der Eltern nicht auf sich bezogen, wie früher: Sie hätten gemeinsam das Frühstück beendet.
Für mich ist interessant, daß Frau S. immer Beobachterin der Szene ist und sich gar nicht als Teilhaberin sieht. Ich mache sie darauf aufmerksam, daß sie ihrem Mann reingeredet hat, aber sie hat dafür kein Verständnis. Frau S. fährt fort, sie glaube, aus Pflicht den Kindern gegenüber, die sie ja nicht gebeten hätten, geboren zu werden, schuldig zu sein, alles tun zu müssen, was *sie* meine, daß sie bräuchten. Jetzt benenne Maria ihre Bedürfnisse selber. Bevor Maria krank wurde, hatte sie sich darauf gefreut,

daß die Kinder nun selbständig würden, daß ihr Leben nun irgendwie beginne, sagt Frau S. Mit Marias Krankheit sei sie nun weiterhin an die Familie gebunden. Sie erzählt, daß Maria jetzt auch ihren Freund kennenlernen wolle und damit das eine Stück Torte, das sie für sich beanspruche, während sie die 11 anderen Stücke der Familie belasse, daß Maria nun dieses Tortenstück teilen und mitgenießen wolle. Dagegen protestiert sie heftig. Ich stimme zu, daß das ihres ist und daß sie das Maria gegenüber vertreten kann. Genauso eigne ich ihr ihre Therapiestunde zu, die Maria für sich mit beanspruchte. Ich betone, daß sie gerade Maria gegenüber ihre Bedürfnisse benennen darf, weil nur so auch Maria ihre Lebendigkeit der Mutter gegenüber schuldlos, schamlos, beanspruchen könne. – Ich deutete die therapeutische Szene nicht als Eifersucht auf der objektalen Ebene, denn eigentlich war es Frau S., die mich für Maria holte, um mich dann auch für sich haben zu wollen, sondern ich verstand es als Frage an mich: darf ich dich gebrauchen, so wie Maria, ohne daß ich einen Tumor habe, einfach für mein Leben. Dem stimmte ich zu.
Frau S. beschäftigt sich damit, was es bedeutet, wenn der Krebs psychosomatisch verstanden wird. Wenn das so sei, was dann die Eltern dem Kind antaten, obwohl sie alles Gute für die Kinder wollten. Ich sage, gerade das sei es: daß sie nicht für sich sein durfte, für sich leben, sondern alles für die Kinder tat, die sie eigentlich nicht gewollt hatte. Ja, sagt sie, wenn Maria nicht gewesen wäre, hätte ich die Beziehung zu meinem Mann sicherlich abgebrochen, ich wußte von vornherein, daß das sexuell nichts ist. Sie seien beide in eine Selbsthilfegruppe gegangen, die ihr Mann aber abbrach, als es um die Frage der Sexualität ging. Da habe er sich in sein Schneckenhaus zurückgezogen. – Frau S. spricht erneut voller Freude über Marias stürmische Entwicklung; aber sie sei auch angestrengt, manchmal sei es ihr zu viel. Maria spreche pausenlos und schonungslos Gefühle an, sie erlaube keine Lügen, der Vater ziehe sich zurück, es sei ihm zuviel, sagt er. Ich zeige Frau S., daß sie jetzt *für sich* leben kann, weil auch Maria selbständiger zu werden beginnt. Sie können Ihre Skiferien machen und Ihrer Sinnlichkeit folgen, heute, nicht erst irgendwann. Maria muß Sie in Ihrer Lebendigkeit nicht hindern, auch der Tumor nicht. Sie dürfen leben ohne Tumor, und Maria lebt ihr Leben. Ihr Problem muß es nicht sein, daß Maria ihre Krankheit überlebt, wie Sie mir früher gesagt haben. Sie können

Ihr Problem lösen und in Ihre Skiferien fahren, das ist o. k. Frau S. lächelt glücklich.
Am Ende der Stunde sagt mir Frau S., daß sie sich die Skiferien leisten werde, und ihr Mann habe ihr sogar erlaubt, mit ihrem Freund zu fahren. Der Freund fahre allerdings mit seiner Familie. Frau S. findet es eine irre Entwicklung, daß ihr Mann sie vor einem Jahr noch rauswerfen wollte wegen des Freundes und ihr heute ihr Glück gönne. Sie leide sehr darunter, daß ihr Mann nur Zärtlichkeiten, aber keine Sexualität wolle. Maria habe gesagt, sie verstehe sehr gut, daß die Mutter den Freund brauche, sie solle sich das nur gönnen. Maria wolle mit dem Vater Urlaub machen, aber der Vater habe Angst vor ihr und ihren kritischen Reden. Frau Dr. L. habe ihr auf die Frage, wie es denn weitergehen werde, ob Maria nicht zu euphorisch sei, gesagt, ... das gibt sich schon wieder, spätestens beim ersten Rezidiv. – Ich bin entsetzt über diese Worte und spreche es auch aus. Das ist Fremdsprache, die die Ärztin spricht, die Sie aber auch aus Ihrer Familie kennen. Man droht mit Katastrophen und kann die Gegenwart nicht hinnehmen, wie sie ist. Maria, wissen Sie, sagt Frau S., die ist diesmal selbstbewußt auf Station gekommen: Hier bin ich, was wollt ihr, mir geht es gut! Und alle stehen Kopf. Sie wollte sogar die Chemotherapie ablehnen. Aber die Ärzte haben gesagt, sie müßten behandeln, basta. – Ich erschrecke zutiefst und ahne, warum Maria die Stunde der Mutter wollte.

19. 12. 83 Überredet zur Therapie ... mit dem Hammer vor den Kopf geschlagen ... der Vater streckt seine Krakenarme aus nach der kleinen Tochter ... aber mein Körper gehört zu mir

Ich komme zu Maria und finde sie versteckt in ihrem Bett. Sie wagt sich nur vorsichtig aus dem Bettzeug heraus, schaut mich aber freundlich lachend an. Es gehe ihr schlecht, sie habe sich zur Infusion überreden lassen, ihr ganzer Körper war dagegen, meine Organe haben geschrieen: Halt! Wir können nicht mehr! Sie sei so erschöpft, aber sie habe sich allein nicht wehren können. Sie wirkt auf mich schutzbedürftig, und ich frage mich, ob sie mir signalisieren will, daß sie sich auch gegen mich schützen möchte.

Sie sagt mir, daß wir heute vielleicht keine 50 Minuten miteinander reden werden, es werde vielleicht zu viel. Sie schlafe in letzter Zeit viel, weil sie das brauche. Ich stimme zu, daß sie die Zeit bestimmt, daß ich darauf aufpassen werde und wir es gemeinsam miteinander abstimmen.
Sie habe die Therapie aufgeschwatzt bekommen, obwohl sie sich zu schwach fühlte. Aber auch die Mutter konnte die Verantwortung nicht übernehmen, sie habe zuviel Angst. Sie selber wußte nicht, ob sie auf ihren Körper hören könne, oder ob es nicht doch gut sei, wenn sie den letzten Block auch vor Weihnachten hinter sich habe. Ich war in diesem Zwiespalt. Ich war zu allein, um entscheiden zu können. Deshalb habe ich Freitag die Stunde mit der Mutter tauschen wollen. – Das hatte mir Frau S. nicht so gesagt: Nur, daß Maria ihre Stunde wollte und sie das nicht gut fand. Ich sage: Dir hat Rückendeckung gefehlt. Ja, sagt sie. Ich sage ihr, daß sie mich in einem solchen Fall immer anrufen könne und wir einen Termin für sie finden würden oder eben miteinander telefonieren könnten. Sie meint, ich hätte doch viel zu tun. Ich versichere ihr, daß ich für ein Gespräch mit ihr immer Zeit finden werde. Sie stellt erleichtert fest, daß sie das nicht wußte, und daß es gut sei, wenn da jemand sei, dem sie sich mitteilen könne. Sie brauche einen Rat, sie wisse, die Verantwortung könne ihr keiner abnehmen. Sie sei froh, daß ich sie wenigstens verstehe.
Sie hatte zuhause so viel unternommen und sich überanstrengt, Herzstiche in der rechten Seite bekommen, so daß sie nicht richtig durchatmen konnte. Jetzt wisse sie, daß sie auf ihren Körper hören müsse, daß er ihr Zeichen gebe: Maria, mach langsam! Das habe sie nie gelernt, aber sie wisse, auch eine Grippe könne psychosomatisch sein, wenn der Körper einfach nicht mehr könne. Sie habe sich immer alles abverlangt, sie wisse nicht, wie sie sich schützen könne. Es sei toll, daß sie jetzt sie selber sei, und die Herzstiche seien auch weggegangen. Sie sei so voller Energie und Ideen, sie entdecke sich selbst, sie habe gar nicht gewußt, daß sie so kreativ sei, so viele Ideen habe. Sie war mit einer Freundin in der Disco und hatte ihr Mützchen abgenommen, und die Freundin habe zu anderen, die gefragt hätten, gesagt, sieht sie nicht geil aus. Und sie habe sich voller Genuß angaffen lassen. Tanzen konnte sie nicht, sie meint, daß wäre zu viel gewesen, da wäre ich zusammengebrochen. Aber es war eine Stunde, und es war schön.

Ich sage: Du willst gleich alles auf einmal verwirklichen und nachholen. Ja, wissen Sie, ich wollte am 2. 2. mit dem Studium beginnen und das erste Semester nachholen und im März dann ins zweite Semester, aber ich weiß nun, daß das nicht geht. Sie habe mit dem Vater gesprochen, der meine, sie könne langsam beginnen mit dem, was ihr Spaß mache, und im Herbst dann richtig anfangen. Ich freue mich mit ihr, daß sie auf ihr Herz hört und ihr Tempo mit ihrem Körper in Einklang bringt. *Du kannst dir Zeit nehmen,* sage ich ihr, und sie sagt: Ich habe solche Angst, daß mir jemand das alles wieder nehmen könnte, und dann alles wieder vorbei ist. Nein, erwidere ich, das bist du, das kann dir keiner streitig machen, das kann dir keiner nehmen.
Sie ist verärgert, daß die Ärzte nicht daran interessiert sind, ob sie die Therapie gut oder schlecht verkraftet. Im Gegenteil, Frau Dr. L. habe noch vorwurfsvoll gesagt, daß sie diesmal nicht so gut klarkäme. Am Freitagabend, als die Eltern zum erstenmal nach Hause fuhren, habe sie sich total allein gefühlt, sie habe einen kleinen Kollaps bekommen, sie hätte alles rausreißen können, alles in die Ecke schmeißen und in den Zug und nach Hause fahren... Die haben mich dann ruhig gestellt, wie mit einem Hammer vor den Kopf geschlagen, so habe ich mich gefühlt. Ich sage, dabei warst du ganz klar im Bewußtsein: Du wolltest die Therapie noch nicht und konntest sie deshalb auch nicht so gut wie letztes Mal verkraften. Dein Körper spricht Klartext. Ja, jetzt wisse sie es. Sie hätte gedacht, der Tumor sei weggewesen am Donnerstag, aber der habe nicht mitgespielt. Meinen Sie auch, daß der eines Tages ganz weg sein wird?, fragt sie mich. Ich sage, das weiß ich nicht, und das weißt du auch nicht. Aber was wir beide wissen, ist, daß du heute lebst und daß *du* allein fühlst, wie es dir in deinem Körper geht. Das alles zählt, da kann der Tumor da sein oder nicht.
Sie spricht weinend davon, daß sie diesmal die Infusionsnadeln nicht habe ertragen können (ich weiß von ihrer Panik, wenn die Haut durchstochen wird)... das Metall im Arm, das war wie ein Fremdkörper und meine Organe haben ›nein‹ gesagt, aber keiner hörte auf mich... – Ich überlege, ob ich ihr von meiner Sorge um sie während des Wochenendes erzählen soll und entscheide mich, ihr weiter zuzuhören. – Ich sage: Das muß wie ein Übergriff, wie eine Vergewaltigung, für dich gewesen sein. Ja, sagt sie, so habe ich das erlebt, die haben meinen Körper vergewaltigt. Aber ich

weiß jetzt, daß ich für mich sprechen kann und mein Körper zu mir gehört, wenn ich auf mich höre, kann nichts schiefgehen. Das ist toll, das zu erleben. Mein Körper gehört zu mir.

Sie erzählt vom Vater, für den sie nicht mehr tun könne, als ihm zu zeigen, daß sie ihn mag. Er müsse fertigwerden mit der Tatsache, daß er vielleicht an ihrer Erkrankung mitschuldig sei. Es sei toll, wie er sich jetzt auch verändere. Sie spricht von der Frühstücksszene, von der die Mutter erzählt hatte, der Vater sei wie ein trotziges Kind in die Küche abgezogen. – Jetzt, wo ich die Notizen mache, begreife ich, daß früher sie dieses trotzige Kind war, das in die Küche exkommuniziert wurde. Der Vater bestraft sich jetzt offensichtlich selber. – Sie erzählt, wie er sich spitzbübisch in seinem Büro einschließe und dort die »Welt« lese, und es so auch schaffe, etwas lustvoll für sich zu tun. Ich sage: Er verändert sich. Während er die Türen verschließt, gehst du jetzt mehr nach draußen, nicht wahr, öffnest die Türen und sprichst für dich. Du kannst nur *für dich* sprechen, das gibt dem Vater auch Spielraum, sich zu verändern.

Ja, sagt Maria, er habe wieder mit *Krakenarmen* nach der kleinen Tochter gegriffen. Sie wisse gar nicht mehr, worum es gegangen sei, aber sie habe erfolgreich Widerstand geleistet. Sie habe sehr geweint. Es seien Tränen gewesen, die zu früher gehört hätten, aber er müsse begreifen, daß sie nicht mehr die kleine Maria sei, daß sie sich jetzt behaupten könne. Sie sei sehr glücklich und stolz. Die Mutter meine, das werde immer wieder auf sie zukommen. Ich bekräftige, daß, wenn sie klar für sich spreche, die Krakenarme ihren Schrecken verlieren werden.

Sie ist erschöpft und meint, wir sollten das Gespräch beenden. Ich ordne ihre Kleider zurück auf den Stuhl, auf den ich mich gesetzt hatte, und stelle den Nachttopf und das Klopapier wieder neben das Kopfende ihres Bettes. Ich sage ihr, daß ich heute gedacht hätte, vielleicht wolle sie sich in den Schlaf retten. Aber sie sagt: Ich weiß jetzt, daß Sie mir nichts sagen können, was ich nicht will, ich habe keine Angst mehr vor Ihnen. Ja, du hast alles in dir, ich helfe dir nur, dich zu verstehen. – Als ich gehe, bewundert sie meinen Pelzmantel, fragt, ob er echt sei, ob es kalt draußen sei. Nein, sage ich, bis morgen! Wir trennen uns fröhlich, zufrieden.

Nachtrag 4
Gegenübertragung, trauma-analog verstehen, aber nicht akzeptieren

Ich bin traurig nach dieser Stunde: Sie können nur »entweder ich oder du« denken und sind im vampiristischen Zweieck gefangen. Sonst hätte jeder sein Anliegen für sich in seiner Stunde besprechen können, denke ich: Frau S. ihre Freude auf ihre Skiferien, Maria ihre Freude, sich an ihrer medizinischen Behandlung als sprechendes Subjekt beteiligen zu wollen. Beide hatten das gleiche Bedürfnis: durch ein spiegelndes Selbst-Objekt in ihrem wahren Selbst durch Verstandenwerden gestützt zu werden. – Daß sie mich aber gegeneinander ausspielten, hat auch mit unserem Setting zu tun. – In der Gegenübertragung bekam ich zu spüren, was es heißt, »in die kalte Küche abgeschoben zu werden« (vgl. die Frühstücksszene). Äußerlich ist die Harmonie zwar gewahrt, aber einer bleibt anonymisiert auf der Strecke, diesmal wieder Maria. Ich fühle mich *verarscht* von Frau S. und werde das bei Gelegenheit ansprechen. Aber ich muß es auch akzeptieren, daß Maria – noch – nicht anders kann, als sich der Fremdbestimmung anzupassen, weil nur das die Beziehung zur Mutter garantiert. Ihre medizinische Behandlung selbst zu verantworten hieße für sie Objektverlust. Gegen diese narzißtische Kränkung schützt sie sich, indem sie sich zur Therapie überreden läßt, um von der Mutter nicht fallengelassen zu werden.

Im Gespräch mit Dr. X. (21.9.83) hatte Frau S. es abgelehnt, Maria mit nach Hause zu nehmen. Damals »konnte (sie) nicht eine Stunde über Tod oder Leben eines Menschen entscheiden« und überantwortete Maria der »Alles oder Nichts«-Chemotherapie. Heute ging es aber nicht ums Sterben. Heute ging es ums Leben: darum, daß Maria sich körperlich dem nächsten zytostatischen Therapieblock *noch* nicht gewachsen fühlte. Sie wollte die Therapie nicht abbrechen. Ihre Organe schrien: Halt! Wir können nicht mehr! Sie hätte Gehör für ihr subjektives körperliches Empfinden gebraucht. Ich begreife einfach nicht, daß die Ärzte nicht darauf hören, weil nur das die Kooperation des Patienten garantiert und damit den Erfolg ihrer Behandlung sichert. Statt dessen scheinen sie hinter Marias Einspruch einen drohenden Therapieabbruch zu befürchten und übergingen sie.[9] Frau S. aber scheint um ihren Skiurlaub zu bangen, wenn die Verzögerung der zytostatischen Weiterbehandlung Marias Befinden verschlechtern sollte. Keiner fragte, was ist, alle fragten nur, was wäre, wenn...

Damals hatte Frau S. die Verantwortung über Leben und Tod eines anderen Menschen abgelehnt und an die Ärzte delegiert, »die müssen behandeln«, hatte sie gesagt. Heute hat Frau S. Maria daran gehindert, Selbstverantwortung für sich zu übernehmen. Eine für sich sprechende Maria bedroht Frau S., sie braucht »das kleine kahle Köpfchen meiner Maria«, sonst stürzt sie in ihre depressive Leere. Maria entschied sich diesmal – noch – im Sinne der Interaktionsform »Ich ist ein anderer«, nämlich: im Sinne der Fremdbestimmung durch die Mutter, um die Beziehung zur Mutter aufrechtzuerhalten. Aber sie verstand sich darin. Das ist das Neue, und jetzt weiß sie: ihr Körper gehört zu ihr, wenn sie auf sich hört.

20. 12. 83 Hört ihr die Kinder weinen...
Ich bin toll, daß ich das überlebt habe

Als ich das Zimmer betrete, kommt mir Maria entgegen, schlurfend, halb in ihren Winterstiefeln, sie müsse zur Schwester, und sie geht an mir vorbei, strahlend; wir begrüßen uns nicht mit Handschlag. Ich sage, ich warte auf dich hier, und sie ruft, das will ich hoffen! Sie ist voller Lebendigkeit.

Ich stehe in ihrem Zimmer, schaue mich um, ein Privatbereich im Krankenhaus, denke ich, toll, daß sie sich das zugesteht: Neben dem Kopfende wieder der Nachttopf; ein Mülleimer voll mit Tempotaschentüchern; eine Tasche voller Dreckwäsche; am Kleiderhaken der Anorak, auf dem Kindertischchen eine Schale mit Nüssen, aus denen sie offensichtlich kleine Puppenwagen bastelt; auf dem Nachtkasten ein großes Netz voller Apfelsinen; der Kassettenrecorder ist an; auf dem Fenster eine dicke Kerze; über der Heizung ein Schlafanzug zum Trocknen... Ein Studentenzimmer, denke ich...

Maria kommt wieder, legt sich ins Bett. Sie habe Fieber, aber sie

9 Maria widerfuhr, was auch Michael widerfahren ist, vgl. »Michael schweigt, weil...«, Teil 5, S. 673 ff.

wolle nach Hause, das könne sie auch zu Hause auskurieren. Sie wolle keine Antibiotika, sondern mit Vitaminen und einem Salat kriege sie das schon wieder hin. Du hilfst dir selber, das bewundere ich an dir, sage ich, und Maria nimmt es voller Stolz hin. Sie glaube, wenn sie jetzt in die Sauna ginge, würde ihr das helfen, es gäbe auch solche Art Behandlung mit Sauna. Ich meine sofort besorgt, daß sie das keinesfalls auf eigene Faust tun dürfe, und sie stimmt zu. Sie erzählt, letztes Mal bekam sie auch Fieber, bevor sie nach Hause kam, das ging dann aber wieder wie von selbst weg. (Erst jetzt beim Aufschreiben fällt mir auf, daß sie das Fieber als körperliche Antireaktion auf zu Hause bekommt. Sie wünscht sich eben nichts sehnlicher, als die Klinik zu verlassen. Aber ihr Körper scheint mit dem Fieber – einer gesunden Abwehrreaktion, warnen zu wollen: »Vom Regen (Klinik) in die Traufe (Familie)...
Sie erzählt einen *Traum:* Sonntagmorgen, ich stehe auf, mache das Frühstück, das mache ich immer; da höre ich vor dem Küchenfenster, wie zwei Bengels sich an den Fahrrädern zu schaffen machen, wollen die Schlösser knacken. Das gab es bei uns eine Zeitlang, daß Fahrräder gestohlen wurden, erläutert sie mir. Ich klopfe an die Scheibe, aber ich kann mich nicht bemerkbar machen, ich nehme das voller Entsetzen wahr, die hören dich gar nicht. Ich gehe raus und rufe; da kommt mein Vater von oben, in Shorts, die Augenbrauen zornig; er beschimpft mich, warum ich ihn geweckt habe, und schreit die Jungs zusammen. Das kann der prima. Und ich gehe in die Garage nach den anderen Fahrrädern schauen, die Aluminiumfahrräder der Eltern stehen dort; dabei fällt ein Sack, ein Torfsack, runter, mein Vater kommt und beschimpft meine Mutter, was für eine Schlampe sie sei, lasse alles rumliegen, Maria, mach das mal weg!, schreit er mich zusammen. – Sie erlebt ihren Traum als getreues Abbild der sonntäglichen Frühstücksszene. – Vor diesem Sonntagsfrühstück hätten alle Angst, und die Preisfrage war immer, wen trifft es heute: den Bruder oder sie. Sie machte das Frühstück, aber der Vater lief für anderthalb Stunden im Wald und mußte sich danach erst noch duschen, so daß sie etwa um 9 das Frühstück machte, aber erst um 11 alle gemeinsam am Frühstückstisch saßen, so lange ließ der Vater auf sich warten. Sie habe immer versucht, anderen alles recht zu machen; aus lauter Harmoniebedürfnis, verstehen Sie, aber erfolglos. Der Vater nahm sie nicht wahr, nur wenn etwas

nicht klappte, sprang er ein. Sie habe das *Abitur* für den Vater gemacht, aber sie konnte nicht wissen, daß dann die Arbeitslosigkeit auf sie zukommen würde. Ich wollte nicht aus dem Haus, das war wie aus dem Nest geworfen werden, bevor ich flügge war, sagt sie. Der Vater hat immer gesagt, ich helfe euch, egal was passiert. Ich frage: Aber wenn es dir gutging, konnte er sich nicht mit dir freuen? Ja, das kennt er nicht, damit fängt er jetzt langsam an. Freitagabend kam er von viertel vor 8 bis halb 9 vorbei, nur um mich zu sehen. Er sagte: *Ich hab Heimweh nach dir* und brachte mir einen Sack voll Apfelsinen mit. Wir sprachen davon, daß die Mutter Skiferien machen will und daß ich und der Vater im Frühjahr gern in die Toscana fahren würden. Dann fuhr er wieder nach Hause. Ich fand das toll. – Es berührt mich merkwürdig, daß der Vater die Tochter quasi wie ein Land betrachtet, ein Territorium, das er besetzt und das er liebt. Mir scheint, daß das genau Marias Gefühl ausdrückt, der Vater greife mit Krakenarmen nach ihr, sie könne sich nur schlecht entziehen. Ich bleibe aber abstinent in Sachen Interpretation.

Sie verstehe eins nicht, sagt Maria: Da sei ein kleiner Junge, Simon, auf der Station, er sei goldig, kurze rote Haarstoppeln, rote Backen. Mit der Mutter verstehe sie sich gut, sie sei ein bißchen älter als sie, sie sei sehr liebevoll mit dem Jungen. Aber jetzt habe sie gehört, wie sie zu dem Jungen sagte: wenn er im Untersuchungszimmer nicht weine, dürfe er nachher in seinem Zimmer Päckchen auspacken. Sie fände das furchtbar, man dürfe ihm doch seine Gefühle nicht nehmen. Das sei wie mit dem X, die Mutter sage stolz, die Rückenmarkspuntion bekäme er ohne Narkose, er weine nicht einmal, sie seien homöopathisch orientiert, er mache das mit Atmen. Sie findet das tierisch, die Kinder wie Versuchstiere zu behandeln, dabei sei es völlig angemessen, wenn die Kinder in ihrem Schmerz die Station zusammenschrien, sie würde das gut verstehen. Ich sage, ja, das wäre menschlich, denn Weinen ist ein angemessener Ausdruck des Schmerzes, und dabei ist es ganz egal, wie alt einer ist. Mir fällt auf, du durftest ja auch nicht weinen. Ja, sagt Maria erstaunt. Sie hatte mir davon in der ersten Sitzung erzählt, daß sie nie weinen durfte und daß sie auch hier auf Station glaubte, immer erwachsen sein zu müssen, egal wie sie sich fühlt. Freitag bin ich dann aber weinend zusammengebrochen, sagt Maria. Sie sagt, sie habe einmal erlebt, wie ihr Vater weinte. Sie sei in sein Zimmer gekommen, und die Tränen seien

ihm die Backen runtergelaufen, das war nach dem Tod seiner Mutter, da habe sie gefühlt, daß er um einen Menschen trauern könne. Ja, aber mit dir sich freuen, das kann er nicht. (Beim Aufschreiben wird mir deutlich, daß Maria wohl glaubte, mit ihrem Tod den Vater menschlich rühren zu können.)
Maria zeigt mir voller Stolz ihre Brieftasche, die der Vater ihr geschenkt hat; sie hüte sie wie einen Augapfel. Daß der Vater ihr einen Wunsch erfüllte, das sei so schön, das hatte es früher nie gegeben. Die Brieftasche bekam sie in der Kur nach der Herzoperation. Der Vater habe sie früher nie wahrgenommen. Sie sagt: Ich bin stolz, mit 20 Jahren schon Krebs zu haben, ich bin schon was Besonderes. Ich sage, wie furchtbar es sei, daß sie erst durch den Krebs erfahre, daß sie einzigartig sei. Ja, als sie bei den behinderten Kindern arbeitete, ohne Bezahlung, und ihr abends die Zunge aus dem Mund hing, genauso wie den Kindern, da habe sie Bewunderung bekommen; wenn sie dann abends nach Hause kam, mußte sie noch beim Umzug helfen, denn der Vater hatte damals seine Hodenkrebsgeschichte. Bewundert wurde sie dafür, daß sie diese unglaubliche seelische Belastung packte, denke ich und sage, du bist einzigartig, das alles liegt hinter dir, so schlimm kann es nie wieder werden. Ja, sagt sie froh: *Ich bin toll, daß ich das überlebt habe.* Sie habe viel über Psychosomatik nachgedacht, und sie sei überzeugt, daß auch die kleinen Kinder hier auf Station ihre Krebserkrankung aus psychosomatischen Gründen hätten, daß das mit den Familien zusammenhinge. Da sei z. B. die kleine Afghanin, Lilofee, die kenne sie schon lange, und seit 14 Tagen baue sie ab, sie werde wohl sterben. Reizt es Sie nicht, so ein Kind zu retten, da muß man doch was tun, denke ich! Ich höre ihr zu, und sage. Ich kann nur etwas tun, wenn es so ist, wie bei dir; du hast mich gerufen, und ich begleite dich. Ja, die Mutter mußte Sie ansprechen, sonst hätte mir keiner geholfen. Sie dürfen doch nicht einfach so zusehen. Ich erzähle ihr, daß ich am Wochenende kommen wollte, aber, sage ich ihr, ich kann nur kommen, wenn du mir sagst, daß du mich brauchst, sonst ist es ein Übergriff, eine Entmündigung, wie du das kennst. Es muß deine Iniative bleiben. – Sie ist zufrieden mit dem, was ich sage.
Maria erzählt einen zweiten *Traum,* den sie auch mit der Mutter schon besprochen habe und den sie sich beide auch erklären könnten: Sie schwimmt in warmem Wasser, blau, ganz warm, Karibik oder so; sie schwimmt mit einer Gruppe und sie merkt,

daß sie nicht mehr kann; die sagen, dort ist eine Sandbank. Es ist ein Fels, auf dem dann alle 5 Platz haben, alle fünf; aber dann merkt sie: die zwingen dich, wieder ins Wasser; sie weiß, daß sie es nicht schaffen kann, und wacht weinend auf. Ihre Assoziationen dazu sind: das Wasser sei das Leben, die Gruppe die Familie, der Fels das Nest (wie recht sie hat, denke ich), aus dem man sie werfen wollte, sie sollte selbständig sein. Sie habe aber gefühlt, daß sie noch nicht flügge war. Ich sage: Es fehlte dir die Nestwärme. Ein Vogel lernt auch mit den Vogeleltern fliegen, erst dann allein und kehrt immer wieder zum Ausruhen ins Nest zurück, bevor er dann in die Welt fliegt. Ja, aber da war keine Wärme im Nest, sagt Maria, kein Schutz und kein Halt. Ich sage vorsichtig, ich bin ja da, jetzt ist das anders. Ich finde, sagt sie, langsam Zahnrädchen um Zahnrädchen zusammen und bin erstaunt darüber. Ja, sage ich, ja, wir setzen dich zusammen, wir bauen dich gemeinsam zusammen.
Maria fällt unmittelbar eine *Kindheitsszene* ein: Es fand vor Jahren ein Austausch statt mit einem französischen Mädchen, sagt Maria. Erst war sie in Frankreich, auf der Hinfahrt war es grausam, sie mußte mit dem Vater in einem Zimmer übernachten, das war furchtbar, ich brauche meinen Privatraum ... Als sie dort in dem heißen, staubigen Dorf ankamen, war sie entsetzt: ein so kleines Haus, da sollen vier Menschen drin wohnen, habe sie gedacht! Sie beschreibt ausführlich, wie entsetzlich es für sie in der Fremde war. Es gab Hasenbraten, den esse sie nicht. Sie bat den Vater, er möge das den Leuten freundlich und bestimmt sagen. Der sagte aber, sag es selber. Da habe ich mich total allein gefühlt, im fremden Land, fremde Sprache, und dann das Essen, das ich nicht essen konnte, und die Angst, wenn ich auf französisch spreche, daß es falsch ist und mein Vater mich auslacht! Ich sage: Da warst du heimatlos, in einer Wüste, keiner verstand dich. (Ich greife damit auf, daß sie vom Vater gesagt hatte, er habe Heimweh nach ihr ... die falsche Vertrautheit des Besitzers eines Territoriums ohne Schamgrenzen, ohne Respekt.) Dann kam die Französin zu ihnen nach Hause, und der Vater tat alles für Odile, zeigte ihr die Zonengrenze, machte Fahrten mit ihr, und zwang sie, dauernd für Odile dazusein. Sie war neidisch auf Odile, sie war nur einen Tag nach Paris gekommen und jetzt sollte sie sich jede Minute um Odile kümmern. Sie hatte keinen Platz für sich, eine Fremde bekam vom Vater, was sie an Interesse nie von ihm

bekommen hatte, sich aber wünschte. – Ich hätte ihm einen Dolch zwischen die Rippen jagen können!, sagt Maria. – Ja, es war eine Art Selbstmord, du wurdest zur Selbstaufgabe gezwungen und wolltest dich rächen. Für mich blieb kein Platz. Die Freunde in der Schule hänselten mich, Maria pfeift auf dem Pantoffel, das war furchtbar. Ich war in einer Zwickmühle, sagt Maria: um 11 zuhause sein, sonst gab es Krach mit dem Vater, die Gleichaltrigen verhöhnten mich, weil ich zu artig war und mich danach richtete. Aber ich hätte Streit nicht verkraftet, ich habe immer Harmonie gewollt.
Maria spricht bedingungslos ihre Wahrheit aus: eine Flut von Traumen. Ich habe Sorge, weil wir schon 70 Minuten sprechen, Sorge, wie es weitergehen soll. Sie will einen neuen Termin, nächste Woche, wenn sie wieder zur Ambulanz muß. Ich zögere nicht, zuzustimmen, obwohl ich dann Ferien habe, und sage: Du kannst dir ja nicht aussuchen, ob du zur Ambulanz willst oder nicht. Ich kann es mir aber aussuchen und freue mich darauf, dich nächste Woche wiederzusehen. Sie holt ihre Tasche und packt ihr Notizbüchlein aus, um sich meine Telefonnummer zu notieren.
Dabei fällt ihr ein *schönes Erlebnis ein,* das sie mir noch unbedingt erzählen müsse. Während sie also ihr Notizbüchlein aufgeschlagen hat, den Filzstift in der Hand, erzählt sie mir folgendes: Sie hatte eine Freundin in der Schulzeit, während des Abis isolierte die sich sehr, wurde zum Streber und von der Gruppe als Außenseiterin abgestempelt. Auch sie habe das Mädchen dann links liegengelassen, dabei war sie genauso ein Außenseiter wie ich, sagt Maria, nur ich habe es nicht bemerkt. Der Vater mochte die Freundin sehr, nannte sie Schneeflocke und Pusteblume. Sie hatte einen kleinen weißen Fiat, und Maria war sehr neidisch, weil die Freundin gleich nach dem Abi ihr Betriebswirtschaftsstudium begann und eine Stelle bei IBM bekam, während sie arbeitslos war. Die hatte immer mehr als ich, sagt Maria. Sie hat sich während der Krankheit sehr um mich gekümmert, aber ich habe sie gemieden, ohne zu wissen warum. Neulich kam sie, und ich habe mich gefreut. Ich war verdutzt, habe mich gefragt: Hoppla, du freust dich, wie kommt denn das? Und dann habe sie ihrer Freundin gesagt, daß sie sich freue und daß sie sich überlegt habe, warum sie sich von der Freundin zurückgezogen habe. Beide hätten miteinander sprechen können, es war sehr schön, sich mitteilen zu

können und sich zu verstehen. Ich sage: Du bist deinem Gefühl gefolgt, das war befreiend.
Sie erzählt mir jetzt einen *Alptraum,* den sie immer hatte, *schon mit 10 Jahren,* wie sie meint: Sie war in einem modernen quadratischen Raum; die Decke sehr niedrig, viel Licht, aber wo viel Licht ist, ist auch viel Schatten, sagt Maria; es war ein furchtbarer glatter Fußboden aus Papier, das Gefühl furchtbar schmerzlich, und ich habe das Papier, das Karos hatte, zerstört, zerknittert, aber auch das war furchtbar, eine Felsenlandschaft, und ich wachte weinend auf. – Sie assoziiert dazu: Wie in einem Gefängnis, wie Isolation, die Karos auf dem Papier. Wie Gitter, ergänze ich. Sie hatte mir gerade erzählt, der Vater habe ihr ihren Weihnachtswunsch erfüllt, ihr einen Waterman-Füller zu schenken, und ich hatte wahrgenommen, wie lustvoll sie auf glattem Papier schreibt. Sie sagt, Papier könne regelrecht schneiden, im Traum sei das nicht so, aber es schmerze, so glatt sei es, sie zerstöre es, aber trotzdem finde sie keinen Halt. (Ich muß daran denken, daß ihr Vater gesagt hatte, ihr Herz sei eine zerknüllte Papiertüte, und Maria hatte mir am 9. 12. gesagt: jetzt komme Luft an die Tüte, sie entfalte sich wieder, atme auf.) Ich sage, du mußt immer sehr einsam gewesen sein, aber jetzt bist du nicht mehr so allein. Jetzt bist du mit dir selbst im Gespräch, hörst auf deine Gefühle und sprichst sie aus. Das schützt, Sprechen schützt dich, dann ist es nicht mehr leer und kalt und glatt in der Welt.
Maria wünscht mir schöne Weihnachten und daß mein Mann mir viel schenkt. Ich sage, daß ich nicht verheiratet bin. Sie sagt: Wie furchtbar, allein zu sein, es ist doch so schön, mit Freunden zu feiern, ich werde viel an Sie denken. Ich werde auch an dich denken, sage ich, ich bin zwar allein, aber innerlich nicht einsam, so wie du im Traum. Ich verstehe das heute, sagt sie, heute kann ich das fühlen, was Sie meinen.

4. 1. 84 Telefonat mit Maria ... eine warme weiche Stimme

Die Mutter hatte letzte Woche angerufen wegen eines Termins am Freitag, wenn Maria wieder in der Ambulanz sei. Sie würde zurückrufen.
Ich mußte in großer Selbstdisziplin immer wieder aushalten, *daß die beiden sich meldeten,* daß *sie* die Initiative ergriffen. Darüber hatte ich letzte Stunde mit Maria gesprochen, daß nicht ich sie rettete, sondern sie sagen müsse, wenn sie mich brauche.
Ich war unendlich glücklich, als Maria sich am Telefon meldete – *eine warme, weiche Stimme;* als ich das erstemal anrief, war es *eine harte, metallene Stimme* gewesen. – Sie habe viel an mich gedacht, weil ich allein sei. – Offensichtlich verbindet sie doch ihre frühere Situation damit. – Sie wolle eine Stunde für sich am Freitag. Dann ruft sie nach der Mutter, ob die nicht vorher eine Stunde haben wolle für sich, sie könne doch allein zu Dr. Y. in die Ambulanz gehen. Maria erklärt mir, als die Mutter zustimmt, diese fahre nämlich Montag in Skiferien und hätte sicher auch einiges zu erzählen. – So hat Maria dafür gesorgt, daß beide für sich haben, was sie brauchen.
Als ich Maria frage, wie es ihr geht, sagt sie: Mir, mir geht's gut! Und es klingt auch so.

6. 1. 84 Frau S.: Durchhängen, wenn es Maria gutgeht

Es gehe ihr gar nicht gut, sagt Frau S., wenn äußerlich eigentlich alles in Ordnung sei, dann falle sie regelrecht zusammen. Die letzten zwei Tage, wo es um ihre Reisevorbereitungen ging, da sei sie wieder beschäftigt gewesen und habe sich gut gefühlt. Ihr Problem ist das Gutgehen, sage ich, wenn das Überleben bewältigt ist. Ja, einfach da sein, das kenne sie nicht, sagt Frau S. Die Mutter war immer unzufrieden mit ihr, sie sei der Nagel zu ihrem Sarg, habe sie gesagt, nie konnte sie sich an den Dingen freuen, das gab es nicht. Sie lerne jetzt von Maria, sich zu freuen. Maria sei so lebendig und erfüllt, jeder Tag sei befriedigend für sie. – Frau S. erzählt viel von Maria, und ich denke immer wieder: Sie lebt von Marias Lebenssubstanz. Sie erzählt, was Maria getan, gedacht und gefühlt hat und beraubt Maria damit ihrer Ge-

schichte. Frau S. beschreibt sich immer durch andere. – Wie unglaublich Marias Entwicklung sei, daß sie jetzt sie selber geworden sei, und ich frage Frau S. dann immer: Und Sie? Erst dann wagt sie, sich zu betrachten: Daß sie heimlich sehr stolz darauf sei, sagt Frau S., daß sie nur ihren Gefühlen gefolgt sei. Erst später habe sie Bücher gelesen und müsse oft lachen, was sie darin finde. Sie erwähnt *Lermer*[10], der von den drei Geburten spricht: der körperlichen, der emotionalen und der sozialen. Der Krebspatient überspringe die emotionale Geburt. Ein wichtiger Gedanke, sage ich. Frau S. sagt, das war nicht auszudenken, wie das ausgeht. Ich bestätige sie, daß sie mit ihrem Gefühl das Richtige getan habe, als sie Maria damals wie ein Baby versorgt habe, da sei sie ganz Mutter gewesen. Sie habe nicht gedacht, sondern gefühlt und ihrem Gefühl vertraut. Früher mußte sie immer schauen, daß sie es allen recht machte. Ja, da war die Schwiegermutter, vor der sie sich bewähren mußte, daß sie deren Sohn überhaupt wert sei. Immer habe sie sich rechtfertigen müssen. Das sei jetzt vorbei. Ja, sage ich, jetzt wisse sie, wer sie sei und daß ihr Gefühl stimme. Sie und Maria hätten gemeinsam nachgeholt, was sie beide früher nicht erleben durften. – Mit Maria beginnt Frau S., sie selber zu werden. Als sie zu mir kam, ging es darum, daß sie sich in der Mutterfunktion nicht abermals aufgibt, sondern es diesmal wagt, gleichzeitig auch ihre Bedürfnisse zu zeigen und zu leben. Diesmal ist es gelungen.
Morgen wird sie für 14 Tage in Skiferien fahren, sagt Frau S., sie freue sich unglaublich darauf. Keiner mache ihr das streitig, sie habe nicht drum kämpfen müssen, es sei selbstverständlich. Sogar ihr Mann gönne es ihr. Maria werde auch für eine Woche wegfahren, und die zweite Woche habe sie einiges vor, so daß sie mit gutem Gewissen fahren könne. Die Freundin, mit der ich fahre, ist in einer ähnlichen Situation wie ich früher, aber das liegt hinter mir!, sagt sie voller Genugtuung. Sie freue sich aufs Skifahren, den gedeckten Frühstückstisch und auch mal in die Disco abends, wie man es in Skiferien so mache. ... Nicht nur in Skiferien, sage ich sanft, Sie sind lebendig, und das macht Freude. – Immer wieder schildert Frau S. Erlebnisse von Maria, die diese der Mutter mitgeteilt hat, und die Mutter leitet daraus für sich ihre Lebensberechtigung ab. – Alle hätten sich sehr verändert, es sei noch

10 Lermer, S.: *Krebs und Psyche*, München 1982.

nie soviel wie in den letzten Wochen gelacht worden in ihrem Haus, sagt Frau S. Sie habe mit Maria gestern den Film »Endstation Maribu« gesehen, und Maria habe ruhig gesagt: Sie könnte ja einen Autounfall haben, wie jeder andere auch, oder es könnte doch mit dem Krebs weitergehen, aber eines sei sicher: anders als vor einem Jahr brauchten sich die Eltern und sie heute nichts mehr vorzuwerfen. Das bewege sie sehr, sie habe keine Schuldgefühle mehr, etwas falsch gemacht zu haben. Als 20jährige habe sie mehr nicht geben können, mehr nicht gehabt. Ja, Sie haben zuviel gegeben, Sie haben gedacht, Sie wären verpflichtet, ganz Mutter zu sein, mit Haut und Haaren, und haben sich dabei aufgegeben. Da war keiner, der Ihnen zugestanden hätte, daß sie auch mal abends in die Disco gehen wollten. So habe sie das bisher nicht sehen können. Sie habe gedacht, sie *müsse* ganz Mutter sein, das wäre sie ihren Kindern schuldig. Frau S. lacht, ihr Mann könne sich herrlich selbst karikieren, wie er früher Maria behandelt habe, und Maria lache sich heute scheckig darüber. Was für ein grausames Spiel, sage ich betroffen, das früher und das heute. Vielleicht kann Maria heute darüber lachen, weil sie ein wenig Distanz hat. Aber es erinnert mich daran, was Maria vom Weinen erzählt hat: Aus Angst vor dem Vater machte sie sich in die Hosen, weinte dann vor Scham darüber und mußte sich für das Weinen entschuldigen. Heute muß sie darüber lachen, worüber sie damals nicht weinen durfte; es hat ihr das Herz gebrochen. Das ist ein verrücktes Spiel, finde ich. Frau S. sagt, daß Maria ihren Vater zu mir lotsen wolle, er solle mich auch kennenlernen, ich spielte eine große Rolle. Daß Sie den Krebs psychosomatisch behandeln, das gibt es sonst nicht, wie viele Menschen würden medizinisch aufgeben! Ich sage ihr, daß *sie* mich angesprochen habe. Ja, sie habe mit Hannas Mutter auf den Kinderstühlchen im Flur gesessen und geraucht, und die Tante sei gekommen: man könne noch nicht zu Hanna, habe sie gesagt, sie habe noch ein Gespräch. Ein Gespräch, habe sie sich gedacht, das mußte was Psychologisches sein, daß die Familie nicht dazukonnte. Sie fragte nach und sei eine Stunde lang auf dem Flur hin und hergegangen, um mich nicht zu verpassen. Es sei so unfaßlich, daß Maria heute lebe, keiner habe das gedacht... Aber gefühlt hat Maria es, sage ich, seit sie wußte, daß sie Krebs hat, konnte sie sie selber werden. Gerade daß sie die Verantwortung für sich selber übernimmt, ist ihre Chance. Ja, man hatte sie in M. schon aufgegeben. Sie wage es immer gar nicht, den Leuten zu sagen, daß Maria den Krebs überlebe, weil es das doch gar nicht gebe. Dabei müßte man laut darüber sprechen, Maria ist der lebendige Beweis, sage ich. Frau S. sagt, sie fürchte die Schadenfreude, wenn es anders kommen sollte, mehr, als daß sie es wage, ihre Freude zu zeigen. Aber nur diese Freude zähle, so könne sie es inzwischen erleben. Ich sage, wie gut, daß Maria für Sie diese Stunde mitbesorgt hat, damit wir gemeinsam Ihre Freude auf Ihre Skiferien und Ihre Lebendigkeit teilen können. Manchmal kann Freude für einen allein fast zu schön sein, wenn jemand wie Sie früher niemanden hatte, mit dem er Freude teilen konnte. Ja, das kann ich zutiefst nachempfinden, daher kommt das Durchhängen, wenn es mir gutgeht, das ist doch verrückt (sie faßt sich an den Kopf). Wenn es mir gut ging, war keiner an mir interessiert, ich war nur die Last der Mutter.

6. 1. 84 Das Leben darf selbstbefriedigend sein ... Ich bin das eine Prozent, das es geschafft hat

Maria kommt eine ¼ Stunde später. Ich wartete voller Freude und Ungeduld auf sie, holte einen Kaffee, fragte mich dann aber, ob ich ihren Bedürfnissen nicht erst nachkommen sollte, wenn sie sie ausspricht. Ich trank den Kaffee selber mit Genuß.
Maria kommt. Die Untersuchung war gut, die Blutwerte nicht ganz so toll, der Arzt wolle operieren, um den Tumor ganz wegzukriegen, ganz perfekt wolle er sein, sagt Maria. Aber nicht wahr, Sie glauben doch auch, daß der von allein weggeht?! – Laß ihm Zeit, sage ich. Ja, der Arzt habe sie fast überredet. Aber dann ist es nicht mehr deine Leistung, das Gesundwerden, sage ich lachend. Daß du dich aufs Leben vorbereitest, das ist deine Leistung, du hast mir doch gesagt, du fühlst dich noch nicht flügge. Ja, so empfinde sie es. Sie wolle es schaffen. Sie lacht selbstzufrieden, glücklich. Sie habe jetzt 53 kg (von 43 kg; sie ist ca. 180 groß) und es gehe ihr gut. Jeder Tag sei toll. Früher langweilte sie sich, jetzt sei das Leben ein spannendes Abenteuer. Früher lag sie abends im Bett, und es gab ihr einen Stich ins Herz, wenn sie nur an morgen dachte, an ihre Zukunft und an die Vorwürfe ihres Vaters: Hast du diese Bewerbung ..., hättest du schon geschrieben, dann ... hättest du das und das gemacht ...! Jetzt wisse sie,

sie werde studieren, wolle im Frühjahr mit Nachhilfestunden beginnen, um ein wenig Geld zu verdienen, denn seit sie sich selbst entdecke, habe sie auch eigene Bedürfnisse, entwickle ihren eigenen Stil, das koste viel Geld. ... Und wenn du abends in deinem Bett liegst und dich wohlfühlst, dann klopft dein Herz, es sticht nicht mehr, sage ich. Genau, sagt Maria.
Maria erzählt mir von dem Film »Wargames«, den sie gesehen hat. Die Welt werde von Computern gesteuert, die Kinder würden mit Computern das Leben simulieren, statt zu spielen. Eins könne aber der Computer nicht: einsehen, daß ein Atomkrieg für Ost und West keinen Sinn habe, Sinn könne nur der Mensch einsehen. Maria erzählt ruhig und gelassen, sehr ernst. Ich lebe jetzt und genieße mein Handeln und Fühlen, mich! Sie fühle sich akzeptiert und respektiert. Früher sei sie Außenseiter gewesen, habe sich selber dazu gemacht. Ja, du fühltest dich zuhause nicht respektiert und geschützt (ihre Träume), da hast du jedem unterstellt, er würde dich auch nicht schützen und respektieren. Ja, ich habe gerade auch bei Männern immer gedacht, sie wollen dich nur reinlegen, und wenn jemand gesagt habe, er findet mich hübsch, habe ich damit nichts anfangen können und es nicht geglaubt.
Sie erzählt, daß sie die Spritze nicht mehr so schlimm, nicht mehr als Eingriff in ihre Haut und in ihr Innerstes erlebe. Sie denke und erlebe den Krankenhausaufenthalt nicht mehr vorweg, sondern wisse, daß sie nicht zerstört werden könne. Es schmerzt zwar, aber es zerstört mich nicht mehr. Ich freue mich mit ihr darüber. Wir sprechen vom letzten Therapieblock, den sie aufgezwungen bekam. Heute sei sie froh, daß sie ihn hinter sich habe, aber sie sei nicht gefragt worden. Sie meine sogar, sie habe sich vielleicht drücken wollen. Das verstehe ich, sage ich, es ist eine Tortur. Da soll dir etwas helfen, was erst mal zum Kotzen ist. Und du warst mürbe.
Sie sagt, daß sie jetzt auf ihren Körper höre. Wenn sie müde sei, gehe sie schlafen, wenn sie Hunger habe, esse sie. Das Leben sei jetzt für sie interessant. Früher glaubte sie, es werde alles so wie bei ihrer Mutter: Heirat, Kinder, nicht unzufrieden zwar, aber nicht sie selber. Ich sage, das Leben darf selbstbefriedigend sein. Oh, na klar, ruft Maria aus, es ist so ungeheuerlich, ich bin das eine Prozent, das es geschafft hat!
Sie spricht ruhig und gelassen, in mir spüre ich mehrmals körper-

liche Anspannung, aber ich höre zu: es passiert nichts, sie ist voller Leben und packt aus. Ich begleite sie in ihrer Selbstfindung, das braucht sie. – Sie wolle regelmäßig kommen, sagt Maria, also auch nächsten Freitag, wenn sie wieder in die Ambulanz müsse. Der Vater werde vielleicht mitkommen, denn er müsse sie fahren, wenn die Mutter verreist sei. Der Vater habe sich unglaublich verändert, trotz seiner 44 Jahre, sie bewundere das, sagt Maria. Beide, die Mutter und sie, hätten nie bemerkt, daß sie seinen Bereich nicht respektieren. Jetzt merke sie, wie schwer es ihr falle, das dem Vater gegenüber bewußt zuzulassen, was sie von ihm als so wohltuend erlebe: Ihn zu respektieren, wie er sei, so wie sie sich jetzt von ihm respektiert fühle. – Es ist für mich eine unglaubliche Stunde: wie diese Frau sich selbst entdeckt, ruhig und besonnen, aber prall erfüllt von Glück und Verwunderung über das Leben, sich und die anderen, denke ich. – Jetzt sei jeder in der Familie für sich, noch nie habe es ein so tolles Miteinander gegeben, sagt sie. Die Mutter sei eher eine Elster, Vater und sie eher Hamster. Sie klauten schon auch mal was, wo es niemanden direkt treffe. Die Mutter aber klaue bei ihnen, das sei etwas anderes, das träfe sie dann direkt. Ich weiß, sage ich, das ist Mundraub. – Sie erzählt mir nichts von *ihrer* Reise, die sie machen wird, wenn die Mutter verreist, als müßte sie das als Geheimnis für sich behalten. Hier wird deutlich, daß die Mutter eben in Marias Leben elstert: Sie brauchte Marias Reise vor mir als kleine Rechtfertigung für ihre Skiferien, während Maria die Mutter fahren läßt, dabei aber ihre Reise verschweigt oder vergißt. Jedenfalls gestand ich zu Beginn der Therapie Frau S. zu, daß sie auch mal ein Bad für sich nehmen könne, und heute kann sie Skiferien machen. Maria sucht Rückendeckung bei mir für ihre Lebendigkeit gegen die Übergriffe der Mutter, die wie eine diebische Elster nach ihrer Lebendigkeit greift. Es ist eine wundervolle Erfahrung mit diesem Menschen zu arbeiten, eine Glückserfahrung, und ich sage es Maria in kleinen Worten, spiegele ihr ihre Freude, meine Bewunderung für ihre Entdeckungen, damit sie von mir zurückbekommt, was sie gibt: die, die sie ist.
Maria spricht von den Naturvölkern, die ihre Bedürfnisse noch kennen, während sie erst mühsam entdecken müsse, was ihr Körper brauche. Dann fällt ihr der Film »Endstation Maribu« ein: Ein exotischer Film, in einem wunderschönen Park, kleine Häuser, in denen Menschen leben, die sich aufs Sterben vorbereiten.

Ich sage: Bei uns geht es ums Leben. Sie erzählt von den Computern in dem Film »Wargames«, daß die Kinder nicht mehr spielten. Ich sage, sie sei ja auch bestimmt worden. Sie habe zwar nicht mit Computern gespielt, aber sie sei programmiert worden, jetzt lebe sie ihr Leben und entdecke ihren Körper.
Als es darum gegangen sei, daß Dr. Y. operieren wolle, habe sie daran geglaubt, daß der Krebs sich von sich aus zurückentwikkele. Der Krebs ist ja ein Teil von mir, er gehört zu mir, sagt Maria. Ich bin heute noch wütend, daß man mich fast um meinen Tod betrogen hätte. Seit ich weiß, daß ich Krebs habe, kann ich die Verantwortung für mein Leben übernehmen. Ja, sage ich, die Krankheit hat für den Menschen psychisch gesehen einen Sinn, und es ist falsch zu operieren, ohne zu verstehen, welche Bedeutung die Erkrankung für den Patienten hat. Du hast darüber nachgedacht und mir gesagt, der Vater sei der Schlüssel, gegen seine Übergriffe in dein Innerstes konntest du dich nicht schützen. Die erste Operation konnte dir nicht helfen. Da war der Tumor zwar weg, aber die Krakenarme waren nach wie vor da. Jetzt ist der Tumor eingekalkt, und du beginnst für dich zu sprechen, dein Programm zu bestimmen und dich ganz vorsichtig rauszuschälen aus dem seelischen Panzer, den du dir zulegen mußtest. Ja, sagt Maria, da fällt mir ein *Traum* ein: Ich bin in einem modernen, nüchternen Bau, es könnte eine Krankengymnastikschule sein. Es ist... ich bin in einer Mädchenklasse, wir haben Sport und alle haben Turnzeug an, aber ich habe nur eine Turnhose an und bin oben ohne. Ich irre dann in den Gängen rum, keiner gibt mir eine Jacke. Ich stehe vor einer Glastüre, ich kann nach draußen sehen, aber es fehlt mir der Schlüssel, um rauszukommen. Eine Frau kommt und öffnet mir. Es ist merkwürdig, ich habe nichts an, ich fühle es, aber keiner gibt mir seine Jacke, und keiner sagt etwas. Ich habe öfter solche Träume, daß ich nichts anhabe, oben herum, oder keine Schuhe anhabe im tiefsten Schnee..., sagt Maria. Du fühlst dich schutzlos, sage ich. Aber ich müßte doch wissen, daß ich eine Jacke und Schuhe anziehen muß, um mich zu schützen. Ein Kind, sage ich, wird erstmal von den anderen geschützt, daß es sich wohlfühlen und verstanden fühlen kann, dann kann es sich auch selber schützen. Nein, das habe ich nicht erlebt, daß einer auf mich achtet, sagt Maria. Das ist wie oben ohne, da schämt man sich, sage ich.

13. 1. 84 Das Gefühl war wieder wie früher:
daß ich allein war und Angst hatte
und weinte vor Verzweiflung ...
aber diesmal schrie ich laut: Scheiße!

Gegenübertragung, trauma-analog verstanden: den Peiniger verstehen, aber nicht schonen ... (traumatische) Herzneurose ...
Ich war sehr aufgeregt und gespannt und auch unsicher: der Vater wollte in die Therapiestunde mitkommen; Angst, als könnte er auch mir über den Mund fahren ... Ich erwog, ob ich beiden Fragebögen geben sollte und entdeckte bei mir, daß es eine Form der Aggression wäre, denn ich halte nicht viel von den Bögen. Sie wären eine Art Fremdkörper zwischen mir und Maria; die Bögen als Waffe und die Fakten als Beweise. Ich war froh, als mir das bewußt wurde und ich davon Abstand nehmen konnte. Ich begriff plötzlich, daß ich in der Gegenübertragung die Angst und Spannung vor diesem Mann erlebte, die Maria in ihrer infantilen Szene beschrieben hatte, Angst vor Vorwürfen, Schlägen ... sie machte sich in die Hosen vor Angst, schämte sich dafür und weinte und hatte sich zu entschuldigen, daß sie weinte ... sie hatte einfach einzusehen, daß alles, was sie machte, falsch war. Ich erkannte eigene Infantilgeschichte in diesem Gefühl wieder: hoffnungslos bedroht zu sein durch willkürliche Zurechtweisungen und körperliche Züchtigungen. Mir war die narzißtische Brüchigkeit dieses Mannes bewußt, gerade das aber ängstigte mich: der Peiniger, der Verständnis erheischt ... Dieser Mann mußte psychisch schwer gestört sein. Auch ihm mußte, das fühlte ich, von kleinauf jeder Furz enteignet worden sein.
Während ich auf Herrn S. und Maria wartete, erinnerte ich mich an einen meiner ersten Patienten: einen 48jährigen Postbeamten mit Herzneurose, genauer: einer traumatischen Kriegsneurose!, dem ich ein Berentungsgutachten schreiben sollte. Das konnte ich qua Funktion nicht. Ich sagte ihm aber, was ich im Gespräch mit ihm verstanden hatte, und bot ihm eine Psychotherapie an. Er wollte Bedenkzeit. – Die Kollegen in der Ambulanzkonferenz hatten gemeint: ... zwanghafter Charakter, Krisenintervention vielleicht, ansonsten wird er mit seinen Ängsten recht und schlecht leben ... als Rentner eben. – Der Patient wollte eine Psychotherapie. Wir lernten seine Ängste verstehen: Es waren die

Ängste des jugendlichen Flakhelfers, der im Krieg mit Schiß in der Hose seinen Mann gestanden hatte. Er weinte über all das Grauen, das er erlebt hatte und wovon er 36 Jahre nach Kriegsende immer noch träumte, das er tagsüber aber durch Überstrenge und Prinzipienreiterei zu bewältigen versuchte, so daß man ihn fürchtete und sich von ihm zurückzog. Der Patient lernte auf seinen Körper zu hören, auf sein Herz, und konnte sich bald verstehen, wenn ihn Angstanfälle überkamen. Er wußte, worauf er ansprach, und lernte die inneren Traumatisierungen von äußerlich ähnlichen Kränkungen zu unterscheiden. Er war berentet, das hatte er gewollt, und baute sein Hobby, Schmiedeeisenarbeiten und Hundezucht, zu einem kleinen Nebenverdienst aus. Mit seiner Frau und seinen 20 und 23 Jahre alten Kindern begann er zum ersten Mal zu sprechen und sich ihnen nahe zu fühlen. Nach 1½ Jahren sagte er mir: Jetzt kann ich leben, jetzt weiß ich, was mir andere Menschen bedeuten. – Es war beglükkende Arbeit für mich gewesen.[11]

Wie schlecht muß es normalerweise einem »gestandenen« Mann gehen, geschweige denn einem Berufsoffizier, dachte ich, bis er es wagt, *sich* trotz massiver Scham zu begegnen. Das waren meine Gedanken, als ich wartete. Ich kenne meine Anfälligkeit, den Peiniger entschuldigen zu wollen, das macht mich anfällig dafür, u. U. die Eltern der Patienten, die, wie Maria, unter dem Peiniger von heute leiden, schonen zu wollen. Ich muß mir immer wieder klar machen, daß das hieße, die Lebenslüge zu tradieren: So unmenschlich können sie doch nicht sein, es sind doch die Eltern!, denkt sich das Kind. Und als Therapeut ist man allzu leicht geneigt, die Schuld beim Patienten zu suchen: Er muß doch ein Interesse daran haben, wenn er derart mit sich umspringen läßt, ohne den Mund aufzumachen. Aber wie soll das Kind sich helfen, wenn selbst die Mutter, Frau S., Maria nicht beispringt und sie aus der Schußlinie nimmt! Nein, im Gegenteil! Frau S. mißbrauchte Maria als Blitzableiter gegen ihren Mann. Die Psychoanalyse rettet sich in »Elternschonung« und deutet dem Patienten als Trieb, nämlich Aggression, was Ausdruck der un-sagbaren Wut des Kindes angesichts nackter Willkür ist. In der Frankreich-Szene hatte Maria mir gestanden: »Ich hätte ihm einen Dolch zwischen die Rippen jagen können!« Das war die unsagbare Wut

11 Siehe Teil 5, S. 624 f.

über die permanenten Morde an ihrem Selbst, die ihr angetan wurden. Sie hatte geschwiegen und aus ihrem Herzen eine Mördergrube gemacht, bis es eine zerknitterte Tüte war... Dennoch: Das ist kein ödipales Drama, allenfalls ödipale Patina über der narzißtischen Lebensstörung, denke ich. Dieser Mann würde heute in Marias Therapiestunde mitkommen. Diesem Mann gegenüber würde ich die Sprache nicht verlieren. Es ist Marias Anliegen, ihren Vater mit in ihre Therapie zu bringen. Sie wird wissen, warum. Ich werde dazulernen, was, das weiß ich nicht.

Maria kommt und stellt mich ihrem Vater vor, einem bildschönen Mann. Herr S. sagt, er wolle mich nur kennenlernen. Er und Maria verabredeten sich im Café W., während Maria begann, sich auszuziehen und bei mir niederzulassen. Heute legte sie ihren Daunenmantel nicht zwischen uns – pufferte sich nicht ab wie letztes Mal –, sondern auf ihre rechte Seite, zur Türe hin.
Es geht ihr gut, die Untersuchung war o. k., sogar der Hb-Wert ist gestiegen, mehr als sie dachte. Sie hatte das Gefühl gehabt, sie werde wieder Blut brauchen. Und die Herzchirurgen wollten nicht operieren, sie sei heilfroh darüber. Sie brauche auch erst in 10 Tagen wieder nach G. Sie habe wegen des Berichts nachgefragt, und Dr. L. habe gesagt, Dr. H. habe schon ein ganz schlechtes Gewissen. Ich sage lachend: Das ist gut, wenn er ein schlechtes Gewissen hat, wenn das was nützt! Ich sage: Toll, das ist deine Leistung, daß du jetzt nur alle 10 Tage hermußt und die Werte so gut sind.
Ja, Sie haben recht, sagt Maria. Langsam begreife ich, was ich hinter mir habe. Das ist so unglaublich! Aber wissen Sie, heute morgen hab ich mich wieder genauso klein gefühlt, die gleiche Angst wie früher gehabt. Es war furchtbar. Ich hatte mit meinem Vater verabredet, daß ich ihn anrufe, und er dann kommt und mich herfährt. Ich rufe also an und keiner geht dran, keiner... immer wieder, keiner vermittelt mich. Ich hatte Angst vor Vorwürfen: Du hast gesagt, du rufst an, warum hast du nicht angerufen... Aber ich konnte ja nicht, keiner ging ans Telefon, ich wußte, du wirst wieder schuld sein, so war es immer! Ich weinte. Aber es war anders als früher, ich konnte meine Spannung rauslassen, meine Wut, ich schrie vor Verzweiflung: Scheiße! Mein Hund schaute ganz betroffen. Und dann kam mein Vater nach Hause, ganz ruhig, seelenruhig ging er zum Postkasten, holte

seine Post; er schimpfte gar nicht. Ich erklärte ihm gleich, daß ich x-mal versucht hätte anzurufen, aber keiner sei drangegangen ... daß es nicht meine Schuld sei ... aber er sagte, das passiere, er sei nicht immer in seinem Zimmer, und es gehe eben nicht immer jemand ans Telefon. Es war nicht schlimm ... Ja, sage ich, das Schlimme liegt hinter dir. Aber, sagt Maria, warum war das Gefühl, die Angst, es war ... es war wie immer ... so schlimm hatte ich mich gefühlt, klein und hilflos?! Sie schaut mich an und sagt dann: Ich brauche noch lange, bis ich es kapiere, daß es heute anders ist, als es 20 Jahre lang war.
Sie war ein paar Tage in der Familie der Patentante des Bruders gewesen. Die lebten ganz anders, erzählt sie, fast noch strenger, als sie aufgewachsen sei. Aber es sei gleichzeitig auch liebevoller, verständnisvoller, was die 5jährige dort mit ihrem Vater erlebe. Er komme mittags nach Hause und spiele mit den Kindern, das habe sie nie erlebt. Sie habe dort allerdings mehr gemacht, als ihr gut tat. Mittags konnte sie nicht schlafen gehen, sie dachte immer, sie müßte helfen, und konnte nicht sagen, daß es ihr zuviel war. Sie konnte nachts nicht schlafen und war dann gestern ganz kaputt nach Hause gekommen. Es muß seelisch für dich zuviel gewesen sein, zu sehen, wie das kleine 5jährige Mädchen liebevoll und verständnisvoll behandelt wird, anders als du es erlebt hast. Das muß dir weh getan haben. Ja, ich habe das nicht fassen können, sagt Maria. Aber ich fühlte mich verpflichtet, der Frau zu helfen. Zu Hause ist das jetzt anders, da kann ich mehr für mich machen. Allerdings gestern, als ich nach der Bahnfahrt todmüde nach Hause kam, habe ich gleich abgewaschen, damit mein Bruder entlastet wird, jeden Löffel habe ich gleich weggelegt. Ich dachte, sage ich, zu Hause würde jetzt sogar der Vater mal alles liegenlassen und sich zurückziehen, wenn ihm danach ist. Ich ermutige sie, daß sie das Recht habe, nach ihren körperlichen Bedürfnissen zu gehen. Sie glaubt, morgen wieder mittags schlafen zu können. Es falle ihr so schwer, sich danach zu richten, wie sie sich fühle.
Sie ist mit dem Zug die Strecke von Hamburg allein zurückgefahren, und ich staune. Ja, das ist doch klar!, sagt Maria lachend. Und sie erinnert sich an eine Szene mit einer jungen Frau im Zug. Die hatte einen *Stern* und eine *Quick* und Maria fragte, ob sie den *Stern* haben könne, und die Frau sagte, ja, und preßte gleichzeitig die *Quick* und den *Stern* an die Brust, als wollte sie doch beide

Zeitschriften für sich behalten. Und sie habe das richtig gefunden: Sie habe bei sich gedacht, siehste, Maria, das mußt du auch noch lernen. Sie hätte natürlich gleich den *Stern* abgegeben und sich schwarz geärgert, wenn sie dann die *Quick* fertiggelesen hätte, der andere aber ihren *Stern* gehabt hätte. Daß die Frau »ja« sagte und »nein« meinte, hat dir gezeigt, daß sie hin- und hergerissen war; du hast klar für dich gesprochen. Daß die Frau nicht klar antworten konnte, hat mit dir nichts zu tun.
Sie freue sich darauf, mit dem Vater für eine Woche nach Holland zu fahren. Die Mutter habe aus den Skiferien »einen lieben Brief« geschrieben. Marias Stimme ist dabei merkwürdig emotional flach, aber ich frage nicht weiter nach. Der Vater wolle nach Holland fahren, aber eigentlich allein. Sie sei sehr enttäuscht darüber gewesen, aber jetzt habe er zugestimmt, daß sie mitfahren könne. Jeder wolle für sich sein. Sie wolle nichts als schlafen, schlafen, schlafen und lesen und spazierengehen. – Sie hatte mir früher von Holland erzählt, wo die Familie 10 Jahre hintereinander ihre Ferien verbracht hatte. – Sie freue sich auf Holland, sei neugierig, ob sie Amsterdam jetzt anders erlebe und ob sie daran sehen könne, wie sie sich entwickelt hat. Sie sagt, sie würde mit dem Vater an den Strand fahren, er könne dann seine 10 km laufen. Ich frage erstaunt, ob sie denn wieder Auto fahre. Natürlich fahre sie wieder, sie sei schon von G. nach Hause gefahren, die Mutter habe bibbernd dabei gesessen. Neulich habe sie das Frühstück gemacht, es fehlte noch was, sie habe gerufen: Ich fahre mal schnell mit dem Auto zum Schade ...! Und ich klapperte mit den Schlüsseln, damit die oben merken, daß ich es ernst meine. Meine Mutter rief: Ja, mach nur! 20 Jahre habe ich eingetrichtert bekommen, das kannst du nicht, das schaffst du nicht. Es ist verdammt schwer für mich, zu lernen, daß es jetzt gehen soll, wo ich vorher immer nur einen Anschiß bekam.
Wir sprechen über einen neuen Termin. Maria sagt, daß sie nur wegen der einen Stunde nach G. müsse, ob sie nicht erst Mittwoch kommen könne, wenn sie wieder zur Ambulanz müsse. Nicht wahr, ich habe doch die Gewißheit, daß ich Sie anrufen kann, wenn ich Sie brauche? Ja, die Gewißheit hast du, sage ich. Sie wolle ein paar Tage zu einer Freundin fahren. Wir verabreden, daß sie dann vor der Ambulanz zu mir kommt.

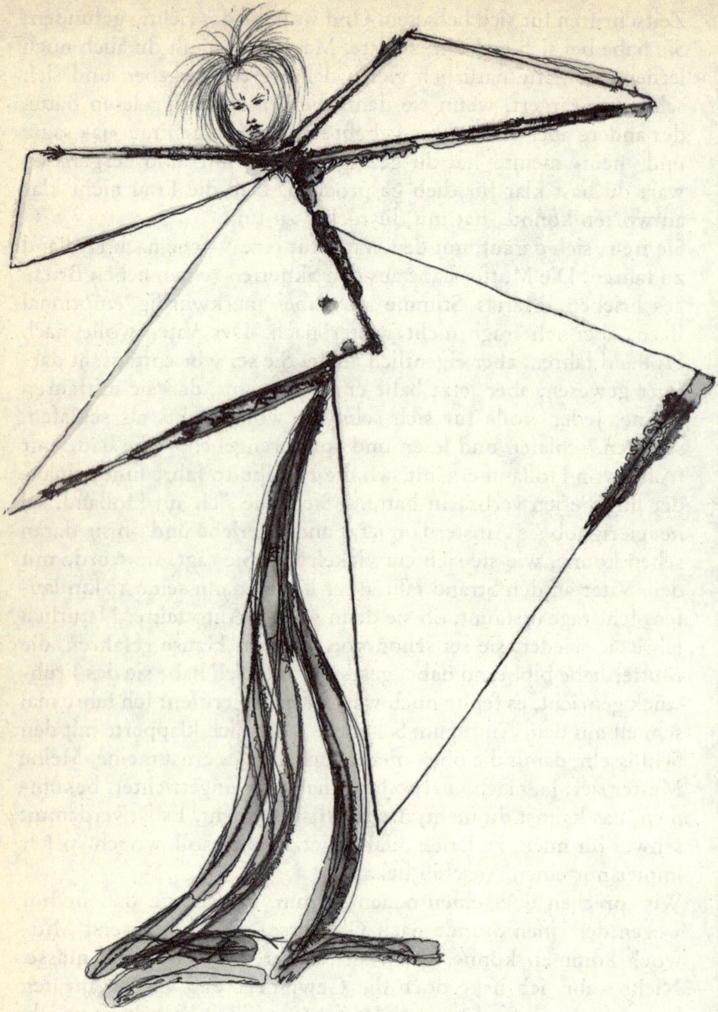

Ver-rückt, A.v.U.-S. 5.10.87

25. 1. 84 Immer hatte ich vor etwas Angst ... und jetzt geht alles leicht ...

Maria sagt mir: Ich habe heute meine Mutter mitgebracht, dann brauche ich nicht so viel zu reden, und sie hat ganz bestimmt viel zu erzählen von ihren Ferien. – Maria ist erschöpft von der Fahrt. Beide lassen sich nieder. Sie gehen anschließend in die onkologische Ambulanz und haben einen Picknickkorb mit, es ist Mittagszeit. Ich nehme wahr, daß für beide die Fahrt in die Klinik den Charakter eines Ausflugs annimmt.

Frau S. ist braungebrannt und erzählt strahlend von ihren Skiferien. Es war toll, sie konnte die Zeit genießen, fuhr ausgelassen Ski und freute sich dann wieder auf zu Hause. Es war ein unglaubliches Glücksgefühl: Ich machte Ferien für mich, und keiner hatte etwas dagegen. Meine Familie freute sich mit mir, und zu Hause wurde ich freudig begrüßt. Das hat es vorher nie gegeben. Meiner Freundin ergeht es heute noch so, wie mir früher. Aber das ist vorbei. – Maria sagt, sie habe derweil den Haushalt gemacht. Sie und die Mutter hätten die gleiche Ordnung. Bei uns liegt der Teppich so (sie zeigt es mit den Händen) und nicht so, wie bei meinem Vater und Bruder! Es war sehr anstrengend, ich hatte sogar für den Bruder mittags etwas gekocht, damit der sich nicht immer so in die kalte Küche abgeschoben fühlt.

Als die Mutter von der freudigen Begrüßung zu Hause erzählt hat, sagt Maria zu mir: Gut, daß ich nicht da war. Ich war auf einer Fête Samstagabend, das war schön. Sonst hätte ich sicher den Empfang vermiest. Bei mir hätte sie die kalte Schulter gekriegt: sie solle mal erst beweisen, daß sie wieder da ist!, so hätte *ich* sie begrüßt! Eher schadenfroh also, denke ich und sage, das klingt, als würdest du wie ein kleines Kind fremdeln, weil die Mutter weg war. – Es fällt mir nicht leicht, Maria als kleines Kind anzusprechen, und sie weist es auch sanft von sich. – Sie verstehe sich in ihrer Reaktion nicht, sagt sie, sie finde nur gut, daß sie den anderen die Stimmung nicht versaut habe. Am nächsten Morgen am Kaffeetisch, da war der Stuhl dann wieder besetzt. Da habe ich mich gefreut, daß du wieder da bist, sagt sie zu ihrer Mutter. Das verstehe ich nicht, sagt sie mir. Ich kann im Moment überhaupt keine Berührung oder Zärtlichkeit von meiner Mutter oder meinem Vater ertragen. Das ist nicht gegen die Person gerichtet, sagt sie zur Mutter, das ist einfach momentan so. – Maria erzählt,

es habe einmal einen richtigen Streit gegeben mit dem Vater, letzten Samstag. Sie wollte mit der Freundin in die Disko. Der Vater rief sie zu sich, sie wußte schon, jetzt geht es wieder los. Er sagte ihr, sie könne nicht quicklebendig in der Disko rumspringen, und andere Offizierskinder sähen, daß es ihr wieder gut gehe, derweil er wegen ihrer Krankheit seine Versetzung nach H. nicht anträte. Sie habe ihm gesagt, das ist eine Zwickmühle: Ich kann doch nicht krank bleiben und mich zu Hause verkriechen, weil du das in deinem Dienst so brauchst. Es war eine richtige Erpressung, und das habe ich meinem Vater gesagt. Früher wäre ich dann nicht in die Disko gegangen, aber heute habe ich gesagt: Das ist deine Zwickmühle, da kann ich nichts für, das mußt du entscheiden. Sie ist stolz, daß sie sich trotz Weinens nicht kleinkriegen ließ. Jetzt in R. habe der Vater für sich ein Stück Freiheit gewonnen und wolle eigentlich deshalb nicht mehr weggehen. Er tarne das aber mit ihrer Krankheit, erklärt mir Maria. Ich zeige ihr, daß das Sprechen sie befreit hat, daß eine Zwickmühle sie nur fesseln kann, wenn sie im Sinne des anderen reagiert und schweigt, statt *für sich* zu sprechen. Die Mutter erklärt ihr das noch einmal. Maria ist verblüfft darüber, was ihr gelungen ist, ohne daß sie es bewußt beabsichtigte.
Maria erlebt sich jetzt frei und unbeschwert. Sie sagt: Immer hatte ich Angst vor etwas, vor der Schule, vor einer schlechten Note, meinem Vater, davor, keine Stelle zu haben, keine Zukunftsaussichten ... jetzt klappt alles, wie ich es will, meine Zukunft macht mir keine Sorgen mehr, ich kann das oft gar nicht fassen, es ist unglaublich. Ja. Fast zu schön, um wahr zu sein?, frage ich sie, als fehlte dir nun erstmal etwas? Ja, als flöge ich, so leicht fühle ich mich, und ich denke immer, da kommt noch was nach ... – Nein, das liegt hinter dir, die Angst liegt hinter dir. Ja, was jetzt passieren könnte, was höchstens noch passieren könnte und schlimm wäre, das wäre, wenn ich ein Kind kriegen würde! Ich bin verblüfft über diese Bemerkung, gehe aber nicht weiter darauf ein.
Frau S. erzählt, wie verändert ihr Mann sei, er komme froh nach Hause. Früher habe sie schon am Geräusch des Garagentors hören können, wenn ihr Mann schlecht gelaunt war – das hört man an den Geräuschen, sagt sie zu Maria –, und heute ist mein Mann lieb. Sagen Sie ihm das auch, daß Sie sich freuen, wenn er nach Hause kommt?, frage ich Frau S. Ja, klar!. Ich habe es eben gewußt – und dabei schlägt sich Frau S. mit der rechten Hand auf

die linke Schulter... – Ich nehme es wahr und sage lachend zu Maria, die es auch registriert hat und sagt, das habe ich gerade auch gesehen..., wir nehmen also beide wahr, wie Frau S. sich gratuliert, daß sie diesen Mann zum Mann gewählt hat und so lange Jahre soviel Frust einsteckte, jetzt aber doch mit ihm auskommt. Frau S. deutet an, daß die eine kleine Schwierigkeit immer noch bestehe. Ich sage, na, vielleicht gibt sich das auch noch. Ich frage Maria, wie sie es erlebe, daß die Eltern sich jetzt besser verstehen. Sie sagt, sie könne es oft nicht fassen, wenn beide im Zimmer über ihr, wenn der Fernseher laufe, laut miteinander lachten, das fände sie unglaublich. Ich kenne von früher nur Streit... daß beide sich trennen wollten, damals in G...., ich fühle es, als wäre es gestern gewesen, wie die Mutter nach einem Streit mit dem Vater dort weggelaufen ist und für mehrere Stunden fortblieb, das habe ich nie vergessen können. Frau S. kann sich nicht erinnern. Ich sage Maria (und verbinde ihre ihr selbst befremdliche Reaktion auf die Rückkehr der Mutter aus den Skiferien mit dem Trennungsschock von damals vor 10 Jahren, d. h. ich verbinde die aktuelle Szene mit der infantilen Szene in trauma-analogem Verstehen): Ich kann deine Reaktion heute verstehen, sie paßt zu der Szene damals. Als die Mutter wieder kam, da hätte ein kleines Kind gefremdelt aus lauter Mißtrauen, ob es sich dieser Mutter denn überhaupt noch sicher sein kann, wenn sie einfach so weggelaufen ist, dich einfach verlassen hat... – Maria kann das gut nachvollziehen und diese Szene und die von früher miteinander vergleichen. Auch Frau S. erlebt diese beiden Szenen sehr intensiv, wobei mir auffällt, daß sie sich sehr gut in Maria einfühlen, sich aber nicht an sich selber fühlend erinnern kann. – Ich sage Maria, daß der Vater heute ja vielleicht ruhig seine Versetzung antreten könne, wenn sie sich ihrer Gefühle ihm gegenüber nun sicher sei, dann könne er ja auch die Woche über fortgehen, ohne daß sie ihn verliere. Maria und die Mutter können gemeinsam nachfühlen, daß dem Vater die neue Stelle als Lehrer vor einem großen Auditorium viel Spaß machen könnte, er das aber in der Familie nicht wage auszusprechen. Da gelte die Versetzung als was Schlechtes, und Marias Krankheit müsse ihren Aufschub rechtfertigen. Maria erinnert sich, wie toll der Vater ihren Freundinnen früher Sachen erklärt hatte und wie eifersüchtig sie darauf gewesen war. Sie sei heute noch wütend, daß sie nicht ein besseres Abi gemacht habe, weil der Vater *ihr* damals nicht geholfen habe. Ich sage, dann machst du jetzt dein tolles Studium... aber ich kann dein wehes Gefühl, wenn du an früher denkst, verstehen. Sie ist glücklich, daß sie ihre Zukunft jetzt planen kann und bekommt, was sie sich wünscht und ausspricht. Alle helfen mir heute, sagt sie. Ja, wenn du für dich sprichst. Frau S. will von mir ein psychologisches Gutachten darüber, daß es für die Familie jetzt nicht zumutbar sei, R. zu verlassen, entwurzelt zu werden, wegen der Klinik für Maria und auch wegen der Psychotherapie bei mir. Es werde finanziell gleich alles gestrichen, wenn die Familie nicht nach vier Wochen nachziehe... Ich sage, ich schreibe kein Gutachten, in dem mit Marias Krankheit jongliert wird, aber ich schreibe gern ein Gutachten, daß Maria die Psychotherapie zu ihrer seelischen Gesundung braucht. Frau S. spricht nun davon, daß ihr Mann fast so weit wäre, auch in die Psychotherapie mitzukommen. Er habe von seinen Angstträumen gesprochen und daß er sich durchaus vorstellen könne, zu mir mitzukommen... Ich sage, er könne ja mitkommen, wir könnten gemeinsam über das Gutachten sprechen,... – Da streckt Maria mir ihren Kopf hin und sagt: Streicheln Sie mal drüber, ich bin so stolz darauf, ich bin stolz auf meine Haare! Ich streichele ihr sanft über die kleinen festen Haare und sage, wie schön, daß sie wieder gewachsen sind, wir sind auf dem rechten Weg. – Sie holt sich von mir, was sie geträumt hatte: Jemand sage ihr, Mädchen du bist auf dem rechten Weg!, und streichelt ihr über den Kopf, denke ich. – Sie ist glücklich und fragt mich ein wenig höhnisch, ob sich denn außer mir jemand auf die Couch lege. Ja, gewiß, sage ich: Du vielleicht auch eines Tages... da bist du entspannter, schaust nicht nach mir, sondern bist ganz bei dir... Frau S. stimmt zu, aber Maria meint: ich muß Sie sehen können. Und Frau S. sagt, ja, mit dem Blick hält man den anderen schon fest... – ja, denke ich, solange man noch Angst haben muß, daß er einem verloren geht und man dann ins Leere fällt... – Sie gehen. Maria fragt noch, ob die onkologische Ambulanz mir ihre Unterlagen geschickt hätte. Ich verneine, und sie sagt: Dann werde ich gleich mit denen schimpfen. Tu das, sage ich. Auf dem Flur sagt Maria: Ich würde gern Ihre Wohnung sehen, wie Sie wohnen, obwohl Sie keinen Fernseher haben. Und Frau S. ergänzt, vielleicht gerade deswegen... Ich lache, und lachend gehen beide. – Sie werden anrufen wegen eines neuen Termins, der sich nach dem Ambulanztermin richtet.

Nachtrag 5
Seelische Genesung trotz Familien- und Kliniksholocaust

Es gibt für mich 2 Klirrpunkte in dieser Stunde:

1. Die aktuelle Szene, die Marias infantile Szene expliziert und zugleich, das wurde mir in der Stunde deutlich, infantiles Material von Frau S. impliziert und
2. die Frage der seelischen Genesung, die Marias Eltern in einem Gutachten funktionalisieren wollen.

Ich diskutiere erst den zweiten Klirrpunkt, der – trauma-analog verstanden – den ersten zur Voraussetzung hat:
Ich spreche bewußt von »seelischer Genesung« und nicht von der Heilung des Krebses. Ich backe kleine Brötchen, die ambitionierten Heilungsabsichten sind die computergerechten Heilsabsichten der Ärzte. Psychosoma-Analysen können den Krebs nicht heilen, nur entpathologisieren[12], wenn es gelingt, den Krebspatienten aus dem narzißtischen Getto objektloser Innerlichkeit in eine Selbstobjektübertragung zu begleiten. Meine Gegenübertragung ist der Wegweiser im trauma-analogen Verstehen des Patienten auf seiner Suche nach dem Selbst. Narzißtische Störungen und Krebserkrankung – das ist meine Hypothese – sind strukturell ähnliche Lebensstörungen und auf ähnliche Weise behandelbar, wenn ich die primären Bedürfnisse der Menschen nach empathischer Spiegelung und Liebe annehme und erwidere.
Maria beginnt, sich selbst zu verstehen und die verrücktmachenden Familien- und Kliniks-Gewaltverhältnisse zu durchschauen *und* zu benennen:

1. Die Zwickmühle des Vaters: Sei lebendig aber wehe, es merkt einer!, benannte Maria: Sie könne doch nicht krank bleiben und sich zu Hause verkriechen, nur weil der Vater das in seinem Dienst so brauche.
2. In der Zwickmühle der medizinischen Behandler: Friß, Vogel, oder stirb!, steckte sie noch drin.
   Der Tumor war eingekalkt, sollte aber nach dem Willen der Ärzte mit einem weiteren zytostatischen Behandlungsblock attackiert werden. Maria hörte auf ihren Körper: »Meine Organe haben geschrien: Halt! Wir können nicht mehr!« Sie war noch zu erschöpft von dem vorangegangenen Therapieblock. *Aber:*

12 Vgl. v. V.-S., 1982.

- Sie wurde zur Therapie überredet;
- man beruhigte sie mit einem Hammerschlag vor den Kopf: mit Psychopharmaka;
- daß sie die Therapie nicht so gut wie sonst verkraftete, wurde ihr dann vorgeworfen;
- die Infusionen erlebte sie als Vergewaltigung: »Das Metall im Arm, das war wie ein Fremdkörper, und meine Organe haben ›nein‹ gesagt, aber keiner hörte auf mich ... die haben meinen Körper vergewaltigt«.

Die Eltern ließen sie allein, weil sie die Verantwortung ablehnten. »Aber«, sagt Maria, »ich weiß jetzt, daß ich für mich sprechen kann und mein Körper zu mir gehört. Wenn ich auf ihn höre, kann nichts schiefgehen, es ist toll, das zu erleben: mein Körper gehört zu mir.«

3. Die Zwickmühle, die der Vater in bezug auf mich erzeugte, lautete: Arbeite an Marias Lebendigkeit, aber verkauf' mir die Lebendigkeit als Krankheit, damit ich zu meiner Lust, als Lehrer vor einem Hörsaal voller Menschen zu stehen, nicht zu stehen brauche. – Diese Zwickmühle benannte ich schonungslos und machte damit mein Selbstverständnis als Psychotherapeutin deutlich: Ich schreibe kein Gutachten, sagte ich zu Frau S. und Maria, in dem aus finanziellen Gründen mit Marias Krankheit jongliert wird. Aber ich könne begutachten, daß Maria die Psychotherapie zur seelischen Genesung braucht und deswegen – wenn Maria und Frau S. es nicht wollten – R. nicht verlassen müßten.

Maria begriff, was ich damit sagen wollte: Wir sind auf dem rechten Weg, wir arbeiten am Ausbau deines Selbst und nicht im Dienste der Eltern oder aggressiver Übertherapien. Sie streckte mir ihren Kopf hin: »Streicheln sie mal drüber«, sagte sie, »ich bin so stolz auf meine Haare«. Mir war dabei klar, daß Frau S. in R. bleiben wollte, um dem Streit mit ihrem Mann zu entgehen. Um die Trennung von ihrem Mann zu legitimieren, funktionalisierte auch sie Marias Krankheit. Um Marias Spielraum außerhalb der »Krakenarme« des Vaters, der sie als seine »Heimat« besetzt halten wollte, erweitern zu helfen, nahm ich es in Kauf, dem Scheißspiel der Eltern nicht ganz zu entgehen. Ich hoffte, diesen Aspekt der Gutachtenfrage mit Frau S. und gegebenenfalls auch Herrn S., wenn er in die Therapiestunde mitkommen sollte, ansprechen zu können.

Zum ersten Klirrpunkt:
Diese Stunde gab mir wichtige Aufschlüsse über die narzißtisch gestörte Beziehung zwischen Maria und Frau S. , die auf die narzißtische Beziehungsstörung zwischen Frau S. und deren Mutter zurückgeht und zu der Interaktionsform von Frau S., die ich mit Marias Worten »Elstern« nenne, führte. Die aktuelle Szene: Frau S. kommt aus den Skiferien nach Hause, und Maria muß ihr die kalte Schulter zeigen, ohne zu verstehen, warum. Diese beinhaltet die infantile Szene der damals 10jährigen Maria: Nach einem Streit hatte Frau S. die Familie verlassen, kam dann nach Stunden aber doch wieder zurück. Marias Trauma muß es gewesen sein, im Streit der Eltern in ihren Bedürfnissen anonymisiert zu werden, ›die kalte Schulter gezeigt zu bekommen‹, so daß heute sie der Mutter das antut, was ihr damals durch die Mutter geschah. Maria konnte ihr Fremdeln heute als die seelische Strategie der 10jährigen begreifen. Frau S. hingegen kann sich nicht als die erleben, die sich vor 10 Jahren nach einem Streit aktiv von ihrem Mann trennte, sondern sie erlebt sich als das 10jährige Mädchen, Maria, die verlassen wurde. Ich vermute deshalb, daß in ihrer Trennung von ihrem Mann *ihre* infantile Szene inkorporiert ist. Sie wiederholte aktiv, als Trennung von ihrem Mann, die ursprünglich als Kind passiv erlittenen Traumatisierungen durch Verlassenwerden respektive seelische Selbstenteignung von seiten ihrer Mutter. Ich denke dabei an die drei Szenen mit der Mutter, die Frau S. in früheren Stunden erwähnt hatte:

1. Die Umtaufe von Ursula in Karin mit 5 Jahren (Selbstanonymisierung);
2. Mit 20 Jahren, als Frau S. mit Maria unverheiratet schwanger war, hatte die Mutter gesagt: »Ist das wahr! Dann bist du nicht mehr meine Tochter!...« (Aufkündigung des Mutter-Tochter-Verhältnisses);
3. Mit 41 Jahren wagte Frau S. eine kritische Bemerkung gegenüber der Mutter und stellte sich damit hinter den angegriffenen Vater. Die Mutter wurde fast verrückt, dann krank. Herr S. entschuldigte sich für seine Frau »der Form halber«, aber das reichte der Mutter nicht als »Genugtuung«. Sie untersagte es der Tochter, zu ihrer Beerdigung zu kommen (Aufkündigung des Mutter-Tochter-Verhältnisses in alle Ewigkeit).

Ich blieb in der Stunde jedoch abstinent in bezug auf die Interpretation von Frau S.' Infantilgeschichte, weil ihre Empathiestörung in sich selbst total ist, während Maria *sich* auf der Spur ist und sich folglich auch in dem Wie-damals-Vergleich der aktuellen mit der infantilen Szene unmittelbar wiedererkennen und verstehen konnte. Heute ist Maria es, die der Mutter, wenn sie wieder nach Hause kommt, ›die kalte Schulter zeigt‹, wie es ihr damals von der Mutter zugefügt worden ist. In der Übertragungsbeziehung zu mir hat Maria schon mehrmals dieses Interaktionsmuster vorgeführt: Freude muß sie in Schadenfreude pervertieren, als wollte sie damit sagen: ›Da, wo ich nicht bin, da ist das Glück‹, denn sie konnte sich in der Beziehung mit der Mutter nicht aufgehoben fühlen. Frau S., ausgeblutet im vampiristischen Zweieck mit ihrer Mutter, »elstert« Marias Lebendigkeit und hält sie damit ihrerseits im parasitären Zweieck gefangen. Maria unterscheidet zurecht zwischen »Hamstern« des Vaters und »Elstern« der Mutter, wobei ich glaube, daß Marias Unterscheidung im »Hamstern« des Vaters = außerhalb der Familie Klauen, und »Elstern« der Mutter = die Familie selber bestehlen, etwas Richtiges trifft: die offene Brutalität des Vaters trifft Maria – was zynisch klingen mag – weniger als der versteckte Zynismus der Mutter, die tatsächlich Treiber in der Jagd ist und scheinbar unschuldig ist. Der Vater ist für Maria ein idealisiertes Selbstobjekt, allerdings ein brüchiges, und zudem sexualisiertes. Der Vater seinerseits sucht in Maria ein spiegelndes Selbstobjekt. Zwischen beiden findet aber immerhin Berührung – wenn auch gewaltsame durch schamlose Übergriffe – statt, so daß Maria sich in der Brüchigkeit der Beziehung zu entdecken beginnt. – Die Mutter aber ist der Treiber in der Jagd des Vaters auf die Tochter, was die Frühstücksszenen deutlich machen: Maria ist Blitzableiter für die Spannungen zwischen den Eltern und erlebt nicht, daß die Mutter sie gegen den Vater schützt. Im Gegenteil, Maria springt für die Mutter ein. Frau S. rettete Maria weder damals, als sie in der Schußlinie der Willkürattacken des Vaters auf Körper und Seele stand, noch heute, wenn der Vater sich selber darin karikiert, wie er damals Maria zu verarschen pflegte. Frau S. freut sich diebisch an dem Witz ihres Mannes und findet es komisch, daß Maria darüber lacht. Frau S. benutzt *Maria* als idealisierbares Selbstobjekt (philosophischer Partner), ohne *sie* in ihren sinnlich konkreten Bedürfnissen zu spiegeln. Bezeichnend dafür ist die Szene als Maria drei Tage vor der Herztumor-Operation auf allen Vieren von Laterne zu Laterne nach Hause kroch und die Mutter dazu sagte: »Wie konn-

test du nur, ... wenn die Leute angerufen hätten, wir haben ihre Tochter tot auf der Soundso-Straße gefunden, ... wir hätten niemals wieder froh werden können.« Nicht, daß Maria lebte, hatte Frau S. interessiert. Nähe konnte sie zu Maria erst herstellen, als diese bewußtlos und nach der Herz-OP fast tot war. Sie muß Marias Lebensfreude als Euphorie entwerten, weil sie selber in ihrer Lebendigkeit die Mutter nicht miterregen konnte (Gutgehen erlebt sie als »Grauschleier«). Frau S. hatte zwar Lermer (1982) erwähnt: der Krebskranke habe die emotionale Geburt übersprungen, aber sie erfaßt nur mit dem Kopf, nicht gefühlsmäßig, was das heißt. Denn genau das ist ihre eigene narzißtische Lebenstörung. So wenig wie Maria in der Beziehung zur Mutter sich selbst finden konnte, so wenig konnte das Frau S. in der Beziehung zu ihrer Mutter.
Diese Gedanken und Vermutungen helfen mir, das tragische Geflecht zirkulärer Selbstenteignung in der Familie S. zu verstehen. Nur so kann ich die traumatische Gegenübertragung nutzen und überhaupt in diesem Familienholocaust atmen ... Nur so kann ich verstehen, – was aber nicht akzeptieren heißt! –, daß der Kliniksholocaust nur die Fortsetzung des Familienholocaust ist. Maria beschreibt ihre traumatische Kindheit folgendermaßen: »Wenn ich nach Hause kam, hatte ich schon Angst, daß irgendetwas nicht recht war; dann schlug der Vater mich, und vor Angst machte ich mir in die Hose, dann schämte ich mich dafür, durfte aber nicht weinen und mußte mich entschuldigen dafür, daß ich mir in die Hose gemacht hatte oder überhaupt. Ich mußte alles einsehen, daß es richtig war, was der Vater tat und sagte (...). Ich war Maria, das Kind, das immer alles einsah, es immer allen recht machte. Ich war die lachende Maria, was sollte ich denn machen! (...) Der Bruder hatte sein Zimmer, der Vater hatte seine Arbeit und ließ zu Hause den Frust ab und du (sagt sie zu ihrer Mutter), du hattest deine Freunde! Aber ich, ich hatte niemanden, der mir half! Ich habe mir die Nägel buchstäblich aufgefressen vor Spannungen, ich hatte keine Freunde; nur der Krebs konnte mir helfen«. Freilich, der Krebs als solcher hilft ihr nicht. Sie muß erst lernen, für sich zu sprechen. Bislang spricht nur ihr Körper, aber daß sie überhaupt auf ihn hört, das ist das Neue ... Daß sie auch von den Ärzten nicht als Persönlichkeit respektiert wird, wiederholt ihr Kindheitstrauma. Den Tumor haben sie eingekalkt. Daß Maria nun das Herz aufgeht, ängstigt die Mutter, und sie fragt die

Oberärztin, ob Maria nicht zu euphorisch sei. »Das gibt sich, spätestens beim ersten Rezidiv«, bekommt sie zur Antwort. Familienholocaust und Klinikholocaust greifen nahtlos ineinander. ›Friß, Vogel, oder stirb!‹, heißt beider Schlachtruf... Maria und ich arbeiten an der Kosesprache für ihren totgesagten Körper, daran kann uns diese ver-rückte Wirklichkeit nicht hindern...

2. 2. 84 Telefonat mit Frau S.

Frau S. fragt: Hat die Onkologie Ihnen Marias Unterlagen geschickt?[13] Nein, sage ich. Sie sollen sie sich fotokopieren, Dr. H. hat keine Zeit, soll ich Ihnen sagen. Ich bin sauer. – Maria sei es nicht so gut gegangen, sie habe ambulant Chemotherapie bekommen, sagt Frau S. Ich frage, ob Maria nicht nach Holland gefahren sei. Doch, und es gehe ihr nach ihren Briefen zu urteilen im Augenblick auch gut. – Ich bin in einer Stunde und komme nicht dazu zu fragen, wie es ihr, Frau S. selbst, geht. – Es ist eine widersprüchliche Botschaft: Ich halte fest, daß Maria nach Holland fuhr, folglich erlebt sie sich in einer neuen Umgebung, und ich hoffe, daß sie sich lebendig fühlt. Aber dieses Aggressive sitzt mir in den Knochen. Sicherlich ist Frau S. depressiv ohne Maria als Versorgungsobjekt, denke ich, aber das konnte sie mir nicht sagen.

9. 2. 84 Enttäuscht, aber nicht tot... Nicht heilen können

Sie und Maria kämen am 14. in die Ambulanz, ob sie vorher zu mir kommen könnte?, fragt Frau S. telefonisch an. O. k.
Maria gehe es nicht gut, sie verliere nach der Chemotherapie wieder die Haare, habe Schmerzen, liege im Bett. Sie, Frau S., sei zur Freundin gegangen, deren Kind auch an Krebs gestorben sei, dort habe sie sich ausweinen können. Ich sage, aber Maria lebt doch, und daß sie sich wohlig ins Bett zurückzieht, ist ja nicht nur schlimm. Der Rückzug sei nicht nur wohlig, sagt Frau S. Es sei lieb, daß ich immer noch etwas fände. Ich sage, ich sagte ihr, was

13 Seit Oktober 83 warte ich auf den Arztbericht, um das Gutachten für Marias Psychotherapie an die Krankenkasse zu schreiben.

sie mir sagt, ich stiege eben bloß nicht aufs Wehklagen ein. Ich lasse Maria grüßen, die aus dem Hintergrund ruft.
Später ärgere ich mich, daß ich nicht mit Maria gesprochen habe. Ich frage mich, ob sie mir böse ist, daß es wieder Chemotherapie und damit kommenden Haarausfall gibt. *Ich* frage mich, ob ich *ihr* böse bin, daß keine glatte Aufwärtsentwicklung stattfindet. Ja, ich bin enttäuscht. Nicht wegen des Krebses, sondern weil Maria sich überreden ließ, statt mitzureden.

12. 2. 84

In meiner Analyse sprechen wir darüber: Ich bin wieder ins Heilen-Wollen abgerutscht. Gestern war die Klinikskonferenz, in der ich meine Erfahrungen über 5 Jahre Arbeit mit Krebspatienten vortrug. Die Lebendigen galten als »Wunder«, mit denen man nichts anfangen konnte. Daß die Patienten in ihren mörderischen Lebenszusammenhängen den Krebs brauchen, ist ungeheuerlich; daß sie leben, statt zu sterben, ist schamlos.[14]

14. 2. 84 Frau S. und Maria: Die Haare fallen wieder aus ... enttäuscht

Maria ist müde, und sie ist böse auf die Mutter, die meine, so wie die Ärzte es angedeutet haben, würden beide eine Nacht bleiben müssen, weil Maria eine Bluttransfusion kriegen werde. Maria sagt, sie fühle sich gut und könne dieses Gerede der Mutter nicht ertragen.
Ich spreche lange mit Maria darüber, wie es ihr geht. Frau S. sitzt sorgenvoll dabei. Maria hat Psychopharmaka genommen und ist gedämpft für die Chemotherapie. Ich spüre, daß das nicht alles ist. Sie ist gedrückt, die Haare gehen wieder aus. Sie hat die Mütze aufbehalten. Sie sagt, wenn die Chemotherapie die Haare ausgehen lasse, würde es auch den Tumor angreifen, das sei das einzig Tröstliche. Daß ihre Haare als Ausdruck ihrer gesunden Identität wieder ausgingen, das sei wohl das Schmerzliche, sage ich. Ja, und Holland sei stressig gewesen. Am Meer war sie nur zweimal. Sie konnte im Sand nicht laufen, stürzte, und der Vater – wie immer, wenn er Angst habe – hatte sie zusammengeschrien. Sie bekomme dann immer gleich Kopfweh. – Das ist dann wohl die seelische

14 Ich berichte darüber ausführlich in 1991b.

Erschütterung, denke ich. – Ich frage: Von Schlägen? Nein, vom Sturz, der ganze Körper sei erschüttert. Da bräuchtest du dann jemanden, der dich auffängt, seelisch meine ich, so ein Sturz ist schmerzlich und kränkend für dich. Sie schaut mich still an. Mit dem Vater gab es keine Ruhe, er kann nirgends bleiben. Es war nicht das Richtige für mich, meint Maria, mit dem Vater wegzufahren, und die Nordsee war zu kalt jetzt im Winter.

Gestern abend, erzählt Maria, sei ein weiterer Versuch, mit dem Vater klarzukommen, mißlungen. Die Mutter habe ein ganz tolles gemütliches Wohnzimmer fürs Fernsehen hergerichtet, aber um 9 Uhr hatte der Vater ins Bett gehen wollen und ließ Vorwurfstiraden los gegen sie beide: er müsse schließlich arbeiten etc. Alle klinkten in die alte Sprache ein, sagt Maria. Frau S. erzählt, sie habe das Schlafzimmer ihres Mannes in einer Ecke zum Wohnzimmer ausgestaltet, aber ihr Mann habe um 9 ins Bett gewollt. Wenn es statt Eiskunstlauf Politik im Fernsehen gegeben hätte, dann wäre es wohl nicht so gekommen. Sie sind sich beide einig, daß der Vater wieder wie früher sei. Frau S. weint wütend, in 10 Tagen hätten sie das Wohnzimmer für sich. – Ich erkläre mir das anders: Man richtet Herrn S. seinen Bereich ein, aber respektiert ihn darin nicht. Dann steht er als Spielverderber da und spielt sich natürlich auch entsprechend auf. – Maria sieht nur, daß ein weiterer Verständigungsversuch scheiterte. Sie werde von jetzt an in ihrem Zimmer bleiben, das habe sie daraus gelernt. Dann hast du die Beruhigungsmittel auch wegen dieses Krachs gestern abend genommen, sage ich. Nein, sagt Maria, das glaube sie nicht. – Ich denke, spreche es aber nicht aus: ganz sicher konnte Frau S. nur mit dem stationären Aufenthalt Marias spekulieren, weil sie Angst vor der Auseinandersetzung mit ihrem Mann hatte. Eine Trennung steht jetzt an (in 10 Tagen habe man das Wohnzimmer für sich allein, sagte sie), eine Trennung, die jeder innerlich auch akzeptiert, aber keiner wagt, seine guten Gefühle zu zeigen. Man kann nur im Streit auseinandergehen, um nicht schuldig zu werden an den eigenen Bedürfnissen. Und Marias Herz-Tumor, denke ich, ist der Gradmesser, das Familienthermometer des entgleisten Beziehungsklimas.

Ich kläre die technische Seite unserer neuen Situation. Ende des Monats läuft meine Stelle an der Klinik aus, so daß ich die Behandlung nicht mehr, wie bisher, auf Krankenschein durchführen kann. Frau S. will einen Antrag bei ihrer Krankenkasse stellen. Sie sagt, ich sei ein komisches Huhn, Germanistik und Krebsbehandlung und Kafka. Wir lachen. Das ist meine Realität, sage ich. Maria ist müde. Ich denke, ich habe viel geredet, zwei Telefonate waren dazwischen, es war zuviel für sie. Sie ist sauer, daß der Krankenwagen nur 80 fährt. Da könne sie schlafen, sage ich, aber sie will sauer sein auf irgendjemanden. – Nicht zuletzt auf mich, die den Krebs auch nicht heilen kann, denke ich.

2. 3. 84 Sie verschreibt mich Maria

Frau S. sagt mir am Telefon, daß sie es im Gefühl habe, Maria brauche eine Stunde. Ich denke, dann »weiß« sie, was sie in Maria abwehren muß, und sie verschreibt mich ihr. Ich frage, wie es ihr geht. Wechselnd, sagt sie, daß sie beide, Maria und sie, fort waren, war schön. Ihr Mann sei seit einer Woche weg und komme am Wochenende das erste Mal nach Hause. – Jetzt verstehe ich: Vor dem Wochenende mit dem Vater, das weiß die Mutter, werde Maria (d. h. sie) eine Stunde brauchen. Ich nehme das wahr, spreche es aber am Telefon nicht an. – Ich sage ihr, daß ich die Behandlung über E. laufen lassen kann und mit ihm das Kassengutachten schreiben werde. Eine gute Nachricht, auf die ich stolz bin. Stolz, daß die äußeren Bedingungen von meiner Seite her die Arbeit nicht stören werden.

5. 3. 84 Ein Schmetterling, der sich entpuppt, aber es geht nicht weiter ... Wieder mißbraucht in ihrer Lebendigkeit

Die Mutter liefert mir Maria ab. Maria macht einen zurückgezogenen Eindruck auf mich, behält, wie letztes Mal, die Mütze auf. Die Hände hat sie verschämt zwischen den Beinen, den Brustkorb zusammengezogen. Angst, Scham, denke ich und höre ihr zu. – Eigentlich gehe es ihr ganz gut, aber sie fühle sich orientierungslos, es fehle ihr geistige Beschäftigung. Sie habe sich für einen vierwöchigen Rot-Kreuz-Kurs angemeldet. Immer nur Schlafen und Nichtstun, das sei nichts. Was willst du denn mit Kranken, hast du nicht genug davon, frage ich sie zärtlich und doch unverblümt. Sie glaube, gerade aus der Perspektive des Ge-

sunden etwas lernen zu können, und sei gespannt darauf, wie sie es erlebe, wenn Leute, die eigentlich nicht gravierend krank seien, Parkinsonsche Krankkeit oder sowas, rumklagten. Du willst dich erleben als gesundender Mensch und glaubst, das nur im Kontrast zu Kranken zu können, sage ich. Ja. Sie müsse jede Woche zur Kontrolle, das fände sie sehr lästig. Die Werte seien in Ordnung. Aber Frau Dr. L. und den Schwestern zuliebe gehe sie dann auch auf die Station hoch. Die freuen sich, wenn sie jemanden sehen, dem es gutgeht, sagt Maria. Sie fühle sich verpflichtet dazu. Wenn sie die Kinder sehe, denke sie immer, wie es wäre, wenn es ihr noch schlechter ginge, was dann wäre. Es fehlt dir jemand, der sich mit dir an deinem Gutgehen freut. Sie sagt, es sei regelrecht voyeuristisch, so über die Station zu gehen. Vorsichtig finden wir gemeinsam heraus, daß sie den Ärzten zuliebe geht und sich eigentlich mißbraucht fühlt. Die haben sich für sie eingesetzt und jetzt muß sie mit ihrer Lebendigkeit herhalten, um den Laden – Frau Dr. L. sähe selber krank aus, sagt Maria –, mit ihrer Lebendigkeit zu füttern, sie leide darunter, könne sich dem aber nicht entziehen. Sie hätte ja Hochachtung vor den Ärzten. Ich sage: Die haben vielleicht auch Hochachtung vor dir. Ja, sagt Maria bescheiden, das glaube sie auch. Die sollten sich freuen, wenn es dir gutgeht, aber die haben kein Anrecht darauf, daß du deine Lebendigkeit im Krankenhaus vorführst. Du hast ein Recht darauf, deine Untersuchungen zu absolvieren und ansonsten über deine Lebendigkeit in deinem Sinne zu verfügen.
Sie lasse ihre Sachen fallen, ihr Studium, als ginge doch alles nicht. Sie habe so viele Ideen entwickelt. Malen habe sie probiert, aber das könne sie doch nicht. So schränke sich allmählich alles wieder ein. Sie ist zutiefst resigniert, und ich frage sie auf den Kopf zu, ob das damit zu tun habe, daß sie ihre Haare wieder verloren hat. Ja, das sei eine furchtbare Enttäuschung gewesen. Sie hätte weinen wollen, aber mitten auf der Straße ging das nicht; im Café, im Eckchen dann, aber da waren auch so viele Leute. Ich habe meine Identität wieder verloren, sagt Maria. Ja, sage ich, deine Identität als Gesunde, das verstehe ich, das muß eine furchtbare Enttäuschung sein. Deine Haare waren ein Schamschutz, da konnte jeder sehen, sie lebt, und jetzt mußt du dich ohne Haare mangelhaft fühlen und deine Lebendigkeit unter Beweis stellen. Obwohl du keine Haare hast, bist du lebendig und willst gesund werden. Sie weint, sie nimmt die Mütze ab. Sie ist total kahlköpfig. – Ich

bin erschüttert. – Sie weint, sie wolle gemocht werden, wie sie ist, aber keiner akzeptiere sie. Immer glaube sie, anderen zuliebe sich verstellen, Rollen einnehmen zu müssen. Es sei so schwer, so schwer wie früher. Am besten verstehe sie sich mit älteren Männern, Opas, die fänden sie so verständnisvoll für ihr Alter. Das ist die liebe Maria, sage ich, das ist auch eine Rolle, die alte Rolle von früher, das bist nicht du. Sie fühle es, es sei so schwer zu wissen, wer sie wirklich sei, immer glaube sie, irgendwas komme nach, und sie fühle sich gedämpft. Gestern, beispielsweise, der Vater habe sich ein neues Auto gekauft, einen Diesel, den sie unbedingt fahren sollte. Sie tat es, die Mutter kam mit. Natürlich kannte sie sich mit dem neuen Wagen nicht gleich aus. Dann kamen Panzer entgegen, die die Fahrbahnbreite überragten, und der Vater habe die Fassung verloren: Sie solle mehr nach rechts fahren. Sie tat es, dann hieß es, du fährst noch in den Graben! Sie war enttäuscht von sich, immer wieder glaubte sie, es würde gutgehen. Aber sie weinte dann, das war furchtbar. Es war nicht dein Motiv, den Wagen vom Vater vorzuführen; es ist wie auf Station gehen und sich dort den Ärzten zuliebe vorführen. Sie könne nicht ›nein‹ sagen, immer habe sie ›nein‹ gesagt, aber gefühlt, da stimme etwas nicht. Du willst nicht ›nein‹ sagen zu den anderen; du wagst aber noch nicht, ›ja‹ zu sagen, dich zu zeigen, wie du bist, was *du* willst; das muß gefährlich sein, da kriegst du einen Dämpfer. Sie bewundere den Bruder. Der sei unglaublich egoistisch, der sage und mache, was er wolle, und sage dem Vater auch die Meinung. Das würde sie auch so gern können, aber sie könne es nicht. Immer hoffe sie, geliebt zu werden, wenn sie tue, was man von ihr erwarte. Und dann, sage ich, ist es ein großer Schmerz, weil du dich selbst dabei verrätst. Ja, sagt Maria, so war es 20 Jahre lang. Es sei so schwer, sich zu zeigen. Z. B. die Leute, bei denen ihr Hund untergebracht ist, sie habe ihnen angeboten, Babysitting zu machen, und dann riefen sie an ... (mit der Frau hatte der Vater ein Verhältnis gehabt, Maria wußte davon, und der Vater hatte von ihr verlangt, darüber zu schweigen, vgl. Erstgespräch mit Frau S.) diese Leute riefen an, sagt Maria, und eigentlich hatte sie was vor, aber sie sei dann hingefahren, sie hatte große Schmerzen in den Beinen von den Medikamenten. Ich frage sie, was sie denn für sich vorgehabt hatte. Ihren Freund in M. besuchen, aber das sei auch sowas. Sie habe es immer mit Menschen zu tun, die sie runterziehen, ins alte Gleis, die ihr unterlegen seien oder Psychopa ... sie druckst ... oder die selber einen Psychologen bräuchten, sagt sie, das entspräche ihrer Märtyrerrolle von früher. Kranke seien schwächer als sie, da könne sie ihr Selbstwertgefühl aufpolieren. Sie sei also zum Babysitting gefahren ... und dann haste den ganzen Abend ferngeguckt, sage ich ... ja, sagt Maria aufgebracht, und ich habe nicht mal Geld bekommen. So war es immer: ich mache, was man von mir erwartet, aber ich bekomme nichts dafür. Du verrätst dich selber, wenn du schweigst und nicht sagst, wer du bist. Wie sie den falschen Freund loswerden könne, frage sie sich, sie denke immer, daß sie ihn doch nicht verletzen kann. Aber dann verletzt du dich, du kannst doch einfach sagen, wer du bist, Gefühle muß man nicht begründen. Sie gerate immer wieder zwischen die Stühle, sagt sie. Ich frage sie, ob sie sich nicht wahrnehmen könne: Wie war es neulich, stimmte dein Gefühl, oder mußtest du auf Station? Sie habe richtig gefühlt, eine Woche später bekam sie dann vor der Chemotherapie einen Blutbeutel. Ich sage, du kannst dich an deinen Gefühlen orientieren. Im Auto mit dem Vater hast du doch klar gesehen: der Vater verlor den Überblick und bekam Angst. Du hast dann seine Tränen geweint, so kommt es mir vor. Sie wisse das, aber sie könne dann nichts sagen, um den anderen nicht zu verletzen. Sie fühle sich immer in den anderen hinein, und dabei verliere sie sich selber aus den Augen. Sie habe Hochachtung vor den Ärzten, aber immer drohten sie. Sie sei in München gewesen, gleich habe Dr. Y. gesagt: Maria, du machst die Rechnung ohne den Wirt. Aber du bist der Wirt, du weißt, wie es dir geht, das ist der einzige Maßstab zu deiner Orientierung, sage ich. Sie fühle es auch so, aber sie schweige. Wenn ein Arzt sage, sie müsse aus den und den Gründen für 4 Wochen auf Station, würde sie gehen. Wenn du dich verschweigst, dann können die Ärzte dir nicht helfen, so wie ich ja auch nicht in dich reinschauen kann. Ich kann dich nur verstehen, wenn du für dich sprichst, und ich habe das Gefühl, das du das hier mit mir schon ganz gut kannst. Sie wolle regelmäßig kommen. Wenn die Krankenkasse zahle, gehe das ja auch. Dann hätte sie jemanden, mit dem sie ihre Gefühle aussprechen könne. Gefühle zeigen heisse für sie, Schwächen zeigen, sich bloßstellen, davor habe sie Angst. Du kennst Sich-Zeigen nur als was Einseitiges; der andere gafft dich an und zeigt auf dich, ohne daß er sich zeigt und dir deine Gefühle zurückgibt. Hier mit uns ist das ja vielleicht anders. Es sei so schwer, die Häute loszuwerden, sie sei resigniert und träge. Sie habe sich vor kurzem wie ein Schmetterling gefühlt, der sich entpuppt, aber seit einiger Zeit gehe es nicht weiter. Sie fühle schon, daß sie auf dem richtigen Weg sei, und meine, das müsse mit den Gesprächen mit der Mutter reichen, aber das stimme nicht. Sie brauche die Häute noch als Schutz, bis wir einen neuen Schutz für sie gefunden hätten, sage ich. Sie glaube immer wieder, den anderen etwas vorspielen zu müssen. Ich sage lachend: Komm zu mir, wir spielen zusammen. Ja, sagt sie, aber ich gewinne! Na, klar, sage ich. – Sie geht gestärkt, ein wenig geschützt.

12. 3. 84 Ich kann mich fühlen: das ist toll

Es gehe ihr gut, obwohl sie noch immer etwas desorientiert sei, sagt Maria. Sie behält Anorak und Mütze an. Es ist heute kalt in meinem Zimmer (die Heizung im Haus ist ausgefallen). Sie fragt, wie ich das den ganzen Tag aushalten könnte, das könnte sie nicht. – Sie kann nicht sagen: mir ist kalt bei Ihnen, frieren Sie auch. Vielmehr spricht sie – vermittelt über mich – von sich. – Ich spreche das an, daß ich für mich sorgen könne. Es sei gut, wenn sie den Anorak anbehalte, dann sorge sie auch gut für sich. Maria sagt, sie müsse sich immer in den anderen einfühlen. Sie muß im Anschluß an die Stunde zu den Spritzen und ist sehr unglücklich darüber, daß sie nicht selber darüber bestimmen kann. Ihrem Gefühl nach ginge der Tumor zurück, sie bräuchte die Spritzen nicht. Aber sie sei noch zu unsicher darin, die Verantwortung für sich selber zu tragen oder wenigstens mit den Ärzten darüber zu sprechen. Daß die Haare wieder ausgefallen sind, mache ihr doch sehr viel aus. Sie fühle sich zwar nicht mehr so stark wie früher von der Anerkennung der anderen abhängig, aber doch nicht ganz unabhängig. Ohne Haare fühle sie sich nicht vollwertig, sie werde bemitleidet und angestarrt wie früher die Leute auf dem Jahrmarkt »die Frau ohne Unterleib« oder Zwerge angestarrt hätten. Gerade wo jetzt der Frühling komme, auf den sie sich sehr freue. Man merke richtig, wie schon alles bereit sei aufzubrechen, aber es noch nicht ganz geschehe (sie beschreibt sich, denke ich und höre ihr still zu), mache es ihr viel aus, keine Haare zu haben (früher fand sie das »affengeil«, heute erlebt sie sich anders, denke ich, sie will nicht mehr als Kranke auffallen, sondern als Gesunde selbstverständlich da sein.) Wenn die Spritzen nicht wären, wüchsen die Haare wieder, sagt sie. Der Tumor sei eingekalkt. Ich bin erstaunt und sage, das sei doch ihr großes Ziel gewesen, als sie ihren versiegelten Brief[15] geschrieben habe, sie habe also inzwischen geschafft, was sie sich erhofft habe. Ja, er sei 2 auf 3 cm ungefähr eingekalkt. Sie sei überzeugt, er ginge auch ohne Spritzen zurück, aber sie wage es nicht, das Risiko zu übernehmen. Ich denke an meinen anderen Patienten, 21 Jahre, der das Risiko für sich trägt, und sage behutsam, die Ärzte könnten auch für nichts garantieren. Es sei für sie schlimm, nicht ihr Gesundwer-

15 S. o., S. 325.

den mitbestimmen zu können. Sie finde nicht genügend Kontakt, sagt Maria. Sie leiere Gespräche an, aber dann komme nichts von der Gegenseite. Das muß anstrengend sein, sage ich, du zeigst dich und bekommst kein Echo. Ich frage sie, ob das mit ihrem Freund auch so sei, sie habe mir letzte Stunde angedeutet, daß sie sich da eingeschränkt fühle. Erst hätten sie ganze Nächte miteinander sprechen können, und jetzt plötzlich sei Sendepause. Sie erzählt nun, daß sie diesen Medizinstudenten schon seit der Schulzeit kenne. Es seien eigentlich 3 Brüder. Die beiden ältesten müßten auch für den Vater Leistungen erbringen (auch, denke ich, wie sie), der eine schnappe fast über vor Intellekt, er ähnele ein bißchen Kafka oder Brecht, sagt sie, der dritte sei anders. Wie anders, frage ich, ist der einfach lebendig? Ja, sagt sie begeistert, der ist, wie er ist, aber ob er glücklich ist dabei, das frage sie sich. Jedenfalls mag sie wohl eigentlich diesen 3. Bruder, sei aber seit einer Einladung zu einem Fest mit dem ältesten befreundet. Er sei sehr angeberisch, schaue sehr auf Geld, schnelles Auto und so, das imponiere ihr schon, aber eigentlich sei er leer und passe nicht zu ihr.

Sie kommt erneut auf ihre Haare zu sprechen. Es sei besonders furchtbar, der Vater habe gelesen: einem Bauern hatte eine Kuh über die Glatze geleckt, und dann seien die Haare wieder gewachsen. Seither begrüße sie der Vater mit einem Kuß auf den Kopf und lecke sie dabei, der Speichel sei eklig. Sie habe ihn angeschrien – sie sagt mir vertrauensvoll, es habe sich in ihrer Familie eingebürgert, daß man sich auch Schimpfworte an den Kopf schmeisse –, ich hasse dich! Der Vater merke gar nicht, was er mache, er könne das nicht lassen. Wenn sie weine, ja dann schalte er auf treusorgender Vater um. Der Vater respektiert dich nicht als Mensch, da ist es besonders schmerzlich, ohne Haare schutzlos seinen Übergriffen ausgesetzt zu sein. Heute wage sie aber schon eher, was zu sagen, sagt Maria mir stolz. Es sei so toll, sie könne in sich reinlauschen und ihre Gefühle wahrnehmen, *sich* fühlen, und oft könne sie auch schon Worte finden. Früher habe sie aus ihrem Herzen eine Mördergrube gemacht, aber es sei so schwer, dann auch das Richtige zu tun. Am Samstagabend habe sie in ihrem Zimmer Fernsehen geguckt und die Eltern oben. Sie hatten sich verabredet, nach dem Film noch ein Spiel zu spielen. Als sie hochkam, war der Vater schon ins Bett gegangen, und sie war irre enttäuscht. Er sei ja jetzt nur noch am Wochenende zu

Hause, und man wolle sich dann auf ihn einstellen. Sie lasse sich auch von ihm über den Dienst erzählen, damit er das Gefühl habe, meine Tochter hört mir zu. In Wirklichkeit fühle sie sich dem Vater sehr fremd. Sie habe sich nie respektiert gefühlt, nie sage er mal, toll, der Pullover, den du da anhast, selbstgestrickt oder so; sie warte heute nicht mehr darauf, das sei eben so. Aber er verderbe allen den Spaß. Er wolle, daß man in seinem Zimmer TV schaue, er gebe den Fernseher nicht raus; dann gehe er aber ins Bett. Sie habe sich dann um ihren Hund gekümmert. Ich bin erstaunt, daß der wieder ganz zu Hause ist. Ja, klar, sagt Maria. Sie hatte kein Futter für ihn und habe ihm was Notdürftiges zusammengeschustert. Mein Hund, glauben sie, ich habe oft das Gefühl, mein Hund, der versteht mich, wenn ich Angst habe, der fühlt das. Gewiß, sage ich, der verstellt sich nicht. Sie hatte mit dem Hund gejammert, und die Mutter kam und meinte, sie weine, und habe gesagt: Wein' ein bißchen, dann kommt der Papa runter. Wissen Sie, er kommt immer, wenn ich weine, aber es war falsch so, ich habe das gespürt. Wir haben dann gespielt, und ich konnte sogar sagen, daß ich es nicht gut finde, so zu spielen. Das ist viel für mich, daß ich das sagen konnte. Ja, eigentlich hättest du unter diesen Bedingungen gar nicht spielen wollen. Der Vater hätte geschlafen, aber die Mutter hat sich wohl gelangweilt, für die bist du eingesprungen. Ja, sie müsse sich immer in den anderen reinversetzen, was es dem ausmache, wenn sie ›nein‹ sage. Das gehört zu früher, denke ich, aber einen zweiten Tumor kannst du dir nicht leisten, du kannst dir nicht zu Herzen nehmen, was anderen guttut. Du mußt für dich sorgen. Aber du hast nicht erlebt, daß es selbstverständlich ist, daß andere mit dir fühlen, deshalb ist es heute noch eine große Anstrengung und Ungeheuerlichkeit, wenn du in dich lauschst und deinen Gefühlen folgst. Doch du bist vielleicht nicht mehr ganz so allein, ich gebe dir Rückendeckung. Ja, das fühle sie, sie nähme jedesmal etwas von hier für sich mit nach Hause, es tue ihr gut.

Sie suche nach Menschen, die zu ihr paßten, aber es sei schwer, sie zu finden. Ich sage: Aber heute *suchst* du, das ist neu. Sie ist stolz auf sich. Es sei jetzt Frühjahr, im Mai vor einem Jahr sei die Operation gewesen, ein Jahr habe sie geschafft. Sie erinnert sich daran, daß sie mit 17 Jahren einen Freund hatte, der sie so akzeptierte, wie sie war, aber sie habe das nicht aushalten können, sie habe die Beziehung abgebrochen. Der Junge habe ihr rote Rös-

chen geschenkt, als sie ihm das sagte, er habe seine Gefühle nicht verändert. Sie überlege, wie sie dem Medizinstudenten schreiben könne, es ihm sagen, dazu sei sie zu feige.
Wir verabreden einen Termin für nächsten Montag, wobei Maria meint, Dr. Y. bestimme die Termine. Ich sage, sie könne ja auch sagen, daß sie um 11 hier bei mir sei. Das ist ihr noch nicht in den Sinn gekommen. Frau S. sitzt auf dem Flur und erwartet Maria. Ich begrüße sie und stelle erstaunt fest, daß sie Marias Mantel anhat. Sie erzählt, daß sie nächste Woche einen Fortbildungskurs für verwaltungstechnische Arbeit im Suchtkrankenbereich machen werde. Sie reißt mich flutartig mit. Maria und ich starren auf die Mutter. Ich fühle mich innerlich gedrängt und unwohl. Ich kann in ihrem Gesicht nicht die Augen erfassen, nur ihr rechtes Auge schaut mich an. Sie frißt mich auf, denke ich. Kollegen auf dem Flur bitten, daß wir im Zimmer weiterreden sollten, das störe. Ich sage zu Frau S., die arbeiten »klassisch« und fühlen sich wohl von Realität gestört. Frau S. lacht. Wir sprechen im Zimmer weiter. Frau S. sagt mir, Maria habe sie auf die Idee mit dem Kurs gebracht. Sie werde ab Mitte April wieder arbeiten gehen, mit einem lachenden und einem weinenden Auge. – Ja, sie hat diesen lachend-weinenden Blick, denke ich. Sie ist aktiv, und zwar nicht mehr Maria versorgend, sondern wieder im Suchtbereich. O.k. denke ich, das ist ihr Revier, aber sie *ist* nicht: sie läuft vor sich davon. Beide gehen.
Für mich blieb diese Szene als ein Stachel zurück: Ich hatte mich von der Wucht dieser Frau überwältigt gefühlt. Sie hatte Maria die Stunde gelassen und redete dann Maria und mich an die Wand. Frau S. erschlug mich, und ich brach die Unterhaltung ab, aber mit einer Lüge, einer Ausrede: die anderen verkrafteten in ihren klassischen Analysen nicht die Wucht der Realität. Tatsächlich verkraftete ich diese Frau nicht. Wie schön muß das stille klassische Setting sein, welch' ein himmlischer Schutz für den Analytiker. Auch ich sehne mich in solchen Momenten danach...
Zum ersten Mal sprach Frau S. von dem, was sie für sich tut: eine Fortbildung und wieder arbeiten. Aber diese Frau erschlägt mich mit ihrer Lebendigkeit, weil sie immer in die zweite Reihe gedrängt wurde. Sie saß während Marias Stunde vor der Türe und legte dann hastig los, um auch noch dranzukommen. Ich begriff das nicht. Es überforderte mich in diesem Moment, zumal Maria

heute zum ersten Mal ein wenig Distanz von der Mutter gezeigt hatte: sie hatte Maria manipuliert, durch Weinen den Vater zu manipulieren. Ich hatte innerlich einfach nicht offene Arme für diese Frau.
Als ich meine Notizen mache, ruft Frau S. an, es bleibe bei 11.00 Uhr nächsten Montag (also hat Maria bei Dr. Y. ihren Termin mitbestimmt, denke ich, aber die Mutter nimmt ihr ihren Erfolg weg). Die Krankenkasse mache keinerlei Schwierigkeiten mit der Therapie für Maria. Ich sage ihr, daß die Onkologie den Befundbericht an Dr. E. schicken solle. (Seit Ende September 83 steht dieser Bericht aus!)
Maria gehe es schlecht, Erbrechen, aber insgesamt gehe es aufwärts. Maria kommt ans Telefon. Das Brechen mache sie so verschwiemelt, aber es gehe. Charly, ruft sie ihren Hund, Charly bell mal. Ob der nach Charly Brown so heiße, nein, nach Charly Chaplin, sagt sie. – Ja, das ist Maria, denke ich, Charly Chaplin: der alles durchsteht, einsam und voller Herz für die anderen; ich habe das Poster von ›The Kid‹ vor Augen: das kleine Mädchen neben Charly Chaplin. Mein Herz klopft für Maria, denke ich. – Bis Montag, sage ich zärtlich.

19. 3. 84 Kriegsfrau und neuer Selbstentwurf

Maria kommt munter, heute allein mit dem Krankenwagen: Die Mutter ist zur Fortbildung; der Vater in H.; sie ist die Woche über allein mit dem Bruder. Ich frage, wie sie mit ihrem Bruder auskommt. (Ich weiß, daß Maria während der Skiferien der Mutter mit aller Selbstverständlichkeit für Vater und Bruder den Haushalt zu führen hatte, gnadenlos, und ich machte mir Sorgen, wie sie allein fertig werden wird.) Maria sagt, der Bruder bestimme, wo es lang gehe, er sei ein kleiner Patriarch; komme er aus der Schule, und es gebe kein Essen, maule er. Sie verstehe das ja, er habe den ganzen Tag Schule. Du hast doch auch Arbeit: Gesundwerden, das ist seelische Arbeit, sage ich. Das merke sie jetzt auch. Es fehle ihr der Vergleich mit anderen. Sie sei in H. gewesen. Dort war eine 17jährige, die habe ihren Eltern ganz klar ihre Meinung sagen können. Auch der Bruder könne das, es sei irre, was der manchmal dem Vater sagen könne. Kaum mache *sie* den Mund mal auf, hebe der Vater die Stimme und mache sie mundtot, dann habe sie früher bald nichts mehr gewagt. Ich vergleiche dich mit dir früher, da hast du viel geleistet an seelischer Arbeit, sage ich. Sie merke es. Gestern sei sie mit der Mutter und ihrem Hund spazierengegangen. Sie wollte losspringen und sich vor ihm verstecken, spontan, und sei hingeschlagen, über einen Maulwurfshügel gestolpert. Es war furchtbar. Da habe sie schlagartig gewußt, daß sie noch nicht so wie früher könne; sie habe geweint vor Wut und Enttäuschung. Da wisse sie immer wieder, wo sie stehe. Von der Chemotherapie her habe sie keine Reflexe, daher die Stürze, sage Dr. Y. Es ist schwer für dich, das zu verstehen, da soll dir die Chemotherapie helfen und wirft dich erst mal um. Der Vater erschrickt sich natürlich und staucht mich dann zusammen, als fiele ich hin, um ihn zu erschrecken, sagt sie verzweifelt. In dem Moment, wo du jemanden brauchst, der dich auffängt in deinem Kummer, bekommst du Schelte, das ist ja furchtbar, sage ich. Der Vater ist eigentlich sehr sensibel, sagt Maria; mit der Mutter ist es so wie bei *siamesischen Zwillingen.* Oft sage ich, was die Mutter denkt, bloß ein bißchen früher; mit dem Vater fühle ich gleich. Ich frage sie, wie sie sich das erklärt. Sie sagt: Er sehe wohl seine Mutter in jungen Jahren in ihr. Am Samstag kam er und begrüßte mich und die Mutter ganz lieb als ›meine beiden Mädchen‹ und sagte zu mir: so stelle er sich vor, daß seine Mutter als junge Frau ausgesehen haben mag. Ich frage sie, wie sie das erlebt habe, sie habe ja in ihrem Fotokästchen Bilder von sich und der Oma, die wir zusammen angeschaut haben (in unserer 3. Stunde; ich weiß auch, daß sie mit zweitem Vornamen so heißt wie die Mutter des Vaters). Maria sagt, ach, ich war richtig stolz, daß mein Vater mich *überhaupt* wahrnimmt, selbst wenn er dann seine Mutter in mir sieht. Zumal du ja auch noch Alexandra heißt, so wie sie, ergänze ich. Manchmal weiß ich überhaupt nicht, wer ich bin, wer die Maria ist, eine diffuse Masse, da ist kein Unterschied zwischen Maria und Alexandra, ich selber fühle es gar nicht mehr; wenn ich gar nicht wahrgenommen werde, weiß ich nicht, wer ich bin, sagt sie hoffnungslos resigniert. Es ist ein Unterschied ums Ganze, sage ich: Du bist du und hast nichts mit der Oma zu tun (ich wollte sagen, der toten Oma, sagte aber nur Oma). Das sage ihr niemand, manchmal schaffe sie es ja schon, Wut zu zeigen und Ärger. Vor ein paar Tagen habe sie aus Plastilin Namensschilder gemacht. Und eines, das schon kaputt war, habe ich aus Wut auf den Boden geworfen, sagt sie stolz, nicht gegen das Glasfenster, so vernünftig bin ich, aber auf den Boden. Und sie versichert mir noch einmal, es war ja schon kaputt. Du kannst sicher wütend sein, das ist nicht dein

Problem, aber, daß du Namensschilder aus Ton gemacht hast, die guten Gefühle, kannst du bisher nicht aussprechen, das fällt dir schwer. Sie weint. Das hat nie jemand von mir hören wollen, nur, auf dem, was ich nicht konnte, haben sie rumgehackt, wenn sie mich überhaupt bemerkt haben. Nie hat mir jemand gesagt, daß ich sonst etwas kann und wert bin. Sie weint. Sie sind die einzige, die mir so etwas sagt. Bei soviel Ärger und Wut, da sage ich mir oft, da mußte ich ja krank werden. Ja, und bei all der Liebe, die du in deinem Herzen, der zerknitterten Tüte, wie dein Vater es mal nannte, verpackt hältst! Aber wenn das Zurückhalten der Gefühle krank machte, dann weißt du ja das Rezept fürs Gesundwerden: die Gefühle aussprechen, dich zeigen. Ja, sagt Maria erstaunt. Das ist nur so schwer. Daß ich mich überhaupt fühle, in mich reinlausche und mich frage, Maria, was geht denn in dir vor, das ist so toll, und so neu. Aber vieles kann ich noch nicht. Ich tröste sie, sie sei jetzt nicht mehr allein, wir können zusammen den Namen für sie finden.

Ich frage sie noch einmal, wie es mit ihr und dem Bruder gehe. Wenn du deinem Bruder sagst, kochen wir zusammen, dann kann er nur mitmachen. Das wäre sehr neu, das hat es noch nie gegeben. Ich kenne nur, daß er sich wie ein Patriarch aufführt, ein Feedback von ihm ist nicht zu erwarten. Wenn du dich nicht zeigst, kann er nur sich zeigen. Aber wenn du sagst, was du willst, wird er darauf antworten. Sie ist glücklich über die Möglichkeiten, die sie hat, wenn sie spricht, sie sagt, sie wage es nur noch nicht. Ich ermutige sie. Was kann denn passieren, frage ich Maria. Nichts, sagt sie, eigentlich nichts, aber das hat es nie gegeben, daß ich für mich spreche. Ich warte immer, daß der Vater mich mal lobt und sieht, daß ich meinen Pullover fertiggestrickt habe. Freilich – sie sinnt nach –, ich hätte ihm auch sagen können, schau mal, den habe ich gestrickt, gefällt er dir, aber das wage ich nicht. Ja, du wagst es noch nicht, dich selbst wertzuschätzen. Nein, das ist mir fremd.

Sie sei in der letzten Zeit sehr enttäuscht, sie habe sich erst so euphorisch gefühlt. Es ging alles aufwärts, aber in letzter Zeit wisse sie nicht mehr, ob es Fortschritte gäbe, sie habe keinen Vergleich mit anderen. Manchmal komme sie ganz von ihrem Weg ab, wisse nicht, was werden soll. Ich sage spontan: Als ich dich kennenlernte, warst du ein Häufchen Knochen, und als ich dich das erste Mal am Telefon hörte, hattest du eine stählerne, metallene Stimme. Heute sitzt du hier bei mir, nicht mehr so dünn – sie lacht, nein, wirklich nicht –, und du hast eine weiche, warme, lebendige Stimme. Das hat mir noch nie jemand gesagt, daß ich eine metallene Stimme hatte, daß die sich verändert hat, das sagt mir sonst keiner. Aber ich sage es dir, weil ich dich wahrnehme, so wie du bist mit all den vielen Veränderungen. Maria sagt, sie fühle sich wie eine Kriegsfrau (die Oma war Kriegswitwe, denke ich), die aus Scherben und Splittern ein Mosaik zusammensetze, das sei so anstrengend. Du hast recht, sage ich, seelische Arbeit ist anstrengend, aber auch ein Abenteuer. Manches Stück in dem Mosaik wird fehlen, wir werden Neues für dich finden, aber bist du nicht auch ein wenig stolz, denn im Unterschied zu früher gibt es dich doch jetzt schon ein wenig mehr. Manchmal weiß ich nicht, in welches Haus ich einziehen soll, sagt Maria, dann bin ich desorientiert. Sie wisse, daß der Vater so viel Schlimmes erlebt habe in seiner Kindheit, er bräuchte dringend auch therapeutische Hilfe, er habe so viel Angst und stülpe sie den anderen über. Ich weiß, sage ich sanft, aber jetzt müssen wir erst mal auf dich schauen. Sie verstehe es nicht, wie die Mutter das 20 Jahre lang verkraften konnte. Du hast ihr viel abgenommen, sage ich. – Sie versteht mich. Ich ermuntere sie, diese Woche gegenüber dem Bruder *für sich* zu sprechen und *mit ihm gemeinsam* zu bestimmen.

Im Gehen sagt Maria, was habe ich schon für Fortschritte gemacht, ich frage mich das. Ich bin verblüfft und spreche erneut ihre körperlichen Fortschritte an. Ja, die merke sie auch mit jedem Schritt. Erinnerst du dich, wie dein Herz klopfte, als wir uns das erste Mal sprachen, frage ich sie. Oh ja, wie wild, sagt sie, ganz wild schlug es. Ja, du bist lebendig, und ich lasse nicht locker, wir werden hinter der Fremdsprache, die du für dich hast, *dich auffinden.* Denn, wenn du sagst, du hättest keine Fortschritte gemacht, sprichst du eine Fremdsprache, die nicht zu dir paßt. In meiner Familie sagt man nur etwas zum anderen, wenn der sich auf den Fuß getreten fühlt, wenn man ihm in die Quere kommt, ihm was wegnimmt, das sind immer Aggressionen, eine andere Sprache gibt es nicht. Wir werden eine Sprache für deine Lebendigkeit finden, eine Kosesprache, sage ich. – Maria geht fröhlich. Sie geht in ihre onkologische Untersuchung.

Maria ruft mich abends zu Hause an. Die Untersuchung sei ganz toll ausgefallen, so toll, das habe Dr. Y. gar nicht glauben wollen, wie sie das schaffe. Wir werden den noch staunen machen, sage ich stürmisch. Sie brauche erst wieder in 14 Tagen nach G., aber sie wolle nächste Woche zu mir kommen. Sie glaube, daß das sehr wichtig sei. Ich bekräftige, daß unsere Arbeit wichtig ist, und wir vereinbaren einen Termin in der nächsten Woche. – Ich freue mich: Maria beginnt sich zu begreifen, ich jubele vor Freude mit ihr, sie lebt. Zum ersten Mal will sie nach der Therapie ein wenig mit der Mutter in die Stadt gehen.

28.3.84 Ein Selbst-Traum: sich frei fühlen

Frau S. und Maria sind heute zusammen gekommen.
Maria sagt, sie habe Dr. Y. gebeten, eine Bestätigung für die Krankenkasse zu schreiben, daß die Psychotherapie nötig sei. – Damit hat sie unbewußt Dr. Y., den onkologischen Arzt, gebeten, den Segen für ihre Arbeit mit mir zu geben. Ich bleibe abstinent in Sachen Interpretation.
Frau S. erzählt, daß sie ab nächster Woche wieder arbeiten geht. Sie weiß, daß sie allein sein wird, und fürchtet, man erwarte, daß sie für drei arbeite. Sie müsse aber wegen Maria – sie schaut Maria an – mittags nach Hause. Ich sage, dafür brauche sie nicht Marias Krankheit. Nein, natürlich nicht, sagt sie, sie wolle eben nur mittags nach Hause, Maria sei ihr eben das Wichtigste. – Ich denke, spreche es aber nicht aus, immer erlebt sie sich als Katastrophenfeuerwehr, und immer beschreibt sie sich aus der zweiten Reihe als überlasteter Retter. – Sie geht dann, beide hätten es so verabredet. Ich sage ihr heute, was mir vorletztes Mal zwischen Tür und Angel nicht geglückt war: daß ich mich für sie freue, daß sie nun wieder arbeiten geht und daß sie es mir erzählt hat, so daß ich von ihrer Freude weiß. Sie strahlt zufrieden.
Es ist wie zu Beginn unserer Arbeit: als sie sich das erste Bad leistete und mir Maria ans Herz legte. Letztes Mal auf dem Flur hatte ich die Bedeutung ihrer Frage: Darf ich etwas für mich tun, so wie Maria jetzt auch beginnt, ihr Leben zu leben, nicht verstanden. Es ist toll, daß die Menschen nicht ruhen, bis sie in ihren Bedürfnissen verstanden worden sind. Ich bin froh, daß ich heute meine Einfühlungsstörung vom vorletzten Mal wiedergutmachen konnte, denn heute verstand ich mich in meiner Freude über ihre Schritte zur eigenen Selbstbefriedigung. Freilich, sie muß sich noch über Maria legitimieren.
Maria beginnt damit, ob ich auch Frühjahrsmüdigkeit verspüre. Sie liege im Bett, schlafe viel und hänge ihren Phantasien nach, das sei wohl Faulenzerei und nicht so gut. Ich höre die Selbstvorwürfe und weiß, wie sehr sie darunter litt, nach dem Abitur keine Arbeit zu finden und vom Vater als Faulenzer gescholten zu werden. Ich frage sie nach der letzten Woche mit dem Bruder. Es ging gut, sie habe ihm gesagt, was er mitmachen könnte, und er habe es getan, er räumte sogar von sich aus Geschirr weg. Früher war sie immer für ihn mitverantwortlich, wenn er weinte, hatte

sie was angestellt, nicht richtig auf ihn aufgepaßt, sie war jedenfalls schuld. Sie habe sein Bett gemacht, aber nicht sein Zimmer aufgeräumt; er solle das Gefühl haben, daß er nicht vergessen wird. Er solle nicht darunter leiden, daß er nicht krank ist, frage ich. Ja, genau, er könne nichts dafür, daß sie krank und er o.k. sei. Man meine, er nehme das nicht so schwer, aber er leide darunter, abgeschoben zu sein. Sie mußte immer vernünftig sein, mit 3 Jahren überließ man ihr den Bruder. Du warst dann ja nie Kind, vielleicht brauchst du es deshalb heute, auch mal wohlig im Bett rumzulungern. Aber du wirfst dir das vor, wie man dir das wohl früher vorgeworfen hätte, sage ich. Ja, sie wolle gern was tun, wollte Fahrrad fahren mit dem Hund und stürzte mit dem Fahrrad des Vaters. Sie flucht auf den Bruder, immer habe er ihr Fahrrad genommen und dran rumgebastelt, und dann sei es kaputt gewesen. Ich erinnere mich, daß sie gern Fahrrad fährt, es sei nicht so stressig wie Reiten, und spreche es aus. Maria versteht nicht und erzählt vom Reiten. (Ich habe ein Bild vor Augen: ein kleines Mädchen übt auf dem großen Rad des Vaters, stürzt; egal, sie übt weiter, nur damit er sie wahrnimmt und bewundert. Sie hatte mir auch einen Traum erzählt: daß sie die Räder der anderen gegen Diebstahl verteidigt und dann doch vom Vater beschimpft wird ...)[16] – Ich höre ihr zu.

Ich frage sie nach ihren Haaren, denn sie hat heute die Mütze aufbehalten. Sie nimmt sie ab, hat ganz kleine schwarze Haare. Ich bin erschüttert: der scharf umrissene Haaransatz und die langen Ohrringe, ein männlicher Schädel mit den Pausbacken eines Kindes und den Ohrringen einer Frau. Sie habe jetzt wieder ihr Gewicht, sagt Maria zufrieden, nur die Haare fehlten, dadurch sei sie in ihrer Identität behindert. Sie könne es aber nicht erwarten, bis es reiche, um rauszugehen. Deshalb sei sie abends mit Mütze in der Disko. Sie denke, sie sei nun rausgegangen, aber keiner komme auf sie zu, wenn sie nichts tue. Alles ist da bis auf die Haare. Es muß dich behindern, das rechtfertigen zu müssen, man denke von den fehlenden Haaren her, es gehe um Krankheit. Ja, sie wolle nicht immer die Krankengeschichte auftischen. Du willst endlich loslegen. Ja, nur so nähme sie keiner wahr. Sie wolle gern reiten, frage sich aber, ob das nicht zu sehr anstrenge, ob sie damit nicht ihren Körper übergehe, dessen sie sich noch nicht

16 Siehe S. 344.

sicher genug sei, um dann gleich auf ein Pferd aufpassen zu müssen. – Ich denke, sage es aber nicht: Das wäre wie das kleine Mädchen, das gleich wie eine Mutter auf den Bruder aufpassen mußte, bevor es sich selber in seinen Spielen erprobt hatte. – Sie erzählt, in K. sei sie immer im Reitstall gewesen und habe die Pferde gestriegelt und sich unter den Leuten im Stall wohlgefühlt. Aber sie war niemals drauf gekommen zu fragen, ob sie Reitstunden nehmen dürfte; etwas für sich zu fordern, war ihr völlig fremd. Sie erinnert einen *Traum:* Wie sie auf einem Rappen über Sommerkornfelder ritt, den warmen Wind auf der Haut, fliegende Haare: frei, sie habe sich frei gefühlt! Dann ist Reiten ein Traum von dir. Ja, sagt Maria voller Freude, da habe sie sich so wohl gefühlt wie in dem Traum im Meerwasser[17], das war auch so wohlig befreiend. Ich erinnere mich an deinen Traum, er endete bös, du hattest Angst zu ertrinken, ohne Hilfe nicht weiterschwimmen zu können. Mit dem Reiten, das verstehe ich jetzt besser, das ist eine ganz feste Vorstellung von dir. Ich verstehe, warum du das ausprobieren willst: um dich frei zu fühlen. Das hat mit Sport nichts zu tun, da geht es um dich. Sie fühlt sich verstanden, und sie weiß auch, daß es heute vom Finanziellen her im Rahmen des Möglichen wäre.
Sie kommt auf die Haare zurück, das gehe an ihre Identität. Dr. Y. sage, noch 3 Zyklen (3 Monate) von 6en, die er geplant habe. Früher wäre sie übermütig gewesen. Es klingt, als sei das falsch gewesen, und ich sage: Jetzt hast du alles beisammen, früher hattest du keine Identität, heute kannst du für dich sprechen und mit Dr. Y. zusammen die Behandlung planen. Sie sähe so viele Punkte, aber es gäbe keinen Kreis, sie meint, sie sei oft orientierungslos. Wenn wir die Punkte als deine Gefühle betrachten, dann müssen wir sie miteinander verbinden, dann hast du alles beisammen, wenn du bei dir suchst, nicht bei den anderen. Maria ist erstaunt: Es sind so viele Punkte, es ist eine schöne Vorstellung, daß wir sie zusammenfügen können!, sagt sie überwältigt. Ja, das bist du, die, die du immer schon warst. – Wir machen einen neuen Termin aus. Sie sagt, sie könne Dr. Y. sagen, sie komme mittwochs zu mir und er könne seinen Termin danach einrichten. – Jetzt wagt Maria, sich zu vertreten, denke ich, weil auch ich mich zu begreifen und offensiv zu vertreten wage.

17 Siehe S. 346 f.

2. 4. 84 Maria, noch in der Tonne versteckt

Maria kommt eine halbe Stunde später, weil der Krankenwagen zu spät kam. Sie klagt über den Wintereinbruch. Sie freue sich auf die Wärme, um sich wieder mehr rauszutrauen. Nachher muß sie zur Spritze. Sie sagt, sie traue sich nicht, die Verantwortung für sich zu übernehmen, obwohl sie wisse, es könne nichts passieren, das fühle sie. Sie fürchte die Auseinandersetzung mit den Ärzten, daß die merken könnten, daß sie nicht so sicher ist und sie dann beeinflussen würden. Ich sage ihr mein Erstaunen, daß sie wisse, es könnte nichts passieren. Die Ärzte könnten ihr ja auch nichts Sicheres sagen. Sie führe diese Auseinandersetzung nur innerlich, so wie früher. Sie nehme vorweg, daß man sie nicht ernstnehmen werde. Damit manipuliere sie sich eigentlich selber. Sie sei unzufrieden mit sich, sagt Maria, sie wolle gern rausgehen, aber dann hocke sie doch zu Hause. Sie frage sich, was sich eigentlich verändert habe in den letzten beiden Wochen oder Monaten. Sie gebe anderen Impulse, aber nach ein paar Minuten wisse sie nicht mehr, was sie sagen solle und ermüde, fühle sich angestrengt. Vielleicht ist es anstrengend, wenn du nicht von dir sprichst und dir den Kopf für andere zerbrichst. Ja, sie könne doch nicht mit jedem von sich sprechen. Sie suche jemanden, einen Freund oder eine gute Freundin, die sie bestätigen, an der sie sich messen könne. Irgendwie genieße sie Narrenfreiheit. Es würde dir nicht helfen, wenn andere dich bestätigen; nur wenn du dich selber nicht akzeptierst, dann ist das Narrenfreiheit. Die Mutter akzeptiere sie in ihren Schwächen und Stärken, vielleicht wäre es etwas anderes, wenn der Vater auch mal wahrnähme, wenn ihr etwas gelingt. Eigentlich ist der Fortschritt zu früher, daß du heute wahrnimmst, da ist eine, die rauswill, sich zeigen will, aber das ist eine in der Tonne (das waren Marias Worte), die feststellt: so wie früher, die anderen lebendig machen und unterhalten, dazu hat die keine Lust mehr. Es ist gut, daß du wahrnimmst, daß es dich ermüdet, für andere da zu sein. Nur, du kannst noch nicht dein Dasein, deine Gefühle als Selbstwert wahrnehmen. Ja, sagt Maria, der Kopf denkt immer für andere. Vielleicht fühle sie sich drinnen, auch im Bett, mal ganz wohl, denke aber, das gelte als faul und müßte sie langweilen, so fühle sie es aber gar nicht. Vielleicht brauchst du jemanden, um dich mit deinen Gefühlen probeweise zu veröffentlichen, daß das deine Werte sind, die nur du kennst und besitzt. Aber du fürchtest Kritik und verbirgst dich gleichzeitig, das kriegt man nicht unter eine Mütze. – Ich spreche damit vorsichtig an, daß ich es respektiere, wenn sie sich wohlig im Bett verkriecht, ganz mit sich ist. Gleichzeitig soll ich es absegnen. Sie hatte die Stunde über die Mütze aufbehalten. Ich sprach es nicht an und respektierte damit, daß sie glaubte, sich auch vor mir schützen zu müssen, zugleich weiß ich, wie sehr es sie aus sich herausdrängt. Sie muß sich Zeit lassen können.

11.4.84 Herzklopfen, Freude – aber stocksteif verharren

Sie fühle sich zurückgezogen. In der Teestube sei eine Frau auf sie zugekommen, aber sie habe nichts sagen können. Ich frage sie, *wo* hast du dich gefühlt. Maria sagt lebhaft und schlägt sich auf die Brust: hier, mein Herz, irres Herzklopfen vor Freude und irgendwie Erwartung, aber stocksteif verharren, so ist es immer! Ich habe Angst, wenn ich loslaufe, auf die Schnauze zu fallen. Früher als 11jähriges Mädchen hatte ich X-Beine, ich bin immer drauflosgelaufen, aber im Sinne der anderen. Heute muß ich vorher erst eine Stunde nachdenken. Ich bin mir fremd, so wie ich heute bin. Mit der Mutter ist es wie bei *siamesischen Zwillingen,* aber ich will für mich sein können, etwas für mich tun können. – Die Stunde ist still, viel Schweigen, viel Nachdenken. Ich bin da.

16.4.84 Die Mütze in einer Menschenmenge abnehmen wollen

Maria kommt erschöpft an. Sonntagmorgen war es wieder schlimm. Plötzlich legte der Vater los, warum das Paket an den Onkel noch dastehe. Sie merkte sofort, der läßt seine Aggressionen an dir aus, sie müsse herhalten. Sie war wieder furchtbar wütend und enttäuscht, konnte aber nichts sagen. Die Mutter sage, sie habe sich auch klarmachen müssen, daß sie von ihrer Mutter nie bekam, was sie brauchte, genauso ergehe es Maria mit dem Vater. Die Mutter meine, der Vater habe heimliche Aggressionen gegen Maria. Ich sage Maria: Es ist wichtig, daß sie in solchen Momenten für sich spreche, dann müsse sie nicht für die Mutter des Vaters, die dieser in ihr sehe, herhalten. Das sei so

schwer. Immer ertappe sie sich dabei, daß sie denke, wenigstens nähme der Vater sie dann überhaupt wahr. Du schweigst, weil du vielleicht glaubst, du müßtest deine Existenz rechtfertigen, aber du brauchst nur zu sagen, daß du Maria bist. Maria juckt der Kopf, sie ruckelt dauernd an ihrer Mütze. Ich frage sie, ob sie sie nicht absetzen wolle. Ja, na klar, zu Hause setze sie sie auch ab, sogar wenn die Nachhilfeschülerin komme. – Im Nebensatz sagt sie mir damit, daß sie jetzt, wie sie es vorhatte, Nachhilfe gibt. – Ich spreche sie darauf an. Das dumpfe leere Gefühl sei jetzt weg, mehr Ich-Gefühl statt dessen, sagt sie. Sie beginne, ihren Kopf wieder zu benützen, das mache Spaß. Sie gibt Englisch und übe vorher selber die Grammatik. Genauso erwähnt sie im Nebensatz, daß sie heute mit dem Zug kam. Ich freue mich, mit dem Zug, nicht mit dem Krankenwagen! Sie ist erstaunt, daß ich dem Wert beimesse.
Sie würde gern mal in einer Menschenmenge die Mütze abnehmen, um zu zeigen, was sie durchgemacht habe. Und um zu zeigen, daß du da bist und gesund werden willst? Ja. Sie telefonierte mit ihrem Cousin in München, weil sie kommen wollte. Der freute sich. Bei ihrem Vater wäre sie auf Ablehnung gestoßen. Du hast gezeigt, daß du gern kämst, und die Freude des anderen ist die Antwort darauf. Das hast du bewirkt. Sie erinnert sich, wie sie nach der Herzoperation auf der Tragbahre lag und nur den Vater wahrnahm und ihm sagte, siehste, jetzt hast du nicht allein so Schlimmes erlebt. Sie meinte, er werde stolz auf sie sein, wenn sie krank ist. Der Vater wurde als Kind sehr mißhandelt. Sie schweige deshalb oft, wenn er sie für seine Aggressionen mißbrauche, weil sie Angst habe, was aus dem Vater werden solle. Er habe es schwer mit der Weiblichkeit, da sei er gestört. Sie habe immer versucht, sein kaputtes Verhältnis zu seiner Mutter zusammenzuhalten. Du meinst, dein Herztumor sollte diese Trümmer kitten? Sie erinnert spontan einen *Traum:* Der Prof. in R., der kein Professor war und der sie aufgegeben hatte nach der Herz-OP, wollte an ihr verdienen, ihm hätte sie gern schadenfroh geschrieben: »Ätsch, ich lebe!«
In der Türe sagt sie, die Chemotherapie sei jetzt beendet, sie wolle am Montag kommen, auch ohne Chemotherapie. Am Montag deshalb, weil ich Ferien haben werde am Donnerstag, den 26. 4. 84. Spontan wollte ich ihr ihre Stunde trotzdem geben. Dann dachte ich aber: Maria will nach München fahren, und ich

fürchtete, mich eingeschränkt zu fühlen, wenn ich ihr trotz meiner Ferien ihre Stunde gäbe, wie die Mutter, die glaubt, sich für Maria opfern zu müssen, also entscheide ich mich so.

26. 4. 84 Maria ruft an: Lungenentzündung, aber der Tumor ist eingekalkt ... Eine Holztruhe mit schwerem Schloß davor

Sie war heute zur Untersuchung, hatte eine Lungenentzündung. Aber sie traf ein Abkommen mit Dr. Y.: erst nächste Woche, wenn es nicht anders gehe, stationär in die Klinik zu gehen, um 2 Blutbeutel zu bekommen wegen ihres niedrigen Hb-Werts. Wir machen einen neuen Termin aus, Donnerstag, wenn sie zur Ambulanz muß. Ich sage ihr, daß ich sie heute angerufen hätte, weil ich unzufrieden mit mir war wegen meiner Terminabsage. Sie erzählt mir im Nebensatz, der Tumor sei echoresistent, das bedeutet, kleiner und eingekalkt, also innen hohl. Ich freue mich mit ihr und sage, das Schöne sage sie mir wieder im Nebensatz. Ja, sagt Maria, das kennen Sie ja schon von mir. Sie habe heute auf dem Weg an mich gedacht und sich wie eine Holztruhe gefühlt, mit schwerem Schloß davor. Es sei für mich sicher schlimm. Nein, das verstehe ich aus deiner Geschichte. Du mußt mir zuliebe nichts tun. Du bestimmst, ob du dich öffnest. Ich kann warten. Sicher willst du dich zeigen, fürchtest aber, nicht genug geschützt zu sein. Sie wisse nicht, was in der Truhe sei, sagt Maria, aber sie komme deshalb zu mir, daß wir das gemeinsam rausfinden. Ich stimme zu, das ist unser gemeinsames Anliegen. Sie zeige sich ja ganz vorsichtig, wenn sie mir mitteile, daß sie sich verschlossen fühle. Sie sagt, sie entdecke, daß sie ganz anders sei, als sie sich immer gab.

3. 5. 84 Supervision: Wären Sie Ihrem Herzen gefolgt

E. hatte das Gutachten nicht fertig. Er hatte Angst, etwas Illegales zu tun, wie vor der Gestapo. Eine Germanistin behandelt Krebspatienten, und ein Analytiker fürchtet sich, das zu vertreten, weil es vor seiner Standesorganisation etwas Illegales ist. Das ist die Realität.

Als ich von Marias Lungenentzündung sprach, sagte E., wären Sie Ihrem Herzen gefolgt, hätten Sie die Stunde trotz Ferien gemacht. Ja, sagte ich aus ganzem Herzen. Ich habe gedacht, Sie werden mir Vorwürfe machen, daß ich überfürsorglich bin. *Meinem* Herzen hätte es entsprochen! Ich war unzufrieden mit mir und wollte Maria deshalb anrufen. Dennoch konnte ich die Lungenentzündung nicht als Marias Selbstobjekt-Übertragung auf mich einfühlen. Wir ließen es so stehen.
E. teilte mit mir die Freude über den Behandlungsverlauf und das Entsetzen über die sich offenbarenden Sozialisationsbedingungen von Maria. Uns beiden ist dieses Drama nicht neu. Aber beide sind wir immer wieder erschüttert, welche Leidensgeschichte die Menschen hinter sich haben, *bevor* sie Krebs bekommen.

3.5.84 Der Kopf war an der Lungenentzündung beteiligt

Maria muß nach der Stunde für eine Nacht stationär zur Bluttransfusion. Sie ist heute skeptisch, was den Tumor angeht. Ich denke, als brauchte sie ihn mehr denn je, aber ich höre ihr zu. Sie erzählt mir noch einmal die ganze Krankenodyssee von R., wo sie nach der Herz-Operation in Kur war und der Vater sie mit dem Auto nach Hause fahren ließ.
Sie wisse schon, worüber sie sich morgen ärgern werde, sagt Maria: daß sie um 6 Uhr geweckt werde. Ich ermutige sie, auf Station sich doch auszubitten, später geweckt zu werden. Ich weiß, daß die Schwestern Hanna auch mal länger schlafen ließen. Aber Maria nörgelt weiter, dann werde sie spätestens um 8 geweckt, auch egal. Daß sie überhaupt auf Station muß, ist das Schlimme. Ich sage, daß ich das verstehe. Sie sollte in die Hand gestochen werden. Nein, sie hatte sich geschworen, das würde sie nicht zulassen, und Dr. Y. hatte die Nadel in die Armbeuge gelegt, so daß sie den Arm – sie zeigt es mir – nicht beugen kann. Sie hatte die Nadel in die Innenarmseite haben wollen. Immerhin diskutiert ihr jetzt miteinander, sage ich bewundernd, du sprichst laut aus, was du willst. – Ich schweige zu dem zynischen Kompromiß. – Maria sagt nun, daß der Kopf an der Lungenentzündung beteiligt war, denn gesund könne sie es nicht rechtfertigen, daß sie im Bett liege. Krank, ja, da frage keiner. Als Kranke werde sie respektiert, besonders vom Vater. Der sei sonst wenig verändert, obwohl er

sage, Marias Krankheit habe alle verändert. Sonntag hatte sie nach ihm schauen wollen, weil er arbeiten mußte, nur so, um ihm das Gefühl zu geben, daß sie nach ihm schaue; er hatte sie zusammengeschrien: sie störe seinen Gedankenfluß. Sie verließ das Zimmer wie ein kleines Kind, zerschmettert, nichts hat er gelernt, sagt sie traurig. – Ich deute nicht, daß sie nicht aus echtem Interesse nach dem Vater schaute, sondern eben mit Gefühlen manipulierend: damit er das Gefühl habe, daß ... So ist man mit ihr umgegangen, so verfährt sie mit dem Vater. Ich höre Maria weiter zu. – Jetzt könne sie manchmal ihren Ärger laut rausbrüllen, so kenne sie sich gar nicht. Freilich, das gehe nur bei Zorn und Ärger, noch nicht bei Freude, sagt sie selber. – Ich deute nicht, weil ich ihr die Genugtuung, überhaupt Gefühle zeigen zu können, lassen wollte. – Sie nimmt dann die Mütze ab und ist still zufrieden da. Wir kommen auf unser Telefonat und ich sage, ein schweres Schloß wird ja nur an einer Truhe angebracht, wenn Kostbarkeiten darin sind; soviel wissen wir beide jetzt von dir. Sie ist verblüfft und stimmt zu.
Nach der Stunde mit Maria war ich glücklich. Ich ging in die Stadt und sah dort in einem Geschäft einen hübschen kleinen Papier-Schmetterling. Ich brachte ihn ihr auf Station. Ich weiß, wie gern sie sich entpuppen möchte und wie sie zu Recht noch zögert. Wir freuten uns beide.

11.5.84 Maria ist stolz auf sich und kann das gute Gefühl erinnern

Sie kommt voller Freude, außer Atem, aber stolz: sie hat es mit schweren Clogs geschafft, die Treppe zu mir hochzusteigen, ohne anhalten zu müssen, um Luft zu holen. Sie kommt aus der Untersuchung, der Hb-Wert ist gut, und sie fühlt sich nicht mehr so schlapp. Du hast etwas geleistet und geschafft (ich meine den Kliniksaufenthalt für eine Nacht, was ihr so widerstrebt hatte in ihrer Sehnsucht, selbständig zu werden). Als sie nach Hause kam, habe sie die Fenster geputzt, um zu sehen, ob das gehe, und jetzt könne sie sich an der guten Aussicht freuen. Sie lacht dabei über sich selber, aber sie sei so. Gesundwerden könne sie nicht als Leistung erleben. Es gehe ihr besser. Sie stelle fest, daß ihr Naturell ganz anders sei. Sie schlafe morgens gern länger und habe

immer gedacht, daß sie ein Frühaufsteher sei, das war aber wohl, was man von ihr verlangt habe. Sie sei stolz auf etwas, das ihr gelungen sei. Sonntag war sie in der Küche ihren Hund füttern, und der Vater kam, hatte Melone gegessen und legte ihr die große Schale auf den Kopf (letzte Stunde hatte sie zum ersten Mal Glatze gesagt). Sie konnte ihm sagen, daß sie das nicht komisch fände, daß sie sich nicht in ihrer Person respektiert fühle, wenn er ihre Schwäche, keine Haare zu haben, ausnütze für Witze. Sie fühle sich ohne Haare schutzlos. Sie war innerlich froh, sich zum ersten Mal ihrer Haut erwehren zu können gegen die Übergriffe des Vaters und war entsetzt über seine Reaktion: es sei ein Witz gewesen, hier könne man nichts mehr sagen, alles werde gleich falsch verstanden, habe er gesagt. Sie war zutiefst enttäuscht, daß der Vater nichts verstehe. Mit dem Kopf sage er immer, daß er verstehe, aber er fühle nicht, was er ihr antue. Sie habe geweint wie früher. Aber sie sei dann in ihr Zimmer gegangen und habe ihm auch später keine Versöhnung angeboten, wie sie es früher getan hätte. Sie habe sich, so schlimm es gewesen sei – zwar nicht ganz so schlimm wie damals, als der Vater ihr wie eine Kuh über den Kopf geleckt hatte – sie habe sich gut in ihrer Haut gefühlt, daß sie sich zur Wehr habe setzen können. Maria spricht mühelos, pausenlos, nicht unter Druck, einfach bedingungslos sich mitteilend. Ich spüre Angst um sie, um mich, weggeschwemmt zu werden. Ich kenne das Gefühl in der Gegenübertragung mit ihr seit der ersten Sitzung: wenn sie sich zeigt und die Schleusen öffnet: wem das Herz aufgeht, dem geht der Mund über ... ich vertraue ihrem sicheren Blick, mit dem sie mich anschaut: das bin ich, darf ich so sein, hältst du mich aus? – Ich antworte ihr: der Vater fühlt nicht, was er dir antut, weil er sich selbst nicht respektieren kann. Er würde mit sich selber auch nicht anders umgehen und Witze über sich machen. Maria stimmt zu, das sei das Schlimme, aber jetzt könne sie darauf nicht mehr Rücksicht nehmen. Sie könne seine Reaktion aufgrund seiner Kindheit verstehen, aber sie habe für sich gesprochen, wie sie sich gefühlt habe dabei; es sei erleichternd gewesen, das auszusprechen, das vergesse sie auch nicht mehr, das präge sich ihr ein. Sie denke, sie müsse jetzt umsetzen, was wir miteinander theoretisch herausfinden, sie freue sich darüber, daß sie lerne. Es sei für sie interessant, innerlich etwas durchzuarbeiten, das fasziniere sie, sagt Maria.
Ich frage sie nach ihren Haaren. Sie nimmt die Mütze ab: die

Haare sind ganz kurz, aber dicht, sie ist glücklich. Nächste Woche geht die Chemotherapie mit Tabletten weiter. Das ist ein Entgegenkommen von Dr. Y. wegen ihrer Angst vor Infusionen. Sie wagt nicht zu sagen, daß sie keine weitere Behandlung brauche, dann gelte sie als Therapieabbrecher. Du brichst innerlich die Beziehung zu *dir* ab, wenn du nicht aussprichst, was du denkst, das ist Selbstverrat. Deine Bedenken aussprechen heißt doch nicht, die Therapie abbrechen. Es heißt nur, als die, um die es geht, deine Meinung offen sagen. Sie rechne erneut mit Haarausfall. Sie freue sich, wenn sie in den Spiegel schaue, sie mag sich so mit den Haaren, auch wenn sie kurz sind. Eine Perücke würde sie nie tragen, dann sähe sie im Spiegel ein Mädchen, das ihr fremd sei. Aber sie müsse schon drandenken, wie es wäre, wenn die Haare wieder ausfielen. Sie ist nicht pessimistisch, – stellen wir gemeinsam erstaunt fest, – sie könne aus allen Situationen das Beste machen. Das Problem ist das Kopfzerbrechen für andere. Sie würde sich so gern ohne Mütze zeigen, aber sie fühle sich ungeschützt, die Leute streichen ihr über den Kopf. Das mache ihr nichts. Ich bin erstaunt und erschrocken. Ja, das seien Vertraute, die sie in ihren Ein-Meter-Schutzbereich einbrechen lasse. Sie mag gestreichelt werden, aber nicht wie der Vater es tue, der sie lächerlich mache und verarsche. – Maria sieht bildschön aus. Ich finde nicht so schnell Worte dafür. Sie kann dann selber sagen, daß sie sich mag, wenn sie sich im Spiegel anschaut. So findet sie heute die Worte für sich, und ich begleite sie stillvergnügt und zärtlich.
Sie habe einen *Traum* gehabt: Sie war in München, und der Vater rief aus H. an und gab ihr einen Auftrag: er komme nach einem Marsch zu Hause vorbei, und sie solle Kaffee kochen. Sie fragte, für wieviel Mann. Für 100 Mann. Sie war entsetzt und in Angst, so viele Tassen hätten sie nicht. Also, erst von München nach Hause, dann Kaffee kochen und die Tassen immer wieder abwaschen. Sie habe im Traum das Gefühl der totalen Überforderung und die Angst gespürt, es nicht schaffen zu können. Aber sie habe dann überlegt, ob sie nicht noch Brote machen sollte, den Gedanken allerdings dann verworfen. Das fand sie neu, daß sie nicht noch eine Extraleistung vollbringen wollte, sondern es bei dem Auftrag beließ. Sie erklärt mir, daß es müßig sei, zusätzlich was zu tun, der Vater würdige das dann nie dem Aufwand entsprechend, also könnte sie es auch lassen. – Blitzartig begreife ich

mein Gegenübertragungsgefühl: sie überflutet mich, *so wie* der Vater *sie* überforderte, um mir ihre Lebendsbedrohung als permanente Existenzbedrohung – unabhängig vom Krebs – vorzuführen, fühlbar zu machen. – Sie erzählt ihren Traum weiter: Wie sie sich auf dem Bahnhof verloren fühlte unter den vielen Menschen und furchtbare Angst hatte, zu spät zu kommen. Sie habe sich Gedanken gemacht: sie hätte ja doch einfach ›nein‹ sagen können. Aber das sei nicht durchführbar. Sie habe mit Erleichterung wahrgenommen, daß sie sich diesen Gedanken überhaupt zum ersten Mal leisten konnte, einen Auftrag des Vaters zurückzuweisen. – Sie erklärt mir, der Vater sage immer, es sei ihm egal, wie sie etwas ausführe, das sei ihr Problem; sie fühle sich als Mittel zum Zweck mißbraucht; sie müsse etwas für ihn erledigen, und wie es ihr dabei gehe, interessiere ihn nicht. – Ich sage – und knüpfe damit an ihre Worte an, daß sie innerlich an ihren Problemen arbeite –, im Traum bewältige sie ihre Münchenfahrt (die ja traumatisch mit der Lungenentzündung endete; über die Fahrt selber hat sie kein Wort verloren bisher). Eigentlich sei es ja ein starkes Stück, daß der Vater in ihrem Traum ihre Ferien nicht respektiere, sondern sie nach Hause kommandiere, zum Kaffeekochen für eine Hundertschaft. Ich verstünde es vielleicht noch, wenn der Vater sie bäte, für sie beide Kaffee zu kochen, aber für seine Mannschaft … Ich sage, jetzt verstehe ich, warum sie letzte Stunde gesagt habe, der Kopf habe an der Lungenentzündung mitgearbeitet, denn wenn sie fürchten müsse, mit ihren Ferien so wenig respektiert zu werden und mit solchen Aufträgen überfordert zu werden, sei Krankheit ein Ausweg. Ja, sagt Maria, das war die einzige Rettung meines Selbst: Krankheit respektiert mein Vater, er bewundert es, wie ich das meistere, sagt, das könnte er nicht. *Aber ich will es schaffen, ohne Krankheit zu leben,* selbst wenn ich mich von meinem Vater trennen muß. Es geht mir vielleicht wie meiner Mutter mit ihrer Mutter: ich muß meinem Vater sagen, daß er nicht der Vater ist, wie ich ihn mir gewünscht habe, das ist schmerzlich; und ich bin nicht die Tochter, die er 20 Jahre lang aus mir machen wollte. Du bist Maria, sage ich – und knüpfe damit an das Wissen um ihre Not an, vom Vater nur in der Ähnlichkeit mit seiner Mutter, Alexandra, wahrgenommen zu werden. – Maria fährt fort, ich bin Maria und nicht seine Mutter, das muß er lernen und ich auch, selbst wenn es Trennung heißt. Du willst die sein, die du bist, ohne krank zu sein. Der

Vater sei nun mal schuld an ihrer Krankheit (nicht zuletzt hatte er ihr das Geheimnis, daß er mit der Freundin der Mutter ein Verhältnis hatte, auf die Seele gebunden und sie, die derweil Babysitting bei den Kindern der Frau machte, den Eid abgenommen, der Mutter gegenüber das Geheimnis zu wahren. Maria hatte einen »männerfaustgroßen« Herztumor – »männerfaustgroß«, hieß es im Arztbericht! –, Maria selber hat darüber nie mit mir gesprochen, mir gegenüber wahrte sie das Geheimnis des Vaters, aber ich wußte davon aus dem Erstgespräch mit der Mutter und verstand Marias Schuldspruch gegen den Vater; ... der Vater sei nun mal schuld an ihrer Krankheit. Sie wollten ihn nicht zum Buhmann machen (sie! Hier spricht die Mutter mit und lädt, über Maria vermittelt, ihre offenen Rechnungen auf den Vater ab; ich bleibe abstinent in Sachen Interpretation; das wird Maria selber, wenn sie es seelisch verkraftet, entdecken lernen, denke ich sorgenvoll: daß die Mutter Treiber in der Jagd ist) ... nicht zum Buhmann machen, aber er lerne nichts, er tue nichts für sich. Sie halte sich jetzt fern von ihm, gehe ihm aus dem Weg. Sie müsse sich damit abfinden, daß er nicht der Vater sei, den sie sich erträumt habe. – In der Gegenübertragung spüre ich das Pädagogisch-Strafende, das man ihr antat, und das sie nun gegen den Vater wendet. – Ich sage ihr voller Anerkennung, daß sie gut gearbeitet habe. Ja, sie habe gearbeitet, es sei seelische Arbeit, und der Vater drücke sich davor, dann müßte er sich ändern. Sie wisse, er könnte in H. einen Psychotherapeuten finden, wenn er wollte. Er rede sich mit zu wenig Zeit und Arbeit raus. Du tust etwas für dich hier bei mir, der Vater könnte auch etwas für sich tun, aber darauf kannst du nicht warten. Nein, ich könnte warten bis er 80 ist, sagt sie bitter und zugleich selbstbewußt. Er lerne nicht, aber sie erlebe sich jetzt anders und vergesse diese guten Erlebnisse nicht, selbst wenn sie schmerzlich seien. So wie neulich, als sie in Fulda war (in Fulda hat sie ihren Studienplatz) und sich für die Rückfahrt einen Zug rausgesucht hatte, der nur sonntags fuhr. Sie hatte Angst, weil sie sich in Alsfeld am Bahnhof mit dem Vater verabredet hatte. Eine Freundin fuhr sie dann mit dem Auto. Sie kamen nur 10 Minuten später an als der Zug, wenn er gefahren wäre, sagt Maria lachend. Aber der Vater schrie sie zusammen: Er habe immer gleich Angst, daß was passiert sein könnte, und könne sich nicht freuen, daß sie dann doch noch gut angekommen sei.

Wir machen einen neuen Termin aus. Sie fragt nach dem Gutachten, und ich ermuntere sie, daß sie mit dem Krankenwagen sicherlich auch über die Kasse zur Therapie kommen könne. Der Zug sei allerdings nicht viel teurer, sagt sie, und es sei mehr Freiheit, für Stadtbummel und so. Dann, erzählt sie mir in der Türe, von der Verführung für sie als Kleinstädter an der Fleischtheke im Kaufhof: die immer gleiche Wurst in R.... aber im Kaufhof sei alles gleich teurer. – Aus ihr spricht die Mutter, das Nörgeln gehört zum guten Ton. Ich lasse sie. Sie geht heiter und guter Dinge.
Abends um ½ 8 Uhr, ich malte, geht das Telefon: Maria. Sie habe vergessen, daß sie nächste Woche nachmittags Malkurs habe. Wir machen einen Vormittagstermin aus. Davon habe sie gar nicht gesprochen, wieder etwas Schönes, sage ich. Das könne sie dann am Mittwoch, da wisse sie dann schon, wie es laufe. – Toll, wie fröhlich und selbstverständlich sie sich am Telefon meldet und mir ihre Bedingungen sagt, ihre Lebensbedingungen. – Malkurs ist ebenso wichtig wie Therapie, sage ich ihr, viel Spaß. – Ich bin stolz, daß ich mit ihr einen neuen Termin finde, ich habe ja Lust, mich auf sie einzulassen.
Zur Supervision: Natürlich hatte E. recht: Maria hätte mich als spiegelndes Selbstobjekt gebraucht, das sie nach ihren Ferien in München begrüßte. Dann hätte sie die Lungenentzündung zur Rettung ihres Selbst, wie sie es sagte, nicht gebraucht. Aber sie hat die Zeit im Bett im Sinne ihrer seelischen Selbstheilung genutzt. Diesmal war ich meinem Herzen nicht gefolgt, aber Maria ist sich gefolgt. Und sie konnte mir stolz die Früchte ihrer Arbeit mitbringen.

Nachtrag 6
Nicht die Chemotherapie als solche ist das Schlimme, sondern die lebensfeindlichen Bedingungen in Familie und Klinik

Nicht die Chemotherapie als solche ist das Schlimme, sondern daß Maria dazu überredet wurde und sich dann den Ärzten zuliebe auf Station sehen lassen mußte: »wie eine Frau ohne Unterleib« früher auf Jahrmärkten; ...daß der Vater über Marias

Glatze leckte wie die Kuh über den Kopf des Bauern und als sie dann weinte, »auf treusorgender Vater« umschaltete; ... daß der Vater ihr eine Melonenschale auf die Stoppelhärchen legt. Sie konnte ihm sagen, »daß sie das nicht komisch fände«, daß sie sich nicht in ihrer Person respektiert fühle, wenn er ihre Schwäche, keine Haare zu haben, ausnutze für Witze. Sie war innerlich froh, sich zum ersten Mal ihrer Haut erwehren zu können gegen Übergriffe des Vaters, und entsetzt über seine Reaktion: es sei ein Witz gewesen, hier könne man nichts mehr sagen, alles werde gleich falsch verstanden... Genauso hatte der Vater seine (durch Alzheimer Prozeß) zum altersdebilen Kind gewordene Mutter mit Grimassen zum Lachen gebracht. Maria stand dieses »grauenvolle Bild« immer wieder vor Augen. Familienholocaust und Klinikshololocaust ergänzen sich nahtlos, so daß es Maria vorkommen muß, als gäbe es keine Fortschritte. Tatsächlich eilt sie mit Siebenmeilenstiefeln auf sich zu: nur daß die, die sie entdeckt – und das ist die, die sie schon immer war, nur heimlich –, daß diese Maria weder von der Familie noch von der Klinik respektiert wird. Maria beginnt nun, diese Wahrheit aushalten zu können: sie spielt die Lebenslüge der anderen nicht mehr mit. Ich erinnere mich voller Gram daran, daß Frau S. es komisch fand, als ihr Mann sich karikierte, wie er früher Maria behandelt hatte. Noch vor 5 Monaten (am 6. 1. 84) hatte Maria sich scheckig darüber gelacht, heute lacht sie nicht mehr mit. Wieder steht sie als Spielverderber da. Nur als Kranke, und das ist das Verrückte – heute, wenn sie weint, akzeptiert sie der Vater. Aber sie durchschaut das falsche Spiel und will es schaffen, ohne Tumor zu leben, sie selber zu sein.

»Aber ich will es schaffen, ohne Krankheit zu leben«, selbst wenn ich mich von meinem Vater trennen muß. Es geht mir vielleicht wie meiner Mutter mit ihrer Mutter: ich muß meinem Vater sagen, daß er nicht der Vater ist, wie ich ihn mir gewünscht habe, das ist so schmerzlich; und ich bin nicht die Tochter, die er 20 Jahre lang aus mir machen wollte. Ich sage: Du bist Maria, (und nicht Alexandra, die Mutter des Vaters, die er aus Maria machen wollte). Marias Herztumor war »männerfaustgroß«, hieß es im Arztbericht. Die Ärzte sprechen aus, was Marias Geschichte ist, aber ohne zu wissen, was sie damit sagen.

16. 5. 84 Maria mußte die Gegenstände respektieren

Maria behält heute die ganze Stunde über die Mütze auf. Ich finde keinen Bezug, es anzusprechen. Sie bleibt in der Tonne, denke ich und akzeptiere es. – Sie überreicht mir einen Brief des Vaters. Es geht um die Bescheinigung, daß die Familie wegen Marias Krankheit nicht nach H. umziehen könne. Ich frage, was Maria dazu meint. Sie stellt fest, daß sie zum ersten Mal wenigstens gefragt worden sei. Aber eigentlich gehe es nicht um sie. So wie der Vater sie gebraucht habe und sie nicht in R. abends wegdurfte: was denken die Leute, wenn der Vater wegen der Tochter die Versetzung nach H. nicht antrete, die Tochter aber in Diskos zu sehen sei... sie habe damals dem Vater gesagt, das müsse er für sich entscheiden. Heute soll mit ihrer Krankheit der Umzug verhindert werden. Dabei gehe es um etwa 100 DM, die gespart würden. – Mir wird noch ein anderer Zusammenhang klar, den ich aber nicht ausspreche: Mutter und Vater verwenden Marias Krankheit, um einen legitimen Trennungsgrund zu haben. Es ist tragisch: Maria war der Grund zur Ehe, nun soll sie als Grund zur Trennung dienen. Immer ist sie Spielball. – Maria kommt von sich aus auf den Umzug von K. nach R. Dort war sie ein Jahr lang total isoliert gewesen, es wurde keine Rücksicht genommen, sie mußten mit dem Vater mitziehen. In G. war sie zu Hause gewesen. Heute meint sie, wegen dem Bruder sei es gut, wenn nicht umgezogen werden müßte. Das sagst du, auf die man keine Rücksicht genommen hat. Ja, sagt sie deprimiert, so war es.
Sie strudelt fort in Erinnerungen: In G. war sie wie ein Junge mit den Jungens in alten Häusern unterwegs gewesen. Aber ich war kein Junge, und das war auch schwierig, sagt Maria. Einmal war ein Landstreicher in einem alten Haus gewesen, und sie hatte sich fürchterlich erschreckt. – Ich habe das Bild eines verlassenen, einsamen Mädchens vor mir, das sich nicht zugehörig fühlt: in der Familie nicht, unter den Jungens nicht. – Ich frage Maria, was *sie* will: Umziehen oder in R. bleiben. Für mich gilt nur, was du willst. Sie wolle nicht in die Nähe des Vaters, sie sei ganz froh, daß er nicht da sei. O. k., ich werde in dem Sinne schreiben, sage ich. Ich will ihr zeigen, daß ich mich nicht von der Familie vereinnahmen lasse.
Maria spricht von Fulda, sie habe gemerkt, daß sie selber sich um ein Zimmer kümmern müsse. Sich auf die Freundin verlassen, das

klappe nicht. Mit dem Bruder gebe es zu Hause große Sorgen, er lasse sich von der Mutter nichts sagen, sie verstehe das nicht. Sie mußte immer die Gegenstände hüten, der Bruder nehme ein Handtuch und putze damit sein Fahrrad, und keiner sage etwas. Sie sei wütend darüber. Der Bruder behandle sie wie der Vater. Mutter und sie, Bruder und Vater, das seien die beiden Parteien zu Hause. Mit der Mutter verstehe ich mich ohne Worte. Aber ich kann Gefühle nicht zeigen, dann fühle ich mich schutzlos. Sie mache das Bett des Bruders, um ihm das Gefühl zu geben, da hat jemand an dich gedacht. – Bis sie 16 wurde, hatte sie diese wortlose Geste von Seiten der Mutter so erlebt. Daß der Bruder sie vielleicht als Eingriff in seine Intimität als 18jähriger erleben könnte, scheint Maria sich nicht vorstellen zu können. Ich spreche den Gedanken nicht aus und höre ihr still zu. – Sie mache jetzt einen Malkurs, müsse aber ihre hohen Ansprüche an sich zurückstellen. Nur langsam ginge es. Ich bin enttäuscht von mir, wenn ich die Farben nicht so treffe, wie die Malerin. Der Krug dort – sie zeigt auf den Schreibtisch – (ich freue mich, daß sie etwas im Raum mit ihrem Malen in Verbindung bringt), das Braun zu treffen, ist ganz schwer. – Sie scheint in dem Kurs eher Techniken zu lernen, als sich mit Farben auszudrücken. Schade denke ich. Zugleich ahne ich, daß die Mutter depressiv reagiert, wenn Maria außer Haus etwas für sich tut, das macht ihre Versuche so aussichtslos. – Im Gehen spricht Maria wieder vom Einkaufen in R., der Verführung in H. oder G. Eine unglaublich ekelhafte Falsche-Selbst-Hausfrau quakt aus ihr, die Mutter und deren Mutter und Gott und die Welt, was die alle meinen. Mir ist das schwer erträglich, so dümmlich. Aber auch das ist Maria, sage ich mir. Sie tastet sich durch den Wust hergebrachter Meinungen auf der Suche nach sich selbst. Auch vor einer Wursttheke muß sie sich die Frage stellen: Wer bin ich, was schmeckt mir eigentlich, und was steht auf dem Einkaufszettel, dem Auftrag der Familie, den sie zu erfüllen hat, denke ich.

19. 5. 84 Sie sei wie 2 Personen

Ich rief Frau S. an, wegen eines neuen Termins und der Kasse. Wie es ihr geht, frage ich sie. 14 Tage schlecht, seit gestern morgen gut, sagt sie. Sie sei wie 2 Personen, nur in Marias Gegenwart gehe es ihr gut, nur wenn sie unmittelbar mit ihr zusammen sei, aber sie sei ja jetzt auch viel weg, mache den Malkurs, das finde sie auch gut. Sie verstehe nicht, was mit ihr sei. Wir wissen doch, daß es immer den Grauschleier (ihr Wort von früher) gibt, wenn Sie keinen Karren aus dem Dreck zu ziehen haben, wenn es still ist. Ja, das stimme. Sie werde jetzt wie Maria eine Therapie machen, sagt Frau S.

Nachtrag 7
Wenn Frau S. Maria aus dem vampiristischen Zweieck entlassen könnte ...

Immer wieder wird mir bewußt, daß Marias Lebendigkeit nur *für* die Mutter sein darf, ihr Eigenleben scheint die Mutter umzubringen. Es ist eine furchtbare Zwickmühle, in der beide stecken, ich nenne sie »vampiristisches Zweieck«.[18] Es wäre ein Lichtblick, wenn Frau S. für sich eine Therapie machen würde. Freilich nur, wenn sie einen Therapeuten findet, der ihr als spiegelndes oder idealisierbares Selbstobjekt zur Verfügung steht, der also die narzißtische Lebensstörung begreift und sie nicht etwa auf zwar offensichtliche, aber rein sekundäre ödipale Abwehr hin behandelt. Ich arbeite mit ihr in der Weise, aber in meinem Herzen habe ich mich seit langem für Maria entschieden. Sie weiß das. Bewußt respektiert sie es auch und holt sich bei mir immer mal ein kleines Häppchen. Unbewußt gefährdet Marias beginnende Spiegel-(Selbst-)Übertragung zu mir ihre (psychische) Existenz. Ich weiß das. Das ist die Zwickmühle bei jeder Psychotherapie, insbesondere aber mit psychosomatisch kranken Patienten. Es ist die gleiche Zwickmühle, in der u. a. die onkologischen Ärzte mit den Eltern der krebskranken Kinder stecken: Haben sie Erfolge, dekompensieren die Eltern, und sie müssen sich als Böse und Spielverderber fühlen. Haben sie Mißerfolge, ist es das gleiche. Als

18 Vgl. auch V.-S., 1991a, 183 ff.

Behandler müssen wir diese tragische Verflechtung aushalten. Ich kann es nur, weil ich nicht heilen will. Ich kann nur da sein, nur mich begreifen und aussprechen, was ich begreife. Ob am Telefon oder zwischen Tür und Angel oder in einer Therapiestunde: ich kann nur da sein, immer dann, wenn Frau S. blitzartig auftaucht und sich mir als das seelisch verhungerte kleine Mädchen zu erkennen gibt, die kleine Ursula, die mit 5 Jahren plötzlich von der Mutter für böse erklärt und ab da Karin genannt wurde ...[19] Ihr wahres, ihr von der Mutter enteignetes Selbst soll Maria für sie verwirklichen. Die ersten 20 Jahre hatte Maria offensichtlich versucht, sich als »sunny girl« (284), dem falschen Selbstbild der Mutter anzupassen, so daß sie dieser, Frau S., als »kerngesund, hochempfindsam, sensibel, ein bewundernswertes Mädchen, von allen ins Herz geschlossen« (278) erschienen war.

Maria beschreibt ihr »sunny girl«-Dasein ganz anders – als 20 traumatische Schreckensjahre:

Wenn sie nach Hause kam, hatte sie schon Angst, daß irgendetwas nicht recht war; dann schlug der Vater sie, und vor Angst machte sie sich in die Hose und schämte sich dafür; sie durfte aber nicht weinen und mußte sich entschuldigen dafür, daß sie sich in die Hose gemacht hatte oder überhaupt ... Sie mußte einsehen, daß alles richtig war, was der Vater tat und sagte ... es allen recht machen. »Ich war Maria, das Kind, das immer alles einsah, es immer allen recht machte. Ich war die lachende Maria, was sollte ich denn machen! ... Was hatte ich denn! Der Bruder hatte sein Zimmer ... der Vater hatte seine Arbeit und ließ zu Hause den Frust ab. Und du«, sagt sie zur Mutter, »du hattest deine Freunde! Aber ich, ich hatte niemanden, der mir half; ich habe mir die Nägel und Hände buchstäblich aufgefressen vor Spannungen, ich hatte keine Freunde; nur der Krebs konnte mir helfen ...« (330).

Zunächst schien der Krebs für Maria eine Rettung zu sein:

»Verstehen Sie, das habe ich als Kind nicht bekommen, das gab es nicht für mich, angefaßt werden; nur Befehle und Vorwürfe, die gab es.« Aber als die Mutter sie nach der Operation ans Herz gedrückt habe, da habe sie erkannt, daß alle für sie da waren; der Vater habe ihr den Studienplatz geholt, da habe sie gesehen: der steht zu dir ... (332).

Maria war zunächst stolz darauf, mit ihrem Herztumor so Schlimmes durchzustehen, wie der Vater bei seinem Verdacht auf Hodentumor (vgl. 303).

Aber ihr Krankendasein läuft abermals auf Selbstanonymisierung

19 Vgl. S. 332.

hinaus: die Mutter profiliert sich in der Krankenbehandlung, und der Vater bewundert zwar, wie Maria die Krankheit meistert (400), aber sobald sie unter den chemotherapeutischen Gewaltkuren weinend zusammenbricht, »streckt er die Krakenarme nach der kleinen Tochter aus« (341).

Zusammen arbeiten wir an ihrer seelischen Gesundung. Der Tumor ist inzwischen eingekalkt, und Maria sagt:

»Es ist toll, ich kann in mich reinlauschen und meine Gefühle wahrnehmen, mich fühlen. Und oft kann ich schon Worte für mich finden« (381).

Jetzt merkt Maria: Als Kranke wird sie zwar vom Vater wahrgenommen, aber er sieht in ihr Alexandra, *seine* Mutter als junge Frau (vgl. 385). Maria sagt wieder: »Ich war richtig stolz, daß mein Vater mich *überhaupt* wahrnimmt, selbst wenn er dann seine Mutter in mir sieht« (385).

Sie will sich entpuppen wie ein Schmetterling (vgl. 379), aber es geht seit einiger Zeit nicht weiter. Sie merkt zwar, daß die alte »Märtyrerrolle« (378) nicht mehr zu ihrem Lebensgefühl paßt, aber immer noch orientiert sie sich an dem, was man von ihr erwartet. Dann sagt sie:

»Manchmal weiß ich überhaupt nicht, wer ich bin, wer die Maria ist, eine diffuse Masse, da ist kein Unterschied, zwischen Maria und Alexandra, ich selber fühle es gar nicht mehr; wenn ich gar nicht wahrgenommen werde, weiß ich nicht, wer ich bin...« (385).

»Du bist Maria und hast nichts mit der Oma zu tun«, sage ich ihr, »das Aussprechen deiner Gefühle, das macht gesund« (385/387), und Maria entdeckt sich:

»Daß ich mich überhaupt fühle, in mich reinlausche und mich frage, Maria, was geht denn in dir vor, das ist so toll und so neu« (387).

Was Maria glücklich macht: sich selbst zu fühlen, macht den anderen Angst – und sie beziehen es auf die Krankheit, nennen es »euphorisch«, und die Ärztin kommentiert... spätestens beim ersten Rezidiv werde sich Marias Überschwang legen (vgl. 338).

Tatsächlich nehme ich wahr, daß den Eltern Marias Entfaltung zur eigenständigen Persönlichkeit zunehmend Angst macht.

Frau S. sagte eben am Telefon: »Sie sei wie 2 Personen, nur in Marias Gegenwart gehe es ihr gut, nur wenn sie unmittelbar mit ihr zusammen sei« (406).

Und das heißt: »Glauben Sie mir, das kleine Köpfchen hat mir so gefehlt, drüber zu streicheln« (325).

Die selbstbewußte Maria rettet die Mutter nicht mehr vor der eigenen Lebensstörung, die sich als depressiver »Grauschleier« (319-321), als »Durchhängen« (350-353), wenn es ihr (Maria) gutgeht, offenbart. Diese eigenständige Persönlichkeit bedroht die Eltern, die sich 20 Jahre lang auf Marias Kosten über ihre eigene seelische Verfassung hinweggetäuscht hatten.
Kaliwoda nennt die narzißtisch gestörten Patienten zu Recht und voller Respekt: anonyme Persönlichkeiten (persönliche Mitteilung). Maria wurde in ihrem wahren Selbst anonymisiert: 20 Jahre lang als »sunny girl«, dann als »heroische Krebskranke«. Um überhaupt wahrgenommen zu werden und die Beziehung zu den Eltern aufrechtzuerhalten, paßte sie sich dieser Selbstbehauptung ohne Selbst an...
Seit wir miteinander arbeiten (September 83), eigne ich ihr kleinweis ihr Selbst zu: angefangen vom Furz, über ihr Herzklopfen, ihren Schlaf, ihr Weinen als Ausdruck ihrer Lebendigkeit, ihre warme weiche Stimme, ihren Eigennamen... ihr Gesundwerden als ihre seelische Leistung... Wir sind auf dem richtigen Weg. Maria und ich wissen es beide. Aber Maria muß auch mir gegenüber erst noch ihre alte Überlebensstrategie praktizieren, weil sie meint, auch vor mir ihr wahres Selbst vor unempathischen Übergriffen »in der Tonne versteckt« (392f.), »in der Truhe mit dem schweren Schloß davor« (395) verwahren zu müssen. Ich respektiere ihr Zögern. Seelische Selbstfindung braucht Zeit. Und das Tempo bestimmt einzig und allein der Patient. Ob der Tumor sich an dieses Tempo hält? Der Herztumor, den Maria schon als falschen Schamschutz zu begreifen wagt, der Tumor aber, der die Eltern und auch die Ärzte vor der Konfrontation mit der eigenen Lebensstörung rettet...
Eine verrückte Frage... vielleicht. Aber ich meine, es geht nicht um die Heilung des Krebses, es geht ums Leben: sinnvolles Leben aller Beteiligten. Frau S. begreift das, wenn sie mir sagt, daß sie, wie Maria, eine Therapie machen will.
Es ist schon spät, das Niederschreiben meiner Gedanken und Sorgen und Hoffnungen hat mir gutgetan. Ich kehre noch einmal zu meinen Bildern zurück. Male. Folge meiner Lebendigkeit. Meine Erregung hat ein Gesicht.[20]

20 Anmerkung 1987: Siehe die Skizze und Marias Wahrheit, die sie unter der erneuten Bedrohung durch Lungenmetastasen (wie schon August

21.5.84 Maria hat Lungenmetastasen

Hing auf der Autobahn im Stau und fürchtete Marias Übertragungs-Reaktion, wenn ich zu spät kommen würde: Vorwürfe, sich Abwenden, so wie man es ihr immer antat. Saß im Zimmer, Maria wollte zwischen 11 und ½ 12 Uhr kommen, saß still da, glücklich in meinem Körper, der jetzt ganz mir gehört. Plötzlich steht der Klinikspfarrer im Zimmer: Die Untersuchung heute früh habe ergeben, daß Maria Lungenmetastasen habe; sie sei auf Station. Der Mann setzte sich, was ich innerlich ablehnte. Ich blieb stehen. Ich kenne ihn: mit bizarrem Ring auf dem rechten Zeigefinger fungiert er als blondgelockter Todesengel im Klinikum. Ich kenne seine bigotten Reden aus der Balintgruppe. Man hatte ihn zu Maria geschickt. Er hatte gesagt, er stehe ihr zur Verfügung. Als sie es mir erzählte, sagte sie: Seither sind 5 Wochen vergangen und er hat sich nicht mehr blicken lassen. Kein Wunder, mit Bibelversen über »das Leben danach« konnte man Maria kaum abspeisen! – Ich danke ihm für die Benachrichtigung und setzte mich hin, als er gegangen ist. Rasend vor Schmerz, aber ganz still.

Ich ging dann auf Station. Ich dachte, wenn du nicht zu mir kommen kannst, komme ich eben zu dir. Ich ging langsam. Ich war erschüttert und sprach innerlich mit K.: über mein Entsetzen über Maria und meine Freude an mir, die ich heute morgen in meiner Analysestunde erlebt hatte. Beides hat nichts miteinander zu tun. Ich werde K. anrufen.

Ich finde Maria im Stationszimmer. Dr. H. ist bei ihr, total betroffen. Dieser Mann macht keinen Hehl daraus. Maria hockt mit Kaffeetasse am Schreibtisch. Ich nehme sie in die Arme, streichle ihr über den Kopf, sie weint los. Metastasen in der Lunge, sagt sie, sie müsse auf die Computertomographie warten und wolle dann noch mal nach Hause fahren. Wir gehen ins Schwesternzimmer. Es steht eine Unmenge Kuchen auf den Tischen, ein Fest steht an. Maria erzählt: Gestern abend habe sie das Gefühl gehabt, sie lebe vielleicht nicht mehr lange, etwas sei nicht in Ordnung. Und, sagt sie, ich wußte nicht, ob ich froh sein soll oder

83) aussprechen kann: daß sie immer an sich festhielt, sonst hätte sie nicht überlebt (vgl. 419ff.), 417.
Siehe zu meiner paradoxen Lebenssituation April/März 84, Teil 1, Nachtrag 4, S. 203-209.

traurig. Der Vater war mittags weggefahren, es ging mit ihm eigentlich dies Wochenende. Die Angstträume, das negative Gefühl, das sie oft tagsüber, im Supermarkt oder so, überfalle, daß ihr kotzübel werde, sei da gewesen. Sie erzählt einen *Traum:* Daß jemand anderer den Platz der Mutter in der Küche, die Hausfrauenherrschaft, sagt sie, einnimmt; Freunde sind da, und sie fühlt sich ausgeschlossen. Das Gefühl, ausgeschlossen zu sein, das überfalle sie. Das gehört zu früher, da hast du dich oft ausgeschlossen fühlen müssen, sage ich. Gestern abend habe sie gefühlt, etwas sei nicht in Ordnung, sie lebe nicht mehr lange. Zuvor habe sie ferngesehen und dann mit der Mutter einen Schrank mit Kork verkleidet, der Vater war mittags weggefahren, es sei diesmal gegangen mit ihm. Sie erzählt von dem *Film.* Ein 8jähriges Mädchen, die Mutter war weggegangen (ihre Mutter war tatsächlich mal weggelaufen, das hatte sie in einer Stunde erzählt, sie war damals 10 Jahre alt (363 ff.)), und sie sagt dem Vater, sie werde alles für ihn tun, er solle ihr seine Gefühle sagen. Der Vater sagte, sie solle das auch tun. Das sei eine erschütternde Szene für sie gewesen, das habe sie nie gehabt. Sie sei für den Vater bloß eine leere Hülle, er sähe sie nicht als Persönlichkeit. Er behandle sie so, wie man mit ihm umgegangen sei: ein Kind habe keine Gefühle. Sie ist so unglücklich, daß der Vater sie nicht wahrnehmen könne. Nur als Kranke. Jetzt werden sich alle wieder um die Lungenmetastasen kümmern. Aber das ist doch nur der kranke Teil von mir. Warum werde ich nicht als Mensch respektiert, warum!, sagt Maria weinend. Vielleicht wirst du es ja, wenn auch nicht vom Vater. Ja, Sie, schreit sie mich an, Sie, das ist etwas anderes. Aber Sie können mich nicht heilen, mir die Metastasen nicht nehmen. Nein, das kann ich nicht, und da bist du sicher enttäuscht, auch von mir. Ich habe dir das auch nie versprochen. Ich kann nur da sein. – Wir schweigen lange. Es ist ein stilles Schweigen. Ja, Sie sind da, sagt Maria, das ist viel, und es tut gut. Dann muß ich nicht aufgeben. Nein, zusammen müssen wir nicht aufgeben.

Sie werfe sich vor, sagt Maria, daß sie auch mir gegenüber verschlossen sei, jemandem ihre Gefühle zu zeigen, sei zu ungewohnt. Ich weiß, das verstehe ich. So wie du groß geworden bist, mußtest du dich immer ausgeschlossen fühlen. Sie sei enttäuscht. Sie habe die Krankheit nicht so ernstgenommen, nie so zerstörerisch erlebt. Jetzt, wo ich den Krebs nicht mehr brauche, kommen die Metastasen. – Wir sprechen ganz ruhig. Ich schütze uns gegen draußen: schicke eine Putzfrau raus. Eine Schwester kommt, knallt ihren Regenschirm ins Regal. Ich bin körperlich angewidert und spreche es aus, sie ist nicht in ihrem Körper, sage ich. Maria entschuldigt die Schwester. Wir sitzen uns gegenüber, zwischen uns auf dem Tisch die Unmengen Kuchen. Dann sagt Maria, Sie haben recht, wenn sie etwas wolle, heiße es immer, »Sonderwünsche«, daran merke sie, daß die Schwester nicht als Mensch fühle, sonst wäre es selbstverständlich. Sie fühle sich schuldig, daß sie verschlossen geblieben sei mir gegenüber und deshalb noch vieles aus ihrer Vergangenheit unbearbeitet sei. Deshalb, meint sie, die Metastasen. Du gibst dir Schuld, vielleicht denkst du auch, ich hätte mehr machen müssen. Aber ich kann den Krebs nicht heilen, wir können nur zusammen schauen, daß deine Lebensbedingungen menschlicher werden. Sie denke, warum ich. Sie könne nicht noch ein solches Jahr durchstehen. Sie hatte es gerade geschafft, nun falle der Geburtstag ins Wasser, der 21ste. Es ist schmerzlich, daß du wohl auf Station sein wirst, aber Geburtstag hast du trotzdem. Ich wollte dir das »Sie« schenken. Nein, sagt sie, das will ich nicht, wir sind uns näher. – Wir arbeiten ruhig. Maria weint, sie wolle alles hinschmeissen, das Malen, nicht hier auf Station, sagt sie angewidert. Ich sage, nicht aufgeben, Maria, das kannst du weitermachen, wenn es dir Spaß macht. Anders als vor einem Jahr kannst du jetzt für dich sprechen. Manchmal gehe es schon, aber nicht immer. Ich bin da, zusammen geht es dann ja vielleicht.

Wir vereinbaren, daß sie mich anrufen kann, wenn sie will, und daß ich morgen zu ihr auf Station komme. Ich will runtergehen, auf meine Mami warten, sagt sie.

Ich telefonierte mit K. Er verstand meine Angst vor Vorwürfen, aber er sagte: Dafür können Sie nichts. Sie können nur da sein. Ich danke ihm aus ganzem Herzen. Ich bin froh, daß er versteht, daß er da ist.

Um 15 Uhr gehe ich auf Station, schweren Herzens, aber in mir höre ich die Worte: Sie können nichts dafür, sie können nur da sein... Ich wollte Maria und ihre Mutter sprechen: Ich traf Frau S. im Schwesternzimmer, sie telefonierte und ignorierte mich. Ich suchte Maria und traf sie zusammen mit den Ärzten im Schwesternzimmer zwischen abgegessenen Kuchentellern. Maria fragte mich nach meiner Telefonnummer. Ich gab sie ihr.

Ich bat dann Dr. Y. um ein Gespräch. Wir gingen in sein Zimmer in einen anderen Trakt des Gebäudes. Er sagt, er arbeite auf Heilung hin, noch immer, sagt er. Maria habe Lungenmetastasen, es sehe schlecht aus, 5% Chancen. Ich sage, wie können Sie dann von Heilung sprechen. Wir sind beide betroffen, wir machen beide keinen Hehl daraus. Ich sage, der erneute Verlust der Haare, das würde Maria seelisch umbringen. Das kann er nicht fühlen. Sie müßten alles machen, um sich keine Vorwürfe machen zu müssen. Ich sage, aber *mit* Maria, Maria muß mitreden dürfen bei ihrer Behandlung. Sonst ist es für sie so, daß Sie den Krebs als das Böse bekämpfen, und Maria erlebe sich als einen Gegenstand, der bekämpft wird. Er versteht mich nicht. Er fragt, ob ich gerufen werden will, wenn es zu Ende gehe mit Maria. – Was für eine Verwirrung, denke ich, eben sprach er von Heilung, nun vom Ende. – Ich sage, wenn Maria es will, Sie müssen Maria fragen. Als ich gehe, sagt Dr. Y., Sie sind immer willkommen auf Station. Ich danke ihm. – Als ich das erste Mal im Oktober zu Hanna kam, sagte mir Dr. X., er halte nichts von Psychotherapie, heute, wo es zu Ende geht, akzeptiert mich Dr. Y. Auf den Gängen zurück zu Maria – ich finde mich in diesen gleich ausschauenden Gängen kaum zurecht – weine ich: Ich arbeite mit Maria an ihrer Lebendigkeit bis zur letzten Minute, denke ich, daran ändert sich nichts. Es kann nicht um Heilung gehen, nur um menschenwürdiges Dasein. Nicht totgeschwiegen werden bei lebendigem Leibe...

Ich finde Maria zwischen den Schwestern in der Kuchenschlacht, sie liest. Die Ärzte sprechen über die Behandlung. Plötzlich sagt sie, ohne von ihrem Comicheft aufzuschauen, ... noch lebe ich.

Ich gehe mit Frau S. auf den Flur.

Sie sagt, das mußte ja so kommen, die Haare werden wieder ausfallen. Es sei so schön, mit Maria gemeinsam in der Küche was zu machen, Hand in Hand zu arbeiten. Sie erlebe Maria wie eine 8jährige, die der Mutter schon mal was abnehmen könne. – Ich höre ihr zu und denke: Sie sieht in Maria die Ursula, die mit 8 Jahren von ihrer Mutter umgetauft wurde. Was für ein Wahnsinn! Maria führt in Abwesenheit der Mutter den Haushalt für Bruder und Vater, egal ob ihre Kräfte reichen oder nicht, danach fragt keiner. Aber wenn die Mutter da ist, muß die 20jährige ihr als 8jährige zur Hand gehen. – Immer wieder sagt Frau S., sie wisse nicht, wie sie werde leben können, wenn Maria sterben wird. Immer wieder sage ich ihr: Nur die Gegenwart zählt, Sie haben doch gehört, was Maria eben gesagt hat: noch lebe ich. Sie dürfen Maria nicht totsagen mit den Gedanken, was sein werde, wenn ... Sie sei zutiefst enttäuscht, sagt Frau S., auch von mir. Ich weiß, sage ich, ich kann den Krebs nicht heilen. Ich habe das nie versprochen. Aber Maria hat im letzten halben Jahr zu leben begonnen. Ja, sagt Frau S., aber wozu das Ganze, wenn sie jetzt doch sterben muß. Ich sage, wenn Sie so fragen, löschen Sie mit der Gegenwart die Vergangenheit aus: Marias Lebendigkeit im letzten halben Jahr, alles Schöne, was sie sich gemeinsam geschaffen haben. Und Sie löschen mit der Zukunft, die keiner von uns kennt, die Gegenwart aus: Maria lebt. Frau S. lächelt, Sie haben recht, das darf ich nicht, aber es passiert mir immer wieder, daß ich so vernichtend denke. Sie wolle alles für Maria tun, ganz für sie da sein. Und für sich, sage ich. Wir können nur da sein und Maria zeigen, daß wir uns unserer Lebendigkeit nicht schämen. Dann braucht sie sich trotz Metastasen auch nicht ihrer Lebendigkeit zu schämen. Dann kann sie die erneute Behandlung lebendig durchstehen.

22. 5. 84 Maria Stuart ... sonst hätte ich nicht überlebt, wenn ich mich nicht innerlich hätte bewahren können, indem ich an mir festhielt

Ich gehe zu Maria auf Station und finde Frau Dr. L. mit Herrn und Frau S. in Marias Zimmer. Beide Eltern sitzen auf Kinderstühlchen. Herr S. bietet mir das dritte Stühlchen an. Ich sage ihm, ich setze mich auf kein Kinderstühlchen, sonst könnte ich nicht mehr dafür eintreten, daß es große Stühle für erwachsene Patienten wie Maria auf Station geben müsse. Frau Dr. L. spricht von schlechter Prognose, man müsse behandeln, weil man sich sonst vorwerfen müßte, etwas unterlassen zu haben. Ich sage, man müsse Maria fragen. Sie habe sehr darunter gelitten, daß ihr im Februar wieder die Haare ausgegangen seien; das sei gegen ihr Gefühl gewesen. Ich sage offen, daß ich nicht verstehe, daß die Ärzte von Heilung sprechen. Ich arbeite nur mit dem Patienten daran, mit dem Krebs zu leben. Frau Dr. L. meint, das dürfte ich nicht sagen. Ich sage, diese Kontroverse betrifft uns, Ärzte und Psychotherapeuten, die können wir jetzt nicht führen. – Ich bin verblüfft, wie sicher und entschieden ich spreche, rückhaltlos spreche ich aus, was ich meine, und bestimme damit das Gespräch. – Herr S. fragt mich, er könne sich nicht entscheiden, ob er für Maria, die Frau und den Sohn Ferien machen sollte. Ich frage ihn: Wie fühlen sie es. Er sagt, er wäre gern in der Nähe. Er schaut hilflos seine Frau an. Ich gebe zu bedenken, daß Maria es als besonders dramatisch erleben werde, wenn der Vater da sei. Und ich denke daran, daß sie mir sagte, sie leide gerade darunter, nur als Kranke vom Vater Aufmerksamkeit zu bekommen. Wichtig wäre für Maria, sage ich, daß sie das Gefühl hat, daß der Vater innerlich da ist, egal ob er in H. oder in R. ist. Herr S., der inzwischen mitten auf Marias Bett sitzt, als wäre er der Patient, denke ich, nickt. Frau S. sagt, sie habe Angst. Sie weint und wir schweigen alle. Maria hat die gleiche Angst, sage ich vorsichtig, wir müssen die Angst nicht verbergen. Frau S. weint, von Maria könne man lernen. Womit Maria das verdient habe, klagt sie. Ich sage spontan, es ist kein Verdienst, Krebs zu haben. Frau S. lacht, sie lacht erleichtert, und ich begreife, daß ich dadurch, daß ich ihre ewig stupide Redeweise ernstgenommen habe, sie durchbrochen habe. Ich sage zärtlich, es geht nicht um Verdienst und Schuld, aber das ist in unser aller Denken so drin. – Als ich das sage, schaue ich auch Herrn S. an. Ich schaue dann auch Frau Dr. L. an, die, nachdem sie meinen Aufsatz, »Den Krebs entpathologisieren«[21] gelesen hatte, vor einem Jahr in der Balintgruppe empört gesagt hatte, das könne man nicht sagen, die Ärzte *bekämpften* den Krebs als *das* Böse, und das sagten sie auch den Patienten. Ich denke an die Bescheinigung, um die mich Herr S. wegen der Trennungsentschädigung gebeten hatte und in der ich erwähnen sollte, daß Maria im Zeitraum von einem Jahr geheilt sein werde. Ich sage nichts, das ist jetzt nicht der richtige Moment dafür. Ich konnte die Bescheinigung noch immer nicht schreiben, weil ich diesen Wahnsinn nicht mitmachen kann.

Maria kommt. Alle schweigen. Ich begrüße sie: Wir warten auf dich, sonst mußt du immer warten. Sie setzt sich auf ihr Bett. Vater und Tochter sitzen jetzt beide dort. Es ist Scheiße, sagt Maria. Vater und Mutter wollen essen gehen, ob ich noch bei Maria bleibe,

21 Vgl.: »Den Krebs entpathologisieren«, 1982.

fragt mich Frau S. Ich schaue Maria an. Das hänge davon ab, was die Doktoren mit ihr vorhätten, sagt Maria zu Frau Dr. L. Der Vater weist sie zurecht, sie sollte netter sein zu den Ärzten. Maria beharrt, sie habe nur gefragt. Dr. L. meint, erst mal nichts, sie könne aber Limbatril bekommen. Maria will nicht. Sie habe Angst vor der Punktion. Ich sage, die müsse ja nicht immer schmerzen, bei Hanna neulich habe sie auch nicht so wehgetan. Maria meint, sie habe jetzt auch noch Leukämie. – Ich hatte die Punktionen verwechselt. – Herr S. spricht von seinen Erfahrungen bei der Meningitis, natürlich waren es bei ihm gleich zwei Punktionen gewesen. Er sitzt wieder im Kinderstühlchen und sagt, beim Bund müsse er oft ganz andere Unannehmlichkeiten in Kauf nehmen. Dann gehen alle. Ich bin mit Maria allein.

Jetzt weint Maria verzweifelt. Jetzt bin ich wieder in der Mühle drin, und sie erklärt mir, was sie damit meint: nackt dastehen und die Türen stehen offen, geduzt werden, egal von wem, verstehen Sie, das ist das Unerträgliche, das ist so unwürdig. Alles geht wieder von vorn los, ein Jahr habe ich hinter mir (letzten Mai war die Herz-Operation), wozu das Ganze! Um wieder ein Jahr rauszuholen, sage ich. Und dann, man wisse nie, wie es weitergehe. Ich frage sie, was sie täte, wenn sie könnte, wie sie wollte. Sie sagt, das wisse sie nicht. Die Punktion mache ihr Angst. Ich spreche das Limbatril an, ob sie lieber bei Bewußtsein bleiben wolle. Sie wolle gar nicht punktiert werden, aber keiner höre auf sie, das wüßten doch alle. Sie brauche nicht die Versicherung von allen, daß sie tapfer sei, sie habe es satt. Sie starrt vor sich ins Leere, mit matten Augen, ratlos, fassungslos. Es hat dir die Sprache verschlagen, sage ich. Nein, es ist, wie wenn man eine Geldbörse mit 100 DM liegengelassen, verloren hat. Dann hättest du ja schuld und müßtest mit Vorwürfen rechnen, das kennst du von zu Hause, aber so ist es nicht. Du bist nicht schuldig. Sie schaut mich an und weint. Ich habe Angst, ich habe Angst. Ja, sage ich, das ist das Gesunde, du mußt Angst haben, und jeder, der dir die Angst ausreden will, spinnt. – Ich sehe sie an, sie kommt zur Ruhe. – Ich sehe die Bücher auf dem Nachtkasten: über Eskimos, ein Buch, das sie sich vom Vater gewünscht hat, ihre Farben: kühle Blaus. Ich frage sie, ob sie zu Hause alles so ordnen konnte, wie sie es wollte. Schon. Ich frage sie, was sie davon hielte, wenn der Vater ganz da wäre, er habe mich um Rat gefragt. Sie sagt, er braucht meine Nähe, er ist selber wie ein Kind, das noch nichts entschei-

den kann, aber das Verrückte ist, sagt sie, er trifft Entscheidungen in unserem Heer. Sie brauche die Mutter, zum Vater fühle sie Distanz, und sie fürchte sich, daß er sie als schwach erlebe, wenn sie wieder an der Infusion hänge. Sie meint, wenn er ein verlängertes Wochenende da sein würde, auch für den Bruder, sei das o. k. Wir sprechen von ihren Büchern, moderne Märchen, eines über Lieblosigkeit, eines über Bäume, die man nicht willkürlich beschneiden dürfe. Früher hatte sie ein Buch von Johannes und dem alten Mann, der mit ihm sein Leben teilte, gelesen. Ihr Traum von einem Vater.
Die Schwester kommt mit Limbatril, das Maria eine Stunde vor der Behandlung nehmen solle. Ich sage, ob Dr. H., von dem ich weiß, daß er auf Maria eingehen kann, der ihr zuhört, nicht kommen könne. Die Ärzte hätten Sitzung. Die Schwester erklärt Maria beredt die gute Wirkung des Limbatril gegen das Kotzen. Maria sagt, sie kotze der Vollrausch an, aber zu mir sagt sie, die Alternative sind 70 Stunden Dauerkotzen. Ich bitte die Schwester, mir die Tropfen zu geben und aufzuhören, Maria die Geschichte vom Kotzen einer anderen Patientin aufzutischen. Sie ist pikiert. Maria muß sich dazwischen fühlen, aber ich beharre trotz des Risikos eines Übergriffs. Niemals vorher habe ich in die ärztliche Behandlung eingegriffen. Als die Schwester raus ist, frage ich Maria, ob sie sich vorstellen könne, daß man nicht allein sein muß, wenn man Schmerzen habe unter der Behandlung, daß sie an einen Menschen denken könne, den sie lieb hat. Ja, sagt sie, wie *Maria Stuart*, die vor ihrem Todesurteil sich mit etwas beschäftigen konnte, worin sie sich wiedererkennen konnte. Ich bin verblüfft. Das weißt du. Ja, das sei das einzige, was sie in der Schule gelernt habe. Gerade das, sage ich leise. Ja, *sonst hätte ich nicht überlebt, wenn ich mich nicht innerlich hätte bewahren können, indem ich an mir festhielt.* Das habe ich dir sagen wollen. Ich meine nur nicht, daß es bei dir um ein Todesurteil geht wie bei Maria Stuart. Heute hast du das Schloß von der Truhe genommen. Maria ist verblüfft. Stimmt, es ist gar nichts passiert, ich fühle mich ganz ruhig. Ihnen konnte ich das sagen, Sie haben ja auch nach mir gefragt, nie hat das jemand getan. Ich hätte vorhin gemeint, sage ich, das Limbatril gegen die Schmerzen einzunehmen, wenn sie lieber bei Bewußtsein bleiben wolle, sei nicht gut, aber das Kotzen hätte ich nicht bedacht, da fühle sie sich dann auch eher fremd. Sie stimmt zu, daß ich ihr das Limbatril gebe, 10

Tropfen. Ich beginne. Sie solle zählen, sage ich, ich könne nicht zählen. Was, sagt Maria, Sie können nicht bis 10 zählen. Nein. Und es ist ein gemeinsames Spiel... bei 3 Tropfen stockt die Flasche. Jetzt versucht Maria es selber, plötzlich kommen die Tropfen, ich zähle schnell mit, rufe, 11. Sie lacht, dann können Sie ja doch bis 10 zählen. Dann weißt du jetzt ein Geheimnis von mir. Wir lachen. – Inzwischen ist die Mutter wieder da. Maria nimmt das Limbatril und löffelt Kaltschale hinterher. Maria sagt plötzlich, ich habe etwas Neues entdeckt: ich konnte bei der Testung der Distanz von Tumor und Herzwand mein Herz hören, es war wie ein Glucksen in einem Sumpf. Frau S. sagt, das Herz sei wie ein Motor. Ich greife Marias Worte auf, du hast lebendige, schmatzende, glucksende Geräusche gehört, das ist toll. Maria freut sich über ihr Herz. Und ich freue mich, daß du auch bei der Untersuchung auf deine Sinnlichkeit hörst, nach innen lauschst, sage ich. Dann klagt sie, jeder duze sie, sie sei dann erst mal so verletzt, daß sie nicht reagieren könne. Das ist respektlos. Aber du kannst doch für dich sprechen, sage ich. Das sei so anstrengend. Ja, anstrengend, weil du dir das Selbstverständliche, die Menschenwürde, erst erkämpfen mußt. Frau S. sagt, wenn sie zurückduze, das sei frech, aber erfolgreich. Sprechen schützt dich, dann fühlst du dich nicht so bloßgestellt. Das müsse sie ohnehin, sich ausziehen und die Türen stünden offen. Du mußt dich dann in deiner Intimität verletzt fühlen, das verschlägt dir die Sprache.
Herr S. kommt rein, geht sofort wieder, um nicht zu stören. Maria, die nicht sehen konnte, wer in der Türe steht, – in ihrem Gesicht steht Angst –, fragt die Mutter. Es sei der Vater, der nicht stören wolle. Der Bösewicht also, der an allem schuld ist, sagt Maria ernst und verschwörerisch zur Mutter. Ich verabschiede mich, ich werde morgen reinschauen. Zur Stunde werden die Kräfte wohl nicht reichen, meint Maria. Wir gucken uns sicher und ruhig in die Augen, nichts trennt uns. Ebenso ist es zwischen mir und der Mutter.
Auf dem Flur spricht mich der Vater an, wir gehen auf den Balkon raus. Er wiederholt, er wisse nicht, ob er für Maria, den Sohn, die Frau Urlaub nehmen solle oder ob er damit nicht die Reserven aufbraucht, die er dann später u. U. noch brauchen werde. Ihre Angst, Ihre Gefühle zählen, sage ich. Wenn Ihre Frau Sie ruft und wieder wegschickt, kann nur zählen, wonach Ihnen

das Herz steht. Das gab es nie, daß ich zähle, sagt Herr S.; mit 13 ins Internat, es mußte sein, nie fragte jemand nach mir. Ich frage nach Ihnen, sage ich. Er nimmt es an. Wir stehen ruhig da. Er möchte meine Telefonnummer. Ich gebe sie ihm. Er dankt mir für das Gespräch. – Ich blieb bei mir, und dadurch konnte ich da sein. Heute hatte ich mit jedem gesprochen. Ich war stolz auf mich und ruhig. Sie können nur da sein, hörte ich K. in mir sagen und war zufrieden mit mir.

Anmerkung 1987: Maria hatte sich in dieser Stunde aus ihrer Selbstverborgenheit herausgewagt, und ich habe sie deshalb für eine Veröffentlichkeit »Maria« genannt und die Familie »S.«, wie Stuart.

Nachtrag 8
Maria entdeckt sich selbst

M: »Mit der Mutter ist es wie bei siamesischen Zwillingen. Oft sage ich, was die Mutter denkt, bloß ein bißchen früher, und mit dem Vater fühle ich gleich«.

Frau S.: »Glauben sie mir, das kleine Köpfchen hat mir so gefehlt, drüber zu streicheln«.

M: »Mit der Mutter verstehe ich mich ohne Worte. Aber ich kann Gefühle nicht zeigen, dann fühle ich mich schutzlos«.

Frau S.: »Ich bin wie 2 Personen, nur in Marias Gegenwart geht es mir gut, nur wenn ich unmittelbar mit ihr zusammen bin...«.

Maria Frau S.

»Ursula«
»Sunny girl«

Karin

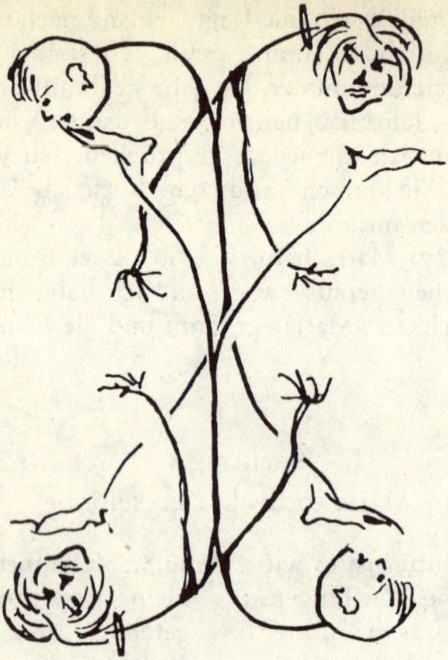

Vater

»krank«
»Alexandra«

Maria Herr S.

M: »Am Samstag kam er und begrüßte mich und die Mutter ganz lieb als ›meine beiden Mädchen‹ und sagte zu mir: so stelle er sich vor, daß seine Mutter als junge Frau ausgesehen haben mag... Manchmal weiß ich überhaupt nicht, wer ich bin, wer die Maria ist, eine diffuse Masse, da ist kein Unterschied zwischen Maria und Alexandra, ich selber fühle es gar nicht mehr; wenn ich gar nicht wahrgenommen werde, weiß ich nicht, wer ich bin, ...«.

Herr S.: »Ich hab Heimweh nach dir ...«.

M: »Kranksein, das war die einzige Rettung meines Selbst: Krankheit respektiert mein Vater, er bewundert es, wie ich das meistere, sagt er, das könnte er nicht. Aber ich will es schaffen, ohne Krankheit zu leben, selbst wenn ich mich von meinem Vater trennen muß«.

M: »Sonst hätte ich nicht überlebt, wenn ich mich nicht innerlich hätte bewahren können, indem ich an mir festhielt«.

23.5.84 Permanent im Tal ... mit kleinen Anhöhen, Gaumenfreuden

Ich komme zu Maria, innerlich in großer Sorge, und finde sie essend vor: ein Kotelett. Es gehe ihr gut, nur einmal habe sie kotzen müssen. Wenigstens die kleinen Gaumenfreuden bleiben einem, sagt sie. Insgesamt gehe es ihr wider Erwarten gut. Aber sie klagt mir ihr Leid: die Punktion mußte wiederholt werden, die Infusionsnadel sei abgebrochen. Die Nacht ist entsetzlich, alle 5 Minuten Kontrolle, die Schwestern können ja nichts dafür. Obwohl sie erstaunt ist über ihre gute Verfassung, ist sie unzufrieden, sie sei permanent im Tal, rundherum Berge. Sie grübelt. Eine Fernsehkamera müßte aufnehmen, wie sie aussähe, wenn ... sie traut ihren Gefühlen nicht, der Körper spreche eine kranke Fremdsprache, die sie so nicht fühle.
Frau S. kommt, grüßt vom Restaurantbesitzer, der Maria Essensgeschenke macht. Sie legt Maria die Gaben in Zeitungspapier verpackt aufs Bett. Maria sagt mir, sehen Sie, das hat man gern, so kleine Aufmerksamkeiten, da weiß man, daß man wahrgenommen wird. – Ich höre, wie sie von sich als »man« spricht, sage aber nichts. Ich habe Schwierigkeiten, Maria als diesen kleinen Freßsack zu akzeptieren, obwohl ich weiß, daß das ihre Körper-

Selbst-Ebene ist. Frau S., die mit Marias Zustand hausieren und elstern geht, kotzt mich irgendwie an: Kapitalschlagen aus einer Katastrophe, was für ein Scheißspiel, denke ich.
Frau S. geht mit auf den Flur. Sie ist in ihrem Element, total Dienerin von Maria, sagt sie. Einen Menschen mit Herz, das brauche Maria und auch sie, sagt sie. Ja, denke ich, das hätte sie schon früher gebraucht, statt Kulinarisches.

25.5.84 Telefonat Frau S.

Die Sekretärin meines Klinikchefs ruft mich an: Frau S. lasse mir ausrichten, daß ich heute nicht auf Station kommen sollte, daß »Maria dazu keine Meinung hätte«. – Ich erlebe es als aggressiv und vorwurfsvoll. Dann fühle ich mich aber auch entlastet und fahre in die Stadt, setze mich ins Café in die Sonne.

26.5.84 Marias 21. Geburtstag

Ich gehe mit einer gelben Rose zu Maria. Sie begrüßt mich lachend: Ach, die Alfrun, mein Seelendoktor, und stellt mich einer Frau von X. vor, »eine liebe Freundin der Familie«. – Ich gehe bald wieder, zufrieden, daß ich sie sah und sie weiß, daß ich an sie denke. Mir ist unbehaglich unter diesen alten steifen Leuten. Nie habe ich gesehen, daß ein Gleichaltriger Maria besucht. Und unter diesen Alten spielt sie das »sunny girl«, als das die Mutter sie mir im Erstgespräch beschrieben hatte. Formvollendetes Elend, denke ich. – Maria wird Montag entlassen und wird sich wegen eines neuen Termins melden.
Sie meldete sich die ganze Woche nicht, ich war besorgt. Aber ich mußte ihr die Initiative überlassen, so schwer es mir fällt. Das ist unsere Vereinbarung.

1.6.84 Ich arbeite allein weiter

Ich rufe Maria an. Frau S. ist dran und sagt mir, Maria habe die Nase voll von G., man könne ihr das nicht verdenken.
Ich spreche mit Maria. Sie habe eine kleine Reise zu Verwandten gemacht, sei sehr erschöpft, aber es gehe ihr gut. Sie sei dankbar, sie fühle sich gut, trotzdem, was sich ergeben hat, sagt sie. Sie arbeite jetzt erstmal allein weiter. Sie wolle nicht extra zu mir nach G. kommen. Am 11./12. komme sie stationär, da könnte ich kommen. O.k., sage ich, du bestimmst, wann ich kommen soll. Sie sagt, es sei lieb, daß ich angerufen hätte. Ja, sage ich, ich verstehe, daß du die Nase voll hast von G., vielleicht auch von mir, aber ich habe deshalb nicht die Nase voll von dir. Sie lacht. Wir verabschieden uns herzlich, wie immer.

6.6.84 ... 21 Uhr, Telefonat Frau S.: Keine gute Nachricht

Keine gute Nachricht, sagt Frau S., die Maria ist heute morgen in meinen Armen eingeschlafen. Gestern war sie auf einem kleinen Fest und hatte eine schlechte Nacht. Sie hat nicht mehr gekämpft, und ich habe sie gehen lassen. Sie mußte nicht leiden. Darüber bin ich glücklich. Sie sagt mir den Begräbnistermin und spontan sage ich, daß ich komme. Sie wolle später mit mir sprechen, um mit den Menschen, die Maria näher gekommen sind, Kontakt zu halten.
K. ist nicht da. Ich muß mit jemandem sprechen. Ich rufe E. an, der sehr betroffen und traurig mit mir ist. Dann sagt er, er habe Gäste.
Ich weinte allein.
Als ich dann Marias Todesanzeige lese, bin ich entsetzt. Die Eltern hatten sie überschrieben: »Sei getreu bis in den Tod – So will ich dir die Krone des Lebens geben«. Für mich hieß das, daß sich diese Eltern selbstherrlich aus der Verantwortung davonschlichen.
Ich verstand, daß sie sich schuldig fühlen mußten – obwohl ich nicht meine, daß sie schuldig sind, denn es ist allenfalls tragisch, nicht lieben zu können –, aber ich akzeptierte nicht, daß sie Marias mühsam gewonnene Lebendigkeit verrieten an »ein Leben

danach«. Ich akzeptierte es nicht, weil diese Eltern sich bewußt waren, was sie Maria angetan hatten, ihre Unmenschlichkeit nun aber umtauften in gottgewolltes Leiden an Krebs.

21. 10. 87

Diese Aufzeichnungen von meiner Arbeit mit Maria sind meine Weise, sie nicht zu vergessen.

Teil 3
Allessa – akute überfallartige Leere

Psychosoma-Analyse mit Allessa, 19 Jahre, Speicheldrüsenkrebs

Übersicht

Es liegt mir am Herzen, an dieser Stelle von der Arbeit mit einer 19jährigen Patientin zu schreiben[1], um zu zeigen, wie ich in meinen Psychosoma-Analysen versuche, die Realtraumen in *trauma*-analogem Verstehen zu entziffern, die sich den Patienten als gestörte Beziehungsentwürfe körperlich eingeschrieben haben. Diese körperlichen Beziehungsentwürfe sind dem Erleben der traumatischen Ereignisse *analog:* tragischer Selbstausdruck totgeschwiegener Sinnlichkeit.
Die folgenden Aufzeichnungen machte ich im Verlauf meiner Arbeit mit Allessa von Mai bis November 83.

1. Erstgespräch mit Allessa und den Eltern: Allessa soll sein wie früher (18. 5. 83)

Ich sitze 3 Menschen gegenüber: Allessa, 19 Jahre, Schülerin, – im Krankenblatt hatte ich gelesen: mit 17 Jahren Speicheldrüsenkrebs, OP 81 –, der Mutter, einer erstarrt wirkenden Frau, und dem Vater, einem Bankfilialleiter mit Dauerlächeln im Gesicht. Die Eltern fallen über Allessa her, das gehe so nicht mehr mit ihr, sie spreche nichts, das halte keiner aus, früher sei sie ganz normal gewesen. Wie Freundinnen haben wir im Café gesessen, sagt die Mutter ... nicht einmal ein »Guten Morgen« am Geburtstag der Oma, ergänzt der Vater in Allessas Richtung. Mit mir kannst du doch sprechen, sagt er zu Allessa, früher haben wir oft gesprochen, sagt er dann zu mir, ich konnte ihr alle Sachen erzählen und sie hat zugehört. Deine Probleme habe ich mir angehört, sagt Allessa vor sich auf den Boden und schweigt dann wieder. Speicheldrüsenkrebs, denke ich, ihr ist die Spucke ausgegangen. Nächtelang haben die beiden geredet, sagt die Mutter, mir ist das egal, nur ihr Schweigen macht uns noch alle krank. Allessa schaut die Mutter an, den Mund fest verschlossen, nicht verbissen, nur furchtbar ernst. Ich kann keine Narben an Gesicht und Hals wahrnehmen. Sie haben sie narzißtisch ausgebeutet, denke ich, sie kann nicht mehr und steht als Spielverderber da. Sind Sie ein Einzelkämpfer, sage ich zu Allessa und denke, ich muß es wagen. Allessa überlegt lange. Man könnte das so sagen, sagt sie bedächtig, schweigt wieder. Darüber habe ich nie nachgedacht, aber ich

1 Siehe 1991b, S. 468 ff.

war mein Leben lang allein. Sie sagt das ohne Vorwurf, sie sagt nur, was ist. Wie kommen Sie darauf, sagt sie vor sich hin, dann schaut sie mich an, nicht fragend, nur furchtbar still. Sie tragen so einen kleinen Zopf im Nacken, das brachte mich drauf, Chinesen oder Asiaten, ich weiß nicht recht, tragen die Haare so. Sie wirken auf mich wie ein Mensch, der gut auf sich aufpassen muß, sage ich. Sie hatten Krebs, das habe ich in der Akte gelesen, wollen wir darüber sprechen? Erst hat es keiner glauben wollen, sagt die Mutter, aber alles ist gutgegangen. Ich blicke Mutter und Vater an: Sie starrt mich an, der Vater lächelt mich an. Ich wende mich wieder Allessa zu. Wie soll ich sagen, das ist nicht komisch, sagt sie, ich habe die Zähne zusammengebissen. Sie tut das, beißt die Zähne zusammen, schweigt. Es braucht keiner was zu merken, habe ich gedacht. Jeden Tag habe ich sie gefahren, sagt der Vater zu Allessa. Nach H. sagt die Mutter zu mir, jetzt nur noch 14tägig, aber sie fährt selber, sie will keine Hilfe. Sie haben alle zusammen eine furchtbare Belastung durchgestanden, sage ich und schaue von einem zum anderen. Die Mutter starrt mich an, der Vater lächelt mich an, Allessa schaut vor sich auf den Boden. Krank sind wir alle mal, sagt der Vater mit einem gewinnenden Bankschalterlächeln, als hätte ich um Kredit nachgefragt, um Schonung vor dieser Sachlichkeit, Sie und ich auch, das ist keine Schande, aber dann geht das Leben weiter. Ich kann nichts sagen, es verschlägt mir die Sprache. Ich schweige. Die Eltern setzten wieder mit den Vorwürfen gegen Allessa ein. Ich höre zu und habe das Gefühl, es geht um etwas anderes, worüber aber nicht gesprochen wird. Ich sage das. Ach, wissen sie, sagt der Vater, soll sie sich in ihr Zimmer einsperren, bitte, dann sind wir eben die Alten, die abgeschoben sind. Er fühlt sich ausgesperrt, denke ich, wie ich, ich verstehe auch nicht, worum es geht, aber ich finde nur Kontakt zu Allessa. Diese Eltern kann ich nicht erreichen. Es ist kein Ringen zwischen uns, keine Vorwürfe, ich bin nur ratlos. Ich sage es und frage die Eltern, ob sie glauben, etwas für sich ändern zu wollen und ob ich ihnen dabei helfen kann. Beide sagen: Wir, nein, was sollen wir ändern! Allessa soll sein wie früher, sie war immer ein freundliches Kind, unkompliziert, sagt die Mutter, sie soll wie früher sein, dann ist alles in Ordnung. Ich frage Allessa. Sie denkt lange nach. Dann sagt sie..., ich möchte mich selber besser verstehen, ich weiß nicht, warum ich so bin. Ich bin betroffen und spüre, daß zwischen ihr und mir

eine Begegnung geglückt ist. Ich sage, Sie sind in Ihrer Familie die Einzige, die etwas für *sich* ändern will, ich kann versuchen, Ihnen dabei zu helfen.
Wir vereinbaren einen neuen Termin. Die Mutter sagt, ich kann dich ja fahren. Allessa stimmt zu. Ich schöpfe Hoffnung, daß die Eltern mich kennengelernt haben und sich auf ihre distanzierte Weise beteiligen werden, vielleicht können sie dann doch auch profitieren, denke ich.

2. Gespräch mit der Mutter: Allessa ist dann ja wohl homosexuell... rein biologisch

Die Mutter bringt Allessa zum 2. Gespräch. Sie will mich zunächst allein sprechen. Sie sagt, Allessa ist dann ja wohl homosexuell, das gibt es ja, rein biologisch. Sie und die Steffi, die gehörten zusammen, sie wolle mir das sagen, vielleicht könnte ich da ja Einfluß nehmen. Sie erzählt, wie vertraut sie und Allessa immer waren, ins Café, Arm in Arm durch die Stadt, unzertrennlich. Ich kann nachvollziehen, wie sehr die Mutter Allessas Alleingang kränken muß, und sage es ihr.
Heute ist der Kontakt zu dieser Frau möglich. Ich nehme ihre Hände wahr, Rheumahände. Als sie geht, bemerke ich den verzerrten Körper und bin erschüttert. Das war mir im Erstgespräch nicht aufgefallen. Es ist zu spät, denke ich und bewahre die Wahrnehmung in mir. Hinter der Starre dieser Frau und ihrer Sachlichkeit hatte ich nicht die kranke Frau wahrnehmen und sie deshalb auch nicht körpernah ansprechen können. Die Rheumahände hatten an meine traumatischen Szenen gerührt, vielleicht hatte mich das überfordert, das mußte ich mir eingestehen.

3. Allessa auf der Suche nach Zärtlichkeit und Wärme

Ich sage Allessa, was mir die Mutter gesagt hatte. Sie sagt, sie schieben mich in die Lesbenecke ab. Ich habe die Steffi wirklich gern, einmal haben wir uns auch angefaßt, dann nie wieder. Die Steffi kann das nicht mit ihrem Glauben vereinbaren, ich kann das verstehen, obwohl das für mich anders ist. Ich habe die rheumatischen Hände der Mutter vor Augen und denke, es wird nicht viel

15.12.87 A.v.V.-L.

zärtliche Berührung geben in dieser Familie. Ich sage, ob es um Homosexualität geht, weiß ich nicht, vielleicht brauchen Sie einfach Zärtlichkeit und Wärme. Allessa sagt, sie habe eine Freundin gehabt, mit der habe sie sich verstanden, sich gestreichelt. Vor 1 ½ Jahren sei sie gestorben. Die hat mich aus dem Rückzug gerettet, dann erst kam der Krebs, und dann hat Steffi gesagt, was ist mit dir, du sagst nie was. Ich sage, mit der Freundin und mit Steffi gibt es Zärtlichkeit, und sie können miteinander sprechen. Das geht in der Familie wohl nicht. Das stimmt, sagt Allessa still, das sähe nur keiner so.
Wir arbeiten ruhig. Viel Schweigen, aber auch im Schweigen reißt der Kontakt zwischen mir und Allessa nicht ab.
...

4. Allessa: Sie könne sich nicht erinnern
... akute überfallartige Leere ...
den Schmerz erhalten, der hält mich lebendig

Zu jeder neuen Stunde kommt sie muffig dreinschauend. Sie könne sich nicht mehr erinnern, was wir letztes Mal gesprochen hätten. Die Therapie habe dann wohl keinen Zweck, sagt sie ratlos. Ich beginne zu ahnen, daß ihre narzißtische Lebensstörung sich im Vergessen zwischen uns abbildet, so wie sie in Gegenwart der Eltern schweigen muß. Ich sage, Sie wollen etwas über sich erfahren, wir brauchen Zeit. Ich fühle mich ratlos, sagt Allessa, habe keine Erinnerungen, keine Bilder, immer ist der Fernseher in meinem Zimmer an, dann ist da wenigstens wer, der spricht. Neulich habe ich einen Film gesehen, eine glückliche Szene gab es da, Lachen oder sowas. Sie weint lautlos, ohne das Gesicht zu verziehen. Es gab wohl zu wenig zum Lachen in Ihrem Leben, sage ich. Ich halte sie zärtlich mit meinem Blick, während sie lange schweigt. Akute überfallartige Leere ist das, sagt sie. Nur mit der Freundin war das anders, den Schmerz will ich erhalten, der hält mich lebendig. Ich muß wieder an die Rheumahände der Mutter denken, die draußen vor der Türe sitzt. Die Berührung dieser Hände hat vielleicht auch geschmerzt aber das mußte sie vergessen und sucht genau danach. – Ich denke das, aber ich spreche es nicht aus.
Ich verstehe noch viel zu wenig. Ich bin nur froh, daß Allessa in

meiner Gegenwart zu sprechen beginnt, selbst wenn sie vor der Türe gleich alles wieder vergessen muß. Ich bin mir zugleich bewußt, daß ich das Verstandene nur ganz sparsam äußern darf, damit sie sich nicht behindert fühlt in ihrer Suche nach sich selbst.
– Es kommen die Ferien, schöne Fluchten, sagt Allessa.
...

5. Allessa und Steffi: Miß Todtraurig klugscheißert... aber wie soll ein hungriges Kind hungrige Eltern füttern

Eine Zeitlang kommt Allessa zusammen mit Steffi, die zunächst auf tralala macht. Sie trägt eine schwarze Schärpe über einem weißen Hemd ohne Rückenteil. Ich denke: Miß Todtraurig. Sie klugscheißert über Allessa, deren Eltern, ihre Eltern, die Leute, was die denken, ihren Glauben... Ich spüre nur: »Angst essen Seele auf« und werde innerlich wütend. Ich sage es ihr, sage: Wer sind Sie, Steffi, warum sind Sie mitgekommen? Sie schaut mich an, wegen Allessa, sagt sie. Nein, sage ich, ich glaube nicht, daß Sie alles nur für andere tun. Sie haben recht, sagt sie voller Gram, ich kann nicht mehr, die Mutter von Allessa sagt, ich soll mich um Allessa kümmern, nur ich könne Allessa helfen. Aber die Beziehung ist kaputt, sagt sie leise, ich verstehe mich doch selbst nicht, ich schreie Allessa jetzt auch an. Ich habe dich richtig gern, sagt sie zu Allessa. Das damals war schön, aber ich kann es nicht mit meinem Glauben vereinbaren. Allessa nickt. Ich sage Allessa, sie solle Gefühle für ihre Familie zeigen, sagt Steffi, geht das denn nicht? Meine Mutter bringt mich manchmal noch ins Bett, obwohl ich schon 18 bin, ich finde das toll. Ich sage, in Ihrer Familie geht das, aber in Allessas Familie... ich suche nach Worten und sage dann zu Steffi, wie soll ein hungriges Kind hungrige Eltern füttern. Ich schaue Allessa an und sehe sie zum ersten Mal lachen. Sie lacht und reckt und streckt sich im Sessel, sie sagt kein Wort, ich weiß nur, ich habe sie erreicht. Auch Steffi lacht. Wir sind alle drei erleichtert. Der Druck ist weg. Steffi sagt mir, sie sage Allessa, sie solle zu mir gehen. Allessa sagt, es bringt nicht immer was. Ich bin ungeduldig. Ich sage, das verstehe ich. Alles drängt in Ihnen, wir müssen aber erst Worte für Sie finden. Nur wenn Sie sprechen, geben Sie uns die Chance, Sie zu verstehen.

Am Ende jeder Stunde frage ich Allessa, wie es heute für sie war. Aufsteigende Tendenz, sagt sie manchmal, letztes Mal war es auch nicht so schlecht, aber bis zu Hause habe ich alles vergessen, und dann machen doch alle wieder mit mir, was sie wollen. Ich werde mich für Sie erinnern, schlage ich ihr vor. Sie ist einverstanden.

...

6. Allessa, kompetent für ihren Körper (2. 9. 83)

Allessa kommt ¼ Stunde später. – Heute weiß ich, »die ohne Kindheit« nehmen sich oft den ersten Teil der Stunde, als müßten sie gleich vernünftig anfangen, um uns – wie die Eltern – vor ihren kindlichen Bedürfnissen zu verschonen. Dann steigen sie mit Entschuldigungen in die Stunde ein und verbergen dahinter ihr Bedürfnis, noch viel mehr haben zu wollen. Nur, bringt das nicht den Therapeuten um..., scheinen sie sich zu fragen. – Ich hatte Allessa um den Arztbericht gebeten. Heute hatte sie daran gedacht und ist stolz, daß sie es diesmal nicht vergessen hat. Jetzt brauche ich nur noch alle 8 Wochen hin. Erst täglich, dann alle 2 Tage, alle 3, dann alle 2 Wochen, alle 6, es ist wichtig, sagt sie, weil der Krebs wiederkommen kann. Zum ersten Mal spricht Allessa von sich aus vom Krebs, seit ich sie vor 4 Monaten im Erstgespräch darauf angesprochen hatte. Ich habe sie nicht gedrängt.

Anm. 87: Ich bestehe bei allen Patienten darauf, daß sie die Verantwortung für die laufende medizinische Behandlung behalten und mich darüber informieren. Ich eigne ihnen die Verantwortung für ihren Körper zu, den kranken und den gesundenden Körper. Damit schaffe ich eine Brücke zwischen Psyche und Soma, die in der Sozialisation dieser Menschen nicht bestand und die in der onkologischen Medizin nicht hergestellt wird. Wenn die Patienten dann mit dem Bericht kommen und beispielsweise erzählen, der Arzt habe gesagt, Psychotherapie, wozu brauchen Sie so'n Quatsch, Sie sind doch nicht verrückt, dann können wir diese aktuellen Traumatisierungen gemeinsam auffangen. Ich eigne den Patienten die Verantwortung für ihren Körper zu, und sie kommen dann ganz von alleine drauf, beim Arzt oder sonstwo selbstverantwortlich für ihre seelischen Belange zu sprechen. Ich

sage damit zugleich meinen Patienten, daß *sie* die Experten für ihren Körper sind, ich bin kein Mediziner. Kompetenzgerangel zwischen mir und den Ärzten habe ich dadurch immer vermieden. Selbst wenn ich die Behandlung von Patienten im stationären Bereich beginne, müssen die Patienten sich die Informationen bei den Ärzten holen, um mich informieren zu können. Nur wenn sie mehr verstehen wollen, als man ihnen sagt, übernehme ich es, mich mit den Ärzten zu besprechen. Nur wenn ich das Gefühl habe, der Zustand ist bedrohlich, dann spreche ich von mir aus die Ärzte an. Ich bewahre dann das Mehrwissen. Hanna sagte mir eines Tages, 6 Monate nachdem sie aus der Klinik raus war, jetzt weiß ich, daß ich 2mal an der Grenze war. Jetzt konnte sie es verkraften und wollte mit mir darüber sprechen. Daß sie in Wahrheit 5mal an der Grenze gewesen war, sagte ich ihr nicht, 2mal war genug an Wahrheit für sie.
Allessa spricht heute von der OP beim Gesichtschirurgen, deshalb habe sie keine Entstellungen, kaum Narben. Sie spricht still besorgt, aber nicht muffig, nicht desolat, wie sonst. In den 4 Monaten, die wir uns von Stunde zu Stunde hangeln, schafft sie sich Wortbrücken in jeder Stunde. Die Beziehung ist selbstverständlich und gelassen. Ich frage sie, ob das Sprechen nach der OP sehr weh tat. Das Essen war schlimmer, zu sprechen gab es nicht viel bei mir. Nach der OP, die Narkose war schlimm, sagt sie, ich wurde gerufen, aber es war furchtbar, ich wollte nicht aufwachen. Wir schweigen lange, als wäre sie in der Narkose. Ich fühle meinen Körper, empfinde starke Zuneigung zu diesem Menschen. Dann sage ich in unser Schweigen: Wer hat Sie gerufen oder was wurde gerufen? Sie sinnt, Allessa, sagt sie, Allessa, ja, Allessa, und sie scheint sich zu hören in diesem Moment. Wer mich gerufen hat, das weiß ich nicht mehr. Allessa, sage ich, vielleicht wußten Sie nicht, ob es sich lohnt, aufzuwachen. Sie müssen seither sehr um Ihr Leben gerungen haben, täglich zur Nachbehandlung, das tun Sie für sich, das hat Sinn für Sie. Darüber habe ich bisher nie gesprochen, sagt sie. Ich weiß, sage ich, Sie sind ein Einzelkämpfer, aber für sich, ich bewundere das. Heute haben Sie mir etwas von Ihrer Lebendigkeit gezeigt. Meinen Sie, Sprechen hilft, ich habe immer geschwiegen. In meiner Familie herrscht *lautes Schweigen*, viel Gerede über Materielles, verstehen Sie. Ja, sage ich, ich habe Ihre Familie kennengelernt. Das kann einem die Sprache verschlagen. Sie habe oft Unfälle,

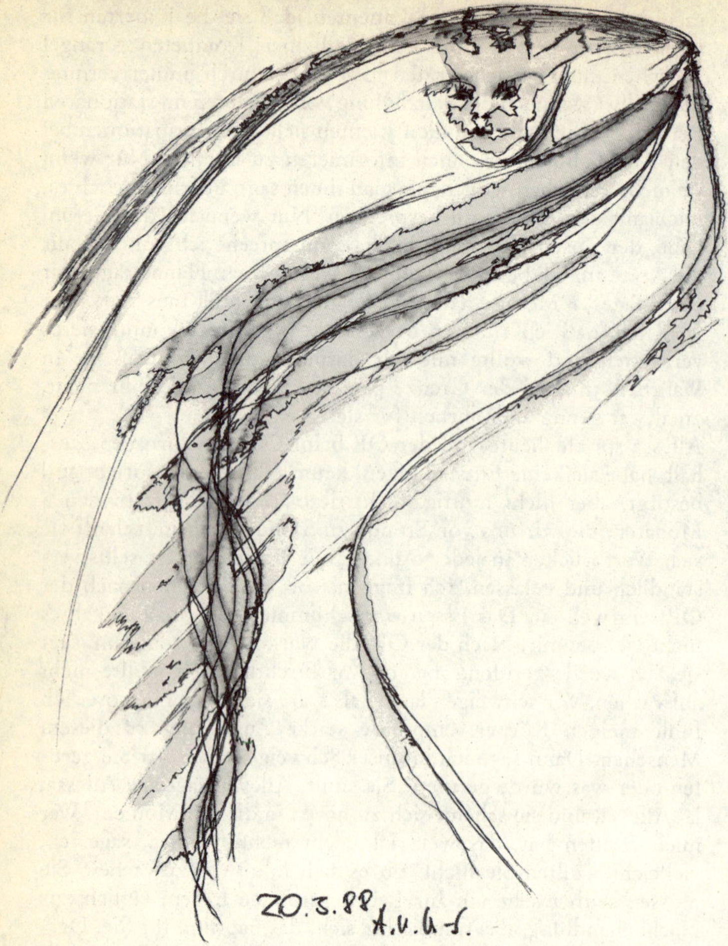
20.3.88

sagt sie und kommt auf die kaputte Hand vom Volleyballspiel zu sprechen. Sie habe sich über die Scheißübungen geärgert, aber sie habe schon ein Nörgler-Image und sage dann lieber nichts, nur der Spaß sei weggewesen. Dann verletzen Sie sich, wenn Sie mit den Gedanken ausgestiegen sind, dann sind Sie nicht geschützt bei sich. Sie erwähnt, wie sie letztens mit dem Kopf ans Gitter geschlagen sei, es habe geblutet, aber sie wollte nicht zum Arzt, sei blutüberströmt nach Hause gelaufen. Ich wundere mich über mich, daß ich das vergessen habe, und sage ihr das, sage, heute haben Sie die Brücke zu der Stunde neulich geschlagen. Für Schmerzen bin ich zuständig, sagt sie lachend. – Ich erinnere mich dann, daß ich als Jugendliche einmal in furchtbarer Verzweiflung den Arm gegen den Heizkörper geschlagen hatte, das hatte ich wohl aus der Beziehung mit Allessa ausblenden müssen, traumatische Gegenübertragung, denke ich. Sie scheint mich testen zu wollen. – Sie haben mir gesagt, die Mutter mache sich Sorgen um Sie, wenn Sie Unfälle haben, dann denke sie wenigstens an Sie. Ich habe zwar Ihren Unfall vergessen, aber ich habe Sie deshalb nicht von der letzten Stunde bis heute vergessen. Auch ohne Sorgen kann man sich an den anderen erinnern.

Sie ist heute fast munter, freut sich ein wenig auf die Klassenfahrt. Dann komme der Streß mit dem Abitur.

...

7. Dann stehen Sie dazu, daß meine Familie mir schadet (21. 10. 83)

Als ich Allessa sehe, denke ich, eine bildhübsche Frau, die sich noch nicht weiß. Heute schaut sie nicht so muffig wie sonst. Sie sagt, sie wolle nicht mehr kommen, ich sei doch nur ein Erzieher, hätte das Ziel bestimmt. Ich erinnere sie an unser Erstgespräch. Sie wollten mehr über sich wissen, haben Sie gesagt, die Familie wollte so bleiben, wie sie ist. Das Ziel bestimmen Sie, aber dafür müssen Sie sprechen. Sie ist verblüfft. Dann stehen Sie zu dem, was sie gesagt haben, daß meine Familie mir schadet. Ja, sage ich, Ihre Familie schützt Sie nicht in Ihrer Sinnlichkeit, im Gegenteil, Sie sollen die seelisch ausgehungerten Eltern füttern und sind doch selber seelisch ausgehungert. Aber ich habe auch gesagt, vielleicht können Sie die Familie *noch* nicht verlassen. Sie schlafe

eigentlich nur noch zu Hause, sonst sei sie immer bei Steffi. Die Eltern seien wütend darüber. Der Vater habe ihr letzte Woche einen Benzinkanister ins Zimmer geworfen. Ich bin entsetzt. Ich kann nicht ausziehen, dann würde ich als die Schuldige dastehen. *Ich kann nicht allein sein, das ist das Schlimme.* Ich schreie jetzt rum, schimpfe und fluche, knalle die Teller auf den Tisch aber zu Hause bin ich brav. Ich sage, vielleicht sind Sie beides nicht so ganz, nicht brav und nicht Schreihals, nur sprachlos vor Wut und suchen nach Worten.
Am Ende der Stunde sagt Allessa, heute habe sie mit Steffi gewettet, daß sie wieder herkomme. Sie sei froh, diesmal habe sie gewonnen. Ich bin erstaunt, sonst drängt doch immer Steffi, daß Sie herkommen, sage ich. Heute wollte *ich* herkommen, sagt sie stolz. Dann war das heute ihre 1. eigene Stunde mit mir, sage ich lachend.
...

8. Goldschmiedin oder Zahntechniker

Sie stellt heute zu Beginn die Stunden nicht in Frage. Vor der Abfahrt hatte sie Streit mit Steffi gehabt... cooler Abgang, Autotüre knallen, losrasen, normalerweise. Heute sei sie zurückgegangen und habe mit Steffi das Problem geklärt. Das sei neu. Zu Hause schreie und brülle sie jetzt auch mal los, sonst sei Sendepause. Bei den Eltern von Steffi gebe es jetzt Streit wegen der Kosten für das Essen. Sie und Steffi hätten es gehört. Aber es gehe wohl um was anderes. Ich sage, das könnten Sie ja vielleicht genauso klären wie das heute mit der Steffi. Und wie soll das ausgehen, sagt sie. Das wissen wir beide nicht, sage ich, aber Sie werden dann wissen, worum es geht. Sie habe mit den Eltern über den Beruf gesprochen. Die wollen Leistungen sehen, beide hätten kein Abi. Sie erzählt, sie wolle vielleicht Goldschmiedin werden, wie die Mutter von Steffi, oder Zahntechniker.
Im Herbst 83 beendete Allessa die Therapie: Sie wolle das Abi machen, sie müsse ohne Familie herkommen können. Sie komme aber mit dem Mercedes des Vaters, sie müsse das neu entscheiden. Ich stimme zu. Sie sind gegen Ihren Willen hergekommen, wir können nur zusammenarbeiten, wenn Sie etwas für sich wollen.

Nachtrag
Eigene traumatische Geschichte – Abstinenz in Sachen Interpretation: eine Paradoxie – Psychosoma-Analyse mit Krebspatienten: Nichts wollen, nur da sein – Allessas Homosexualität, trauma-analog verstanden als Alter-Ego-Selbstobjekt-Suche

Es war ein halbes Jahr beglückende Arbeit gewesen. Im Erstgespräch hatte ich nur wenig verstanden: die Rheumahände der Mutter hatte ich nicht wahrnehmen können, sonst hätte ich sie körpernah ansprechen können. Sie mußte häufig krank gewesen sein und deshalb so erstarrt. Das Dauerlächeln des Vaters hatte ich auch nicht verstanden. Es mußte Scham gewesen sein, Scham vielleicht für seine strahlende Gesundheit neben der schmerzgekrümmten Frau und der krebskranken Tochter. Heute weiß ich, daß ich eigene infantile Szenen hatte ausblenden müssen. Ich hatte nur etwas von Allessa verstanden und sie körpernah über ihr Haarzöpfchen ansprechen können: Sind Sie ein Einzelkämpfer, hatte ich gesagt, und wir konnten dann über die aktuelle Bedrohung durch den Krebs sprechen. Auch in der Beziehungsarbeit mit Allessa geriet ich an *eigene traumatische Szenen,* die mir aber bewußt wurden, so daß wir sie als pervertierte, am Körper in Szene gesetzte Beziehungsentwürfe zwischen ihr und der Mutter verstehen konnten. Die Realtraumen selber kamen in dem halben Jahr noch nicht zur Sprache. Ich meine aber, daß die Realtraumen als solche irrelevant sind. In Allessas Erleben, ihrem Schweigen und Vergessen und ihrem Krebs im Sprachraum Mund, war ihr trauma-*analoger* Beziehungsentwurf des mißglückten Dialogs mit der Mutter entzifferbar.

Ich war in der Arbeit *abstinent in Sachen Interpretation,* was die ins Auge springende Depression, fehlende Trauerarbeit nach dem Tod der Freundin, was Homosexualität und ödipalen Konflikt anging. Ich verstand all das als Folgesymptomatik der narzißtischen Lebensstörung und arbeitete entlang den primären Bedürfnissen nach Spiegelung und Verstandenwerden. Khan bezeichnet »Abstinenz in Sachen Interpretation« als paradoxen Sachverhalt: »Die Abstinenz in Sachen Interpretation ist die höchste Stufe der Interpretation. Ohne interpretiert zu haben, kann man sich der

Interpretation nicht enthalten.«[2] Wenn ich dem Patienten durch Nicht-Interpretation Spielraum lasse, kann er *Empathie für sich selbst* in der analytischen Beziehung entwickeln: sich selbst erfahren. Ich meine, daß die traditionellen psychoanalytischen Heilungsziele bei *narzißtisch gestörten- und Krebspatienten* allemal obsolet geworden sind: »Der Analytiker wolle nichts mehr wollen – nicht mehr Konflikte lösen, Unbewußtes aufschlüsseln, verborgene Affekte wiederfinden, Widerstände bekämpfen, psychosexuelle und Ich-Entwicklung bis zu dem Punkt führen, den Freud in dem Satz faßte: ›Wo Es war, soll Ich werden‹. Der Analytiker sei nur mehr der, der dem Patienten die Möglichkeit gäbe, ›to get along together‹.«[3] Nichts wollen, nur da sein, das ist meine Haltung. Mit narzißtisch gestörten- und Krebspatienten geht es nicht mehr um Interpretation im Sinne der Freudschen Trias »Erinnern, Wiederholen, Durcharbeiten«, denn wo die Kommunikation mit der anonymen Mutter keine Spuren hinterließ, kommt es auch nicht zum ödipalen Konflikt, den es zu rekonstruieren gilt. In ihrem Schweigen beteiligte Allessa mich an der traumatischen Erfahrung, in Gegenwart der *emotional nicht anwesenden Mutter* in ihrer Sinnlichkeit totgeschwiegen worden zu sein. Ihr Schweigen war der *beredte* Ausdruck verhinderter Lebendigkeit. Ich benannte meine Gegenübertragung und holte damit in Sprache ein, was Allessa die Sprache verschlagen und in die Anonymität getrieben hatte, um ihr Selbst zu wahren. Es ging mir in der Arbeit mit Allessa nicht um die Deutung irgendeiner Pathologie, sondern einzig um die Deutung dessen, was zwischen ihr und mir von *Be*deutung war. Allessa lernte *sich* ein stückweit in der Beziehung zu mir begreifen, weil ich es wagte, mich in der Beziehung zu ihr sinnlich zu begreifen und zu benennen. Nichts wollen, nur sein, machte ihr Mut, *sich* authentisch zu begegnen. Sie wollte sie selber sein, sich selbst bestimmen, statt den Mercedes des Vaters zu steuern. Das hieß: aus eigenen Motiven in die Therapie zu kommen, nicht für die Familie. So weit war sie noch nicht, aber sie wußte, daß sie so weit: zu sich, kommen wollte. Ich respektierte das.

Es wäre allzu naheliegend – und deshalb falsch –, Allessas Beendi-

2 M. Khan, Sein, Wissen und Erfahrung in der therapeutischen Situation«, 1969, in: 1977, S. 256.

3 J. Cremerius, »Psychoanalyse jenseits von Orthodoxie und Dissidenz«, in: *Psyche*, 1982, S. 507.

gung der Therapie als ihre Angst vor mir als gleichgeschlechtlicher Therapeutin zu deuten. Ich verstand ihre *Sehnsucht nach homosexuellen Beziehungen* als gesunde kompensatorische Struktur, nämlich die Fähigkeit, *Alter-Ego-(Zwillings-)Selbstobjekte* (Kohut) zur Stützung ihres Selbst *suchen zu können*, was ihr offensichtlich vor und nach der Krebserkrankung das Leben gerettet hatte gegen die »akute, überfallartige Leere« in dem »lauten Schweigen« ihrer Familie. Die Freundin damals hatte ihr Zärtlichkeit und Verständnis entgegengebracht, »die hat mich aus dem Rückzug gerettet« sagte mir Allessa, genauso wie Steffi nach dem Krebs, als sie Allessa in ihrer Schweigsamkeit ansprach. Was Allessa brauchte und ein stückweit auch in der Beziehung mit mir realisieren konnte, war, sich als Mensch unter Menschen zu fühlen, ohne daß von ihr der Tribut gefordert wurde, ein freundliches und unkompliziertes Kind zu sein. Was ihr in ihrer Familie widerfahren war, war, unter unsinnlichen Menschen sich unmenschlich, d. h. sich selbst entfremdet, zu fühlen. Sie wollte sich nicht in das »laute Schweigen« das viele »Gerede über Materielles« fügen. Immer lief der Fernseher in ihrem Zimmer, »dann ist da wenigstens wer, der spricht«, weil sie im Alleinsein sich nicht lebendig fühlen konnte. Auf der Suche nach sich rettete sie sich in die Lesbenecke, wohin man sie »rein biologisch« abschob. Das war ein Schritt auf Menschen zu, ein Fortschritt gegenüber dem Fernseher als ›menschlichem‹ Gegenüber ... Ich wüßte gern, wie es Allessa heute geht, ob sie Gold schmiedet oder goldende Zahnbrücken baut. Vor allem aber, ob sie für sich sprechen kann, um sich eine verläßliche Brücke zu anderen Menschen bauen zu können.

Teil 4
Leben ist *die* Alternative

Psychosoma-Analyse mit Max L., 21 Jahre, Hodenkrebs

Übersicht

22.4.83
Ich will nicht die Mama ... ich brauche eine Mutter

Herr L. hatte mich 2 Tage zuvor angerufen und gesagt, er sei von einer niedergelassenen Ärztin für Innere Medizin und Psychotherapie an mich überwiesen worden. Bei uns gäbe es ein Krebsprojekt, habe sie gesagt. Er habe Hodenkrebs und wolle eine Psychotherapie machen. Die Ärzte wollten eine prophylaktische zweite Operation, aber er wolle keine weitere OP. Er habe psychische Probleme und brauche schnelle Hilfe.
Als ich Herrn L. im Wartezimmer abholte, sagte er mir als erstes, daß er keine Videoaufnahme unseres Gesprächs wolle. Ich akzeptierte seine Entscheidung. Natürlich war es für mich schade, auf diese für meine Forschungsarbeit mit Krebspatienten sicherlich vielversprechende Dokumentation des Erstinterviews verzichten zu müssen. Aber ich freute mich auch darüber, denn es ist für einen »psychosomatischen Patienten« ungewöhnlich und für die als »brav« geltenden Krebspatienten außergewöhnlich, wenn sie »nein« zu etwas sagen, was man ihnen anträgt. Dieser Patient hatte den Ärzten »nein« zu einer weiteren konventionellen medizinischen Behandlung gesagt und sagte mir »nein«, was für mich soviel hieß wie: er wollte niemandes Forschungsobjekt sein. Die Bedingungslosigkeit dieses jungen Menschen imponierte mir.
Ich saß nun diesem mageren jungen Mann in Parka und Turnschuhen, mit Brille und langer Lockenmähne gegenüber. Er sagte mir als Grund seines Kommens: Die Ärzte wollen mich aufschneiden, eine retroperitoneale Lymphknotenfreilegung machen, das sei unbedingt notwendig zur Krebsprophylaxe. Ich will leben, aber nicht kastriert. Ich brauche dringend Hilfe, ich will eine Psychotherapie, weil ich allein mit den Problemen nicht mehr fertig werde. Er sei voll informiert über seinen Krebs und habe Angst vor Chemotherapie, Haarausfall usw. – Ich schaue diesen Mann an: er hat langes lockiges Haar und spricht schnell auf mich ein. Ich kann in der Gegenübertragung die Angst fühlen, die ihn antreibt, und höre zu, ohne zu unterbrechen. – Lymphknotenfreilegung, das heißt, Aufschlitzen, den ganzen Körper aufschlitzen!, schreit mich Herr L. an, das laß ich nicht mit mir machen! Er habe viel über Krebs und Psychotherapie gelesen in

den letzten Wochen; Lermer[1], Zorn[2], Maxi Wander[3]: »Leben wäre eine prima Alternative«, kennen sie das Buch?, fragt mich der Patient und fährt, ohne meine Antwort abzuwarten, fort, er wisse jetzt, er könne nicht mit Aggressionen umgehen. – Seine Worte klingen angelernt. Ich kenne diese psychoanalytische Hypothese zur Krebsgenese und halte sie für falsch. – Herr L. sagt: Die Ärzte sagen, ich werde an Krebs sterben, aber ich will leben! Ich will meinen Körper nicht aufschlitzen lassen, verstümmelt könnte ich nicht weiterleben. Ich gebe eine erste Deutung und spreche damit meine Gegenübertragung aus, dabei wähle ich die Worte des Patienten: Sie wollen leben, sage ich, Leben wäre eine prima Alternative. Ja, sagt Herr L. und schaut mich lange ernst und still an: Leben *ist* eine prima Alternative. Sie haben recht, sage ich, packen wir's an. Was hat Sie bisher daran gehindert, zu leben?

Herr L. zieht jetzt seinen Parka aus, legt ihn neben sich auf den Boden und setzt sich entspannt im Sessel zurück. Sinnlich konkret zeigt er damit, daß er sich auf unser Gespräch einlassen will. Er spricht zwar immer noch sehr schnell, aber er läßt sich auch Zeit zum Nachdenken. Ich brauche nicht viel zu sagen oder zu fragen, ich höre zu. Herr L. spricht von seiner aktuellen Lebenssituation: Er lebe mit einem Freund zusammen, eine Art Wohngemeinschaft, und sei mit einer 34jährigen Frau befreundet, die ein Kind von ihm erwarte. Zusammenwohnen, das wollten sie nicht, das könne nicht gutgehen, sagt Herr L. Den Krebs habe er kurz vor Beginn des Abiturs bekommen. Dann wurde er beurlaubt und jetzt stehe er mitten in den mündlichen Prüfungen. Aber das sei nicht so schlimm. Alle wüßten von dem Krebs. Er sei Schulsprecher und habe eine Konferenz einberufen und es allen gesagt. Der Schock habe gesessen, sagt Herr L. und schaut mich verschmitzt von der Seite an. Dann lacht er höhnisch auf und schaut schweigend vor sich auf den Boden. – Ich denke: Wie tief muß diesen jungen Menschen die Diagnose »Hodenkrebs« getroffen haben ... wie einsam muß er in seiner Todesangst sein, daß er Vergnügen hat, andere Menschen damit in Schrecken zu versetzen! – Ich schweige, und Herr L. sagt bitter: Meinen Eltern

1 S. Lermer: *Krebs und Psyche*, München 1982.
2 F. Zorn: *Mars*, München 1977.
3 M. Wander: *Leben wäre eine prima Alternative*, Neuwied 1980.

habe ich es auch gesagt, telefonisch. Mein Vater hat nur gesagt, ich brauche das Abitur ja nicht zu machen, wenn ich es wegen des Krebses nicht schaffen kann. Dann sind sie auf die Bahamas in Urlaub gefahren. Sie meinen, die Eltern haben Sie in ihrer Angst allein gelassen? Herr L. fährt fort: Er wolle das Abitur machen und Jura studieren, aber eigentlich sehe er keinen Sinn darin, das sei nur wegen des Sozialprestiges, das die Juristen genießen. Zur Zeit jobbe er als Kellner und Koch. – Ich formuliere eine zweite Deutung, ich bringe damit meine Vorkenntnisse aus dem Krankenblatt als Frage ins Gespräch ein und spiele auf die gestörten familialen Lebensbedingungen des Patienten an, die ihn in eine fremdbestimmte Berufswahl zu drängen scheinen: Vielleicht ist für Sie weniger wichtig, was Sie studieren, als *daß* Sie studieren, sage ich. Hat Ihr Vater studiert? Im Fragebogen sprechen Sie von »Erzeuger« und »Vater«, das ist mir aufgefallen. Herr L. antwortet mir, indem er mir Satzfetzen: die Bruchstücke einer zerrissenen Lebensgeschichte, an den Kopf wirft: Er kenne seinen »Erzeuger« nicht. Mit 12 sei er weggelaufen von zu Hause, mehrmals, mit 13 habe er einen Selbstmordversuch mit Tabletten gemacht. Eines Tages habe ihm ein Mann in einer Zoohandlung seine Visitenkarte vor die Nase gehalten: Es war mein Herr Erzeuger, sagt Herr L. höhnisch. Der war Zooartikelvertreter. Abi, nein, hatte der wohl nicht. Ich habe spontan einen Gedanken: Haben Sie den Selbstmordversuch gemacht, nachdem Sie der Vater so unversehens begrüßt hat, frage ich vorsichtig. Herr L. sinnt nach. Ja, sagt er betroffen, das ist mir nie bewußt gewesen, es war wie ein Schlag vor den Kopf: peng, ich bin dein Vater!, das habe ich nicht verkraftet. Zu Hause sei er der Buhmann für alle gewesen. Mit 14 sei er in ein katholisches Internat gesteckt worden, mit dem Vater habe es nur Krach und Prügeleien gegeben. Rausschmiß aus dem Internat, weil ich nachts oft weg war ... in 10 Schulen gewesen ... ab 16 in verschiedenen Wohngemeinschaften gelebt, während ich weiter zur Schule ging. Bin zweimal sitzengeblieben, 6. und 10. Klasse ... Schule war für mich immer Nebensache, ich lebte mit verschiedenen Frauen zusammen, bis kurz vor der Krebserkrankung mit 3 Frauen gleichzeitig ... Hektik, mein Leben ist eine Hektik, Wahnsinn, sagt Herr L. und schaut mich ratlos an. Als Schulsprecher sei er für Jungen eingetreten, auch offiziell vor Gericht, die vom Direktor geprügelt wurden und als unbeschulbar galten. Dann bricht es heftig aus Herrn L.

heraus: Ich habe meine Eltern gehaßt, sie haben mich zum Prügelknaben gemacht! Ich habe von klein auf bei den kleinbürgerlichen Großeltern, den Eltern meiner Mutter, gelebt. Die Mutter hat mich mit 4 oder 5 Monaten weggegeben, sie hat mein Weinen nicht ertragen können, sagt sie. Sie war Mannequin, bis sie erneut heiratete ... viele Freunde, die vor dem Haus im Auto auf sie warteten ... nachts hat sie mich oft geweckt zum Spielen, dann habe ich manchmal tagelang danach einen Schluckauf gehabt. Der (Stief-)Vater ist Ingenieur, Aufsteiger, auch ohne Abitur, früher ist er mir wie ein fettes Unternehmerschwein vorgekommen. Der hat versucht, die unzufriedene Mutter mit Luxus zu versorgen, dabei ist er ein armes Schwein, Alkoholiker und übergewichtig. Immer hat er das größte Steak von der Mutter bekommen, dabei hätte er Diät machen sollen. Der Vater spricht nicht viel über Gefühle, das kann er nicht. – Der Patient macht eine lange Pause. Dann sagt er zärtlich und leise: Ich kann mich erinnern, wie ich mit meinem Vater aufs Meer hinausgeschwommen bin, als ich nicht mehr konnte, müde wurde, durfte ich mich an seiner Schulter ausruhen, der trug mich ans Ufer zurück. Der Vater habe ihn auch jetzt nach der Operation besucht, sie konnten zum ersten Mal miteinander sprechen, nicht über Gefühle. Die Mutter habe ihn nach der Operation pflegen wollen, das habe er abgelehnt, also kam sie überhaupt nicht zu Besuch, sagt Herr L. trocken. Als Herr L. von der Mutter spricht: Sie sei depressiv, immer Kopfschmerzen und Magenbeschwerden, Gebärmuttererweiterung, um überhaupt schwanger zu werden, dann Totaloperation nach zwei Fehlgeburten ... sie habe oft durchgedreht und dann besinnungslos auf ihn und den Bruder eingeschlagen, total verrückt ... vielleicht war sie immer sehr einsam – reißt ihm plötzlich mitten im Satz der Faden. Er starrt vor sich auf den Boden. – Ich nehme es wahr und denke: So zerrissen muß sich der Junge mit dieser Mutter gefühlt haben. Er wird sie bewundert haben, aber zwischen ihnen gab es keine tragende emotionale Beziehung. – Ich spreche meine Wahrnehmung aus, und Herr L. bestätigt, ihm sei der Faden gerissen, er fühle sich plötzlich leer im Kopf, verstehe aber nicht, warum. Ich dringe nicht weiter in ihn, sage nur, er mache sich viele Gedanken um die Mutter, könne sich aber vielleicht auf vieles keinen Reim machen. *Ich will nicht die Mama*, sagt er und schaut mich an, *die Mama, die mich pflegt, ich brauche eine Mutter.* – Ja, denke ich, recht hast du, ich bin da. – Er ist

den Tränen nahe, und wir schweigen lange, ohne daß der Kontakt zwischen uns abreißt.
Herr L. kommt erneut auf seine Krebserkrankung zurück. Gleich nach der Diagnose »Hodenkrebs« Lokalanästhesie, weil ich wissen wollte, was die machen. Ich lag da und fror, während man mit meinem Hoden zur histologischen Untersuchung fuhr. Eine Stunde später ging's weiter. Eine Krankenschwester legte mir die Hand auf die Schulter, das war angenehm, sagt Herr L. und strahlt mich an. – Sein Strahlen ist das eines Mannes, der stolz ist, daß eine Frau sich für ihn interessiert. Ich denke: dieser Mensch mußte seine Wünsche nach mütterlichem Schutz und Wärme sexualisieren, um von Frauen zu ergattern, was die Mutter ihm tragischerweise nicht geben konnte. Ich spreche meinen Gedanken nicht aus, weil ich den Zeitpunkt nicht für gegeben halte. Ich höre weiter zu. – Die Hand der Krankenschwester auf der Schulter, das sei angenehm gewesen, er habe furchtbar gefroren, und der Anästhesiearzt habe ihn gefragt, ob er schlafen wolle, und er habe »ja« gesagt. – Ich bin erschüttert und denke: Als Kind mußte sich dieser Mensch auch erst überfordern, bis er sich beim Vater anlehnen durfte ... der Krebs heute muß sein, damit er eine warme Hand auf der Schulter spüren darf und einschlafen kann. Ich muß an die Vorinformationen aus dem Krankenblatt denken, die Durchfälle und Schlafstörungen. – Ich spreche beides an, um gleichzeitig das psychosomatische Krankheitskonzept des Patienten, auch betreffs seiner Krebserkrankung, ins Gespräch zu bringen, und sage: Ich finde es mutig, daß Sie die prophylaktische Lympknotenfreilegung nicht machen lassen wollen. Ich verstehe Sie so, daß es für Sie um mehr geht als um den Krebs. Der Patient nickt. Ich bin nur manchmal mutig, sagt er still, habe mich aber wohl mein Leben lang eher überfordert, bin vom 10-Meter-Brett gesprungen, damit die Mutter stolz auf mich ist, und habe anschließend vor Dünnschiß nicht mehr aus den Augen gucken können. Da war eben keiner, den ich für mich beanspruchen konnte, selbst mein Opa hat immer meinen Rat gebraucht, statt daß er für mich da war. Der Patient berichtet nun ausführlich von den Großeltern, bei denen er bis zum 5. Lebensjahr lebte, zusammen mit dem Bruder, der 2 Jahre war, als er dort hinkam. Die Großmutter habe den Haushalt versorgt, zeitweise einen 7-Personenhaushalt. Sie hatte Gallensteine und Migräne (wie die Mutter, ihre Tochter). Der Patient erinnert, daß die Oma – 16 Stun-

den am Tag auf den Beinen – stark rauchte und depressiv war. Der Opa war mit 18 Jahren Berufssoldat geworden, ihm fehlten 3 Finger an der rechten Hand. Draußen machte er alles, sagt der Patient, ist ein autoritärer Arsch irgendwo, aber zu Hause muß die Oma ihm die Brote schmieren. Ich sage: Es muß schwer für Sie gewesen sein, immer Rücksicht nehmen zu müssen auf die anderen. Aber den Ärzten haben Sie »nein« gesagt zu der prophylaktischen Operation, und mir haben Sie auch »nein« sagen können: keine Videoaufnahmen für Forschungszwecke. Sie haben mir damit etwas sehr Wichtiges gesagt: daß Sie einen Schonraum für sich brauchen und eine Psychotherapie einzig für sich machen wollen. Herr L. nickt. Er habe sich dreimal eine Glatze schneiden lassen, er habe sich dreckig gefühlt wie ein Jude. Auf dem Versorgungsamt, wenn er die Sozialhilfe abgeholt habe, weil die Mutter arbeitete und der Vater ihn nicht adoptiert hatte und deshalb nicht für ihn zahlen mußte, habe er sich geschämt und ewig Durchfälle gehabt: Scham, dorthin zu müssen und zu betteln; Scham, wenn er wegging und der Frau, die nett war, mehr Geld, als ihm zustand, aus den Rippen geleiert hatte. Jetzt, seit der Krebserkrankung, gibt sie mir Geld, früher, da bin ich nicht ihr Sohn gewesen, da war ich ihr Prügelknabe, und ich habe zurückgeschlagen! Aber, sagt Herr L. müde und traurig, ich will nicht mehr kämpfen müssen. Sie meinen, Sie wollen nicht kämpfen müssen, um das, was Ihnen zusteht. Es gefällt mir, wie Sie sprechen, sagt der Patient, das brauche ich. Die Dr. S. hat gesagt, gehen Sie zur v. V., die versteht was von Krebs. Von Krebs, sage ich lachend, ich dachte, Leben ist *die* Alternative, um die es Ihnen geht? Herr L. lacht mich an. Sie meinen es ernst. Ich habe heute zum ersten Mal seit langem den Krebs ganz vergessen, als wir sprachen. Ich habe nur daran gedacht, wie ich es Ihnen begreiflich machen kann, daß ich einen Menschen brauche.

Wir verständigen uns darüber, daß wir miteinander arbeiten wollen. Ich frage den Patienten nach seinen Vorstellungen von einer Psychotherapie. Er wolle zweimal die Woche kommen, sagt er. Ich akzeptiere seinen Wunsch. Ich vereinbare mit ihm – wie ich es mit allen Krebspatienten tue –, daß er mich über die medizinische Behandlung auf dem laufenden hält und mir die Arztberichte mitbringt, so daß er die Sorge um seinen Körper selbstverantwortlich übernimmt. Die Sorge nicht nur für den kranken Körper, sondern vor allem für den gesundenden Körper, denn das zeigte mir meine Erfahrung mit Krebspatienten, daß das ihr eigentliches Problem ist, weil sich die Mutter nie für den gesunden Menschen interessiert hatte. Der Patient stimmt zu. Er will wissen, ob ich auch in die Klinik zu ihm käme, wenn er wieder hin müßte. Ich bejahe es. Der Patient will wissen, ob ich auch andere Krebspatienten in Behandlung habe. Ich bejahe es. Ob sie alle überlebt hätten, will der Patient wissen. Ich sage wahrheitsgemäß, daß sich eine Brustkrebspatientin, die eine gute Prognose hatte, sich aber in einem aussichtslosen Ehefilz befand, umgebracht hat. Aber Ihnen geht es ums Leben, sage ich, packen wir's gemeinsam an.

Nachtrag 1

Ambulanzkonferenz: Ein Kollege, Mediziner und in analytischer Ausbildung, hat eine Patientin im Erstgespräch gesehen, die sich mit Selbstmordgedanken trägt. Er sagt, er habe ihr gesagt, sie trage die Verantwortung für ihr Leben, nicht er als Psychotherapeut. – Als ich dasselbe für den 21jährigen Hodenkrebs-Patienten vertrete: *Ich respektiere es, daß er die Verantwortung für sein Leben übernimmt* und die zweite Operation nicht machen lassen will, sagt mir dieser Kollege, man müsse den Patienten »rumkriegen«, »ihn überreden«, »Druck machen«. Ich höre mir das an und schweige.

Familienanamnese des 21jährigen Hodenkrebspatienten, Max L.[4]

Großmutter ♀: 60 J., Hausfrau, Gallen-OP, Migräne, starkes Rauchen, »depressiv, 16 Std. am Tag auf den Beinen, hat zeitweise 7-Personenhaushalt versorgt«.
Großvater ♀: 65 J., Beamter. War seit dem 18. Lebensjahr Berufssoldat, Kriegsverletzung: 3 Finger fehlen an rechter Hand, Durchschüsse im Bein; Entzündung der Lymphdrüsen, OP. Vor 1 Jahr Verdacht auf Darmtumor, dann Polypen-OP.
Großmutter ♂: 76 J., Abitur, Hausfrau.

4 Anmerkung 1987: Die Anamnese habe ich zusammen mit dem Patienten für ein Krankenkassengutachten am 2.9.83 erhoben.

Großvater ♂: unbekannt, schon lange tot.
Vater: 51 J., Vertreter; »depressiv, lebensmüde, magenkrank, Magengeschwüre, hatte 2mal TB, hatte oft Durchfall, kaputte Füße«.
Mutter: 43 J., kfm. Lehre, arbeitete als Mannequin und Verkäuferin in der Modebranche. Depressiv, Gebärmuttererweiterung, um schwanger zu werden, Totaloperation nach 2 Fehlgeburten, empfindlicher Magen, spuckte oft, Kopfschmerzen, Druckallergie. Die Eltern lebten 4 J. zusammen. Der Patient wurde mit 4-5 Monaten zu den Großeltern mütterlicherseits gegeben, wo er bis zum 8. Lj. lebte. Der Bruder wurde mit 2 J. zu den Großeltern gegeben. Nach der Geburt soll der Patient viel geweint haben; da die Mutter damit nicht umgehen konnte und sich nervlich überbelastet fühlte, wurde er zu den Großeltern gegeben. Der Patient wurde nicht adoptiert, die Mutter hatte das Sorgerecht.
Stiefvater: 46 J., ..., Übergewichtig, Kreislaufstörungen, zu hoher Blutdruck, schlechte Leberwerte durch Alkoholabusus.
Der Patient: 21 J., Abitur, Beinbrüche, mit 13 J. Verdacht auf Knochenhautentzündung, Pfeiffer'sches Drüsenfieber mit 16 J., mit 21 J. Hodenkrebs; chron. Durchfälle seit 16. Lj., ißt unregelmäßig, latenter Alkoholabusus seit dem 16. Lj., wodurch er seine Depression in Schach hält. Mit 6 J. eingeschult, 10 verschiedene Schulen besucht, 2mal sitzengeblieben, mit 13 J. Suizidversuch durch Spalt-Tabletten, nachdem der Pat. erlebt hatte, wie ihm ein völlig fremder Mann in einer Tierhandlung überraschend seine Visitenkarte gab: es war sein leiblicher Vater, den der Pat. nicht kannte. Mit 14 J. für 1 Jahr in ein kath. Klosterinternat, aus dem er dann rausflog. Ab dem 16. Lj. hatte der Pat. verschiedene eigene Wohnungen, während er noch zur Schule ging. Da er es nicht alleine aushalten konnte, hatte er schnell wechselnde Beziehungen zu Frauen. Z. Zt. lebt er in einer eigenen Wohnung und ist mit einer 13 Jahre älteren Frau befreundet und hat mit ihr einen Sohn gezeugt. Beide leben getrennt. Der Pat. hat auch bisexuelle Tendenzen und schon seit langer Zeit einen gleichaltrigen Freund.
Die Anamnese belegt, was ich aus meiner nunmehr 5jährigen psychotherapeutischen Arbeit mit Krebspatienten in Erfahrung bringen konnte: die Krebserkrankung steht am Ende kumulativer Traumen, die durch psychosomatischkranke bzw. suchtkranke familiale Sozialisationsbedingungen entstehen.

Max L. leidet unter einer schweren narzißtischen Persönlichkeitsstörung, wobei ich die aktuelle Krebserkrankung des 21jährigen Mannes als letztes Glied in einer Kette von Traumatisierungen durch ein psychosomatisch krankes bzw. suchtkrankes familiales Sozialisationsgefüge verstehe. Ich halte Herrn L. deshalb nicht für eine Borderline-Persönlichkeit, was differentialdiagnostisch abzuklären ist, weil sich im Erstgespräch gezeigt hat, daß er in der therapeutischen Beziehung zu mir ansatzweise eine Selbstobjekt-Übertragung herstellen konnte, so daß ich die berechtigte Hoffnung habe, daß seine narzißtische Lebensstörung analysierbar ist.

Das Gespräch zeigte mir, daß der Patient in der Mutter kein spiegelndes Selbstobjekt zur Verfügung hatte und (vermutlich auch nicht in der zwar präsenten, aber depressiven Großmutter); daß der Patient zum Stiefvater (vermutlich auch zum Großvater) andeutungsweise eine idealisierende Selbstobjekt-Beziehung herstellen konnte, allerdings wohl unter der Bedingung, »am Ende zu sein« (draußen auf dem Meer nicht mehr zu können ... der Krebs als Voraussetzung für eine schützende Hand auf der Schulter).

Prognostisch günstig scheint mir die Fähigkeit des Patienten, Alter-Ego-Selbstobjekte in Freunden zu finden. Das läßt vermuten, daß er kompensatorische, Selbstkohärenz verbürgende Strukturen in den Bereichen Schule, Arbeit, Wohnsituation aufbauen konnte.

Herr L. beeindruckte mich in unserem Erstgespräch dadurch, daß er in allen wirren und brüchigen Beziehungen, die er mir szenisch nacherlebbar zu schildern verstand, er selber geblieben ist. Selbst die Krebserkrankung ist für mich verstehbar als ein solcher – wenn auch pervertierter – Selbstrettungsversuch: ein Selbstheilungsversuch, allerdings auf Körperebene, der ihn vor Selbstfragmentierung bewahren soll (die Hand der Krankenschwester auf der Schulter). Seine Entscheidung: »nein« zu einer prophylaktischen zweiten Operation und weiteren konventionell medizinischen Behandlungsmaßnahmen bei gleichzeitigem »ja« zu einer Psychotherapie, begreife ich als prognostisch günstig für eine Psychotherapie, die die Heilung des Selbst zum Ziel haben muß, was u. U. das Sistieren der Krebserkrankung zur Folge haben kann. Die Heilung des Krebses kann nicht Aufgabe einer Psychotherapie sein, darüber verständigten wir uns im Erstgespräch, aber leben – ob mit oder ohne Krebs ist *die* Alternative.

Zum Leben fehlt dem Patienten bisher allerdings die Sprache und damit die Verfügung über seine Sinnlichkeit. Seine seelische Überlebensstrategie läßt sich formelhaft in der Interaktionsform: »Ich ist ein anderer« fassen. Das heißt: Er versuchte sich gegen die Übergriffe seiner unempathischen Umwelt durch Sexualisierung seiner narzißtischen Bedürfnisse zu schützen, weil er wohl glaubt, derart doch noch ein selbststützendes Selbstobjekt zu finden. Paradigmatisch steht dafür die 34jährige Freundin, die er schwängerte und sich so wohl unbewußt zur Mutter zu machen hofft, um sich gleichzeitig eine Familie zu schaffen, die ihm Geborgenheit gibt. Daß auch dieser Selbstheilungsversuch zum Scheitern verurteilt ist, zeigt sich darin, daß er und die Freundin sich gar kein Zusammenleben vorstellen können. Vielmehr, unbewußt von beiden Partnern, wird dem Kind eine Alter-Ego-Funktion zugedacht, was nur eine Perpetuierung der narzißtischen Empathiestörung in der nächsten Generation bedeuten kann. Das Kind soll dem Patienten das geben, was er mit den Eltern, Großeltern, der Freundin vergeblich suchte: sich mit einem Menschen wesensgleich zu erleben. Dem Kind steht die gleiche narzißtische Ausbeutung bevor, die der Patient erlitten hat. Ich vermute, unsere psychotherapeutische Arbeit wird dieses Kind von allem Anfang miteinbeziehen müssen. Wie das aussehen kann, weiß ich heute noch nicht. Das wird die Kreativität von uns beiden herausfordern, denke ich. Ich nehme diese Herausforderung an: nicht ohne Schaudern – es ist meine erste Begegnung mit einem Menschen, der sich den konventionellen medizinischen Therapien kritisch zu verweigern wagt –, aber mit großem sinnlichen Vergnügen und Neugier, denn dieser Mensch weiß mehr über sich, als er bisher sinnvoll zu praktizieren weiß. Dafür aber braucht er einen Partner.

27.4.83 Robinson, wo bist Du?

Der Patient erzählt von seiner Angst vor den Sonntagen. Ihm fallen die Sonntage mit dem Großvater ein. Der war Berufssoldat, hatte seine Tochter mit drei Wochen das erste Mal und dann mit drei Jahren wieder gesehen. Er war enttäuscht, daß es kein Junge war. *Ich*, sagt der Patient, war dann der Junge. Im Garten des Großvaters hatten ich und der Bruder jeder seinen Baum, an den

er gepinkelt hat, um ihn als seinen zu markieren, sagt er strahlend, so war mein Opa. Ich habe eine Forsythie gehabt, der Bruder einen Flieder. Dann die Sonntage in der Familie, Renommieren, sagt er, in Sonntagskleidern, eine Qual. Heute gehe er sonntags arbeiten, um zu verdrängen, arbeiten in der Kneipe. Er spüre oft Lust zu Schlägereien und warte darauf, wie zu Hause. Wie in der Schule, wo er sich oft prügelte und sich einen Schulverweis einhandelte. Nach seinem Selbstmordversuch mit 13 Jahren wollte er von zu Hause ausziehen. Der Vater habe gesagt, wenn du gehst, laß ich mich scheiden und verlasse Frau und Bruder, und er habe gedroht, dann bring' ich mich wieder um. Wen haben Sie denn damals umgebracht, frage ich. Den selbständigen Teil von mir, sagt Herr L., ich bin geblieben. Als er 16 war, habe die Mutter eine Fehlgeburt gehabt. Der Vater sei eines Nachts in sein Zimmer gekommen und habe geschrien, wenn mein Kind stirbt, bist du dran schuld und nicht mehr mein Sohn. Ich zeige offen mein Entsetzen über diese grauenhaften Szenen. Der Patient ist erstaunt über mich, sinnt nach und sagt, so tot habe ich mich stellen müssen, um nichts zu fühlen.
Der Patient trägt heute einen himbeerfarbenen Pullover, auf der Brust steht »Robinson«. Ich frage ihn danach. Er erzählt, das sei der Club auf den Balearen, wo die Eltern sich aufgehalten hatten, als er seine Operation hatte. Der Pullover sei ein Geschenk der Mutter. Ich knüpfe an sein Lebenwollen an und sagt, Robinson will seine Insel entdecken, seine Lebensbedingungen. Er habe Angst vor dem dicken Rotmund, dem Professor, der ihn operiert habe. Er denke nicht dauernd ans Sterben und an den Krebs. Auf dem Weg her mit dem Fahrrad habe er einen BMW zusammengeschrien, der ihm die Vorfahrt nehmen wollte. – Immer wieder taucht das Prügeln und Schreien auf. In ihm muß es sehr laut zugehen, denke ich und schaue ihn an. Heute kam er nicht in Turnschuhen, sondern in Westernstiefeln, stolz und schön stand er vor mir, nachdem sein Stiefelklang ihn angekündigt hatte, freilich, ich hatte nicht gewußt, daß er es ist. Er spricht glatt und sehr schnell. Ein wenig fühle ich mich ratlos, sorge nur für ein entspanntes Klima, indem ich still zuhöre und ausspreche, was ich fühle. Ich nehme mir Zeit, sinne nach, schaue zu Boden. Ich nehme mir Zeit, diesen Menschen zu erleben, denke ich und hoffe, daß er mich zu erleben beginnen wird und damit sich selber. Denn irgendwie ist er bisher nicht da, in dem, wie er

spricht. – Vorsichtig schaut er sich im Raum um, freut sich an meinem Zimmer, will wissen, ob ich es selber eingerichtet habe.
Er will einen neuen Termin, statt Mittwoch Dienstag, weil Freitag/Mittwoch so lange sei. O.k., das hatte ich schon gewußt und stimme zu. Er wolle nicht morgens kommen, weil er bis 12 Uhr schlafe. O.k., ich stimme zu und denke, schlaf dich aus, ich habe nichts dagegen.
Die Brutalität in der Familie erinnerte mich an das, was ich aus anderen Familien von Krebskranken weiß: Prügel und totale Mißachtung des Menschen, die nackte Existenzbedrohung, der nackte Überlebenskampf. »Lonesome woolf«, »Easy Rider« fallen mir als Sinnbilder ein, als ich meine Aufzeichnungen nach der Stunde mache.

29.4.83 Easy Rider ... Angst zu weinen

Ich freute mich irre auf die Stunde.
Wie geht es Ihnen, fragt mich Herr L. Gut, sage ich. Mir nicht so, ich habe mit einer anderen Frau geschlafen und habe Schuldgefühle, sagt er. War es denn schön? Ja, erst ja, sagt er. Seine Freundin sei jetzt fett, er wollte mit ihr schlafen, sie wollte nicht, er habe das als Zurückweisung erlebt, wie als Kind: ein Schlag unter die Gürtellinie. Und er habe sie abgehakt. Sie reizten sich in ihren Gefühlen aus, sagt er, bis sie weint. Er könne nicht weinen. In der Klinik, als die Freundin ihren Exknastfreund besucht habe und nicht ihn, da habe er geweint, als er allein zur Operation mußte. Konnten Sie früher weinen, frage ich vorsichtig. Ja, bei Freundinnen und als Junge. Er sagt, miteinander schlafen, nur um miteinander zu reden ... für Hunderte von Mark in einer Bar. Hier bei mir kostet es weniger, daß Sie über sich sprechen. Er lacht. Er spricht davon, daß er nach so einer Kränkung demonstrativ weggehen müsse, dabei lasse er dem anderen Zeit, ihn zu halten, ziehe seine Stiefel extra langsam an. Heldenhafter Auftritt und heldenhafter Abgang, denke ich und sage: In Turnschuhen und in Stiefeln, das scheinen zwei Seiten in Ihnen zu sein. Als Säugling bis 3 Monate habe er geschrien, aber die Mutter habe nicht reagiert, bis er dann zu den Großeltern kam. Die Mutter fühlte Sie nicht und sich nicht, sie war taub, da müssen Sie heute laut auftreten, um

sich Gehör zu verschaffen. Und ich denke, er hat mir gesagt, ich brauche eine Mutter: ich will gehört werden, respektiert werden, ohne Sexualität als Eintrittskarte ...
Ich stocke, schaue vor mich auf den Teppich, ich habe das Gefühl, daß ich ihn nicht erreicht habe mit meinen Worten, fühle in mich, fühle mich ratlos und sage: Was fühlen Sie, wenn Sie von damals sprechen. Nichts, sagt er, ich bin erstaunt, daß Sie etwas dabei fühlen. Ich sage, was ich denke: Sie müssen mir die Chance geben, Ihre Angst zu respektieren. Das kann ich aber nur, wenn Sie Ihre Gefühle aussprechen. Er sagt, letztes Mal bin ich heiter fortgegangen. Das ist schön, sage ich, Leben ist eine prima Alternative. Wir lachen uns an. Er habe Angst vor dem Termin in der Klinik. Ich kann Sie verstehen, sage ich. Es ist gut, wenn ich davon weiß, ich denke an Sie, dann sind Sie nicht ganz allein. Er lächelt und geht mit dröhnendem Stiefelklang.
Ich hatte dem Patienten heute gesagt, daß ich Literaturwissenschaftlerin bin, und er sagte: Wenn Sie mir guttun, ist mir das egal.

3.5.83 Das könne er nicht, für sich etwas Gutes tun

Herr L. macht vor der Türe die Zigarette aus und sagt, Sie haben viel zu tun. Ich mache meine Arbeit gern, sage ich. Er setzt sich und schnieft, schaut mich lange an. Ich denke: Weint er, gibt es schlechte Nachrichten. Er gibt mir die Krankenkassenadresse, er sei froh, wenn ich mich darum kümmerte (ums Gutachten). Er habe seiner Freundin gleich alles erzählt, es sei gar nicht so schlimm gewesen, die Lüge wäre belastender gewesen, meint er. Er habe Kampf mit dem Hausbesitzer, solle rausgeworfen werden, was juristisch nicht haltbar sei, sagt er fachmännisch. Er wolle auf den großen Fight einsteigen, es gehe darum, ihm eins auszuwischen, Geld rauszuschlagen. Es geht um Ihr Leben, Ihre Lebensbedingungen, den Garten, der Ihnen am Herzen liegt. Ob er nicht lieber seine Energien sparen und sich eine schöne Wohnung suchen wolle, sage ich. Er ist verblüfft. Das könne er nicht, für sich etwas Gutes tun. Als Schulsprecher kämpfte er für das Recht anderer, geprügelter Kinder. Fürs Abi habe er jetzt ein Referat über die Sprache von Kleinkindern geschrieben, wissenschaftlich einwandfrei, sagt er, eine 1, aber er wollte, daß die

Lehrerin aggressiv wird, weckte Erwartungen und brach immer wieder ab im Text. Die Freundin sei beim Lesen aggressiv geworden. Das zweite Referat habe er nicht über sein eigentliches Thema: Indianer, geschrieben, sondern über die Black Power-Bewegung. Er sei in die DKP gegangen wegen einer Frau. Ich fühle mich komisch gespannt. Er schaut mich an, ich schaue ihn an, er fragt, was denken Sie. Ob ich Sie ratlos gemacht habe, frage ich mich. Ja, sagt Herr L., das kenne ich nicht, für mich was tun. Sie kennen es nur, für etwas zu kämpfen, was Ihnen vorenthalten wird.

Ich frage nach der Untersuchung bei Rotmund. Er strahlt: Sei gut ausgegangen, Markatests im Normbereich. Rotmund sei erstaunt, er solle in 8 Wochen erneut Tests machen lassen. Er werde in 6 Wochen hingehen, sagt er. Keine Operation jedenfalls, weil entweder der Reflexbogen im Beckenbereich draufgehen werde: dann geht nichts mehr; oder Impotenz: keine Ejakulation, kein Höhepunkt mehr. Rotmund sei wie tot bei der guten Nachricht gewesen. Er spricht nun von den verschiedenen Operationen. Ich frage nach, sage ihm, daß er mir lebendig und lustvoll von seinem Körper erzähle und daß ich mich darüber freue. Er konnte die Nachricht, daß er vielleicht keinen Krebs mehr habe, nicht fassen, sagt er. Ich sage behutsam: Die Ergebnisse liegen im Normbereich, wir brauchen Zeit. Ich sprach das Buch von Maxi Wander: »Leben wäre eine prima Alternative«, an, das ich mir inzwischen gekauft hatte, aber nicht lesen konnte, ich sage ihm: Unser Weg ist die Lebendigkeit, nicht der Weg ins Krankenhaus. Ja, sagt er, die war depressiv, der Mann hat das Buch nach ihrem Tod veröffentlicht. Als sie noch lebte, ist er auf Vortragsreisen rumgefahren, sie hat sich darüber beklagt, aber sie hat nicht gekämpft. Sie hat eine schöne Sprache. Eine schöne Sprache, aber tot, sage ich. Sie sind lebendig. Er wolle ein Büro aufmachen für Leute, die Forderungen an ihre Eltern haben. Er wolle auch ein Buch schreiben, eine Anklage, was sie ihm als ihrem Prügelknaben in 20 Jahren vorenthalten haben. Er wolle Geld von den Eltern, damit er nicht studieren müsse, sondern lernen könne, Urlaub zu machen. Wenn man das nicht kann, sagt er, kostet es viel Geld. Sie wollen leben lernen, das braucht weniger Geld als Gefühle, Sie brauchen seelische Nahrung, die hat man Ihnen vorenthalten. Die Eltern kämen am Wochenende, übernachteten im Hotel. Er werde der Mutter, die eine Intrigantin sei, die Freundin nicht

vorzeigen. Er werde sagen, die sei im Urlaub. Sie wollen, daß die Eltern *Sie* besuchen, dafür brauchen Sie nicht die Ausrede, daß die Freundin im Urlaub ist. Er will den Termin ändern, ich stimme aber nicht zu. Dann müssen meine Eltern eben warten und sich G. anschauen. Ja, während Sie hier bei mir etwas für sich tun, können die Eltern etwas für sich tun, sich die Stadt anschauen. Für unsere Arbeit brauchen Sie keine Ausrede, dazu können wir beide stehen.
Er geht voller Fröhlichkeit, ein Schulbub, denke ich, der das Leben erobern will, wobei die Mutter: ich, ihm Rückendeckung gibt, damit er er selber zu sein wagt.

6. 5. 83 Keinen eigenen Rhythmus ... Rauchen und Sex, alles schnell, dann die Kippe wegwerfen

Er klopft unüberhörbar und steht gleich mitten im Zimmer. Gibt mir die linke Hand, jovial. Er habe viel in der Kneipe gearbeitet, wenig geschlafen, er habe keinen eigenen Rhythmus, weder im Essen, noch im Trinken, noch im Rauchen. Er sei für den Chef eingesprungen, der für ihn mitgearbeitet habe, als er krank war, und mit dem sich eine Freundschaft anbahne, worüber er sich freue. Rauchen und Sex, sagt er, alles schnell, dann die Kippe wegwerfen. Ich nehme ihn ernst und sage: die Frau als Kippe, die man wegwirft, oder Sie, der sich wegwirft. Er ist erschrocken und findet seinen Vergleich dann nicht mehr gut. Er habe mit 7 Jahren mit dem Rauchen angefangen, wie der Großvater, und sich in die Hose geschissen. Mit 12 dann, um vor den Mädchen groß dazustehen. Zu Hause war es verboten, sein Zimmer wurde durchsucht. Mit 15 wurde es dann erlaubt. Die Mutter rauche wie ein Schlot, wenn Besuch da sei. Ob ich rauche, fragt er. Nein, sage ich, ich habe vor 10 Jahren aufgehört. Aber Sie sind doch erst Anfang 30, sagt er gekonnt männlich. Er wolle aufhören zu rauchen, aber nicht gewaltsam. Sie wollen Ihren Rhythmus finden. Ja, das wolle er, wenn er sich selbst finden wolle, müsse er auch seinen Rhythmus finden. Er steckt sich eine Zigarette an. Ich sage nichts.
Die Eltern kämen. Sie würden im Hotel übernachten, nicht bei ihm wohnen, wie die Großeltern vor kurzem. Er habe Angst vor der Macht der Mutter und ihrer Einmischung. Sie sei voller

Angst: weißes Klinkerhaus, sagt er, kalt, hohe Mauern, nah am Wald, isoliert. Er will, daß wir uns duzen, weil er nur mit vertrauten Menschen so etwas ausspreche. Sie wollen wissen, ob es Mauern zwischen uns gibt. Vielleicht brauche er das auch mal als Schutz, sagt er nach einer Weile, das frage er sich. G. sei seine Stadt, seit drei Jahren, nie seien die Eltern hier gewesen. Die Eltern sollten seine Freundin nicht kennenlernen. Warum, frage ich. Sie ist nicht die Großmutter, sagt er, eher seine Großmutter solle die Großmutter seines Kindes sein. Sie haben Angst, es ginge um das Kind, nicht um Sie. Oder genauer noch, um Ihre Krankheit. Ja, sagt er heftig. Heute habe er die Arbeitskleider anbehalten und seine Wohnung nicht extra aufgeräumt, nichts extra im Kühlschrank, wie für die Großeltern, für die habe er auch gekocht. Die Mutter wolle, daß er ins Hotel komme zum Frühstücken. Ich frage ihn nach seinem Frühstück. Das Normalste, sagt er, für die Großeltern habe er mehr Käsesorten besorgt. Warum zeigen Sie sich nicht so, wie Sie sind, was Ihnen guttut, *Ihr* Frühstück. Ich hatte da noch keine Therapeutin, sagt er, die mir das gesagt hätte, daß ich mein Frühstück auch anderen anbieten kann. Er habe noch heute Wut, daß die Mutter dem Vater immer das größte Steak angeboten habe, egal, ob er wollte oder nicht, dabei sei er ohnehin zu fett. Ich sage, daß ich froh bin, nach seinem Frühstück gefragt zu haben. Ich hätte gedacht, zu forsch zu sein, aber so hätten wir ihn entdeckt. Er meint, er werde nicht auf meine Fragen hin mauern, er habe schon viel gehört, was schwer zu verkraften war. Wir haben etwas Schönes bei Ihnen entdeckt, sage ich, womit Sie sich zeigen können: Ihre Art zu frühstücken. Genauso können sie aussprechen, warum Sie nicht wollen, daß die Eltern die Freundin kennenlernen: Sie wollen, daß es den Eltern um Sie geht. Es steht in Ihrer Macht, sage ich, in Ihrer Stadt, in Ihrer Wohnung Ihre Sprache zu sprechen, statt sich vollzutrinken und sich zu vernebeln. Sind Sie nicht stolz, daß die Eltern Sie besuchen. Ja, sagt er freudig, das habe ich jetzt entdeckt, das ist neu.

Eine leichte Stunde, denke ich, als ich meine Aufzeichnungen mache. Das Neue ist für mich, den Patienten nicht zu schonen, auszusprechen, mich zu zeigen, ihn zu be-handeln, mit Worten zu berühren, ihn, der doch immer mit der Angst der anderen befaßt ist.

10. 5. 83 Ich lasse meine Blumen sterben ... Sie proben das Überleben mit ihnen

Mit fällt auf, daß er heute einen Ring im Ohr trägt. Sein Blick ist zögernd, müde, fragend, stumm. Ich frage schließlich, wie es ihm geht. Nicht so gut, sagt er. Hatte Lust, seine Freundin nachmittags zu besuchen mit Blumen, lila und weiße Margeriten, und es sei auch ganz schön gewesen. Dann wollte sie wissen, ob er abends und nachts komme, aber er habe nicht gewußt, ob er Lust hatte oder lieber zur anderen Freundin gehen wollte. Es gab Streit, Kränkungen. Sie kamen nicht dazu zu fühlen, worauf Sie Lust hatten. War es denn nachmittags schön, frage ich. Ja, spazierengehen, Currywurst essen; sie begegneten dem Chef der Freundin, dem Chef sei es peinlich gewesen, meint er. Scheißfrauen, sagt er, ich weiß nicht, wen ich befriedigen soll. Mich selbst, das ist tabu. Er will von mir wissen, ob es immer so sei, daß man in einer Beziehung ruhiger werde, was Sex angehe. Wenn er sich selbst befriedigen könne, sage ich, sei es egal, wie oft. Er lacht. Er habe das Abitur fertig. Ich bin erstaunt, daß Sie mir Ihre Erfolge so nebenbei erzählen. Er könne sich wohl auch nicht selber Blumen schenken. Nein, nur der Freundin, heute irre lila Tulpen, die er hinter einem großen Zaun für sie geklaut hatte. Als er das Gespräch mit dem Professor hatte nach der Krankenhausentlassung, da habe er sich auf dem Markt gelbe Fresien gekauft. Er kann sich nicht mehr an den Namen des Professors erinnern und schaut in seinem Kalender nach, sagt mir dann, wann das war und daß er damals von der Schule befreit gewesen war. Jetzt habe er das Abi. Als er erfuhr, daß er Krebs habe, hatte er als Schulsprecher eine Konferenz einberufen und es allen mitgeteilt, um, wie er sagt, sie zu schockieren, ihnen Gefühle zu machen. Ob die an Ihrem Überleben interessiert sind, scheinen Sie wissen zu wollen. Er könne sich selber keine Blumen schenken, er habe viele Pflanzen, die lasse er aber alle sterben. Er habe sie rausgestellt, sie hätten zuviel Sonne bekommen, gingen ein. Er erzählt es mir, wie um mich zu schockieren, denke ich. Er sagt, es wundere ihn, es schmerze ihn nicht, er lache sogar darüber. Vielleicht lassen Sie die Pflanzen ja gar nicht sterben, sondern proben ihr Überleben, sage ich. Stimmt, sagt er, er habe sie in den Schatten gestellt, damit sie vor Wind geschützt seien, er wisse ja auch von den Eisheiligen. Er sei wohl enttäuscht, sage ich zärtlich, daß die

schlapp gemacht hätten und nun vorwurfsvoll dreinschauten. Da drohe er ihnen: Wenn ihr nicht überlebt ...! Ja, er habe auch Fische, 60 Stück, mit denen gehe es besser. Mit 10 kleinen habe er auch mal das Überleben geprobt, sie im großen Becken ausgesetzt. Einer habe überlebt, sagt er stolz. Vielleicht brauchen *Sie* erst Pflege und Schonung, bis Sie wieder Ihre Pflanzen versorgen können, sage ich.
Jetzt habe er das Abitur fertig, nur noch die Französischprüfung. Er habe es sich ein wenig mit dem Krebs erschlichen. Gut, daß Sie die eine Prüfung noch machen, damit Sie Ihr Abitur nicht dem Krebs verdanken, sondern sich darüber freuen können. Er lasse sich über Camus' *Der Fremde* prüfen. Ich erzähle, daß ich eine Platte hatte, auf der Camus den *Fremden* las, und assoziiere, daß der ja auch in der Sonne gewesen sei. Ja, der hatte auch keine Gefühle, sagt Herr L. Nein, der hatte zu viele Gefühle und war damit allein und dann zusammen mit dem Araber, der seine Sprache nicht verstand. Vielleicht gab es zwischen ihm und der Mutter, die ja gestorben war, auch keine Sprache, nur Fremde, sage ich. Ich denke dabei an seine unempathische Mutter, die ihm nicht seine Gefühle beantwortete. Die Mutter habe sich gleich auf sein Bett gesetzt, Sexualität, darum gehe es ihr. Vor anderthalb Jahren habe er mit ihr schlafen wollen. Vielleicht geht es eher um Ihre Sinnlichkeit, mit der Sie sich bei Ihrer Mutter nicht geschützt fühlen können. Er wolle nicht mit seiner Freundin zusammenziehen, weil er nicht wisse, was er fühle, er wolle die Beziehung nicht gefährden. Er habe auf einem Stuhl gesessen, die Mutter auf dem Bett, der Vater auf der anderen Seite, auch auf einem Stuhl. Er sei stolz gewesen, daß er sich verwahren konnte. Die Eltern hätten davon gesprochen, was werden solle, nicht von dem, was ist, von dem, was sie fühlen. Ich sage, deshalb ist es wichtig, daß es hier bei mir um Sie geht, wie Sie sich fühlen. Er sagt, er wisse noch nicht, ob er zur Freundin oder zu der anderen Frau heute abend gehen werde. Und wie fühlen Sie sich jetzt, wissen Sie das, frage ich. Erleichtert, sagt er. Ich habe mir eine neue Pfeife gekauft, soll ich sie Ihnen zeigen. Er zeigt mir drei schöne Pfeifen. Ich nehme sie in die Hand und sage, das sind schöne Formen, es ist ein schönes sinnliches Gefühl, sie in den Händen zu halten. – Ich habe die Phantasie, er zeigt mir sein Spielzeug, sein Glied. Er tut es, weil es sein Bedürfnis ist, nicht weil ich sein Bett belagere, wie die Mutter es tut. – Er geht fröhlich fort, stolz.

13.5.83 Freude, aber mit Sexualität erkauft

Der Patient kommt in einer Bergsteigeraufmachung, raucht seine Pfeife. Das Leben kennenlernen, aber wie, denke ich. Das Leben macht ihm Angst. Er sei im Freudenhaus gewesen, er suche Menschen: Freude, aber mit Sexualität erkauft. Wenn es ihm gutgehe, sagt Herr L., müsse er es sich was kosten lassen, draufzahlen, einen ausgeben. – Ich fühle mich ratlos. Spreche drauflos, Strohhalme auswerfend, Worte auswerfend, denke ich, weil sonst das Nichts wäre. Aber dieses Nichts, diese Leere, gilt es gemeinsam auszuhalten, zu benennen.

17.5.83 Nicht nur Mann, sondern Mensch … Unterwegs in der Schneewüste

Herr L. sagt, er wisse nicht, wie es ihm gehe. Mit der Freundin habe er geklärt, daß sie sich trotz des Kindes trennen könnten. Der Druck sei jetzt weg. Es sei gut, wenn man sich abgrenzen könne, sagt er, und es klingt angelernt. Gut sei es, sage ich, wenn man nicht nur Mann sein muß. Ja, er denkt eine Weile nach, nicht nur Mann, sondern Mensch. Er habe sich klar gemacht, er müsse ja nicht studieren, er könne ja auch in der Kneipe arbeiten, kochen, das könne er wenigstens. Er habe das Abitur schon mit drei Jahren machen müssen, da hatte es geheißen, du wirst mal studieren, Abi machen. – Er greift verstohlen zur Tasche, holt sich eine Zigarette raus, als er von der Mutter spricht. Ich denke, Rauchen ist die Körpersprache der Mutter. Sage nichts, höre weiter zu. – Er habe mit dem Abi den Vater überflügelt. Die Eltern wollten nicht, daß er Abi mache, vergiß es, werd erst mal gesund, hatten sie gesagt, und die Mutter wollte seinen Krebs pflegen. Den Krebs könnten wir fast als Bremse verstehen: Erst sollten Sie Abitur machen, aber nicht den Vater überflügeln, das war eine richtige Zwickmühle. Schule sei eine Qual für ihn gewesen, einmal habe er der Lehrerin einen Schwamm in den Rücken geworfen. Vielleicht, weil Sie lieber spielen wollten, sage ich. Spielen verbinde er mit seinem Kind, mit dem er auf dem Boden rumrutschen wolle, er könne das nicht, regredieren. Ich sage lächelnd, bei mir steht nicht »regredieren« auf dem Programm, wenn Sie das meinen, bei mir können Sie spielen, wenn Ihnen danach ist.

Er streckt sich im Sessel, der Freundin habe er eine Eule geschenkt, zum erstenmal im Leben habe er Blumen von ihr bekommen, und er habe sich selber lila Fresien gekauft. Das muß ein schöner Tag gewesen sein. Er denkt nach, nein, er habe einen Film mit Lino Ventura gesehen.
Ihm fallen *zwei Träume* ein, Alpträume, sagt er. *Er war unterwegs in einer Wüste mit einem Wolfsschlitten*, die Wölfe mußte er immer austauschen, wenn sie ermüdet waren von der rasenden Fahrt. Die begaben sich dann wieder in das Rudel, das ihn umkreiste. Er steuerte auf eine Holzhütte zu. – Vom zweiten Traum erinnert er nur noch, daß er *unter großer Anstrengung einen VW-Käfer aus einem Schlammloch* rauszukriegen versuchte. Ich sage, das muß Ihr Lebensgefühl sein, immer ein Überlebenskampf, immer in Ihrem Selbst bedroht von gefährlichen Wölfen, festsitzend im Schlamm. (Ich denke, die Wölfe, das sind die Eltern, die ihn für ihre Zwecke ausbeuteten, nur spielen durfte er nicht. Ich spreche das nicht aus, ich denke, darauf wird er selber kommen.) Er sagt, er freue sich auf das Kind, rumkrabbeln mit ihm, das dürfe er dann, weil das Kind das brauche. Und er phantasiert eine Familienidylle: Wie er mit Kind und Freundin im Seltersweg im Café sitzt. Er habe auch Angst, daß er nachts nicht wegkönne in Kneipen. Vielleicht sind das ja auch nicht Sie, der da nachts in Kneipen muß, und das Kind soll dafür herhalten, als verzichteten Sie auf etwas Schönes seinetwegen. Er habe Angst vor der Lymphographie, davon träume er auch, Todesangst. Oder ist das Ihre Angst, zu leben und das zu bekommen, was Sie sich ersehnen: spielen zu dürfen. Ich frage mich, ob ich nicht die kleine Hütte bin in Ihrem Traum, die Sie ansteuern in rasender Fahrt als Schutz, den wir für Sie finden müßten. – Ich sah ihn vor mir, wie er auf dem Fußboden rumkrabbelt. – Der Krebs ist eine Chance, sage ich. Ich habe nichts gegen meinen Krebs, sagt er lächelnd. – Wahrhaftig, denke ich, das stimmt, als er stolz und zufrieden geht. Es sei eine gute Stunde gewesen, hatte er in der Türe gesagt. Ich legte mich für ein paar Minuten auf die Couch und war glücklich. Dieser Mensch wagt es dazu zu stehen, daß er den Krebs braucht. Wir werden eine Menge gemeinsam durchzustehen haben, bis er ohne ihn zu leben wagen wird …

20. 5. 83 Keine Aufzeichnungen

24. 5. 83 Sich das Leben nehmen

Der Patient kommt in einem knallroten Overall. Er sei so vor Gericht als Zeuge gegen den Direktor angetreten, der die Kinder verprügelt hatte, die als unbeschulbar galten. Ich sage, Sie sehen prallebendig aus, Sie haben *Ihr* Leben verteidigt. Er fühlt sich dabei ertappt, daß er für sich kämpft. Ich finde das toll, sage ich bewundernd, nur tarnen Sie Ihre Lebendigkeit noch mit dem Namen der anderen. Er erzählt, er habe im Café ein Foto von mir gemacht. Ich nehme es still hin und sage, Sie wollten mich festhalten. Er strahlt spitzbübisch. – Ich denke, er zeigt sich indirekt, indem er mich wahrnimmt und gegen seine Leere benutzt. Ich freue mich: Anfänge einer idealisierenden Übertragung, wir arbeiten gut zusammen, denke ich.

27. 5. 83 Sex gegen die Angst vor dem Alleinsein

Herr L. schaut mich eindringlich an. Ich spüre Druck. Soll ich was sagen, frage ich. Nein, sagt er. Nach einer Weile sage ich, Sie machen einen erschöpften Eindruck auf mich. Es gehe ihm nicht gut, sagt er. Haben Sie etwas Schönes erlebt, frage ich. Der Patient strahlt. Ja, er habe mit Siggi geschlafen. Er beschreibt mir ausführlich seine Taktik, eine Frau zu verführen. Aber eigentlich habe er Angst vor dem Alleinsein, schon immer gehabt. – Ich denke, der eindringliche Blickkontakt zu Beginn war wohl ein solcher Verführungsversuch gewesen. Aber ich verstand ihn auf der Ebene der narzißtischen Bedürftigkeit: Sag, daß du mich siehst, damit ich weiß, daß ich wirklich bin ... – Der Vater habe angerufen und gefragt, wie die Therapie gehe. Es war liebevoll, sagt er. Die Mutter habe ihm ein Päckchen geschickt mit einem viel zu kleinen Pfeifenetui. Aber sie fragte, ob sie ihn störe, als sie ans Telefon kam; daß sie das sagen könne, sei neu, darüber habe er sich gefreut. Er erzählt, daß der Prügeldirektor freigesprochen wurde. Er ist wütend und zündet sich eine Zigarette an. Ich sage, es erschreckt mich, daß Sie rauchen, wenn Sie wütend sind. Ich kann Ihre Wut verstehen über die Gewalt, die freigesprochen wird, aber warum müssen Sie sich Gewalt antun. Er schaut mich verblüfft an, das Gefühl ist rübergekommen, sagt er und macht die Zigarette aus. Zu Hause sei er über Sprechanlage geweckt worden, totale Kontrolle hätten sie gehabt, er sei ausgerissen und immer geschnappt worden. Sie meinen, es gab keine Intimität bei den Eltern. Das sind die Prügel, gegen die Sie sich nicht schützen konnten, nur mit Ausreißen. Er schweigt. – Es ist ein entspanntes Schweigen, und ich sage nichts. Ich denke, ich muß ihm meine Gefühle zeigen, das braucht er, um sich lebendig zu fühlen. Ich erlebe die Schrecken, die ihm als Kind die Sprache verschlagen haben. Ich spreche aus, was ich fühle, damit er erfährt, daß ich ihn verstehe.

31.5.83 Die Frauen anfassen, damit sie ihn anfassen

Herr L. setzt sich auf den Boden vor mich hin, mustert mich, als wolle er mich anmachen. Ich spüre, wie er sich hinter dieser sexualisierten Fassade sehnt, mich bewundern zu dürfen, und halte ruhig seine Blicke aus, ohne mich zu schämen. Er wird ruhig und hört auf mit dem erotischen Kopf-Gerede. Dann sagt er, er wolle die Frauen anfassen, anfassen, damit sie ihn anfassen, streicheln, liebhaben. Ja, sage ich, das ist schön, mit Blicken anfassen, mit Worten streicheln und sich verstanden fühlen, darum geht es Ihnen.

3.6.83 Keine Aufzeichnungen.

7.6.83 Für Momente er selber

Herr L. sagt, es gehe ihm eigentlich ganz gut. Die Freundin sei wieder da, und er trinke weniger, habe weniger Angst. Er habe die Küche fertig gestrichen. Beide seien erstaunt, weil er wenig von Frauen erwarte und sie wenig Gutes von Männern. – Im Café habe er etwas mit einem Kind erlebt, das er mit seinen Locken zum Lachen kitzelte; es lachte ihn an, nicht die Mutter. Er habe dann nicht richtig zugepackt, und das Kind sei mit dem Kopf auf der Tischkante aufgeschlagen und habe geweint. Er habe sich sehr darüber erschreckt.
Mit den Vermietern habe er Klartext gesprochen, daß er Krebs habe und eine gute Wohnung für sich brauche. Er wolle ihnen Geld aus den Rippen leiern. Dann wäre aber Ihr Stolz, sich eine schöne Wohnung zu leisten, gedämpft und verpatzt. Er fühle sich

dabei ertappt, sagt er, daß er etwas Schönes für sich wolle. Er habe schon einmal als 18jähriger eine schöne Wohnung gehabt und eine Katze, die er aber nicht ertragen habe, aber gebraucht, gegen die Angst vor dem Alleinsein, er sei wenig zu Hause gewesen.
Er setzt sich auf den Boden vor mich hin. Wenn Sie Ferien machen, will ich keinen Ersatztherapeuten. Er kenne sich aus in der Psychoszene, sagt er, da wäre das wohl üblich in solchen Fällen wie seinem. Er sagt mir vorsichtig, wie froh er sei, mich zu haben, er wolle zu niemandem anderen. Ich verstehe das, sage ich, aber über Ihre Angst vor dem Alleinsein, als Ihre Freundin verreist war, haben wir nicht sprechen können. Nein, sagt er, hier bei Ihnen hatte ich keine Angst. – Ich habe ein gutes Gefühl, denke, heute ist er da, ruhig sitzt er am Boden, ist für Momente er selber. – Ich habe keine Angst, wenn Sie wegfahren, sagt Herr L., Sie kommen ja wieder. Ich werde dann gerade Vater werden und habe ja das Foto von Ihnen. – Herr L. geht, bevor die Stunde beendet ist, als müsse er der Trennung aktiv zuvorkommen. Ich nehme es wahr, ohne es zu deuten.

10. 6. 83 Verhexte Wünsche nach Berührung

Herr L. erzählt, im Café habe er ein weinendes Kind trösten müssen und habe irre Wut auf die Mutter gehabt, die ihm das Kind überlassen habe und aufs Klo gegangen sei. Die ist abgehauen, so wie Ihre Mutter, wenn Sie geweint haben. Und Sie haben mit dem Unglück dagesessen und mußten es trösten. Ja, ihm sei zum Heulen gewesen. – Er habe mit der Freundin zu Mittag gegessen und dadurch die Verabredung mit seinem Freund im Café versäumt, darüber habe er sich geärgert. – Während der Patient von seinen Gefühlen spricht, fühle ich mich irgendwie leer. Das muß die Interaktion zwischen ihm und der Mutter sein, denke ich, die er mir heute fühlbar macht: Wenn er lebendig war, und selbst weinen ist ja Lebendigkeit, dann ging sie fort. – Der Patient sagt zärtlich liebevoll: ich erinnerte ihn an eine kleine Hexe aus einem Kinderbuch. – Ich habe die Phantasie, als sollte ich ihn anfassen, wickeln oder so etwas, aber nur mit den Augen, nur da sein, mehr wäre von Übel: verhexte Wünsche nach Nähe und unendliche Angst, darüber zu sprechen. Ich verstehe noch nicht genügend, um dem Patienten sagen zu können, was ich fühle. – Die Stunde endet mit dem Märchen. Ich ahne nur soviel: Die Mutter muß eine sehr schöne Frau sein, die den kleinen Jungen mit rotlackierten Fingernägeln durch die Locken kraulte, ihn erregte und in panische Angst versetzte. Ich bin für ihn nur eine kleine Hexe, klein wohl deshalb, weil mir die Attribute der sexualisierenden Mutter fehlen, Hexe aber wohl dennoch, weil es ihn bedroht, sich in meiner Gegenwart zu fühlen.

21. 6. 83 Ein Junge, vorschnell in die Welt geworfen ... Eine Wohnung mit Massagedusche

Eine Stunde war ausgefallen, wegen eines Feiertags, was mir entgangen war, so daß ich ihm einen Brief schrieb. Herr L. nörgelt, der Brief sei so steif gewesen.
Das Kind, ein Junge, ist geboren worden, ein Sechsmonatskind, in all der Hektik vorschnell in die Welt geworfen. Er ist noch im Brutkasten in der Klinik. Herr L. erzählt von den vielen Rollen, die er ausfüllen soll. – Ich zeigte meine Sorge über die Hektik, was ich dann schlecht fand, aber ich begriff mich wohl nicht recht. Die Freude über das Kind, die ich aussprach, schien ihn nicht zu erreichen. – Er habe eine Wohnung mit Massagedusche in Aussicht. Die Dusche scheint ihm das Wichtigste, und ich sage, ihm stehe jeder Komfort zu. Ich betone das, weil er sich in der Vaterrolle überfordert fühlt, als müsse er nun für das Kind sorgen und dürfe sich selber wieder nichts mehr leisten. Daß er von ›Vaterrolle‹ spricht, zeigt, daß er sich verpflichtet fühlt, ohne sich in Beziehung zu fühlen.

24. 6. 83 Für alles gleich verantwortlich

Er habe die Wohnung. Er habe sich letzte Stunde nicht so zufrieden gefühlt, ich sei ihm lehrerhaft vorgekommen. Vielleicht war ich zu forsch, sage ich, ich habe auch darüber nachgedacht. Ich glaube, ich habe Ihre Müdigkeit nicht respektiert, sondern nur meine Sorge über die Hektik ausgesprochen, in der Sie sich befinden. Da müssen Sie sich übergangen gefühlt haben. Ja, sagt er, er habe es als Druck erlebt, ein guter Vater sein zu sollen. Er erzählt davon, wie er mit der Nachbarin ein 10-Minuten-Vögeln absolvierte. Eigentlich Lust habe er gar nicht gehabt. Sie sei nur rüber gekommen, ob er helfen könne, das Clo sei verstopft. Bei der sei allerhand verstopft, sagt er. Aber er verstehe nicht, warum er sich für alles gleich verantwortlich fühle. Was er wolle, wisse er oft gar nicht.

28.6.83 Zärtliche Gefühle ... peinlich

Er habe einen rosa Elefanten für Moritz gekauft. Er erzählt es lustvoll strahlend, und ich frage zärtlich: Vielleicht haben Sie ihn für den Jungen und für sich gekauft. Ja, das sei so. Dann sagt er, das sei ihm peinlich, er sorge sich über mein Männer-Verständnis. Er erlebe es so, daß er von mir abrücke: Als würde ich Ihnen einen Fels hinstellen, und Sie sind ein Dampfer und müssen versuchen, nicht aufzulaufen. Er lacht, wie ich Sie kenne, schaffen Sie es, meinen Widerstand elegant zu umgehen. Ich lache auch und sage: Gefühle sind für Sie etwas Gefährliches, Peinliches, Sie wollen mich davor verschonen, aber vielleicht ist es mit mir anders als mit der Mutter, die Sie verschonen mußten, weil sie Sie sonst weggegeben hat. Vielleicht schäme ich mich ja nicht, wenn Sie mir von Ihrer Zärtlichkeit erzählen, die Sie mit Moritz erleben. Geschafft, sagt er, Sie haben den Fels umfahren. Mein Dampfer ist mit Radar ausgerüstet, mit Gefühlen, von denen ich mich leiten lasse, da kann nichts schief gehen, sage ich. Wir lachen.

1.7.83 Zwei Telefone ... selbstgewählte Kontakte

Streß, er habe die Wohnung. Er habe geträumt, der Schlüssel falle ins Klo, und er wußte nicht, ob er nicht ein Hochstapler sei. Er habe sich entschlossen, er werde nicht Jura, sondern Französisch und Italienisch studieren. Sind Sie mir böse, sagt er, wenn ich eine rauche. Ich denke, er fragt wohl, ob ich böse bin, wenn er nicht Jura macht. Aber ich höre zu. Die Freundin sei sauer, sagt er, Jura habe mehr Sozialprestige, aber er pfeife darauf, die sei kleinbürgerlich und hätte selber gern Jura studiert. Er stellt sich vor, daß er in seiner Wohnung zwei Telefone haben wird: ein rotes am

Bett, um seinen Freund anzurufen, und ein weißes am Schreibtisch für Arbeitsgespräche. – Ich sage nichts dazu, höre nur den Gernegroß, der es so gern dem Aufsteiger-Vater gleichtäte, über dessen Geprotze er zugleich klagt. Aber eben diesen Vater hat er, wie brüchig auch immer, idealisiert, das ist ein Teil von ihm, jede Deutung wäre verfehlte Pädagogik. Ich bleibe auf der spiegelnden Ebene und sage, Sie freuen sich über die eigene Wohnung und wollen Ihre Kontakte bestimmen können, das verstehe ich.

5.7.83 Aus dem Schlaf reißen

Er habe keine Lust, dauernd für den Sohn da sein zu müssen. Er habe ihn aus dem Schlaf gerissen, und der Junge habe einen Schluckauf bekommen. – Herr L. selber hatte manchmal tagelang Schluckauf, wenn seine Mutter kam und ihn aus dem Schlaf gerissen hatte, um mit ihm was zu machen.

8.7.83 Sich überfordern müssen

10 Stunden Arbeit in der Kneipe, totaler Streß, erzählt er. Ich spreche offen meine Sorge aus, daß er so schonungslos mit sich umspringe. Er kann es annehmen. Er überfordere sich häufig, verstehe nicht, warum er das tue.

9.8.83 Ohne Krebs depressiv

Matt, erschöpft, hatte Grippe. Lungenaufnahmen und Kontrolluntersuchungen seien im Normalbereich, aber er habe sich nicht freuen können. Bei der Diagnose »Krebs« habe er gewußt, es gehe ums Überleben, jetzt sei er depressiv, habe keine Ausrede mehr, um etwas für sich tun zu können. Er fühle sich genervt von dem Kind, aber er könne nicht allein sein. Er wolle Moritz mit in seine Wohnung nehmen, aber die Freundin sei mit dem Stillen in der Quere. Das könne er dem Jungen nicht geben, das mache ihn neidisch. – Er habe sich gefreut über die Studienplatzzusage. Er werde Romanistik und Philosophie studieren, nicht Jura. – Er sei in den Ferien ganz gut klargekommen. Davon, Dr. S. zu konsultieren, wie wir es besprochen hatten, habe er keinen Gebrauch gemacht. Ich war so ganz zufrieden, sagt er. Mein Freund hat gesagt, ich sei Ihnen treu. Er lacht verschmitzt.

12.8.83 Wie ein Pirat ... Das Leben ist Leiden und Kampf

Er kommt von sich aus auf seinen Ohrring zu sprechen, eine große Perle, die er am rechten Ohr trägt. Er fühle sich wie ein Pirat. Er sei mit 8 rausgeschwommen mit dem Vater, der habe ihn zurückgetragen, weil er nicht mehr konnte (er hatte mir davon in unserem Erstgespräch erzählt). Für die Mutter habe er vom Turm springen müssen, wie ein Mann, er habe sich dabei aber vor Angst in die Hose gemacht. Das Leben ist Leiden und Kampf, sagt er. Wie sein Erzeuger, der eine Fischzucht hatte, habe er Kampffische. Er fragt, ob ich mich gefreut hätte, ihn nach den Ferien wiederzusehen. Sie fühlen sich wie ein Pirat, der sich das Leben nehmen muß, der mit großartigen Sprüngen um Liebe und Anerkennung kämpfen muß, und wollen wissen, ob Sie auch um mich kämpfen müssen, sage ich. Ja, ich bin mit dem Freund im Café gewesen und habe Sie dort mit einem anderen Mann sprechen sehen. Und Sie wollen nun von mir wissen, ob ich Ihnen innerlich treu geblieben bin, wie Sie mir treu geblieben sind in den Ferien, oder ob ich fremdgegangen bin, wenn Sie mich mit einem anderen Mann haben sprechen sehen. Ich fand es schade, daß wir uns nicht begrüßt haben, das finde ich sonst immer so toll, sagt er. Ich auch, sage ich, aber diesmal habe ich Sie nicht gesehen.

23.8.83 Belagert mit »Liebe«

Die Freundin ekle ihn, sie sei so dick nach der Schwangerschaft und nähme keine Verhütungsmittel. Er habe keine Lust zu verhüten. Ihm fällt das Lied von Bettina Wegener ein: »Magdalena, du erdrückst alle mit deiner Liebe«; er raucht dabei. Ich denke, mit der Freundin erlebt er, was er mit der Mutter erlebte: belagert werden mit ›Liebe‹. Er klagt über Rückenschmerzen Er weiß, daß er sich überfordert, und hat Sorge, es könnte mit Krebs zu tun haben.

26. 8. 83 Intensiver als sonst

Er habe dem Vater ein selbstfotografiertes Blumenbild geschickt. Ich habe ein Bild an der Wand: Kapuzinerkresse, die eine Treppe hinunterwächst, es bedeutet mir sanfte Geborgenheit, die Blätter, mit Tautropfen drauf, bilden ein schützendes Dach. Er will wissen, ob ich das Foto selber gemacht habe. Ja, sage ich. Er mustert meine Bücher im Regal, entdeckt das von Lermer, das sei das einzige, das er nach der Operation über Psychotherapie und Krebs gefunden habe. Ob ich auch manchmal auf dem Bett liege, fragt er. Ja, sage ich. Er ist erstaunt, daß ich ihm antworte, statt zu sagen, das ist Ihre Therapie, wie andere Therapeuten das täten. Er sagt, er fühle sich im Liegen schwach und angreifbar, kränkbarer als im Sitzen. Im Sitzen sei er auf dem Sprung wie Hunde, eingeklappte Pfoten. Ich höre zu und nehme ihn wahr, freue mich an ihm. Er sagt, heute sei etwas mit ihm anders, intensiver als sonst. Er schweigt viel, mustert den Raum, das Bett, wie er es nennt, ich lasse ihn und denke, er erkundet seine Spielmöglichkeiten mit mir. – Er habe ein langes Gespräch mit der Freundin gehabt, gleich nach unserer letzten Stunde. Moritz sei jetzt wacher, der Nierentest des Jungen sei o.k.

28. 8. 83 Ignoriert als Mensch

Herr L. ist heute zu Fuß in die Therapiestunde gekommen; er wohne 10 Minuten von mir entfernt, sagt er. Die neue Wohnung sei fast fertig eingerichtet, worauf er sehr stolz ist. Er erzählt von einer Krebsausstellung, die in seiner Bank sei. Ich frage mich, ob Sie glauben, alles über Krebs zu wissen und lesen zu müssen. Herr L. sagt, daß er zwangsweise die Hodenprothese eingesetzt bekommen habe, man habe ihn nicht gefragt, das sei während der Operation einfach gemacht worden. Es fühle sich starr an, künstlich. Nach der Operation habe man ihn tagelang im Ungewissen gelassen, dann sei er weggelaufen. Er habe zu Hause gelegen. Die erste Gauloises sei eine Köstlichkeit gewesen, da habe er gewußt, er müsse für sich selber sprechen.

Es ist eine ruhige, sinnliche Stunde: Herr L. schaut mich lange an, aber es ist nicht der Machtkampf, den er mir oft beschrieben hat, wenn er eine Frau anmacht, indem er sie eindringlich anschaut, um sie ›rumzukriegen‹. Es ist der ruhige Blick eines Menschen, der nur wissen will, ob er sich im anderen aufgehoben fühlen kann. Ich erwidere seinen Blick, gelassen und ruhig. Ich höre ihm still zu: Zum ersten Mal spricht er heute von der narzißtischen Kränkung, als Patient nicht menschlich behandelt worden zu sein. Die Ärzte hatten ihn behandelt, ohne ihn zu Wort kommen zu lassen. Darin bestand die traumatische Wiederholung seiner Kindheitserfahrung. Abermals hatte man ihn in seinem primären narzißtischen Bedürfnis, als Mensch respektiert zu werden, mißachtet. Ich verstand seine Wut und sagte ihm das. Es sei schlimm genug, Krebs zu haben, sagt Herr L., aber noch schlimmer sei es, nicht menschenwürdig behandelt zu werden, nicht gefragt zu werden. Und das war 20 Jahre lang so. Und Sie wußten, das soll anders werden, deshalb wollten Sie eine Psychotherapie, sage ich.

30. 8. 83 Nachtrag 2
... den Sohn seelisch ausplündern müssen

Ich sah Herrn L. mit seinem Sohn im Café. Es war erschütternd, wie er den Jungen fütterte, ihn rührend ungelenk vor sich auf den Knien hielt und ihn fordernd anschaute. Es schmerzte mich, wie er sich an das Lebenslichtchen klammerte, den Jungen hin- und herkippte, damit er ihn anschaut. Der Patient schien zu meinen, er habe dem Kind doch etwas gegeben, wenn er es sachgerecht gefüttert hat, und nun solle das Kind gefälligst ihn füttern, ihn seelisch füttern. Aber das Kind, knapp 2 Monate alt, ein Sechsmonatskind: also gerade geboren quasi, konnte das Köpfchen kaum halten, geschweige denn sein Gegenüber anstrahlen. – Als ich in meiner Analyse über dieses Erlebnis sprach, weinte ich: Ich weinte über das Leid, das mein Patient seinem Jungen zufügen muß. Es ist das Leid, das ihm angetan wurde: Die Mutter spiegeln zu sollen, bevor er durch ihre empathische Spiegelung er selbst werden konnte.

2.9.83 Ihr Tag: Wie eine Schneefläche, die anderen setzen die Spur

Kommt mit Fahrrad angerast. Moritz habe Durchfälle. Es muß für ihn schwer sein, permanent zwischen den beiden Wohnungen hin und her zu ziehen, genauso wie für Sie, sage ich.
Wir gehen gemeinsam die Familienanamnese für das Krankenkassengutachten durch. Der Vater-Erzeuger hatte Durchfälle, comme moi, sagt er lakonisch. Es fällt mir auf, sage ich, daß das Kind Durchfälle hat und Sie auch. Wann hatten Sie Durchfälle. Nach einer schlechten Nacht, sagt er, wenn er sich gedemütigt fühlte oder wenn er morgens aufs Sozialamt mußte. Als Schüler war er Sozialhilfeempfänger, weil die Mutter nicht arbeitete und der Vater ihn nicht adoptiert hatte, folglich auch nicht zu zahlen brauchte, als er von zu Hause ausgezogen war. Er habe zwar die Frau auf dem Sozialamt bezirzt und mehr bekommen, als ihm zustand, aber vor der Türe habe er mit dem Abschaum der Menschheit zusammen warten müssen. Er kommt von sich aus auf die Durchfälle seines Sohnes. Mir ist aufgefallen, der Junge wird immer weggegeben, wenn er weint, wenn etwas nicht klappt. Er bade ihn nachts, sagt er, weil einer es ja machen müsse. Der Junge habe wie am Spieß geschrien, als er an den Nabel gekommen sei. Er erlebe es so, als ob der Junge weine, als wollte er ihn umbringen. Als Moritz im Bett war, habe dann er geweint vor Erschöpfung. Moritz weint, wenn er etwas braucht, das ist eine sinnvolle Lebensäußerung. Aber Sie kriegen dann Angst, weil Sie die Mutter weggegeben hat wegen Ihres Weinens. Sie brauchen auch für sich das Baden, Duschen, wenn Sie den Tag beginnen. Mir kommt ein Bild in den Sinn, ich sage: Ihr Tag ist wie eine glatte Schneefläche, die anderen setzen die Spuren, nicht Sie, andere, nicht Sie, machen die Spuren, bestimmen die Richtung. Er sagt darauf, er schwanke zwischen Johannes, seinem Freund, und Elke, seiner Freundin, gar nicht zwischen Moritz und den anderen, das wundere ihn. Er komme sich oft vor wie die Großmutter, die sich auch immer überfordert habe, zeitweise habe sie einen Siebenpersonenhaushalt geführt, die habe sich alles aufgehalst und dann auch Kreuzschmerzen gehabt. Dann verstehen wir jetzt Ihre Rückenschmerzen besser: Sie halsen sich auch 'ne Menge auf. Sie kriegen die Tränenhypothek ab, nehmen den Jungen immer dann in Ihre Wohnung mit, wenn er durcheinan-

der ist und weint. Ich weiß aber auch, daß er sein Gutgehen hinter Überforderung tarnen muß, frage mich die ganze Zeit schon, ob er wirklich nur seine Last mit Moritz hat und sage deshalb: Gibt es denn auch mal was Schönes außer den Tränen. Ja, gestern, als ich ans Bettchen kam, sagt Herr L., und Moritz schlief, da ging es mir gut. Da konnten Sie sich dann auch wohlfühlen, weil das Kind sich bei Ihnen wohlfühlte und schlief. Ja, sagt er, Sie haben recht, das habe ich tatsächlich gedacht, bei mir schreit er nicht, bei mir schläft er gleich ein, darauf bin ich stolz.

9.9.83 Das Gutgehen ist die Katastrophe

Ich habe ein neues Auto, Herr L. hat es gleich wahrgenommen. Er wisse auch, sagt er verschmitzt, daß die Krankenkasse wieder gemeckert habe, er habe mit der Mutter telefoniert und will wissen, ob ich mein Geld bekomme. Ich sage, es ist mein Interesse, und ich muß mich darum kümmern, auch mit dem Ärger klarzukommen. Herr L. fühlt sich entlastet, ihn gehe das nichts an. Er sei stolz, wenn ich mein Geld bekomme und ein tolles Auto fahre. Er liebe den R5 mit Turbomotor. Derweil fahre er mit dem alten Damenfahrrad des Großvaters, auf dem sie zusammen fuhren, als er drei Jahre alt war. Er finde es wichtig, daß er und ich uns mit unserem Wert veröffentlichten. Er habe jetzt monatlich 1.600 DM, der Vater unterstütze ihn mit 200 DM. Das sei nicht schlecht, was er habe, für einen Studenten. Seit der Krebserkrankung werde er von der Familie unterstützt. – Er sei zur Untersuchung gewesen, die Lungenaufnahmen seien o.k., 150%ig, trotz Rauchen, die Tests seien auch o.k., die Computertomographie sei Montag, ambulant. Er fühle sich gut. Dem Moritz gehe es auch besser. Gestern abend habe der Junge ihn an seinen Haaren festgehalten, in seinen Locken richtig gerauft. Der Junge habe Schnupfen, er pople ihn so gern, aber er habe Angst, mit dem Wattestäbchen bis ins Hirn zu kommen. Gestern abend habe er zum ersten Mal das Gefühl gehabt, daß Moritz ihn wiedererkannt habe. Wiedererkannt, hallo Vater, sage ich. Er strahlt. Er habe den Jungen nach drei Tagen abends um 10 Uhr gebadet, er wuße, daß es falsch war, aber er tat es. Das Kind, sagt er, sei manchmal traurig wie er. Er müsse es laufend mit normalen Kindern vergleichen. Warum, frage ich, warum sollte er krank sein, nur weil er so

früh geboren wurde? Wollen Sie denn schon mit ihm Fußball spielen? Herr L. lacht schallend. Sie erwarten immer Schlechtes, und es tritt auch ein: daß Moritz weint, wenn Sie ihn nachts baden und seinen Schlafrhythmus stören. Sie wußten das, so wie Sie wußten, wenn Sie nicht rauchen, werden die Schlieren auf der Lunge auch noch weggehen. Als machte es Ihnen Angst, wenn alles ruhig und still geht, ohne Katastrophe. – Er spricht von meinen Rosen, die ihm gefallen, sie seien so herbstlich. Er habe jetzt in seiner Wohnung viele Pflanzen, die gedeihen. Er habe 2 Kanarienvögel und 2 Skalare. Er fühle sich lebendig.
Er schaut mich forschend an, so wie der Junge ihn oft forschend anschaut, denke ich, was er nicht aushalte und wegschauen müsse, wie er mir sagte. Sie schauen mich so forschend an, sage ich, als wollten Sie mich fragen, ob ich mich an Ihrer Lebendigkeit freuen kann oder mich meiner Lebendigkeit schäme, wie es Ihnen manchmal geht, wenn Moritz Sie anschaut. Nein, sagt er, Sie schämen sich nicht, und ich auch nicht, jedenfalls im Moment nicht. Er schaut sich ruhig im Zimmer um, ohne Angst, denke ich, mich aus den Augen zu verlieren, selbst wenn er mich nicht mit den Blicken festhält. Wie ein Junge, denke ich, der die ersten Schritte im Zimmer macht, ganz ohne sich bei der Mutter versichern zu müssen, weil er fühlen kann, daß sie da ist.
Als er geht, sagt er, Sie müssen warten, bis ich meine Jacke angezogen habe oder haben Sie es eilig, weil schon ein anderer wartet. Er sagt es mit sexualiertem Unterton, und ich sage offen, um ihm seine richtige Wahrnehmung zu bestätigen, sie zugleich aber zu entsexualisieren: Sie haben recht, ich hab's ein wenig eilig, ich muß gleich zum Zahnarzt, ich wollte Sie aber nicht drängen. Er zieht in aller Ruhe seine Jacke an, lacht fröhlich und geht seiner Wege. Und ich fahre zum Zahnarzt. Unterwegs begegnen wir uns noch einmal, winken uns zu. – Es ist ein irres Glücksgefühl zu sehen, wie dieser Mensch in die Pedale tritt und wir uns zulachen: 2 Menschen, die sich verschworen haben, wir beide wissen: Leben ist *die* Alternative.

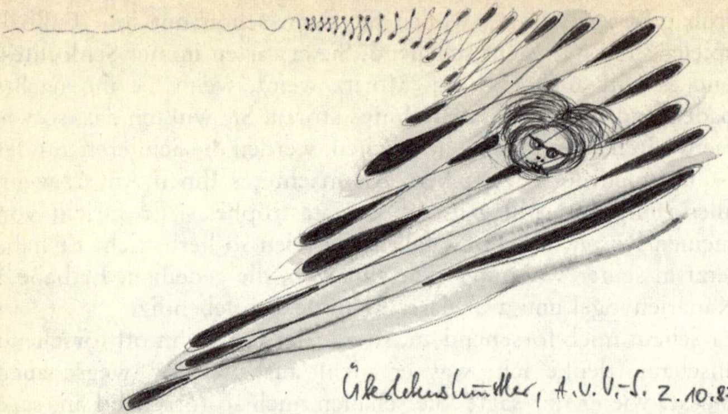

Überlebenskünstler, A.v.V.-S. 2.10.87

17.9.83 Traumulus ... Streß als Tarnsprache

Herr L. setzt sich und sagt, es gehe ihm nicht gut. Mir fällt auf, daß er einen fröhlich bunten Pullover anhat. Ich halte in mir diesen Widerspruch fest. Streß, Arztbesuch mit dem Jungen heute morgen, und der Junge schrie den ganzen Tag, verweigere die Flasche, weil er nur auf Brust anspreche. Er sorge sich um das Kind und komme nicht zu sich. Aber, stellt Herr L. fest, das sei auch vor der Geburt des Jungen so gewesen. Er sollte mehr Träumer, ruhiger sein, meint er. »Träumer« sagt er mit leicht ironischem Unterton. Ich habe einen plötzlichen Einfall und frage: War denn »Träumer« ein Schimpfwort in Ihrer Familie? Ja, sagt er, die Großmutter habe ihn »Traumulus« genannt, wenn er träumte und gegen den Laternenpfahl rannte. Als ob er die Großmutter gleich in Schutz nehmen müsse, überlegt er, ob die Mutter ihn auch so nannte. Träumte denn die Großmutter auch, frage ich behutsam (behutsam deshalb, weil die Großmutter in seinen Erinnerungen nur sehr selten Gestalt annimmt, ich aber den Eindruck gewonnen habe, daß sie ein Alter-Ego-Selbstobjekt für ihn war bzw. noch ist: Er ist mit ihrem Rackern identifiziert, nur wenn der Rücken schmerzt, hat man eine Lebensberechtigung. Das Machen und Rackern schützt ihn vor Selbstfragmentierung.

Daran zu rütteln, ohne daß er andere tragfähige Selbstobjekte hat, wäre tödlich.) Der Patient sagt, die Großmutter arbeitete immer, aber heute sei nichts mehr zu tun, und sie sitze in der Küche, rauche und träume, während das Radio läuft. *Er* träume beim Arbeiten, insbesondere beim Fensterputzen. Dann können Sie im Streß geschützt bei sich sein, sage ich, *der Streß ist Ihre Tarnung*. Herr L. erzählt, daß er der Oma seine Dreckwäsche schicke und sie schicke ihm Pakete mit Schmuggelware zurück: seine Wäsche, etwas Intimes, sagt er, und dazwischen seien Schokolade und Kleinigkeiten versteckt. Der Opa, der vom Krieg her nur zwei Finger an der rechten Hand habe, mache draußen alles, aber zu Hause müsse die Oma ihm die Brote schmieren. Die Oma schufte, sagt Herr L., aber Sie haben ganz recht, sie träumt dabei, und ich mache es genauso. Ja, der Streß ist Ihre Tarnung für Ihre heimliche Selbstverwirklichung in Träumen. Er nickt.
Montag habe er seine Untersuchung (Computertomographie). Ich frage danach und sage: Ich denke an Sie. Er wehrt ab. Sanft sage ich: Wenn man nicht allein ist, dann muß ein Arztbesuch keine Angsttour sein. Er habe sich heute mit dem Jungen beim Arzt wohl als schlechte Mutter gefühlt, weil der Junge weinte, aber Gefühle gehören dazu. Er habe ein gutes Gefühl, sagt Herr L. Sie brauchen nicht zu weinen, aber Ihre Katastrophe ist doch immer, wenn es Ihnen gutgeht; dann sind Sie schutzlos. Herr L. sagt, ich verstehe nicht, was Sie damit meinen, aber da ist was dran. Ja, sage ich, Sie können es noch nicht fühlen, aber eine Hand auf der Schulter ist etwas Wohltuendes. Das meinen Sie, wenn Sie sagen, ich denke an Sie, er strahlt, *das* kann ich gebrauchen.

20. 9. 83 Dreimal eine Glatze, als er sich dreckig und wie ein Jude fühlte

Es gehe ihm gut, sagt Herr L., die Freundin sei nicht schwanger. – Er kommt auf die CT-Untersuchung, auf der Hinfahrt habe er mich beteiligt. Dort habe er dann Streit gesucht, er sei auf und ab gerast; er konnte nicht still dasitzen, bis er abgerufen werde (er sagt *abgerufen*!). Mit den frisch Operierten zusammen habe er sich in Krankheit verloren, während er sonst den Krebs nur als einen *Teil* von sich erlebe. Es gehe ihm aber gut. Er habe jeman-

den mit Chemotherapie, d.h. mit Glatze gesehen. Er habe sich dreimal eine Glatze schneiden lassen, als er sich ganz dreckig und wie ein Jude gefühlt habe. Jetzt sind Sie ein wenig raus aus dem Getto, sage ich zärtlich. Ja, sagt er und atmet tief durch.
Er habe Moritz einen Hochstuhl gekauft, ein Sonderangebot, er erzählt lange darüber: echt Buche, stabil. Es geht um die Zukunft, denke ich und muß innerlich lächeln, denn der Junge ist derweil ganze zwei Monate, aber der Patient ist nun schon ein bißchen weiter, feste Kost und mit am Tisch der Großen sitzen, ist sein Thema. Der Junge könne jetzt wieder scheißen, nachdem er erst immer Durchfälle gehabt habe, sei er dann total verstopft gewesen. Ich fasse seinen Stolz auf den Stuhl für den Jungen und daß er nun auch scheißen kann, auf der körpernahen narzißtischen Ebene des Patienten zusammen und sage: Sie sind die sicheren Arme für Moritz, und er ist neugierig auf die Welt (der Hochsitz), Sie nicht auch? Ja, er habe bei Alice Miller *Das Drama des begabten Kindes*[5] von der narzißtischen Schädigung der Analytiker gelesen. Es sei für ihn befriedigend, daß ich nicht nur für 2.000 DM arbeitete, sondern meine Arbeit, meinen Selbstwert, habe. Da habe er sich befriedigt gefühlt. Er suche auch ein bißchen danach, wie eine Analyse laufe. Die Freundin wolle nach 5 Therapieanläufen eine Analyse machen. Sie machen Ihre große Analyse bei mir, es geht um *Ihren* Selbstwert, das ist keine Frage der Stundenzahl, sage ich. Er lacht, das wisse er längst, und er genieße es, was er für sich erfahre, und denke sich sein Teil, wenn er andere von »Leidensdruck« und »Trauerarbeit« quatschen höre. Wenn er die Leute in der Psychoszene erlebe, sei er heilfroh, an mich geraten zu sein. Sie sieht man dort nicht, sagt er. Nein, sage ich, mich sehen Sie hier, ich tanze nicht auf allen Hochzeiten. Wie Sie das können ist mir schleierhaft, ich meine immer, überall mitmischen zu müssen, sagt Herr L.

5 Miller, A., Ffm. 1979.

23.9.83 Selbstverrat muß in die Hose gehen

Er zeigt mir drei Fotos, die er gemacht hat und die er verschicken will. Ein verwunschenes Haus für die Mutter; das Blumenfoto für den Vater und ein Bild von Moritz für die Oma. Moritz lache und er sei glücklich darüber. Er habe zwei chaotische Nächte erlebt. Er könne sich nicht selbst befriedigen und handle sich Demütigungen ein. Dann fühle er sich einsam. Er habe zweimal in der Uni-Mensa gegessen und Dünnschiß gehabt. Immer glaube er, was Großartiges machen zu müssen, und verliere sich dabei. Selbstverrat muß in die Hose gehen, sage ich zärtlich. Er lächelt traurig. Wenn ich doch nur so handeln könnte, wie ich fühle, sagt er. Daß Sie merken, Sie sind es, der da etwas gegen sich macht, ist ein Fortschritt. Dann können wir auch was ändern, dann geschieht da nichts Gottgewolltes. Nein, nein, das bin ich, leider, sagt Herr L.

27.9.83 Angst vor dem Alleinsein ... hellwach und erregt, aber schutzlos

Herr L. erzählt von seiner Angst vor der Dunkelheit. – Es ist später Nachmittag und schon dämmrig. – Er könne nicht allein sein. Er lese gerade ein Buch von Hermann Hesse über Müßiggang. Er könne seine Untersuchungsergebnisse nicht abholen, obwohl er sich gut fühle, sagt er. Obwohl oder weil, frage ich. Abends, wenn alles getan sei in der Wohnung, werde er ganz fickerig, erregt und müsse raus in die Kneipe, in Trubel. In dem Trubel komme er dann eigentlich zu sich und gehe nach Hause, bevor er rausgeschmissen werde. Herr L. raucht und erinnert sich an den schnellen Gutenachtkuß der Mutter mit Zigarette in der Hand. Einmal sei er als kleiner Junge mit der Mutter und deren Freund in den Ferien in Jugoslawien gewesen. Er habe im Bett zwischen beiden gelegen und nicht schlafen können. Da müssen Sie dann auch hellwach und erregt gewesen sein. Aber was Sie nicht hatten, sind Arme, in denen Sie sich wohlfühlen konnten, die Sie geschützt hätten, um zur Ruhe zu kommen. Vielleicht ist unsere Abend-Stunde ein solcher Schutz für Sie, um zu sich zu kommen. Ich mag Sie, sagt Herr L. und schweigt eine Weile. – Wir sitzen still in der einfallenden Dämmerung. Plötzlich höre

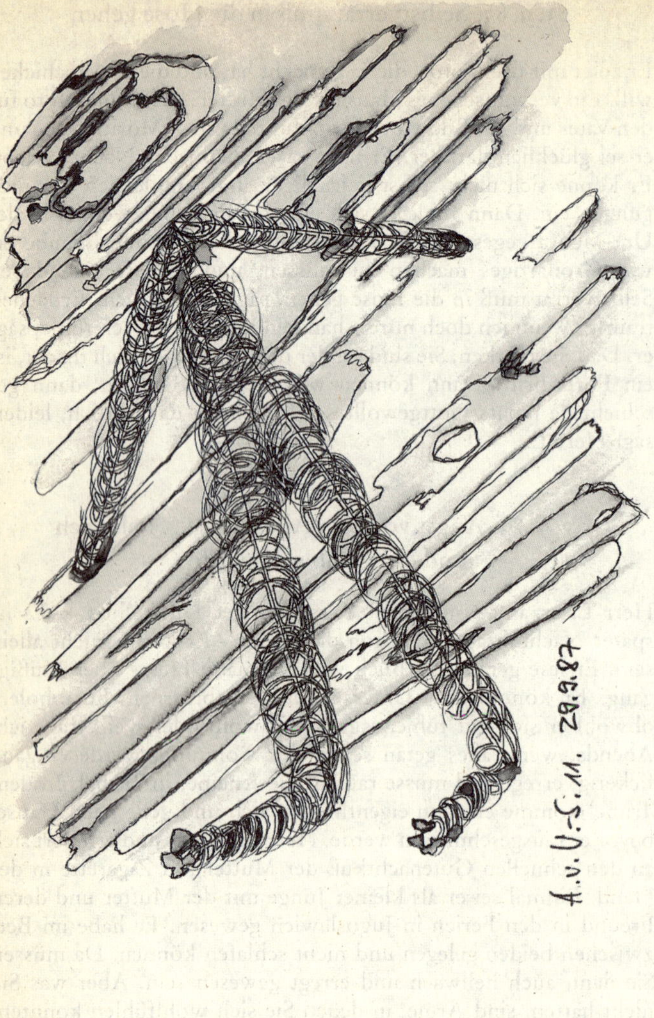
A.v.U.-S.M. 29.9.87

ich eine Mücke, die mich umsirrt, ich fange sie und sage lachend: Die habe ich für Sie gefangen. Herr L. sagt, die haben Sie für *sich* gefangen. – Er hat recht, denke ich, ich habe Angst vor Mücken, schrecke manchmal aus dem Schlaf auf, wenn eine mich umkreist, und gebe nicht Ruhe, bis ich sie erwischt habe. – Ich sage umstandslos, Sie haben recht, da habe ich Scheiße gebaut. Ich habe mir die Mücke gefangen, weil ich nicht von ihr zerstochen werden will. Ich habe Sie für meine Selbstbefriedigung verantwortlich machen wollen. Ich bin heilfroh, daß Sie sich nicht von mir bescheißen lassen. Er kenne das, sagt Herr L., er tarne seine Selbstbefriedigung auch so vor seiner Freundin. Gut, daß Sie mir diese Tarnung nicht haben durchgehen lassen. Dann können Sie auch Ihre Untersuchungsergebnisse abholen und brauchen Ihr Gutgehen nicht länger hinter peinigender Unsicherheit zu tarnen. Wir sind beide lebendig, und jeder sorgt für sein Gutgehen, dafür braucht sich keiner zu schämen, so schamlos sind wir. Wir lachen beide. Herr L. sagt, stimmt, daß ich eigentlich keine Angst vor den Ergebnissen zu haben brauche, ich weiß, daß da nichts ist.
Herr L. geht dann im Dunkeln den Flur entlang, ich freue mich darüber. Es paßt zu unserer Sternstunde heute.

29.9.83 Ohne Befund ... die Geburtsstunde des Selbst

Herr L. kommt strahlend und glücklich: die Computertomographie ist ohne Befund, die Lunge ist in Ordnung. Er strahlt, und ich jubele mit ihm vor Freude. Wir arbeiten seit einem halben Jahr zusammen. Als er zu mir kam, wußte er nur eins: Ich will leben, aber mir nicht den Bauch aufschlitzen lassen. Heute bringt er diese glückliche Nachricht. Ich habe einen großen Blumenstrauß in meinem Zimmer und sage: Herzlichen Glückwunsch, da habe ich heute gleich den richtigen Blumenstrauß für uns beide. Sie können sich nachher eine Rose mitnehmen. Er freut sich und stimmt zu.
Er habe heute seine Zigaretten vergessen. Mir war es auch aufgefallen. Letzte Stunde hatte ich ihn gefragt, ob die Mutter immer rauche bzw. geraucht habe abends, wenn sie sich von ihm verabschiedet hat. Irgendwie scheint sozusagen heute die Mutter zwischen uns »zu Hause geblieben zu sein«. Er berichtet, er sei jetzt bei Dr. B. in Behandlung, die sagten nun nichts mehr von Opera-

tion. Ich erinnere ihn an den Befundbericht, den ich haben will, er werde ihn mir mitbringen. Ich möchte von den Medizinern schwarz auf weiß den Beleg für meine richtige Arbeit haben. Diesmal konnte sich Herr L. über den positiven Bescheid freuen, letztesmal hatte er depressiv reagiert: vor drei Monaten war der Krebs für ihn noch ein Schutz gegen Selbstaufgabe, den er heute schon weniger braucht. Jetzt beginnt er vorsichtig, er selber zu sein in meinem Schutz.
Er erzählt, daß er zwei Tage lang nicht mit der Freundin und dem Sohn zusammen war. Er lehnte es ab, den Jungen nur abends zu sich zu nehmen, solange die Freundin mit einem anderen Mann zusammen sei. Die Freundin habe keine Lust mit ihm zu schlafen, und auch er fühle sich unbefriedigt in der Beziehung. Ich bestätige ihn positiv darin, es abzulehnen, nur für kurze Zeit das Kind zu übernehmen und dann nur ein brüllendes Bündel zu haben, nicht aber auch die Sonnenseiten mit dem Kind zu erleben. Tatsächlich ist Herr L. jetzt wieder mehr mit seinem Freund zusammen und versucht, sich sich selbst zuzuwenden. Er freut sich jetzt so richtig auf sein Studium.
Er könne abends noch immer nicht zu Hause bleiben. Er spüre jetzt aber deutlich, daß es Quatsch sei wegzugehen. Er beginnt, ein Selbstbewußtsein von sich zu haben und sein Verhalten merkwürdig zu finden. Ja, Sie gehen fort, um auf Umwegen dann zu sich nach Hause zurückzukehren, wir müssen das akzeptieren, daß Sie derweil noch diesen Umweg machen müssen. Er erzählt von einem Buch von Arno Schmidt über Karl May, der schwul gewesen sei, das er gelesen hat. Damit läutet er sein Thema ein. Ich nehme es nicht auf der Triebebene auf, sondern tieferliegend, auf der narzißtischen Selbstebene, und sage: Sie suchen ein Gegenüber, bei dem Sie sich mit Ihren Gefühlen aufgehoben fühlen können. Er erzählt nun von einem Zeitungsartikel über Psychotherapie, und daß es ihm sehr eingeleuchtet habe, daß auch der Analytiker sich in einer Psychotherapie mit dem Patienten die Sinnfrage stellen müsse. Ich bejahe das und erinnere ihn daran, daß er mich gefragt habe: »Leben wäre eine prima Alternative?«, und ich ihm zugestimmt habe, so daß er mir dann sagen konnte: »Leben *ist* eine prima Alternative«, und wir auf dieser Basis, dem Leben als Sinnlichkeit, unsere Arbeit, unseren Weg begonnen hätten. Es sei so irre, wenn ich zu Kollegen über meine Arbeit spräche und sagte, daß mir die Arbeit mit Krebspatienten Spaß

mache; sie reagierten dann so: Ich müßte doch über Tod und Sterben reden. Herr L. und ich lachen. Wir beide wissen, daß nichts übers Leben geht. Ich bin stolz auf meine Arbeit und zeige es ihm: Meine Arbeit befriedigt mich, dann muß er sich nicht schuldig fühlen, daß ich mich für ihn opfere. Dann kann auch er leben.

Er erzählt von einer Soziologie-Studentin, die über Krebs eine Arbeit schreibt und ihn angerufen habe: Ich will über deinen Krebs mit dir sprechen, habe sie gesagt. Er habe geantwortet: Der Krebs ist nur ein Teil von mir, und nicht der Sympathischste. Er war empört und habe ihr das Buch von Lermer und von Alice Miller *Du sollst nicht merken*[6] empfohlen. Diese Frau habe darauf beharrt, daß er ihr diese Bücher ausleihe; er empfinde aber Widerwillen, seine Bücher herzugeben. Instinktiv habe er dieser Frau gesagt, behalt deine Depression, und tu nicht so, als wäre mein Krebs das Leben. – Ich kenne diese Frau zufällig aus einer Fortbildungsveranstaltung, wo sie in einem Rollenspiel Arzt-Patient dem Patienten auch den Krebs als das Leben, als die Erlösung aus der depressiven Leere, schmackhaft machen wollte.

Herr L. scheint es zu genießen, daß wir beide nicht in dieser Weise arbeiten, daß ich seinen Krebs nicht brauche zur Erlösung aus depressiver Leere. Wir können gemeinsam leben, statt uns dem Krebs als »narzißtischem Negativ« (Bartosch)[7] zuzuwenden.

Ich fühle mich an die Lehrerin erinnert, die vor kurzem meine Krebspatienten interviewen wollte, um sie für ihre theoretische Examensarbeit auszubeuten. Ich hatte mich empört vor meine Patienten gestellt. Ich wollte mit Herrn L. darüber sprechen und erwähnte den Film »Trotzdem ...«,[8] den ja diese Lehrerin mit ihrer Schulklasse zunächst angeschaut hatte, um mich dann als Zulieferer für ihre Arbeit zu benutzen. Herr L. erzählt, daß er diesen Film gesehen habe; er sagt, er fand das Happy-End viel zu illusionär, wie Mann und Frau dort fröhlich Ball spielten, habe ihm überhaupt nicht gefallen. Ich berichte, wie schwer es gewesen sei, das Fernsehen und das Team davon zu überzeugen, wie die Realität ausgeschaut hatte. Herr L. hatte diesen Film mit einem

6 A. Miller: *Du sollst nicht merken*, Ffm. 1981.

7 Bartosch: »Narzißtisches Negativ«, in: *Materialien zur Psychoanalyse und analytisch orientierten Psychotherapie 8*, 1982.

8 Vgl. *Aufzeichnungen ...*, 1991b, S. 224 ff.

DPV-Kandidaten angeschaut, der ihn zu einem Beratungsgespräch besucht hatte, um ihn zu der Operation damals zu bequatschen: er sei das seinem Kind schuldig etc. Nein, seinen Körper hatte er sich nicht wegnehmen lassen, und heute feiern wir seine Selbstbefreiung, die mit mir zusammen zu glücken scheint. Er hatte den Film illusionär gefunden. Ich sage ihm, daß die Frau in Wahrheit gestorben ist, daß aber das Fernsehen diese Wahrheit dem Publikum nicht zumuten wollte. Wir sprechen miteinander Klartext: Wir sind am Anfang der Arbeit, aber das Leben ist unser gemeinsamer Weg. Er findet meine Wort so einfach. Ja, sage ich, das Selbstverständliche ist das Besondere, wenn es in Beziehung zum anderen nicht erfahren werden durfte.

Herr L. sucht sich seine Rose aus meinem Strauß und meint, die Stunde sei beendet, er sei doch 5 Minuten früher gekommen. Er strahlt, daß es ihm geglückt sei, mich um 5 Minuten zu überlisten. Hierin besteht unsere »Grundregulation«: ob ich ihn bestimmen lasse und seine Aktivität bejahe, seine Initiative verkrafte, wie es die Frage zwischen Mutter und Kind ist.[9] Was sexualisiert getönt ist, ist auf der narzißtischen Ebene die Einfädelung eines dialogischen Zusammenspiels.

Es wurde zunehmend dunkler während der Stunde im Zimmer, und Herr L. hatte sich das Licht angemacht. Er schafft sich die Bedingungen, seine Dunkelangst mit mir zuzulassen, aber auch in dem Rahmen seiner Abwehr bzw. seines Angstpegels zu bewältigen. Als er dann geht, geht er ohne Licht, wie letztes Mal, den Flur entlang. Vorsichtig kommen wir der Anonymisierung seines wahren Selbst auf die Sprünge: »Die Geburt des Selbst« feiern wir kleinweis, denke ich. Herr L. saß strahlend da und roch an seiner Rose. Er habe die Fotos von mir auf dem Schreibtisch liegen, sagte er, er könne sie nicht sehen, aber sie seien da. Ich akzeptiere es. Er muß mich nicht ansehen, er darf sich um sich kümmern, ohne daß er mich dabei verliert. Ich bin da. Darum geht es. Ich sagte ihm, daß ich meinen Blumenstrauß mit auf die Tagung nehmen werde. So teilen wir unsere Freude: jeder für sich, aber in gemeinsamem Erleben. Gemeinsam finden wir Worte für unsere Lebendigkeit.

9 Vgl. L. Köhler, »Neuere Forschungsergebnisse psychoanalytischer Mutter-Kind-Beobachtungen und ihre Bedeutung für das Verständnis von Übertragung und Gegenübertragung«, in: *Psychoanalyse* 35 (1982), 828-840.

5. 10. 83 Das Gefallen-Spiel mit Frauen, eine Falle

Herr L. spricht ausführlich von dem, was er ›das Gefallen-Spiel mit Frauen‹ nennt, das er als Falle zu durchschauen beginnt. Eine Falle, in die er tappt, aus Angst, allein zu sein, aus der er dann gedemütigt herausstolpert und wegrennt, um sein Selbst vor Übergriffen zu wahren. Es sei furchtbar anstrengend, immer als schön aufzufallen. Er kokettiere damit, aber er sei unglücklich, weil er selbst oft gar nicht wisse, was *er* fühle, worauf *er* eigentlich Lust habe.

18. 10. 83 Studentenausweis statt Rentnerausweis

Herr L. fragt nach einem neuen Termin wegen seines Semesterplans, und wir suchen einen gemeinsamen Termin, der in unser beider Stundenpläne paßt. Dabei erzählt er mir, welche Seminare er sich ausgesucht hat.
Zum ersten Mal ist er einen Abend allein zu Hause geblieben, statt mit einer Frau zusammen zu sein, die er gar nicht so recht mochte. Er ist stolz darauf, er habe allein geschlafen und sich wohl gefühlt. Ich bin optimistisch, sagt er, ich habe eine gute Therapeutin, das richtige Studium und eine eigene Wohnung. Und Ihren Studentenausweis, statt einen Rentnerausweis, jetzt stimmt Ihr Selbstbild schon ein bißchen mehr, sage ich. Der Großvater, der Kriegsrentner ist, hatte den Patienten gedrängt, sich einen Rentnerausweis zu besorgen. Der Patient liebäugelte lange mit diesem Status als Invalide. – Er spricht davon, daß seine Freundin depressiv sei, ohne Antrieb, die Wohnung sei verwahrlost, daß er sich ekle. Sie könne nichts für sich tun. Er versuche, sich auch mehr von der Mutter abzugrenzen. Dann sagt er unvermittelt: Sie müssen mir helfen, Moritz macht mir Angst, wenn er ruhig schläft. Es erschreckt Sie, wenn Moritz sich in Ihrer Gegenwart ungeniert gehenläßt, und Sie wollen wissen, ob mich das auch erschreckt, wenn Sie in meiner Gegenwart schamlos Sie selber sind. Ich finde es gerade gut, wie Sie sind. Ich glaube auch, daß ich hier sein könnte, wie ich bin, aber wie bin ich, wer bin ich, das weiß ich eigentlich gar nicht. Vielleicht geht alles ein bißchen zu schnell, jetzt sind Sie Student, vielleicht würden Sie

lieber noch wie Moritz sein, ohne Semesterplan. Der hat was, was ich nie hatte, sagt Herr L. Na ja, manchmal fühle ich mich bei Ihnen auch rundrum wohl. Ich kann es nur nicht immer sagen, ich merke es oft erst später.

1.11.83 Überlagert von der Depression der anderen: falscher Schamschutz

Herr L. bringt mir Notizen und Gedichte mit von früher, nach dem Selbstmordversuch mit 16 Jahren. Es gehe ihm nicht gut; daß ich auf die Tagung fahre, ärgere ihn. Er spricht von der Depression seiner Freundin, die sein Lebensgefühl überlagere. Er habe sich in eine Grippe gerettet, um für sich sein zu können. Mit den Professoren gerate er oft in Streit, aber er wisse, daß es um zärtliche Gefühle gehe. Er spricht von Trauerarbeit und lacht dann unvermittelt. Ich frage ihn: Sie sprechen vom traurigen Früher und Störungen Ihres Lebensgefühls heute, aber Sie lachen dabei, das verstehe ich nicht. Er habe geträumt, daß er mit mir schlafe, und es sei schön gewesen. Er fragt mich, wo ich wohne, sagt aber zugleich, daß er glaube, darauf werde ich ihm nicht antworten. Er habe einen Brief an die Eltern geschrieben, um von zu Hause loszukommen. Ihre Frage nach meiner Wohnung kommt mir so vor, als wollten Sie wissen, ob Sie sich hier bei mir zu Hause fühlen können. Er nickt. Sie müssen ärgerlich sein, meint er, daß ich mich nicht fallen lassen, mich nicht entspannen kann. Ich bin nicht ärgerlich, ich kann es bei dem, was Sie mir von früher und der depressiven Freundin erzählen, verstehen, daß Sie glauben, auf der Hut sein zu müssen, um sich zu schützen. Sind Sie denn ärgerlich über mich? Ja, sagt Herr L., letzte Stunde sei er verärgert gewesen. Er habe das Gefühl gehabt, ich wolle ihm auch noch seine Prothesenschmerzen nehmen. – Während Herr L. mir die Aufzeichnungen von früher gegeben hatte und von der Depression der anderen sprach, hatte ich die Phantasie, daß er mich davon ablenken wollte, daß er mir den positiven Befundbericht nicht mitbrachte. Er scheint zu fürchten, denke ich, daß er mich ohne Krebs nicht mehr interessiert. Sie haben Angst, daß ich Ihnen Ihre Schmerzen nehmen könnte, ohne Ihnen etwas anderes dafür zu geben, weil ich auf die Tagung fahre, glauben Sie, ich lasse Sie allein.

4. 11. 83 Zur Selbstbefriedigung gehören zwei

Von dieser Stunde notierte ich nur meine Gegenübertragung: Ich fühlte mich körperlich wohl in Anwesenheit des Patienten. Kurz darauf sprach der Patient dasselbe Gefühl für sich aus und sagte lachend, Moritz lache jetzt, das mache ihn glücklich, er sei immer wieder erstaunt darüber. Er gähnte und sagte, es sei toll, mal müde zu sein, nicht immer hellwach sein zu müssen.

Nachtrag 3
Ich baue dir – mir ein Haus

In der Arbeit mit Krebspatienten geht es darum, die Interaktionsform »Ich ist ein anderer« verändern zu helfen in Richtung Selbstwerdung. In den Aufzeichnungen, die Herr L. mir mitgebracht hat, finde ich einen Text, der zeigt, was ich mit Selbstwerdung als Ziel meiner trauma-analogen Verstehensmethode in Psychosoma-Analysen meine:
Am 11. 5. 83 hatte Herr L. geschrieben:

Ich baue dir ein Haus

Ich baue dir ein Haus.
Eins in dem du dich geborgen fühlst
Eins in dem du nie frieren wirst
Eins das jedem Sturm trotzen wird
Eins dessen starke Mauern uns schützen werden
Eins das dir das Leben garantiert
Eins das dich alles ertragen läßt.

Es ist aus einem sonderbaren Stoff
Einem, den du nie wirst kaufen können
Einem, der wächst wie das keimende Leben
Einem, den keine Bombe zerstören kann.

März 83 war die Operation, im April 83 begann ich die Arbeit mit diesem Menschen, der für andere eintreten konnte als Schulsprecher und vor Gericht gegen den Schulleiter, der einen Jungen verprügelt hatte. Aber er konnte nicht selbstbefriedigend leben. Er hamsterte das Leben in Konserven, aber er wurde nicht satt. Er mußte sich Wärme und Sprechen mit Frauen durch Beischlaf

erkaufen. Er mußte alles kaufen, was er sah, um die innere Leere zu stopfen. Er hatte zu Beginn der Therapie geträumt, daß er mit einem Wolfsschlitten durch eine Schneewüste raste. Er mußte die erschöpften Wölfe immer wieder austauschen, sie kehrten dann in das Rudel zurück, das seinen Schlitten begierig umkreiste. Er steuerte auf eine Holzhütte zu. Ich hatte ihm gesagt, jetzt geht es um Sie. Sie brauchen Schutz, den wir für Sie finden müssen, damit Sie nicht weiter in rasender Fahrt leben.
Am 29. 10. 83 hat er unten auf der Seite seines Textes vermerkt: »Heute weiß ich, daß es statt dir und dich, mir und mich heißen muß!« Er hatte nach einem dreiviertel Jahr Selbsterfahrung begonnen, sich selbst in seinem Bedürfnis nach Liebe und Geborgenheit wahrzunehmen. In unserer psychotherapeutischen Arbeit bauen wir sein Selbst, sein Haus, seinen Körper aus, damit er darin selbstbefriedigend leben kann.

8. 11. 83 Zwischen uns muß die Lebendigkeit nicht abgetrieben werden

Herr L. war mit seiner Freundin wegen einer Abtreibung in einer anderen Stadt. Er konnte jetzt kein zweites Kind verkraften, aber sie hatte ihn überlistet, meint er und ist ärgerlich darüber. Um Ihrer Lebendigkeit willen mußten Sie Leben abtreiben. Ihr Lebensgefühl ist von Ärger überschattet. Ja, sagt Herr L., etwas mit der Mutter wiederhole sich: Sie habe ihn nicht abgetrieben, aber durch ihn sei die Trennung von Mutter und Vater möglich geworden. Er erzählt, daß sein »Erzeuger«-Vater vier Jungens habe. Zu Hause sei er immer auf den Bauch gefallen, wenn er von Gefühlen gesprochen habe. Es sei für ihn eine neue Erfahrung, daß er bei der Tutorin oder jetzt auch bei den Großeltern das bekomme, was er wolle, wenn er es ausspreche.
Herr L. ruft mich nachmittags zu Hause an: Heute in der Stunde habe er gespürt, daß er von mir ein Gefühl bekomme, es sei wie etwas Verbotenes. Er sei betroffen gewesen, aber er könne fühlen, zwischen uns gehe es um Zärtlichkeit. Er freue sich darüber, das habe er mir sagen wollen. Ich freue mich mit ihm und sage: Zwischen uns muß die Lebendigkeit nicht abgetrieben werden, wenn wir uns beide zeigen, muß keiner von uns dabei auf den Bauch fallen. Er lacht, und ich lache auch.

22. 11. 83 Das Leben hamstern

Herr L. spricht davon, daß es ein gutes Gefühl sei, mit dem Fahrrad in der Kurve nicht mehr zu stürzen, weil er jetzt besser auf sich aufpassen könne. Auch seine Wohnung erlebe er jetzt als dauerhaften Wohnsitz. Er sei nicht mehr auf der Flucht, wie damals als Jugendlicher, als er immer mit seinem Mofa rumgefahren sei. Er habe sich Nahrungsvorräte angelegt, an die er aber nicht drangehe. Ich dachte, sprach es aber nicht aus: er hamstert sich das Leben, aber zu leben wagt er noch nicht so ganz. Herr L. schaut auf die Uhr und beendet von sich aus die Stunde. Als er seine Jacke anzieht, murmelt er etwas von Angst, rausgeschmissen zu werden. Ich verstehe zwar den Sinn in der Übertragung, sage aber nichts, schon gar nicht zwischen Tür und Angel, weil ich denke, er muß mit mir etwas wiederholen. Eine vorzeitige Deutung würde ihm seine Selbstentdeckung nehmen.

25. 11. 83 Ein sicheres Netz ... aber erst mußte der Krebs sein

Herr L. erzählt erneut davon, daß er sich Vorräte angelegt habe, an die er nicht drangehen wolle. Jetzt habe er aber ein sicheres Netz, sagt er, Johannes, Moritz, die Großeltern, die Uni und mich, ein Netz, in das er sich fallen lassen könne. Den Krebs vergesse er dabei ganz, aber, stellt er traurig fest, erst mußte der Krebs sein, damit es ihm jetzt besser geht. – Die Stunde verlief in ruhigem Assoziieren, ungewöhnliche, wohltuende Ruhe. Ich war erstaunt darüber und erfreut.

5. 12. 83 Der Krebs, das wilde Haustier »Mümmi«

Herr L. erzählt, Moritz schreie viel, er trage ihn viel herum, um ihn zu beruhigen. Befriedigung scheint es nicht zu geben, denke ich und sage: Hier mit mir erleben Sie es immer dann als befriedigend, wenn Sie für sich sprechen. Sprechen stellt eine Beziehung her, da brauchen Sie nicht dauernd etwas zu machen, wie mit dem Jungen. – Er sei mit Johann nach F. gefahren und essen gegangen.

Aber da habe er die Befriedigung gar nicht aushalten können. Sie seien ins Freudenhaus gegangen, es sei ein entsetzlicher Frust gewesen. – Ich gehe ans Telefon und spreche mit Hanna. – Herr L. fragt mich, war das Ihre kleine Leukämiepatientin. Ja, sage ich, sie ist weg von Station und war für eine Woche in Nürnberg. Sie lebt, sagt Herr L. strahlend, die Leukämie hats nicht geschafft. Er sagt es zärtlich, glücklich. Wir lachen beide, ich bin den Tränen nahe. Herr L. sagt, er erlebe seinen Krebs wie ein Haustier, und er erinnert sich an seinen Hasen »Mümmi«, den er der Oma geschenkt habe, die ihn ihm zurückgeschenkt hatte. Er durfte ihn sich nicht selber schenken, sagt er schamerfüllt. Mümmi sei wild gewesen, herumgehüpft und habe Krebs bekommen. Er hatte ihn mit im Internat und dann im Keller in Neonlicht. Er und der Bruder hatten auch ihre Zimmer im Keller. Der Hase habe sich Zärtlichkeit geholt, wann er wollte. Als er seinen Krebs bekam, habe er an seinen Hasen denken müssen. Ich habe eine Herztumorpatientin, sage ich, die hat mir gesagt, sie brauche ihren Tumor noch, um zu leben, vielleicht brauchen Sie den Krebs auch noch als wildes Haustier, weil Sie nicht bekommen haben, was Ihr Hase sich selbstverständlich nehmen konnte: Zärtlichkeit.

13. 12. 83 Ein gutes Gefühl, aber nicht eigentlich ein Körpergefühl . . Zusammen können wir es schaffen

Herr L. sagt, daß er mich brauche und noch nicht ohne mich allein sein könne. Er fliehe aus dem Studium, es sei zuviel Fremdes, was mit ihm nichts zu tun habe. Er schmökere für sich allein in den Büchern, aber er habe Angst vor sozialem Abstieg. Sie wollen sich Zeit nehmen, um sich Ihrer Gefühle klar zu werden. Morgen sei die Untersuchung, er habe zwar ein gutes Gefühl, *aber nicht eigentlich ein Körpergefühl*, ob da was sei oder nicht. Sie wagen es noch nicht wahrzunehmen, daß da kein Krebs ist, sondern Sie. Er habe seit März sehr gesundheitsschädigend gelebt mit Rauchen und Trinken, sagt er, aber er werde es schaffen, das Gefühl habe er. Zusammen können wir es schaffen, ich bin da, egal was passiert, sage ich ruhig.

16. 12. 83 Stille und Gutgehen erschrecken zu Tode

Herr L. steht mit seinem Sohn, in einer Tasche vor den Bauch gebunden, nur ein ganz wenig aus dem Anorak hervorlugend, vor mir und sagt zu Moritz: Die trägt mich sonst, und schiebt an mir vorbei, wie eine stolze Schwangere, auf die Couch zu. Er legt das Kind hin, zieht seinen Anorak aus, setzt sich auf die Couch und beginnt den Jungen aus den Wintersachen zu schälen. Dabei schaut er sich zu mir um und sagt strahlend: das Gutgehen hat letzte Stunde zum erstenmal mehrere Tage angehalten. Schön, daß Sie mir das sagen, dann haben wir gut gearbeitet letzte Stunde, sage ich. Ich darf studieren, aber ich muß nicht, sagt er und bestürmt das Kind: zerrt und klopft an ihm herum. Moritz ist ein munteres Kerlchen, ich sage das Herrn L. – Herr L. setzt sich nun mit dem Jungen auf dem Arm in den Sessel und erzählt, was er bei der Miller von einer Schriftstellerin gelesen habe, die die Gefühle eines Kindes beschreibe. Ich sage, daß ich das nicht lesen würde, und Herr L. sagt *The day after* schaue er auch nicht an. Ich verstehe noch nicht den Zusammenhang. Mir war aufgefallen, daß Moritz auf Herrn L.s Schulter eingeschlafen war, und ich flüstere. Herr L. ist verblüfft, und ich sage: Ihre Stimme trägt ihn, da kann er sich gehenlassen und schlafen. Herr L. strahlt zufrieden. Plötzlich springt er auf, Moritz schreckt aus dem Schlaf hoch und beginnt zu weinen. Herr L. rüttelt und schüttelt an dem Jungen und erklärt mir fachmännisch, Kinder schliefen ein, wenn man sie auf den Rücken klopfe. Mich schmerzt jeder Schlag. Ich denke an die Szene, wie Herr L. im Café an dem Jungen zerrte. Ich finde keine Worte. Herr L. sagt mir, der Junge wolle fest angefaßt werden, erst habe er das nicht gekonnt. Die Freundin könne es nicht, der Junge sei ihr neulich von der Wikkelkommode gestürzt. Er setzt sich wieder und klopft weiter an dem Kerlchen, das kläglich jammert. Ich denke an den Zusammenhang mit unserem Sprechen, aber ich kann nicht verstehen, worum es ging. Die Stille des schlafenden Jungen muß Herrn L. zu Tode erschreckt haben, denke ich. Während das Kind jammert, erzählt Herr L. nun, daß die Lungenwerte o.k. seien, die Blutwerte holte er noch nicht ab. – Er geht mit dem jammernden Jungen, den er sich wieder vor den Bauch gebunden hat. Er schiebt stolz von dannen. – Ich denke, das Gutgehen muß er einfach noch tarnen. Heute mußte der Junge dafür herhalten, sonst wäre es nur still gewesen, still ohne Katastrophe, das ist aber *die* Katastrophe für Herrn L.

Nachtrag 4
Leben ist eine prima Alternative ... aber nicht für Psychoanalytiker[10]

Mit großer Lust meldete ich mich auf dem Psychosomatik-DPV-Kongreß an. Nach 5 Jahren Psychosoma-Analysen mit Krebspatienten freute ich mich auf einen Erfahrungsaustausch ... Ich verlegte deshalb mehrere Stunden von Donnerstag auf Mittwoch und hatte einen völlig ungewohnten Tag. Statt des erwarteten Patienten kam der 21jährige Hodenkrebspatient Max L. ...
Es war mir also eine echte Fehlleistung passiert, und ich war verwirrt, als ich ihm die Türe öffnete. Er fragte mich: »Schenken Sie mir ein Taschentuch?« Er war durch die Winterkälte geradelt und sah aufgewühlt aus mit seiner wilden Lockenpracht. Er schneuzte sich lustvoll. Ich schaute ihn ›ausgiebig‹ an. Er trug einen neuen Ohrring, und ich stellte es fest. Er erzählte vom Weihnachtsmarkt, kritisierte den Verkaufstrubel – immerhin hatte er sich dort den Ohrring geleistet, dachte ich, das ging aber in seiner sozialpsychologischen Konsumkritik unter. Er kam auf die Weihnachtsszene zu Hause zu sprechen: »Gewollt« ginge es dort zu, mit Cocktails stünden sie um den Weihnachtsbaum, »steif und stumm«. Er habe sich letztes Jahr in den Sessel gesetzt und sich »die« angeschaut. Weihnachten sei in seiner Familie ein Streß. Überhaupt sei sein Leben, findet er, noch immer Streß. Er erfaßt sich jetzt in einem Selbst-Bild und schaut dabei auf die Couch: Es sei wie wenn einer 100 Runden um das Bett drehe und nicht ankomme, »es ist permanente Anstrengung!« – *Vergebliche Liebesmüh'*, denke ich, – das ist sein *Selbstbild*. – Er hält inne, schaut mich eindringlich an und sagt: »Sie schauen mich so zärtlich an?« Er schaut mich unverwandt an, und ich fühle mich

10 Anmerkung 1987: Dieser Nachtrag ist ein Text, den ich nach dem Psychosomatik-DPV-Kongreß im Dezember 1983 in Wiesbaden über meine Arbeit mit Krebspatienten, u. a. mit Max L., geschrieben habe.

ertappt, will aber nicht einfach »ja« sagen und suche nach einer Antwort, die ihn einbezieht, ihn als denjenigen, der mich wahrnimmt, also auch sich selber dabei fühlt. »Fühlen Sie es so?« frage ich den Patienten. Er greift zur Zigarette. Er fühle sich »irgendwie fickerig mit den Händen«, sagt er, »das ist ein norddeutscher Ausdruck für aufgeregt«, ergänzt er. Wir plänkeln über nord-, süddeutsch, oben, unten. Ich frage, wo er die Aufregung fühle. – Gewiß gehe ich damit zu weit, es muß wie ein Übergriff auf ihn wirken, klar ist mir, daß es nicht um Sexualität geht, vielmehr in umfassendem Sinne um Sinnlichkeit. Der Patient erlebte bei seiner Mutter nur eine Sexualisierung seines Körpers und glaubt immer, »gleich was machen zu müssen«. – Ich gehe also auf ›angemessene Distanz‹, und der Patient streckt sich in seinem Sessel wohlig aus und entwirft nun ein Bild von sich und mir: »Ich möchte mit Ihnen über eine Sommerwiese laufen ... durch hohes Gras, ich bin immer einen halben Meter vorneweg und ziehe Sie hinter mir her.« »Sie führen mich«, sage ich. Ich sage absichtlich nicht »*ver*führen«, weil ich die Szene als *Entwurf sinnlicher Gemeinsamkeit*: gemeinsames Laufen, verstehe, wobei der Patient die Initiative ergreift und ich das akzeptiere. »Es ist ein schönes Bild, das Sie von uns beiden haben«, sage ich. »Ja, ich laufe vorne weg, ich habe ja auch Stiefel an und Sie«, sagt er lachend und zeigt auf meine Sommerhalbschuhe, »Sie ignorieren den Winter«. Der Patient lehnt sich gemütlich im Sessel zurück. Ich fühle mich angenehm entspannt und ruhig, körperlich anwesend. Ich freue mich darüber und genieße es. Der Streß, von dem der Patient sprach, ist weg. Der Patient lobt mich, ich ginge »souverän« mit der Situation um, das gefalle ihm, er fürchte immer, gleich was machen zu sollen, mit mir sei das anders, »irgendwie selbstverständlicher«. Ich gebe dem Patienten zurück, was er mir gab, indem ich sage: Er habe mit mir zusammen seine zärtlichen Gefühle benannt, sein Bild von ihm mit mir veröffentlicht, so daß er seine Gefühle besser verstehe und nicht unter Streß komme, wie in der Familie, wo alle steif oder stumm waren.

Ich schaute nun in der Stille – so wie der Patient – vor mich hin auf den Teppich und spürte die Freude und Genugtuung über die gute Beziehung mit dem Patienten. Ich sah uns auf dem Teppich liegen – eine *Kindheitsszene* mit einem Freund stieg vor mir auf und ich dachte: Ob das nicht zu weit geht, *Selbstbefriedigung, wie schamlos*! Mit diesem Gedanken anonymisierte ich wohl meine Gefühle, brach die gute Beziehung ab, indem ich mich von meinen Phantasien trennte. Jetzt spürte ich Druck, etwas sagen zu müssen, fühlte mich aber ratlos, nicht zu wissen, was. Ich selber brachte in unsere Gemeinsamkeit zerstörerische, trennende Gedanken, indem ich zum *Beobachter und Kritiker der therapeutischen Szene* wurde und mich damit aus der Nähe zum Patienten isolierte. Ich ›redete mich raus‹ als ich nun eine Zusammenfassung der heutigen Stunde gab: Daß der Patient heute seine zärtlichen Gefühle mit mir benannt habe, ohne daß dadurch etwas passiert sei. Der Patient lachte, er sah dabei beschämt aus, und ich fragte ihn, ob er sich schäme. Er wich erst aus, wand sich regelrecht und meinte dann: »*Sie haben gerade einen Schwenk gemacht*«. Er habe das Gefühl gehabt, ich sei eben mit mir und meinen Gefühlen beschäftigt gewesen und hätte vor mich hin geschaut. Das habe auch ihm gutgetan, aber ich hätte mich dann nicht zu uns zurückbegeben, so daß er sich nackt und bloßgestellt gefühlt habe: »*Ich habe von Ihnen nichts zurückbekommen*«. Wieder war ich betroffen. Genauso war es gewesen: Ich hatte vor mich auf den Boden geschaut und lustvoll selbstbefriedigend meinen Gedanken, meiner eigenen Kindheitsszene, nachgehangen in Anwesenheit des Patienten (*allein zu zweit*) und hatte mir dann die Befriedigung als schamlos untersagt und ›unter mich geschaut‹: links neben mich (der Patient sitzt rechts von mir), ich hatte mich quasi aus der Gemeinsamkeit, ›aus dem Verkehr‹, zurückgezogen und die Beziehung abgebrochen. Ich sagte dem Patienten »Ja, so war es, ich habe Ihrem Bild von uns nachgesonnen und meine Gefühle genossen, aber dann habe ich alles beiseite geschafft, ›verbracht‹, statt sie mit Ihnen zu teilen, deshalb mußten Sie sich allein und ungeschützt fühlen«. Der Patient hatte meine emotionale Abwesenheit, »meinen Schwenk«, benannt und damit sein Leiden an seiner Mutter verbalisieren können: Sie war »da« gewesen, ohne da zu sein. In der Familie unter dem Weihnachtsbaum hatte es Sensationen statt Gefühle gegeben, so hatte der Patient berichtet. Wieder war der Patient mir »einen halben Meter voraus«, aber ich erlebte dies nicht als Kränkung. Ich spürte, daß ich es wieder gutmachen konnte, weil ich ihm nun seine Wahrnehmung von mir bzw. uns als zutreffend zurückgeben konnte.

»Shared awareness« ist der treffende Begriff, mit dem Sander das Wechselspiel zwischen Mutter und Kind, aber auch zwischen

Therapeut und Patient beschreibt.[11] Es geht nicht darum, ein »guter« Therapeut zu sein, sondern sich und den Patienten in der analytischen Beziehung zu verstehen und zu begreifen. Mit mir konnte der Patient erleben, daß er für sich sprechen kann und aus der ihm zugefügten Anonymisierung seiner Gefühle herausfindet, wenn er sich durch mich hindurch wahrnimmt und ausspricht, was er fühlt. Ich hatte nur den ersten Schritt getan: mich mir in Anwesenheit des Patienten selbstzufrieden zu überlassen und hatte dann einen Schreck bekommen: mein therapeutisches Über-Ich hatte ›dazwischengefunkt‹: ›Das geht zu weit!‹ Der Patient wagte den zweiten Schritt: er veröffentlichte unsere selbstbefriedigend erlebte Gemeinsamkeit und fand damit Worte als Schamschutz. *Er hatte uns ›ins rechte Licht gesetzt‹*. Ich sagte ihm das, und er strahlte. Selbstbewußt-Sein war an die Stelle privatsprachlicher, bewußtloser Praxis getreten.

Jetzt konnte der Patient mir sagen, daß er sich bewegt fühle, er fühle sein Herz im Brustkorb sehr stark schlagen. Der Patient konnte jetzt mit mir seine körperlichen Empfindungen teilen, weil ich in meine infantile Szene hinabgeglitten, aber auch wieder aus ihr aufgetaucht war: Mein Agieren im Handlungsdialog konnte in den Verbaldialog eingepaßt werden[12]: Das unmittelbare Zusammenspiel konnte szenisch und zwar trauma-analog, verstanden werden: ›Wenn du da bist, ohne »da« zu sein, dann schäme ich mich für meinen Herzschlag, meine Existenz überhaupt, dann spreche ich meine »Fluchtsprache«: »irgendwie, irgendwo ...«. Zu Recht, meine ich, spräche der Patient weiterhin seine Fremdsprache der Gefühle, seine Fluchtsprache, wenn er mit mir nur – wie mit der Mutter – erfahren würde, daß unsere zärtliche Gemeinsamkeit im therapeutischen Raum verschwiegen werden müßte. Mit mir erlebt er seine Gefühle als wirklich, wenn ich ihm zurückgebe, wer er ist und *was* er bei mir bewirkt, nur dann kann er sich als wirklich erleben.

Meine Erfahrung in den Psychosoma-Analysen mit Krebspatienten hat mich gelehrt, daß erst mit der Selbstbewußtwerdung des Patienten im neu eingefädelten Sprachspiel mit mir die Entpathologisierung des Krebses einhergehen kann – nicht umgekehrt. Es

11 Vgl. Sander, in: Köhler 1982.

12 Vgl. R. Klüwer: »Agieren und Mitagieren«, in: *Psyche* 35 (1983), 828-840.

mag verrückt klingen, wenn ich sage: Der Patient braucht seinen Krebs so lange, bis er sicher sein kann, daß es ihn ohne den Krebs wirklich gibt. Ich bekämpfe nicht den Krebs – anders als die Organmediziner. Ich *behandle* den Menschen, der unter anderem auch Krebs hat. Dieser 21jährige Patient kam zu mir, weil er findet: »Leben ist eine prima Alternative«. Bisher war sein Leben tödlich leer gewesen. Er lief ins Leere, trotz großer Anstrengung. Jetzt laufen wir gemeinsam, es ist auch anstregend – wie die Stunde zeigt –, aber wir nehmen uns wahr; ›*das Kind bekommt einen Namen*‹.

Nachspiel in der Arbeitsgruppe

Die Teilnehmer der Arbeitsgruppe auf dem DPV-Kongreß meinten, ich hätte den Tod verdrängt; man machte das an der Bemerkung des Patienten fest: »Sie ignorieren den Winter«. Daran biß man sich fest und spulte – losgelöst vom szenischen Zusammenhang der Stunde – die bekannten Hypothesen über Krebs ab: Hodenkrebs = aggressiver Krebs = tödlich: wie Krebs überhaupt tödlich sei, also schloß man auch kurz: Winter = Tod.
Man meinte, der Patient müsse Wut haben, weil ich die Stunde verlegt hatte wegen des Kongresses.
Man meinte, ich müsse Schuldgefühle haben, weil ich den Patienten mit einem anderen Patienten verwechselt hatte.
Die zärtlichen Gefühle isolierte man aus der Szene, denn Krebs ist – so die gängige Meinung: Produkt von Aggressionshemmung... Der szenische Zusammenhang war aber gewesen: Erst war der Patient mit mir über eine *Sommerwiese* mit hohem Gras gelaufen, dann hatte er *lachend* gesagt: »Ich laufe vorneweg, ich habe ja auch Stiefel an, und Sie ignorieren den Winter...«
Ich fühlte mich in der Gruppe zunächst bedrängt, wollte mich rechtfertigen, litt, daß die Bilder und szenischen Zusammenhänge verzerrt dargestellt wurden. Aber selbst wenn ich die Zusammenhänge korrigierte, änderten die Sprecher ihre Aussagen nicht. – Merkwürdig, dachte ich und lehnte mich im Stuhl zurück, ich war enttäuscht. Ich ängstigte wohl damit, daß mich der Krebs nicht ängstigt, daß ich meine Therapien selbstbefriedigend erlebe. Aber ich behandle nicht den Krebs, gab ich zu verstehen, sondern ich befasse mich mit dem Menschen, der den Krebs brauchte, um

seine seelischen Konflikte selbstheilend am eigenen Körper abzuhandeln.[13] Es geht mir um die Beziehung zu dem Patienten, um die Erfahrung eines befriedigenden Wechselspiels, eines Zusammenspiels. Mit Winnicott meine ich: »Psychotherapie geschieht dort, wo zwei Bereiche des Spielens sich überschneiden: der des Patienten und der des Therapeuten«.[14] Nicht ödipale Schuld, sondern narzißtische Scham, Scham für seine Existenz überhaupt, machte krank, seelisch und körperlich.

Ich ängstigte die Gruppe wohl dadurch, daß ich mich nicht scheue, die Liebe als das zutiefst verdrängte Gefühl zu verstehen, mit dem der psychosomatisch kranke Patient – nicht anders als Searles es für den schizophrenen Patienten benannt hat – übervoll ist, aber immer ins Leere ging.[15] Früher habe ich mich oft meiner Lebendigkeit geschämt, wurde selber krank im therapeutischen Umgang mit Krebspatienten. Aber der Krebspatient faßt nur Mut, mit seiner Krankheit zu leben, wenn der Therapeut ihn zum Leben »verführt«.

Ich erlebte mich in dieser Gruppe als Krebspatient, alleingelassen mit meiner zärtlichen Szene, die ich mitgeteilt hatte, nackt und bloßgestellt. Man redete davon, was ich bzw. der Patient hätte tun, sagen, fühlen müssen... Nur, was sein sollte, interessierte, und das sind nun mal, so war man sich einig, Aggressionen, Wut und Schuldgefühle. Man darf doch keine lustvolle Beziehung zum Patienten haben! Und ein Krebspatient darf doch nicht lustvoll leben wollen. Er muß doch ans Sterben denken. Was für ein Quatsch, diese thanatos- und krankheitszentrierte Psychoanalyse...

17. 1. 84 22. Geburtstag: Maiglöckchen im Winter

Herr L. hat heute Geburtstag, er ist 22 Jahre geworden. Seine Makastests sind o.k., erzählt er, und mit Dr. B. spreche er jetzt eine andere Sprache, der habe aufgehört zu sagen, der Junge weiß nicht, was er tut... Jetzt sprechen sie mitcinander und er fühle

13 Vgl. D. Beck: *Krankheit als Selbstheilung*, Ffm. 1981.

14 Vgl. D. W. Winnicott: *Vom Spiel zur Kreativität*, 1979², 49-64.

15 Vgl. H. S. Searles: »Positive feelings in the relationship between the schizophrenic and his mother.« *Int. J. of Psychoanalysis* 39, (1958), 569-586, zitiert nach R. Rohde-Dachser, in: *Psyche* 33 (1979), 481-527.

sich respektiert. Er wolle über seinen Krebs und sich schreiben, sagt Herr L. Das Schöne sei in seinem Leben wie Blasen im Krieg und im Schlimmen. Den Eltern wolle er die guten Befunde nicht sagen, die sollten schmoren. Ich kann sie verstehen, die Eltern haben Sie in dem Schönen nicht schützen können, und nun wollen Sie Ihr Schönes vor Ihnen geheimhalten. Aber damit anonymisieren Sie dann heute Ihr gutes Gefühl. Sie haben recht, sagt Herr L., ich habe übrigens heute Geburtstag, sind das Maiglöckchen, fragt er und zeigt auf die Blumen zwischen uns auf dem Tisch. Gewiß, sage ich, herzlichen Glückwunsch. Sie wissen doch, ich habe im Winter Sommerschuhe an, also habe ich zu Ihrem Geburtstag auch Frühlingsblumen. Wir lachen.

23.1.84 Wir entwickeln uns

Herr L. sagt stolz, er habe jetzt den Fernseher aus dem Zimmer gestellt, er lese viel. Sie schalten jetzt Ihr eigenes Programm ein. Samstag abend habe er das Gefühl gehabt, er habe keinen Krebs mehr. Können Sie denn schon ohne ihn, frage ich vorsichtig. Er habe 4 Wochen gebraucht, um die Erleichterung und Freude fühlen zu können mit den guten Befunden. Der Krebs sei sein Selbstmord gewesen, nicht daß er die Operation verweigert habe, wie die Ärzte meinten. Gestern sei etwas Schlimmes passiert: Moritz sei der Freundin vom Tisch gefallen. Er schlafe erst um ½12 Uhr ein und nur auf dem Arm. Sie lassen ihn nicht quaken, bevor er einschläft, aber er erlebt doch sich selber dabei, sage ich, ist nicht allein, wenn er sich hört. Wir beide müssen noch viel lernen, sagt Herr L., wir 3, meine ich. Ja, Sie entwickeln sich doch auch. Ja, sagt Herr L. und lächelt mich an, wir entwickeln uns.

27.1.84 Selbstwerdung gegen Gewaltverhältnisse

Herr L. kommt, setzt sich, zieht den Pullover aus, sitzt im Unterhemd da, beginnt seine Brille zu putzen. Mir war aufgefallen, daß das eine Glas kaputt ist und er kriminell damit aussieht. Die Brille müsse wohl erst ganz kaputt sein, bis er die neue bekomme, sagt Herr L. Montag lasse er eine Augenspiegelung machen, das sei eine tolle Sache, da könne man auf der Iris alles sehen, habe sein

Hausarzt gesagt, er werde dann allerdings einen Tag ganz kaputt sein. Sie scheinen sich etwas Schönes, eine neue Brille, nur leisten zu dürfen, wenn Sie es mit Kaputtsein oder Kranksein rechtfertigen können. Er nickt, das sei wohl immer noch so. – Heute sei die 2. Verhandlung gegen den Direktor gewesen, der die Kinder verprügelt hat. Er habe dick aufgetragen, dem Richter habe das gefallen. Er könne verstehen, wenn einer prügle. Ein Vater habe dem Direktor gedroht, wenn du meinen Jungen anfaßt... Da wird Gewalt mit Gewalt beantwortet, sage ich. Ich frage wegen der Augenspiegelung nach, ob er nicht nachsehen lassen wolle, ob da Krebs sei, nur die Ärzte würden ihm sein gutes Gefühl, daß er keinen Krebs mehr habe, vielleicht nicht spiegeln können. – Er erzählt, der Opa habe ihn verprügelt, dann sei es aber gut gewesen. Die Mutter sei immer durchgedreht, wenn sie ihn verprügelt habe, völlig ausgerastet, sagt er. Sie sei eine exzellente Köchin, und er habe dann ihr Essen kritisiert, damit habe er sich an ihr rächen können. Er sei en gros von der Mutter eingekleidet worden und habe dann die neue Brille in den Teich geworfen, wenn sie ihm nicht gefallen habe. Gefragt sei er nicht worden, was ihm gefalle. Dann mußte die alte Brille erst kaputt sein, bevor Sie so schamlos sind und sich eine neue kaufen, eine, die Ihnen gefällt, nehme ich an. Ja, sagt er verschmitzt, er finde sie toll und freue sich drauf. – Als er geht, sagt Herr L., da haben wir die Stunde heute mit was Unangenehmen beendet.

31.1.84 Sie können überall Ihr Fest feiern

Herr L. hatte mich angerufen: Ob wir wegen eines Literaturseminars seine Stunde verschieben könnten. Er kommt direkt aus dem Seminar und zieht über die blöde Fragerei der anderen her. Er selber habe gestern gelernt, was ihm Spaß machte, aber, sagt er, es ist schon blöd, ich kann nur etwas für mich tun, wenn mir die Faust im Nacken sitzt. Als er lernte, rief die Freundin seines Freundes an, und er habe sich sofort davon stören lassen, weil, sagt er, weil ich noch nicht weiß, was ich bin, was ich fühle oder wo ich nur mache, was die anderen von mir erwarten. Da hat Ihre Vorgeschichte angerufen, sage ich. Ja, ob ich auf die Fête will oder nicht, ich wußte es nicht. Verstehen Sie, ich will ein Bett haben. Ich will nicht auf dem Boden im Schlafsack pennen. Jetzt,

wo ich hier sitze, kann ich Ihnen das sagen, am Telefon konnte ich das nicht aussprechen. Sie fühlen sich ungeschützt, wenn Sie Ihre Bedürfnisse benennen, deshalb machen Sie noch 'ne Menge anderen zuliebe. – Er erzählt dann, wie die Rentner beim Augenarzt lustvoll über ihre Leiden geklagt hatten. Da passen Sie nicht hin: Die Jungen tarnen ihre Lust auf ein Fest mit Am-Boden-Pennen wie Penner, und die Alten reden über ihre Leiden und sonnen sich darin. Sie können überall Ihr Fest feiern, wenn Sie an sich festhalten, wenn Sie Ihre Bedürfnisse aussprechen. Er habe die Augenspiegelung nicht machen lassen, weil er dann einen Tag nicht hätte lesen können, er habe aber Lust gehabt zu lesen. Für sich selber sprechen ist die beste Spiegelung, sage ich zärtlich, das ist der beste Schamschutz. – Herr L. packt sich sorgfältig in Regenhose und Jacke ein, ich schaue ihm dabei zu. Sie verstehen es jetzt, sich zu schützen, sage ich. Ja, das sind die Hosen des Bruders, der ist zu fett geworden. Vielleicht schützt der sich mit dem Fett. Sie schützen sich mit einer Regenhose gegen den Regen, brauchen keine Krankheit, um lustvoll zu studieren.
Ich nahm den Patienten heute verändert wahr: kernig, selbstbewußt, wir lachten laut und herzlich. Als er so verpackt gegangen war, setzte ich mich glücklich in den Sessel: Er lebt, dachte ich, ich lebe. Das braucht keine Rechtfertigung durch Kranksein und Kaputtsein.

3. 2. 84 Das Leben ist zu leicht ohne Faust im Nacken

Herr L. kommt heute wieder mit seinem Sohn. Er sinnt darüber, daß Jura studieren geheißen hätte, für andere, beispielsweise gegen Prügelstrafe zu streiten. Sein Studium sei zu leicht ohne Faust im Nacken. Seine neue Brille sei, sagt er, ein Wurf, da sei ihm ein Wurf gelungen. Ich bestätige es, betrachte ihn, freue mich darüber, wie er seinen Sohn auf den Schenkeln liegen hat, und sage: Mit Ihrem Sohn, da ist Ihnen auch ein Wurf gelungen. Herr L. schaut auf die Uhr, sagt, es ist 4 und packt die Milchflasche aus, stopft sie Moritz zwischen die Lippen: Dann schläft er mehr, erläutert er mir sein Tun. Tatsächlich hatte der Junge zufrieden dagelegen, essen schien überhaupt nicht sein Bedürfnis zu sein. Während wir weitersprechen, liegt Moritz ruhig auf der Couch und vergnügt sich mit sich. Ich sage zu Herrn L.: Mein jüngster Analysepatient. Ich fühlte im selben Moment, daß es besser gewesen wäre, wenn ich meinen Stolz für mich behalten hätte. Herr L. sagt, hier führe sich Moritz relativ ruhig auf. In dem Moment schreit er los. Der Patient reißt das Kind hoch, klopft es, daß es mich schmerzt, aber er spricht nicht mit dem Kind. Der Moritz fremdle seit ein paar Wochen, unterrichtet mich Herr L. fachmännisch. Ich denke, warum stellt er ihm die Flasche vor die Nase, statt daß er ihm Spielzeug mitbringt. Als der Junge noch nichts damit anfangen konnte, hatte Herr L. Spielzeug dabeigehabt und das Kind ganz närrisch gemacht mit dem Geschepper. Ich sage nichts, weil der Patient es sicherlich als Kritik auffassen würde. Ich muß durchhalten, bis sich eine Situation ergibt, wo ich Herrn L. sein Tun an sich selber einfühlbar machen kann, denke ich bekümmert.

7. 2. 84 Mit Streß und Kampf die Lust an sich selber tarnen

Als Herr L. mit seinem Sohn kommt, schläft das Kind. Ich flüstere, sie beide könnten sich ja auf die Couch legen. Ein wenig habe ich dabei das Gefühl, daß ich Herrn L. manipuliere. Herr L. legt sich mit Moritz auf die Couch, aber er kann sich nicht entspannen, der Junge erwacht, und Herr L. zieht ihm die Wintersachen aus, läßt ihn auf der Couch liegen und setzt sich selber in den Sessel. Als der Junge dann weint, nimmt Herr L. ihn zu sich auf den Schoß. Er habe Streß, sagt er, aber es gehe ihm gut, er sei sogar manchmal auch mit sich zufrieden. Herr L. hält mir immer wieder Moritz hin, aber ich habe das Gefühl: Wehe, ich gehe zu lange auf das Kind ein, das würde mir der Patient sofort verübeln, als vernachlässigte ich ihn. Ich sage: Ich habe mir Gedanken gemacht über unsere letzte Stunde, da war ich unzufrieden mit mir. Ich hatte zu Moritz gesagt: mein jüngster Analysepatient, und mir sei es so vorgekommen, als sei er, Herr L., da mit mir unzufrieden gewesen. Er brächte Moritz zwar mit in seine Therapiestunde, aber hier ginge es uns um ihn. Er habe mich mit dem Jungen von seiner neuen Brille ›als einem Wurf‹, wie er gesagt hatte, abgebracht. Das müsse bei ihm so angekommen sein wie die Erfahrung mit dem Vater, der angerufen hatte, daß er komme und sich auf den Enkel freue. Ja, er könne Gefühle nicht zeigen, immer müsse Kampf oder Streß sein. Mit Streß und Kampf tarnen Sie Ihre Lust an sich selbst. Herr L. hört mir entspannt zu und hat dabei das Kind gelassen im Arm, und es ist zufrieden. Es stimme, er sei letzte Stunde tatsächlich nicht so zufrieden weggegangen. Er finde es schön, wenn ich mir Gedanken um ihn machte, das sei ein tolles Gefühl: die denkt an mich, sagt er und strahlt mich an. Dann spielt er mit dem Jungen und der krächzt glücklich. Der Junge sage Mama, das meine, er fühle sich wohlig und geschützt. Aber es kränke ihn, daß er nicht Papa sage. Herr L. spielt mächtig ausgelassen mit dem Jungen, geht ein bißchen über dessen Kräfte, und Moritz ist tatsächlich aufgedreht. Herr L. sagt plötzlich, jetzt ist Schluß, das schlägt sonst um. Er steht auf und beruhigt das Kind. Ich frage: Was fühlen Sie, wenn Sie sagen: Jetzt ist aber Schluß? Herr L. sagt, er fühle sich ganz übermütig, es schlage dann aber oft um in Tränen. Ich stärke Herrn L. narzißtisch und sage, mit dem Jungen leisten Sie sich Gefühle, es macht Spaß, miteinander Spaß zu haben. Ja, sagt Herr L., der Moritz lacht so gern wie ich.

Und sie gehen lachend, Herr L. ist richtig stolz auf sich, stolz darauf, daß Moritz sich mit ihm freuen kann.

13.2.84 Dem falschen Selbst widerstehen

Herr L. sagt, die letzten beiden Stunden seien Scheiße gewesen, er habe ein ungutes Gefühl gehabt. Wir sprechen erneut über den Zahlungsmodus, der sich ab Ende Februar ändern wird, weil ich aus der Klinik weggehe. Ich fühle mich aus dem Netz geschmissen, sagt Herr L. Wie zwei Kinder, die spielten, sage ich, und sich jetzt um die Ernährung kümmern müssen, so muß Ihnen das vorkommen. Er fühle sich schutzlos, und daß er sich meinen Kopf zerbrechen müsse, mache ihn müde. Ich fühle mich wahnsinnig unter Druck gesetzt, als Herr L. von seinen Schulden und den Kosten für das Kind klagt. Ich höre zu, aber ich sage nichts weiter. Das ist die Realität, denke ich. Herr L. sagt, er werde seinen Vater fragen, ob er die Therapiekosten übernimmt. Ich sage, daß ich eine Analytikerin fragen werde, ob sie die Begutachtung übernimmt, damit ich dann die Behandlung, über sie delegiert, weiterführen kann. Hier kommt eben meine Realität als

Nichtpsychologin und Nichtärztin nicht über Kasse abrechnen zu können, als Störung in die Behandlung, die wir aber realistisch bewältigen müssen. – Am Ende der Stunde erzählt Herr L. dann, daß er seine Literaturwissenschaftsklausur mit 5 zurückbekommen habe. Er sei sehr gekränkt gewesen, aber er habe auch zu wenig gelernt, die Richtung habe schon gestimmt: lustvoll lernen, aber er habe sich noch zu wenig Selbstbefriedigung zugestanden.
Ich bin heilfroh, daß ich dem moralischen Druck nicht nachgegeben habe. Herr L. hätte mir *sein* Versagen unversehens angehängt. Daß die Familie geschäftstüchtig ist und er gern den großen Tönen des Vaters nacheifert, habe ich schon weidlich erfahren: Briefe des Vaters und Herrn L.s Reden über seine Großspurigkeiten mit seiner Bank, die ihm nicht zuletzt auf der Schiene »Krebs« einen Kredit und ein gutes Salaire bei der Familie eingebracht haben, hatten mich vorgewarnt. Beides macht die Arbeit nicht leichter, weil der Patient seine Existenz auf dem ›falschen‹ Selbst »Krebs« aufbaut und dabei natürlich Helfer findet.

20. 2. 84 Kristallklares Wasser

Herr L. sagt, es gehe ihm wieder gut. Er habe mit dem Vater gesprochen, aber noch kein Angebot (er sagt tatsächlich »Angebot«), er wolle ihn auch nicht drängen. Der Vater habe heute wegen des BAFÖGs angerufen, aber eigentlich sei es eine Kontaktaufnahme gewesen. Er habe sich überlegt, er könne zwei Stunden im Monat selber bezahlen, also werde er zweimal im Monat kommen, bis er mehr Geld habe, bekomme oder sich verdiene. Zweimal im Monat, sagt Herr L., damit die Beziehung nicht abstirbt. Ich freue mich über die klare Entscheidung, und es schaudert mich zugleich, wie damals im Erstgespräch mit ihm, als er mir sagte, er wolle eine Therapie, aber er wolle sich nicht aufschlitzen lassen (retroperitoneale Lymphknotenfreilegung). Ich sage es Herrn L. Ja, sagt er, er wolle mit mir weiterarbeiten. Er habe früher viel geschimpft über Psychologen und Psychiater und gemeint, die hätten ein Rad ab, deshalb könne er dem Großvater jetzt schlecht kommen, der verstehe nur, es tue ihm gut, die Psychotherapie, also finde er sie gut. Die Mutter habe am Telefon gemeint, sie könnte ihre Intimitäten nicht mit jemandem besprechen. Er habe ihr gesagt, sie müßte ja keine Psychotherapie machen, aber er wisse, ihm helfe es, seine Gefühle zu verstehen und zu leben. Er sei letzte Stunde sauer auf mich gewesen, immer habe er die Mutter schützen müssen, bei mir habe er endlich nicht mehr kämpfen wollen, und nun gebe es auch mit mir Schwierigkeiten. Er sei immer zur Mutter gelaufen, habe sie um den Bauch gefaßt und gesagt, er wolle wieder in ihrem Bauch sein. Aber er habe sie als »kleiner Mann«, wie sie ihn nannte, beschützen sollen, dabei hätte sie ihn schützen müssen. Am Telefon habe die Mutter jetzt wieder in Babysprache gesagt, sie wolle in seinem Bauch sein, das habe ihn wütend gemacht. Ich hätte Ihnen die Sorge gern erspart, sage ich, aber meine reale Ungeschütztheit durch meine Ausbildung hat uns das eingebracht.

Irgendwie kommen wir auf die Untersuchungsergebnisse, die er mir noch immer nicht mitgebracht hat. Herr L. packt sie jetzt aus, und wir gehen sie beide voller Freude durch. Er sagt, er fahre jetzt für eine Woche zu den Großeltern, seine erste Reise mit Moritz. Er wolle aber nicht für etwas bezahlen, was er nicht bekomme. Ich kam ihm entgegen und schlug vor, daß wir für 2 der 3 Stunden eine Terminverschiebung machen und er nur eine Stunde bezahle. Ich mutete ihm die Realität zu, daß ich der Kasse nicht in Rechnung stellen werde, was er nicht in Anspruch genommen hat. Er stimmt zu und lobt mich dafür, daß ich mich nicht bescheißen lasse, probieren müsse er es halt, meint er jovial.

Gestern abend habe er etwas Lustiges erlebt, sagt Herr L. dann. Er hatte seinen freien Abend und habe einen Film angeschaut, den Fernseher dann ausgemacht. Der Film sei gut gewesen, er hatte gegessen und war satt, er wollte in eine Kneipe gehen, aber er hatte zwei Bier getrunken und keine Lust auf mehr und auf Rauch. Im Flur sei er hin und her gegangen und habe gedacht, wie es wohl draußen sein würde. Das Agieren sei neu gewesen: kristallklares Wasser, sagt er. Er habe das Bett neu bezogen, sei zur Türe gegangen und habe den Schlüssel schnell rumgedreht. Dann habe er sich aufs Bett gelegt und gedacht, wie kalt es draußen sei, und habe sich bei sich zu Hause wohl gefühlt. – Herr L. geht lachend und tröstet mich, es gäbe viele, die durch ihn wüßten, was Psychoanalyse leisten könne, da könne ich zufrieden sein, meint er, das spreche sich rum, gute Arbeit spreche sich rum. Sie meinen, wir können auf unsere selbstbefriedigende Arbeit stolz sein, trotz der äußeren Hindernisse. Herr L. nickt.

28.2.84...

Ich hatte mit S. gesprochen, die nicht locker ließ: Ich sollte es entgegen aller Spielregeln bei der Kasse versuchen, ob nicht die Delegierung von P. an sie weitergegeben werden könne. Ich hatte dort angerufen und mit einer Sachbearbeiterin gesprochen, die mir sagte, sie werde alles versuchen. Sie wünsche mir Glück für die Arbeit mit dem Patienten. Ihr Mann sei an Hodenkrebs gestorben, er habe nicht gewußt, wie es um ihn stand, aber sie hatte es gewußt. Sie wolle alles tun, damit diesem jungen Mann geholfen werden könne. Ich dankte ihr für ihr Verständnis und sagte ihr, wie glücklich ich über die Arbeit bin und darüber, daß ich sie fortsetzen könne. Denn ein Abbruch der Therapie oder eine Frequenz von zweimal im Monat würde traumatische Folgen haben.

Telefonat: Der Vater hat sich den Kopf zerbrochen

Während ich an dem Gutachterentwurf saß, ging das Telefon. Herr L. rief mich aus X. an, dem Wohnort seiner Eltern. Der Vater sei verunglückt, habe sich den Schädel zerschlagen, sagt er, buchstäblich den Kopf zerbrochen, wiederholt er, ob ich ein wenig Zeit hätte. Gewiß, sage ich, wir nehmen sie uns, was ist geschehen? Er habe den Vater noch sprechen können, sei mit der gleichen Maschine nach H. geflogen, die der Vater sonst immer genommen habe, und habe die Füße unter den gleichen Sitz gestreckt wie er. Der Vater habe ihn noch verstanden, er habe gelächelt. Mich schaudert. Seit Sonntag erkenne der Vater ihn nicht mehr. Herr L. sagt, es gehe ihm gut, er habe mit dem Vater sprechen können, der Vater könne jetzt entscheiden, ob er weiterleben wolle oder nicht. Sie meinen, sage ich, so wie Sie es klar für sich entschieden haben, vor einem Jahr. Ja, aber er sei bei vollem Bewußtsein gewesen. Er werde weiter mit mir arbeiten, sagt Herr L., und zwar viermal im Monat, einmal wöchentlich, die Mutter werde das Geld dazu geben. Ich freue mich darüber und sage, jetzt sind Sie zu Hause, wo sie gar nicht hinwollten. Ja, sagt Herr L., aber ich bin nicht mehr als der kleine Junge nach Hause gekommen, sondern als der Statthalter des Vaters. Ich werde die finanziellen Angelegenheiten, Versicherungsfragen etc. regeln. Ich sage vorsichtig, das konnten Sie immer schon. Ich frage nach dem Unfall des Vaters. Er sei auf einem Faschingsball die Treppe runtergefallen. Wissen Sie, er fliegt dreimal die Woche und dann rutscht er aus, sagt Herr L. empört. Ja, sage ich still, er konnte fliegen, aber vielleicht konnte er nicht feiern. Das stimmt, sagt Herr L. Ich werde nicht ausharren in X., ich komme wohl Ende der Woche wieder nach G. Wir werden noch viel zusammenarbeiten, sagt er voller Stolz. Ja, klar, sage ich, wir leben.

Ich bin erschüttert. Gerade hatte ich in dem Schreiben an die Kasse das Operationsdatum des Patienten vermerkt: 3. 3. 83. Ein Jahr später verunglückt der Vater. Was die psychosomatisch Kranken immer schon wußten: daß sie mit ihrer Lebendigkeit eine tödliche Bedrohung für die psychisch instabilen Eltern darstellen, ist nun auch für diesen Patienten real eingetreten. Und er weiß, was auf uns zukommt: Wir werden noch viel zusammenarbeiten. Ja, es wird harte Arbeit werden, denke ich, an seinem Selbst weiter zu arbeiten, ohne Krebs, aber mit der neuen Hypothek: dem toten Vater. Dem Vater, zu dem sich gerade eine Beziehung anzubahnen schien, was er sich so sehr gewünscht hatte, trotz der schlechten gemeinsamen Vergangenheit.

1./2. 3. 84, 0.35 Uhr: Anruf von Herrn L.: Ich werde leben ... machen Sie Termine

Ob er störe, fragt Herr L. Ich sage, daß ich spürte, daß er es sein würde. Er sagt, ich werde meinen Krebs bekämpfen, ich werde leben, ich komme am Wochenende nach G. zurück, machen Sie Termine fest. Ja, denke ich, kleiner Geschäftsmann, gewiß. Er habe große Angst und fühle sich bedroht, aber er wolle leben, trotz des Vaters, der wohl sterben werde.

7. 3. 84 Gutgehen nur durch die Blume benennen

Herr L. sagt, daß er auf dem Fasching war und feiern könne, ohne sich, wie der Vater, den Kopf zu zerbrechen. Er sei gegangen, als er merkte, daß es Spannungen gab, er könne jetzt für sich sprechen. Eine Frau habe ihm gefallen, und als er aufs Klo ging, sei er ihrem Nachbarn auf den Fuß getreten, als er dann zurückkam, abermals, da habe es fast Streit gegeben. Erregung wird zu Aufregung, scheint mir, sage ich, das erinnert mich an das, was Sie von zu Hause erzählten, und daran, wie Sie früher in Kneipen Streit suchten, um sich prügeln zu können. Tatsächlich geht es aber wohl um gute Gefühle, die nicht ausgesprochen werden dürfen, nur durch die Blume, durch Streit. – Wir sind heute zum ersten Mal nicht mehr in der Klinik, sondern in einem Zimmer im Psychoanalytischen Institut, wo ich gegen Miete den Raum mitbenutzen darf. Ich arbeite dort mit den Patienten, von denen ich glaube, ihnen die Fahrt zu mir nach Hause nicht zumuten zu können, weil sie nicht motorisiert sind, u. a. auch mit diesem Patienten. – Herr L. mustert die Lampe etc. und sagt von sich selber, er mustere den Raum wie Hunde, die Bäume anpinkeln. Mit Worten berühren, meinen Sie, und die Sachen anschauen und sagen, was Sie sehen. Sie ergreifen Besitz von dem neuen Raum, so wie Sie beim Großvater an Ihren Baum pinkeln durften, dann war es Ihrer. Herr L. schaut mich lange an und sagt dann, Moritz habe ihm an der Narbe wehgetan. Er sagt, seine Narbe sei sehr breit, er brauche es, daß sie sichtbar sei, damit er seinen Krebs nicht vergesse. Sie wollen mir sagen, Ihr Krebs und die Narbe von der Operation stehen für die seelischen Verletzungen, die Sie nicht vergessen können. Ich denke, solange wir keinen seelischen Schutz für Sie gefunden haben, müssen Sie sich an den Verletzungen orientieren. Herr L. sagt, die Operation sei vor einem Jahr gewesen, und heute gehe es ihm gut. – Ich höre unter unserem Dialog das Gespräch über den verunglückten Vater und die narzißtische Verletzung mit, vom Vater ein Jahr nach der geglückten Operation in seinem Gutgehen nicht begleitet zu werden. Da Herr L. keine Silbe vom Vater spricht, tue ich es auch nicht.

Herr L. fragt, ob wir die Stunden früher beginnen könnten. Er habe es mit seiner Freundin erreicht, daß sie während seiner Therapiestunden den Jungen habe. Da muß mal die Freundin planen, sage ich, nicht ich, ich brauche meine Pause zwischen den Stunden für mich. Herr L. ist einverstanden. – Ich will ihm damit auch zeigen, daß ich mir Zeit für mich nehme und ausgeruht, nicht abgehetzt mit ihm arbeite, so wie er sich immer abhetzt, u. a. mit dem Jungen, um dann unter dem Streß als Tarnsprache etwas für sich tun zu können.

12. 3. 84 Schimpfen als Dreckschicht über den eigenen Wünschen

Der Patient ist 5 Minuten früher da, und ich komme mit Heizöfchen und Kuhglöckchen, die ich am Schlüsselbund für das neue Haus habe, die Treppe hoch. Er begrüßt mich, »auf der Alm, da gibts kei' Sünd...«, und schimpft dann ausgedehnt über das verdreckte Auto eines Kollegen vor der Türe. Dann schimpft er über die Kälte im Zimmer. Die Kälte liebe ich auch nicht, aber ich finde sie auch immer wieder vor und konnte Sie Ihnen nicht ersparen, weil Sie früher gekommen sind. Die Tulpen, die ich mitgebracht habe, mag er eigentlich nicht, weil Tulpen sich so biegen, sagt er. Ich höre seinem Nörgeln zu und frage mich, was es wohl verbergen soll. Herr L. sagt, er sei heute 3 Stunden mit Moritz am Schwanenteich gewesen. Dann erzählt er ausführlich, medizinisch-technisch versiert, über den Zustand des Vaters, Lungenentzündung, keine Reflexe mehr. Die Mutter habe einen Totalschaden mit dem Auto gebaut. Das sind die Katastrophen der anderen, sage ich, und Sie haben mit dem Jungen heute draußen Spaß gehabt. Ja, sagt Herr L., aber ich finde, die schulden mir noch was; die können mich doch nicht zum Waisen oder zum Halbwaisen machen, sagt er still verzweifelt. Ich verstehe, daß Sie verzweifelt sind, aber was Sie brauchen, können Sie sich heute schon selber geben. Herr L. sagt, er habe nie viel von der Psychoanalyse gehalten, aber wenn die ganze Familie früher eine Familientherapie gemacht hätte, dann hätte er vielleicht keinen Krebs bekommen. Ja, sage ich lächelnd, wenn Sie alle vier zu mir gekommen wären. So mußten Sie tragischerweise erst Krebs bekommen, um zu mir zu kommen.

Herr L. erzählt, er habe im *Playboy* einen witzigen und amüsanten Artikel über Psychotherapie gelesen, er wolle ihn mir mitbringen. Er schimpft auf die Psychologen, die alles messen müßten, Penislänge etc. Herr L. schimpft auf die Kollegen im Haus. Die springen geladen aus den Zimmern, sagt er, weg von den Patienten.

Herr L. schimpft wieder auf den Kollegen, der sein neues Auto verdrecken läßt. Sie schimpfen, als ob Sie das tangierte, sage ich. Ja, er wolle ein neues Auto haben und schaue, welches ihm gefallen könnte, denn er werde erben. Es fällt Ihnen schwer, Ihre Wünsche auszusprechen, Sie schieben das Schimpfen über andere darüber, wie eine Dreckschicht. Sie sind aber streng, sagt Herr L., Sie sind ja ganz erregt. Ja, sage ich, weil ich etwas verstanden habe. Ich denke, wenn Sie Ihre Wünsche nicht wie Dreck behandelten, Sie vielleicht Ihrem Vater sagen und selber auf ein Auto sparen würden, hätte der vielleicht nichts dagegen. Ja, schon, aber er habe nichts zum Sparen und wolle trotzdem ein Auto, er wundere sich, daß es ihm schwerfalle, das bei mir auszusprechen. Morgen müsse er wieder zur Nachsorgeuntersuchung, er glaube, daß er keinen Krebs mehr habe, aber er wolle den Leuten wieder eine Computertomographie für 1400 DM aus dem Ärmel leiern. Für nichts, sage ich, das ist ja verrückt.

Die Stunde ist rum und Herr L. sagt, er werde in die Stadt rasen. Ich sage, vorsichtig, gemach, und Herr L. sagt, sicher, aber schnell. – Ich habe das Gefühl, heute nicht viel verstanden zu haben, außer daß Krankheit und Krebs was bringt, ohne sie läßt sich weniger gut an ein Auto kommen. Dann fällt mir ein, daß ich vergessen habe, dem Patienten 5 DM für die Stunde, in der er nicht da war und für die er mit nicht passendem Geld bezahlt hatte, zurückzugeben, aber irgendwie finde ich das Kopfquatsch. Er meint vielleicht, daß er auch bei mir draufzahlt, wie bei den Eltern, die sich mit Unfällen aus dem Staub machen.

14. 3. 84 Eine alte Rechnung

Herr L. sagt, er wisse jetzt, was für ein Auto er wolle, einen roten Mercedes Diesel, 190 PS. Der Vater habe einen 250er, weiß mit roten Sitzen, er wolle einen roten mit beigen Sitzen. Früher wollte er gern schnell fahren, jetzt wolle er ein großes, bequemes, sicheres Auto. Herr L. strahlt, und ich sage, er habe sich ein schönes *Bild von seinem Auto* entwickelt. Dem Vater gehe es schlecht, sagt er. Der Bruder habe angerufen. Er sei wütend, daß die Mutter ihn benutze, um ihren Krach mit dem Bruder zu schüren. Er halte nur dafür her, das werde er ihr sagen.

Er werde wohl nach X. fahren, nicht am Wochenende, weil da die Freundin auf ein Wochenendseminar fahre und er nicht wolle, daß Moritz da mit müsse. Was wollen Sie in X., zu Hause, frage ich vorsichtig. Herr L. sagt, er habe das Gefühl, präsent sein zu müssen, sonst werde er unter den Teppich gekehrt; es gehe drum, Rechtsanwalts- und Versicherungssachen zu klären. Das ist doch die Sache Ihrer Mutter, warum wollen Sie sich das aufhalsen, was wollen Sie dort? Er wolle nicht leer ausgehen, es stehe ihm eine Menge zu, er habe nie etwas bekommen von den Eltern, sagt Herr L. Aber jetzt können Sie nichts erwarten, wenn der Vater sterben sollte, wird die Mutter alles erben, oder nicht? Ja, das stimme, sagt Herr L., aber er wolle sein Zimmer haben, seine Schrankwand und seinen Schreibtisch. Als er das Haus verlassen habe, habe er nichts bekommen. Er werde den Schreibtisch braun beizen, es seien gelbe Möbel. Die Eltern hätten sie nicht für ihn gekauft, er habe damals braune Möbel haben wollen, da habe es geheißen, das sei zu alt für ihn. Und heute, passen sie heute zu Ihnen, frage ich. Nein, sagt Herr L., er würde sie braun beizen. Eigentlich habe er einen Schreibtisch, aber die Eltern müßten ihm wenigstens Materielles geben, denke er, was anderes habe er nicht bekommen. Der Schreibtisch steht für eine alte Rechnung, scheint mir. Wenn es um den Schreibtisch ginge, brauchten Sie nur die Mutter anzurufen und zu fragen, dann bekämen Sie ihn, oder nicht? Herr L. sagt, da gäbe es noch etwas anderes: Sein Fahrrad, ein Alu-Fahrrad, es habe 700 DM gekostet, die er sich von selbst verdientem Geld zusammengespart hatte. Dann habe er sich aber geärgert, weil er keine Ferien machen konnte. Er habe den Vater rumkriegen können und ihm das Rad für 500 DM verkauft. Am nächsten Tag sei er nach Griechenland getrampt. Der war geprellt, der Vater, freut sich Herr L., das war ein Coup, daß ich den Geschäftsmann übertölpelt habe, den Anderthalb-Zentner-Mann auf das Alurad scharfzumachen und dann ab mit dem Geld. Der Urlaub sei stressig gewesen, weil er sich nicht habe entspannen können. Er wisse eigentlich nicht, ob er dieses Rad haben wolle, sagt Herr L. Sie können Ihre Mutter anrufen und fragen, ob Sie das Rad bekommen können, wenn Sie sicher sind, daß Sie es wollen. Mir scheint, da ist eine offene Rechnung zwischen Ihnen und dem Vater, und der Vater hat sich gedrückt, so muß es für Sie jetzt aussehen. Ja, Sie hätten früher nicht miteinander reden können, aber jetzt hatte es begonnen zu gehen. Er wisse nicht, sagt Herr L., ob er auf die Beerdigung gehen werde oder nicht. Aber es sei gut, daß er so mit mir spreche, sagt er und lehnt sich im Sessel zurück, er wisse oft nicht, was er tue. Ja, ich lasse mich nicht bescheißen, mich nicht von Ihnen ablenken. Sie wissen nicht, ob Ihnen Ihre Lebendigkeit zusteht, wo der Vater jetzt verunglückt ist, ob Sie *Ihre* Lebendigkeit hier in G. genießen

dürfen oder sich um die Unfälle und Katastrophen der anderen kümmern müssen.
Heute sei er wieder drei Stunden mit Moritz spazieren gewesen, er verstehe sich jetzt gut mit seinem Sohn, bei ihm schlafe er jetzt auch durch. Er sei stolz darauf, sagt er und schaut mich zufrieden an. Da sei noch etwas mit X. (der Heimatstadt), sagt Herr L. Er habe schon immer festgestellt, daß er zu Hause mehr trinke als sonst, er habe immer Angst gehabt, die Eltern seien beide Alkoholiker. Früher sei er auf den verschiedensten Trips gewesen: mal auf dem Ökotrip, da habe er zu Hause Milch zum Rehbraten haben wollen, und der Vater habe ihn für verrückt erklärt. Natürlic habe er ihn provozieren wollen. Heute trinke er auch Milch. Aber heute trinken Sie Milch vielleicht, weil Sie Ihnen schmeckt und nicht weil sie zum Wild paßt oder nicht paßt. Zu Hause muß man, scheint mir, um dazuzugehören, die Süchte der Eltern teilen, eine ganz schön verrückte Situation ist das: Alkoholismus, Rauchen als Eintrittskarte in die Familie, sage ich. Herr L. nickt, Sie haben recht, es ist eine furchtbare Anstrengung, und ich habe nichts davon, gar nichts.
Es ist mir aufgefallen, daß Sie gar nichts von Ihrer ersten Reise mit Moritz zu den Großeltern erzählt haben und von Ihrer Untersuchung gestern auch nicht, sage ich. Herr L. sagt, er habe jetzt 80 kg, noch nie habe er soviel gewogen, nach der Operation seien es 61 kg bei 190 cm gewesen; er fühle sich wohl in seiner Haut. – Ich weiß, daß er mir damit sagen will, daß er soviel wiegt wie der Vater, daß er jetzt vollwertig ist neben ihm. Es ist eine tragische Parallele. Ich bleibe auf der Körperebene des Patienten, ohne diesen Bezug anzusprechen. – Die Lungen seien okay, keine Metastasen, das sähe man dort am ehesten. Herr L. übergeht schnell dieses gute Ergebnis und erzählt, da sei ein netter Pfleger gewesen in seinem Alter, sein Arzt sei nicht da gewesen. Auf die Frage, wie es ihm gehe, habe er geantwortet: »Der Patient gibt an, daß er sich subjektiv ohne Beschwerden fühlt«, sie hätten beide gelacht. Wir beide lachen auch ausgelassen. Dieser Satz steht immer in seinem Befundbericht. Der Arzt habe ihn dann untersucht, was die sonst nie machten, und sei grob auf seinem Bauch rumspaziert, sagt Herr L., aber er hatte ihm das sagen können. Ich glaube, daß Sie mir gestern am Telefon von Ihrer Lebendigkeit erzählen wollten, Sie wußten, daß ich vielleicht eher als die Eltern der richtige Partner dafür bin. Ja, die Mutter habe ihm gesagt, sie

brauche ihn, das habe ihm auch gefallen, aber er sei innerlich wütend gewesen, und ich!, habe er denken müssen. Ich glaube, sagt Herr L., daß ich nicht nach X. fahren werde, ich werde Montag in meine Stunde kommen.
Abends ruft mich Herr L. an: Ich wollte Ihnen nur sagen, daß Sie eine tolle Therapeutin sind. Nur das, frage ich lachend. Nein, er habe mit der Mutter telefoniert und durchsetzungsfreudig gesagt, er werde nicht nach X. kommen. Sie habe es akzeptiert. Das finde er toll, daß sein Wort zähle. Sie werden nicht schuldig, wenn Sie leben. Nein, sagt Herr L. voller Inbrunst, ich lebe gern. Ich komme Montag in die Stunde. Ich freue mich, sage ich, da machen wir beide dann weiter.

19. 3. 84 Das Leben ist soviel komplizierter geworden ... ein Seebegräbnis ... nicht einfach schuld ... What a wonderful world

Herr L. sagt mir stolz, er komme immer irgendwie ins Haus, irgend jemand öffne ihm immer. Er freut sich, daß ich das Zimmer für ihn verteidigt hatte, er sei stolz auf seine Therapeutin. (Da ich das Zimmer nur stundenweise gemietet habe, muß ich mich immer mal verwahren, nicht nach anderer Leute Terminen rumgeschoben zu werden. Das war mir grad gelungen, Herr L. wußte davon.) – Der Vater sei am Donnerstag an Herzversagen gestorben, sagt Herr L. bedeutungsvoll. Er sei traurig, aber er könne nicht weinen. Er könne sich das kaum vorstellen. Der Vater sei ein Macher gewesen, daß der nun still wo liege. Herr L. kommt auf seinen Autowunsch zurück, der Vater habe ihm fürs Abi ein kleines Auto und den Führerschein versprochen, das habe er dann vergessen. Sie haben *Ihr* Abitur gemacht, sage ich still. Ja, das stimme, und er sei auch froh darüber, ja, das sei seins. Herr L. sinnt darüber nach, Geschäftsmann zu sein, das würde ihm gefallen, so wie er in seiner Bank seine Geschäfte mache, allerdings nicht wie der Vater, das sei kein Spiel mehr gewesen, jeder Mißgriff habe Bedrohung durch Rauswurf geheißen. Herr L. erinnert sich, wie sie zu Hause, der Bruder und er, abends ein ganzes Brot gegessen hätten. Der Vater habe von der Mutter immer das größte Steak bekommen, dabei sei er sehr dick gewesen und sollte immer eine Diät machen, und er, Max L., habe immer Hunger gehabt, aber er habe nur über den Teller des Vaters etwas vom Steak bekommen. – Er teilt mit mir heute sein Essen, sein Dasein. Zu Hause mußte er hamstern, kämpfen, denke ich und höre still zu. – Herr L. erzählt mir von einem tollen Brot, Fleisch ekle ihn manchmal, er esse sehr schnell und nebenbei, dann bekäme ihm das beste Fleisch nicht. Zu Hause sei eben alles nebenbei gewesen, man fraß sich gegenseitig alles weg. Aber für seinen seelischen Hunger bekam man nichts, sage ich vorsichtig. – Der Vater bekomme ein Seebegräbnis. Herr L. malt es mir in allen Farben aus. Mich schaudert: Reines Jet-Set-Getöse, ich spüre die emotionale Leere, die damit übertönt werden soll. Ich sage, daß mich schaudert. Herr L. sagt, das fände er nicht schaurig, das wünsche er sich auch so. Sie haben mir gesagt, daß Ihr Vater ein Macher war, immer unterwegs, keine Berührung, und dann auf See zur Ruhe kommen, das paßt schon. Mit Ihnen ist das ja vielleicht mal anders, sage ich zärtlich. Er habe neulich gesagt, er habe jetzt *seinen* Trip, das stimme, und er sei stolz darauf. Ich verstehe nicht und sage: Sie meinen Ihr Studium. Nein, da mache er nichts. Er ärgere sich über die Professorin, die ihm bestätigt habe, er studiere zwar, aber er habe nicht gelernt. Er meckert über die anderen, über Zola, blöder Autor, er wolle das Studium wechseln, sagt er. Wechseln können Sie, aber bleiben fällt Ihnen noch schwer. Ja, er sei auf zehn Schulen gewesen. Was schmökern Sie denn für sich, frage ich und spreche seinen Trip an, weil ich vermute, daß er heimlich für sich liest, was ihn interessiert, was an der Uni aber nicht gefragt zu sein scheint. Alice Miller, *Am Anfang war Erziehung.*[16] Er wolle sich schon lange das Buch *Nachwehen* kaufen, in dem es darum gehe, wie ein Mann Vater werde, und er lese viel *Playboy*, sagt Herr L. emphatisch. Er habe einen Reisebericht über Malaysia gelesen – den Artikel wolle er mir mitbringen – von einer Geisteraustreibung bei einem Kranken im Urwald; da werde der Körper nicht operiert, sondern besprochen, da werde Krankheit als was Psychisches verstanden. Ja, das gibt Ihnen recht, so wie Sie sich nicht operieren ließen, sondern zu mir kamen, und wir sprechen miteinander. – Ich spreche bewußt diesen Unterschied zwischen Geisteraustreibung als Krankheit *Besprechen* und unserer Arbeit als *Miteinander-Sprechen*, um die psychischen Bedingungen von Körpererkrankung zu verstehen,

16 A. Miller, *Am Anfang war Erziehung*, Ffm. 1980.

an. – Er finde, sagt Herr L., das Leben sei viel komplizierter geworden, seit er sehe, daß hinter allem etwas stecke. Er sei einsamer, aber er habe sich und mich, sagt Herr L. Er sehe jetzt, daß die Eltern auch nicht konnten, das mache es ihm oft schwer. Es sei sehr schwierig, die Eltern hätten nicht einfach schuld. Er könne nicht einfach wütend sein. Vielleicht, sage ich, geht es nicht um Schuld. Es ist tragisch, wenn Menschen sich nicht lieben können, das hat mit Schuld nichts zu tun. Herr L. ist traurig. Er müsse die Verantwortung für sich übernehmen, sagt er, er beginne das zu fühlen. Es sei wie eine Art Bilanz, wir arbeiteten doch jetzt ein Jahr zusammen, sagt Herr L. Ihm fällt ein, er habe als Begräbnismusik für den Vater vorgeschlagen: »What a wonderful world«, das sei ein Lied voller Leben. Er sei traurig, daß der Vater nicht mit ihm herumspringe. Er sei wieder am Schwanenteich mit Moritz gewesen, man könne schon im Straßencafé sitzen. Ich bin glücklich über meine Lebendigkeit, wie gern hätte ich meinen Vater daran beteiligt, sagt er still. Ja, den Vater muß Ihre Erkrankung vor einem Jahr sehr getroffen haben, er ist am gleichen Tag verunglückt, an dem Sie vor einem Jahr Ihre Nachricht bekamen, daß Sie Krebs hatten. Zwischen dem Vater und Ihnen muß es eine tiefe Bindung gegeben haben. Sie haben mir erzählt, wie er Sie an seiner Schulter an Land brachte, als Sie auf dem Meer nicht mehr konnten. Ja, sagt Herr L., als er krank war, sei der Vater auch gekommen. Das ist das Tragische an Ihrer Beziehung, daß nur Kranksein oder Nicht-mehr-Können Berührung möglich machte. Als Sie gesund wurde, erzählten Sie ihm dann nichts von dem guten Befundbericht. Doch, sagt Herr L., als wir hier darüber gesprochen hatten, dann habe er dem Vater davon erzählen können, der habe auch nachgefragt. – Als Herr L. geht, sagt er mir, daß Moritz nächstes Mal mitkomme, das gehe nicht anders.

21. 3. 84 Geld, Geld ... Sie haben ja einen Erben

Herr L. kommt mit seinem Sohn. Er zieht ihn aus und muß dann aufs Klo. Er überläßt mir das weinende Kind. Ich setze mich still mit ihm hin, kann sein Weinen nicht ändern, spreche mit ihm, murmle vor mich hin und streichle ihm den Rücken. Herr L. kommt wieder und ruckelt Moritz zur Ruhe. Es wirkt auf mich wieder so falsch, als rüttelte er ihn zur Vernunft, ohne zu verstehen, was mit ihm ist. Ich sage deshalb, wie es mir mit dem Jungen ergangen ist. Ich sei über mich erstaunt gewesen, wie ruhig ich das Weinen habe hinnehmen können; Moritz drücke damit sein Befremden aus, ich hätte mich deshalb nicht abgelehnt gefühlt. Herr L. ist jetzt gelassen mit Moritz, spricht davon, daß er kein Geld erben werde. Sie haben ja einen Erben, sage ich zärtlich. Moritz hat kein Spielzeug, Herr L. gibt ihm sein ledernes Pfeifenetui. – Der Junge hat nichts Eigenes, das fällt mir wieder auf. Herr L. freut sich über die Forsythien, die ich heute habe. Er sei im Café mit Sohn und Kinderwagen für die Zeitung fotografiert worden. Der Kinderwagen sei ihm dabei das Wichtigste. Er und der Bruder mußten sich den Wagen teilen, erinnert er sich. Mir fällt auf, daß er heute eigentlich alles mit Moritz teilt: Der Junge hat sein Pfeifentui, und er hat dessen rosa Elefanten. Herr L. zeigt mir eine Plastiktüte, die der Vater aus dem Duty-Free-Shop mitgebracht hatte, als er ihn besuchen kam. – Ich denke, er sammelt Objekte des Vaters, über die er an ihm, als lebte er noch, festhalten kann. Ich spreche das aber nicht aus. – Moritz' Fuß sei ein wenig ausgestellt, er müsse zur Krankengymnastik mit ihm. Oder zur Gesundungsgymnastik, frage ich spitzbübisch. – Die Freundin suche einen Analyseplatz, viermal die Woche, vier Jahre lang, programmgetreu, er lacht darüber.

26. 3. 84 Kinder als Haustiere ... der Vater unterwegs ... Krebs, wenn er nicht sein Leben lebt ... Schläge statt zärtliche Berührung

Als ich komme, begrüßt mich Herr L. auf dem Flur und hält mir eine Zeitschrift hin: Sehen Sie mal, was sich die Leute für Haustiere halten. Das Bild zeigt Kinder, die – nackt – bis zum Knie im Wasser stehen und mit Reptilien spielen. Wer sind die Haustiere, frage ich. – In mir tönen viele Assoziationen an: Herr L. nannte seinen Krebs sein wildes Haustier ... Mümmi, der geliebte Hase, der sich Zärtlichkeit holte, wann er es wollte ... Herr L. selber wurde von den Eltern für deren narzißtische Zwecke benutzt: Für die Mutter sprang er aus gefährlichen Höhen ins Wasser, um bewundert zu werden – Durchfälle aus Angst waren der Preis ... Herr L. hält seinen Sohn als Haustier, das ihm als Selbstobjekt dienen soll... – Als Herr L. sich setzt, sagt er, mit dem Wort »unmittelbar« habe er immer seine Schwierigkeiten. Ohne Mittel dazwischen, sage ich. Das leuchtet ihm ein, wie letzte Stunde, immer sei etwas dazwischen. Er sinnt nach. Ich frage mich, was er meint, ob er Moritz meint, der letztes Mal dabei war. Und ich denke, daß unser Kontakt oft so unmittelbar ist, daß ich immer wieder perplex bin. Bevor mein Verstehen Gestalt annimmt, kommt Herr L. auf Technisches, Krankenkasse, Gutachten etc. Wir tauschen den Stand der Anfrage aus, wobei er mir immer die über seine Mutter vermittelten Informationen weitergibt. Sie mischt ordentlich mit. Aber ich muß auch akzeptieren, daß er mir geschäftlich zusammen mit der Mutter gegenübersteht. Er macht keinen Hehl daraus, daß er Leute, die ihren Zaster, wie er es nennt, nicht eintreiben, schadenfroh und verächtlich abtut. Ich beteilige ihn an unserem Bemühen, das Gutachten durchzukriegen, und an meiner Erfahrung, daß die Leute in der Kasse unkonventionell auf seiner – unserer – Seite stehen. Er teilt die Auffassung der Mutter, daß man ihn aus der Kasse raushaben wolle, weil er zuviel koste, und kann nur schwer wahrnehmen, daß das eine Deutung ist, die an der realen Situation vorbeigeht. Sie scheinen sich zu sorgen, ob da etwas Technisches zwischen uns kommt, was unseren unmittelbaren Kontakt stören könnte, sage ich. – Herr L. spricht vom Tod des Vaters und der Bestattung auf See. Der Vater habe »unterwegs«, auf seinen Fahrten gelebt. Ihm fällt eine Parallele auf: Wie er sich in B. operieren ließ und dann nach G. ins Krankenhaus wechselte. Ich spreche ihn darauf an, daß er letztes Mal gesagt hatte, er sei sich nicht sicher gewesen mit seiner Entscheidung gegen die zweite Operation, und daß mich das erstaunt habe. Ich hätte ihn so wahrgenommen: Egal, was er mache, er suchte jemanden, der dabeibleibt. Ja, sagt Herr L., er habe jemanden gebraucht, der wisse, wie es mit dem Krebs enden könne. Ich denke: Oder wie es mit dem Leben beginnt, aber ich bleibe abstinent in Sachen Interpretation, weil ich ihn selbst darauf kommen lassen will. – Herr L. schaut auf seinen Bauch, er habe sich den Bauch nicht aufschneiden lassen wollen, und jetzt, sagt er lachend, jetzt habe ich einen ganz dicken Bauch. Er lacht wohlig zufrieden. Er habe das Gefühl, daß er keinen Krebs mehr habe, aber er habe Angst, er könne ihn wiederkriegen, wenn er nicht sein Leben lebe. Na, dann können Sie ja was bewirken, sage ich. Ja, auch mit dem Gutachten, sagt Herr L., daß wir, er und

ich, etwas bewirken könnten, mache ihn sicher, egal, wie es jetzt weitergehe; daß wir beide für uns sprechen können, das sei toll.
Herr L. kommt auf die Bestattung des Vaters in den internationalen Gewässern der Ostsee zurück, er werde hinfahren. Die Mutter seines Vaters sei in seinem Zimmer einquartiert. Sie stinke nach Moder, sagt er. Er werde im Zimmer des Bruders mit seinem Opa übernachten. Mit dem Opa habe er früher in einem Bett geschlafen. – Wieder wird mir deutlich, daß zwischen ihm und dem Opa eine Alter-Ego-Selbstobjekt-Beziehung besteht. Mit dem Opa teilte er unausgesprochen menschliche Nähe und Intimität. Ich spreche dieses Thema noch nicht an, weil es, denke ich, im Moment um anderes geht. Sie werden nicht respektiert, wenn man Sie nicht fragt, wer in Ihr Zimmer kommt, sage ich. Das sei nie sein Zimmer gewesen, sagt Herr L. Ich frage, ob er denn seinen Sohn mitnehmen werde. Nein, auch auf die Anzeige habe er ihn nicht draufgesetzt, er sei zu klein, um traurig zu sein. Zu klein, um traurig zu sein, wiederholt er bedeutungsvoll. Ich denke, sage ich behutsam, auch für Ihre Größe und Lebendigkeit ist der Tod des Vaters ein schwerer Schlag. Er nickt stumm, den Tränen nahe. Es fällt ihm ein, der Bruder werde jetzt auch Vater. Seine Freundin meinte, damit büßten sie die Starrolle in der Familie ein. Herr L. sagt, jetzt könne *er* dem Bruder 'ne Menge sagen, wie was gehe mit dem Kind, da sei er Experte, Wickeln, Füttern, was, wie, wie lange. Auch daß er mit jemandem darüber sprechen könne, daß es gar nicht so leicht sei mit dem Kind. – Ich denke, ja, er versteht sich als Experte in instrumentellem Handeln, aber ich enthalte mich, das auszusprechen. Ich frage, warum er nur über Schwierigkeiten mit dem Bruder sprechen wolle. Das habe er nicht so gemeint. Ich frage, wie der Vater seinen Sohn angenommen habe, den Enkelsohn. Gut, sagt Herr L., er kann den Jungen zwar nur grob berühren, es sind fast Schläge, aber er hat das Kind akzeptiert. – Jetzt verstehe ich, warum Herr L. Moritz auch so schüttelt und klopft, daß ich es immer wie Schläge erlebe. Ich verwahre diese Erkenntnis in mir. Es fällt mir auf, daß Herr L. vom Vater im Präsens spricht: Für ihn ist er nicht tot, denke ich voller Kummer.
Herr L. muß heute schnell weg. Beim Verabschieden ist er voller Liebe und Zärtlichkeit, unmittelbar, was ihm so schwerfällt, was er selber mit den Eltern nicht erlebte, denke ich.

28. 3. 84 Max L. = Mannequinmutter, die die Kleider der anderen vorführt

Ich habe vor der Stunde mit der Krankenkassensachbearbeiterin telefoniert. Es war ein beglückendes Gespräch mit einem Menschen, der teilnimmt an meiner Arbeit und mir viel Glück wünschte. In der Klinik hatte ich fünf Jahre lang kein Echo gefunden, wenn ich von der Freude an der Lebendigkeit der Krebspatienten sprach.[17]
Ich lief über die Straße ins andere Haus, und Herr L. kommt mir mit dem Fahrrad, bergauf rasend, entgegen. Wir gehen gemeinsam die Treppe hinauf. Ich erzähle ihm von dem Gespräch und der Freude, einen Menschen anzusprechen. Herr L. sagt, das kenne er auch, seit er seine Therapie mache. – Herr L. hat mir einen Artikel aus dem *Playboy* über Psychotherapie mitgebracht. Da sei eine Frau darauf, die Frauen seien immer irgendwie nie ganz nackt, er wisse nicht, ob ihm das peinlich sein soll (ich höre »soll«). Er erzählt, wie er sich das Magazin mit seinem Sohn zusammen gekauft habe und schräg angeschaut wurde. – Ich habe blitzartig den Einfall: Mannequins schaut er sich an, die Mutter war Mannequin. – Er sagt, die auf dem Bild habe nicht nur einen schönen Körper, sondern auch kein leeres Gesicht, sie drücke etwas aus. Aber die Mutter hatte ihn nicht angeschaut, war immer hastig gewesen mit Zigarette in der Hand auf dem Sprung ... Ich bleibe abstinent in Sachen Interpretation und höre zu. Herr L. erzählt von anderen Magazinen, rattert ein tolles Menü runter, und ich denke, er ist total die Mannequinmutter, die die Kleider der anderen vorführt, für andere kocht (er kocht gern, wie die Mutter). Ich sage: Sie wagen es, sich selbst zu befriedigen; die, die Sie komisch dabei anschauen, tuen das vielleicht nicht. Ja, sagt Herr L., Befriedigung sollte wohl immer auch mit Selbstbefriedigung zu tun haben, das sei bei ihm aber nicht so, das wisse er jetzt. Seit drei Monaten lebe er abstinent, er lebe mit Moritz. Durch ihn habe er einen Rhythmus, er brauche den Sohn dafür. Er mißbrauche ihn nicht, aber er könne nicht allein sein; wenn da einer sei, sei es gut. Der Junge schlafe jetzt 15 Stunden. – Jetzt wo er ein Dreiviertel Jahr ist, schläft er so viel, wie er als Säugling

17 1991b, S. 43-50; Nachtrag 1: »Verschluckte Tränen/verschluckte Freude ... den Krebs entpathologisieren«.

gebraucht hätte, geht es mir durch den Kopf. – Morgens lege er ihn sich auf den Bauch, heute hätten sie beide laut gelacht. Abends gehe er oft noch ins Zimmer, horche, ob Moritz ruhig atme. Das ist vielleicht gar nicht nötig, sage ich vorsichtig. Ja, aber er brauche es. Daß da jemand sei, nebenan, das genüge, dann könne er abends zu Hause bleiben, lesen und so.

Wir lachen heute viel und herzlich, und ich denke voller Schmerz, daß er zur Beerdigung des Vaters muß. Als hätte Herr L. denselben Gedanken gehabt, sagt er, der Vater sei noch nicht verbrannt, das Krematorium habe keine Zeit. Ich bin entsetzt und zeige es. Herr L. sagt, das finde er auch schlimm, sehr schlimm. Er sagt es ohne Empfindung, und ich denke, die Gefühle macht er mir, um sich an mir dann wahrzunehmen.

Herr L. sagt, in dieser Woche werde er sein Studium regeln. Moritz werde bei der Freundin sein, die drei Wochen Ferien habe. Er müsse sich klar werden über sich. Er habe sich überschätzt, habe gedacht, er werde alles und alle mit links in die Tasche stecken. – Er steckt die rechte Hand in die rechte Hosentasche; links, denke ich, ist die Prothese. – Vielleicht können Sie gar nicht alles gebrauchen. Das stimme. Er habe sich an alle Profs herangemacht und den Star gespielt, könne den Anforderungen aber nicht gerecht werden. Er bescheiße sich gern selbst. Er wolle zum Studienberater gehen, der nur auf präzise Fragen antworte, dem wolle er Fragen stellen. Dann haben Sie ihre Antworten schon, sage ich. Ja, aber der Weg zu seinem Ziel sei ihm unklar. – Er sucht den Vater, denke ich, der ihm den Segen für sein Tun, seine Existenz gibt, aber er muß aufspalten in »Erzeuger« und »Vater«, in Weg und Ziel. Weg und Ziel sind er selber, denke ich, das wird er herausfinden für sich.

Er zeigt noch auf den *Playboy*-Artikel und sagt, ich solle mich nicht drüber ärgern. Er meint den Artikel, aber auch, daß er, der Playboy, was doch wörtlich Spieljunge heißt, auch woanders sucht. Er will also von mir wissen, ob ich ihm, im Gegensatz zur Mutter, den Weg hin zum Vater, dem dritten, offenlasse, mitmache, wenn er sich in die Welt begibt.[18]

18 Er hatte einen *Traum:* Er fahre den roten Mercedes des Vaters, der Vater plappere, um ihn zu unterhalten; dann schlafe der Vater ganz ruhig, und er fahre ruhig den Wagen. Beide sind auf dem Weg in den Urlaub. Das war sein sehnlichster Wunsch gewesen, mit dem Vater Urlaub zu machen. – Herrn L.s Wunsch muß es gewesen sein, diesen

Ich lese nach der Stunde den Aufsatz über Psychotherapie. Kein schlechter Aufsatz, nur daß der Autor nicht versteht, daß die Beziehung das ist, was heilt, nicht die Einsicht in irgendwelche Theoreme. Selbstfindung mit dem anderen, das ist Psychosoma-Analyse, wie ich sie praktiziere. Psychoanalyse ist etwas anderes: Fahnden nach Mechanismus.

2. 4. 84 Viel machen, wenig sein

Herr L. erwartet mich schon im Zimmer. Er habe gedacht, ich käme nicht, dann habe er meinen Mantel gesehen, aber mein Auto sei nicht dagewesen. Ich war gerade selber beim Arzt und bestätige ihm seine Wahrnehmung, daß ich mit dem Auto, aber ohne Mantel fort gewesen bin. Ich ertappe mich, wie ich verstohlen am Finger lutsche, an dem mir Blut abgenommen wurde.
Herr L. sitzt im T-Shirt, auf dem HAM steht, da, sommerlich, draußen fällt Schnee. Ich gebe ihm den Artikel zurück und sage, daß ich ihn o.k. finde, und spreche die erwähnten Spontanheilungen an. Das ist aber nicht sein Thema. Er legt los, wütend: Meine Mutter, die dumme Sau, hat das Formular für die Kasse noch nicht zurückgeschickt, obwohl ich es mit Eilboten geschickt und zweimal unterstrichen habe, daß es dringend ist. Es ärgert mich, daß sie mich nicht ernstnimmt. Er habe sich um sein Studium gekümmert, wisse aber noch nicht, ob er zu den Theaterwissenschaften wechseln werde, er sei sehr chaotisch. Er habe ja den Moritz und könne nicht rumreisen, wie es für Regieassistenz etc. verlangt werde. Ich sage, der Junge habe ja auch noch eine Mutter. Die habe ihren Job, sagt Herr L., den wolle sie auch behalten. Vielleicht müßten Sie miteinander die Situation neu besprechen. Schon, sagt Herr L., aber er sei sich eben nicht klar, was er wolle. Er habe sich jedenfalls eingetragen.
Ihm fällt ein, daß er vergessen hat, seine Untersuchungsergebnisse abzuholen. Er habe sich zwar um die Krankengymnastiktermine für Moritz gekümmert, aber seine Ergebnisse vergessen. – So sicher ist er sich, denke ich. – Vielleicht brauche ich die Unsi-

Vater als Alter-Ego-Selbstobjekt zur Stützung seines Selbst zu gewinnen. Aber die Beziehung, denke ich, muß – wohl für beide – homosexuell bedrohlich gewesen sein. Es ist heute noch nicht der Zeitpunkt, um darüber zu sprechen.

cherheit, meint Herr L. Ich habe jedenfalls dafür gesorgt, daß die Freundin die Hälfte der Termine bei der Krankengymnastik mit Moritz wahrnimmt, das sind genau meine Therapiestunden. Da kümmern wir uns hier dann um Ihre Füßchen, sage ich. Das gefällt ihm, er lacht. Es fällt Ihnen immer noch schwerer, etwas für sich zu tun, als für andere, sage ich. Doch, sagt Herr L., er könne sich jetzt abgrenzen, das könne er jetzt. Er könne genau abwägen, wo er etwas für sich besprechen wolle und wo es gar keiner Diskussion bedürfe. Das hätte er früher nicht gekonnt. Er kommt nochmal auf den Sohn zu sprechen, der die nächsten 5 Tage bei ihm sein werde. Ich habe mich darauf eingestellt, sagt er, uns die Fenster geputzt. Bei der Freundin habe Moritz wieder nicht geschlafen. Bei ihm schlafe er 15 Stunden am Tag. Ich spreche an, ob das jetzt nicht ein bißchen viel Schlaf sei und Moritz nicht eher wach sein wolle und spielen. Nein, sagt Herr L., das sei o.k. Ich bin mutig und frage nach dem Spielzeug, ob Moritz etwas Eigenes habe, was er auch beißen könne, nicht nur sein Lederpfeifenetui oder das Muschelmobile, das er kaputtmachen könne. Herr L. meint, das sei noch nicht das Alter. Egal, sage ich kühn, nur daß er etwas ganz Eigenes hat. Es muß eine große Anstrengung für das Kind sein, dauernd umzuziehen und sich an die Umgebung anpassen zu müssen. Ging das bei Ihnen zwischen Mutter und Großmutter auch so hin und her, frage ich. Nein, er habe fest bei Oma und Opa gelebt die ersten 7 Jahre, die Mutter habe zwei Stockwerke drüber gelebt und kam mal zum Mittagessen, immer in einer Parfumwolke. Ansonsten habe man ihre Lover mit Mercedes vor der Türe gesehen. Sonntags morgens sei er in ihr Bett gekrochen, aber habe nur ein Knurren zu hören bekommen, sie wollte schlafen nach ihren Liebesnächten. Sich rühren, geschweige denn sie berühren, das durfte er nicht. Er erinnert sich nur, wie er seinen Kopf in ihren Schoß legte und sie ihm mit spitzen roten Fingernägeln den Kopf streichelte. Das war erregend, es sei immer eine erotische Beziehung zur Mutter gewesen, sagt Herr L. Er spricht zynisch, distanziert: So sähe er das heute, was er dabei gefühlt habe, wisse er eigentlich nicht.

Auf dem Tisch zwischen uns liegt die Zeitschrift mit dem Mannequin drauf, ich denke, nicht grundlos sprechen wir heute von der Mutter, die ihm keine Geborgenheit und Wärme geben konnte. Herr L. sagt, er habe im Moment auch keine Geborgenheit für jemand anderen, höchstens für Moritz, von dem bekomme er

auch etwas zurück. Er könne sich jetzt abgrenzen, aber er wolle sich nicht einlassen. Er könne sich nicht so verlieben wie früher. Fünf-, sechsmal sei er im Jahr verliebt gewesen. Vielleicht können Sie *sich* aber jetzt ein wenig mehr lieben, frage ich. Ja, das immer, sagt Herr L., er liebe sich sehr, das sei aber nicht Narzißmus. Früher habe er viel häufiger in den Spiegel geschaut. Und heute können Sie sich fühlen. Ja. Ich frage, was meinen Sie mit dem Sich-Abgrenzen-Können. Er schaue, daß er nicht soviel mache wie früher. Sie meinen, Sie machen noch immer viel und *sind* noch nicht. Er versteht. Er müsse noch vieles machen, was ihm nicht bekomme, er wisse es, er gehe dann nach einer halben Stunde in sein warmes Zuhause. Er wisse, es sei ein Umweg, aber dann wisse er auch, daß ihm nichts entgehe.
Herr L. schaut auf die Uhr und erzählt dann, er habe eine tolle Liebesnacht verbracht, seit einem halben Jahr wieder, er strahlt. Ich frage, warum er auf die Uhr schauen müsse. Er sei erstaunt, wieviel Zeit er noch habe, um von sich zu sprechen. Er sei Tanzen gewesen, ganz für sich bei den Baghwans, der, den er am nettesten finde, der sei aus der Sekte ausgetreten. Den Lebendigsten mußte ich mir natürlich raussuchen, sagt er stolz. Ich bin unsicher, mit wem er die Liebesnacht verbracht hat, ob mit einem Mann oder mit einer Frau. Es ist aber auch unerheblich, denn Herr L. ist auf der Suche nach Spiegelung durch ein Selbstobjekt, muß aber die Beziehungen – wie er es mit der Mutter erlebte – sexualisieren. In der Sekte sucht er nach Menschen, Alter-Ego-Selbstobjekten, in denen er sich als Mensch wiedererkennen kann.[19] Diese Funktion von Sekten, denke ich spontan, müßte man erforschen, um deren Faszination zu begreifen, die gespeist ist aus dem narzißtischen Hunger nach Liebe, Hunger danach, sich wesensgleich unter Menschen zu fühlen. – Das muß mit Ihrer Lebendigkeit zu tun haben. Ja, klar. Aber Sie sprechen in einer Tarnsprache, nur indirekt, über andere, von sich, das fällt mir auf. Ja, sagt Herr L., er wisse das, aber das sei tief in ihm drin. Es kleide ihn schlecht, verkleide ihn, früher sei es die Politik gewesen, mit der er sich getarnt habe. Er zeige sich nur selten, es sei schwierig. Das Leben sei so wunderschön, aber die Lebendigen seien auch attraktiv für andere. – Er führt das nicht weiter aus, ich denke, er meint wohl die Last, verführerisch zu sein und unter

19 Vgl. H. Kohut, *Wie heilt die Psychoanalyse?*, Ffm. 1987, 277-287.

den Folgen zu leiden, weil er nicht für sich sprechen kann.[20] – Herr L. erzählt vom Tanzen. Er habe keine Tanzstunde gehabt, das fand er bürgerlichen Scheiß; heute würde er das gern tun, einen Smoking tragen. Er sei großkotzig, sagt er, und kleinbürgerlich, so sei er. Er zeige sich aber nur selten so. Er sei zurückgezogen und schweigsam und habe keine Lust zu langen Gesprächen. Ich erleben Sie aber gar nicht als zurückgezogen und schweigsam. Ja, bei mir spreche er. Früher wäre sein Kopf was Draufgesetztes gewesen, jetzt benutze er ihn, um seine Gefühle wegzudrängen, um sie zu schützen, damit keiner seinen Spielraum überschreite und ihn mit sich störe. Manchmal wünsche er sich einen Tag, wo er wie früher alles machen würde, egal, ob es ihm bekomme oder nicht. Ja, nur weil Sie es noch nicht glauben, können, daß Ihnen Ihr Leben bekommen darf, der Kontrast würde es Ihnen dann bestätigen. – Er geht lachend und freut sich über die gute Stunde heute.

4. 4. 84 Ich will nicht deines Hauses Hüter sein

Wir machen neue Termine aus, entsprechend Herrn L.s Stundenplan. Er erzählt, daß er wider Erwarten doch mehrere Veranstaltungen gefunden habe, die ihm Spaß machen könnten. U. a. eine über französische Schriftstellerinnen des 19. Jahrhunderts. Er sagt, daß er sich früher auf Softy eingestellt und die Probleme der Frauen vertreten habe, das tue er heute nicht mehr so und fühle sich wohler dabei. – Herr L. sagt, der Großvater habe angerufen. Die Mutter wolle mit ihren beiden Müttern Sommerferien machen, da, wo sie und der Vater 15 Jahre lang Ferien machten. Und sie habe ihn verplant: ihn und die Freundin und Moritz; sie sollten zusammen mit dem Großvater im Haus in X. Ferien machen. Es macht mich fertig, so mißbraucht zu werden, denn es geht nicht um mich dabei. Ich habe zwei Tage lang gegrübelt, wie ich der Mutter antworten kann. Ich bin darauf gekommen, ihr zu sagen: Ich will nicht deines Hauses Hüter sein. Das sind die treffendsten Worte. Ich weiß, der Spruch geht eigentlich um Kain und Abel vor Gott. Ich fühle mich hilflos, weil der Großvater sagte, mach mir die Freude. Dem Opa geht es aber eigentlich um

20 Vgl. Sein Gefallen-müssen-Spiel, S. 491.

Moritz. Er schildert sein Zuhause: 270 qm, unbewohnt, Riesenvorräte. Das sei eine Verführung für ihn, die ihn anekle. Er habe seine Freundin angerufen, die habe gesagt, die sollten ihnen beiden lieber einen Urlaub zahlen. Er und sie sollten Urlaub machen auf zwei Inseln, habe sie gesagt, und sie komme dann rüber, um Moritz zu sehen, denn ohne ihn habe sie ein schlechtes Gewissen. Er habe rumgeschrien, wieder habe er sich benutzt gefühlt. Sie merken jetzt, daß Sie sich eine Frau gesucht haben, die Sie wie die Mutter für ihre Zwecke mißbraucht. Ich verstehe, daß Sie das wütend und hilflos macht. Ich habe keine Lust, darüber nachzudenken, sagt Herr L., ich will das Problem für mich lösen. – Er sagt das knapp und verletzt, so daß ich ahne, einen Fehler gemacht zu haben. Ich habe die verstehend spiegelnde Deutungsebene verlassen und objektal gedeutet. Die Deutung an sich ist nicht falsch, nur ist es von mir unempathisch, zum jetzigen Zeitpunkt, wo der Patient ohnehin durch den Tod des Vaters labilisiert ist, dieses heiße Eisen anzufassen. Zu Recht macht er dicht, denke ich. Ich hoffe nur, daß er sich nicht zurückziehen muß.
Herr L. sagt, er werde in zwei Tagen zur Beerdingung rasen und umgehend zurück. Er habe Schuldgefühle dem Sohn gegenüber. Er merke jetzt, was es heiße, ein Kind zu haben. Er fühle sich eingeschränkt, das müsse er sich eingestehen. Das falle ihm jetzt auf, wo er sich verliebt habe und das Kind am Bein habe. Er habe heute in einem Mercedeskatalog geblättert, und der Moritz habe auf seinem Hochstuhl gesessen und mit Papierfetzen gespielt. Nach seiner Wut und Verzweiflung habe er sich an seinen Schreibtisch gesetzt und sich auf sein Studium besonnen. Er habe sich auf sich besonnen und erstaunt festgestellt, daß er Interessantes für sich finden könne. Er sei froh darüber. Er fühle sich gebraucht, freilich profiliere er sich gern als Macher, sagt Herr L.: Regale anbringen, damit Moritz sie nicht umschmeißt etc. – Ich höre still zu und nehme wahr, daß Herr L. doppelt so schnell redet wie sonst. Er hat Angst, denke ich, er fühlt sich verwurschtet von den vielen Frauen, verplant. Und wenn er nicht spurt, verliert er den Opa, der u. a. eine wichtige Finanzqelle darstellt, dem es aber um Moritz und nicht um ihn geht. Zugleich entlastet es ihn auch, wenn der Opa ihm den Jungen abnimmt. Es ist eine Zwickmühle. Ich höre nur still zu. Herr L. redet sich alle Last von der Seele, alle Wut und Verzweiflung.

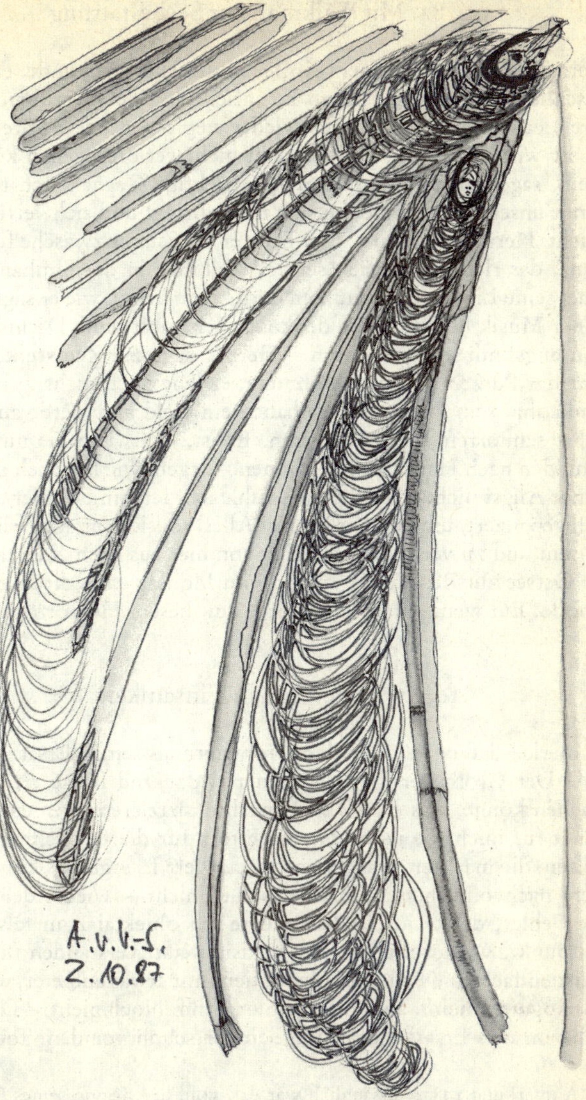
A. v. V.-S.
2. 10. 87

13.4.84 Mit Walkman zur Seebestattung

Herr L. kommt mit seinem Koffer in die Therapiestunde, er will anschließend nach X. fahren. Er spricht von der Beerdigung als Streß, er wolle danach schnell wieder weg von X., er gehöre nach G. Er wisse jetzt, daß er sich nicht mehr verloren gehen könne. Nein, sage ich, jetzt haben Sie das richtige Gepäck. Ich meine damit unsere Arbeit, die ihn sich näher bringt und sich verfügbar macht. Herr L. sagt, im Koffer habe er die Schmutzwäsche für die Oma, das richtige Gepäck sei der Walkman in der Umhängetasche, seine Lieder ... Er laufe in der Uni tänzelnd, wie er sagt, mit seiner Musik herum. – Ich denke, er bekämpft seine Desintegrationsangst mit seinen Liedern. – Herr L. sagt, zur Zeit stinke ihm sehr das Putzen in seiner Wohnung, er lebe noch nicht, genauso stinke ihm sein Hamstern. Er habe kein Geld und werde auf der Fahrt schnorren, das gefalle ihm. Es ist, wie wenn Sie nur mit Schulden nach Hause fahren können. – Irgendwie kann ich ihn in seiner Angst nicht erreichen, das fühle ich. Ich bin da, aber er hat sich gepanzert, um zu überleben.[21] Alles, was ich tun kann, ist, da zu sein und zu verstehen. Er fährt von hier aus nach X., dann an die Ostsee zur Bestattung und kommt Montag dann direkt in die Stunde. Ein wenig Halt, denke ich, auf diesem Horrortrip.

16.4.84 Weinen vor Einsamkeit

Er merke, daß er sich von den Großeltern als seinen Ersatzeltern löse. Der Großvater habe ihn genervt, dauernd fragte er, ob er machen könne, was er, Max L., machte, spazierengehen etc. Das klingt für mich so, als ob Sie die Eltern für die Großeltern sein sollten, die machten, was Sie machten. Herr L. sagt, das könne er nicht nachvollziehen und wolle es auch nicht. – Wieder der gleiche Fehler, denke ich, wieder deute ich objektal zum falschen Zeitpunkt. Wieder muß er sich kritisiert statt verstanden fühlen. Es ist einfach eine Falle, daß der Patient mir etwas anbietet, was er nur kognitiv meint, aber nicht fühlen kann. Noch nicht. – Daß er sich von den Ersatzeltern löse, habe er schon vor dem Tod des

21 Anmerkung 1987: Tatsächlich war das wohl der Beginn seines Rückzugs aufgrund meines Empathiefehlers, siehe S. 530.

Vaters bemerkt, sagt Herr L., als er im Krankenhaus war und der Opa sich dort genauso an ihn geklammert habe. Erst als der Vater gefährdet war, gewannen Sie ihn als Vater, sage ich vorsichtig. Ja. Der Vater sei zu früh gestorben, er habe zu wenig von ihm bekommen, sagt er bitter. – Er erzählt von der Disko. Die Baghwanleute *redeten über Gefühle*, hätten einen Jargon drauf, eine Fremdsprache. Der Boß der Disko habe seine Freundin durch Krebs verloren, er habe gesagt, er habe ihre Energie gespürt, ihre Power als Tote. Er könne sich lebendig fühlen, sagt Herr L. und sich auch vertreten, die quatschten am liebsten von der Energie der Toten. Er sei enttäuscht von denen. In X. habe er gemerkt, er werde seinen Film drehen, er habe ein Gefühl dazu, es hüpft, sagt er. Gestern habe er geweint, er habe sich einsam gefühlt wie vor neun Monaten. Er sei so allein gewesen, durch die Stadt gegangen und habe sich Forsythienzweige geklaut; die Polizei habe es nicht gemerkt. Sie haben sich einsam gefühlt, einsam, jetzt wo der Vater bestattet ist, vielleicht wollen Sie davon sprechen. Es war furchtbar, sagt Herr L., daß ich ins Meer gucken mußte, habe ich mir nicht vorgestellt. Ich habe gedacht, man wird vom Strand aus sehen, wie die Urne versenkt wird. Daß der Vater in 4 Grad Celsius sein wollte, verstehe ich nicht, die Erde ist wärmer ... die Erde ist wärmer, wiederholt er bedeutungsvoll. Der Vater habe eine Seemannsmentalität gehabt, immer unterwegs. Die Mutter habe vorgeschlagen, daß er, Max, mit seiner Familie, seiner Freundin und Moritz Urlaub mache, er sei baff. Er sei immer mißtrauisch, wenn die Mutter nett sei. Ob er nicht vielleicht allein fahren wolle, frage ich. Ja, Sie haben recht, den Gedanken habe ich mir auch schon geleistet, auf die Balearen ... (dort hatten die Eltern letztes Jahr Urlaub gemacht, als er operiert wurde, denke ich) aber mit der Familie sei das ja auch schön. Er wolle eigentlich aber gar nicht weg von G., das sei seine Stadt, sagt Herr L.

18.4.84 Ohne Gegenüber damals – in sich verkrochen heute

Herr L. erzählt vom Seminar in Philosophie. Er werde ein Referat über Wittgensteins Freud-Rezeption machen. Es gäbe nicht *die* Analyse, das stelle er immer mehr fest. Wittgenstein spreche davon, der Patient müsse die Kontrolle behalten. Ich frage mich, ob

Sie das hier mit mir auch meinen. Ja, er müsse sich abgrenzen. Er finde es schwer, auszusprechen, aber... – Herr L. druckst hin und her, dann sagt er, er habe es unpassend gefunden, daß ich neulich sagte, er habe sich eine falsche Frau gewählt. Damit wolle er sich nicht beschäftigen, das könne zwar sein, aber er versuche, seinen Weg zu finden. Sie scheinen sich manipuliert gefühlt zu haben. Wenn Sie mich so verstanden haben, daß Sie handeln müßten, dann hätte ich was Pädagogisches verzapft, das müssen Sie dann zu Recht zurückweisen, das hat mit uns nichts zu tun. Ich habe nur sagen wollen, was ich verstanden habe. Aber es ist klar, daß Sie Ihren Weg machen. Herr L. nimmt das so hin. – Er kommt aufs Reiten zu sprechen. Ein ausgeflippter Freund vom Vater hatte Pferde, und er sei ohne Sattel geritten, oft abgestürzt, aber es sei wild und rauschhaft gewesen. Die Eltern hätten derweil gesoffen. Am nächsten Tag habe er Schmerzen im rechten Bein gehabt. Die Mutter habe gemeint, er wolle die Schule schwänzen und habe ihn zum Röntgen geschleppt: Wehe, er schwindelte, hätte sie gedroht. Die Mutter hat nicht darauf gehört, was Sie fühlten. Nein, das sollte auf Röntgenplatte unter Beweis gestellt werden. Er habe eine Knochenhautentzündung gehabt, so die Diagnose. Das stellte sich dann aber als Fehldiagnose heraus. Vielleicht waren Sie nur allein in Ihrer rauschhaften Lust beim Reiten, da hätten Sie jemanden gebraucht, der Sie wahrnimmt, vielleicht ist deshalb die Lust in Schmerzen im Bein umgeschlagen, die konnten Sie dann vorführen. Ob er das von sich kenne, frage ich. Herr L. sagt, das sei ihm ein fremder Gedanke, das habe er noch nicht an sich wahrgenommen. – Die Stunde ist rauschhaft unmittelbar. Herr L. liegt fast in seinem Sessel. Ich sage, zum ersten Mal haben Sie eine schöne Kindheitsszene mit mir geteilt. Er stimmt zu. Er erlebe sich im Seminar selbstbewußt; er werde in dem Seminar über Rationalität als Psychofreak abgetan und fühle sich sehr allein.[22] Sie haben begonnen zu studieren, sage ich voller Bewunderung. Ja, das habe er. – Am Ende der Stunde sage ich, ich sei mir nicht sicher, ob ich ihm meine Ferien gesagt hätte. Ich meinte, daß ich es im alten Haus getan hätte. Er sagt, ja, schon, aber er habe sich ohnehin in sich verkrochen in letzter Zeit.

22 Er hatte gelesen, daß Wittgenstein Krebs hatte, und suchte nach Zusammenhängen zwischen Philosophieren und Sinnlichkeit.

2. 5. 84 Angst vor der Mutter, vor Frauen ... immer was machen müssen

Als ich das Zimmer betrete, sitzt Herr L. schon da und füttert Moritz. Er spricht von seiner Angst vor der Mutter, die immer was mit ihm mache. Er habe Angst vor Frauen, er sei nicht schwul, aber er glaube immer, was machen zu müssen. Er wolle seinen Film drehen. Er habe den Kranz nicht aufs Wasser werfen können, den ihm die Mutter in die Hand gedrückt habe.
Es ist eine ruhige stille Stunde, ohne viel Machen, einfach da sein. Herr L. spielt und zärtelt mit Moritz. Ich sitze still dabei.
Mit dem Jungen schützt sich Herr L. vor mir als Frau, die mit Deutungen in ihn dringt, etwas mit ihm macht, wie die Mutter, denke ich. Er spielt mit dem Jungen und zeigt mir damit, was er von mir braucht: Stilles Miteinander, um das zu Tode geängstigte Kind zu beruhigen, statt es mit seiner selbstmörderischen Infantilgeschichte nur noch mehr zu verstören. Toll, wie der Patient hilft, meinen Empathiefehler zu korrigieren!

7. 5. 84 Selbstbefriedigendes Miteinander

Wieder finde ich Herrn L. und Moritz schon im Zimmer, als ich komme. Sie haben sich auf der Decke, die ich immer dort liegen habe – sie ist türkisfarben-meergrün – niedergelassen und spielen miteinander. – Herr L. sagt, er werde sich von seiner Freundin trennen, er fühle sich von ihr als Person nicht respektiert. Vielmehr sagt er nicht in dieser Stunde. Er spielt glücklich mit dem Jungen. Ich nehme voller Freude wahr, daß er sich jetzt in den Jungen einfühlen kann, er überfordert ihn nicht mehr, so daß beide Vergnügen miteinander haben. Ab und zu strahlt mich Herr L. zufrieden an, und ich lächle zurück. Ich schaue beiden zu, wie eine Mutter, die sich daran freut, daß ihre beiden Kinder spielen. Ich genieße still, was heute miteinander gelingt.

9. 5. 84 Selbststudium

Wieder spielt Herr L. selbstverständlich mit dem Jungen auf der Decke am Boden. Er erzählt mir stolz, daß er den Jungen in 5 Minuten zur Ruhe und zum Schlafen klopfen kann. Ich höre still zu und sage nichts. Herr L. gibt mir mehrmals Moritz, der dann zum Vater zurück will, dann wieder zu mir. Ich fühle mich unbefangen, ruhig. Herr L. spricht immer mal wieder davon, daß er studieren wolle, aber nicht, weil man es von ihm erwartet; er wolle seine eigene Interessen herausfinden. Ich stimme ihm zu.

14. 5. 84 ... Ein Blick, und er sei wie ein Queue

Herr L. findet, ich sähe heute sportlich aus, so könnte ich auf einen Segelturn gehen. Ich segle hier, sage ich lachend, ich bin ganz zufrieden hier. Er habe sein Buch zu schreiben begonnen, sagt Herr L. Nach dem Seminar in Philosophie sei er mit dem Professor in dessen Mercedes auf den... Berg gefahren. Er sei enttäuscht von den Menschen, die studierten nicht für sich, und der Prof. habe sich auch als ein Hohlkopf herausgestellt. Als Mensch sei man an der Uni verratzt, sagt er. Es gehe ihm nicht so gut. Nach der Trennung von seiner Freundin, die er erst als Erleichterung erlebt habe, sei er zwei Tage rumgeflogen. Es ist eine Gefahr, sagt Herr L., daß ich nach der Trennung von einer Frau einfach auf den nächsten Zug aufspringe, aber das sind immer Frauen, die mir nicht bekommen. Ich merke das jetzt schon nach zwei Tagen. Ein halbes Jahr vor meinem Krebs habe ich vier Frauenbeziehungen auf einmal gehabt. Ich habe alle vier Frauen ernst genommen. Schule habe ich geschwänzt. Ich schlief bis vormittags, putzte dann die Wohnung, kochte was, wechselte die Handtücher, und schon stand die nächste auf der Matte. Ich weiß jetzt: Rauchen, Trinken, Vögeln, das bin nicht ich. Ich weiß, ich habe Angst vor meiner Mutter und vor Frauen, die machen etwas mit mir: Ein Blick, und ich bin wie ein Queue, der eine Billardkugel anstößt. Dann kommen auch andere in Bewegung, und ich verliere den Überblick und muß nur noch aufpassen, daß ich nicht in irgendeinem Loch lande. – Er sagt das mit einem leisen Lächeln, aber ohne Ironie. – Er könne nur schwer bei sich bleiben. Das Buch, das er schreibe, sei gut. Er spreche auf Tonband,

und wenn er abends nach Hause komme, stelle er das Radio an und höre sich auf Stereo ab. Dann hören Sie auf sich und verlieren nicht den Bezug zu Ihren Gefühlen, sage ich. – Sonntag habe er geputzt, weil Moritz die nächste Woche bei ihm sei, ohne ihn fühle er sich verloren. Er habe geputzt wie irre. Er kenne nur Extreme: Gar nichts tun oder soviel, daß er vor Anstrengung umfalle. Zwischendurch habe er sich aufs Bett gelegt und gelesen. Ich weiß, daß die Großmutter putzte und während dessen träumte; Anstrengung ist auch für ihn die Tarnung des »Traumulus« (vgl. 482 f.), deshalb spreche ich ihn darauf an: Was haben Sie denn gelesen. Die Fernsehzeitschrift für in 3 Wochen, über das Privatleben der Dallas-Darsteller. Die verdienten mit Cleverness viel Geld, das gefalle ihm, er habe ihre Frauen und ihre Swimmingpools angeschaut. Plötzlich platzte es aus ihm raus: Übrigens rief ich meine Mutter an, wünschte ihr einen schönen Muttertag und fragte sie, ob ich die Stereoanlage meines Vaters kriegen kann. Ich habe eine geborgte von der Freundin, die ich zurückgeben muß. Die Mutter will die Anlage als Erinnerung an den Vater behalten, mir aber eine neue kaufen. Dann hat sie sich besonnen, daß sie mir ja schon den Urlaub bezahlen wollte. Ich habe ihr gesagt, wenn ich allein führe, würde es billiger. Sie hat gemeint, ich verhandelte hart. Da haben Sie der Mutter gegenüber Ihre Wünsche ausgesprochen und bekamen Antwort in Ihrem Sinne, sage ich. Herr L. stellt erstaunt fest, da war das ja doch gar nicht ein so schlechter Tag, und ich dachte, es war ein Scheißtag. Das ist komisch, daß ich das allein nicht merke, sagt er, ich fühle mich jetzt richtig gut. Gefühlt haben Sie es vielleicht schon, aber Ihr Kopf scheint etwas anderes zu sagen.
Gestern sei die Freundin mittags kurz gekommen; sie hätten miteinander geschlafen, dann mußte sie wieder weg. Sie sei total eingeschränkt in der Sekte. Wenn Sie für sich sprechen würden, müßten Sie nicht von der Eingeschränktheit des anderen abhängen, sage ich. Er müsse sich abgrenzen und aufpassen, daß andere nicht in seinen Bereich einbrechen. Die Sekte betrachte er mit allen Vorbehalten. Er schildert mir seine neue Freundin als eine Frau, die ihr Alkoholproblem wohl dadurch bewältigt, daß sie anderen die Getränke andreht. Er selber arbeitete auch in der Kneipe, zwar wohl mehr in der Küche, aber auch er hat sein Alkoholproblem. Ich sage, Sie beschreiben die Freundin wie einen Entzug, der gleichzeitig süchtig macht. Ja, sagt er, er sei

fasziniert, die habe etwas, was er auch habe: Lebendigkeit. Aber sie sei im Gruppenzwang, alle seien rot gekleidet, alle tanzten mit den Händen zum Himmel. Er tanze für sich. Irgendwie scheinen Sie Ihrer Lebendigkeit nicht so ganz zu trauen, sage ich. Hier in seiner Einzeltherapie, sagt Herr L., bekomme er, was er brauche, die Sanjassins machten süchtig. Er möchte verstehen, wie es gekommen ist, daß die Menschen ihre Lebendigkeit töteten; einmal müsse das doch entstanden sein, der Rausschmiß aus dem Paradies. Ich sage, ein Kind braucht einen Partner, bei dem sein Gefühl aufgehoben ist, dann geht nichts verloren von der Lebendigkeit. Sonst schlägt Lust in Schmerz und Einsamkeit um. Das Paradies gibt es immer: sich entfalten, darum geht es, aber man braucht jemanden, der mitmacht.

16. 5. 84 Statt »nebendran«: Sich gehen lassen

Schön, daß Sie für Moritz und mich an die Decke gedacht haben, begrüßt mich Herr L., der wieder früher gekommen ist und schon mit dem Jungen zusammen am Boden spielt. Sie haben sich regelrecht häuslich niedergelassen. Er erzählt, mit der Freundin läge er auf dem Bett, und sie schaue auf Moritz und er auf sie. Ich denke, daß genau ist seine »Nebendran«-Interaktionsform. Nur vermittelt darf es ihm um einen anderen gehen, so, wie er für andere nur Mittel zum Zweck war und ist. Über Moritz treffen Sie sich, sage ich. Herr L. liegt wohlig ausgestreckt am Boden, der Junge spielt mit einer klingenden Klapper. Moritz sei heute morgen aus dem Bett gefallen. Er habe ihn auf dem Bett allein gelassen und seine Flasche in der Küche fertiggemacht. Er sei nur auf die Backe gefallen, sagt Herr L. Jeder Sturz ist schmerzhaft, sage ich zärtlich. Er könne ihm doch etwas überziehen und ihn mit in die Küche nehmen. Er ist erleichtert, das ginge, statt ihn gleich anzuziehen, ihm einen Pullover von sich überzuziehen. Der Junge drehe sich nachts dauernd im Bett um, er schaue jede Stunde nach ihm. Wird Ihnen das nicht vielleicht zuviel, frage ich. Nein, ich brauche es für mich. – Er habe eine schöne Liebesnacht gehabt, sagt Herr L., sich gehen lassen können, ohne die dauernden Abgrenzungssorgen wie bei der ehemaligen Freundin. – Ich genieße, wie beide ruhig daliegen und spielen. Ich denke, immer tarnt er seine Lust mit den Katastrophen der anderen. – Herr L.

freut sich, daß er und Moritz jetzt auf der Decke liegen. Damals habe er sich nicht auf die Couch legen können, die sei zu eng gewesen, jetzt sei es viel breiter und schöner auf der Decke. – Ich denke, ich müßte ihm das Kissen mitbringen, das ich im Kliniks-zimmer hatte, aber ich erinnere mich, daß er es aus irgendeinem Grunde nicht mochte. – Ich spreche es aus: Ich dachte gerade, vielleicht sollte ich Ihnen auch das Kissen mitbringen, aber Sie mochten es nicht. Ja, er liebe alte ausgeleierte Kopfkissen, die er dann zerknüllen könne. – Ich denke, das ist die Atmosphäre bei den Großeltern. Mein Kissen auf der Couch war prall. Was er braucht, ist, sich seine Bedingungen aktiv zu schaffen, sich das Kissen zurechtzuknüllen. – Herr L. sagt, er habe damals gesagt, ich sollte mich mit auf die Couch legen, und ich hätte mich damit rausgeredet, die Couch sei zu eng für zwei. Sie haben recht, das war eine Ausrede, sage ich. Ich hätte damals wohl nicht verstanden, daß er sich allein nicht hinlegen konnte. Mit Moritz zusammen fühle er sich geschützter. – Ich schaue ihn an, denn er schaut genau, ob ich, wie die Freundin, nach Moritz schaue und er dann *heimlich* mich anschauen kann. Ich verweile bei ihm, obwohl er Moritz zwischen uns braucht. Ich fühle mich wohl, und Herr L. schaut mich ruhig an. Mit Moritz zusammen arbeiten wir nicht so intensiv, meint Herr L., aber es ist schön. Sonst kriegen wir mehr raus. Sie sind da, wir kriegen Sie raus, sage ich lächelnd. Herr L. liegt ruhig da, schweigt viel, betrachtet Moritz, spielt mit ihm, lacht mit ihm, freut sich, sein Hemd rutscht ihm aus der Hose, und er stopft es ohne Scham wieder rein. Sobald Moritz Anzeichen von Unzufriedenheit äußert, klopft er ihn auf den Rücken und erklärt mir stolz, daß er den Jungen so einschläfern kann. Er führt es mir stolz vor und tatsächlich schlummert der Junge sofort los. Es ist unverkennbar, wie Herr L. den Kopf des Jungen dabei mit sanfter Gewalt an sich preßt. Er führt mir leibhaftig an Moritz vor, was ihm angetan wurde: Es wurde mit ihm etwas gemacht, auch der Vater kannte nur Liebkosungen, die an Schläge erinnerten, das hatte er mir erzählt. Mich schmerzt, mit anzusehen, worauf Herr L. so stolz, daß er sich das Kind gefügig machen kann, was für ihn bedeutet, daß er mit Moritz fertig werden kann. Ich hoffe immer wieder, daß Moritz in der ruhigen Atmosphäre der Stunde erleben kann, daß der Vater etwas für sich zu tun wagt, das allein kann dem Jungen gefühlsmäßig ein bißchen Luft verschaffen. – Herr L. erzählt, die Sekten-Freundin wollte

ihn besuchen kommen, und er habe ihr gesagt, zum Kaffee, mehr nicht. So habe es für ihn gestimmt.
Als Herr L. den Jungen anzieht und Moritz den Arm verkrampft, spricht Herr L. mit ihm, der Junge entspannt sich und läßt sich fertig anziehen. Heute hat Herr L. auch nettere Namen für Moritz, statt »Maulpaul« wie sonst. Als er dann geht, läßt er Moritz noch an dem Flieder riechen, und der Junge riecht tatsächlich in tiefen Atemzügen, als erhasche er noch schnell etwas für den Weg. Herr L. geht zufrieden.

21.5.84 Einen Zentimeter kleiner als der Vater

Ich kam von Station im Regen. Herr L. war schon im Zimmer und spielte mit der Charly-Chaplin-Marionette, die dort von anderen Therapeuten hängt, er spielt und pfeift. Wo ich gewesen sei, will Herr L. wissen. Ich bin nicht zu spät, aber ich weiß, das will er nicht sagen. Warum in Streß, fragt Herr L. Eine meiner Patientinnen ist auf Station, sage ich. Doch nicht die kleine Leukämie, fragt Herr L. zärtlich besorgt. Nein, sage ich. Herr L. erzählt, daß er 2 cm gewachsen sei: 1,89 m, 1 cm kleiner als der Vater sei er, er habe sich darüber gefreut. – Die Stunde verlief ruhig.

23.5.84
26.5.84 } keine Aufzeichnungen
30.5.84

Nachtrag 5

In den Aufzeichnungen meiner Arbeit mit Hanna habe ich meine paradoxe Lebenssituation im April/Mai 1984 beschrieben.[23]
In dieser Zeit war Herr L. nach Hause gefahren. Er kam in die Therapiestunde und sagte: Ich habe mit meiner Mutter geschlafen, das mußte sein, aus Rache. Er sprach ruhig, ohne Scham, ohne Schuldgefühle. Ich reagierte ruhig. An die »Rache« glaubte ich allerdings nicht. Zu diesem Inzest hatten zwei gehört. Das war narzißtische Wut in ödipalem Gewande! Aber wenigstens schien er sich mit der Mutter-Frau seine Männlichkeit beweisen

23 Siehe Nachtrag 4, Teil 1, S. 203 ff.

zu können, um der viel stärkeren Bedrohung durch den (toten) »Tuntenvater« zu entkommen.[24]

4. 6. 84 Ich kann mich nicht verlieren, weil ich mich habe

Ich stehe am Fenster und sehe Herrn L. ruhig zu Fuß durch den Regen kommen. Er klagt über den Regen. Gestern habe er in der Sonne gelegen und habe einen Sonnenbrand. Er sei mit Johannes zusammen in einer Wohngemeinschaft mit vielen Frauen gewesen; das sei Streß gewesen. Er habe sich bedienen lassen, das habe ihm Spaß gemacht, sagt er. – Er entdeckt das Kissen, das ich für ihn genäht habe nach seinen Farbwünschen: Auf der einen Seite türkis, auf der anderen rot, das hatte er sich gewünscht, ich hatte es auf den Stuhl gelegt, wo immer die Decke liegt. Er nimmt es glücklich an, legt es sich auf den Bauch und streichelt es, begutachtet meine Nähkünste, ob es Handarbeit sei, will er wissen, oder Maschine. Er freut sich, daß ich es für ihn gemacht habe, und ich freue mich, daß er es für sich zu gebrauchen versteht: Sich den Bauch wärmt und streichelt, so wie er sich immer an den Bauch der Mutter kuschelte und nach Geborgenheit suchte, sie ihm aber mit roten Fingernägeln durchs Haar strich und ihn erregte, wenn er sich nach ruhigem Dasein sehnte. – Er sei mit Johannes in der Kneipe gewesen, aber er habe die Leute unterhalten und dann einen Schluckauf bekommen. Daran habe er gemerkt, daß etwas nicht stimmte. – Wenn die Mutter ihn nachts aus dem Schlaf gerissen hatte, um mit ihm zu spielen, dann hatte er manchmal tagelang danach einen Schluckauf, erinnere ich mich. – Immer dann habe er Angst vor Krebs, wenn er fühle, daß er nicht bei sich sei. Er erzählt mir stolz, daß er einen Satz für sich gefunden habe: Ich kann mich nicht verlieren, weil ich mich habe. Er sitzt mit seinem Kissen auf dem Bauch da, und wir schauen uns lange eindringlich an. Ich fühle mich warm und wohlig und sage: Ich freue mich, daß das Kissen Ihnen guttut und Sie wärmt. Herr L. stimmt wohlig glücklich zu. – Ich denke, das sehnsuchtsvolle Kind ist heute im therapeutischen Raum und kann sich in meiner Gegenwart befriedigen. Es ist für mich beglückend, daß

24 Ebenda, S. 203 ff.

ich Worte für mein Gefühl fand und damit sein Behagen benennen konnte. – Er fühle sich sicherer als letztes Jahr, sagt Herr L. Er habe sich gestern in der Sonne nackt ausgezogen, er sei froh, daß er sich den Bauch nicht habe aufschlitzen lassen, das hätte er nicht verkraftet. Doch, sage ich sanft, so wie Maria ihre Glatze trägt und auch Hanna jetzt ohne Perücke geht. Aber ich fühle, darum geht es für Herrn L. nicht und sage: Sie sagen mir voller Stolz, daß Sie sich in Ihrem Körper wohlfühlen und die Sonne auf Ihrem Körper genießen konnten. Ja, strahlt er. Er freue sich darauf, mit Moritz schwimmen zu gehen, ihm das Schwimmen beizubringen. Jetzt können Sie dem Jungen Sicherheit geben. Ja, wie der Vater ihm, an seiner Schulter habe er weit rausschwimmen können. Er habe nur noch Angst vor Krebs, wenn er nicht bei sich sei. Das ist gut, sage ich. Die Angst hilft uns, dann können Sie auf sich achtgeben und Ihr Gutgehen selber bestimmen, an sich selber Schutz finden. – Er habe die Nachbarin näher kennengelernt: geschieden, depressiv, aber lebendig; lebendig, sagt er bedeutungsvoll, wenn sie Moritz anschaue; Katharina, die grausame Gefahr ... Passen Sie gut auf sich auf, sage ich lächelnd, auf Ihre Lebendigkeit. Er nickt.

6. 6. 84 Die Gefahr, runtergerissen zu werden, reize ihn

Herr L. kommt mit Moritz hastig, aber glücklich lachend die Treppe hoch. Er hat einen Stoffhasen für Moritz dabei, das erste Spielzeug, das er ihm mitgenommen hat. Es gehe ihm gut, obwohl er die Nacht nicht habe schlafen können und sehr durcheinander sei, aber er verstehe, warum, und deshalb sei es nicht schlimm. Herr L. breitet die Decke am Boden aus, zieht seinen Pullover aus, legt sich mit Moritz hin und spielt mit ihm. Ich schaue beiden zu und spreche aus, was ich wahrnehme: Sie können zufrieden sein mit sich, wie Sie sich mit Moritz verstehen. Ja, aber er sei mit *sich* nicht zufrieden, sagt Herr L. Vielleicht sollten wir darüber sprechen, was Sie bewegt. Doch, ja, sagt Herr L. und schaut auf die Uhr. Eine Viertel Stunde sei es schon um Moritz gegangen, sagt Herr L. Ich hatte gelassen dagesessen und beiden zugeschaut. Ich verstehe nicht ganz, was er meint. Er entdeckt mein Blumenbild an der Wand und ist erstaunt, daß er es bisher nicht wahrgenommen hat. Ich sage nichts, tatsächlich hatten wir schon ausführlich darüber gesprochen, aber das scheint er vergessen zu haben. – Die Nachbarin habe ihn zum Essen eingeladen. Dann habe sie plötzlich die Gardinen zugemacht und gesagt, eine alte Frau wird jetzt einen jungen Mann verführen. Er habe Angst bekommen, Todesangst, sagt Herr L. Und dann hat mir die Frau ihre Geschichte aufgetischt: Die Geschichte der grausamen Katharina, männermordend und unglücklich. Ihm sei übel geworden, er habe »halt« gesagt und sich aufs Sofa gesetzt. Er habe es ihr sagen können und nicht fliehen müssen. Er merkte die Gefahr, aber er spürte auch, daß diese Gefahr, runtergerissen zu werden, ihn reize. Ich frage, ob ihn das Gefühl an etwas erinnere. An die Mutter, schon, aber so schlimm war die nicht, sagt er, und er habe sprechen können. Sie meinen, Sie haben sich verändert, daß Sie in dieser Situation mit der Frau sprechen konnten, dann konnten Sie bei sich bleiben, und das ist neu. Er habe mit der Frau auch über seine traurigen Gefühle über den Tod des Vaters sprechen können. Ja, das wohl, aber Ihre Lebendigkeit konnten Sie mit ihr nicht teilen. Nein, lebendig ist sie nur, wenn sie Moritz anschaut, das beunruhigt mich. – Als er Moritz anzieht, packt der seine Brille und patscht dem Vater ins Gesicht. Willst du den Vater verprügeln, sagt Herr L. neckend-ernst. Nein, nur mal anfassen, antworte ich ihm, und Herr L. sagt mir, die Leute sprächen immer davon, daß die Kinder die Eltern verprügeln wollten, das sei so ein Quatsch. Ja, als wären die Eltern schuldig und Kinder böse. – Mir fällt wieder auf, daß Herr L. jetzt auch zärtliche Kosenamen für Moritz hat; früher war es »Schreihals« und »Maulpaul«. Jetzt sind es kleine selbsterfundene Lautmalereien. Er geht einfühlend und fürsorglich und auch vorsorglich mit dem Jungen um und ist stolz, weil der Junge ihm zugetan ist.

Über Pfingsten ruft Herr L. mich an, wir hätten vergessen, daß Pfingstmontag keine Stunde sei. Es gehe ihm gut, das wollte er mir schnell sagen.

13. 6. 84 Mit Blumen für uns und Babysaft für Moritz und sich

Ich höre Herrn L. stürmisch mit Clogs die Treppe herauflärmen. Er hat einen roten Rhododendronzweig für uns mitgebracht und eine weiße Dolde, die ich mit nach Hause nehmen soll. Er überläßt mir den Jungen im Wagen und geht lauthals und im Unterhemd ein Stockwerk tiefer, um Wasser für die Blumen zu holen. Ich ertappe mich bei dem Gedanken, was werden die anderen Therapeuten im Haus denken. Dann kann ich klar fühlen, was gehen mich die anderen an, er schafft sich seine Lebensbedingungen im therapeutischen Raum. Das Leben ist laut, denke ich. Erst versorgt Herr L. für mich und uns, wie er es sich feinsäuberlich ausgedacht hat, die Blumen und legt sich dann mit Moritz auf die Decke, die wir heute gemeinsam für beide ausbreiten. Er fragt mich nach einem Löffel für den Babybirnensaft, den er für Moritz mitgebracht hat. Ich habe nur einen, mit dem ich Joghurt gegessen habe, und will ihn mit einem Taschentuch säubern. Herr L. winkt ab, nein, steckt ihn in den Mund. So reinige er die Sachen für Moritz, erläutert er mir. Die Distanzlosigkeit erschreckt mich, aber er ist stolz auf die Unmittelbarkeit. Dann trinkt er den Saft in genüßlichen Zügen aus der Flasche und Moritz bekommt einen Löffel davon ab. Er fragt, ob ich den Saft kenne. Ja, natürlich, den trinke ich auch manchmal, sage ich wahrheitsgemäß. Er genießt ihn und sagt mir, Moritz bekomme er gut. Und Ihnen auch, sage ich. Ja, sagt er strahlend. Er sucht nach Themen, Streß mit Johannes und Frauen fällt ihm ein. Dic Mutter werde ihm Geld für eine Stereoanlage geben, er freue sich darüber, freilich die Anlage, die er sich ausgesucht habe, koste 300 DM mehr, als die Mutter gibt. – Es fällt mir schwer, mich mit ihm zu freuen, denn die Mutter hat mir gerade einen Brief geschickt, in dem sie mir mitteilt, sie werde die geleisteten Behandlungsstunden erst bezahlen, wenn die Kasse bezahlt habe. In ihrer Weise boykottiert sie unsere Arbeit. Eine Auseinandersetzung mit ihr steht für mich an, so gern ich sie vermieden hätte. Ich denke, von einer Stereoanlage kann man nicht leben. Aber Herr L. erlebt das anders, das weiß ich, er braucht sie, um die Angst vor der inneren Leere zu überleben. – Es ist ein Vergnügen, wie Moritz sich entwickelt, steht, herumspielt im Raum, ein seliges Lächeln huscht über sein Gesicht, wenn ihm glückt, was er sich vor-

nimmt. – Vater und Sohn trommeln auf der Tischplatte, wieder fürchte ich die Kritik der Kollegen im Haus und kann erst im zweiten Schritt, das Vergnügen der beiden teilen. Herr L. sagt, er werde am Samstag ein Fest feiern für Moritz und sich, Moritz werde ein Jahr alt.
Was ich so sehr hoffte, scheint uns zu gelingen: Je mehr Herr L. sich in den therapeutischen Raum hineinwagt und Einfühlung in sich selbst gewinnt, um so selbstverständlicher profitiert Moritz, weil der Patient nun kleinweis Gemeinsamkeit, Berührung, aushalten kann.

18. 6. 84 Alles ist ziemlich toll

Der Junge habe seine ersten Jeans von seiner Mutter bekommen. Das Fest sei flachgefallen. Zwar Sekt und Lachs bei der Freundin, bäh, sagt er wegwerfend, aber die anderen Leute sind nicht gekommen. Er kenne noch nicht genügend Leute, die auch lebendig seien. Herr L. liegt am Boden, und Moritz kommt von sich aus zu mir. Herr L. stellt erstaunt fest: Moritz habe sich zu mir begeben, ohne sich bei ihm abzusichern. Ich spüre die Kränkung, die ihm das bedeutet, und sage: Er ist sich Ihrer so sicher, daß er sich von Ihnen wegbewegen kann. Als Moritz mir auf die Brust patscht, meint Herr L., Moritz schaue den Frauen in die Bluse und er schaue dann hinterher. Moritz schaut mich mit großen Augen an, und ich sage zu Herrn L.: Sie meinen, Moritz muß Ihnen den Segen für Ihre Erkundungen geben. Wir lachen gemeinsam. – Die Mutter habe gestern abend angerufen, ein bißchen angetrunken, und gesagt, sie brauche auch bald eine Couch. Er habe gesagt, ja, okay, und dann habe sie gesagt, sie werde keine Analyse machen. – Ich nehme die Gelegenheit wahr und informiere Herrn L. über den Briefwechsel zwischen der Mutter und mir. Herr L. sagt, sie versuche, auch geschäftstüchtig zu sein. Sie hätte zwar zunächst nach dem Tod des Vaters kein Geld gehabt, jetzt aber sehr wohl. Sie stelle sich halt dumm. Mir scheint, Ihre Mutter muß etwas gegen Ihre Analyse inszenieren: Sie liegen bei mir auf der Couch, und Sie will sich dazulegen. Ja, das erlebe er auch so, sie versuche mitzumischen. Aber wir lassen sie nicht, sagt er stolz, das hier bin ich, und das hier ist meine Couch. Er zeigt auf die große Decke am Boden. Ihre Doppelcouch, sage ich lächelnd. Hm, mindestens, lacht er zufrieden. – Er habe eine tolle Frau kennengelernt und drei tolle Nächte mit ihr verbracht. Sie würden nach Lübeck gehen. Er wolle ein großes Schiff kaufen, er gehöre ans Wasser, das wisse er seit dem Tod des Vaters. Er sei immer noch traurig über den Tod des Vaters, sagt er fast entschuldigend, er trage Hemden des Vaters, die liebe er. Ich sehe, daß auf dem Rücken ein großes Triangel im Stoff ist und denke, nur die kaputten Hemden hat die Mutter ihm geschickt, immer nur das Kaputte, die Reste. Er sei mit der Frau in den Vogelsberg gefahren. Es sei toll gewesen, aber er habe gemerkt, daß er ganz unsicher gefahren sei und habe angehalten. Früher hätte ich einen Unfall gebaut, heute kann ich vorher anhalten, sagt Herr L., ein bißchen besser kann ich mich schon schützen. Die Freundin fahre toll Auto. Vor vier Jahren habe sie einen Motorradunfall gehabt, sie habe vernarbte Beine. Es sei ihm sehr schwergefallen, die Narben anzusehen. Aber er habe ihr sagen können, daß er Krebs habe, und habe seine Narbe nicht verstecken müssen. Es wisse sonst nur eine Frau in G., daß er Krebs hatte, und Sie, sagt Herr L. Er verstecke die Narbe, und auch den künstlichen Hoden sähe keiner. Mit dieser Frau habe er sich nicht verstecken müssen, das Leben zähle für beide. – Er spricht davon, daß er nicht studieren könne, er wolle sich nicht den Kopf mit Krankem vollstopfen. – Er bemerkt, daß er das Essen für Moritz vergessen hat, er sei 10 Minuten später gekommen. Er hätte morgens verschlafen und die erste Freundin dadurch zum ersten Mal versetzt. Bevor er zu mir kam, habe er sich erst noch von der neuen Freundin verabschiedet. Das ist genauso wichtig wie meine Analyse, habe er sich gesagt. Ich stimme ihm zu. – Moritz weigert sich, mit dem Löffel zu essen, heute gibt es Fläschchen, sagt Herr L., weil der Vater zu müde ist für eine anderthalbstündige Auseinandersetzung. Moritz spielt ruhig, patscht auf den Tisch, Herr L. gibt ihm einen Mundkuß, Moritz schmatzt genüßlich. Wie Herr L. mit seinen langen Lokken den Jungen küßt, muß ich denken, ich habe seine Mutter vor mir, die ihn wie einen kleinen Mann behandelte und erregte. Ich nehme es still wahr. Herr L. sagt, er müsse nachts jede Stunde nach Moritz sehen, selbst wenn er 7 Jahre sein werde, werde er das tun. Ich verstehe ihn nicht und frage: Haben Sie das erlebt. Ja, die Mutter habe jede Nacht nach ihm geschaut, seit er mit 7 Jahren bei ihr lebte. Er sinnt nach. Mir dämmert was, sagt er, deshalb muß ich auch nach Moritz gucken, das ist doch komisch. – Herr

L. sagt, er werde nach Hause fahren und auch etwas essen, bevor beide ins Café gehen. Ich stimme zu, dann bekomme er auch etwas ins Bäuchlein. – Er geht glücklich mit dem Jungen, und ich freue mich mit ihm.

20. 6. 84 Wenn es ihm gutgeht, dreht der andere durch

Herr L. kommt zusammen mit Moritz, stellt einen Zweig Jasmin zu der roten Rose, die ich mitgebracht habe. Ich danke ihm und frage, ob er den Zweig nachher wieder mitnehmen wolle. Nein, er habe für sich einen ganzen Arm voll zu Hause. – Er wolle heute erst mal im Sessel sitzen, sagt Herr L. und setzt sich mit Moritz. Der habe seinen dritten Zahn, sagt er stolz. Er sei verliebt, das wisse er jetzt. Er habe sich seine Stereoanlage gekauft – die Mutter habe den Betrag überwiesen, merkt er an – und er spiele Liebeslieder, dann könne er die Anlage hochdrehen, wenn der Typ von obendrüber seinen Rock aufdrehe. Sie haben jetzt Ihre Anlage, Ihre Liebeslieder, Ihre Gefühle, sage ich. – Moritz steht am Tisch, klopft auf die Platte, daß die Blüten vom Jasminzweig abfallen; er ist stolz, vergnügt bei seinem Tun. Herr L. setzt sich so, daß der Junge sich nicht dauernd nach dem Vater umdrehen muß, während er bei mir steht. Herr L. schaut auf die Uhr und ist fast abwesend, mit etwas anderem beschäftigt. – Er sei verliebt, das sei traurig, er wisse aber, daß es nichts damit zu tun habe, daß die Frau weggefahren sei. Er sei traurig, er höre seine Liebeslieder, und das sei schön. Ich frage, ob es nicht Lust sei, die er erlebe, *seine Gefühle*, die Frau sei zwar verreist, *aber er sei da und erlebe sich*. Ja, es stimmt, sagt Herr L. strahlend. Es ist dieses Mal zum ersten Mal Liebe, nicht Schmerz, aber ich nenne es noch so, so ist es früher gewesen. Das Schmerzliche früher war vielleicht, daß Sie zu wenig vorkamen in Ihren Beziehungen, heute haben Sie Ihre Gefühle. – Herr L. erzählt von den gemeinsamen Zukunftsplänen mit der Freundin: Ein Schiff, in Norddeutschland leben, wenn er seine Analyse fertig habe, das Kapitänspatent machen ... Das mit dem Schiff wolle er der Mutter, wenn sie in 14 Tagen zu Besuch komme, vorschlagen, sie solle das Haus für 300 000 DM verkaufen, er bekomme die Hälfte ... – die Hälfte, denke ich, es gibt aber doch noch den Bruder – und kaufe sich ein Schiff. Moritz komme mit aufs Schiff, er müsse vorher schwimmen lernen und ein Pinscher müsse mit an Bord. – Ich höre gelassen zu, denke, mein Gott, ist das nicht verplemperte Zeit, was ist los, ist das Arbeit. Aber ich genieße die Leichtigkeit, mit der Herr L. mir seine Pläne entfaltet, der Junge spielt für sich, wir beide genießen seine Freude, die ich benenne und immer Herrn L. zuordne. Als Herr L. Moritz die Mütze aufsetzt – gegen Sonnenstich, erklärt er mir; ich denke: oder weil er mit einem Jahr noch keine Haare hat –, erzählt er, daß der Junge durchdrehe, wenn er dusche oder in der Küche etwas in der Pfanne brutzle. Vor fünf Monaten sei das auch so gewesen, da habe er geduscht, und Moritz müsse gedacht haben, er sei weg – er fühle den Vater nur, erläutert mir Herr L., wenn er auch im Raum sei –, und mit nassen Haaren habe Moritz ihn nicht wiedererkannt und sei durchgedreht. Ich frage mich, ob Sie mir damit nicht sagen wollen, wenn Sie etwas Lustvolles für sich tun, daß das quasi etwas Tödliches für Moritz ist. Ja, so sei es wohl, sagt Herr L., erst jetzt habe er seine Gefühle, und er glaube wohl noch, daß er sich nichts Gutes tun dürfe. So lange könne er eben nicht duschen, wenn Moritz wach sei. – Es ist noch Zeit, und Herr L. geht mit Moritz im Zimmer hin und her. Ich frage ihn, haben Sie denn mit Haarewaschen schlechte Erfahrungen gemacht. Ja, mit dem Schaum in den Augen, daran könne er sich erinnern. – Wir lassen es so stehen. Wichtiges ist angesprochen, ohne daß wir es gleich verstehen konnten. Ich überlege, was vor fünf Monaten war, schaue in meinen Aufzeichnungen nach: Im Januar war Herr L. mit der zerbrochenen Brille gekommen ... Ich erinnere mich auch, daß er erzählt hatte, die Mutter sei immer durchgedreht, wenn sie ihn verprügelte ... Hat er Moritz verprügelt und ist dabei auch durchgedreht, denke ich und bewahre die Gedanken in mir.

27. 6. 84 Die Leute überfallen müssen ... Die Überfälle der Mutter

Herr L. kommt später. Ich hatte ihn im Treppenhaus kommen hören und stand mitten im Zimmer. Er klopft wie irrsinnig, so daß ich trotz »Vorwarnung« noch erschrecke.

Herr L. lacht, schaut mich unverwandt an. Ich spreche mein Erleben aus: Ich habe mich erschreckt, so stark haben Sie geklopft, als müßten Sie mich aufwecken. Er klopfe so stark auf

Ämtern, sagt Herr L., da müsse er die Leute überrollen, lautstark, um keine Fragen aufkommen zu lassen, es gehe um Macht und Durchsetzung, bei mir habe er nicht so stark geklopft. Es gehe ihm gut, er habe fast verschlafen, aber seine Freundin habe gesagt, er müsse zu seiner Analyse, da sei er aufgestanden. Es sei toll, daß er sich bei dieser Frau ohne Streß fühlen könne. Mit ihr könne er sich einen Deal vorstellen: sich von ihr ernähren zu lassen. Nie hätte er sich denken können, von einer Frau Geld anzunehmen, er fürchte immer Abhängigkeit. Was bedeutet es, daß Sie das Wort ›Deal‹ aus dem Drogen-Vokabular benutzen? Mir kommt das so vor, als wäre Ihr Wunsch, geliebt und versorgt zu werden, ohne Angst vor Selbstaufgabe haben zu müssen, doch was Schamloses und Strafbares. Es sei ihm auch aufgefallen, es sei Fremdsprache, aber er spreche oft Fremdsprache, auch vor sich selber. In einem Jahr wolle er nach Lübeck zu der Frau gehen, wenn Moritz in den Kindergarten komme. Ja, und wenn *Sie* laufen können. Er stimmt zu. Er wolle meinetwegen G. nicht verlassen. Ich sage Herrn L., daß die Arbeit mit ihm mir viel Vergnügen macht, daß wir noch viel vor uns hätten, damit er sich frei bewegen könne.

Herr L. erzählt vom Besuch seiner Mutter. Die Mutter habe Moritz mit langen spitzen Fingernägeln befriedigt. Er sei entsetzt gewesen, als er das gesehen habe. Er habe sie gefragt, ob sie das auch mit ihm gemacht habe. Natürlich, das mögen kleine Kinder, habe sie geantwortet. Sie hat nicht verstanden, daß sie das wehrlose Kind überfällt, sagt Herr L. Ich habe den Jungen auf den Arm genommen, mir ist eklig zumute gewesen. Ich höre still zu und sage, ich verstehe Ihr Entsetzen, Sie haben recht, das ist ein Überfall. – Und ich denke, das ist der Grund, warum er mich heute überfiel ... warum er nichts für sich tun kann: Entweder er befriedigt die Frauen oder sie ihn, aber es gibt keine selbstbefriedigende Gemeinsamkeit. – Herr L. erzählt, er habe alle bekocht, aber die Mutter habe ihm reingepfuscht. Er sagte es ihr. Er habe sich nicht getraut, zu sagen, daß er ein Schiff wolle, daß sie das Haus verkaufen und das Geld durch zwei teilen solle. – Ich sage nichts dazu, aber ich denke, das hieße genau, daß er ihr von seiner Selbstbefriedigung erzählt, genau das ist das Tabu ... Herr L. erzählt, er habe den Großeltern am Telefon gesagt, daß er sich von seiner Freundin getrennt habe. Der Großvater habe gesagt, dann verliere er Moritz. Tatsächlich habe die Freundin das Sorgerecht, und Moritz trage auch nicht seinen Namen, was ihn sehr kränke. – Ich denke, er ist nur der Erzeuger des Jungen, ohne daß der Junge, – wie er von seinem »Erzeuger« – den Namen hat. – Er habe Angst, der Junge werde ihn vergessen, weil er noch so klein sei. – Herr L. kommt auf seinen »Erzeuger« zu sprechen, der da gewesen sei. Ich bin erstaunt. Ja, der komme einmal im Monat, er empfinde nichts für ihn, fühle sich nur ausgenutzt, der erzähle ihm seine miesen Geschichten, und früher habe er sich das auch angehört. Heute mache er seinen Erzeuger fertig, der sei eine Niete, 5000 DM Einnahmen. Er bekomme 150 DM zum BAFöG von ihm dazu, sie füllten gemeinsam die Anträge aus, er demütige ihn. Der Erzeuger habe gesagt, er solle nicht so lange studieren wie die anderen Söhne (es gibt drei andere Stiefgeschwister), und er, Herr L., habe gesagt: Ein anderer Vater wäre stolz darauf, daß sein Sohn studiert. Er habe sich vor seinem Vater geschämt in diesem Moment, daß es ihm rausgerutscht sei, den Erzeuger Vater genannt zu haben. Er habe daran gemerkt, daß er doch nicht ohne Gefühle für den Mann sei, was er bisher vor sich geleugnet habe. Er habe besser verstanden, wie sehr er den Erzeuger demütigen müsse, da sei etwas in ihm selber, das er verachte. Auch er stehe jetzt nur als der Erzeuger von Moritz da. Das sei schmerzlich. – Am Ende der Stunde erzählt Herr L., die Mutter habe ihm eine Stelle als Modejournalist vermitteln wollen, er habe aber abgelehnt. – Den Inzest mit der Mutter hatte er nicht abwehren können, aber zum Mannequin ließ er sieh nicht manipulieren, denke ich.

2.7.84 Ein toter Zweig blüht

Herr L. bringt mir einen schönen Zweig weißer Blüten mit, ein total toter Zweig, sagt er, der aber blühe. Ich schaue ihn mir an: Wie neulich der Jasminzweig hat er abgestorbene Äste vom letzten Jahr und blüht gleichzeitig. – Er habe eine Woche mit der Freundin verbracht, sagt Herr L., ohne Streß, ziemlich toll. Jeder fühle sich selber, beiden sei das noch nie so mit einem anderen Menschen gegangen. Er sei glücklich, obwohl die Frau jetzt weg sei. Herr L. sieht erschöpft aus, und ich sage: Sie sehen wohlig erschöpft aus. Ja, sagt er, er fühle sich erschöpft, aber nicht ausgelaugt. Herr L. will wissen, was ich letztes Mal zu seiner Vorstellung, daß er in einem Jahr nach Lübeck gehen werde, gesagt hätte. Dann erinnert er sich selber: Daß es um ihn gehe, daß es nichts mit Moritz zu tun habe. Ja, sage ich, daß Sie laufen lernen bis dahin, nicht daß Moritz dann im Kindergarten ist, zählt, Sie zählen. – Moritz werde jetzt 14 Tage ganz bei ihm sein, das sei gut, um sich kennenzulernen, 14 Tage am Stück, sagt Herr L. – Ich spreche Technisches an: daß ich die Aprilrechnung vergessen habe der Mutter zu schicken. Herr L. lacht mich unverhohlen aus, daß ich mit Geld nicht umgehen könne. – Ich sage nichts dazu, weil ich weiß, daß es mir schwergefallen war, die Rechnung an die Mutter zu schicken und sie mit einem Kondolenzschreiben zu verbinden. – Herr L. sagt, er wolle sich das bis Mittwoch überlegen. Ich sage, ich finde es wichtig, daß wir die Bedeutung klären, die es für dich, Sie – verbessere ich mich – hat, daß du, Sie – verbessere ich mich –, daß Sie mich bezahlen. – Die sexualisierte Bedeutung, mich als Frau zu bezahlen, will ich ins Gespräch zwischen uns bringen. Freilich, der Versprecher verrät es, schmunzle ich in mir. – Herr L. lacht, und ich lache auch über mich. Er sagt, macht nichts und jubelt mit Moritz über mich. Als Moritz meine kleine Uhr vom Tisch nehmen will, stellt Herr L. sie auf seine Seite des Tischs, auch die Taschentücher rückt er auf seine Seite und ist stolz, daß er sich das traut. Jetzt sei er der Therapeut, sagt er lachend. – Ich nehme sein Spiel wohlwollend auf, ich weiß, was es bedeutet: Dieser kleine Bengel nutzt jede Gelegenheit, um Moritz zu mißbrauchen und sich, wie er wohl meint, einen ›Platzvorteil‹ zu verschaffen. Da er oft auf die Uhr schaut, wenn er die Zeit verplänkelt und drängende Sachen rausschiebt, denke ich, wird er, wenn er die Uhr im Auge behält, zugleich sich besser im Auge behalten. Er möchte bestimmen, weil er Mitbestimmung nicht kennt, nur Macht und Durchsetzung, wie er mir letztes Mal gesagt hat. Mein Versprecher ist für ihn ein Zeichen der Schwäche, des Kontrollverlusts, also muß er, so scheint er zu glauben, für uns die Kontrolle übernehmen. Das ist seine Überforderung als Kind gewesen. – Moritz schnieft hörbar, und Herr L. sagt, diese Geste habe Moritz ihm und Bettina geschenkt. Moritz ist rührend bemüht, indem er immer wieder schnieft, dem Vater Freude zu machen und ihn und auch mich zum Lachen zu bringen. Er spielt das liebenswerte Äffchen. Ich sage, er schenkt sich, und Sie nehmen das Geschenk an und antworten ihm. – Ich will damit Herrn L. als Initiator ansprechen, so wie er bei mir die Initiative ergreifen will. – Herr L. weiß nicht, was er sagen soll, es falle ihm nichts ein, es gehe ihm gut. Ich frage nach einer Weile, wie er seine Freundin kennengelernt hat. Es sei die Freundin von seinem Freund, Johannes, gewesen, er habe nichts von ihr gewollt, nicht mit ihr schlafen, das sei dann wie selbstverständlich entstanden, das sei das Neue und Tolle. Sie könnten miteinander sprechen. – Moritz schnieft wieder und Herr L. schnieft zurück, beide schniefen um die Wette. Wir lachen. Herr L. sagt, er sei unsicher, die Familie meine, er müsse hochdeutsch mit dem Jungen sprechen, aber er habe eine Körpersprache mit Moritz. – Tatsächlich ist Moritz in letzter Zeit lebhafter und vergnügt, freilich, immer in Tuchfühlung mit dem Vater. Ich ermutige Herrn L., daß er mit seiner Körpersprache seine Beziehung zu Moritz lautmalerisch gefühlvoll ausdrückt, das sei die Basis für jedes Miteinandersprechen. Mit der kleinen Schniefgeste lasse er sich von Moritz beschenken, und Moritz erlebe dann, daß er beim Vater etwas bewirken könne. – Mir fällt immer wieder auf, daß Moritz kaum etwas anfaßt, er klatscht auf den Tisch und die Blütenblätter fallen runter, aber er faßt eigentlich kaum jemals etwas aus Neugierde an, irgendwie ist er merkwürdig erwachsen, eigentlich wohl artig-eingeschränkt. Ich versuche immer wieder, das an Moritz zu benennen, was mir Herr L. nur vermittelt über den Jungen von sich mitteilen kann. Ich hoffe damit, Herrn L. Mut zu machen, unvermittelt für sich zu sprechen, so daß Moritz zugleich mehr Spielraum bekommt, um sich selbst auszudrücken, statt nur das Äffchen zu spielen. – Ich verbinde jetzt Moritz' Geste als die Körpersprache zwischen dem Patienten und seinem Sohn und unsere Sprache miteinander: Daß er nicht wisse, was er sagen solle, es gehe ihm eigentlich gut. Er sei unsicher, wie er mit Moritz sprechen solle, aber eigentlich habe er seine Sprache mit ihm. Vielleicht gäbe es zwischen ihm und mir auch eine heimliche Sprache, die er habe, aber nicht benutze. Ja, sagt Herr L., Gefühle direkt anzusprechen, falle ihm schwer, dann falle ihm nichts ein. – Er schnappt sich Moritz überfallartig, um ihm die Schuhe anzuziehen, Stiefel, die die Exfreundin ihm gekauft habe, erläutert er mir dabei, als er mit der neuen Freundin im Bett gelegen und Sekt getrunken hatte. Als Moritz dann vor mir steht, sage ich: Er ist standfest, nicht nur wegen der festen Stiefel. Nein, sagt Herr L., die geben nur den äußeren Halt. Er müsse wieder zur Krankengymnastik mit ihm.

Dabei fällt ihm ein, daß er seine Nachsorge seit 5 Monaten unterlassen hat. Er habe die Nase voll von Untersuchungen, er fühle, daß er keinen Krebs mehr habe. Ich sage herzlich: Ich weiß, den letzten Bericht haben Sie mir immer noch nicht mitgebracht. Ja, sagt er lakonisch. Mit Bettina sprächen sie oft über die Krankheit, beide hätten die Nase voll von Krankenhaus, aber beide seien stolz darauf, wie sie mit ihren Fragen den Apparat durcheinandergebracht hätten. Er wolle eine Computertomographie machen lassen, die koste viel, die Kasse müsse das löhnen. Überhaupt stinke es ihm, daß das Gutachterverfahren sein müsse, statt daß man anruft und bekommt, was nötig ist. Ich sage ihm, daß ich anderer Meinung bin, in seinem Fall sei ich auf einen Gutachter getroffen, der schlicht als Mensch reagiert hätte. Er habe durch mich zwar 'ne Menge mehr Komplikationen als mit einem anderen Therapeuten. Ich fände es aber ein gefährliches Spiel, wenn er die CT machen lasse, weil es die Kasse ne' Menge koste, und er dann auf die Kasse schimpfe, daß sie ihn rausschmeißen wolle, weil er sie zuviel koste. Herr L. sagt, er habe mich gewählt als Therapeutin, aber er fände es entwürdigend, daß man Gutachten schreiben müsse. Ich sage ihm, ein Gutachten zu schreiben, sei zwar Mehrarbeit, aber nicht entwürdigend. Herr L. fühlt sich entlastet, er merke immer wieder, bei mir sei er richtig. Es sei wie mit Moritz, er traue mir zu, daß ich aufpasse, daß Moritz nichts passiert. Sie meinen, Sie trauen mir auch zu, daß ich Ihr Gutachten schreibe, daß Ihnen nichts passiert, daß ich Ihre Intimität wahre. Ja, daß wir so arbeiten können, wie wir es tun, sagt Herr L.

4. 7. 84 Mit der Wahrheit lügen

Herr L. kommt 10 Minuten zu spät, außer Atem, verschwitzt, unrasiert, mit Moritz, verägert. Er sei bei BAFöG gewesen und habe seinen Studienfachwechsel nicht unmittelbar erreichen können. Er packt den Jungen aus dem Wagen und liest mir die Begründung für den Wechsel vor. Schön formuliert, mit der Wahrheit gelogen, denke ich: Er habe sich mit Französisch überschätzt und sei nun ganz von Philosophie fasziniert etc. Tatsache ist, auch Philosophie sei nicht das Wahre, sagt Herr L., aber er brauche das Geld, basta. Er habe gemerkt, wie lächerlich er Leute finde, die

mit Geld nicht klarkommen, aber er habe in der letzten Zeit seine Angelegenheiten schleifen lassen. Heute habe er einen Anlauf gemacht, aber es habe nicht gleich geklappt. Vielleicht ärgert es Sie auch, daß Sie mit der Wahrheit lügen, das geht u. U. an die Substanz. Es gehe um das Geld, um sonst nichts. Sie haben den Text schön formuliert, sage ich. Ja, das sei eine Probe für sein Philosophiereferat, das er in Angriff genommen habe. Er habe nachts Moritz den Antrag vorgelesen, Moritz schlafe nachts in seinem Bett, erläutert er mir nebenbei (wie er im Bett des Opas geschlafen hat, denke ich.)
Wir lachen zusammen mit Moritz, der fröhlich vergnügt dabei ist, immer mal wieder rette ich ihn vor Stürzen oder schnappe die Stehlampe, die fast auf ihn stürzt. Herr L. sagt mir, er verlasse sich auf mich, was Moritz angehe, das merke er. Und was Sie angeht, frage ich. Er kommt auf die Geldfrage zurück, er wolle eines Tages seine Analyse selber zahlen, aber er finde, daß die Mutter schuld daran sei, wie es ihm gehe, deshalb solle sie derweil noch zahlen. Nachts habe er oft Angst und müsse an Katastrophen denken, phantasiere, daß seine Freundin untreu sei u. ä. – Als Herr L. geht, meint er, Moritz spiele gern mit mir, Sie sollten uns eine Doppelstunde geben. Sie meinen, wenn ich mit Moritz spiele, könnten Sie zu kurz kommen. Vielleicht wollen Sie auch mit mir spielen und trauen sich nur noch nicht so recht, sage ich.

9.7.84 Im Haus der Psychoanalyse ...

Moritz streckt mir die Arme entgegen und zieht sich mitsamt Wagen an mich ran. Herr L. bremst: Erst Schuhe anziehen, sagt er. Als er dann dem Jungen verboten hat, die Lampe anzufassen, und Moritz zu mir schaut, sage ich, ich verbiete es dir auch – ich sage es zärtlich nickend –, schimpft Herr L. los: Er finde Moritz' Verhalten hündisch, das mache ihn wütend. Er denke immer, daß der ihm böse sei, aber das regeln wir auch noch, sagt er und erläutert mir, das sei die Redensart der Freundin. – Er habe BAFöG geregelt und schreibe an seinem Referat. Tippen werde er es erst später, aber er werde Moritz derweil zu der Exfreundin geben. Er wolle nächsten Freitag nach Hamburg fahren, dort treffe er dann seine Freundin, die aus Lübeck komme, und dann werden sie beide ihr Liebesnest in X. im Haus der Mutter aufschlagen. Ich bin verdutzt. Er wolle in X. seine Frau vorstellen, sagt Herr L., seine Exfrau sei nie in X. gewesen. Er wolle, daß die Mutter das Frühstück ans Bett bringe. Er wolle gern verreisen, mit Bettina Ruderboot auf der Alster fahren, wenn er noch keinen großen Kutter habe. Ich sage vorsichtig, daß es streßig klingt, was er vorhabe, als sei er sich nicht genug und wolle der Freundin was bieten. Es stimmt ihn nachdenklich, irgendwie habe er auch das Gefühl, daß er etwas inszeniere. – Am Ende der Stunde fragt er mich nach meinem Urlaub, und ich sage ihm die Termine. Er will um seine Stunden feilschen, weil er vielleicht später wegfahren werde. Ich mache da nicht mit. Im Gehen sagt Herr L., jetzt habe er mir gar nicht das Schöne, was er erlebt habe, erzählt. – Ich hatte bemerkt, daß er mehrmals auf die Uhr schaute, aber ich dachte, er muß bestimmen, was er mit seiner Stunde macht, er bestimmt das Spiel, ich kann nur mitspielen, wenn er mir sagt, wo es lang geht. – In der Tür sagt er, er habe gemerkt, daß wir jetzt im Haus der Psychoanalyse sind und nicht mehr im Haus der Psychosomatik; hier gehöre er eigentlich auch hin.

Während ich die Aufzeichnungen mache, erinnere ich mich daran, wie ich im Erstgespräch mit Herrn L. gedacht hatte: Der hat keinen Krebs, der hat sich eine Therapie ermogelt. Es war ein verrückter Gedanke, den ich nur in meiner Analyse auszusprechen wagte. Hätte ich sonst darüber gesprochen, hätte ich wohl zu hören bekommen, ich verdrängte die Todesbedrohung durch Krebs etc. Nach 1¼ Jahren Arbeit konnte mir Herr L. heute sagen, es gehe nicht mehr um Krebs. Wir wissen es zwar schon lange, aber er liebäugelt noch gern damit. Es geht um mehr: Wir sind auf dem richtigen Dampfer, sage ich mir in der Metaphorik des Patienten, nur brauchen wir noch viel Zeit, bis er sein Kapitänspatent hat. Er will freilich am liebsten schon heute raus auf See, Hauptsache raus, und sei es mit 'nem Ruderboot. Ich kann ihn verstehen und muß akzeptieren, wenn er vorzeitig abzieht. Ich wünsche mir nur, daß er wenigstens schwimmen lernt, damit er sich nicht an jede x-beliebige Schulter anlehnen muß, sondern sich die Menschen auswählen lernt, die ihn in seinem wahren Selbst stützen. Und davon sind wir noch weit entfernt.

16. 7. 84 In den Kleidern des Vaters

Herr L. kommt beschwingt ohne Moritz. Er trage den Mantel des Vaters, sagt er mir, er habe viele Hemden und Pullover vom Vater geerbt. Die Mutter wollte die Anzüge des Vaters verkaufen, das dürfe sie nicht, habe er ihr gesagt, selbst wenn sie ihm nicht paßten. – Es sei schön in Hamburg gewesen, er sei zufrieden mit sich, sagt Herr L. ruhig und selbstsicher. Er habe selbst gemerkt, wann er sich Streß mache. Sie hätten im Zimmer eines Mannes in der WG übernachtet, der sich später als Bettinas ehemaliger Freund rausgestellt habe. Er habe dessen Pullover getragen, und der habe seine Nähe gesucht, aber er habe für sich sprechen können. Er habe sich überschlagen mit Salaten fürs Fest machen, aber er habe es gemerkt. Lachend sagt er, es freue ihn, daß sie ihre Spuren im Bett des anderen hinterlassen hätten. Er würde in seinem Bett niemals andere übernachten lassen, höchstens die besten Freunde. Er sei Freitag ganz kaputt nach Hamburg abgefahren, weil er vorher seine Wohnung geputzt habe. – Ich denke, er mußte seine Freude unter Streß vergraben, und höre still zu. – Am Sonntag morgen besuchten sie dann die Mutter. Es sei gut gegangen, aber leider sei wieder Alkohol im Spiel gewesen, ein guter Champagner zwar, aber *er* hätte ihn nicht gebraucht. Die Mutter müsse Gefühle damit übertönen. Er erinnert sich, als seine Freundin auf der Toilette gewesen sei, habe die Mutter gesagt, na, mein Männeken ... Er habe ihr gesagt, ich bin nicht dein Männeken, ich bin dein Sohn. Dann habe sie gesagt, du hast Sternchen in den Augen, halt dein Glück fest. Ich freue mich mit Herrn L., daß die Mutter ihm sein Gefühl zurückgeben konnte. Ja, die Mutter habe das diesmal gekonnt. Die Beziehung zur Mutter habe sich in der letzten Zeit sehr geändert. Er habe Bettina gesagt, jetzt fahren wir zu meiner ersten Frau. Seine Mutter sei nie seine Mutter gewesen, sagt Herr L., aber sie kämen jetzt weg von dem Verhältnis. Vielleicht wird sie mal meine Mutter, sagt Herr L. ernst. Die Mutter sei sehr einsam, aber er dürfe sein Leben leben. Er habe keine Lust, den Großeltern von Bettina zu erzählen, die säßen zu Hause und machten sich Sorgen. Das muß störend für Sie sein, immer macht sich einer Sorgen, wenn es Ihnen gutgeht und Sie Ihr Glück machen, sage ich. – In mir formuliert sich: Diesmal sind Sie nicht mit Dreckwäsche im Koffer losgefahren ... Aber ich spreche es nicht aus, um nicht wieder den Fehler zu machen, zu früh die Großeltern ins Spiel zu bringen, die Ersatzeltern, von denen Herr L. sich zu lösen beginnt. – In X. seien sie Essen gegangen. Es bediente sie ein Mann, mit dem er als Jugendlicher zusammen war, der tat jetzt auf fein. Er habe auch einen aus der Realschule getroffen: anderes Gesicht, anderes Leben, BMW und tot, sagt Herr L. lakonisch. Er habe ihm erzählt, daß er Französisch studiere, und der habe ihm auf die Schulter geklopft, damit könne man ja Kohle machen. Daß Sie Philosophie studieren, konnten Sie wohl nicht sagen, aus Angst, der könnte dann nicht sagen, damit können Sie Kohle machen. Ja, höchstens mit der eigenen Philosophie, sagt Herr L. lachend. Aber er werde sich erst mal eine Jolle kaufen für 1000 DM, wenn er nach Hamburg gehe, für einen Kutter reiche es noch nicht. Herr L. sagt erstaunt, er habe gedacht, er würde heute nicht erzählen können. Ja, wenn Sie am Ruder sitzen in Ihrem Boot, dann geht es, dann können Sie sprechen, sage ich zärtlich bewundernd. Er habe ein Ruderboot auf der Alster mieten wollen, wie damals mit 16 mit der Freundin, er sei damals im Ruderverein gewesen, aber dann hätten er und Bettina es ganz vergessen. Er werde erst mal Segeln lernen, mit dem Wind und gegen den Wind kreuzen, sagt er strahlend im Gehen. – Der Vater war heute die ganze Stunde im Raum, denke ich, der Vater, dessen Pullover und Mantel er trägt und dem er zärtlich nacheifert.

18.7.84 Gesundsein heißt: Dann sieht jeder, daß ich Max L. bin, nicht die Mutter und nicht schwul

Herr L. kommt mit Moritz, total gestreßt. Ich spreche meine Wahrnehmung aus. Er brauche seine Analysestunde heute dringend, er habe Krach mit der Exfrau, die sage, daß er nach Norddeutschland gehen wolle, gehe nicht. Sie hätten einen Vertrag: sie ihre Analyse, er den Jungen. Du kannst nicht gehen, habe sie gesagt. Er fühle sich total an zu Hause erinnert, gestern habe er dann nicht mehr gewußt, was für eine Beziehung er zu Moritz habe, was er ihm als Vater schuldig sei. Wenn Sie bei sich sind, sind Sie auch der beste Vater für den Jungen. Wenn Ihre Beziehung zu sich stimmt, bekommt Moritz am meisten von Ihnen. Herr L. schaut mich versonnen an und sagt, ich muß Sie einfach

umarmen. Und er tut es. Habe ich gesagt, was Sie auch denken, frage ich still vergnügt, denn so fühle ich mich. Ja, das habe er gestern auch gedacht. Sie haben Sorge, mich zu verlieren, wenn Sie selbständig ihrer Wege gehen. Ja, aber dann wollte er zweimal im Monat zur Analyse nach G. kommen, seine Freundin habe ihre besten Freunde in G. Ja, sage ich, wir wollen runde gute Arbeit machen und werden einen Weg finden, daß Sie bekommen, was Sie brauchen, sage ich. Ich gehe Ihnen nicht verloren, wenn es Ihnen gut geht.
Herr L. sagt, er lasse heute die Computertomographie machen, vier Monate nach der letzten Untersuchung, er fühle sich gesund, die Nachuntersuchungen fänden jetzt beim Hausarzt statt, der sei toll. Der sei auch schwul, aber nicht offen, nicht als Arzt. Als Arzt ist er Mensch, und das brauchen Sie. Es freut mich, daß Sie nun nicht mehr in die Klinik brauchen.
Moritz bekommt vom Vater die Uhr als Spielzeug, aber er solle sie nicht hinwerfen. Ich schlage vor, daß Moritz vielleicht mit der Charly-Chaplin-Marionette spielen könne. Herr L. stimmt zu und gibt sie Moritz, der ausgelassen vergnügt damit spielt. Plötzlich ruft Herr L. lauthals: Du stellst deinen Fuß ja gar nicht mehr nach draußen. Moritz lacht den Vater an, du wirst doch nicht gesund sein, sagt Herr L. und lacht schallend. Ich lache mit ihm. Das ist Ihre ganze Sorge, gesund zu sein, als wären Sie dann Luft, nicht wahr. Nein, dann sieht nur jeder, daß ich Max Lattmann bin, sagt er vergnügt. – Der Frau habe er von der Freundin nichts sagen können. – Es ist heute eine gute Stunde, sagt Herr L. Ja, weil Sie so Wichtiges sagen konnten, was Sie freut und was Sie sorgt, Ihre Gefühle aussprechen konnten.

23.7.84 Premiere mit dem Löffel

Herr L. kommt mit Moritz. Er klagt darüber, daß Moritz nicht vom Löffel esse, er esse alles, was der Vater esse. Was ist mit Essen, können Sie sich erinnern, wie es bei Ihnen als Kind war, frage ich. Bei der Oma habe es deftig-fettes Essen gegeben, er habe es essen müssen und dann alles auf den Küchentisch gekotzt. Bei der Mutter sei es dann besser gewesen, die kochte gut. – Herr L. holt ein Gläschen Karotten mit Huhn aus der Tasche und einen Löffel, nimmt Moritz in den Arm und füttert ihn umstandslos. Ich schaue mir das still vergnügt an. Moritz öffnet lustvoll den Mund und Herr L. ist perplex, Premiere mit dem Löffel, sagt er in meine Richtung und holt behutsam den nächsten Löffel aus dem Glas, wartet, bis Moritz geschluckt hat, und den Mund wieder aufsperrt. Als er fertig ist, putzt Herr L. ihm sorgfältig den Mund, setzt ihn auf den Boden und löffelt voller Genuß das Glas leer, wischt sich zufrieden den Mund ab. Moritz bewegt sich selbstverständlich im Raum, krabbelt auch sehr geschickt, was er bisher nie tat. Herr L. hatte mir gesagt, er habe gelesen, Kinder, die nicht krabbelten, würden Legastheniker werden, und ich hatte lachend zu Moritz gesagt, hörst du, was du werden sollst. Herr L. hatte gelacht. Ich halte den Kontakt zum Patienten, denn Moritz nimmt mich ganz für sich ein, und ich weiß, daß Herr L. dann leidet, wenn er mir das Kind zwar mitbringt, wenn es sich mir dann aber zuwendet, fühlt er sich vernachlässigt von mir. Es gelingt mir, den Patienten im Auge zu behalten und trotzdem Moritz manchmal vor Stürzen zu bewahren, denn Herr L. läßt ihn machen. – Immer wieder ruhiges Dasein zu dritt, wir teilen still die Freude an kleinen Entdeckungen miteinander.

25.7.84 Die Arbeit besteht im Sein ... Sein ohne Krebs

Moritz sagt »haben«, sein erstes Wort. Herr L. erzählt, Moritz räume seinen Kleiderschrank aus, werfe die T-Shirts durch die Luft. Er erzählt es mir, wie die Mütter von psychosomatisch kranken Kindern gern mit den Krankheiten ihrer Kinder aufwarten: klagend-prahlerisch.
Ich frage Herrn L. nach Spielzeug für Moritz, und er packt stolz ein technisches Playmobil aus. Grausam, grausam, denke ich, freue mich aber, daß Herr L. etwas für den Jungen zum Spielen mitgebracht hat. Herr L. fährt fort, also, das Spielzeug des Jungen liege im Regal, er wechsle es alle drei Tage aus, damit Moritz sich nicht langweile. Ich gebe vorsichtig zu bedenken, daß Moritz sich die Sachen auswähle, sich dann an den Dingen be-greife, die er greife und wiedererkenne. Herr L. hört mir zu, aber es ist wohl eher ein Vortrag für ihn, das fühle ich, deshalb frage ich: Können Sie sich an Ihr Spielzeug erinnern. Nein, er könne sich an nichts erinnern. Herr L. sagt, daß er durch Moritz sehr geräuschemp-

findlich geworden sei. Als Moritz auf den Tisch klopft, sagt er, es nerve ihn, trommelt dann aber mit dem Jungen um die Wette. Er höre es durch die verschlossene Tür, wenn Moritz weine. Er könne lautes Radio nicht mehr ertragen, das schmerze ihn. Früher brauchten Sie wohl die Geräuschkulisse, heute stört Sie das eher. – Moritz geht zu ihm, zerrt ihn aus dem Sessel, und sie gehen zusammen durchs Zimmer spazieren. Als Moritz auf das Kissen zusteuert, sagt Herr L., das ist Papis Kissen und klopft drauf, legt es auf den Boden und setzt sich daneben. Er sagt mir, wenn Moritz weine, wenn er schlafe, versetze ihn das in Alarmstufe 1, er sei hellwach. Freunde meinten, er lasse sich von dem Jungen terrorisieren. Sie haben mir erzählt, daß die Mutter Ihr Weinen nicht ertragen konnte, Sie fanden bei Ihr kein Gehör. Vielmehr fühlte sie sich dadurch genervt und gab Sie schließlich deshalb, so haben Sie es mir berichtet, zu den Großeltern. Ich kann es verstehen, daß Sie das Weinen des Jungen in Alarmstufe 1 versetzt: Als weint dann das verletzte Kind in Ihnen schmerzerfüllt. Ja, sagt Herr L. traurig, ja, so erlebe ich es. – Beide spielen still am Boden, weltvergessen. Dann gehen sie wieder herum. Mehrmals wirft Herr L. Moritz durch die Luft, Moritz jauchzt auf, immer zugleich schreckerfüllt. Herr L. beteuert mir – wohl weil ich ein wenig besorgt dreinschaue, nehme ich an, denn mir ist nicht ganz wohl –, Moritz sei bei ihm noch nie hingefallen. – Ich denke, das glaube ich gern, aber das Kind wird reizüberflutet, Angstlust wird regelrecht eingeübt. Ich spreche das nicht aus. Ich denke, er will mir seine Ausgelassenheit und seinen Stolz mit dem Jungen vorführen, aber ich finde nicht die rechten Worte, das zu benennen. Ich nehme still wahr.
Plötzlich setzt Herr L. Moritz auf den Boden und sagt, als er sich wieder in den Sessel setzt, er sei zu seiner Krebsuntersuchung gewesen, es sei alles o.k. soweit, Computertomographie sei am Donnerstag. Die Leute säßen in den Ecken, Scham in den Gesichtern, weil sie Krebs hätten, das halte er nicht aus, er sei lebendig, laufe rum. Ja, Ihnen ist nach Luftsprüngen zumute, das haben Sie mir heute mit Moritz vorgeführt. Sie platzen vor Stolz, daß Sie keinen Krebs mehr haben, aber fast hätten Sie es vergessen, mir zu sagen, als fürchteten Sie, ich säße dann schamerfüllt in der Ecke und könnte mich nicht mit Ihnen an Ihrer Lebendigkeit freuen. Mir fallen die guten Gefühle oft erst nach der Stunde ein, sagt er lachend, aber heute habe ich die Kurve ja noch gekriegt.

30. 7. 84 Zärtliches Zusammenspiel ... Wunschträume sind billig, sie zu zerstören, teuer

Herr L. zeigt mir stolz einen kleinen Ball. Einen kleinen Ball, nicht einen großen, habe er für Moritz gekauft. Er hätte dem Jungen einen großen Ball kaufen wollen, er laufe immer großen Sachen nach, aber die Freundin spare. Sie habe Geld, spare aber. Er habe kein Geld und verprasse gern alles. Er spielt mit Moritz Ball, ein zärtliches Zusammenspiel, beide freuen sich, wenn der Ball bei ihnen ankommt, kein Kampfspiel, wie Herr L. es so gern anzettelt. – Er und die Freundin planten ihre Zukunft, erzählt Herr L. Er wisse nicht, ob das gut sei, ob sie nicht aus der Gegenwart abschwirrten, ob es nicht eigentlich Flucht sei. Große Wohnung, am besten gleich ein Haus. Als Kind und zu Hause habe er nicht mal ein Eckchen für sich gehabt, erinnert er sich. Die Freundin wolle einen Boxer, das sei ihr Kindheitstraum. Sie könne mit ihren Beinen aber gar nicht gut laufen. Er habe nichts gegen einen Boxer, aber er werde nicht ihren Hund ausführen, das müsse sie selber tun, habe er ihr gesagt. – Herr L. füttert Moritz unterdessen mit Reis und Hühnerfrikassee, allerdings kalt, weil er zu Hause zu faul zum Aufwärmen gewesen ist; aber er erläutert mir, das schmecke auch so, und zum Beweis schiebt er sich selber einige Löffel in den Mund. – Er habe zu Hause einen Spruch an der Wand hängen, aber er wisse nicht genau, wie er gehe, in etwa: Wunschträume sind billig, sie zu zerstören, teuer. Sie können sich heute alles leisten und müssen nicht mehr hamstern wie früher. (Er hatte sich von seinem Taschengeld immer eine Riesentüte voller Süßigkeiten gekauft, um seine seelische Leere zu stopfen). Sie sind beweglicher als Ihre Freundin, die durch ihre Beinverletzung eingeschränkt ist. Vielleicht wünscht sie sich den Hund, weil sie als Kind eingesperrt war. Er habe zu Hause einen Hund gehabt, aber, erzählt er, die Mutter habe den Hund auf ihn gehetzt, morgens, wenn er noch schlief. Sie haben recht, heute bestimme ich. – Er habe das Geld für den Urlaub von der Mutter geschickt bekommen und unheimlich viel ausgegeben, gleich zwei Aftershave, eine kleine Uhr, wie meine auf dem Tisch, habe er sich gekauft. – Ich spüre leisen Unwillen, denn mein Honorar hat die Mutter mir wieder seit langem nicht überwiesen. Ich halte aber an dem guten Gefühl dieser stillen, selbstbefriedigenden Stunde heute fest. – Sie machen Ihren Urlaub eben schon in G., sage ich, nicht erst im Ausland. Das dürfe man keinem sagen, G. fänden alle zum Kotzen. Aber G. sei seine Stadt, hier fühle er sich wohl. Ich weiß, sage ich.

1. 8. 84 Es sei schwer für ihn zu fühlen, was er wolle ... auf dem Sprung ins Leben

Herr L. kommt erschöpft an. Er hat Moritz auf dem Rücken und ist mit dem Fahrrad hergefahren. Er habe die Handtücher noch schnell in die Wäscherei gebracht. Die Oma sei im Urlaub, und die Dreckwäsche staple sich. – Er sei mit der Freundin zu Besuch bei deren Mutter gewesen. Sie sei Ärztin, adlig, der Vater sei Fernfahrer und habe nichts zu sagen. – Fernvater, denke ich. – Er habe sich wie Dreck behandelt gefühlt, obwohl er Bescheid wisse mit Behindertenausweis und Autoversicherungen, habe man ihn nicht gefragt. Wie haben Sie sich gefühlt, frage ich ganz direkt. Herr L. sagt, er habe dann Zeitung gelesen. Wie er sich gefühlt habe ... er überlegt. Plötzlich sagt er, mir wird schlecht. Jetzt mit mir können Sie sich fühlen, mit den Frauen müssen Sie sich sehr einsam und nicht respektiert gefühlt haben, zum Kotzen. Er nickt heftig. Es sei die Mutter der Freundin. Aber mir scheint, sage ich, die Mutter in Ihnen spielt da mit, sonst hätten Sie es nicht erwartet, in solchen Angelegenheiten beansprucht zu werden ... Herr L. spürt Wut, ihm ist schlecht. Er werde nicht mehr hingehen, sagt er. Die Mutter sei gekommen und habe die Schlüssel von der Wohnung der Tochter vorbeigebracht. Er habe Moritz, der spielte, geholt und sei ihr extra mit dem Jungen auf dem Arm entgegengegangen. – Moritz unterbricht unser Gespräch, er nörgelt, steht an der Wand, wohin ich ihn zuvor begleitet hatte. Moritz drückt etwas von dem Unbehagen in Gegenwart der Mutter der Freundin aus, von dem Sie erzählen, sage ich. – Seine Exfrau mache die Termine mit dem Kind, so daß er nicht seine Wochenenden habe. Was soll ich tun, fragt er mich verzweifelt. Ich ermutige ihn, mit ihr gemeinsam die Termine zu besprechen. Das sei ihm nicht selbstverständlich; sonst habe einer das Sagen, und er müsse sich danach richten. – Es ist heute viel, was wir besprechen, sagt Herr L. Ja, es gibt viel zu besprechen mit den Frauen, und Sie sind wütend, das sollten wir nicht zu schnell übergehen, sonst gehen Sie auch mit Wut von mir weg. – Ich habe vielleicht wieder ein heißes Eisen angesprochen. Ich denke dabei, daß er sich auch von mir als Frau bedroht fühlen könnte, die er um Rat fragt, obwohl er eigentlich nicht Ratschläge braucht, sondern Verständnis, um *sich* besser zu verstehen. – Es gehe ihm jetzt besser, er habe schon verstanden, was ich meinte, er wolle immer mitmischen und merke gar nicht, daß er ja auch sagen könne, was *er* wolle. Aber es sei schwer für ihn, zu fühlen, was er wolle, später habe er dann nur Wut und wolle alles hinschmeißen. – Ich helfe ihm, den Jungen in das Tragegestell auf den Rücken zu schnallen. Mein kleiner Fallschirmspringer, sagt er zu Moritz, der in die Locken des Vaters greift. Mir graut ein wenig, als ich sehe, wie die beiden sich aufs Fahrrad schwingen. – Später sehe ich Herrn L. mit Moritz in der Stadt; er radelt pfiffig zwischen den Autos durch, überquert den Fußgängerweg, ohne abzusteigen. Er ist der kleine Fallschirmspringer, denke ich, auf dem Sprung ins Leben. Moritz ist der Fallschirm, den er, auf den Rücken geschnallt, dabei hat. Die Sprache, die wir für ihn finden, wird ihn vor tollkühnen Absprüngen bewahren.

6. 8. 84 Er bescheiße sich oft selber

Herr L. sagt, noch mit Moritz auf dem Rücken in der Türe, erstmal die schlechten Katastrophen, dann die guten... es sei unheimlich viel passiert. Seine Exfrau wolle mit ihrem Extherapeuten Paargespräche, damit sie Termine für das Kind machen. Ich sage, das fände ich schlecht. Er habe seinen Therapeuten, und die Frau beginne ihre neue Therapie, ein dritter Therapeut sei Unsinn. Plötzlich springt Herr L. aus dem Sessel: Jetzt verstehe ich: Sie will eine Paartherapie machen, jetzt wird mir das klar, um mich festzuhalten. Sie sind hier bei mir, sage ich ruhig, es braucht Zeit, daß sie beide das miteinander klären, wir dürfen uns nicht unter Druck bringen lassen. Herr L. setzt sich erleichtert in den Sessel. Das finde er einleuchtend. Er kläre mit mir, was ihn angehe, dann werde er auch mit der Frau besprechen können, was ihn angehe. – Er sei besoffen und bekifft gewesen und nachts um ½3 Uhr auf der Autobahn hinter dem Steuer bei 150 km aufgewacht: L., was machst du hier, habe er sich gesagt und sei nach Hause gefahren. Er habe mit dem Rauchen aufgehört, sagt er bedeutungsvoll. Zu Hause habe er sich von der Musik des

Rockers über ihm terrorisiert gefühlt, er habe die Polizei geholt. Wieder springt er aus dem Sessel hoch: Jetzt, wo ich zu Ihnen davon spreche, merke ich erst, daß ich Angst habe vor dem Typ. Ich habe dessen Frau angemacht, kein Wunder, sagt er nachdenklich. – Er füttert Moritz und leckt zuvor jeden Löffel ab, damit nichts daneben fällt, erläutert er mir. Ich weiß um seine Putzwut; zugleich füttert er unversehens sich selber, denn es sind nicht unerhebliche Häppchen, die in seinen Mund wandern. Er sagt, er könne nicht essen, er schlinge alles in 5 Minuten runter. – Wir gehen dann gemeinsam mit Moritz durch das Zimmer, der uns dazu verführt hat, daß wir ihn wie ein Elternpaar führen. Wir lachen herzlich und teilen die Vergnügtheit des Jungen. – Herr L. sagt, er werde zum Großvater flüchten, der rauche seit 3 Jahren nicht mehr wegen der Gesundheit. Er selber habe immer für andere geraucht, für die Eltern, sei dafür sogar bestraft worden. Er dreht sich eine Zigarette. Der Vater habe gesagt, rauch wenigstens was Vernünftiges. Das ist eine verrückte Situation, sage ich, die von damals und die heute: Sie sprechen davon, daß Sie nicht mehr rauchen und drehen sich eine Zigarette, als sollte ich auch sagen, rauch wenigstens etwas Vernünftiges. Ich denke, das einzig Vernünftige ist, wenn Sie für sich sprechen. Der Schatten auf der Lunge bei der letzten Untersuchung, sagt Herr L., sei vom Rauchen, er wisse das. Wenn der nicht wäre, der Schatten, dann wäre es ohne Katastrophen wohl zu still, so kommt es mir vor, sage ich. Ja, ich verstehe Sie, sagt Herr L. – Am Ende der Stunde wickelt er Moritz: Er packt vor mir den kleinen Kinderkörper aus, als wollte er sich mir vorführen. Ich stehe still dabei. Er wolle von hier aus ins Café fahren, sagt Herr L. und knallt die nasse Windel in den Papierkorb. Ich soll davon wissen, meinen Sie, von Ihrer Schamlosigkeit, sich in die Sonne ins Café zu setzen, und ich soll etwas von Ihnen hier behalten. Er lacht, genau, und packt die Windel in eine Plastiktüte und dann in den Papierkorb. Danke, sage ich neckend, es stinkt mir dann nicht, wenn Sie es sich gutgehen lassen. Er sei froh, daß er mich nicht bescheißen könne, sagt Herr L., er bescheiße sich selber oft. Ja, wenn sie *sich* vorführen, für *sich* sprechen, kann das nicht passieren.

8. 8. 84 Psychosoma-Analyse: Eine gemeinsame Sprache finden

Er sei jetzt Philosophiestudent im ersten Semester, sagt Herr L., er habe die Zulassungsbestätigung bekommen. Es gehe ihm gut, aber er fühle sich beschissen. Er habe eine Verabredung mit der Freundin getroffen, mit der er Sex mache, es sei reizvoll und schön, aber etwas stimme so nicht mehr. Er habe sich bei der Freundin mit dem Namen der Mutter gemeldet. Ich denke, er verhält sich wie die Mutter mit ihren Männerbekanntschaften. Ich frage, was denn sonst wäre, wenn er die Verabredung nicht hätte. Er würde ins Café gehen. Ich sage, ich glaube, es fehlt Ihnen Arbeit im guten Sinne. Ja, das stimme. Er werde zum Großvater fahren und mit ihm das Referat fertigtippen. Ich bin verblüfft, daß der Großvater ihm dabei hilft; zumal, denke ich, der Mann nur zwei Finger an der rechten Hand hat. Ja, der Großvater habe ihm immer geholfen. Jetzt kann Herr L. davon erzählen, daß er ein interessantes Buch von einem amerikanischen Psychotherapeuten lese, der einen Hirntumor habe und der mit seinen Patienten rabiat umgehe. Wenn sie Termine verlegen wollten, sage er ihnen, daß sie wohl nicht ernsthaft arbeiten wollten usw. Er habe gerade einen Termin verlegt, und ich hätte mitgemacht. Ja, und, frage ich. Er fände das gut, sagt Herr L., wir arbeiteten zusammen, aber der autoritäre Arsch imponiere ihm. Zwischen uns geht es um ein Zusammenspiel, sage ich, darum eine gemeinsame Sprache zu finden, so wie er mit Moritz eine gemeinsame Sprache gefunden habe, worauf er stolz sein könne. Es ist schön, das zu hören, sagt Herr L., ich fühle es auch so, aber ich kann es nicht aussprechen.

10. 8. 84 Das ist Papas Kissen ... zur Selbstbefriedigung gehören zwei

Gestern abend habe er alles fertig gehabt in seiner Wohnung, aber anstatt zufrieden mit sich zu sein, sei er grantig mit sich gewesen. Seit er die neue Freundin kenne, seit dem 15. Juni, putze er nicht mehr, wenn Moritz weg sei »für Moritz«, sondern sowie der Junge spiele, mache er in dessen Anwesenheit seine Hausarbeit. Sie meinen, genauso wenig wie Moritz sich schämt, in Ihrer Gegenwart zu spielen, leisten Sie sich die Schamlosigkeit, in seiner Gegenwart ihrer selbstbefriedigenden Hausarbeit nachzugehen. Ja, sagt er heftig, dann kann ich stolz darauf sein, daß ich mit Moritz zusammen fröhlich bin, während er so viele andere Mütter sähe, die abgearbeitet seien und mit ihren Kindern rummekkerten. Aber er könne noch nicht für sich sein, sagt Herr L. – Er geht mit Moritz zu seinem Kissen, das ist Papas Kissen, sagt er und legt es auf den Boden, aber du darfst es auch anfassen. Moritz faßt das Kissen vorsichtig an, schaut den Vater an; der lächelt. Muß man das können, setzt Herr L. unser Gespräch fort, das frage er mich. *Man* muß es nicht können, aber *man* darf auch mal einen Abend für sich allein sein und sich wohlfühlen. Er könne Moritz nicht allein lassen, sagt Herr L. Er rechne immer damit, daß der Junge etwas mit seinen Sachen anstelle, wenn es still sei, den Papierkorb ausräume, den Kleiderschrank ... Vielleicht gewähren Sie Moritz ja mehr, als Ihnen eigentlich recht ist, und müssen dann in Aktion treten, sage ich vorsichtig. Moritz spiele jetzt mit seiner ganzen Spielkiste, aber im Zimmer des Vaters. – Ich denke, weil Sie noch nicht in Ihrem Zimmer spielen dürfen, spreche das aber nicht aus. – Die Mutter habe angerufen, sie heulte, nein sie hat geweint, sagt Herr L., sie sei an ihrer alten Arbeitsstelle gewesen und man sei noch an ihr als Modeverkäuferin interessiert, darüber habe sie vor Freude geweint. Das ist ihr Leben, sagt Herr L. Die Mutter hat ihre Gefühle mit Ihnen geteilt, das ist neu.

Nach der Sitzung rief ich Frau C., die Mutter des Patienten, an. Ich hatte mich mit ihm darüber verständigt. Ich dankte ihr, daß sie mir das Geld überwiesen hat. Freilich hatte sie mich erst wieder einen halben Monat warten lassen, aber ich wartete ab, ignorierte ihr aggressives Spiel, um sie nicht, wie sie vielleicht hoffte, in die Therapie ihres Sohnes hineinzunehmen. Ich dankte ihr also und fragte, wie es mit der Kasse sei. Frau C. führt lange aus, wie froh sie ist, mit der Kasse klargekommen zu sein: Die Kasse werde die beiden Söhne weiterversichern, die ja nicht von ihrem verstorbenen zweiten Mann adoptiert worden seien. Ich werte sie narzißtisch auf, sage, daß sie etwas Wichtiges für sich erreicht hat. Ich spüre in ihren Worten, wie sehr sie noch ihrem ersten Mann verhaftet ist; sie spricht abfällig und voller Verachtung von ihm. – Ich denke, wie der Patient es tat, bis er bemerkte, daß da auch andere Gefühle sind. Immerhin sieht er ihn einmal im Monat. –

Ich bin froh, mit Frau C. gesprochen zu haben, erleichtert: Wir begegneten uns als Menschen. Auch für sie muß es wichtig sein, daß die Therapeutin ihres Sohnes ein Mensch ist und nicht ein anonymes Ungeheuer.

Supervision

In der Supervision erzählte ich voller Freude von der Arbeit mit Herrn L. S. fiel dabei auf, daß ich immer vom Kind des Patienten als »der Sohn« sprach. Sie verdeutlichte mir die Gefahr, Herrn L. damit einzig als Vater anzusprechen und so ungewollt seine Individuierung zu verhindern, daß ich vielmehr die Mutter in den therapeutischen Raum holte. Damit wiederholte ich zugleich, was dem Patienten als Kind widerfahren war: Funktion »Sohn« für die Mutter zu sein und nicht Individuum »Max«. Ich konnte die Gefahr wahrnehmen, die von meiner eigenen infantilen Lebensgeschichte her einen narzißtischen Gegenübertragungswiderstand bedeuten würde –, nämlich Herrn L. als Vater zu funktionalisieren. Ich glaube nicht, daß ich den Fehler tatsächlich in der Arbeit machte, aber ich konnte S.' Wahrnehmung als hilfreich akzeptieren, um eine potentielle Gefahr zu vermeiden. – Ich sprach mit S. darüber, daß die Mutter Herrn L. als Jungen befriedigt hatte. Sie sagte, sie ist hysterisch und eignete sich das Glied des Jungen an. Der Inzest heute ist nur ein dramatischer Ausdruck – dramatisch in den Augen der gestandenen ödipalen Konfliktpsychologie –, aber die lautlose Selbstentfremdung in der Kindheit ist das eigentliche Drama erlittener Traumatisierungen. Die Sinnfälligkeit seines späteren Hodenkrebses ist für uns beide keine Frage. Genauso wenig, daß den Psychosomatosen Realtraumen zugrundeliegen und nicht irgendwelche Triebphantasien des Patienten. – Die Gespräche mit S. sind für mich gerade deshalb befreiend, weil wir gemeinsam die Betroffenheit über solche Erfahrungen ungeschminkt, in ihrer ganzen Wucht, zulassen können.

3.9.84 Die »Putzoma« fühlt sich von Moritz' Lebendigkeit bedroht

Waren Sie weg in den Ferien, fragt mich Herr L. als erstes. Ja, sage ich. Wenigstens habe er sich diesesmal während meiner Abwesenheit nicht verschuldet, sagt Herr L., offensichtlich mit sich zufrieden. – Er komme gerade aus Lübeck, es sei schön gewesen, die Bahnfahrt allerdings ernüchternd. Er habe großen Streß gehabt, der ihm auf den Magen geschlagen sei. Die Exfrau dringe in seinen Bereich ein, er habe Wut. Ich frage ihn, was er gern täte. Ihr eine Ohrfeige geben, sagt er spontan, das täte ich gern, das habe ich in der Phantasie auch schon getan. Sie bricht jede Vereinbarung, kommt immer zu spät, läßt mich immer warten. Wie meine Mutter, sagt er wütend, sie ist wie meine Mutter!

Moritz sei übrigens krank gewesen, Virusgrippe, 40° Fieber, krank nach dem letzten Wochenende, sagt er bedeutungsvoll. Herr L. füttert den Jungen. Dann macht Moritz seine ersten selbständigen Schritte im Raum. Herr L. registriert es, aber ohne besondere Freude. Er putzt den Tisch in irren grotesken Kreisen und animiert den Jungen dazu, auch den Tisch zu putzen. Ich frage, wem die Persiflage gelte, Moritz oder mir. Herr L. putzt weiter und schlagartig begreife ich! Das ist keine Persiflage, das ist bitterer Ernst: Der Patient ist heute die Putzoma, und Moritz bedroht ihn mit seiner Lebendigkeit. Er hält ihn noch wie ein Baby im Arm, aber der Junge beginnt, ihm davonzulaufen. Ein Freund, der eher alternativ lebe, wolle zu Besuch kommen. Er fürchte, er werde ihm nicht sagen können, daß er seine Sauberkeit brauche.

Er wolle ein paar Tage nach X. fahren, wo die Oma das Haus der Mutter hüte. Er wolle mir eine Kassette mit Liedern mitbringen, die er der Mutter zum Geburtstag geschenkt habe. Ich soll Stunden verlegen, weil er wegfahren will. Ich bin unwillig und sage: Mir gefällt das nicht. Wir haben schon Stunden verlegt wegen der Exfreundin, die zur Kur wollte und doch nicht fuhr. Ich bin bereit, einen Kompromiß zu finden, wenn Sie *wissen,* daß Sie tatsächlich fahren wollen.

5. 9. 84 Erst Krebs oder ein Magengeschwür, um ...

Er habe großen Streß mit der Frau und Magenbeschwerden. Es entsetze ihn, daß er erst Krebs oder ein Magengeschwür brauche, um sich seine Lebensbedingungen zu schaffen. Herr L. schweigt viel, und ich bin still ambitionslos da.

10. 9. 84 Absolut krebsfrei ... Die Konfrontation mit mir selber steht jetzt an

Herr L. kommt 10 Minuten früher. Ich lasse ihn warten und trinke erst noch meinen Kaffee. – Ich bin absolut krebsfrei, sagt mir Herr L. ernst und entschieden. Ab Ende des Monats wird Moritz ganz bei seiner Mutter leben. Das macht mich schon sehr traurig, aber ich muß schauen, daß ich nicht krank werde. Mein Körper sagt mir: »Halt«, weil ich es seelisch nicht ausdrücken kann. Er habe das heute morgen mit der Exfreundin geklärt. Gestern habe er ein unglaubliches Erlebnis gehabt. Der Freund sei da gewesen und Moritz habe immerzu genörgelt, dauernd habe er ihn an die Hand nehmen müssen, es sei ein totales Chaos gewesen in der Wohnung. Er habe sich gesagt, du mußt die Unordnung zulassen, der Junge drückt nur aus, was hier im Raum ist. Dann habe er mit Moritz gesprochen: Er könne nicht die Sterne bekommen, die Lampen, er habe sein Spielzeug am Boden, damit könne er spielen. Moritz sei wie ausgewechselt gewesen, habe friedlich gespielt. Johannes sei in die Küche gegangen und habe abgewaschen, bevor er kochte. Noch nie habe der Freund bei ihm abgewaschen. Beide hätten aufgeräumt, den Müll weggeschafft. Ich habe es geschafft, mit mir selber zu sprechen, sagt Herr L. stolz. Die Konfrontation mit mir selber steht jetzt an, sagt er und schaut mich ruhig an. – Herr L. geht mit Moritz im Raum spazieren, und ich sage, Sie meinen die Konfrontation mit sich, jetzt ohne den Krebs dazwischen. Ja, sagt Herr L., ich kann leben, auch ohne Bettina und werde jetzt auch allein zur Analyse kommen. Ich werde allein sein, und ich weiß, daß das das Schwerste für mich ist.
Alleinsein, früher zu Hause, da waren Sie ungeschützt, das war ein Tabu, das hätte geheißen, die Mutter oder Oma zu verlassen. Ja, die Süßigkeiten, die ich mir versteckte, später die Zigaretten,

die ich vor den Eltern versteckte, nichts Schönes gab es für mich. Jetzt steht die Konfrontation mit mir an, wiederholt Herr L. – Es klingt für mich merkwürdig, ich denke, die Lust an sich selber steht an, aber ich spreche es nicht aus, der Patient wird es für sich selber rausfinden. – Herr L. sagt, er sei stolz auf sich, daß er sich zu sich selber durchgerungen habe. Ich bestätige es ihm. Sie haben etwas für sich erreicht, für sich rausgefunden, das ist harte Arbeit, harte seelische Arbeit, die Sie geleistet haben. Ja, so erlebe er es. – Moritz ist unruhig, nörgelt, Herr L. will ihn füttern, aber er füttert sich, der Junge hat keinen Hunger. Herr L. nimmt Moritz auf den Arm, geht mit ihm zum Lichtschalter und beide spielen an-aus-an... beide strahlen. Er werde Alimente für den Jungen zahlen, er sei auf der Geburtsurkunde von Moritz namentlich als sein Vater aufgeführt, darauf habe er damals bestanden. Er werde den Jungen besuchen und mit ihm spielen. Er habe eine Beziehung zu ihm. Die Frau wolle jetzt eine Beziehung zu Moritz aufbauen, sage sie. Er freue sich aber auch, daß er jetzt studieren werde, nicht nur Philosophie, wie sie an der Uni gelehrt wird, jetzt könne er in jedes Seminar gehen, was mit Moritz nicht gegangen wäre. Er wolle in 10 Monaten nach Lübeck gehen. – Herr L. sagt mir seine Ferientermine, er werde seine Stunden bezahlen, wenn er zurück sei. Moritz will meinen Stift, dann mein Notizbuch, ich fühle mich gestört, zugleich verwirrt, weil der Patient dauernd die Angaben über seine Fahrt verändert. Wir sprechen darüber. Er sagt, er müsse sich erst klar werden, mit mir zusammen finde er am besten heraus, was er fühle.

Nach der Stunde bin ich richtig erleichtert, daß Herr L. wegfahren wird. Er verlangt alles von mir und braucht das auch. Ich spiele mit im Rahmen meiner Möglichkeiten, wenn ich den Sinn seiner Suchbewegungen verstehe. Jetzt muß ich mal Luft holen. Der Patient fährt nicht zur Oma, was wir beide gut finden, er will statt dessen zur Freundin, anschließend kommt sie ihn in G. besuchen. – Er ist krebsfrei!

11.9.84 Telefonat: Selbstbehauptung im Dienste seiner Selbstverwirklichung

Herr L. ruft an, er habe der Ex-Freundin gegenüber seine Position behaupten können. Er habe Angst davor gehabt, aber es sei ihm geglückt.

12.9.84 Nicht mehr ins Bett gehen müssen ... Etwas von dem Seebären ergattert

Herr L. kommt mit Moritz und zeigt mir voller Stolz, was er ihm für nur 9 DM gekauft hat: Eine große Ente und Harke und Schippe für den Sandkasten, damit er etwas von mir hat, wenn ich weggehe und sich an mich erinnert, sagt er. Er packt das Spielzeug für Moritz aus und spielt mit ihm am Boden. Sobald er nörgelt, hebt der Patient ihn hoch und nimmt ihn an die Brust, wie ein Baby, stellt ihn still. Er sei heute mit Moritz in der Mensa gewesen, es habe geschmeckt. – Mit der Freundin, mit der er neulich eine Liebesnacht verbracht hatte, konnte er letzte Woche einfach da sein: Er habe seine Pfeife geraucht, sie habe gestrickt, und Moritz habe gespielt, es sei eine Stille gewesen, die er habe genießen können, ohne mit der Frau ins Bett gehen zu müssen. – Er müsse nicht mehr in Kneipen. Gestern abend habe er am Schreibtisch gesessen und der Freundin einen Brief geschrieben. Er habe an den Vater gedacht. Herr L. zeigt mir das Feuerzeug, das er dem Kapitän des Bestattungsschiffes geklaut hat. Makaber, sage ich spontan. Nein, sagt Herr L., der war unglaublich lebendig, ein Seebär. Die Mutter wollte das Feuerzeug gern haben, aber er habe es nicht hergegeben. Dann sind Sie stolz darauf, daß Sie etwas von dem Seebären ergattert haben, etwas von seiner Lebendigkeit. Ja, das ist es für mich, nicht makaber. Er trage zu Hause die Krawatten des Vaters. Im Trenchcoat des Vaters habe er die Karten für den Faschingsball gefunden. Der war total unglücklich dort, es gibt ein Polaroidfoto, auf dem er total unglücklich ist, sagt Herr L. Er habe ihm 14 Tage vorher gesagt, daß er keine Lust hätte, auf das Fest zu gehen. Er ging nur wegen der Mutter dorthin. Ich sage, wir haben bisher nie darüber gesprochen, wie der Unfall passiert ist. Der Vater habe nicht viel getrunken, er sei nie betrunken gewesen, dann sei er immer nach Hause gegangen. Er habe an der Bar, weg von der Tanzfläche, mit einer Frau gesprochen. Er sei als Tunte verkleidet gewesen. Er hatte seine älteste Geldbörse dabei, nicht die neue. Er habe die Sachen des Toten später gesehen: Es war sein ältester Geldsack, aus der Studentenzeit oder so, sagt er. Das war nicht mein Vater, der da lag nach dem Sturz die Treppe runter. Der haßte Schwule, er hätte sie am liebsten an die Wand gestellt... Und hatte sich als Tunte verkleidet: Der Geschäftsmann auf einem Bundeswehrball, denke ich, mich schaudert. Herr L. spricht wehmütig, traurig, ernst. Ich spüre sein starkes Bedürfnis, sich all die Ungereimtheiten von der Seele zu reden. – Der Opa werde am Wochenende nach G. kommen, er freue sich darauf. – Er solle mir von der Mutter sagen, daß sie Geld habe, die Kasse aber noch nicht gelöhnt hat. Ich sage lachend, dann kann sie ja zahlen, wenn sie Geld hat.

17.9.84 Malerarbeiten im Dienste des Selbst

Herr L. sagt, der Zigarettenladen habe zu gehabt, er wollte die zwei Minuten nicht warten und sei ohne Zigaretten gekommen. Er nimmt sein Kissen auf den Bauch und erzählt vom Besuch des Großvaters. Er habe für beide gekocht, aber jeder habe getan, wozu er Lust hatte. Der Opa habe gelesen, und er sei abends tanzen gegangen. Er schlafe schlecht ohne Moritz, aber er fühle sich frei. Er habe seinen Schreibtisch weiß lackiert, das gefalle ihm. Er tue etwas für sich. Er sitzt im blauen Overall, der die Spuren seiner Malerarbeiten trägt, da und hat auch Farbe an den Händen und Armen. Er ist zufrieden und entspannt. Als er die Mutter erwähnt, greift er in die Hosentasche, statt der Zigaretten angelt er den Schlüsselbund heraus und legt ihn lachend auf den Tisch zwischen uns.

8.10.84 Einen Hund oder eine Katze oder einen Kater statt Kindermachen

Herr L. bezahlt die beiden ausgefallenen Stunden von seinem Geld, das er mit in einem Couvert überreicht, mit einem Zettel drin mit Datum und Unterschrift: »...für zwei Stunden psychotherapeutische Selbsterfahrung«. Er habe in Lübeck deutlich ge-

12.11.87 A.v.V.S.

merkt, wie schwer es ihm falle, allein zu sein. Abends habe es dann Clinch mit der Freundin gegeben, sie wollten doch nicht zusammenziehen. Er wisse nur, er wolle einen Hund oder eine Katze oder einen Kater haben statt Kindermachen. Er wolle es schaffen, bei sich sein zu können, statt in Kneipen gehen zu müssen. Selbsterfahrung statt Kneipenerfahrung, sage ich. Herr L. nickt.

10. 10. 84 ... Kein Anhalt für eine Progredienz des Grundleidens ... für sich sprechen lernen

Herr L. kommt eine Stunde früher. Er gibt mir den vorletzten Befundbericht. Um 15 Uhr kommt er wieder mit dem zweiten Bericht, nimmt sich sein Kissen und stopft es sich lustvoll ins Kreuz. Der letzte Satz des Berichts habe ihm gut gefallen, er liest ihn mir vor: »Zusammenfassend besteht derzeit nach den hier vorliegenden Befunden kein Anhalt für eine Progredienz des Grundleidens.« Ich lese dann den Text durch und lese seinen Satz auch noch einmal laut. Wir freuen uns beide. – Er habe die letzte Stunde nicht genügend über seine Gefühle zu J., seiner Exfreundin gesprochen, sagt Herr L. Sie habe Dienstag angerufen um 7.45 Uhr, sie wolle ihm Moritz abends bringen. Er habe sich Bedenkzeit erbeten, beharrte aber darauf, daß er den Jungen erst am Wochenende wolle, so wie es abgesprochen gewesen sei. Sie habe versucht, ihn rumzukriegen, aber, stellt er stolz fest, ich habe mich wacker geschlagen. Ich will mich aber nicht mehr wacker schlagen müssen! Er hätte 2 Wochen Ferien gehabt und müsse sie entlasten usw., er müsse überhaupt nichts, habe er geantwortet. Er habe aus Versehen, wie er lachend sagt, 5 DM mehr Alimente gezahlt, als habe er damit beweisen müssen, daß er ein guter Vater ist. – Er zeigt mir stolz einen dicken Brief, den er der Mutter geschrieben hat, auch wegen des Geldes für seine Therapie; er hoffe, daß sie bald antworte und bezahle. Er sei von Lübeck aus zum Geburtstag der Mutter gefahren, es sei schlimm gewesen. So habe ihn die Freundin nicht gekannt. Oma und Opa seien auch da gewesen. Er sei derjenige gewesen, der jedem das Wort aus dem Mund genommen habe, der Mutter gefalle das, wenn er aggressiv sei, aber er sei nicht er selber gewesen. Der Opa habe ihn genervt, sei ihm auf Schritt und Tritt gefolgt, fände ihn toll. Es sei nicht gut gewesen, er habe gemerkt, wie weit er noch weg sei von sich, wie sehr noch dem Zuhause verhaftet. Er werde sobald nicht wieder hinfahren, sagt Herr L.

11. 10. 84 Telefonat: Damit du ruhig schlafen kannst ... die Therapie ... Ein Katerchen, Pablo

Herr L. ruft mich an, er habe mit der Mutter ein hartes Telefonat gehabt. Sie habe zurückgerufen; sie werde die Therapie bezahlen. Damit du ruhig schlafen kannst, habe sie gesagt. Wir freuen uns beide, daß sie etwas kapiert hat. – Herr L. sagt, ich habe ein Katerchen, 4 Monate alt, es ist gerade unter dem Sofa und heißt Pablo. Wir jubeln beide.

17. 10. 84 Dünnschiß, wenn er sich verliert

Herr L. legt von seinem Katerchen los: Es sei krank, habe Dünnschiß, wie er ihn gehabt hatte, sagt er, 4 Jahre lang vor der Therapie. Und 14 Tage nach Beginn der Therapie sei er weg gewesen. Nur wenn er sich verliere, habe er sofort wieder Dünnschiß. Er müsse für Pablo sorgen, das Katzenklo reinigen. Der sei zwar krank, aber ein starker Kater, er müsse zum Arzt mit ihm, weil er kastriert werden solle.

22. 10. 84 Im Smokinghemd des Vaters sich selbst studieren ... Seneca kann warten ... Ich bin schön

Stille Stunde, bestimmt davon, daß Herr L. entdeckt, daß Sexualität wie ein Tribut sei, den er zahlen müsse, weil er nicht im Gespräch mit sich sei. Er habe zu Hause das Smokinghemd des Vaters angezogen, eine weiße Weste dazu und in den Spiegel geschaut, das war erstmal wichtiger als Seneca, sagt er. Sie wollen selbstbefriedigend studieren, dazu müssen Sie erstmal sich selbst studieren und kennenlernen, Seneca kann warten, sage ich, das verstehe ich. Pablo auch, sagt Herr L. lachend.
Herr L. ist voller Unruhe, hat drei Frauen auf einmal, wie vor

dem Krebs. Seneca könne er nicht lesen, obwohl er ihn interessiere. Obwohl, oder weil, frage ich vorsichtig. Ich habe mich im Spiegel angeschaut, ich bin schön, sagt er und schaut mich an. Das scheint Sie zu beunruhigen. Er habe Moritz seit Wochen nicht gesehen, die Frau melde sich nicht. Er wisse nicht, was er tun soll. Er wolle sein Wochenende für sich und mittwochs den Sohn sehen, aber sie halte sich nicht an die Vereinbarung.

24. 10. 84 Die Qual, gefallen zu müssen, sei vorbei – Heute weiß ich, wo ich stehe ... zu mir

Herr L. beklagt sich, sein Kissen habe dagelegen, auch für andere, vermutet er. Es ist Ihr Kissen, sage ich. Es soll auch meins bleiben. Er schaut es vom Sessel her zärtlich an. Er habe eine Frau zum Tee eingeladen, mehr nicht. Das habe Spaß gemacht, sich einfach zu unterhalten. Seneca lesen gehe auch. Die Stoiker seien leibfeindlich, aber er nehme sich, was er brauchen könne. Er ist erstaunt, daß Philosophie ihm etwas Lebensbezogenes geben kann. Seneca sollte getötet werden, weil er politisch unliebsam gewesen sei, man habe ihm Selbstmord nahegelegt, und er akzeptierte. Er mache ein lustvolles Seminar bei einem schwulen Prof., der zynisch sei. Es sei schwer, schwul zu sein, meint Herr L. Schwer oder leicht, schwul oder nicht, sich zeigen, sage ich, kann einen stolz machen, ist aber wohl immer schwer. Er sei froh, nicht schwul zu sein. Vor dem Krebs, als er die vier Frauen kannte, gab es einen älteren schwulen Mann, der sei sehr nett gewesen und habe auf ihn gewartet. Aber es waren nicht Ihre Bedingungen, sondern schwule Bedingungen, sage ich. Die Qual, gefallen zu müssen, sagt Herr L. und schaut zärtlich zu seinem Kissen rüber, ist jedenfalls vorbei. Es gelingt mir zwar nicht immer, aber ich bin bei mir und beginne, mich zu kennen. Die leere Hast der Schwulen, ihre Schwanzzentriertheit, teile ich nicht. – Er spricht ruhig, ist ein wenig stolz auf sich. Herr L. hat den himbeerfarbenen »Robinson«-Pullover der Mutter an, den sie ihm nach der Operation von den Bermudas mitgebracht hatte. Ich spreche heute aus, was ich damals gedacht habe: Damals dachte ich, Robinson, wo bist du. Heute wissen Sie schon besser über sich Bescheid, ich freue mich für Sie. Herr L. greift an sein Herz und sagt, heute weiß ich, wo ich stehe: Ich stehe zu mir. Ich

muß nicht mehr gefallen. Er greift zur Zigarette, bemerkt es selber, findet sein Zigarettenpapier nicht, und legt den Tabak zur Seite. Ich habe mit Ihrem Pullover die Mutter reingebracht, sage ich, das bringt mich auf den Gedanken, vielleicht mußten Sie der Mutter immer gefallen. Ja, natürlich, wußten Sie das nicht, sagt Herr L. Manchmal ist etwas wieder neu, sage ich, aber ich glaube, Sie haben es nie so offen ausgesprochen. Er mußte für die Mutter der große Mann sein, Lederjacke für 400 DM habe sie ihm vor 10 Jahren aufgeschwatzt, und er habe sie von seinem Geld gekauft... Sonntagskleider, sagt er traurig. Heute habe die Mutter ihm die Krankenscheine und 20 DM geschickt, das habe er brauchen können, das passe zu ihm, es tilge zwar nicht seine Geldsorgen, habe ihm aber geholfen. Immer habe es gleich »Anwalt« oder »Professor« sein müssen, er sollte immer ihre Wünsche erfüllen. Anstrengend, sage ich.
Ja, Streß, mein Leben war einzig Streß. – Plötzlich fragt Herr L., haben Sie schon Winterreifen drauf? Ich bin verblüfft. Nein, sage ich, letztes Jahr schaffte ich es, glaube ich, drei Tage vor dem ersten Schneefall. Warum fragen Sie. Nein, sagt Herr L., Sie fuhren wochenlang mit Winterreifen, bevor der erste Schnee kam, und haben sich geärgert. Wir lachen. Er werde den Führerschein machen, der Opa schenke ihn ihm. Ich weiß, Mercedes, das ist mein Auto, aber vielleicht ändert sich das, so wie aus meinem Kutter ein kleines Boot wurde, wird aus dem Mercedes vielleicht auch ein kleines Auto, jedenfalls eine sichere Badewanne muß es sein. Ja, mit der Sie dann sicher aufs Meer hinaus können. Motorrad wolle er nicht mehr. Sichtbar die Großeltern durch A. fahren, die würden dann stolz auf ihn sein. Und Sie könnten dann auch stolz auf sich sein, statt heimlich ohne Führerschein sich durchzumogeln. Ja, das stimmt. Ich habe Angst vor der Prüfung. Aber Sie können doch in den Fahrstunden lernen, was Sie noch nicht können. Lernen, das ist das Schwierige für mich, ich muß immer gleich alles können, sonst schmeiße ich alles hin. Ihre Therapie haben Sie auch nicht hingeschmissen, obwohl es so viel zu lernen gab. Und gibt, sagt Herr L., ich will noch mehr über mich lernen.

Dezember 84 Hodenprellung ... sich selbst verprellt ... Lernen lernen müssen

Herr L. hat die Freundin in Lübeck besucht und sich eine Hodenprellung zugezogen. In panischer Angst suchte er sofort die Klinik auf. Der Arzt gab ihm zu verstehen, was er schon wußte: Daß es nicht um Krebs geht, daß er aber in der Beziehung mit der Freundin herumkrebst. Er weiß nicht, was er tun, was er werden soll. Er studiert nicht, weil er an der Uni mit dem akademischen Trockenfutter auch nur hungrig bleibt. – Es ist für mich schwer, mit anzusehen, wie Herr L. mit seiner Lebendigkeit nichts anzufangen weiß.

...

Die Reise mit der Freundin an die Côte d'Azur in den Weihnachtsferien fiel ins Wasser. Herr L. hatte vor Reiseantritt massiv Durchfälle, die ihn vor diesem Unternehmen bewahrten, wie er mir im Januar 85 sagt. Er macht seinen Führerschein und hat große Schwierigkeiten mit dem Fahrlehrer, einem älteren Mann, den er im Theorieunterricht lächerlich machte und der ihn das dann hinter dem Steuer kleinweis büßen läßt.

21.1.85 Im Zustand des Wartens ... nicht mehr gefallen müssen

Herr L. packt Zeichenblock und Filzstifte aus und malt die Stunde über. Ich bin erstaunt. Er sagt, sein Freund Johannes male schon seit langem und bringe seinem Therapeuten seine Bilder mit. Er malt, aber irgendwie lustlos. Er werde im Sommer nach Lübeck gehen, sagt er. Ich nehme es gelassen hin. Ich bin nur da, mehr kann ich nicht tun, denke ich.

23.1.85 Eine gute Beziehung, ohne sich schuldig zu fühlen

Letzte Stunde habe er das Gefühl von Trennung und Bruch gehabt, sagt Herr L. Er habe seine Freude nicht mitgebracht in die Stunde, er habe sich nur den Kopf darüber zerbrochen, daß ich aufgeregt reagieren könnte, wenn er fortgehe.

...
Daß die Mutter das Geld für seine Therapie wieder nicht zahlt, macht ihn hellwach. Er werde mit Führerschein Medikamente ausfahren, sagt er. Er werde seine Analyse selber bezahlen, das sei das Wichtigste in seinem Leben. Als die Mutter mal wieder bezahlt hat, erlischt seine Initiative. Wenn es ums Überleben geht, krempelt er die Ärmel hoch, mit dem Leben kann er nichts anfangen. Dennoch lasse ich mich nicht täuschen. Ich erlebe Herrn L. wie einen Menschen, der sich häutet. Die großartigen Schalen hat er abgelegt, was zum Vorschein kommt, ist erstmal undefinierbar. Aber, daß er in seiner Weise auf der Suche ist, läßt er mich wissen. Unser Kontakt reißt nicht ab. Er probt nur mit mir, nicht mehr gefallen zu müssen. Und das gefällt mir.
...

26. 1. 85 Ver-rückt

Herr L. kommt mit Moritz. Die Stunde verläuft genau wie sonst, still. Plötzlich verzieht Moritz das Gesicht, ich denke, was hat er... Herr L. springt auf, schreit ihn zusammen, scheint selber zu Tode erschrocken. Der Junge starrt den Vater an, der sich wieder gesetzt hat und mir erläutert, Moritz sähe aus wie ein Epileptiker. Er denke das oft. Dann kitzelt Herr L. den Jungen, er solle lachen. Ich sage ruhig, das ist verrückt: Ich habe gesehen, wie Moritz sein Gesicht verzogen hat, vielleicht hat ihm etwas Angst gemacht, mehr habe ich nicht verstehen können, sage ich, aber nun soll er gleich wieder lachen. Sie haben sich doch auch erschreckt, das ist erst mal so. Herr L. nimmt Moritz zu sich und spricht davon, daß der Junge ihm oft fremd ist, seit er ihn nur einmal die Woche sehe. Er komme gut mit ihm zurecht, aber er erlebe wohl Schlimmes mit der Frau. Er ahne es nur. Wenn er den Jungen abhole, höre er ihn oft schon von draußen schreien. Wenn er dann den Vater sähe, freue er sich. Mehr können Sie nicht für ihn tun, sich mit ihm freuen, wenn er sich freut, daß Sie kommen. Es quäle ihn, daß Moritz das erlebe, was ihm auch widerfahren sei. Aber er könne auch die Unterschiede sehen: Er habe eine gute Beziehung zu ihm und fühle sich nicht schuldig. Das ist das Beste, was Sie ihm geben können, daß Sie Sie selber sind, sage ich zärtlich.
...

14./15. 3. 85 Telefonat: Es geht mir gut, ohne ... ohne ... einfach mit mir

Mitten in der Nacht ruft mich Herr L. an: Es geht mir gut, ohne Alkohol, ohne Zigaretten, einfach so mit mir, sagt er stolz. Die Therapie habe ihm viel geholfen, das wollte er mir sagen. Es ist schön, daß Sie mir das sagen können. Er wisse gar nicht, wie spät es sei, sagt Herr L., aber er habe mir das jetzt sagen müssen. Manche Gefühle dulden keinen Aufschub, sage ich, man kann ihnen nur folgen, dann passiert nichts. Ich werde gleich weiterschlafen und sicher gut mit Ihrer guten Nachricht, sage ich lachend.

...

Sommer 85: Der Ehering als Schutz vor Frauen

Herr L. hat eine neue Frau kennengelernt, etwas älter als er, mit einer sieben- oder achtjährigen Tochter. Wieder beginnt die Beziehung rauschhaft überschwänglich im Bett. Die Frau studiert Kunstpädagogik in einer anthrophosophischen Akademie in Norddeutschland, wieder am Meer, diesmal an der Nordsee. Herr L. interessiert sich für die Akademie, und die Frau vermittelt ihm ein Vorstellungsgespräch. Danach hat er seinen Studienplatz in der Tasche: ab dem Herbsttrimester. Sie wollen heiraten, und Herr L. zieht nach Norden. Er will die Therapie fortsetzen, einmal im Monat eine Doppelstunde. Ich bin einverstanden. Er will das mit dem Besuch seines Sohnes in G. verbinden.

...

Am 12. 6. 85 zeigt er mir stolz die selbstentworfenen Eheringe. Er trage seinen Ring schon jetzt. Er bedeute ihm einen Schutz vor Frauen und davor, immer gleich etwas machen zu müssen, sagt er mir in schonungsloser Offenheit. Er kommt gehetzt und gestreßt in seine Stunden, aber die Arbeit ist ruhig und intensiv wie selten zuvor. Die Stunden finden jetzt bei mir zu Hause statt, seit er seinen Führerschein hat, brauche ich nicht mehr Rücksicht zu nehmen und bin froh, uns beiden Störungen von außen ersparen zu können. In meinem Zimmer findet er seine Decke auf der Couch wieder, sein Kissen liegt auch immer für ihn da. Er begrüßt beide wie alte Bekannte, aber er legt sich nicht hin, holt sich auch nicht sein Kissen. Er holt sich den Stuhl aus der Ecke und setzt sich in den verschiedensten Varianten mir gegenüber. Er ist voller Leben, das darin besteht, sich in der neuen Umgebung einzuleben und in der kleinen Wohnung der Frau in spe sein Eckchen zu finden. – In der Beziehung mit seiner Freundin geht es turbulent zu, beide testen sich in ihrer Sehnsucht nach Nähe und in ihrer panischen Angst davor. Kaum glückt ihnen ein Stückchen Gemeinsamkeit, bricht einer aus. Die zerrütteten Elternbeziehungen (der Vater der Frau hat Selbstmord begangen) tragen beide als Panzerungen gegen Kränkungen vor sich her, klirren damit und greifen sich an, grundlos oft, um dann erstaunt festzustellen, daß sie zwar solche Eltern hatten, aber anders als sie miteinander leben können.

...

3.7.85 Es geht ihm gut ... heimlich

Ich warte auf Herrn L., er kommt nicht zu seiner Stunde, der letzten vor seiner Hochzeit, die in zwei Tagen stattfinden soll. Dann ruft er an, er habe verschlafen. Er habe die Studienplatzzusage für September. Er habe Sorge, er könne wieder Krebs kriegen, sagt er, aber X. werde auch nicht an Krebs sterben, sondern an den Folgen der Operation am Kopf. – Gemeint ist der Psychotherapeut, von dem er mir erzählt hatte, der einen Hirntumor hatte und ihm als autoritärer Arsch imponierte. – Mir ist ganz mulmig, was Herr L. damit sagen will. Ich frage, auch? Sie haben Sorge, an Ihrer Lebendigkeit schuldig zu werden, andere sollen die Verantwortung übernehmen? Er lacht, es gehe ihm gut. Er werde heiraten und freue sich darauf. Und davon sollte ich keinen Wind kriegen, deshalb haben Sie heute verschlafen, sage ich. Ich wünsche Ihnen viel Glück und Sonne für Ihr Fest auf der Wiese. Ich denke an Sie.

8. 7. 85 Ein Unfall ... Das Glück bremsen müssen

Eine Stunde vor Herrn L.s Stunde geht das Telefon. Ein Freund von Herrn L., der mir ausrichten soll, Herr L. habe gestern einen Unfall gehabt. Ein Auto habe Herrn L. auf seinem Roller die Vorfahrt genommen. Herr L. liege mit kompliziertem Beinbruch in G. im Krankenhaus. – Als ich den Hörer auflege, bin ich empört: Dieser Freund hat mir reißerisch und voller Schadenfreude Herrn L.s Unfall geschildert. Ich bin empört und zugleich rasend vor Angst: Hat er Krebs, wie er es mir angedeutet hatte im letzten Telefonat, denke ich, oder mußte er sein Glück nur bremsen. Der Freund sagte mir, Herr L. habe Telefon am Bett, und gab mir seine Nummer. Ich entscheide mich, Ruhe zu bewahren und abzuwarten, bis Herr L. von sich aus anruft. Ich entscheide mich für den Beinbruch, der mit Krebs nichts zu tun hat.

...

Am Dienstag ruft Herr L. an. Es gehe ihm gut, innerlich fühle er sich wohl, die Schmerzen im Bein seien wüst, ob ich vorbeikäme. Spontan stimme ich zu. – Dann rufe ich zurück. Wir müßten verstehen, sage ich, wozu er das Bremsen, wie er selber es nenne, brauche, was das mit uns zu tun hat. Er habe sich das auch schon gefragt, sagt er. Er habe jetzt ja genügend Zeit zum Nachdenken, die wolle er nutzen.

10. 7. 85 Schweigen ... Warten

Zu Herrn L.s Stunde raste ich nach Hause. Er hat ja sein Telefon am Bett, denke ich, vielleicht ruft er in seiner Stunde an. Er tut es nicht.

Ich rufe E. an, einen Analytiker, mit dem ich zwar nicht über diesen Patienten gesprochen habe, der mich aber in der Arbeit mit Maria und Hanna begleitet hat. Ich brauche Ihren Rat als Vater, sage ich und schildere ihm meine Skrupel: Meinem Gefühl nach möchte ich den Patienten im Krankenhaus besuchen, ich will aber die Arbeit nicht am Bett fortsetzen im Unterschied zu meinem Vorgehen bei den anderen Krebspatienten. Fahren Sie hin, sprechen Sie mit ihm, nicht so lange wie sonst, ohne viel zu deuten. Einfach da sein. Ich danke ihm für den Rat. Ja, sagt er, als Sie mich um Rat als Vater gefragt haben, habe ich sagen wollen,

warum nicht als Freund. Ich danke ihm noch einmal. Das hätte ich nicht gewagt auszusprechen, aber gewünscht und gedacht habe ich es, sage ich.
Ich telefoniere mit Herrn L. und schlage ihm vor, ihn zu besuchen. Er freut sich sehr.

11.7.85 Er hinke mit seinen Gefühlen hinterher …

Herr L. kommt mir im Rollstuhl entgegenfahren. Er strahlt, es gehe schon ganz gut. Er führt mir seine Manövrierkünste vor, und wir arrangieren uns auf der Terrasse in der Sonne. Er sitzt in Turnhosen in seinem Gefährt, und die Arbeit geht weiter. Ich kann gar nicht anders, als ihm zuzuhören, und er kann nicht anders, als sich mir mitzuteilen. Es ist eine intensive Therapiestunde.
Die Hochzeit war toll. Das Fest konnte auf der Wiese des Bauern stattfinden, Petrus spielte an diesem Tag mit – an seinem Festtag, wie es sich gehört, strahlt Herr L. Dann sei seine Frau entführt worden. Er habe von diesem Brauch zwar schon gehört, aber bei ihm zu Hause sei er nicht üblich. Erst sei er ganz ruhig gewesen, habe sich zwar geärgert, sich aber nichts dabei gedacht. Dann hätte die Schwiegermutter ihn angestachelt, suchen zu fahren, sie sei mitgefahren. Es sei eine tolle Frau, sie gefalle ihm. Sie hätten dann seine Frau mit zwei Freunden beim Baden gefunden. Er habe sich von ihr gelinkt gefühlt, daß sie den Deal mit ihren ehemaligen Freunden, mickrigen Knaben, mitgemacht habe. Er sei wütend gewesen. Einen Tag später sei sie dann nach Norddeutschland zum Semesterabschluß gefahren, wo sie in einer Ausstellung auch ihre Arbeiten ausgestellt habe. Er habe nicht mitfahren wollen, das sei nicht sein Ding, zuviel Streß, habe er gedacht. Dann sei er die Hauptstraße runtergefahren, und ein VW habe ihm die Vorfahrt genommen. Sein Bein sei Matsch gewesen. Nur sein Bein. Er habe aber das Gefühl, er hätte bremsen müssen. Er habe keine Schuld an dem Unfall. Aber er habe ihn gebraucht, um zur Ruhe zu kommen. Hier könne er nachdenken. Das habe ihm gefehlt in den letzten Wochen. Die Versicherung werde zahlen und gar nicht schlecht, er habe seinen Anwalt eingeschaltet, der werde rausholen, was sich gehört. Mir gefällt diese Tour nicht, wie er seinen Körperschaden sofort geschäftstüchtig zu

versilbern trachtet. Ich sage ihm das. Er sagt, Sie haben recht, aber ich habe nun mal Schulden, und wenn die Versicherung zahlt, dann ist das nur recht. Ich frage, was mit dem Bein sei, ob er in guter medizinischer Behandlung sei. Er lacht. Ja, der Professor, der ihn behandle, sei sein Nachbar, der Freund der Mutter von Bettina, die nach ihrem Motorradunfall auch von ihm zusammengenagelt worden sei, darüber hätten sich die Mutter und der Arzt kennengelernt. Er sei in Ordnung, er könne mit ihm sprechen. Das Bein könne noch nicht gegipst werden wegen der Schwellung, wenn die weg sei, 6 Wochen Gips, aber es werde 'ne Weile dauern, insgesamt. Vielleicht brauche er es, an Krücken zu gehen, dann werde er bei jedem Schritt merken, wann er sich in seinem Tempo überschätze. Ich hinke einfach mit meinen Gefühlen immer hinterher und mache deshalb mehr als mir guttut. Ich weiß das, aber es passiert eben. Jetzt hinke ich tatsächlich, und es ist bitter, sich diese Wahrheit einzugestehen. Ich sage zärtlich, Sie haben hier Zeit und sitzen sogar in der Sonne, ich wünschte, es wäre kein Krankenhaus. Aber ein Beinbruch, so schmerzlich er ist, ist kein Krebs. Sagen Sie mir, was wollten Sie mir neulich am Telefon sagen, mit dem Krebs des Therapeuten, ich habe ihre Andeutungen nicht recht verstehen können. Ja, das sei das andere. Er habe die Untersuchungen sattgehabt. Aber vor der Hochzeit habe er Angst bekommen, er könnte wieder Krebs kriegen. Gleich als er hier im Krankenhaus zu Bewußtsein gekommen sei, habe er verlangt, daß er von Professor Rotmund untersucht werde. Die Leute seien mords erschrocken. Aber dann sei der Herr Professor mit seiner ganzen Schar gekommen. Sie hätten sein Bett eingerahmt, und der Rotmund habe gesagt, die Narbe, wo ist die Narbe. Er habe gesagt, welche Narbe. Na, die von der Lymphknotenfreilegung. Die hat es nie gegeben, habe ich ihm gesagt. Der hat sich nicht eingekriegt. Der hat nicht einmal gewußt, daß er mich gar nicht operiert hat. Aber Sie wissen, daß Sie leben, haben Sie ihm das wenigstens gesagt, das war doch der Auftritt, den Sie geprobt haben, sage ich. Nein, das konnte ich dann nicht, ich war sprachlos, daß der sich nicht freute, sondern sauer war, weil er seine Narbe nicht begutachten konnte. Ich bin untersucht worden, CT, wie ich es verlangt habe. Alles o.k., sagt er lachend. – Ich lache nicht mit. Mir ist eher zum Weinen über diese tragische Suche nach einem Vater, der dem Sohn den Segen gibt, daß er leben darf. Ich suche nach Worten. Herr L. schaut mich an und sagt, Sie haben recht, das ist nicht zum Lachen, irgendwie habe ich mich selbst verarscht, aber ich habe es zu spät gemerkt. Sich und uns, sage ich. Ich glaube, Sie müssen sehr gekränkt gewesen sein, daß Ihre Frau Sie mit dem Entführungsstreich verarscht hat, daß Sie Ihr Glück nicht ertragen konnte, sonst hätten Sie nicht im Gegenzug Ihr Krebsregister gezogen. Ja, das Fest sei schön gewesen, voller Lebendigkeit, aber nicht laut, kein Trubel wie früher. Dann habe es innerlich einen Riß gegeben, daß nichts richtig schön sein dürfe. Als Sie weggefahren sei und er den VW auf sich habe zufahren sehen, habe er sich zur Seite geschmissen. Das Bein ist futsch, aber sonst nichts. Ja, Sie sind ein Überlebenskünstler, ... Herr L. schneidet mir das Wort ab: Ich will aber mehr können, ich will leben können; ich brauche noch Gips und Krücken, bis wir das für mich erreicht haben. Ja, sage ich, deshalb bin ich ja hier. Wie machen wir weiter? Er werde, sobald er laufen könne, in die Stunde kommen, wenn möglich öfter als einmal im Monat. Aber es sei ganz gut, wenn er nicht allzu schnell entlassen werde, damit er zur Ruhe komme, zum Nachdenken. Ich sage, daß ich es bewundere, daß er trotz gebrochenem Bein zu seiner ganzen Wahrheit stehe, ich stünde nach wie vor auf beiden Beinen. – Ich stand auf, und Herr L. rollte neben mir her bis zur Türe. Wir verabschiedeten uns herzlich.

...

Herbst 85: Lernen lernen

Herr L. ließ sich dann in die Therapie fahren, solange er den Gips hatte und an Krücken ging. Er fühlte sich nicht als Kranker, forcierte aber auch nicht das medizinische Heilungstempo. Es war ihm ernst damit, daß er die Krücken als Schutz brauchte. Wir arbeiteten an seiner seelischen Stabilisierung weiter. Das Bein heilte gut. Zum Semesterbeginn im September fühlte er sich gesichert und legte los. Freilich wieder wie ein Wilder, in allen Bereichen gleich der Meister. Aber bei den Antrophosophen war er in den richtigen Händen. Sie ließen sich nicht täuschen von seinen Redekünsten, sie wollten Zeichenproben. Er reichte sie nach, aber sie waren nicht zufrieden. Er sollte das Trimester wiederholen ... Herr L. erzählte mir am Telefon, er hätte kämpfen können, aber er wußte, das kann er, er würde auch gewinnen, nur das würde ihm nichts nützen. Tatsächlich hätte er noch nicht zu arbeiten begonnen, und er fühlte, daß der Lehrer ihm als Mensch wohlgesonnen sei, und freute sich, die Chance wahrnehmen zu können, bei ihm zu lernen. Er informierte mich dann, daß die Kasse ihn angeschrieben habe, was er mit den noch bewilligten 40 Therapiestunden machen wolle. Er habe sich entschieden, bei mir weiterzuarbeiten. Aber er habe noch immer nicht das Geld von der Versicherung für seinen Unfall. Er könne aber – das war unsere Vereinbarung – die Stunden nicht bezahlen, die er dann erst nachträglich von der Kasse ersetzt bekäme. Da ich den Geschäftsmann gut genug kenne, sagte ich ihm, dann müssen wir die Realität akzeptieren. Er schluckte, deutlich beleidigt.

...

Herbst 86: Mein Garten ... voller Sonnenblumen ... Leben ist *die* Alternative

Herbst 86 rief er mich an: Sein zweiter Sohn sei geboren. Zuvor habe es noch fast eine Katastrophe gegeben. Er sei mit seiner Frau und deren Tochter nach Frankreich ans Meer gefahren. Obwohl hochschwanger, habe sie einfach Urlaub machen wollen und er auch. Sie seien mit dem Boot aufs Meer rausgefahren, und der Motor sei ausgefallen. Es sei eine Wahnsinnsangsttour gewesen, aber alles sei gutgegangen. Sein Sohn sei ein friedliches Kerlchen, ruhiger als Moritz, der übrigens häufig zu Besuch sei und sich toll entwickelt habe. Mein Garten steht voller Sonnenblumen, sagt er voller Freude, die habe ich alle selber gepflanzt. Ich freue mich, daß Sie mit ihrer Lebendigkeit Wurzeln geschlagen haben. Ja, ich arbeite jetzt auch in meinem Studium, auch da entfalte ich mich. Ich habe Lernen gelernt. Viel Glück wünsche ich Ihnen. Leben ist *die* Alternative, sage ich. Wir lachen.

Teil 5*
Sie hatten keine Kindheit ...
Sie hatten keine Jugend
Familiale Sozialisationsbedingungen und trauma-analoge Affektlogik von Krebspatienten

* Geschrieben Mai 1988.

Übersicht

1. Bericht von Herrn F.: Erziehung als Kinder*spiel*, verstanden als Chronologie trauma-analoger Beziehungsentwürfe, um eine narzißtisch gestörte Beziehung zu reparieren

Herr F. schreibt:

Ich habe, ohne das Ganze dieser Erscheinungen umfassen zu wollen, eine Gelegenheit ausgenützt, die sich mir bot, um das erste selbstgeschaffene Spiel eines Knaben im Alter von 1½ Jahren aufzuklären. Es war mehr als eine flüchtige Beobachtung, denn ich lebte durch einige Wochen mit dem Kinde und dessen Eltern unter einem Dach, und es dauerte ziemlich lange, bis das rätselhafte und andauernd wiederholte Tun mir seinen Sinn verriet.
Das Kind war in seiner intellektuellen Entwicklung keineswegs voreilig, es sprach mit 1½ Jahren erst wenige verständliche Worte und verfügte außerdem über mehrere bedeutungsvolle Laute, die von der Umgebung verstanden wurden. Aber es war in gutem Rapport mit den Eltern und dem einzigen Dienstmädchen und wurde wegen seines »anständigen« Charakters gelobt. Es störte die Eltern nicht zur Nachtzeit, befolgte gewissenhaft die Verbote, manche Gegenstände zu berühren und in gewisse Räume zu gehen, und vor allem anderen, es weinte nie, wenn die Mutter es für Stunden verließ, obwohl es dieser Mutter zärtlich anhing, die das Kind nicht nur selbst genährt, sondern auch ohne jede fremde Beihilfe gepflegt und betreut hatte.

Das nenne ich Erziehung statt *Be*ziehung: Bewegungsdrang, Neugierverhalten, Gefühle zeigen wird dem Jungen abdressiert, und gelobt wird er für seine Anpassungsleistung als *anständiger Charakter*. *Vor allem anderen* lobt man ihn, weil er nie weint, wenn die Mutter, die er liebt, ihn für Stunden verläßt.
Ich bin bestürzt. Dieser Junge ist 1½ Jahre und sozial sprachlos, Intelligenz- und Sprachhemmung, denke ich, werden mit der Hemmung des Gefühlsausdrucks zusammenhängen. Komisch, das sorgt Herrn F. gar nicht, obwohl er doch der Großvater des Jungen ist. Er lebt, wie er sagt, mit dem Jungen unter einem Dach und *nutzt die Gelegenheit, um das erste selbstgeschaffene Spiel eines Knaben im Alter von 1½ Jahren aufzuklären* ... Herr F. muß experimenteller Psychologe sein, der sein Experimentierfeld von Emotionen sauberhält ... oder ist er ein Psychoanalytiker der ersten Stunde, der Psychoanalyse als »Deutungskunst« betreibt, denn »zuerst konnte der analysierende Arzt nichts anderes an-

streben, als das Unbewußte zu erraten, zusammenzusetzen und zur rechten Zeit mitzuteilen«* ... Aber dann hielte Herr F. das, was er das Spiel des Knaben nennt, für etwas Krankes, dann wäre Herrn F.'s Bericht die Analyse mit einem 1½jährigen. Ungewöhnlich, denke ich, aber warum nicht. Herr F. sagt ja, der Junge verfüge über einige wenige verständliche Worte und außerdem über mehrere bedeutungsvolle Laute, die von der Umgebung verstanden würden. Herr F. könnte also durchaus mit dem Jungen sprechen, und der Junge würde ihn verstehen. Aber, schreibt Herr F., er beobachtete das Spiel so lange, *bis das rätselhafte und andauernd wiederholte Tun mir seinen Sinn verriet.* Den Sinn des Spiel*verhaltens* des Jungen will er erraten. Mich interessiert der Sinn, den das Tun *für* den Jungen hat. Ich halte mir diese unterschiedliche Einstellung vor Augen und lese weiter.

1. Fortsein-Spiel vs. Fortschleudern-Szene

Dieses brave Kind zeigt nun die gelegentlich störende Gewohnheit, alle kleinen Gegenstände, deren es habhaft wurde, weit weg von sich in eine Zimmerecke, unter ein Bett usw. zu schleudern, so daß das Zusammensuchen seines Spielzeuges oft keine leichte Arbeit war. Dabei brachte es mit dem Ausdruck von Interesse und Befriedigung ein lautes, langgezogenes *o-o-o-o* hervor, das nach dem übereinstimmenden Urteil der Mutter und des Beobachters keine Interjektion war, sondern »fort« bedeutete. Ich merkte endlich, daß das ein Spiel sei und daß das Kind alle seine Spielsachen nur dazu benütze, mit ihnen »Fortsein« zu spielen.

Dieses brave Kind sorgt doch noch für Überraschungen! Es macht sich störend bemerkbar, indem es den Gegenständen antut, was ihm angetan wird, denke ich. Nicht irgendwelche Gegenstände, sondern seine Spielsachen *schleudert der Junge fort*... nicht wahllos in die Gegend, sondern in die Zimmerecken, wo er vielleicht hingestellt wird, wenn er Verbote nicht gewissenhaft befolgt hat... unters Bett, in das er vielleicht verfrachtet wird, wenn die Mutter fortgeht. Jedenfalls traktiert er sein Spielzeug lieblos. Er kommentiert sein Tun mit einem der wenigen Laute, die auch die Eltern verstehen: o-o-o-o (fort), aber, betont Herr F., *mit dem Ausdruck von Interesse und Befriedigung.* Ich denke, die Mutter ist oft fort, Weinen wäre ein angemessener Ausdruck

* Zitatnachweis siehe unten.

seiner zärtlichen Beziehung, zu der auch seine Traurigkeit und Wut gehörten, wenn er sich von ihr verlassen fühlt. Aber Weinen geht nicht... Ich sehe lebhaft vor mir, wie der Großvater sich bei den Aufzeichnungen seiner Beobachtungen gestört fühlt, denn daß der Junge ein Spiel spielt, scheint ihm bereits bewiesen... er verläßt seinen Sessel, um unters Bett zu kriechen, in die Zimmerecken, um das Spielzeug zusammenzusammeln. Der Junge, selber in seinem Bewegungs- und Neugierbedürfnis durch Verbote eingeschränkt, schafft es, den Erwachsenen Beine zu machen, sie zu Mitakteuren seiner Szene zu machen, der Szene, in der er seine Lebenserfahrung mit ihnen verarbeitet. Ein raffiniertes Kerlchen, denke ich.

Aber das ist kein *Spiel:* Der Junge ist wütend und verzweifelt. Er spielt nicht Fortsein, *er inszeniert Fortschleudern,* und zwar immer wieder. *Eine störende Gewohnheit,* sagt Herr F. Der Junge *stört* also, aber warum befaßt denn der Großvater sich nicht mit ihm, er ist doch *ver*stört. Ich vergaß, Herr F. beobachtet ja das Spiel, mitzuspielen hieße wohl, die Abstinenz des Beobachters aufzugeben, das Experimentierfeld mit Subjektivität als Störfaktor verderben. Was für ein Ungeheuer, dieser Großvater! Merkt er denn nicht, daß der Junge mit seinem Spielzeug seinen inneren Zustand inszeniert! Er kämpft gegen Desintegration... Ich sehe das Spielzeug überall verstreut in der guten Stube vor mir... Seelischer Aufruhr eines Kindes, das nie weint; mit seiner störenden Gewohnheit allerdings weckt er Interesse, der Großvater beäugt ihn, jetzt sogar befriedigt, denn seine Forschungshypothese ist bestätigt. Kein Wunder, denke ich, daß der Junge sein »o–o–o–o« mit Interesse und Befriedigung ausstößt, denn zumindest ist ja der Großvater im Zimmer anwesend... freilich, um das Rätsel aufzuklären. Ein rätselhafter Mensch, dieser Herr F.

2. Verschwinden-Wiederkommen-Spiel (Mutter-Spiel) vs. Verschwindenlassen-Wiederholen-Szene

Herr F. schreibt weiter:

Eines Tages machte ich dann die Beobachtung, die meine Auffassung bestätigte. Das Kind hatte eine Holzspule, die mit einem Bindfaden umwickelt war. Es fiel ihm nie ein, sie zum Beispiel am Boden hinter sich herzuziehen, also Wagen mit ihr zu spielen, sondern es warf die am Faden gehaltene Spule mit großem Geschick über den Rand seines verhängten Bettchens, so daß sie darin verschwand, sagte dazu sein bedeutungsvolles *o–o–o–o* und zog dann die Spule am Faden wieder aus dem Bett heraus, begrüßte aber deren Erscheinen jetzt mit einem freudigen »Da«. Das war also das komplette Spiel, Verschwinden und Wiederkommen, wovon man zumeist nur den ersten Akt zu sehen bekam, und dieser wurde für sich allein unermüdlich als Spiel wiederholt, obwohl die größere Lust unzweifelhaft dem zweiten Akt anhing.

In seiner Weise hält dieser Junge tatsächlich trotz der Trennung an seiner zärtlichen Bindung an die Mutter fest: Am *Bindfaden* holt er sich die Holzspule wieder, wenn er schon die Mutter, *der er zärtlich anhängt,* real nicht festhalten kann. *Er inszeniert die gestörte Beziehung zu ihr, indem er den Beziehungsbruch repariert.* Dieser Junge spricht zwar erst wenig, aber er spricht mit seinem Handeln eine sinnfällige Körpersprache: ›Ich werf' dich fort, aber ich laß dich nicht los, selbst wenn du mich verlassen hast.‹ Ich komme auf diese Bedeutung, weil Herr F. betont, der Junge wiederhole zwar unermüdlich das Verschwindenlassen der Holzspule, aber ihr Wieder-Holen mache ihm die größere Lust, er begrüße sie mit einem freudigen »Da«.
Herr F. ist zufrieden, nun hat er das komplette Spiel vor Augen, allerdings nennt er es Verschwinden und Wiederkommen. Aber die Spule verschwindet doch nicht, sie kommt nicht wieder! Die Mutter verschwindet, die Mutter kommt wieder! Herr F. setzt die Aktivität des Jungen: Verschwindenlassen der Spule und sie Wieder-holen, und die Aktivität der Mutter: Verschwinden und Wiederkommen in eins. Eigentlich hat er wohl die Mutter und nicht das Kind im Auge, dann aber müßte ihm *deren* Spiel ein Rätsel sein, dessen Sinn er aufklären will. Das hatte er doch gar nicht vor. Dann verstünde ich aber, warum für ihn das Kind das immergleiche Spiel zu wiederholen scheint, denn merkwürdigerweise schreibt Herr F., daß man zumeist nur den Verschwinden-Akt zu sehen bekam, *dieser wurde für sich allein unermüdlich als Spiel wiederholt, obwohl die größere Lust unzweifelhaft dem zweiten Akt anhing.* Wie das, frage ich mich, wenn die Holzspule, die der Junge in seinem Bettchen verschwinden läßt, doch an einem *Bindfaden* befestigt ist! Darin besteht doch gerade die kreative Leistung des Jungen: Er hat sich ein Spielzeug gewählt, das es ihm erlaubt, *seine widersprüchliche emotionale Erfahrung mit der Mutter als ein integriertes Ganzes zu inszenieren.* Das

gerade ist das Neue an dieser Szene: Daß der Junge nicht nur verschwinden läßt, sondern *wieder*holt, was er weggeworfen hat.

Der Großvater muß eingeschlafen sein, daß ihm das entgangen ist. Oder paßt das nicht in sein Konzept von Kinderspiel als unermüdlicher Wiederholung, und zwar des weniger lustvollen Akts! Mich macht das ärgerlich, daß er sagt, er habe das Spiel des Jungen beobachtet, tatsächlich aber das an der Mutter Beobachtbare mit dem am Kind Beobachtbaren gleichsetzt. Nein, Psychoanalytiker kann Herr F. nicht sein, das ist einfach unanalytisch. Psychoanalyse, nach meinem Verständnis, fragt nach den *Be*deutungen, *die etwas für jemanden hat hinter der phänomenologischen Erscheinung. ...* Oder sollte das die Psychoanalyse sein, die nicht mehr »Deutungskunst« ist, sondern die Psychoanalyse, die den Kranken »zur Überzeugung von der Richtigkeit der ihm mitgeteilten Konstruktion nötigen«* soll. Diese Psychoanalyse, die ich *Überzeugungskunst* nennen würde, betriebe dann Herr F. mit mir, dem Leser seines Berichts. Ich fühle mich nicht krank, ich kann meinen Sinnen trauen. Mich überzeugt Herrn F.s Konstruktion keineswegs. Sie geht an dem vorbei, was ich erlebe, wenn ich mir die Szene vorstelle. Daß ich sie mir lebhaft vorstellen kann, dafür sorgt Herr F. und daran liegt ihm doch wohl auch. Er macht mich zum Teilhaber der Szene, mich zum gläubigen Nachbeter seiner Kopfkonstruktion machen zu wollen, das geht mit mir nicht. Aber Herr F. kennt mich nicht. Vielleicht sollte ich ihm schreiben und ihm meine Sichtweise der Szenen mitteilen.

Ich denke, der Junge käut seine traumatische Realitätserfahrung wieder und wieder, aber, *was er inszeniert, ist ein trauma-analoger Beziehungsentwurf:* Er inszeniert sowohl das Verschwindenlassen als auch die Freude auf das Wiederkommen der Mutter – das 2. mit der größeren Lust. Er holt sie sich wieder mit der größeren Lust und dem freudigen »Da« und bleibt dergestalt *mit seinen zärtlichen Gefühlen befaßt, selbst wenn sich keiner mit ihm befaßt.*

Dieser Junge fasziniert mich. Sein Handeln ist Selbstzweck, Selbstverwirklichung, in der er sich wiederzuerkennen scheint. *Unermüdlich wiederholt er, indem er wieder holt.* Das gibt ihm Kontinuität, läßt ihn sich intakt fühlen, im Rhythmus fort-da-fort-da... Der Junge muß sich selbst durch die Wiederholung seiner Handlung und seiner Laute Ersatz schaffen für das fehlende Selbstobjekt Mutter, das ihm durch empathische Spiegelung und Echo seiner psychischen Existenz Spielraum schaffen würde, um sich auch neuen Realitätserfahrungen auszusetzen. Der Junge ist mit 1½ Jahren sich selbst überlassen und einzig darauf konzentriert, den Bruch in der Beziehung zum Mutter-Selbstobjekt zu kitten, innere Leere zu bekämpfen. Ein seelischer Selbstheilungsversuch, wie er im Buche steht! Ich finde es zynisch, daß Herr F. eingangs sagt, der Junge sei in seiner intellektuellen und sprachlichen Entwicklung *keineswegs voreilig*, wenn er doch derart psychisch vernachlässigt wird.

3. Sich-Selbst-Verschwinden-Lassen-Spiel vs. Sich-Entdecken-/Sich-Verschwinden-Lassen-Szene

Herr F. schreibt:

Diese Deutung wurde dann durch eine weitere Beobachtung völlig gesichert. Als eines Tages die Mutter über viele Stunden abwesend gewesen war, wurde sie beim Wiederkommen mit der Mitteilung begrüßt: *»Bebi o–o–o–o!«*, die zunächst unverständlich blieb. Es ergab sich aber bald, daß das Kind während dieses langen Alleinseins ein Mittel gefunden hatte, sich selbst verschwinden zu lassen. Es hatte sein Bild in dem fast bis zum Boden reichenden Standspiegel entdeckt und sich dann niedergekauert, so daß das Spiegelbild »fort« war.

Hatte der Junge zuvor mit der Holzspule sein Verlassenwerden inszeniert, um das Wieder-Holen mit freudigem »Da« zu zelebrieren, begrüßt er jetzt *die Mutter,* als sie nach Hause kommt, mit einer qualitativ neuen Variante seiner seelischen Überlebensstrategien. Er führt ihr mit dem eigenen Körper vor, wie er sein Alleingelassenwerden bewältigte: Er hatte sich im Spiegel entdeckt und zeigt ihr nun, wie er sich niederkauert, so daß sein Spiegelbild »fort« ist, und er sagt ihr: »Bebi o–o–o–o!«.
Ich bin erschüttert und alarmiert. Der Junge führt der Mutter *seinen Selbst-Mord-Versuch* vor, denke ich: ›Ich bringe mich selbst zum Verschwinden, schaffe mich ab, so wie du es mit mir machst, wenn du fortgehst... bin ich dir recht, wenn es mich nicht gibt?‹ scheint er sie zu fragen, wenn er sie mit »Bebi o–o–o–o« begrüßt. Herrn F. läßt das seelische Drama des Kindes kalt. Was die Mutter zu ihrem Jungen sagt, der ihr seinen seeli-

schen Kummer vorführt in seiner Körpersprache und seiner Sprache, die auch sie versteht, weiß ich nicht. Herr F. schreibt darüber kein Wort. Für ihn steht fest: Es geht um ein Spiel.

Mich interessiert die Bedeutung, der Sinn, dieser Szene zwischen dem Kind und der Mutter. Ich schaue mir die Szene erneut an und entdecke eine andere Facette. Bevor der Junge sich verschwinden lassen kann, muß er sich im Spiegel entdeckt haben. Wie konnte ich das übersehen! Wohl deshalb, weil Herr F. meine Aufmerksamkeit einzig auf das Sich-Selbst-Verschwindenlassen-Spiel lenkte, das ihm seine Spiel-Hypothese bestätigt.

Ich halte mir die komplette Szene noch einmal vor Augen: Die Mutter kommt nach Hause und der Junge begrüßt sie mit: »Bebi o–o–o–o.« Sie versteht ihn nicht. Er geht vor den Spiegel, schaut sich darin an, *erst dann* kauert er sich nieder. Dazu passen seine Worte: »Bebi o–o–o–o.« Was der Junge seiner Mutter mit seinem Körper vorführt, ist also, was er am eigenen Körper erlebt, wenn sie ihn allein läßt: ›Ich fühle mich verlassen, es gibt mich nicht, wenn es dich nicht für mich gibt, aber ich habe mich im Spiegel wiedergefunden.‹ Allerdings hat der Junge nur für das Sich-Selbst-Verschwindenlassen, seine Selbstaufhebung, einen Namen: ›Hast du einen Namen für mich, wenn ich da bin, wenn du wieder nach Hause kommst... freust du dich über mich, so wie ich dich freudig mit meiner Entdeckung begrüße?‹ Herr F. schreibt kein Wort darüber, ob die Mutter den Jungen verstehen konnte und ihm ein freudiges »Da« für seine Existenzerfahrung geben konnte, einen Eigennamen.

Ich bin erschüttert, alarmiert, aber auch fasziniert. Der Junge ist unermüdlich in seinem Wunsch, sich selbst ausdrücken zu wollen, um sein Erleben verständlich zu machen. Diesmal hat er das Alleingelassenwerden über Stunden seelisch überlebt, indem er sich nicht mehr auf Gegenstände, seine Holzspule etwa, bezogen hat, sondern auf seinen eigenen Körper als sinnlich lebendigem Gegenüber im Spiegel. Dieser Junge, der seine Lebensfreude offensichtlich nicht im Lächeln der Mutter synchron gespiegelt findet, – sie ist fort –, kann die Mutter emotional auch nicht miterregen, wenn sie da ist. Emotional scheint sie nicht da zu sein, selbst wenn sie da ist. *Der Junge inszeniert die gestörte emotionale Beziehung zur Mutter, und zwar analog zum Realtrauma der Trennung: Er repariert den Verlust des spiegelnden Selbstobjekts ›Mutter‹, das er braucht, um sich selbst kohärent zu erleben, indem er*

sich in Beziehung zu seinem Körper als ihn spiegelnder Partner setzt: ›Ich fühle mich nicht da, unwirklich, wenn du mich verläßt, aber ich kann mich wiederfinden, wenn ich mich im Spiegel anschaue … und ich kann mich selber verschwinden lassen‹, scheint er der Mutter sagen zu wollen. Ich bin betroffen. Dieser 1½jährige Junge ist seelisch bedroht, er zieht sich von der Auseinandersetzung mit der Gegenstandswelt, mit der er noch im Fort-Da-Dialog war, auf seinen Körper zurück. Auch das ist noch ein Selbstheilungsversuch, denke ich. Er führt ihn *der Mutter* vor, die sein Selbst heil machen, ihn mit sich in Einklang bringen könnte, wenn sie die Chance begriffe und ihn vor dem narzißtischen Rückzug bewahrte, wenn sie ihn empathisch in seinem Bedürfnis, von ihr wahrgenommen und verstanden zu werden, beantwortete.
Herr F. schreibt darüber kein Wort. Klar, ihn interessiert ja der Sinn des Spielverhaltens des Jungen, nicht der Sinn, den das vermeintliche Spielen als Ausdruck seines Selbsterlebens in der Beziehung zu der zärtlich geliebten Mutter hat. Darin unterscheiden wir uns, Herr F. und ich. Mich interessieren die Szenen als Niederschlag des Seelenlebens des Jungen … Herrn F. hingegen interessiert das Studium »der Arbeitsweise des seelischen Apparats«* am Beispiel des Kinderspiels, wie er sagt, um nachzuweisen, »daß der Ablauf der seelischen Vorgänge« doch nicht nur, wie er bislang angenommen hatte, »automatisch durch das Lustprinzip reguliert wird«*.
Herr F. verfolgt das Spiel des Kindes also mit einer bestimmten Theorie im Kopf. Von Freud sagte er etwas: Das Spielen des Kindes bedeute die Erfüllung »des Wunsches, groß zu sein und so tun zu können wie die Großen«.* – Ich meine aber, das Kind führt mit den Szenen vor, wie es sich *gegenwärtig in seiner Umwelt erlebt:* Gleichviel, ob die Erwachsenen da sind oder fort, es wird allenfalls beäugt, aber nicht in seinem Selbstverständnis begriffen. Emotional beharrt es, entgegen der schmerzlichen Realitätserfahrung, auf seinem lustvollen Selbstverständnis. Es ist ganz absorbiert von seinem Tun. *Wunscherfüllung ist Selbstzweck.* Zudem hat der 1½jährige noch kein Zeitkonzept. Wenn Spielen einzig hieße: Groß sein zu wollen und so tun zu können, wie die Großen, dann wäre Spiel wohl eher ein Trauerspiel, meine ich. Wo bliebe dann der fröhliche Exhibitonismus des Kindes, das nichts außer sich kennt und sich weltvergessen befriedigt in sei-

nem Tun, das einzig Selbstzweck ist, zeitlos, wie der Traum. *Wunscherfüllung ist Selbstverwirklichung des eigenen Programms, denke ich, und nicht wie Freud meint, ödipale Zukunftsmusik.*

Aber nicht das Realtrauma der Trennung ist das eigentlich Schlimme, denke ich besorgt, sondern daß dieser Junge nur einen Namen für sich hat, wenn er sich selber verschwinden läßt: »Bebi o–o–o–o.« Dann wird er, fürchte ich, ein Leben lang in Spiegeln nach sich suchen müssen. Er wird sich den Menschen allenfalls in dem Sich-Selbst-Verschwindenlassen, als Kranker etwa, vorzuführen wagen. Denn die Mutter hat ihm für die Freude und den Stolz über sich selber keinen Namen gegeben. Sie konnte *sich* offensichtlich nicht fühlen, um zu begreifen, was der Junge mit 1½ Jahren ihr noch begreiflich zu machen versucht. Er wird sich seiner namenlosen Existenz, seiner Gefühle, für die er keinen Namen hat, schämen müssen. Man lobte ihn dafür, daß er seine traurigen Gefühle nicht zeigte. Er weinte nie, wenn er allen Grund zum Weinen hatte. Wenn man ihn unbegriffen seinem Spiegelbild überlassen wird, wird er sich zwar vor dem seelischen Verhungern bewahren können, aber er wird emotional in Schweigen versinken. Dieser Junge, denke ich, und das macht mich traurig, wird emotional sprachlos bleiben, und das heißt, sozial sprachlos werden: Sich in Beziehungen zu anderen Menschen nicht selbstbefriedigend verwirklichen können. Er wird zwar überleben, aber ohne sich mit anderen Menschen zusammen lebendig erleben zu können.[1]

1 Exakt das ist das Schicksal von narzißtisch gestörten Patienten und von Krebspatienten, wie ich es aus meinen Psychosoma-Analysen kenne. Sie sind sich durch das Schweigen als Kommunikation der anonymen Mutter in ihrer Sinnlichkeit anonym geblieben. Nicht, daß sie gefühllos wären. Nein, sie haben für ihre Gefühle als Ausdruck ihres Selbst in Beziehung zu einem anderen keinen Namen außer »Bebi o–o–o–o«, was soviel heißt wie: »Entschuldigung, daß ich geboren bin.« In *Aufzeichnungen eines seelischen Nacktflitzers* habe ich die *Über*lebensentwürfe der anonymen Persönlichkeit, wie Kaliwoda die in ihrem Selbstausdruck gestörten Patienten nennt, detailliert beschrieben und zeige in Behandlungsstunden und Behandlungslängsschnitten, daß und wie in den Psychosoma-Analysen mit diesen Menschen Psyche und Soma in der Beziehung zum Therapeuten zum ersten Mal benannt werden, so daß diese Menschen beginnen, nach *Lebensentwürfen* diesseits des Schweigens zu suchen. Siehe 1991b, S. 277-310, Kapitel 6 »Belvedere:

Zurück zu Herrn F., der nun zur Deutung schreitet, denn er hat den Sinn des rätselhaften und andauernd wiederholten Tuns des Jungen als Spiel erraten, und davon zu berichten, war ja sein Anliegen:

Die Deutung des Spieles lag dann nahe. Es war im Zusammenhang mit der großen kulturellen Leistung des Kindes, mit dem von ihm zustande gebrachten Triebverzicht (Verzicht auf Triebbefriedigung), das Fortgehen der Mutter ohne Sträuben zu gestatten. Es entschädigte sich gleichsam dafür, indem es dasselbe Verschwinden und Wiederkommen mit den ihm erreichbaren Gegenständen selbst in Szene setzte. Für die affektive Einschätzung des Spieles ist es natürlich gleichgültig, ob das Kind es selbst erfunden oder sich infolge einer Anregung zu eigen gemacht hatte. Unser Interesse wird sich einem anderen Punkte zuwenden. Das Fortgehen der Mutter kann dem Kinde unmöglich angenehm oder auch nur gleichgültig gewesen sein. Wie stimmt es also zum Lustprinzip, daß es dieses ihm peinliche Erlebnis als Spiel wiederholt? Man wird vielleicht antworten wollen, das Fortgehen müßte als Vorbedingung des erfreulichen Wiedererscheinens gespielt werden, im letzteren sei die eigentliche Spielabsicht gelegen. Dem würde die Beobachtung widersprechen, daß der erste Akt, das Fortgehen, für sich allein als Spiel inszeniert wurde, und zwar ungleich häufiger als das zum lustvollen Ende fortgeführte Ganze.
Die Analyse eines solchen einzelnen Falles ergibt keine sichere Entscheidung; bei unbefangener Betrachtung gewinnt man den Eindruck, daß das Kind das Erlebnis aus einem anderen Motiv zum Spiel gemacht hat. Es war dabei passiv, wurde vom Erlebnis betroffen und bringt sich nun in eine aktive Rolle, indem es dasselbe, trotzdem es unlustvoll war, als Spiel wiederholt. Dieses Bestreben könnte man einem Bemächtigungstrieb zurechnen, der sich davon unabhängig macht, ob die Erinnerung an sich lustvoll war oder nicht.

Ich habe meine Zweifel, ob die dem Kind abverlangte seelische Anpassungsleistung als große kulturelle Leistung zu bezeichnen ist. Was Herr F. Spiel nennt, daß das Kind sich *entschädigte für den ihm abverlangten Triebverzicht, das Fortgehen der Mutter ohne großes Sträuben zu gestatten,* ist für mich eine euphemistische Verbrämung von Erziehung, die in der *Aberziehung von*

Erkenne dich selbst«, in dem ich die zeitgenössischen Sozialisationsbedingungen narzißtisch gestörter Menschen beschrieben habe, insbesondere die Affektlogik asynchroner Beziehungen, die ich unter II, 3.3 wesentlich ausformuliert habe zu einer trauma-analogen Affektlogik des Krebspatienten. In 1991b, Kapitel 7, S. 311-338 habe ich mich mit dem Schweigen als Kommunikation der anonymen Mutter auseinandergesetzt.

Gefühlen besteht. Was Herr F. Spiel nennt, ist seelische Arbeit, um zu überleben. Das Kind entschädigt sich nicht, es ist genötigt, Selbstheilungsstrategien zu entwickeln, um den Preis der Retardierung in seiner kognitiven und emotionalen Entwicklung.
Herr F. reduziert die komplex gestalteten Szenen auf den Nenner »Spiel«, das darin bestehe, das Fortgehen der Mutter mit den ihm erreichbaren Gegenständen selbst als Verschwinden und Wiederkommen zu inszenieren. Der gemeinsame Auslöser der Szenen ist der drohende Selbstobjektverlust, der für den 1½jährigen Jungen den seelischen Tod bedeuten würde. Er antwortet auf unlustvolle Realitätserfahrung, indem er sich selbst um jeden Preis behauptet. Das aber widerspricht keinesfalls dem Lustprinzip. *Die Szenen zeigen, wie sich das Kind kreativ sein Überleben ausgestaltet, indem es trauma-analoge Beziehungsentwürfe ausarbeitet.*
Ich halte mir noch einmal vor Augen: Was Herr F. auf den Begriff »Spiel« bringt, sind für mich trauma-analoge Beziehungsentwürfe, wobei mir wichtig ist, daß der Junge die Szenen sowohl mit qualitativ verschiedenen Interaktionspartnern als auch mit qualitativ verschiedenen Gegenständen probt. Das macht die Szenen für mich lesbar als Chronologie von sich ausdifferenzierenden trauma-analogen Beziehungsentwürfen zum Zweck der Reparation der gestörten Selbst(Junge)-/Selbstobjekt(Mutter)-Beziehung.
Während der Junge in Szene (1) seine seelische *Ver*störtheit als Störung inszeniert und die Erwachsenen stört – sie tatsächlich aber zu Mitakteuren zu machen versucht, allerdings vergeblich –, spielt er in Szene (2) allein mit der Holzspule. In Szene (3) – und das ist für mich die große seelische Leistung des Jungen – führt er der Mutter, mit der ja die Beziehung gestört ist – u. a. durch ihr Fortgehen –, seinen neuen Beziehungsentwurf vor: Er inszeniert jetzt am eigenen Leibe, aber vor ihren Augen, wie er sich mit seinem Spiegelbild als Selbstobjekt eine Reparation des Selbstobjektverlusts vorstellt. Das ist sein trauma-*analoger* Beziehungsentwurf. Sollte die Mutter tatsächlich nur auf sein narzißtisches Negativ: »Bebi o–o–o–o« reagieren, muß sein Selbstheilungsversuch scheitern und aus dem bislang nur *ver*störten Jungen wird wohl ein (narzißtisch) *ge*störter Junge (und Erwachsener) werden, denke ich.
Daß Herr F., *Protagonist und Chronist zugleich,* die Szenen unterschiedslos auf den Begriff »Spiel« jenseits des Lustprinzips

Übersicht 1:
ERZIEHUNG . . . vs. . . . BEZIEHUNG

Bericht von Herrn F.	Chronologie trauma-analoger Beziehungsentwürfe, um eine gestörte Beziehung zu reparieren
Fortsein-Spiel	(1) Fort*schleudern*-Szene
Junge/Spielzeug »o–o–o–o«	Junge/Spielzeug/Erwachsene, die Spielzeug zusammensammeln, Herr F. beobachtet das Tun »o–o–o–o«
Verschwinden-Wiederkommen-Spiel (Mutter-Spiel!)	(2) Verschwinden*lassen*-Wieder*holen*-Szene
Junge/Holzspule »o–o–o–o/da«	Junge/Holzspule/Herr F. beobachtet »o–o–o–o/da«
Sich-Selbst-Verschwinden-Lassen-Spiel	(3) *Sich-Entdecken*-Sich-Verschwinden-Lassen-Szene
Junge/Spiegel »Bebi o–o–o–o«	Junge/Mutter/eigener Körper/Spiegel/Herr F. beobachtet »?« – »Bebi o–o–o–o«

bringt, bedeutet für mich, daß er Realität in das Prokrustesbett einer Theorie einspeist, anstatt Realität wahrzunehmen, die ihm die Chronologie fortschreitender seelischer Deprivation vor Augen führt. Während er sich wohl als objektiver naturwissenschaftlicher Beobachter versteht, dem Realität einzig das Material zur Überprüfung einer Hypothese liefert, denke ich, daß es angemessen wäre, sich von Realität belehren zu lassen, um die theoretischen Vorannahmen am eigenen Erleben zu überprüfen und gegebenenfalls zu revidieren. Das wäre sogar im Sinne der Naturwissenschaften, die uns mit der Relativitätstheorie und der Heisenbergschen Unschärferelation gezeigt haben, daß der Beobachter allemal das Beobachtete mitstrukturiert. Herr F. ist eben nicht

Vielleicht sind Herrn F. Einstein und Heisenberg ja nicht bekannt...
Vielleicht aber E. Mach, Physiker und Philosoph, der bereits 1886 das Relativitätsprinzip menschlicher Wahrnehmung formuliert hat.
Mach fertigte die obige Zeichnung an, um zu demonstrieren, »wie die Selbstschauung ›Ich‹ ausgeführt« wird. (E. Mach, *Beiträge zur Analyse der Empfindungen,* Jena, 1886, S. 15. Zeichnung ebenda, S. 14.)

nur Chronist, sondern auch Protagonist der Szenen. Im Gegensatz zur Mutter ist er in den 3 Szenen anwesend, in Szene (1) sogar aktiv. Er ist zwar anwesend, ohne aber emotional da zu sein. Das ist für mich das Erschütternde an seinem Bericht.
Ich lese Herrn F.'s Bericht weiter, gewiß nicht mehr, weil von Freud die Rede war. Freuds Narzißmuskonzeption als sekundären Abwehrmechanismus kenne ich, aber daß ich ihr widerspreche, wird Herrn F. gar nicht gefallen, wenn ich ihm meine Aufzeichnungen zu seiner Geschichte schicke. Ich bin mir allerdings nicht sicher, ob ich das tue. So wenig wie er sich von der Realität beeindrucken läßt, so wenig wird er vermutlich auch einer Relativierung seiner Ansicht zugänglich sein.

4. »Kriegsspiel« vs. Wegwerf-Szene

Man kann aber auch eine andere Deutung versuchen. Das Wegwerfen des Gegenstandes, so daß er fort ist, könnte die Befriedigung eines im Leben unterdrückten Racheimpulses gegen die Mutter sein, weil sie vom Kinde fortgegangen ist, und dann die trotzige Bedeutung haben: »Ja, geh' nur fort, ich brauch' dich nicht, ich schick' dich selber weg.« Dasselbe Kind, das ich mit 1½ Jahren bei seinem ersten Spiel beobachtete, pflegte ein Jahr später ein Spielzeug, über das es sich geärgert hatte, auf den Boden zu werfen und dabei zu sagen: »Geh' in K(r)ieg!« Man hatte ihm damals erzählt, der abwesende Vater befinde sich im Krieg, und es vermißte den Vater gar nicht, sondern gab die deutlichsten Anzeichen von sich, daß es im Alleinbesitz der Mutter nicht gestört werden wolle.

Das ist tatsächlich Freud![2]
Er versteht nicht, was das Kind fühlt, er deutet im Namen seiner Theorie. Die Wut, die Freud dem 1½jährigen Jungen noch als störende Gewohnheit durchgehen ließ (Fortschleudern-Szene, 2), deutet er dem 2½jährigen Jungen nun als phasenspezifischen ödipalen Schlachtruf: »Geh' in K(r)ieg!« Freud deutet, und zwar ungeachtet des Beziehungsgeschehens, dem Jungen als Triebkonflikt, einmal rückwirkend als unterdrückten Racheimpuls gegen die Mutter – das kann noch angehen, meine ich – zum andern aber aktuell als Racheimpuls gegen den Vater, von dem er im

2 S. Freud, *Jenseits des Lustprinzips*, 1920, 215-272. Die zitierten Passagen bei Freud ebenda, S. 224-227. Die mit einem * gekennzeichneten Zitate S. 592/228; S. 595/228; S. 598/224; S. 598/217; S. 598/227.

Alleinbesitz der Mutter nicht gestört werden wolle. Aber der Vater stört ihn gar nicht, wie Freud betont, er ist im Krieg. Dennoch soll er das Spiel des Kindes determinieren, obwohl der Junge *ihn gar nicht vermißte.*

Mich überzeugt diese Konstruktion nicht. Ich nehme wahr, daß der Junge schnell ärgerlich wird und aufgibt, wenn ihm etwas nicht gelingt. Die »Bebi o–o–o–o«-Interaktionsform der Selbstaufhebung, die in Szene 3 in alarmierender Weise beschrieben ist, hat sich innerhalb eines Jahres in die Befehlsform »Geh in K(r)ieg!« als Verfügungsanspruch über Gegenstände verkehrt. Der *anständige Charakter,* denke ich, ist auf dem besten Weg, sich zum *autoritären Charakter* zu mausern. Freud hat ungewollt beschrieben, wie die narzißtische Interaktionsform aus der Nichteinigung zwischen Mutter und Kind hervorgeht und Dinge zum Substitut der fehlenden Respektive unempathischen Interaktionspartner werden. Aggressives Verhalten erscheint unter diesen Bedingungen als Versuch, auf eine infantile Weise das Ding – Selbst gegen Einbrüche von außen abzuschotten, *um den Schmerz narzißtischer Scham abzuwehren.*

Die kulturelle Leistung des Kindes, der zustandegebrachte Triebverzicht, das Fortgehen der Mutter ohne großes Sträuben zu gestatten, erweist sich nun, meine ich, als Bumerang. Aber Freud reflektiert nicht, daß das aggressive Verhalten Ausdruck einer gestörten Beziehung ist, das heißt, die Folge der Erziehung als Aberziehung von Gefühlen. Freud deutet vielmehr – was er jetzt wohlweislich nicht mehr Spiel nennt, weil er es Kriegsspiel nennen müßte –, Freud deutet Triebgeschehen, und zwar, genauer: Todestrieb-Geschehen, denn der eigentliche Antrieb des Kindes zum Spiel (wie auch für die Träume des Unfallneurotikers) speise sich aus dem »Todestrieb« als »Wiederholungszwang« (234ff.), der für »die Wirksamkeit von Tendenzen jenseits des Lustprinzips (stehe), unabhängig und ursprünglicher als dieses« (227). Ich meine demgegenüber, daß der Junge mit seiner Wut die narzißtische Scham zu tarnen versucht, die Scham darüber, an seiner Existenz schuldig zu werden, weil er es nicht erlebte, sich überhaupt mit seinen Gefühlen, gleichviel welchen, in einer empathischen Beziehung aufgehoben zu fühlen.[3]

3 Anmerkung 1987: Kürzlich schaute ich in den Garten. Dort stand der Nachbarjunge, ein Mischlingskind, ca. 8 Jahre, mit seinem Gewehr. –

5. »Trauerspiel« vs. Schweige-Szene

In einer Fußnote merkt Freud an:

Als das Kind fünfdreiviertel Jahre alt war, starb die Mutter. Jetzt, da sie wirklich »fort« *(o–o–o–o)* war, zeigte der Knabe keine Trauer um sie. Allerdings war inzwischen ein zweites Kind geboren worden, das seine stärkste Eifersucht erweckt hatte (Freud, 1920, 226).

Was für ein Unrecht im Namen einer Theorie! Das Kind in mir schreit auf. Ich bin mir meiner eigenen traumatischen Kindheitsszenen bewußt; meiner Gegenübertragung, die Freuds Text evozierte:

– *Weil ich hätte weinen können,* schickte man meine Mutter mit mir als Säugling aus dem Luftschutzkeller in den Bombenhagel im Garten ... Meine Mutter ließ sich schicken ...
– *Weil ich weinte,* wenn meine Mutter mich im Blindenheim, in dem ich als 1jährige untergebracht war, besucht hatte und fortging, untersagte man ihr, mich weiterhin zu besuchen, weil ich mit meinem Weinen die anderen Kinder ansteckte ... Meine Mutter gehorchte ... Sie hatte gesagt, warte hier, und ich wartete 1 Jahr lang auf sie ... Ich saß vor dem Spielzeug, das mir nicht gehörte, ohne damit zu spielen ... Aber wehe, ein anderes Kind faßte es an ... dann schlug ich um mich ...
– Ich war 10 Jahre, als die Nachricht kam, daß mein Vater, der 10 Jahre lang als vermißt gegolten hatte, gefallen war ... *Ich weinte* ... Man schickte mich ins Bett mit der Auflage, daß ich wiederkommen könne, wenn ich mich beruhigt hätte. – Der Junge wurde getadelt, weil er keine Trauer zeigte, ich wurde getadelt, weil ich haltlos weinte ... Beide hatten wir unsere Lektion wohl nicht richtig gelernt – ... Ich schwieg 35 Jahre

Ich kenne diesen Jungen nur, wie er mit Pistole oder Gewehr, immer in einer Khakijacke, vermutlich einer amerikanischen Armeejacke, ballernd durch Garten oder Felder rast. – Als er mich sah, legte er sein Gewehr auf mich an und zielte. Ich schaute ihn unverwandt an. Nach einer Weile senkte er das Gewehr und hielt es sich quer über die Augen. Blitzartig verstand ich, was das aggressive Verhalten des Jungen bedeutete: nicht etwa ödipale Aggression, worauf einen Armeejacke und Gewehr bringen könnten; nein: Mit seinem aggressiven Verhalten scheint der Junge die Scham für seine Existenz – er ist ein Mischlingsjunge und lebt bei den deutschen Großeltern in einem ländlichen Vorort – zu tarnen.

lang, bis ich in meiner Analyse zu Wort kam und verstanden wurde, um mich zu verstehen und zu meinen Gefühlen stehen zu lernen... um an dieser Stelle meine Betroffenheit über Freuds gefühllosen Bericht ohne Scham aussprechen zu können...

Ich fasse zusammen, was ich verstanden habe:

Wofür der Junge mit $1\frac{1}{2}$ Jahren als anständiger Charakter gelobt wurde: daß er nie weinte, wenn die Mutter für Stunden fortging, wird er nun mit $5\frac{3}{4}$ Jahren getadelt. Die gelungene Anpassung an eine Erziehung als Abdressur von Gefühlen, wird ihm jetzt zum Verhängnis. Denn die der Abdressur der Gefühle komplementäre Andressur ritualisierter Sensationen, die bei gegebenem Anlaß zu zeigen sind, hat er offensichtlich nicht ordnungsgemäß absolviert. Das jedenfalls suggeriert Freud, wenn er das beobachtbare Verhalten: der Knabe zeigte mit $5\frac{3}{4}$ *keine Trauer beim Tod der Mutter, aber stärkste Eifersucht* auf das nachgeborene Geschwister mit der Bedeutung des Phänomens gleichsetzt. Freud bleibt auf der Verhaltensebene, was unanalytisch ist, und erklärt das, was er nicht sehen kann, mit dem, was er sieht. Und was er sieht, fügt sich nahtlos seiner Ödipus- und Thanatoshypothese. Er fragt den $5\frac{3}{4}$jährigen Jungen nicht, ob er traurig ist. Freud interessieren nicht die Gefühle des Jungen. Er deutet erfahrungsfern und hypothesengeleitet auf der *Ereignis*ebene. Die *Erlebnis*ebene berücksichtigen hieße, den Jungen als Subjekt respektieren und den Sinn verstehen zu wollen, den es für ihn hat, daß er nie weinen durfte, wenn ihn das Fortgehen der Mutter schmerzte, er nun bei ihrem Tod aber *nicht weinen kann.* Nur weil er Gefühle nicht zeigt, bedeutet das doch nicht, daß er keine Gefühle hat. Allerdings kann ein Mensch nur traurig sein, wenn er zu dem, den er verliert, eine Beziehung gehabt hat. Was ich nach Szene 3 vermutet habe, scheint eingetreten zu sein: Der Junge blieb in seinem Selbstausdruck unbeantwortet, die Beziehung konnte er nicht mehr reparieren. Er ist sozial sprachlos.

Ich kann mir gut vorstellen, was diesem Menschen, sollte er als Kind oder aber als Erwachsener in eine psychoanalytische Behandlung kommen, diagnostiziert würde: Depression wegen nicht geleisteter Trauerarbeit nach dem Tod der Mutter... und, dem vorgelagert natürlich, der unbewältigte ödipale Triebkonflikt... Vermutlich wird dieser Patient viel schweigen in den Behandlungsstunden. Man wird ihm das als Widerstand gegen die

Behandlung, gegen das Erinnern, folglich als Aggression deuten, als Abwehr des Verdrängten...

Eine Spekulation. Ja. Nein. Denn genauso arbeitet die Psychoanalyse auch heute, indem sie als Überzeugungskunst verfährt, um den Kranken »zur Überzeugung von der Richtigkeit der ihm mitgeteilten Konstruktion« zu nötigen (Freud 1920, 228).

Diese Psychoanalyse hat zwar in meiner Arbeit mit Patienten kaum eine Rolle gespielt. Da hielt ich es eher mit dem Freud, der seiner Patientin, als sie von dem Unrecht des Vaters und Bruders sprach, einen Orangenblütenzweig schenkte, dem Freud, der mit seiner Behandlungspraxis heute auf der Dissidentenliste der von ihm selber kodifizierten Orthodoxie stünde.[4] Wenn ich aber mit Psychoanalytikern über meine Arbeit sprach oder darüber schreiben wollte, hatte ich mich immer gehemmt gefühlt. Ich schämte mich, zu meinem Selbstverständnis, meiner fröhlichen Wissenschaft diesseits des Lustprinzips, zu stehen. Das ist heute anders.

Halten wir uns die Szenen insgesamt noch einmal vor Augen, denn ich werde darauf zurückkommen.

In Übersicht 2 (609) stelle ich Freuds Bericht von Erziehung als Kinderspiel meiner Lesweise der Szenen als Sozialisationsgeschehen gegenüber: *Erziehung vs. Beziehung* also.

Übersicht 3 (610) zeigt dann, worin diese *Sozialisation à la Freud* besteht: *im Exkommunizieren von Gefühlen.*

Das Traumatische der Szenen, das ist meine These, ist nicht das Realtrauma der Trennung, nicht das Realtrauma Tod der Mutter (5a), sondern

- daß Traurigkeit nicht in der Kommunikation mit der Mutter benannt werden durfte, nie zu weinen aber gelobt wurde...
- daß Freude und Lust an dem selbstbefriedigenden Handeln (1, 2: »o–o–o–o«) nicht in der Kommunikation mit der Mutter benannt werden durften, »Bebi o–o–o–o« aber sehr wohl (3)...[5]
- daß aber Ärger (4), keine Trauer (5a) und Eifersucht (5b) in

4 Vgl. Cremerius 1982, 499.

5 Ein Vergleich von Übersicht 2 und 3 zeigt: Dem Exkommunizieren von selbstbefriedigender Lust war auf der Handlungsebene die Umbenennung der selbstbefriedigenden Aktivität des Jungen in die der Mutter (1 und 2) bzw. das Ignorieren des Sich-Selbst-Entdeckens im Spiegel (3) vorausgegangen.

Übersicht 2:

ERZIEHUNG . . . vs. . . . BEZIEHUNG

	Bericht von Herrn F.	Chronologie trauma-analoger Beziehungsentwürfe, um eine gestörte Beziehung zu reparieren
Alter		Szenen
1½	Fortsein-Spiel	(1) Fort*schleudern*-Szene
	Junge/Spielzeug »o–o–o–o«	Junge/Spielzeug/ Erwachsene, die Spielzeug zusammensammeln, Herr F. beobachtet »o–o–o–o«
	Verschwinden-Wiederkommen-Spiel (Mutter-Spiel!)	(2) Verschwinden*lassen*-Wieder*holen*-Szene
	Junge/Holzspule »o–o–o–o/da«	Junge/Holzspule/Herr F. beobachtet »o–o–o–o/da«
	Sich-Selbst-Verschwinden-Lassen-Spiel	(3) *Sich-Entdecken*-sich-Verschwinden-Lassen-Szene
	Junge/Spiegel »Bebi o–o–o–o«	Junge/eigener Körper/ Spiegel/Mutter/Herr F. beobachtet »? – Bebi o–o–o–o«
2½	»Kriegsspiel«	(4) Wegwerf-Szene
	Junge/Spielzeug »Geh in K(r)ieg!«	Junge/Spielzeug/Herr F. beobachtet »Geh in K(r)ieg!«
5¾	»Trauerspiel«	(5) Schweige-Szene
	Junge/tote Mutter »zeigte keine Trauer ... *allerdings stärkste Eifersucht*«	Junge/tote Mutter/ Herr F. beobachtet – Schweigen –

Übersicht 3:

SOZIALISATION .... EXKOMMUNIZIEREN VON GEFÜHLEN

Szene	Kind handelt/ erlebt		Freud beobachtet/ bewertet	
	»... hing der Mutter zärtlich an ... weinte nie«		LOB	(d)
(1)		»Ding-o-o-o-o«	INTERESSE + BEFRIEDIGUNG	(s)
(2)	»da–––––––	Ding-o-o-o-o«	LUST	(s)
(3)	»da–––––––	Selbst-o-o-o-o«	––	
(4)		»Ding-o-o-o-o«	ÄRGER	(s/d)
(5a)		»Selbst –– Mutter †«	KEINE TRAUER	(d)
(5b)	»da – Geschwister –	Selbst«	STÄRKSTE EIFERSUCHT	(d)

s: Gefühle, die Herr F. dem sinnlichen Ausdruck des Kindes entnimmt
d: Gefühle, die in Herrn F.s Deutung des Verhaltens des Kindes eingehen

Freuds Deutung eingehen, weil sie als »böse« Gefühle im ödipalen Paradigma objektalfunktional und deshalb bedeutungsvoll sind: als ödipale Aggression, als ödipale Liebe.

Dieselbe Gefühlsspaltung in »gut« und »böse« findet sich in Freuds Metapsychologie und Diagnostik: Liebe wird als ödipale Übertragungsliebe, Selbstliebe als Krankheit zum Tod pathologisiert. Diese Psychoanalyse, hervorgegangen aus Erziehung statt Beziehung, diagnostiziert dann daraus Entstandenes als Defizite: emotionale Sprachlosigkeit, Wutausbrüche, die die narzißtische Persönlichkeit umtreiben, werden am ödipalen Paradigma gemessen und als ›Krankheit zum Tode‹ stigmatisiert ... Alexithymie (Gefühlsarmut), resp. operatives Denken werden dem psychosomatisch Kranken, zumeist aufgrund »nicht geleisteter Trauerarbeit«, attestiert.

Meinem Verständnis nach führt Freud in den 5 Szenen vor, wie

Sozialisation, wenn sie nicht Individuierung *und* Vergesellschaftung zugleich ist, zu bestimmten Beziehungsstörungen führen muß.

Die Szenen 1-3 dokumentieren die trauma-analogen Überlebensstrategien, die ein Kind sich erarbeitet hat, um mit der narzißtischen Störung, in die es aufgrund der asynchronen Reaktionen auf seine Sinnlichkeit, hineintreibt, doch noch fertig zu werden versucht...

Szene 4 ist die aggressiv überformte Ausprägung der »Bebi o–o–o–o«-Selbstaufhebung: narzißtische Wut wird zum Schamschutz...

Szene 5 ist paradigmatisch für psychosomatisch Kranke, beispielsweise Krebspatienten, die mit ihren seelischen Selbstheilungsversuchen (1-4) ins Leere gingen und die Traumatisierungen durch das Schweigen als Kommunikation der anonymen Mutter ihrerseits durch Schweigen zu bewältigen versuchen. Der Junge in Szene 3 hatte sich der Mutter noch in der »Bebi o–o–o–o«-Beziehungsform, seinem narzißtischen Negativ, vorgeführt. Vergeblich, er bekam kein Echo auf seine Freude an sich selber, seine Selbstentdeckung im Spiegel.

Der unter der Familiendevise »Harmonie oder Nichtsein«[6] zu Tode erzogene Krebspatient, versuchte sich als Kind, um den Preis des Selbstverrats, nur um den (Selbst-)Objektverlust zu verhindern, der Nichtsein bedeutet hätte, anzupassen. Sein Schweigen scheint die perfekte Anpassung an das Harmoniegebot.

In diesem Schweigen aber verwahrt der Krebspatient sein Selbst, »in einer Truhe mit schwerem Schloß davor«, so beschrieb es mir Maria.[7] Sie sagte: »Sonst hätte ich nicht überlebt, wenn ich mich nicht innerlich hätte bewahren können, indem ich an mir festhielt... Wie Maria Stuart vor ihrem Todesurteil«.

Wichtig ist mir zu betonen, daß bereits die narzißtische Lebensstörung mit massiver Körpersymptomatik einhergeht. *Die narzißtische Lebensstörung ist eine psychosomatische Störung.* Die Traumatisierungen sind bereits in vorsprachlicher Infantilgeschichte in den Körper eingeschrieben worden.[8]

6 Siehe Hannes, Teil 1, S. 83 f.

7 Siehe Maria, Teil 2, S. 395, 414 ff.

8 Siehe dazu u. a. II, 3.3 und II, 3.3.4.

Genauso hat die Krebserkrankung, als Folge einer narzißtischen Lebensstörung, organisch auffindbare Vorläufer. Daß diese aber nicht im Zusammenhang mit der Selbststörung begriffen wurden, läßt die Krebserkrankung dann wie einen Count Down aus heiterem Himmel erscheinen.

Nehmen wir Hanna, 15 Jahre, Leukämie, um das Gesagte zu illustrieren (die damit implizierte Kritik an der konfliktpsychologischen Erklärung von psychsomatischer Erkrankung als mißlungene Abwehr des »klassischen neurotischen Konflikts« führe ich unten aus: II, 3.3.4):

Hilfe ... Schreihals ... Schweigen ... Das waren die Aufkleber auf Hannas Mathebuch.

Hilfe ... rief sie bereits mit 1 Jahr als sie sich büschelweise die Haare ausriß ...

Schreihals ... war das Verdikt, dem sie sich fügte ...

Schweigen ... das war ihre Überlebensstrategie.

Sie hatte herzneurotische Beschwerden, phobische Ängste »vor allem, was kriecht«, von kleinauf, häufig Unfälle, mit 14½ einen Autounfall, von dem sie Narben im Gesicht zurückbehielt, seither Selbstmordgedanken ... mit 15 Leukämie.

Schreihals war das Verdikt, Schweigen ihre Überlebensstrategie, »denn mit meiner Freude war ich immer allein ... wenn's mir schlecht geht, kümmern sich alle, weil sie meinen, sie müßten, ... wenn's mir gutgeht, bin ich Luft für sie ...« (S. 187-190).

6. Jörg (1): »Blatt her, ich muß malen!« – Aggressives Kinderspiel vs. narzißtische Wut und Scham

Einer meiner ersten Patienten 1978 war Jörg, 9 Jahre alt. Die Mutter kam mit ihm in die psychosomatische Klinik, weil Jörg nach der Scheidung der Eltern Schulschwierigkeiten hatte und stärker stotterte als vorher. In der Schule fiel er durch Wutausbrüche auf.

Frau M. erzählt, daß Jörg sehr unter dem Vater gelitten habe. Ihr Mann, Bundeswehrsoldat, habe den Jungen aufgezogen, ihn mit seinen Hänseleien, aber auch Schlägen zum Weinen gebracht und dann als »Memme« und »Stotterheini« verhöhnt. Sie wisse, daß Jörg einen Vater gebraucht hätte, der auch mit ihm spielte. Auch sie habe niemals spielen können, sie sei mit alten Eltern groß

geworden. Jörg sei »passiert«; während der Schwangerschaft habe es irrsinnige Streitereien und Handgreiflichkeiten zwischen ihrem Mann und ihr gegeben. Sie hätten Jörg nach der Geburt zu ihren Eltern gegeben, dort hätte er wenigstens eine geregelte Versorgung gehabt.
Jörg hört zu. Mir fällt sein starres, hartes Gesicht auf. Ich frage ihn, wie es ihm geht. Mit dem Stottern, sagt er, davon weiß ich nichts, das merke ich nicht. Es ist furchtbar, wenn ich verhöhnt werde. Mein Vater hat das auch immer gemacht. Ich war richtig froh wegen der Scheidung. Aber ich warte immer, daß er anruft oder mich abholt. Frau M. schaltet sich ein, mit schriller höhnischer Stimme sagt sie – und dabei stottert sie –: Was willst du denn! Erst wolltest du die Scheidung, aber du bist zu blöd, um zu kapieren, daß der Papa nur eine Show als ›lieber Papa‹ abgezogen hat, solange die Scheidung lief. Der hat dich längst vergessen, der hat Wichtigeres zu tun mit seiner neuen Freundin. Das stimmt nicht, sagt Jörg, er hat mich auch schon abgeholt, und es war toll, anders als früher. Frau M. sagt mir, ihr Mann sei nach der Scheidung zusammengebrochen und eine zeitlang in der Psychiatrie gewesen. Aber sie zweifle, daß *der* Mensch sich ändern könne. Das habe sie zur Genüge erlebt: die Versprechungen, aber die sollten sie bloß zum Bleiben bewegen. Ansonsten, sagt sie, hat er mich zusammengeschrien, wann immer er Lust dazu hatte. Er nannte das seine Impulsivität, für die er nichts könne. – Ich teile Frau M. meine Wahrnehmung mit: Daß sie eben auch gestottert habe, als sie mit Jörg sprach. Na klar, sagt sie, wenn ich erregt bin, passiert mir das auch. Ich sage Jörg immer: Denk erst nach, was du sagen willst, sprich langsam. Aber das nützt nichts. Ja, sage ich, wenn man erregt und außer sich ist vor Wut, dann nützt das wohl nichts. Frau M. ist den Tränen nahe. Jörg habe neulich eine Diskussion bei Tisch abgebrochen und, als er aufstand, gesagt: Na, willst du nicht ein bißchen weinen! Jörg sagt, das habe der Vater mit ihm so gemacht. Er wolle das nicht, aber er mache es mit der Mutter genauso. – Jörg malt während des ganzen Gesprächs. Er hatte von sich aus gefragt, ob er nicht Blatt und Stifte haben könne. Er malt Flugzeuge, technisch genau. Die Bilder wirken so leblos, wie sein Gesicht und sein Körper. Ich weiß, daß der Vater bei der Bundeswehr mit Flugzeugen zu tun hat. Ich spreche es nicht an, das wäre zu früh.
Wir vereinbaren, daß ich mit Jörg arbeite. Die Mutter meint, sie

bräuchte zwar auch Hilfe, ihr stände das Wasser manchmal bis zum Hals, aber die Berufstätigkeit und der Haushalt würden sie auffressen, so daß sie für eine Therapie keine Zeit habe. Wir vereinbaren, daß sie, wenn sie will, mit Jörg mitkommt. Jörg sagt am Ende der Stunde: Er wolle gern kommen, dann wisse er wenigstens, wo er nachmittags hingehen könne, immer allein, das sei auch blöd.

Ich arbeitete anderthalb Jahre mit Jörg. Zunächst werde ich die 9. Stunde in ihrem Verlauf wiedergeben, um den Zusammenhang von Stottern und narzißtischer Störung aufzuzeigen. Später werde ich auf die letzte Sitzung dieser Therapie zurückkommen, die mir wichtige Aufschlüsse über *die traumatisierende Wirkung der Angst der Mutter gab, die Ausdruck ihrer unbegriffenen Realtraumen war.*

18.1.79

Jörg kommt aufgeräumt und malt wie immer sein Flugzeug. Die Mutter mache ihm Vorhaltungen, daß er damals die Scheidung wollte, weil der Vater so schlimm war. Heute habe er sich aber geändert. So wie du auch? Ja, sagt er, seine Schrift sei viel ordentlicher geworden. – Ich hole die Akte, um ihm zu zeigen, daß er sich auch verändert hat, seine Bilder waren nicht mehr so starr, ich dachte, ich könnte mit ihm darüber sprechen, daß er sich gefühlsmäßig abpanzert, um sich gegen narzißtische Kränkungen und unempathische Übergriffe zu verwahren und daß sein Stottern damit zusammenhängt. – Jörg ist erstaunt, daß ich seine Bilder aufhebe. Dann haben Sie ja was von mir hier bei sich, sagt er stolz. Er malt eines seiner Bilder ab, das er toll findet. Er fragt mich nach Spielzeug. Ich habe nur einen kleinen Hubschrauber in meinem Zimmer, den ich ihm gebe. Er findet ihn »technisch« miserabel. Dann kritisiert er, daß ich nur rumsitze und nicht auch male. Ich male Wellen mit einem breiten weichen Filzstift und sage ihm, daß das ein schönes Gefühl sei. Er findet das blöd und äfft mich nach. Ich male den Hubschrauber; er kritisiert, wie genau ich male, hilft mir dann aber bei den Flügeln. Es ist ein Rettungshubschrauber, was mir damals viel bedeutete, und ich schreibe »Rescue« drauf. Er will wissen, was das heißt, meint dann: Hilfe, die kann man schon mal gebrauchen. Jörg erzählt Träume, in denen er fliegen kann, aber auch von Ängsten vor einem Mann mit einem Messer. Ich höre ihm zu, sage nichts, weil ich nicht genug verstehe.

Bild 5 (18.1.79)
Jörg
FEUEF
Leuscht!?
AAHH
AAHH
AAHH
HILFE
!!!!
UFF
AAHH
ZISCH
AAHH
KER
LE
7a.
1.
2.
3.
5
6.
8

Jörg fragt, was er malen könnte. Ich sag, was in dir ist, schließ doch die Augen. Er schließt zunächst die Augen, sagt dann, das hätten Mutter und Oma auch immer gesagt. Er habe nur schwarz gesehen, das habe er dann malen sollen. Er habe es getan und die beiden blöd gefunden. Dann plötzlich zuckt er auf: Blatt her!, und malt mit weichen Stiften (wie ich zuvor) Wellen und findet das schön (1);

dann ein rotes Schiff, das untergeht, mit einem Gefangenen, der um Hilfe schreit (2, 3),

dann die Masten, die zersplittert sind (4),

und mit zunehmend roter Farbe: daß es brennt. Zehn Leute waren an Bord, sagt er, sieben werden gerettet im Rettungsboot (5), drei verbrennen;

rechts unten sinkt ein Schiff, ein Junge ruft »Papi«, er will den Vater retten, sagt Jörg (6);

einer springt ins Wasser (7), und ein Hai kommt (7a);

ein anderes Schiff, links, geht auch unter (8). Entstanden ist die Katastrophe, sagt Jörg, als zwei Schiffe das große angegriffen haben.

Du meinst, frage ich: Du und die Mutter den Vater? – Der Vater war nach der Scheidung in die Psychiatrie gekommen. – Jörg nickt. Ich sage, du malst soviel Blut und Zerstörung und Tod, du mußt viel Angst gehabt haben, wenn die Eltern sich dauernd gestritten haben. Das habe ich nicht miterlebt, sagt Jörg, da war ich hier (er zeigt auf seinen Bauch). Und die Scheidung?, frage ich vorsichtig. An die Scheidung will ich nicht mehr denken, sagt er. Ich sage, du darfst nicht davon sprechen, aber die Angst will raus. Ich zeige auf seine Zeichnung und sage, da ist sie. Du sagst, wenn du die Augen zumachst, daß du nur schwarz siehst, dabei ist ganz viel Rot auf dem Bild, irgendwie ein Durcheinander, vielleicht auch Wut, die in dir ist. – Ich sage nicht, was ich auch denke: Liebe, starke Gefühle, die aber immer wie eine Katastrophe hereinbrechen. Das steckt hinter der Wut. Das anzusprechen, wäre viel zu früh. – Jörg sagt, die Mutter verbiete ihm von der Scheidung zu sprechen, vom Vater überhaupt, das sei eine erledigte Sache. Ja, sage ich, für die Mutter vielleicht, aber du hast den Vater lieb, trotz allem.

Wie arbeitete ich mit Jörg? Ich verstand seine Bilder als Familienszenen, in denen es, wie bei ihm zu Hause, um Mord und Totschlag ging. Ich deutete sie aber nicht als ödipale Aggression.

Ich erlebte Jörg verstört und verwirrt. Er erzählte von Angstträumen, in denen er von einem Mann mit Messer bedroht wurde, aber auch von Träumen, in denen er fliegen konnte. Seine Bilder waren Hilfeschreie eines Kindes, das gegen Desintegration ankämpfte. Immer stand irgendwo »Hilfe!«, und er erzählte mir, während er malte, was er malte. Ich hörte ihm aufmerksam zu. Es fiel mir auf, daß Jörg, wenn er mir erzählte, was auf den Bildern passierte, kaum stotterte. Ich tat über viele Stunden nichts anderes, als ihm zuzuhören und ihm zu sagen, was ich verstand und fühlte, bei dem, was er mir erzählte. Von mir aus sprach ich sein Stottern nicht an. Aber wenn er von Hänseleien in der Schule sprach, die er wegen des Stotterns einstecken mußte, sagte ich ihm, wie ich ihn erlebte. Jörg selber konnte sich nicht stottern hören, weil er offensichtlich seine Stimme, sein Sprechen, nicht wahrnahm. Ich setzte darauf, daß er sich in der Beziehung zu mir mit sich in Einklang erleben und dann dadurch ein Gefühl für das Störende bekommen würde. Ich setzte darauf, daß wir uns die Zeit nahmen, die er braucht, um sich zu entdecken. – Die Mutter beendete die Therapie, nachdem sie mit ihrem neuen Mann und Jörg ein Haus außerhalb der Stadt bezogen hatte und die Anfahrt für Jörg zu schwierig wurde. Dazu aber später. (II, 2.2).
Was zeigt diese 9. Behandlungsstunde? Jörg verstärktes Stottern und seine Lernstörungen hatten nicht nur mit der Scheidung als traumatischer Realitätserfahrung zu tun. Die Mutter hatte Jörg zudem ein Fühl- und Sprechtabu auferlegt: Er durfte in der Schule zu niemandem über die Scheidung sprechen. Darüber hinaus lernte ich aber in dieser Stunde von Jörg, daß ihm das Stottern körperlich eingeschrieben war. Bereits im Mutterleib hatte er den Ehekrieg erlebt, und zwar über den Rhythmus des Herzschlags der Mutter und ihre Bewegungen. Beide waren gestört durch die heftigen Wortgefechte und die heftigen Körperbewegungen der Mutter, die sich auch handgreiflich mit ihrem Mannn auseinandersetzen mußte. Wenn sie erregt war, stotterte auch sie, das hatte sie mir im Erstgespräch gesagt. Der Rhythmus als wesentlicher Organisator der menschlichen Entwicklung und Sprache[9] war also zwischen Jörg und seiner Mutter bereits pränatal gestört. Er war ein unerwünschtes Kind; seine Mutter hatte ihn nach der

9 G. Clauser: *Die vorgeburtliche Entstehung der Sprache als anthropologisches Problem*, Stuttgart 1971.

Geburt zu ihren Eltern gegeben, wo er nur als ›artiges Kind‹ geduldet war.
Ich komme weiter unten auf die Diskussion des Rhythmus als Organisator der menschlichen Entwicklung und Sprache im Zusammenhang mit der Sozialisation psychosomatisch Kranker, insbesondere Krebspatienten, zurück (II, 3.3.2). Hanna beispielsweise, die 15jährige Leukämiepatientin, von der ich in Teil I berichtete, hatte auf ihrem Mathebuch die Aufkleber »Hilfe – Schreihals – Schweigen«. Es ist für mich sinnfällig, wie nah Jörgs Symptomatik, das Stottern, und Hannas Krebserkrankung zusammenliegen, wenn man die Sozialisationsbedingungen, unter denen beide großgeworden sind, miteinander vergleicht. Beide hatten eine narzißtische Lebensstörung. Nur, daß Jörg mit neun Jahren von der Mutter in die Therapie gebracht wurde, während man für Hanna, die sich bereits mit einem Jahr büschelweise die Haare ausgerissen hatte, weil sie der seelischen Zerreißprobe, der sie in ihrer Familie ausgesetzt war, nicht anders Ausdruck geben konnte, erst einen Therapeuten suchte, als sie zu sterben drohte. Von klein auf hatte sie herzneurotische Beschwerden und phobische Ängste gehabt. Beide Eltern ware alkohol- bzw. tablettenabhängig und konnten Hannas seelische Not gar nicht wahrnehmen. Sie war eine prächtige Schülerin. Frau M. hatte aber Jörg nicht etwa wegen seines Stotterns in die Therapie gebracht: seine Leistungsstörungen in der Schule und sein aggressives Verhalten, über das die Lehrerin geklagt hatte, waren der Anlaß. Nicht ihre Beziehung zu dem Jungen empfand sie als gestört – eine Familientherapie lehnte sie aus Zeitgründen ab –, sondern Jörg störte, weil er nicht richtig funktionierte. Es war sein Glück, daß er zu verstört war, um störungsfrei zu funktionieren.

II. Freud oder: Spiel mir das Lied vom Tod – Seht doch, wie sie leben

1. Freuds metapsychologische Tabuisierung von Realtraumen = Angst als Methode

Freuds Bericht über den Jungen ist ein Kapitel in *Jenseits des Lustprinzips*. Thema *meiner* Arbeit mit Patienten ist: »Seht doch, wie sie leben«. Ich halte mir noch einmal vor Augen, worum es Freud

mit seiner *Psycho*analyse geht, um für mich klarer aussprechen zu können, worum es mir in meinen *Psychosoma*-Analysen geht.
Freud will am Beispiel der traumatischen (Kriegs-)Neurosen, des Kinderspiels und der psychoanalytischen Behandlung von Neurotikern zeigen, daß die Wiederholung von unlustvollen Erfahrungen ein Indiz »für die Wirksamkeit von Tendenzen jenseits des Lustprinzips« ist, Tendenzen, die »ursprünglicher als dies und von diesem unabhängig« (227) sind, nämlich dem Todestrieb. In der psychoanalytischen Behandlung registrierte Freud das Phänomen der Wiederholung unlustvoller Erfahrungen, und zwar als »Wiederholungszwang« (229). Die Psychoanalyse, die als »*Deutungs*kunst« (228) die therapeutische Aufgabe nicht lösen konnte, wurde von der Zielsetzung abgelöst, »den Kranken zur Bestätigung der Konstruktion durch seine eigenen Erinnerungen zu nötigen« (229). Dieser Psychoanalyse aber, die sich als *Überzeugungs*kunst appliziert, *widerstehen* die Kranken. Statt zu erinnern, um die Konstruktion des Analytikers zu bestätigen, wiederholen die Patienten. Sie entwickeln eine »Übertragungsneurose ... Diese mit unerwünschter Treue auftretende Reproduktion hat immer ein Stück des infantilen Sexuallebens, also des Ödipuskomplexes und seiner Ausläufer, zum Inhalt und spielt sich regelmäßig auf dem Gebiete der Übertragung, das heißt der Beziehung zum Arzt ab« (228). Der Begriff der Übertragungsneurose, wie Freud ihn definiert, ist ein metapsychologischer Verschnitt von Freuds umwerfenden Erkenntnissen, die er aber nicht wahrhaben durfte.
Tatsächlich hatte Freud die hysterischen Patientinnen, seine erste Klientel, unter Hypnose zum Sprechen gebracht, und was er zu hören bekam, waren keinesfalls ödipale Phantasien gewesen. Vielmehr waren es sexuelle Szenen und zwar von Verführung und Mißbrauch durch den Vater. W. Fließ, mit dem Freud seine Traumatheorie diskutierte, hatte ihm darauf die wissenschaftliche Freundschaft aufgekündigt, und auch sonst sah Freud sich mit seinen – nicht nur die Gesellschaft der Psychiater – alarmierenden Befunden offenen Anfeindungen ausgesetzt. Heute wissen wir, warum sich W. Fließ Freuds Traumatheorie verschließen mußte: wegen seiner Vergehen an den eigenen Kindern.[10]

10 R. Fließ, *Symbol, Dream and Psychosis*. New York: International University Press, 1973.

Breuer, mit dem zusammen Freud die Behandlung hysterischer Patientinnen in ambulanter Praxis begonnen hatte, beendete aus einem anderen Grund seine therapeutische Arbeit. Die Liebesgefühle einer Patientin verunsicherten ihn, er sah seine Ehe gefährdet und brach die Behandlung von Anna O. ab. Freud arbeitete mit ihr weiter. Er erwehrte sich sowohl der erschütternden Einsicht in die Realtraumen als auch der stürmischen Liebesgefühle seiner Patientinnen, indem er beides in einer metapsychologischen Sprache sterilisierte. *Angst vor Gefühlen machte er zur Methode. Die* erlittenen Traumen deutete Freud in ödipale Triebphantasien um, die Gefühle der Menschen dichtete er metapsychologisch als »*Übertragungs*liebe« ab. Erst jetzt wurde die Übertragungsneurose »immer ein Stück des infantilen Sexuallebens, also (!) des Ödipuskomplexes und seiner Ausläufer« (228). Der Ödipuskomplex wurde zum Kern der Neurose, die Übertragungsneurose selber aber zum Kriterium für Analysierbarkeit überhaupt. Narzißtische Neurosen beispielsweise, die sich diesem Konzept nicht integrieren ließen, wurden in die Psychiatrie exkommuniziert.

Die »talking cure« oder »chimney sweeping«, wie Anna O. das befreiende Aussprechen der traumatischen Kindheitserfahrungen unter Hypnose nannte, blieb allerdings im Wachzustand ohne dauerhafte Heilwirkung. Die *Sprechbehandlung* verkam dann unversehens zur Überzeugungskunst, denn Freud wollte nun nicht mehr alles hören, was die Patienten ihm zu sagen hatten, sondern nur das, was zu seiner Auffassung vom Ödipuskomplex als Kern der Neurosen paßte. Um die Eltern zu schonen, irrealisierte Freud die *Real*traumen zu Trieb*phantasien* des Kindes, und die psychoanalytische Kur wurde zur *Geständnis*arbeit ödipaler Trieb*schuld*. Die Eltern, das waren für Freud die sexualfeindliche Gesellschaft, die die Frau als Heilige und Mutter fetischisierte, um sie mit der Hure zu hintergehen. Freud scheute sich nicht, das offenzulegen. Das allein reichte schon, ihn als Nestbeschmutzer zu stigmatisieren und ihn aus der Standesmedizin zu exkommunizieren. Die Eltern, das waren aber auch die, die Kindheit als Paradies fetischisierten, während sie das Kind pädagogisch malträtierten und ... sexuell mißbrauchten. Auch das wußte Freud, aber er konnte die Wahrheit allein wohl nicht verkraften. Zumindest die pädagogische Praxis seiner Zeit, die in der Aberziehung von Gefühlen, bei gleichzeitiger Andressur anlaßspezifischer Sensationen bestand, akzeptierte er ungebrochen, wie die fünf Szenen mit seinem Enkel zeigen.

Diese Sprechbehandlung stellte eine Alternative zur Behandlungskunst der Ärzte dar, die ich als sprachloses Körpertraktieren bezeichnen würde, und mutete dem Arzt zu, sich vom diagnostizierenden Arzt zum Zuhörer, allerdings nicht zum verstehenden, sondern zum interpretierenden Zuhörer zu wandeln. Diese Sprechbehandlung kodifizierte Freud aufgrund der beschriebenen Denk- und Fühltabus als Verhör- und Geständnistechnik. Der Psychoanalytiker als ödipaler Konfliktpsychologe fahndet nach einzelnen Abwehrmechanismen des Ich, wobei er emotionslos wie ein Chirurg die »eitergefüllte Höhle«, wie Freud das Unbewußte nannte (1895), zu öffnen hat, um den Patienten über das pathogene Funktionieren des psychischen Apparats aufzuklären. Die Abstinenzforderung an den analysierenden Arzt findet in der Spiegel-, Chirurgen-, Neutralitäts-, und Anonymitätsforderung ihre Ergänzungen. Das Setting dient gleichermaßen der Herstellung eines optimalen Experimentierfeldes, in dem der Analytiker das Objekt Patient zu studieren vorgibt, tatsächlich aber aktiv in sein Unbewußtes eindringt, um ihn zur Einsicht in vorgegebene Hypothesen zu nötigen. Freud sagt, der analysierende Arzt habe »den Kranken zur Bestätigung der Konstruktion durch seine eigenen Erinnerungen *zu nötigen*« (1920, 228).

Diese Sprechbehandlung wird zur Sprechfolterung: Der Patient hat sich zu erinnern (Assoziationsregel), und zwar an ödipale Triebkonflikte, d. h. an schuldhafte Phantasien gegen die Eltern. Sich nicht zu erinnern, Schweigen etwa, oder gar anderes Material zu produzieren, ist »Widerstand des bewußten oder vorbewußten Ich im Dienste des Lustprinzips« (1920, 230). Erinnern des Verdrängten aber bedeutet Unlust, »der unter Berufung auf das Realitätsprinzip Zulassung zu erwirken ist« (230). Der »Wiederholungszwang« widerspreche dem Lustprinzip, weil er unlustvolle Erlebnisse wiederbelebe und in die Behandlung bringe (vgl. 230). Freud vermutet nun, daß der Wiederholungszwang, der sowohl die Träume des Unfallneurotikers, die sich dem Wunscherfüllungsprinzip nicht fügen, als auch den Antrieb zum Spiel des Kindes bestimmt, aus der innersten Natur der Triebe stamme und stark genug sei, sich über das Lustprinzip hinwegzusetzen (vgl. 1920, 232). Er sei Ausdruck des Todestriebes.

Was nun folgt, um mit unliebsamer Realität fertig zu werden, ist

»Spekulation, oft weitausholende Spekulation ... ein Versuch zur konsequenten Ausbeutung einer Idee, aus Neugierde, wohin dies führen werde« (234). Ich habe nichts gegen Spekulationen, schon gar nicht, wenn der Autor sie selbst als solche kennzeichnet und damit die Vorläufigkeit seiner Gedanken offen zu bedenken gibt. Denn, »was man nicht erfliegen kann, muß man erhinken ... Die Schrift sagt, es ist keine Sünde, zu hinken« (272). Was mir unverständlich ist, ist, daß die Psychoanalyse Freud buchstabengetreu nachhinkt, statt sich den Patienten gemäße Fortschritte in Theorie und Praxis zu leisten. Und das, obwohl Freud es selber bereits 1931 für erforderlich hielt, »die Allgemeingültigkeit des Satzes, der Ödipuskomplex sei der Kern der Neurose, zurückzunehmen. Aber wer ein Sträuben gegen diese Korrektur verspürt, ist nicht genötigt, sie zu machen«.[11] Und man fühlte sich auch nicht dazu genötigt, wohl weil Freud selber keine Konsequenzen aus seiner Einsicht für die psychoanalytische Technik gezogen hatte. Heute würde Freud selber als Dissident der von ihm kodifizierten Behandlungstechnik von der psychoanalytischen Orthodoxie verfolgt.[12] Man weiß das, aber dieses Wissen allein ist folgenlos, nicht zuletzt für die psychoanalytische Ausbildungspraxis.

Was Freud selber vorsorglich als Spekulation gekennzeichnet hatte, seine Todestriebhypothese, wird zwar explizit abgelehnt, sie ist aber nichtsdestotrotz implizit zum tragenden Bestandteil der psychoanalytischen Krankheitslehre und Behandlungstechnik geworden, insbesondere in der Auffassung der narzißtischen Störungen und der Psychosomatosen.

Freud hypostasierte »einen scharfen Gegensatz zwischen den ›Ichtrieben‹ und den Sexualtrieben ..., (wobei) die Ersteren zum Tode, die Letzteren zur Lebenserhaltung drängen« (1920, 253). Er rekurriert dabei explizit auf den philosophischen Stuntman des 19. Jahrhunderts, auf Schopenhauer. »Aber etwas anderes können wir uns nicht verhehlen: daß wir unversehens in den Hafen der Philosophie Schopenhauers eingelaufen sind, für den ja der Tod ›das eigentliche Resultat‹ und insofern der Zweck des Lebens ist, der Sexualtrieb aber die Verkörperung des Willens zum Leben« (259).

11 S. Freud, Über die weibliche Sexualität, 1931, 276.

12 Vgl. J. Cremerius, »Psychoanalyse – Jenseits von Orthodoxie und Dissidenz«, in: *Psyche* 36 (1982), 481-514.

Freud präzisiert das dualistische Triebkonzept und nennt die Gegensätze nicht mehr Ichtriebe = Todestriebe und Sexualtriebe = Lebenstriebe, sondern »schärfer denn zuvor Lebens- und Todestriebe« (262). Demzufolge unterscheidet er dann zwischen Narzißmus als defensiver Regression zum Tod, und Objektliebe, die er ihrerseits als Antipoden von Liebe und Haß vorstellt. Narzißmus ist für Freud als Regression zum Tode nicht analysierbar. Traumatische Neurosen versteht er als Derivat des Masochismus, eine der Ausformungen der haß-bestimmten Objektliebe. Das Kinderspiel gehört, wie der Narzißmus, zur Wiederholung nach dem Nirwanaprinzip und ist demzufolge gleichermaßen todessüchtige Regression. Die Folge von Freuds dualistischem Triebkonzept ist also eine *Krankheits*lehre, in der Trieb*schicksale* zu Trieb*geschehen* ontologisiert werden. Damit ist der Weg frei, um von störender Realität abstrahieren zu können. Von störender Realität absehen bedeutet aber, davon abzusehen, wie sie sich in gestörten Beziehungen auswirkt und sich in Beziehungsstörungen sedimentiert. Psychische Entwicklung kann Freud nur ödipus- und thanatoszentriert begreifen, das heißt aber, daß die Konfliktpsychologie Gesundheit und Anpassungsfähigkeit nur aus einer *Pathologie* heraus verstehen kann: der Auflösung des ödipalen Konflikts. Das Potential für Gesundheit und Anpassung kann also wegen des ›Realitätskomplexes‹ der Psychoanalyse, wie ich ihn nenne[13], nicht in empathischen Beziehungen gesehen werden.

Freuds ödipus- und thanatoszentriertes Weltbild hat zu einer Einstellung der Psychoanalytiker gegenüber dem Patienten geführt, die ich pointiert »Spiel mir das Lied vom Tod« nennen möchte. Dabei wurden sowohl die Unfallneurose, das Kinderspiel, als auch die narzißtische Neurose pathologisiert, und die beiden letzteren zu expliten psychoanalytischen Behandlungstabus. Auch die Krebserkrankung verfiel dem Verdikt: Krankheit zum Tode = unanalysierbar. Grund dafür dürfte die Bemerkung Freuds in *Jenseits des Lustprinzips* sein: »Vielleicht darf man die Zellen der bösartigen Gebilde, die den Organismus zerstören, für *narzißtisch* in demselben Sinne erklären« (1920, 259). Freud selber aber hatte Gaumenkrebs, weshalb man wohl auch seiner Spe-

13 A. v. Vietinghoff-Scheel, 1991a S. 73-76.

kulation von Krebs als narzißtischer Regression zum Tode auf Zellebene bis heute getreulich nachhinkt.

Wenn ich, das ist meine Erfahrung, Realtraumen als krankmachende Realität verstehe, zugleich aber auf das Gesunde im Patienten trotz krankmachender Beziehungen schaue, dann sind sowohl Unfallneurotiker, agressive Kinder, narzißtisch gestörte Patienten als auch Krebspatienten behandelbar.

Die Realtraumen verstehen heißt für mich allerdings keinesfalls, sie zu aktzeptieren. Das aber tut die zeitgenössische Psychoanalyse, etwa in den Behandlungen von Postholocaust-Generation-Patienten.[14] Das Tabu der Realtraumen wird zwar aufgegeben und die Holocaust-Wirklichkeit akzeptiert, aber nur, um via behandlungstechnischer Ödipus- und Thanatosdogmen an der Schonung der Eltern festzuhalten. Der Bericht über die Behandlung solcher Patienten ist ein erschreckendes Beispiel für Aufklärung, die zur Funktionalisierung des Patienten im Sinne einer Theorie eingesetzt wird, Aufklärung, die dann dialektisch in Verklärung von Realität umschlägt. Die diesen Menschen angetane Psychoanalyse ist ein markantes Beispiel für die politischen Folgen einer zur Ideologie erstarrten Wissenschaft, die, meine ich, als Verstehensmethode ihr revolutionäres Potential bis heute nicht verloren hat, als inhaltlicher Dogmenkanon aber längst zur fragwürdigen Anpassungswissenschaft geworden ist.

2. Die Entpathologisierung psychoanalytischer Behandlungstabus

2.1 »35 Jahre Krieg« – Psychosoma-Analyse mit einem traumatischen Kriegsneurotiker

Einen meiner ersten Patienten hatte man als Herzneurotiker Typ A diagnostiziert. Er kam zu mir in die psychosomatische Klinik wegen eines Rentengutachtens, das ich ihm qua Funktion nicht schreiben konnte und nach dem, was ich von ihm verstanden hatte, auch nicht schreiben wollte. Ich sagte ihm das und bot ihm

14 Vgl. Grubrich-Simitis, 1984, 1-28. Ich habe im Zusammenhang mit den zeitgenössischen Sozialisationsbedingungen der anonymen Persönlichkeit meine Kritik an dieser Psychoanalyse ausgeführt. Siehe 1991b, S. 282-284.

eine Psychotherapie an. Das Gutachten schrieb ihm ein Kollege; er aber kam zu mir in die Behandlung. Er entpuppte sich als traumatischer Kriegsneurotiker, wenn ich Freuds Terminologie benutze, die mir damals allerdings nicht bekannt war. Dieser Mann hatte ca. 35 Jahre lang mit den Ängsten aus seiner Zeit als jugendlicher Flakhelfer im 2. Weltkrieg herumgekrebst. Die Ärzte hatten immer auf sein krankes Herz gehört, nicht auf das, was er auf dem Herzen hatte. Davon sprach er im Erstinterview ohne Umschweife, nachdem ich ihn gefragt hatte, ob es etwas in seinem Leben gäbe, was ihm trotz allem Leiden Spaß machte. Ja, sagte er, mein Hund, aber ich fürchte mich, spazieren zu gehen, ich kann mich kaum ein paar Meter vom Haus wegbewegen, und schon bekomme ich panische Angst. Ich habe schon immer einen Hund haben wollen, aber mit 16 bin ich als Flakhelfer eingezogen worden, und danach war es dann aus mit der Jugend ... Die Wunscherfüllung als Selbstverwirklichung, nicht als ödipale, vergangenheitsbezogene Überformung ... die Wiederholung der Traumen nicht als Zwang, sondern als Festhalten am durch Traumen sistierten Programm des Selbst (seelischer Zeigarnick-Effekt) ... das trauma-*analoge* Verstehen des Lebensentwurfs dieses Menschen ... Ich schreibe in Teil 2 (S. 357 ff.) im Zusammenhang mit meiner trauma-analogen Selbstreflexion vor der Begegnung mit dem Berufssoldaten-Vater von Maria ausführlich, wie dieser Mann zu leben begann ... Spiel mir das Lied vom Tod, das hatte man ihm zur Genüge angeraten. Es hatte ihn seine Jugend gekostet ... Jetzt endlich konnte er sich Leben nehmen.

2.2 Jörg (2): »Blatt her, ich muß malen!« – Aggressives Kinderspiel vs. narzißtische Wut und Scham, trauma-analog verstanden auf dem Hintergrund der Realtraumen der Mutter

1978/79 verstand ich zwar soviel, daß das aggressive Verhalten eines Kindes nichts mit Todestrieb und ödipalem Konflikt zu tun haben mußte. Aber ich hatte noch nicht begriffen, daß und inwiefern narzißtische Störungen etwas mit Realtraumen, und zwar mit Realtraumen der Mutter zu tun haben. Zunächst also noch einmal zurück zu der Arbeit mit Jörg.

Lange Zeit spielten Jörg und ich Schießen, wobei er es sehr ernst meinte, was mich manchmal erschreckte. Er brachte auch Slime mit, eine schaurig schöne, sich verformende Spielmasse, die damals ein beliebtes Kinderspielzeug war. Wir spielten uns diese glibbrige Masse zu, was ein prekäres Vergnügen ist, denn man möchte davon keinesfalls getroffen werden. Ich jedenfalls nicht. Jörg zielte aber einzig darauf ab, mich zu treffen. Ich deutete sein Schießen nicht als Aggression. Ich sagte ihm unmittelbar, was ich fühlte, und machte damit meine Gegenübertragung zur Vorgabe. Er verhöhnte mich als »Memme«, aber ich ließ mich nicht davon abbringen, ihm zu sagen, was ich fühlte. Langsam begann er, davon zu sprechen, wie *er* sich fühlte ... von seinem Hund erzählte er, von dem er sich verstanden fühlte. Nur, sagte er, der spricht nicht mit mir, so wie Sie ... Er erzählte, daß er nun Anschluß in der Schule gefunden hat und die neue Lehrerin mochte, selbst wenn die Mutter sie doof fand. Zu ihm sei sie freundlich, und sein Stottern habe sie ihm noch nie zum Vorwurf gemacht. Sie warte einfach, bis er ausgesprochen habe, was er sagen wolle, und das fände er gut.

Frau M. heiratete wieder und Jörg brachte mir seinen »Steckbrief«, wie er es nannte, in die Stunde mit. Er hatte ihn auf der Schreibmaschine am Arbeitsplatz der Mutter getippt.

Jch heiße Jörg gehe in die K Schule und bin 9 Jahre alt jch werde 10 .Meine Eltern sind Geschiden und jch habe einen neuen Vater denn jch zwar auch marg aber jch fermise ihn drozdem denn jch habe ihn fast 1 anhlb Monate nicht mehr gehsehen .
Übrigens er heißt Reihnhart mein alte Vater.

Jörg schrieb seinen Namen auf jedes Bild, brachte mir auf seinem Namen ausgefüllte Bankformulare mit. Über seinen Namen versicherte er sich gegen Desintegration, die ihm durch die Wirren auf der Realitätsbühne drohte.

...

Frau M. kam manchmal in die Stunde mit. Sie machte Jörg permanent Vorwürfe. Jetzt war er zwar besser in der Schule, aber den Kohleneimer, den er aus dem Keller geholt hatte, obwohl es gar nicht nötig war zu heizen, den Eimer wieder runterzutragen, hatte er keine Lust gehabt, das fand sie aufsässig, und es hatte darüber Streit gegeben.

Diese kalte, immer nörgelnde Frau mit ihrer schrillen Stimme und den ewigen Vorwürfen machte mir irgendwie Angst. Eigentlich war ich ganz froh, daß sie Jörg allein in die Therapie kommen ließ.

...

Am 19.11.79 kamen Frau M. – inzwischen Frau J. – zusammen mit Herrn D., – einem bildschönen Holländer – der wohl sehr viel jünger war als Frau J. –, und Jörg in die Stunde. Frau J. klagte über die viele Arbeit mit dem neuen Haus, die Hektik und daß alles auf ihr sitzen bleibe. Jörg sei zu faul und sähe nicht, wo er ihr zur Hand gehen könne. Sie eröffnete mir, daß Jörg nicht mehr in die Therapie kommen könne, weil die Anfahrt nun zu umständlich sei. Jörg wußte von nichts. Ich war betroffen und sprach es auch aus. Frau D. verstand das nicht, die Umstände seien nun mal andere, und in der Schule gehe es mit Jörg ja nun auch viel besser, sagte sie. Jörg malte und sagte, ich male Ihnen was für Ihre Mappe, dann haben Sie etwas von mir, wenn ich nicht mehr komme.

Frau D. erzählte von dem neuen Haus, der Mühe, dem Streß. Ich fragte sie, ob sie es schwer habe, etwas Schönes, das sie doch für sich tue, auch zu genießen. Genießen, ich, schrie sie schrill auf. Dann schwieg sie lange. Ich wartete. Dann erzählte Frau D., sie sei mit zehn Jahren vergewaltigt worden, sie könne das nicht vergessen. Immer habe sie Angst vor dem Alleinsein, auch vor dem neuen Haus grause ihr eigentlich. Und eigentlich habe sie immer schon Angst vor Jörg gehabt. Sie wisse, daß er nichts dafür könne, daß er ein Mann sei, aber sie erlebe es eben so. – Jörg malt und hört gespannt zu. Dann sagt er der Mutter, er sei auch mal mit einem Mann im Auto mitgefahren. – In mir blitzt es auf: Der Mann mit dem Messer, denke ich – der ihm in seinen Träumen immer wieder Angst macht! – Jörg sagt der Mutter, daß er traurig sei, weil er kaum Freunde habe und nun in der neuen Gegend niemand kenne. Frau D. sagt, heute Abend darfst du wieder bei mir schlafen, dann bin ich nicht allein. Jörg freut sich. – Ich denke, mein Gott, sie hat Angst vor dem Jungen als Mann und nimmt ihn mit ins Bett. Was für eine Verwirrung für den Jungen. Aber es ist keine Zeit, das anzusprechen. Frau D. hat die Therapie wegen des Umzugs beendet. – Jörg sagt zu seinem neuen Vater: Ohne Vater ist es bei uns ganz tot. Der Mann tröstet ihn, er werde in ein paar Monaten ganz nach Deutschland kommen, dannn könnten sie eine Menge zusammen machen.

Jörg sagt mir zu seinem Abschiedsbild:

19.11.79

Oben die 2 Männer entfernen sich von der Sonne ...
Unten: die Pilze und das Herz. Es ist verwurzelt, sage ich. Jörg nickt. Sie sagen immer was, sicher meinen Sie, das (er zeigt auf die vier Blumen) seien wir und Sie, so wie Sie damals gesagt haben, die drei Masten meines Schiffs, das sei die Familie. Jedenfalls, sagt er, das ist für Sie. Heben Sie es auf für mich in Ihrer Mappe? Ja klar, sage ich. Ich vergesse dich nicht. Jörg nickt und steht auf. Er hatte nicht gestottert, während er mir sein Bild beschrieb. Das bemerkte aber keiner. Die drei zogen aufgeräumt von dannen.
Die Arbeit mit Jörg endete durch die Willkür der Mutter. Ich mußte es respektieren. Ich war traurig darüber, denn wir waren nur soweit gekommen, daß Jörg nicht mehr stotterte, wenn er von sich sprechen konnte und das Gefühl hatte, daß jemand ihm zuhörte und ihn verstand. Wir hätten noch Zeit gebraucht, damit er lernte, sich Menschen zu suchen, denen er sich zeigen konnte, wie er ist, ohne beschämt zu werden, Menschen, die ihm zeigten, wie sie sind, wie sie fühlen, wenn er ihnen zeigte, was er fühlte. Die Farben auf seinem Bild sind kraftvoll. Drei der Blumen, das Herz und eines der Flugzeuge sind rot: Er ist voller Liebe, und die beiden Flugzeuge sehen lustig aus. An der Liebe zum Vater hat er sich nicht irre machen lassen.
Ich habe aus dieser Stunde etwas Wesentliches gelernt. Die Kälte von Frau D. hatte mir Angst gemacht. Ich hatte aber nur die Vorwürfe gegen Jörg, nicht ihre Angst gehört. Erst als ich sie in dieser Stunde direkt auf sich ansprach: Sie könne sich wohl nichts Gutes gönnen und genießen, packte sie *ihr* Kindheitstrauma aus. Und Jörg konnte dann ohne Scham von seinem Verführungserlebnis sprechen. Es war zu spät.
In meinen Aufzeichnungen zu der Arbeit mit Jörg schrieb ich damals: »Aus dieser Therapie lernte ich, daß ich aus Angst vor der Kälte dieser Frau sie in ihrer Angst vor dem Alleinsein und mit ihrer traumatischen Kindheit allein gelassen habe.«
Jörgs Stottern ist der körperliche Niederschlag der traumatisierenden Angst, mit der die Mutter ihn überflutete. Ich vergaß diese Erkenntnis nicht, aber erst heute fügt sie sich sinnfällig in die Erfahrungen mit psychosomatisch Kranken, insbesondere mit Krebspatienten. Nicht die Realtraumen sind das Wesentliche, sondern wie sie sich dem Kind körperlich einschreiben zu einem trauma-*analogen* Beziehungsentwurf, den es sich als Überlebensstrategie ausarbeiten mußte, der aber notwendigerweise lebens-

feindlich ist, wenn es ihn dann später auch außerhalb der traumatisierenden Familie praktiziert.

2.3 Ödipale »Gottesvergiftung« – Narzißtische Neurosen und psychoanalytische Sprechfolter

Narzißtisch gestörte Patienten, die durch ödipale »Gottesvergiftung«[15] und »Blumen auf Granit«[16] qualvolle »Lehrjahre auf der Couch«[17] zubrachten, bis sie sich der invasiven Sprechfolter zu widersetzen wagten, sind ein anderes Beispiel dafür, daß Psychoanalyse, als Überzeugungskunst appliziert, nur das Trauma »Kindheit als Fremdbestimmung« wiederholt. Kohut hat sich aus den Sielen psychoanalytischer Behandlungsdogmen befreit und sein selbstpsychologisches Behandlungskonzept vorgelegt, das sich narzißtisch gestörten Patienten anpaßt. Narzißmus begreift er als Entwicklungspotential, nicht mehr, wie Freud, als sekundären Abwehrmechanismus, und er zeigt, daß die Heilung des Selbst als Strukturbildung durch Selbstobjekt-Übertragungen möglich ist.[18] Ich habe von Kohut gelernt. Aber ich habe sowohl für narzißtisch gestörte Patienten als auch für Krebspatienten mit narzißtischer Lebensstörung ein eigenes Behandlungskonzept entwickelt.[19]

3. Seht doch, wie sie leben – Narzißtische Lebensstörung und Krebs

Zurück zu meiner Auseinandersetzung mit Freuds *Jenseits des Lustprinzips* und zu den psychoanalytischen Behandlungstabus: narzißtische Störung und Krebs.
Während meiner Arbeit in einer psychosomatischen Klinik habe ich zur Genüge erlebt, was es heißt, wenn Psychoanalytiker immer schon wußten, was mit dem Patienten, in diesem Fall mit

15 T. Moser, *Gottesvergiftung*, Ffm. 1978.
16 D. v. Drigalski, *Blumen auf Granit*, Berlin 1980.
17 T. Moser, *Lehrjahre auf der Couch*, Ffm. 1974.
18 H. Kohut, *Wie heilt die Psychoanalyse*? Ffm. 1987.
19 Mein Behandlungskonzept habe ich dargestellt in: *Aufzeichnungen ...*, 1991b.

Krebspatienten zu tun ist: das heißt, wie die Patienten ihrer = Freuds Theorie nach zu sein haben, und wie ich die Patienten ungeachtet dessen, was sie von sich wissen und mir auch sagen können –, mit Freuds Behandlungstechnik zu bearbeiten habe. Die aktuelle Todesbedrohung rechtfertigt es allemal, die Patienten freudgerecht aufzufordern: »Spiel mir das Lied vom Tod«. Nicht geleistete Trauerarbeit nach dem Tod einer infantilen Bezugsperson, Depression, verdrängte Triebwünsche aus eben dem Grund, Regression auf die orale Stufe sollen die inhaltliche Marschroute sein, der die Patienten zu folgen haben ... Ich sollte ihnen das Sprechen über Tod und Sterben ermöglichen ...[20]
Seht doch, wie sie leben, das war und ist die Einstellung, mit der ich auch diesen Menschen begegne und mit der ich nach dem Gesunden im Kranken trotz krankmachender Beziehungen frage. Als ich in der Klinik – bevor ich ging, denn das Projekt war nach 5 Jahren Laufzeit beendet – über meine Arbeit sprach, schwieg man. Ich arbeitete selbständig mit den Patienten weiter und verfolgte meine Forschungshypothese: Narzißtische Lebensstörungen und Krebserkrankung sind strukturell ähnliche Störungen und folglich in ähnlicher Weise behandelbar. In den *Aufzeichnungen* ... (1991b) habe ich dann meine These mit Falldarstellungen und Behandlungsverläufen aus über 10 Jahren Arbeit belegt. Auf meine Arbeit mit Krebspatienten bezogen sind die *Aufzeichnungen* ... quasi die Exposition zu dem vorliegenden Buch, in

20 In *Aufzeichnungen eines seelischen Nacktflitzers* (1991b) beschreibe ich detailliert meine Begegnungen mit dieser Psychoanalyse als Überzeugungskunst. Siehe S. 43 ff.; Nachtrag 1: »Verschluckte Tränen/verschluckte Freude ...«, S. 38 ff.
In Teil 4 dieses Buches findet sich auch eine dieser unlustvollen Erfahrungen mit der nur an Unlusterfahrungen und Pathologie interessierten Psychoanalyse. Siehe »Leben ist eine prima Alternative, aber nicht für Psychoanalytiker«, S. 498 ff.
Mit dieser Psychoanalyse, die ihren Realitätskomplex, wie ich es nenne, auch in Literatur resp. am Autor praktiziert, habe ich mich auch in meiner Kafka-Arbeit auseinandergesetzt. Ich zeige dort, daß trauma-analoge Beziehungsanalyse von Text und Leser zu lustvollen Erkenntnissen führt, die diesseits, nämlich in der Sinnlichkeit des Therapeuten, ihren Ausgang nehmen, wenn er es wagt, sich selbst zu relativieren, d. h. sich in-Beziehung-zu-setzen. Das Denkmal Kafka: unverständlich = paradox = depressiv zu entpathologisieren bedeutet für mich: *Es gibt für Schnee keine Bleibe ... (1991a).*

dem ich am Beispiel der Psychosoma-Analysen mit vier jugendlichen Krebspatienten das eigentliche Drama beschreibe: den Familienholocaust, der sie krank machte, und den Klinikshołocaust, der ihr seelisches Verhungern nur noch fortsetzte. Ich sage nicht Tragödie, ich sage Drama. Denn die Arbeit mit diesen Menschen war beglückend für die Patienten und für mich, auch wenn wir den Krebs nicht immer aufhalten konnten (bei Hanna und Maria nicht, bei Max L. sehr wohl). Für mich steht es nicht zur Debatte, ob Psychotherapie das Leben von Krebspatienten verlängern kann. Vielmehr zählt für mich, wie diese Menschen leben. Psychotherapie ist also eine Frage der für diese Menschen möglichen *Lebens*qualität.

Wie ich in den *Aufzeichnungen* ... gezeigt habe, kann der Krebs als das Böse im Menschen entpathologisiert werden, wenn wir an der narzißtischen Lebensstörung, und das heißt den gestörten Beziehungen, ansetzen. Der Krebs steht erst am Ende einer langen Kette massiver Traumen. Er ist keine Regression im Sinne der Konfliktpsychologie, die eine zweiphasige Abwehr postuliert, wonach der ursprüngliche neurotische Konflikt zunächst, ohne sichtbare Körpersymptomatik verdrängt werde, diese Verdrängung aber mißlinge, was eine zweite Abwehrphase nötig mache, in der dann der Konflikt als körperliches Leiden inszeniert werde.[21] Der Krebserkrankung geht vielmehr eine narzißtische Lebensstörung voraus, die bereits intrauterin beginnt. Die Krebserkrankung ist zu verstehen als verhindertes Leben aufgrund tödlicher Beziehungsstörungen.

Den Krebs entpathologisieren heißt also: den Narzißmus entpathologisieren ... heißt: das Lebendige im Kranken ansprechen und in der Beziehung mit dem Patienten Psyche und Soma als Einheit begreifen und benennen in einer ganzheitlichen Körpersprache.

21 Vgl. A. Mitscherlich, »Bedingungen der Chronifizierung psychosomatischer Krankheiten. Die zweiphasige Abwehr«, in: *Studien zur psychosomatischen Medizin* II, Ffm. 1967, 42-54.

14.3.88 A.v.v.S.

3.1 Empathie für sich selbst: Behandlungspotential und Behandlungsziel

Ich habe keine Technik. Empathie für mich selbst – das heißt mich fühlen bei dem, was mir die Menschen von sich und ihren Gefühlen sagen – und ihnen sagen, was ich verstehe, das ist mein Behandlungspotential, aus dem ich schöpfe, um das Behandlungsziel anzustreben: daß auch der Krebspatient Empathie für sich selbst gewinnt: das heißt, sich selbst als Ganzheit aus Psyche und Soma erleben und verstehen lernt und mit mir zusammen Sprache für sich findet, um über sich verfügen zu können, statt weiterhin der Manipulation seines Selbsterlebens durch ihm fremde Bedeutungen ausgeliefert zu sein, so wie er in der Kindheit wohlmeinenden Erziehern ausgeliefert war.

3.2 Psychosoma-Analyse und trauma-analoge Verstehensmethode

Ich nenne meine Arbeit absichtsvoll Psychosoma-Analyse, weil die Affektlogik gestörter Beziehungsentwürfe durch die Traumatisierungen, die bereits in vorsprachlicher Infantilgeschichte stattgefunden haben, in den Körper des Patienten eingeschrieben sind. Analyse aber meint Beziehungsanalyse. Meine Methode nenne ich trauma-analoge Verstehensmethode. Ich versuche die den Realtraumen analogen Überlebensstrategien der Patienten zu begreifen, die sie sich – wie der Junge in den fünf Szenen, von denen Freud berichtet – notgedrungen als seelische resp. körperliche Selbstheilungsversuche erarbeiten mußten, um sich der unempathischen Umwelt irgendwie anzupassen, die aber zum selbstbefriedigenden Leben außerhalb der Familie nicht taugen. Diese gestörten Beziehungsentwürfe müssen am Körper des Patienten resp. des Therapeuten trauma-analog entziffert werden.

3.3 Traumatisierungen sind in den Körper selber eingeschrieben – Eine trauma-analoge Affektlogik der Krebspatienten

3.3.1 Begründung einer trauma-analogen Affektlogik

Psychoanalyse, die darauf zielt, »den Kranken zur Bestätigung der Konstruktion (des ödipalen Trieb-Abwehrkonflikts, A. v. V.-S.) durch eigene Erinnerung zu nötigen« (Freud 1920, S. 228), betreibt ihre Überzeugungskunst in einer analytisch-logischen (= linkshemisphärischen) Sprache, d. h. einer Sprache, die wahrgenommene Wirklichkeit und Gefühle in metapsychologische, erfahrungsferne Konstruktionen übersetzt. Diese Psychoanalyse geht, meine ich, notwendigerweise auch an den Bedürfnissen von psychosomatischen, insbesondere an Krebspatienten vorbei. Denn sie paßt sich nicht deren Bedürfnissen an, sondern verpaßt ihnen eine Diagnose, die sich am Maßstab ›ödipaler Konflikt‹ bemißt: Alexithymie (= Unfähigkeit, die eigenen Gefühle wahrzunehmen oder auszudrücken – der Junge in den fünf Szenen würde dieser Diagnose entsprechen!) bzw. pensée opératoire (= automatisch-mechanistisches Denken, verarmte Phantasiewelt), und verhängt über sie – wie über narzißtisch gestörte Patienten – das Verdikt der eingeschränkten bzw. Nicht-Analysierbarkeit. Kohut hat bereits am Beispiel der narzißtisch gestörten Patienten gezeigt, daß eine veränderte, nämlich verstehende, *erfahrungs*nahe Haltung des Analytikers, statt einer erklärenden, *theorie*nahen und zudem moralischen Abstinenzhaltung, die in ihrem Selbstausdruck gehemmten Patienten ansprechen und in einer strukturbildenden Selbsterfahrung begleiten kann. Ich zeige, daß das gleiche für Krebspatienten zutrifft.

Ich sagte, die Traumatisierungen haben bei Krebspatienten bereits in vorsprachlicher Infantilgeschichte stattgefunden. Schon der körpersprachliche Dialog zwischen Mutter und Kind war entgleist. Sprache, die in der Beziehung zum Therapeuten zum ersten Mal Psyche und Soma als ganzheitliches Erleben benennt, ist demzufolge eine ganzheitlich-bildhafte (= rechtshemisphärische) Sprache.

Wie ich im Zusammenhang mit dem in den fünf Szenen dargestellten Sozialisationsgeschehen ausgeführt habe (siehe S. 591 ff.), vertrete ich die These, daß bereits die narzißtische Lebensstörung mit massiver Körpersymptomatik einhergeht. Jörg beispielsweise war das Stottern körperlich eingeschrieben. Ich meine also, die narzißtische Lebensstörung ist das Paradigma psychosomatischer Erkrankung. Die Krebserkrankung ist aus einer narzißtischen Störung hervorgegangen und hat, wie diese, eine organisch auffindbare Symptomatik. Da diese aber nicht im Zusammenhang mit der Selbststörung begriffen und behandelt wurde, erscheint die Krebserkrankung als Katastrophe aus heiterem Himmel. Tatsächlich aber stellt die Krebserkrankung in einer langen Kette nur den letzten Selbstheilungsversuch auf der somatischen Ebene dar. Ich will das Gesagte an dieser Stelle nur mit Max L.s familienanamnetischen Daten illustrieren:

Die Mutter hatte den 4-5 Monate alten Säugling zu ihren Eltern gegeben, weil sein Weinen sie nervös gemacht hatte ... Max L. hatte als Kind häufig tagelang Schluckauf, vermutlich wenn die Mutter ihn befriedigt hatte ... Schlafstörungen und Dunkelangst begleiteten ihn von klein auf ... Beinbrüche als Kind ... mit 13 Verdacht auf Knochenhautentzündung ... mit 13 ein Selbstmordversuch mit Tabletten und Alkohol ... Pfeiffersches Drüsenfieber mit 16, seither chronische Durchfälle (... er war von zu Hause ausgezogen und lebte in schnell wechselnden Frauenbeziehungen), latenter Alkoholabusus ... er hatte 10 verschiedene Schulen besucht, war zweimal sitzengeblieben, hatte sich als Schulsprecher profiliert ... mit 20 zeugte er ein Kind ... mit 21 hatte er Hodenkrebs.

Der Behandlungsverlauf selber (Teil 4) und die Analyse seiner familialen Sozilisationsgeschichte unter dem Aspekt des im »sexualisierten Blick« der Mutter und im Streßverhalten der Oma degenerierten Lächelns als Organisator seiner emotionalen Entwicklung, wie ich sie unten (II, 3.3.3) vornehmen werde, zeigen daß jede organische Störung ihr Korrelat im gestörten Beziehungsgeschehen hatte. Einer *interaktions*orientierten Medizin wäre das nicht entgangen. Unsere *organ*orientierte Medizin stellte hingegen nur den Hodenkrebs fest und erklärte Herrn L. für verrückt, als er sich, weil er inzwischen etwas von sich begriffen hatte, gegen weitere konventionelle medizinische Maßnahmen aussprach und statt dessen eine Psychotherapie machen wollte.

Die Krebserkrankung mit dem konfliktpsychologischen Modell der zweiphasigen Abwehr, also als körperlichen Niederschlag mißglückter Verdrängung des »klassischen neurotischen Konflikts«, zu erklären, geht an den vorfindbaren Tatsachen gründlich vorbei.

Der Bezugsrahmen der psychoanalytischen Entwicklungspsychologie ist objektal und beschreibt demzufolge Entwicklung als phasenspezifische Objektbeziehungslehre. Die Lust des Kindes binde sich *nacheinander* an Mund, After, Phallus und Genitale an und werde durch drei spezifische Organisatoren in Objektbeziehungen einsozialisiert. 1. Das erste Lächeln gilt als Zeichen für die erste Objektwahrnehmung und wird von der Mutter im Lächelspiel aufgenommen. 2. Das Fremdeln des Kindes als Achtmonatsangst gilt als Beweis dafür, daß das Kind das vertraute Gesicht der Mutter von fremden Gesichtern unterscheiden gelernt und damit die Fähigkeit erworben hat, Belebtes von Unbelebtem unterscheiden zu können. 3. Das »Nein« wird als sozialer Einpassungsorganisator verstanden, der das Kind in gesellschaftlich Erwünschtes »gut« und »böse« einführt.[22]

Für die adäquate Beschreibung der Sozialisationsbedingungen, denen Krebspatienten ausgesetzt sind, sind sowohl der objektale Bezugsrahmen der psychoanalytischen Entwicklungspsychologie als auch ihr Inhalt, die drei Organisatoren, obsolet. Warum? Bereits in *Aufzeichnungen eines seelischen Nacktflitzers* habe ich in Kapitel 6: »Belvedere: Erkenne dich selbst«[23], an Beispielen aus der Literatur die zeitgenössischen Sozialisationsbedingungen der anonymen Persönlichkeit, die gleichermaßen den Strukturdefekt der narzißtisch gestörten Patienten wie der Krebspatienten beschreibt, diskutiert. In einer »Kleinen Affektlogik«[24] habe ich mich kritisch mit dem Lächeln als erstem Organisator auseinandergesetzt, der in ungleichsinnigen Beziehungen pervertiert ist. Wo die Mutter auf die Freude des Kindes mit Schweigen, Angst, Ärger, Wut u. ä. reagiert, degeneriert das Lächelspiel zum Trauerspiel. Daraus folgt, daß »Freude und Selbstwahrnehmung in Scham und Fremdwahrnehmung« pervertiert werden und das Kind in seiner Selbstwahrnehmung ver-rückt wird. Wenn sich das Kind aber in seinem Selbsterleben nicht bei der Mutter aufgehoben weiß, weil diese nur bestimmte Aspekte seiner Sinnlichkeit in der Kommunikation zuläßt, andere aber tabuisiert, wird das Kind sozial sprachlos. Darin, nicht in den Realtraumen als solchen, besteht die Traumatisierung, die sich in den Körper ein-

22 Vgl. R. Spitz. *Die Entstehung der ersten Objektbeziehung*, Stuttgart 1973.
23 1991b, S. 277 ff.
24 1991b, S. 296 ff.

schreibt, weil sie bereits in vorsprachlicher Infantilgeschichte stattfand. Das Kind, das mit seinen intimen Körpererfahrungen nicht in der Kommunikation mit der Mutter respektiert und benannt wurde, muß sich seiner diffusen Körpersensationen schämen, weil sie ihm nicht als menschliche Gefühle von der Mutter vertraut gemacht und *sprachlich* verfügbar wurden. Es bleibt sich in seiner Sinnlichkeit anonym.

Wie mir vor allem die Erfahrung im stationären Bereich gezeigt hat, ist auch der zweite Organisator, das Fremdeln, bei Krebspatienten obsolet. Das Gesicht der Mutter wurde nie vertraut (Hanna, Max L.), weil die Mütter (resp. Großmutter, denen sie die Kinder überließen) selber sich in ihrer Sinnlichkeit anonym geblieben sind und demzufolge dem Kind nicht als sinnlicher Partner, allenfalls als »Funktion«, begegnen konnten. Paradigmatisch dafür stehe die Beobachtung, daß Frau S., Marias Mutter, lebendige Rosen nicht von künstlichen unterscheiden konnte; sie sah nicht, was sie vor Augen hatte; sie mußte sich erst mit der Nase davon überzeugen (Teil 2, S. 277). Wie Behandlungsstunden mit Frau S. zeigten, war sie selber auch nicht durch Lächeln oder das vertraute Gesicht der Mutter emotional strukturiert worden.

Krebspatienten sind nicht in ihrer Freude an sich selber, sondern durch Scham sozialisiert worden. Intimität in einer Zweierbeziehung ist ihnen unvertraut und macht sie ratlos, weil sie ihre Gefühle nicht benennen können (vgl. Hanna, Teil 1: »Ich höre Sie gar nicht klopfen«, S. 102 ff.). In anonymen Situationen finden sie sich hingegen spielend zurecht, weil sie von klein auf gezwungen waren, sich den selbstentfremdenden Erfordernissen der Umwelt seismographisch anzuähneln. Dieser Zusammenhang wurde mir insbesondere in der Psychosoma-Analyse mit Hanna evident. In Teil 1, S. 162 f., habe ich darüber berichtet und den trauma-analogen Kontext zwischen mehreren Stunden herausgearbeitet.

Im folgenden beschreibe ich die Affektlogik von Krebspatienten und illustriere sie mit Beispielen aus der Arbeit mit Hanna, Maria (und Mutter), Max L. (und Sohn) und Allessa. Ich verlasse allerdings den objektalen Bezugsrahmen der Psychoanalyse und ihrer objektal-phasischen Entwicklungslehre, weil Sinnlichkeit sich nun einmal multimodal und keineswegs, wie Freud meinte, in phasenspezifischem Nacheinander zu Wort meldet. Indem Freud die Sinne objektal funktionalisierte und analytisch säuberlich an Organgeschehen anband, verkannte er Sinnlichkeit als Selbst-Befriedigung und Selbst-Zweck. Er verwechselte den phänomenologisch auffindbaren Niederschlag überichgesteuerter Erziehung mit dem Wesen des Menschen.

Die Erstgespräche mit den Eltern und Patienten und die Familienanamnesen verweisen immer wieder auf drei spezifische Sozialisationsbedingungen von Krebspatienten:

1. Die Eltern (resp. Großeltern) sind narzißtisch gestört, was durch
2. eine psychosomatische resp. Suchtsymptomatik überlagert ist;
3. die Ehen der Eltern Krebskranker sind brüchig bereits vor Geburt der Kinder. Diese waren unerwünscht, aber der Anlaß für die Eheschließung. Die Kinder wurden ggfs. zu den Großeltern gegeben, damit die Eltern ihre (beruflichen) Pläne ungestört verfolgen konnten.

Diese Sozialisationsbedingungen ernstnehmen und die Erfahrungen ernstnehmen, die ich in der Arbeit mit den Familien machte, heißt, das psychoanalytische Tabu der Elternschonung durch Irrealisieren der Realtraumen zu brechen und die Krebserkrankung als Folge einer hergestellten Kommissurotomie zu verstehen (siehe II, 3.3.4, S. 662 ff.). Die Sozialisation, die Krebspatienten genossen haben, war einzig Vergesellschaftung durch den sozialen Einpassungsmodus »Nein« und damit Einübung in analytisch trennende (linkshemisphärische) Sprache. Individuierung, die eine sprachliche Strukturierung der rechten Hemisphäre aufgrund der sprachlichen Benennung des ganzheitlichen Selbsterlebens in der Beziehung mit einem empathischen Gegenüber bedeutet, haben Krebspatienten nicht erfahren. Rechte und linke Hemisphäre sind demzufolge unverbunden, denn die Kommissurenfasern des Balkens zwischen beiden Wirkungsphären wurden nicht durch soziales Beziehungsgeschehen sprachlich gebahnt.

Wie aber die Psychosoma-Analysen mit Krebspatienten zeigen, ist diese Bahnung keineswegs an eine sensible Phase gebunden. Sie hängt vielmehr vom Selbstverständnis des Therapeuten ab. »Mit Augen hören ... mit Ohren sehen« nenne ich meinen ganzheitlichen Zugang, um den Patienten in seiner Sinnlichkeit aufzuspüren und ihn in sinnlich ganzheitlicher (rechtshemispärischer) Sprache anzusprechen. Psychosoma-Analyse mit Krebspatienten, das ist: Neubuchstabieren sowohl des Körperalphabets als auch der Grammatik der Gefühle auf der Suche nach einer Kosesprache, in der der Patient sich selber erkennen kann.

Die nachstehende Affektlogik von Krebspatienten stellt also den Versuch dar, die emotionale Entwicklung im Selbst-Selbstobjekt-Bezugsrahmen zu erfassen, allerdings über Kohut hinaus, bereits in der körpersprachlichen Vorgeschichte von Mutter und Kind beginnend.[25]

3.3.2 Der Rhythmus als wesentlicher Organisator der menschlichen Entwicklung und Sprache – bei Krebspatienten bereits vorgeburtlich gestört

Ich sagte, daß bei Krebspatienten die narzißtische Störung bereits in vorsprachlicher Infantilgeschichte ihren Ausgang nimmt. Was meine ich damit?

Clauser hat gezeigt, daß der Rhythmus ein wesentlicher Organisator der menschlichen Entwicklung und der Sprachentwicklung ist. Bereits pränatal pendelt sich der Fötus auf den akustisch rhythmischen Herzschlag der Mutter ein, der dann extrauterin im Wiegen sein motorisches und im Singsang der Mutter sein akustisches Äquivalent hat. Das Kind repliziert diese vorsprachliche Körpererfahrung des Rhythmus in seiner melodischen Babysprache, die durch rhythmische Verdopplungen analog dem Herzschlag gekennzeichnet ist. Ma-ma, Pa-pa sind ubiquitäre Beispiele dieser Echostruktur der Babysprache.[26]

Dem rhythmischen Zusammenspiel im Akustischen und Motorischen korrespondiert dann als psychisches Zusammenspiel in der extrauterinen Entwicklung des Kindes das psychische Bedürfnis des Kindes nach Objekten, die dem Selbst des Kindes als Spiegel und Echo seines Selbsterlebens zur Verfügung stehen. Dieses Bedürfnis nach einem »Du«, das das Selbst stützt, es kohärent und harmonisch macht, so daß es sich *intakt* erlebt, hat der Mensch sein Leben lang, nur entwickelt sich dieses Bedürfnis von einem archaischen Verschmelzungsbedürfnis, wie es im Trösten, Wiegen und Beruhigen seine Befriedigung findet, hin zu der entwickelten Fähigkeit, sich empathische, das Selbst stützende Objekte zu suchen, wenn die aktuelle Lebenssituation das Selbst bedroht. Was bei Kohut wie Metaphern klingen mag: die psychische Stützung aufgrund der Spiegelung und Echo durch Selbstobjekte, hat also eine sinnlich-konkrete Vorgeschichte im Rhythmus als Or-

25 H. Kohut: *Wie heilt die Psychoanalyse?*, Ffm. 1987, 85/6.
26 G. Clauser 1971, 104/5.

ganisator der Beziehung von Mutter und Kind. In gleicher Weise sind dann auch Sprache und Gestik synchronisiert. Candon und Ogsdon konnten experimentell sowohl »Selbstsynchronizität« als auch »Interaktionssynchronizität« nachweisen, d. h.: Änderungen im Sprechen, in Intonation und Pausen etc. sind synchronisiert mit Änderungen im nonverbalen Verhalten, und zwar beim Sprecher *und* beim Zuhörer. Es scheint, so Candon und Ogsdon, als ob »the body of the speaker dances in the time with his speech and the body of the listener in the rhythm with that of the speaker«.[27] Die gestörte Selbstsynchronizität wird von amerikanischen Psychologen für diagnostisch relevant im psychiatrischen Bereich gehalten.

Warum habe ich so weit ausgeholt? Weil bei Krebspatienten der Rhythmus zwischen Mutter und Kind von Anfang an derart gestört ist, daß zwischen diesen unerwünschten Kindern und ihren schwer gestörten Müttern (siehe die Familienanamnesen von Hanna, Teil 1, S. 26; von Maria, Teil 2, S. 287 f.; Max L., Teil 3, S. 456 f.) kein rhythmisch-harmonisches Zusammenspiel im Psychischen entstehen kann. Hanna und Max L. wurden zu den Großmüttern gegeben, die schwer psychosomatisch gestört waren. Man weiß, daß psychosomatisch kranke Bezugspersonen allenfalls die biologische Versorgung übernehmen können, die sie allerdings zwanghaft und konventionsgetreu verrichten, daß sie aber das Kind nicht in seinen Bedürfnissen nach Ruhe und Verstandenwerden beantworten können. Ich hatte beispielsweise bei Hannas Oma erlebt, daß sie nur eine Antwort auf jegliche Regung von Hanna wußte: Essen.

Jörg, Hanna, Maria, Max L. waren unerwünschte Kinder. Als ich Jörg sagte: Du mußt viel Angst gehabt haben, wenn die Eltern sich dauernd gestritten haben, antwortete er mir, das habe er nicht erlebt, da sei er im Bauch gewesen. Das ist es. Die zum Teil handgreiflichen Streitereien der Eltern, die Atmung und Herzschlag der Mutter und Körperbewegungen bestimmten, und die psychische Konfliktsituation mit ihrem Mann, das unverarbeitete Realtrauma ihrer Vergewaltigung als 10jährige und die Tatsache, daß Jörg unerwünscht war, dieser *ver*störte Rhythmus hatte sich Jörg körperlich eingeschrieben, bevor er Angst überhaupt erleben konnte.

27 W. S. Candon et al., »Sound Film of Normal and Pathological Behaviour Patterns«, in: *Journal of Psychiatric Research* 143 (1966), 347.

Jörg stotterte. Er war aggressiv, das war sein Schamschutz, um mit dem fertig zu werden, was ihm in jedem Vorwurf, dem starren Blick, der schrill-metallenen Stimme der Mutter verbal und averbal vermittelt wurde: Er war in seiner Existenz unerwünscht und mußte sich für alles, was er tat und sagte, schuldig fühlen. Daß er ein Junge war, ängstigte zudem die Mutter in ihrer unbegriffenen Vorgeschichte. War er bubenhaft aggressiv, war er ihr nicht recht. Reagierte er gekränkt auf die Provokationen des Vaters und weinte gar, höhnte der: Stotterheini, Memme ... Jörg war narzißtisch gestört. Er stotterte – nur. Maria, 20 Jahre lang das Sunny girl der Mutter, bekam einen Herztumor. Frau S. sagte mir im Erstgespräch, daß Maria unerwünscht war, an Abtreibung habe sie nicht gedacht. Statt dessen heiratete sie den Mann, von dem sie »von vornherein wußte, daß das sexuell nichts war« (Teil 3). Die uneheliche Schwangerschaft hatte für Frau S. die Verdoppelung eines seelischen Kindheitstraumas zur Folge. »Als sie schwanger war, mit 20 Jahren, kotzte sie viel, und eines Abends kam die Mutter ins Zimmer und sagte: ... ›Ist das wahr! ... Dann bist du nicht mehr meine Tochter!‹« »Immer zählte nur die Form, nie das Herz«, sagt Frau S. über die Mutter. Sie heiratete, um der Form zu genügen und die Beziehung zur Mutter zu erhalten. Aber diese Beziehung war längst schwer gestört. Aus heiterem Himmel hatte die Mutter eines Tages zu der 5jährigen gesagt: »Du bist nicht mehr Ursula, mein liebes Mädchen, du bist Karin.« Frau S. fühlte sich immer als Nagel zum Sarg der Mutter, egal, was sie tat (vgl. 326, 332). Sie wählte einen Helferberuf und opferte sich an der Krankenfront in der Familie. Für die Kinder glaubte sie alles tun zu müssen; sie hatten ja nicht darum gebeten, geboren zu werden, sagte Frau S. Ihre narzißtische Defizienz versuchte sie im Helfersyndrom zu bannen.

Man stelle sich vor, in welcher seelischen Verfassung Frau S. sich befand, als sie Maria gebar. Und wie sie dieses Kind wohl begrüßte. Kalt und unempathisch, denn sie konnte sich an ihr nicht freuen. Sie wurde nicht psychologisch Mutter, sie blieb einzig biologische Mutter.

Als Maria nach der Herztumor-Operation zu sterben drohte, sagte Frau S. mir in unserem Erstgespräch, holte sie nach, was sie diesem Kind nie hatte geben können: »Sie habe ihren Arm unter ihr Kopfkissen, ihre Stirn an Marias Stirn gelegt und dann, sagt Frau S., dann klopfte das Herz wieder am Hals ein wenig« (281).

Maria überlebte damals seit 5 Wochen, und die Wochen waren nicht nur beeinträchtigt. Maria (!) habe »Bedürfnisse wie ein Baby geäußert, und sie habe sie ihr erfüllt. Z.B. Baden mit Schaum und Planschen, bedingungslos genußvoll überläßt sie sich meiner Pflege(!), sie schämt sich nicht ... Es gehe ihr tief ans Herz, wie die 20jährige sich in ihre Arme fallenlasse« (282). Ich bestätigte Frau S. in ihrer Freude und ihrem Stolz, diesem Kind etwas Gutes gegeben zu haben, und half ihr, daß nun auch sie sich etwas Gutes tun konnte. Sie fuhr zum ersten Mal nach 5 Wochen nach Hause, um ein Bad zu nehmen und zu schlafen, was sie sich sehnlichst wünschte. Ich begann die Arbeit mit Maria, aber je mehr Maria begriff, daß ihr Gesundwerden ihre seelische Leistung war, je mehr sie wieder für sich tun konnte, desto bedrohter fühlte sich Frau S. Gutgehen war für sie ein »Grauschleier« (319). Als Maria ihre erste Reise machte, rief mich Frau S. an: »Glauben Sie mir, das kleine Köpfchen hat mir so gefehlt, drüber zu streicheln« (325). Sie brauchte, psychisch gesehen, die kranke Maria, obwohl sie dafür war, daß Maria die Therapie machte ...[28] Der Vater brauchte die kranke Maria und trieb seine Witze mit ihr. Er leckte ihr über die Glatze, weil er gelesen hatte, daß das eine Kuh bei einem Bauern getan hatte, worauf seine Haare wieder wuchsen. Als Maria aufschrie, sie kränke das, war er beleidigt: hier kann man wohl keine Witze mehr machen (vgl. 381). Wenn sie weine, sagte Maria, dann schalte der Vater »auf treusorgender Vater um«. Aber Maria wollte respektiert werden, nicht erst nachdem man sie gequält hatte ... Sie wollte ohne Krebs leben können, sie wollte gesund werden

Wie hatten die 20 Jahre eines unerwünschten Kindes ausgesehen, das die Mutter ›sunny girl‹ nannte und von der sie mir im Erstgespräch sagte: »Maria ist 20 Jahre kerngesund gewesen, hochempfindsam und sensibel, ein bewundernswertes Mädchen, von allen ins Herz geschlossen« (278) ... »immer unbeschwert ..., zwischen uns gab es kein Thema, über das nicht gesprochen werden konnte ... von allen wurde sie gemocht ... sie hatte den Namen sunny girl« (284).

Maria beschreibt ihr Sunny-girl-Dasein, ihre ersten 20 Lebensjahre, anders:

28 Siehe dazu Teil 2, Nachtrag 7: »Wenn Frau S. Maria aus dem vampiristischen Zweieck entlassen könnte«, S. 406 ff.

»Wenn ich nach Hause kam, hatte ich schon Angst, daß irgendetwas nicht recht war; dann schlug der Vater mich und vor Angst machte ich mir in die Hose und dann schämte ich mich dafür; durfte aber nicht weinen und mußte mich entschuldigen dafür, daß ich mir in die Hose gemacht hatte oder überhaupt. ... Ich mußte alles einsehen, daß es richtig war, was der Vater tat und sagte ... es allen recht machen. Ich war Maria, das Kind, das immer alles einsah, es immer allen recht machte. Ich war die lachende Maria, was sollte ich denn machen! ... Was hatte ich denn! Der Bruder hatte sein Zimmer ... der Vater hatte seine Arbeit und ließ zu Hause den Frust ab, und du«, sagte sie zur Mutter, »du hattest deine Freunde! Aber ich, ich hatte niemanden, der mir half; ich habe mir die Nägel und Hände buchstäblich aufgefressen vor Spannungen, ich hatte keine Freunde; nur der Krebs konnte mir helfen ...« (vgl. 330).

Zunächst schien der Krebs für Maria eine Rettung aus dem Sunny girl-Holocaust zu sein:

»Verstehen Sie, das habe ich als Kind nicht bekommen, das gab es nicht für mich, angefaßt werden, nur Befehle und Vorwürfe, die gab es. Aber als die Mutter mich nach der Operation ans Herz gedrückt hat, da habe ich erkannt, daß alle für mich da waren; der Vater hat mir den Studienplatz geholt, da habe ich gesehen, der steht zur dir ...« (vgl. 331).

Aber es war ein Trugschluß: Der Familienholocaust ging weiter auf ihre Kosten und der Kliniksholocaust kam noch hinzu: Der Vater leckte ihr über die Glatze, und die Ärzte zwangen ihr ihre Übertherapien auf, ohne sie zu respektieren, wenn sie sich einfach dem nächsten Therapieblock noch nicht gewachsen fühlte ...[29]

Ihr selbstbewußtes Auftreten ängstigte Eltern und Ärzte, sie nannten es »euphorisch«, und die Oberärztin sagte lakonisch: »Das gibt sich ... spätestens beim ersten Rezidiv«.[30] Aber selbst als erneut Lungenmetastasen aufgetreten waren, lauschte Maria bei der Testung der Distanz von Tumor und Herzwand auf ihren lebendigen Herzschlag und sagte mir stolz: »Es war wie das Glucksen in einem Sumpf«. Frau S. wußte nur zu erwidern, »das

29 Siehe Teil 2, Überredet zur Übertherapie... mit dem Hammer vor den Kopf geschlagen ... aber mein Körper gehört mir, S. 338 ff.

30 Siehe Teil 2, Ist Maria nicht zu euphorisch? ..., S. 335 ff.

28.10.87 A.V.V.S.

Herz sei wie ein Motor« (418). Auf Marias kindliche Bedürfnisse nach der Operation hatte sie phasengerecht reagiert, auf ihre Sinnlichkeit reagierte sie technisch-rational.

3.3.3 Lächeln als Organisator ... bei Krebspatienten allenfalls: »Evil eye« = Lebendigkeit in die Bilder der toten Oma eingekalkt (Maria) – »Ein müdes Lächeln, höchstens« (Hanna) – Sexualisierter Blick und Streß (Max L.)

Die Entwicklungspsychologie geht vom »Lächeln« als erstem Organisator der Beziehung zwischen Mutter und Kind aus. Wenn bei Krebspatienten schon der Rhythmus intrauterin gestört war, wie wird dann das »Lächelspiel« zwischen den unerwünschten Kindern und der Mutter aussehen?

Schon bei unserer ersten Begegnung waren mir die starr silbern geschminkten Augenlider von Frau S. aufgefallen (276). Im Erstgespräch hatte sie mein Zimmer betreten und mit ihren Augen nicht wahrnehmen können, ob die Rosen, die sie sah, echt oder künstlich waren. Sie mußte erst daran riechen (277). Ihr maskierter Blick, das war der Grauschleier, von dem sie sprach, die narzißtische Leere, die sie überfiel, wenn es ihr gutging (319 ff.). Diese Maske mußte Maria aufhellen, damit sich die Mutter wegen ihrer (ihrer beider!) Existenz nicht schuldig fühlen mußte. Maria wurde in ihrem Lächeln nicht beantwortet, aber sie mußte das ›sunny girl‹ für die Mutter spielen, obwohl sie die ersten 20 Jahre ihres Lebens nichts zu lachen hatte ... wenn sie weinte, dann schlug sie der Vater ... Wie überlebt ein Mensch diese Seelenmorde ohne Ende?

Domash spricht davon, daß gerade narzißtisch gestörten Patienten, denen »the welcoming joy of mirroring object«[31], die wohlwollende Freude eines spiegelnden »Du« also, gefehlt habe, daß diesen Menschen die Mutter statt dessen mit bösem, vorwurfsvollem Blick, Domash nennt ihn »evil eye«, begegnet sei. Ich meine, wichtiger ist noch, daß dieser Blick schadenfroh war. »Immer hatte ich Angst vor etwas«, sagt Maria (vgl. 363 ff.): Angst vor diesem die Existenz des Kindes in Frage stellenden Blick, eine diffuse Angst vor der Zukunft beherrschte ihr Leben, die realbegründetete Angst vor der Willkür des Vaters kam noch hinzu.

31 L. Domash: »Self and object representation and ›Evil eye‹«, In: *Bulletin of the Menninger Clinic* 47 (1983), 223.

Wie der Junge in den fünf Szenen hatte auch Maria sich den Realtraumen analoge Beziehungsentwürfe geschaffen, um in ihrem Familienholocaust zu überleben. Marias trauma-analoges Lächeln war das Lächeln der kranken (Alzheimer Prozeß), altersdebilen Oma, hervorgelockt durch ihren Sohn (Marias Vater), der ihr Grimassen schnitt. Dies grauenhafte Bild verfolgte Maria, seit sie drei Jahre alt war. Sie sagte, »sie erinnere sich immer wieder an das grauenvolle Bild, wie der Vater seiner Mutter Grimassen schnitt, wie man es mit einem Kind tut (!), wissen Sie, und die habe fröhlich gelacht ... selig, wie ein kleines Kind ...« (304). Sie selber mußte mit Grimassen zum Lachen gebracht worden sein. Und die Witze des Vaters: daß er ihr über die Glatze leckte, ihr eine abgegessene Melonenschale auf die Glatze legte und beleidigt war, daß sie seinen Spaß nicht verstand, das war nur die Wiederholung der traumatisierenden Kindheit. Marias trauma-analoger Beziehungsentwurf war dann folgender: Maria sagte mir, »sie sei überzeugt, die Oma schwebe auf einer Wolke und stehe dort am Himmel und lächle und warte auf die Familie, wenn sie gestorben sei« (304). In den Bildern der toten, schadenfroh lächelnden Oma entzifferten wir gemeinsam Marias Lebendigkeit, mit der sie die Mutter nicht hatte erregen können. Denn die Mutter war »mit der ununterbrochenen Pflege dieser Sache befaßt« (283), und diese Sache, das waren die Kranken. Als Maria 4 war, pflegte die Mutter den Mann (Meningitis), dann über drei Jahre die Schwiegermutter (Alzheimer Prozeß), dann den Bruder (drogensüchtig, schizophren), dann den Mann (Verdacht auf Hodenkrebs). Und Maria mußte sich um ihren Bruder kümmern. Mit ihrer Lebendigkeit war sie ins Leere gegangen. Daß ihr Herzschlag etwas Lebendiges ist, war ihr nicht vertraut. Sie entdeckte es in unserem Erstgespräch (291 ff.). Ihr Selbstbild war in die Fotos der toten Oma eingekalkt (vgl. 298 ff.).

Wir begannen sie kleinweis aus der ihr angetanen Anonymisierung ihrer Sinnlichkeit, aus der Geschichte der Toten und Kranken, herauszuschälen. Die Stunde »Unter dem Pantoffel einer Toten ... ich bin heilfroh, für mich allein zu sein« (298 ff.) zeigt sinnfällig, wie sie mich in den reißenden Strom ihrer traumatischen Geschichte hineinriß und ich coinästhetisch wahrnehmend die trauma-analogen Klirrpunkte festhielt, so daß wir sie in ihrer Lebensfreude aufstöbern konnten ... und darauf wartete sie sehnlichst.

»Verstehen Sie, das habe ich als Kind nicht bekommen, das gab es nicht für mich, angefaßt werden, nur Befehle und Vorwürfe, die gab es (332). »Immer hatte ich vor etwas Angst ...« (364), das war ihr Lebensgefühl. Aber was sie vom Vater vergeblich ersehnte, erträumte sie sich von Gott. Als sie abends im Bett dafür betete, daß sie gesund wird und alle mit dem Tumor fertig werden, »da hörte sie eine Stimme: Du bist auf dem richtigen Weg, Mädchen, und eine warme, weiche Hand habe sie über ihren Schädel gestreichelt, das habe sie gefühlt. Ich lag auf der Seite, sagte sie, das war wunderschön« (333 f.). In ihrer Seele begann sie sich Geborgenheit und Wärme als Erfüllung vorstellen zu können. In der Stunde, in der mich die Mutter um ein Gutachten gebeten hatte, mit dem der Vater Marias Krankheit schamlos für seine Zwecke ausbeuten wollte, streckte mir Maria plötzlich ihren Kopf hin: »Streicheln Sie mal drüber, ich bin so stolz darauf, ich bin so stolz auf meine Haare! – Ich streichelte ihr sanft über die kleinen festen Haare und sagte, wie schön es sei, daß sie wieder gewachsen seien. Wir sind auf dem richtigen Weg« (366). Ich gab ihr in ihren Worten wieder, was sie sich erträumte. – Das ist der rhythmische Singsang, mit dem der Therapeut den Patienten in seinem Selbstausdruck verdoppelt, so daß er sein Selbst und sein Selbsterleben im anderen gespiegelt und aufgehoben weiß. – Maria strahlte, und ich wußte, daß ich sie erreicht hatte.

Lächeln ...: »ein müdes Lächeln, höchstens« (Hanna)

Hanna hatte von ihrer Mutter »allenfalls ein müdes Lächeln« bekommen. Gleich nach der Geburt war sie zu den Großeltern gegeben worden. Als sie mit einem Jahr in ihre Familie kam, riß sie sich büschelweise die Haare aus und inszenierte damit an ihrem Körper die seelische Zerreißprobe, der sie bei den alkohol- bzw. tablettenabhängigen Eltern ausgesetzt war. Versorgt wurde sie von der zwei Jahre älteren Schwester, die von klein auf in der Familie gelebt und von klein auf Kopfweh hatte. »Mit 3 Jahren wickelte sie Hanna schon und hatte selber noch Windeln an, sie fütterte sich und Hanna mit Mettwurst vom Messer« (144). Das erzählte der Vater in einer Therapiesitzung, um mir zu sagen, daß seine Frau die Kinder vernachlässigt habe. Er schwelgte in Hannas Unfällen, die sie von klein auf baute, genauso wie er.

Hanna hatte kein lächelndes Gegenüber erlebt. Das »müde Lächeln« der Mutter war in ihr Gesicht eingeschrieben: die Narbe vom Autounfall mit der Mutter zuckte, wenn sie enttäuscht und wütend war. Es war wie ein Achselzucken. »Was willst du, ein paar Falten mehr im Gesicht«, hatte ihr die Mutter geantwortet, als sie über ihre Narben im Gesicht klagte und über ihre Isolation, in der sie seit dem Unfall bis hin zu Selbstmordabsichten getrieben war.

Mit Hanna, die ich über 3 1/2 Monate fast täglich auf Station sah, holte ich das Lächelspiel nach, so daß sie sich in ihrer Lebendigkeit trotz Krebs zu begreifen und zu respektieren lernte, selbst wenn die Ärzte sie respektlos übergingen.

Hannas Aufkleber auf dem Mathebuch waren: Hilfe ... Schreihals ... Schweigen. Das war ihr bisheriges Leben, 15 Jahre, in Kurzfassung. Auf den Turnschuhen der Schwester, die sie trug, weil ihre beim Unfall mit Blut verschmiert worden waren und sie sie nicht mehr tragen konnte, stand: Petting statt Pershing ... All you need is love. Das waren Hannas Lebensentwürfe, auf den Schuhen der Schwester und in einer Fremdsprache. Hanna selber war sozial sprachlos.

Das galt aber eigentlich schon nicht mehr, als sie darüber zu sprechen begann, daß sie keine Worte für ihre Gefühle habe. »Ich höre Sie gar nicht klopfen«, sagte sie, denn daß ich nicht wie ein Psychiater mit gespitztem Bleistift ihre Antworten auf meine Fragen notierte, sondern ihr mit gespitzten Ohren lauschte, erstaunte sie und machte sie zunächst ratlos ... Sie hatte keine Worte für ihre Gefühle, nur aus Büchern wußte sie, daß man über Gefühle sprechen kann ... Sie begriff, daß unsere Gespräche sie vor dem seelischen Verhungern bewahren konnten. ... (103 ff.) Sie lachte, wenn ihr zum Weinen war ... Dann konnte sie mir sagen: Ich tanze doch so gern (123 ff.) ... Ich lache doch so gern (133 ff.) ... Mit meiner Freude bin ich immer allein geblieben. Wenn's mir schlecht geht, kümmern sich alle, weil sie meinen, sie müßten ... wenn's mir gut geht, bin ich Luft für sie (187 ff.) ... Ich bin stolz, daß ich lebe, sagte sie noch – trotz Schlaganfall. (240 f.)

Hanna, Maria, Max L. ... sie waren ›artige‹ Kinder. Sie lachten, wenn ihnen zum Weinen war. Sie mußten auf die Probleme ihrer hilfsbedürftigen Eltern eingehen und fühlten sich an allem schuldig. Denn sie waren unerwünschte Kinder und schämten sich ihrer Existenz überhaupt. Der Krebs erschien ihnen zunächst wie eine Rettung vor dem seelischen Verhungern. Aber der Kliniksholocaust verdoppelte nur ihre Traumen. Hanna hatte für ihre

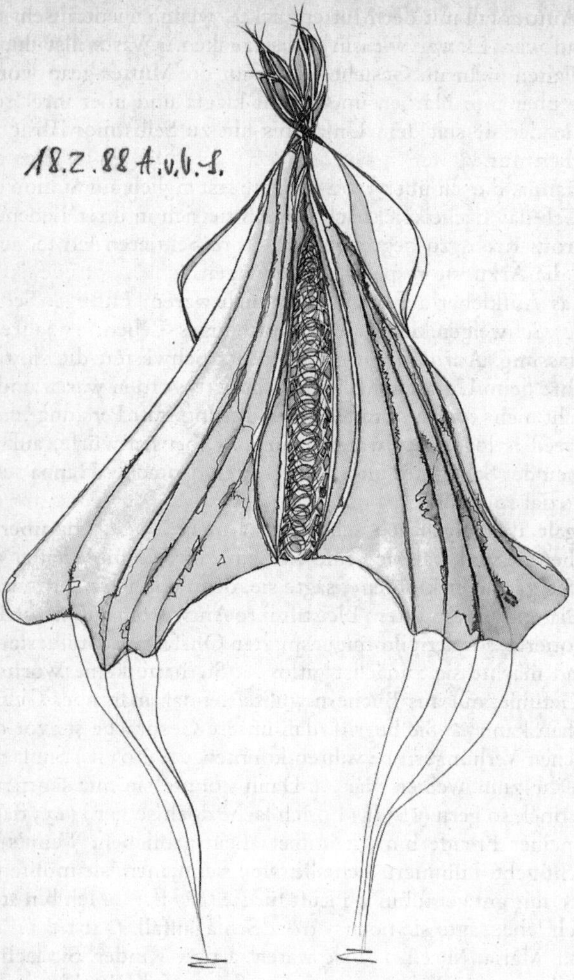
18.2.88 A.v.d.S.

Gefühle keine Worte. Ich bekam oft Kopfweh in den Behandlungsstunden. Dann wußte ich, daß es um Ärger und Wut und Scham ging, die sie nicht ausdrücken konnte. Wenn ich sie danach fragte, packte sie schreiend vor Schmerz aus, was sie quälte ... vor allem, daß sie von den Ärzten behandelt, aber nicht als Mensch wahrgenommen wurde. (102ff.) Kein Wunder, der behandelnde Arzt konnte lebendige Blumen genausowenig von künstlichen unterscheiden, wie Frau S. Er mußte sich mit den Händen überzeugen von dem, was er mit seinen Augen nicht wahrnehmen konnte (37f.). Wie hätte er sich darüber freuen können, daß Hanna auf seinen Rat hin wieder zu essen begann, eine Brühe und zusätzlich sogar ein Würstchen?
Diese erste Brühe hatten wir »gemeinsam verkostet« (39f.); die Schwester hatte sie Hanna in einer hohen Tasse serviert: wie man dem Fuchs das Wasser in einem Krug und dem Storch auf einem Teller servierte. ... Nur daß wir uns nicht in einer Fabel befanden, sondern im Kliniksalltag, zu dem diese unsensiblen Quälereien gehören. Hanna genoß ihr Süppchen und die Ruhe, für die ich sorgte, damit ihr Bäuchlein mitspielte. Wir brabbelten miteinander wie Mutter und Kind im Singsang. ... Was antwortete ihr der Arzt, als sie ihm stolz erzählte, daß ihr das Essen bekommen war, das erste Essen, nach wochenlanger künstlicher Ernährung am Tropf und einer der tödlichen Krisen, die sie zu überleben wagte, wider ihre infauste Prognose? Dr. X. habe gesagt, schreit mich Hanna empört an: »Na, dann hast du wenigstens was richtiges zum Erbrechen, wenn du dich übergeben mußt« (53f.).
Das ist der Klinikshololocaust, der den Familienholocaust nur verdoppelt. Das Lebendige im Kranken interessiert nicht, denn man bekämpft den Krebs als das Böse, der Mensch selber spielt dabei keine Rolle. Allenfalls als sexualisierter Körper. Als Hanna von respektlosen Fotografen, die im Strahlenbunker rumknipsten, fotografiert wurde und es genoß, weil sie sich wahrgenommen fühlte, kam der besagte Arzt vorbei, legte Hanna die Hand auf die Schulter, aber nicht etwa, um mit ihr ein paar Worte zu sprechen, was sie sich sehnlich wünschte oder um sie vor der schamlosen Ausbeutung als 15jährige glatzköpfige Frau zu schützen, nein, er sagte: »Du bist die meistfotografierte Frau der Station« (111). Hanna spürte wohl, daß etwas an der Szene nicht stimmte. Sie ließ sich gern fotografieren: das war das nicht wahrgenommene Kind, das nun sogar in die Zeitung kommen würde ... aber sie

schämte sich dafür, weil die Bedingungen nicht stimmten. Im Strahlenbunker guckten sich wildgewordene Fotografen die kleine 15jährige Frau mit Glatze aus. Sie war schon mit Männern zusammen gewesen, aus Not, »weil ich die Zärtlichkeit irgendwie brauche«, sagte sie mir später, »und die kriege ich nur von einem Mann« (194).

Das ist das Trauerspiel, das Freud als »Spiel« des Kindes versteht: »Groß sein zu wollen und so tun zu können wie die Großen«. Das ist der Überlebensentwurf einer 15jährigen Jugendlichen, die schamlos für die Zwecke der Erwachsenen funktionalisiert wurde und nun ihren eigenen Körper funktionalisierte, um »die Hand auf der Schulter« zu spüren, wie Maria sich nach der Hand auf den Kopf sehnte. Aber es war keine »warme, weiche Hand«, die sie streichelte, und keine Stimme, die sagte, »Du bist auf dem richtigen Weg, Mädchen« (Maria, 366). Ich half Hanna, sich in ihren Bedürfnissen zu verstehen. Sprache war der Schamschutz, den wir für sie fanden. Es war eine schmerzliche Paradoxie, in der ich mich bewußt begriff – es war Hannas paradoxe Situation, selbst wenn sie sie nicht benennen konnte: Es gelang mir, sie in ihrer Lebendigkeit anzusprechen, so daß wir »das seelische Verhungern« (103) mit Liebe und Zärtlichkeit verhindern konnten ... aber ich wußte, daß ich den Krebs nicht aufhalten konnte. Ich wußte es. Aber daß das Rezidiv gerade im Sprechzentrum auftreten würde. ...Und trotzdem fanden wir Wege, die Beziehung nicht abbrechen zu lassen. Denn Hanna hatte inzwischen begonnen, selbstbefriedigend zu leben. Sie machte ihre »tea time« mit Pfefferminztee – er mußte abgekühlt sein, dann schmeckte er ihr ... Sie ließ sich durch den Kliniksholocaust nicht mehr von ihren sinnlichen Bedürfnissen abbringen. Sie starb mit ihrem Teddy im Arm, den sie sich zum 16. Geburtstag von den Eltern gewünscht hatte und der ihr etwas Wärme geben konnte, ohne daß sie ihr Selbst dabei kompromittieren mußte. – Die Scheidung der Eltern fand einen Monat nach ihrem Tod statt. Sie hatte die Eltern mit ihrer Leukämie nicht zusammenhalten können (ihre »Doppeltes Lottchen«-Phantasie, 53 f.). Aber sie hatte aufgehört, sich ihrer Existenz zu schämen und sich an allem, auch der kaputten Ehe der Eltern, schuldig fühlen zu müssen.

Lächeln ... allenfalls: »sexualisierter Blick« und Streß (Max L.)

Auch Max L. hatte sich nicht im Rhythmus mit der Mutter intakt erleben können. Um überhaupt schwanger werden zu können, hatte sich die Mutter die Gebärmutter erweitern lassen. Als Max L. dann als zweites Kind geboren war, machte sein Weinen sie nervös, und sie gab ihn zu ihren Eltern, um ihrem Beruf als Mannequin weiter nachgehen zu können. Die Oma, von der Max L. sein Lächeln hätte erwidert bekommen können, beschrieb er in der Familienanamnese folgendermaßen: »Hausfrau, Gallen-Operation, Migräne, starkes Rauchen, depressiv, 16 Stunden am Tag auf den Beinen, hat zeitweise Sieben-Personen-Haushalt versorgt« (456). Den trauma-analogen Beziehungsentwurf, den er sich als Überlebensstrategie erarbeitet hatte, beschreibt er mit den Worten, die ihn selber erschreckten: »Keinen eigenen Rhythmus: Rauchen und Sex, alles schnell, dann die Kippe wegwerfen ...« (465 f.). Das war die »Bebi o-o-o-o«-Interaktionsform in Perfektion.

Im Erstgespräch hatte mir dieser 21jährige Mann gesagt: Er habe Hodenkrebs, aber, statt einer prophylaktischen zweiten Operation, die bedeutet hätte, daß man ihm den ganzen Körper aufschlitzte (Lymphknotenfreilegung), brauche er eine Psychotherapie, denn er komme allein mit seinen Problemen nicht mehr klar. 21 Jahre: Hodenkrebs, er stand im Abitur, die sehr viel ältere Freundin erwartete in Kürze ein Kind von ihm. »Ich will nicht die Mama, die mich pflegt, ich brauche eine Mutter« (453), sagte mir dieser Mann, der vor der Krebserkrankung mit drei Frauen zusammengelebt hatte und dessen schöne Kindheitserinnerung nur schön gewesen war unter der Bedingung, daß er am Ende war: »Ich kann mich erinnern, wie ich mit meinem (Stief-)Vater aufs Meer hinausgeschwommen bin, und als ich nicht mehr konnte, durfte ich mich an seiner Schulter ausruhen, der trug mich ans Ufer zurück« (453). Sein Leben war sein Alptraum: »Er war unterwegs in einer Wüste mit einem Wolfsschlitten, die Wölfe mußte er immer austauschen, wenn sie ermüdet waren von der rasenden Fahrt. Die begeben sich dann wieder in das Rudel, das ihn umkreist. Er steuert auf eine Holzhütte zu« (469). »Leben *ist* eine prima Alternative«, (451) das wußte er, aber wie leben?

Einen intakten Rhythmus hatte er mit der Mutter nicht gehabt. Wie war ihm sein Lächeln beantwortet worden? In der ersten Zeit unserer Zusammenarbeit fixierte mich Max L. mit einem eindringlichen Blick, seiner Technik, Frauen zu verführen, wie er mit später sagen konnte (vgl. 470). Es war sein sexualisierter Versuch, »anzufassen, um angefaßt zu werden« (471). Die Stunde

vom 31.5.83 beschreibt seinen trauma-analogen Beziehungsentwurf treffend:
»Herr L. setzt sich auf den Boden vor mich hin, mustert mich, als wolle er mich anmachen. Ich spüre, wie er sich hinter dieser sexualisierten Fassade sehnt, mich bewundern zu dürfen, und halte ruhig seine Blicke aus, ohne mich zu schämen. Er wird ruhig und hört auf mit dem Erotik-Kopf-Gerede. Dann sagt er, er wolle die Frauen anfassen, anfassen, damit sie ihn anfassen, streicheln, liebhaben. Ja, sage ich, das ist schön, mit Blicken anfassen, mit Worten streicheln und sich verstanden fühlen, darum geht es Ihnen« (Teil 3).
Zwei Stunden zuvor hatte mir Herr L. gesagt, daß er im Café ein Foto von mir gemacht habe. Ich hatte es still hingenommen und gesagt: »Sie wollen mich festhalten« (470). Er hatte ein Mittel gefunden, mich gegen seine Angst vor Desintegration auch außerhalb der Stunden zu gebrauchen. Ich war froh darüber. Es war seine kreative Form, mich in Besitz zu nehmen, ohne fürchten zu müssen, von mir besessen zu werden. Was meine ich damit?
Die Mutter, die ihn wegen seines Weinens weggegeben hatte, holte ihn nachts häufig aus dem Schlaf, um mit ihm zu spielen. Er erinnerte sich zunächst nur, daß die Mutter ihm mit rotlackierten Fingernägeln durch die Locken gekrault hatte und daß das erregend gewesen war, ihn zugleich aber in panische Angst versetzt hatte. Danach hatte er dann tagelang einen Schluckauf. Er hatte von klein auf Schlafstörungen und Dunkelangst. Das waren die in seinen Körper eingeschriebenen Analogien. Was war das Realtrauma? Eines Tages sah Max L., wie seine Mutter seinen Sohn befriedigte. Als er entsetzt den Jungen aufhob und sie fragte, ob sie das mit ihm auch getan hatte, sagte sie erstaunt: »Natürlich, das mögen doch kleine Kinder.« (549) Die Mutter hatte seinen Kinderkörper sexualisiert, und er sagte von sich: »Ein Blick ... und er sei wie ein Queue, der Kugeln ins Rollen bringt, sich selber aber in x-beliebigen Löchern verliert« (536). Als er das von sich sagen konnte, waren wir schon weit.
Zunächst war da nur: »Kein eigener Rhythmus: Rauchen, Sex, alles schnell, dann die Kippe wegwerfen« (464). Rauchen: Er kam in die Stunde und rauchte. Es war müßig, ihn an die Krebserkrankung zu erinnern, das wußte er selber, daß ihm das schadete. Ich achtete darauf, wann er zur Zigarette griff: immer dann, wenn er von der Mutter sprach. Ich sagte ihm meine Beobachtung, und er

erinnerte sich: »... an den schnellen Gutenachtkuß der Mutter mit Zigarette in der Hand«. Die Mutter rauchte wie ein Schlot, wenn Besuch da war. Beide Eltern waren alkoholabhängig, auch Herr L. hatte ein massives Alkoholproblem. Rauchen: das war aber auch die Oma. »... alles schnell ...«: das waren die Eltern, das war aber vor allem die Großmutter, bei der er großgeworden war. An dieses Selbstobjekt heranzukommen, bevor wir ihm eine selbststützende Alternative geschaffen hatten, war die große Gefahr, das wußte ich, und wir arbeiteten entlang seines täglichen Lebens. Er konnte nichts Gutes für sich tun (vgl. 462 ff.). Er lasse seine Blumen sterben, sagte er mir. Sie proben Ihr Überleben, gab ich zu bedenken (466). »Ja«, sagte er, er habe auch Fische, 60 Stück, mit denen gehe es besser (als mit seinen Blumen). Mit 10 kleinen habe er auch mal das Überleben geprobt, sie im großen Becken ausgesetzt. Einer habe überlebt, sagt er stolz« (467). Ich ließ mich vom Krebs als aktueller Lebensbedrohung nicht in die Irre führen. Sein Seelenmord lag weit zurück. Daß er seine Pflanzen sterben ließ, war nur die »Bebi o-o-o-o«-Analogie des Seelenmords, der ihm angetan worden war. Mit 13 Jahren hatte er einen Selbstmordversuch mit Tabletten und Alkohol gemacht, nachdem ihm ein Mann in einer Tierhandlung(!) seine Visitenkarte vor die Nase gehalten hatte: es war sein leiblicher Vater gewesen, den er bis dahin nicht gekannt hatte (452). Mit seinen Fischen inszenierte er Sterbenlassen, aber »einer hat überlebt«. Er war von den Eltern zum Prügelknaben gemacht worden, und das war nicht allein eine Methapher für seelisches Leid, die Mutter »sei oft durchgedreht und habe besinnungslos auf ihn und den Bruder eingeschlagen, total verrückt ... vielleicht war sie immer einsam«, versuchte er sich das Erlittene zu erklären (453) ... »sie sei voller Angst: weißes Klinkerhaus, sagt er, kalt, hohe Mauern, nah am Wald, isoliert« (464 f.). Er hatte panische Angst vor dem Alleinsein, weil in ihm der Familienholocaust tobte, den er mit 16 äußerlich verlassen hatte, aber innerlich praktizieren mußte. Er hatte Angst vor den Sonntagen.

Bei den Großeltern: Er erinnert, daß der Opa – dem er den Sohn ersetzen mußte, denn er war enttäuscht, nur eine Tochter (die Mutter des Patienten) zu haben – im Garten beiden Enkeln einen Baum gepflanzt hatte; eine Forsythie für ihn, einen Flieder für den Bruder; sie pinkelten jeder an seinen Baum, um ihn als ihr Eigentum zu markieren. Auch der Opa schlug ihn, aber danach

war die Sache vergessen. Mit ihm schlief er lange Zeit in einem Bett. Er mußte aber von klein auf für den Opa, der mit 18 Berufssoldat gewesen war und als Kriegsversehrter Rente bezog, als Ratgeber fungieren.
Er konnte nichts für sich wollen oder tun. Als er seinem Sohn einen rosa Elefanten gekauft hatte und mir das glücklich strahlend erzählte und ich ihn fragte, ob er damit nicht auch vielleicht sich beschenkt habe, sagte er: »Ja, das sei so ... aber das sei ihm peinlich« (474). Denn er fürchtete, ich könnte an seiner Männlichkeit zweifeln, und sagte: Ich erlebe das so, daß ich von Ihnen abrücke: Als würde ich Ihnen einen Fels hinstellen, und Sie sind ein Dampfer und müssen versuchen, nicht aufzulaufen. Er lacht: Wie ich Sie kenne, schaffen Sie es, meinen Widerstand elegant zu umgehen. Ich lache auch und sage, Gefühle sind für Sie etwas Gefährliches, Peinliches, Sie wollen mich davor verschonen, aber vielleicht ist es mit mir anders als mit der Mutter, die Sie verschonen mußten, weil sie Sie sonst weggegeben hat. Vielleicht schäme ich mich ja nicht, wenn Sie mir von Ihrer Zärtlichkeit erzählen, die Sie mit Moritz erleben. Mein Dampfer ist mit Radar ausgerüstet, mit Gefühlen, von denen ich mich leiten lasse, da kann nichts schiefgehen, sage ich. Wir lachen (474).
Die Sequenz zeigt, was ich damit meine: Ich habe keine Technik, nur Empathie für mich selbst; ich versuche zu verstehen, was der Patient gefühlsmäßig in mir anzettelt, und ihm zu sagen, was ich fühle. Ich rücke nicht von meiner sinnlichen Wahrnehmung ab, so daß der Patient zu seinem Selbsterleben stehen kann. Die Sequenz zeigt auch, was ich mit ganzheitlicher (rechtshemisphärischer) Sprache meine, die ich in meinen Psychosoma-Analysen spreche, um den Patienten ganzheitlich zu benennen. Ich pendelte mich rhythmisch auf die Verdopplung der Sprache des Patienten ein: er kam vom Meer, das Bild von dem Dampfer war seine frühkindliche Erfahrungswelt, und ich entgegnete ihm in seiner Sprache, so daß er sich sinnlich konkret im gemeinsamen Singsang, in dem er den Ton angab, mit seinen Gefühlen bei mir aufgehoben wußte. Nicht nur heimlich, wie er es mit meinem Foto praktizierte, sondern sinnlich konkret, hörbar. Sprechen wurde zum Schamschutz – genauer: Kosesprache war es, die wir für den Mann suchten, damit er den Jungen in sich, der nur das »Bebi o–o–o–o« der Selbstanonymisierung für sich hatte, verstehen und respektieren lernte.

Sein Selbstbild war in das »eines Piraten (er kam von der See, davon rückte er in seiner Seele nicht ab), für den das Leben Leiden und Kampf« (476) ist, eingeschweißt, in gehamsterten Dosenvorräten, die er aber nicht anrührte (er war bei der Kriegsgeneration, den Großeltern, großgeworden). Wie entzifferten wir ihn in dem militanten Überlebensentwurf? Der rosa Elefant war das eine, konnotiert mit massiven Ängsten vor Homosexualität. Aber aus der einen guten Kindheitserfahrung mit dem Stiefvater: »... und als ich auf dem Meer(!) nicht mehr konnte, ...durfte ich mich an seiner Schulter ausruhen, der trug mich ans Ufer zurück« (453), und der Erfahrung mit dem Opa, der ihm seinen Forsythienbaum zugeeignet hatte, den er anpinkelte, so daß es auch wirklich sein (Lebens-)Baum wurde ... aus diesen sein Selbst stützenden Alter-Ego-Selbstobjekterfahrungen, wie brüchig sie auch immer waren, hatte er die Fähigkeit entwickelt, sich zumindest freundschaftliche Beziehungen mit Männern herstellen zu können.

Er glaubte, sich »wie ein Pirat« das Leben nehmen, um Liebe und Anerkennung kämpfen zu müssen. Der Krebs war für ihn »eine Ausrede, um etwas für sich tun« zu können. Bei der Diagnose »Krebs« hatte er gewußt, »es geht ums Überleben« (475). Der Krebs, das war sein Haustier »Mümmi«, der Hase, den er der Oma geschenkt hatte, die es dann ihm schenkte, erst dann war es seins gewesen. »Mümmi war wild gewesen, hüpfte herum und bekam Krebs« (495 f.). Er war in seiner Lebendigkeit ungeschützt, denn er hatte keinen Namen für sich und seine Gefühle. Eine eigene Wohnung mit Massagedusche zu beziehen, das war schamlos (473). Ohne Krebsbefund (497 f.) war er ratlos, denn »das Gutghen war die eigentliche Katastrophe«, das sagte ich ihm. Er hatte Rückenschmerzen vom Fensterputzen und glaubte, es könne mit dem Krebs zusammenhängen. Ich hielt mich an das Leben, das er lebte: »Hektik, mein Leben ist eine Hektik, Wahnsinn« (452), hatte er mit im Erstgespräch gesagt und später müde und traurig gestanden: »Ich will nicht mehr kämpfen müssen« (455). Wir entdeckten den »Traumulus« (482), der sich als »Pirat« hatte tarnen müssen, der in das »alles schnell« der Oma eingeschweißt war. »Sie (die Oma) arbeitete immer (16 Stunden am Tag), aber heute ist nichts mehr zu tun, und sie sitzt in der Küche, raucht, träumt und hört Radio. Ich träume beim Arbeiten, insbesondere beim Fensterputzen.« Ich begriff und sagte: Dann kön-

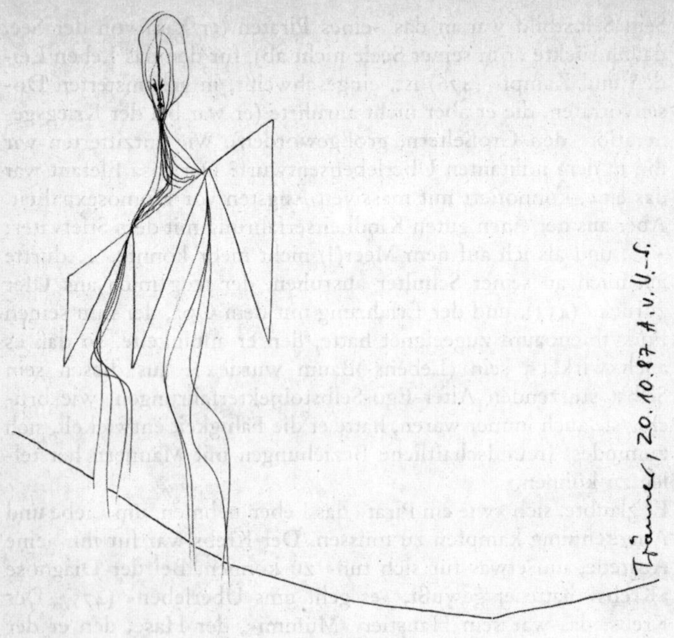
Tod –
20.10.87 A.v.U.-S.

nen Sie im Streß geschützt bei sich sein, der Streß ist Ihre Tarnung. Max L. sprach weiter von der Oma und sich: Daß er der Oma seine Dreckwäsche schicke und sie schicke ihm Pakete mit Schmuggelware (der Pirat!) zurück: seine Wäsche, etwas Intimes, sagt er, und dazwischen seien Schokoladen und Kleinigkeiten versteckt (483). Dieser 21jährige Mann hatte Hodenkrebs. Seine Sinnlichkeit verschiffte er als »Dreckwäsche«, und die Oma ließ sie ihm »versüßt« wieder zukommen. Aber der Junge hatte keinen Namen für seinen Körper, keinen Eigennamen. Denn »Traumulus« war ein Schimpfname gewesen, wenn auch ein zärtlicher, den ihm die Oma gegeben hatte. Wie hatten wir den »Träumer«, der er heimlich immer gewesen war, der aber glaubte, Jurist werden zu müssen, um das Recht für andere zu erstreiten und für sich das starke Berufsimage zu genießen, wie hatten wir den Träumer aus dem »Piraten« und aus diesem den »Traumulus« traumaanalog herausgeschält:
Herr L. setzt sich und sagt, es gehe ihm nicht gut. Mir fällt auf, daß er einen fröhlich bunten Pullover anhat. Ich halte in mir diesen Widerspruch fest. Streß, Arztbesuch mit dem Jungen heute morgen, und der schrie den ganzen Tag, verweigere die Flasche, weil er nur auf Brust anspreche. Er sorge sich um das Kind und komme nicht zu sich. Aber Herr L. stellt fest, das sei auch vor der Geburt des Jungen so gewesen. Er sollte mehr Träumer, ruhiger sein, meint er. »Träumer« sagt er mit leicht ironischem Unterton, und ich habe einen plötzlichen Einfall und frage: War denn »Träumer« ein Schimpfwort in ihrer Familie? Ja, sagt er, die Großmutter habe ihn »Traumulus« genannt, wenn er geträumt habe und gegen den Laternenpfahl gerannt sei. Als ob er die Großmutter gleich in Schutz nehmen muß, überlegt er, ob die Mutter ihn auch so nannte. Träumte denn die Großmutter auch, frage ich behutsam – behutsam deshalb, weil die Großmutter in seinen Erinnerungen nur sehr selten Gestalt annimmt, ich aber den Eindruck gewonnen habe, daß sie ein Alter-Ego-Selbstobjekt ihn war bzw. noch ist: er ist mit ihrem Rackern identifiziert, nur wenn der Rücken schmerzt, hat man eine Lebensberechtigung. Das Machen und Rackern schützt ihn vor Selbstfragmentierung. Daran zu rütteln, ohne daß er andere tragfähige Selbstobjekte hat, wäre tödlich. – Der Patient sagt, die Großmutter habe immer gearbeitet, aber heute sei nichts mehr zu tun, sie sitze in der Küche, rauche und träume bei laufendem Radio. Er träu-

me beim Arbeiten, insbesondere beim Fensterputzen (482f.). Meine Empathie für mich selbst ist mein Behandlungspotential, und daß der Patient Empathie für sich selbst gewinnt, sich in seiner ihm anonym gebliebenen Sinnlichkeit begreifen lernt, das ist das Behandlungsziel, das ich anstrebe. Und es ist ein Vergnügen, es ist Selbstbefriedigung, so zu arbeiten. Was habe ich getan, um die überlebensnotwendige Tarnsprache des Patienten zu entziffern, die er in körperlichen Beziehungsentwürfen praktizieren mußte? Ich nenne es: »Mit Augen hören ... mit Ohren sehen«. Der Patient hatte mir in dieser Stunde in einem fröhlich bunten Pullover gegenüber gesessen und als erstes gesagt, es gehe ihm nicht gut. An diesem Widerspruch: wie der Patient sich kleidete und in welche Worte und unkleidsamen, stressigen Situationen er sich stürzen mußte, hielt ich fest und hörte ihm zu. Ich hörte auf den leicht ironischen Unterton, als er sagte: »Er sollte mehr Träumer, ruhiger sein«. Die Selbstironie und der verträumt-bunte Bub, der vor mir saß, fügten sich zu einer Gestalt in mir zusammen. Ich kannte genug von dieser Familie, um zu wissen, daß man da nicht träumte, da herrschten Mord und Totschlag, der nackte Kampf ums Überleben. »Aber ich will nicht mehr kämpfen müssen,« hatte mir der Patient müde und traurig im Erstgespräch anvertraut ... er wollte sich an einer Schulter ausruhen dürfen, ohne beinahe zu ertrinken, ohne Krebs ... Bei Oma und Opa hatte er sich noch die Ahnung von einem selbstbefriedigenden Leben erhascht: in deren Garten gab es seinen Forsythienbaum, etwas Schönes, von dem er sinnlich konkret hatte Besitz ergreifen können ... bevor er dann mit fünf Jahren in seine Familie gekommen war. Und das Grauen, das da herrschte, hatte er mir in unserem zweiten Gespräch ohne jede emotionale Regung beschrieben, während er mir in einem wunderschönen himbeerfarbenen Pullover gegenüber gesessen hatte, einem Geschenk der Mutter, das sie ihm von den Balearen geschickt hatte, *als er, der* »easy rider«, zu dem sie ihn gemacht hatte, zu weinen wagte, *»als er allein zur Operation mußte«* (461):

Die Sonntage bei den Großeltern konnotierte er mit dem Baumpflanzen; die Sonntage in seiner Familie mit »Renommieren ... Sonntagskleidern, eine Qual.« (460) Er fuhr fort: Heute gehe er sonntags arbeiten, um zu verdrängen, arbeiten in der Kneipe. Er spüre oft Lust zu Schlägereien, wie zu Hause. Wie in der Schule, wo er sich oft prügelte und sich deswegen einen Schulverweis einhandelte. Nach seinem Selbstmordversuch mit 13 Jahren wollte er von zu Hause ausziehen. Der Vater habe gesagt, wenn du gehst, laß ich mich scheiden und verlasse Frau und Bruder, und er habe gedroht, dann bring ich mich wieder um. Wen haben Sie denn damals umgebracht, frage ich. Den selbständigen Teil von mir, sagt Herr L., er sei geblieben. Als er 16 war, habe die Mutter eine Fehlgeburt gehabt, und der Vater sei eines nachts in sein Zimmer gekommen und habe geschrien, wenn mein Kind stirbt, bist du dran schuld und nicht mehr mein Sohn. Ich zeige offen mein Entsetzen über diese grauenhaften Szenen. Der Patient ist erstaunt über mich, sinnt nach und sagt, so tot habe er sich stellen müssen, um nichts zu fühlen. – Der Patient trägt einen himbeerfarbenen Pullover, auf der Brust steht »Robinson«. (460)

Ich hatte meine Gegenübertragung, meine Gefühle, die er mir mit dem Bericht über seinen Familienholocaust ohne jedes Gefühl gab, zum Wegweiser gemacht und ausgesprochen, so daß er erstaunt feststellen konnte: »So tot habe er sich stellen müssen, um nichts zu fühlen«. Ich habe keine Theorie, ich stelle mich nicht tot. Ich folge der Empathie für mich selbst auf den verschütteten Spuren der Sinnlichkeit, mit der der in seiner Sinnlichkeit zu Tode gequälte Patient mich anrührt.

»Mit Augen hören ... mit Ohren sehen« hatte in mir die Fragmente zusammengefügt: fröhlich bunter Pullover ... unkleidsame stressige Situationen ... der selbstironische Unterton bei »ich sollte mehr Träumer, ruhiger sein« ... das Wissen um die gestreßte Oma, aber in deren Garten gab es seinen Baum mit seiner Duftmarke ... und dann das Wissen um den Familienholocaust, in dem er ab seinem fünften bis zu seinem sechzehnten Lebensjahr – und in seiner Seele noch heute – um seine Existenzberechtigung zu kämpfen hatte ... diese Fragmente und mein Wunsch, den Sinn, den das Leben trotz allem und trotz Krebs für diesen Menschen hatte, so daß er mir im Erstgespräch sagen konnte: »Leben *ist* eine prima Alternative«, verstehen zu wollen, das ließ mich ihn fragen: »War denn ›Träumer‹ ein Schimpfwort in Ihrer Familie?«

Ich nenne mein sinnlich erfahrungsnahes Arbeiten mit den Patienten trauma-analoge Verstehensmethode. In der Analyse der Beziehung, die diese Menschen mit mir praktizieren, setzen wir ihre totgeschwiegene Sinnlichkeit, Psyche und Soma, zu dem sinnhaften Ganzen zusammen, das sie verborgen immer waren –

wie der Junge in den fünf Szenen an seinen zärtlichen Gefühlen festgehalten hatte, selbst wenn er sie in der Beziehung zur Mutter nicht unterbringen konnte.
Es brauchte Zeit, um Herrn L.s Sinnlichkeit aus der Dreckwäsche, die er der Oma zueignen mußte ... »der Qual, gefallen zu müssen« (576 f.), herauszuschälen ... bis er entdecken konnte, daß »ich baue dir ein Haus«, meinte »ich baue mir ein Haus« (493) ... bis er seinen Sohn nicht mehr – wie Mutter, Oma, Opa früher ihn – als Schamschutz und gegen die Angst vor dem Alleinsein mißbrauchen mußte ... bis er mir ohne Scham sagen konnte: »Ich bin schön«, und intakt mit seinen Gefühlen zu leben begann (vgl. 575 f.), um mir bei unserem letzten Telefonat dann berichten zu können: »Mein Garten ist voller Sonnenblumen, die ich gepflanzt habe« (586), und ich ihm lachend seine Worte – um ein Geringes verändert – zurückgeben konnte: Leben ist *die* Alternative. Denn, das hatte ich ihm in unserem Erstgespräch gesagt, ich verstehe nichts von Krebs. Ich verstehe nur etwas von der Affektlogik der Menschen, die Rhythmus, Lächeln, den Unterschied zwischen vertrautem Gesicht der Mutter und fremden Gesichtern, nicht erfahren haben, weil die Mütter entweder nicht da waren oder aber sich dem Kind nicht überlassen konnten, weil es nie weinen durfte, wenn es sich ungeborgen fühlte ... von Menschen, die nur mit dem »Nein«, dem dritten Organisator, den die psychoanalytische Entwicklungspsychologie als sozialen Einpassungsmodus beschreibt, sozialisiert wurden.

3.3.4 Sozialisation einzig als Vergesellschaftung durch das »Nein«: Krebserkrankung als Folge »hergestellter Kommissurotomie«

Hoppe stellte Ähnlichkeiten fest zwischen dem operativen Denken von Split-Brain-Patienten und psychosomatisch Kranken; demzufolge hypostasiert er eine »funktionelle Kommissurotomie« bei den »psychosomatischen Kernstörungen.«[32] Er attestiert den psychosomatisch Kranken also eine narzißtische Kernstörung – wobei er sich auf Kohut[33] beruft –, um diese dann allerdings im konfliktpsychologischen Modell der zweiphasigen Ab-

32 K. D. Hoppe: »Die Trennung der Gehirnhälften. Ihre Bedeutung für die Psychoanalyse«, in: *Psyche*, 1975, S. 919-940.
33 H. Kohut: *Die Heilung des Selbst*, Ffm. 1971.

wehr von Mitscherlich als »ursprünglich klassischen« Konflikt zu beschreiben. Dieser »klassische« Konflikt sei zunächst verdrängt worden (und zwar »ohne nachweisbare organische Korrelate«). Die Verdrängung sei aber mißlungen, so daß dann als zweite Abwehrphase »eine Regression der Konfliktdarstellung als körperliches Leiden«[34] gefolgt sei.
Davon einmal abgesehen, daß 1971 Kohut selber noch seine selbstpsychologischen Erkenntnisse aus der Behandlungspraxis mit narzißtisch gestörten Patienten in das standesgemäße Theoriegebäude der Psychoanalyse einzubauen versuchte (was er 87 dann freimütig als »sein Dilemma« bezeichnet)[35], frage ich mich, welchen Erkenntniszuwachs Hoppes Hypothese bringt, der die zweite Abwehrphase bei psychosomatisch Kranken als »funktionelle Kommissurotomie« bezeichnet und als Folge mißglückter Verdrängung erklärt. Meine Arbeit mit Krebskranken und ihren Familien hat gezeigt, daß die der Krebserkrankung vorausgehende narzißtische Störung der Patienten bereits »mit nachweisbaren organischen Korrelaten« einhergeht, wenn diese auch nicht als solche erkannt wurden. Die narzißtische Lebensstörung hat ihre Körper-Vorgeschichte in der arhythmischen Nicht-Einigung zwischen Mutter und Kind. Aber Hanna, Maria, Max L., Allessa waren im Gegensatz zu Jörg sozial angepaßte Kinder. Im Gegensatz zu Jörg, der auf der Wiederholung der 4. Szene: der Wegwerfszene, beharrte und mit 9 Jahren noch durch Leistungsstörungen und aggressives Verhalten auffällig wurde, waren die Krebspatienten in der 5. Szene: der Schweige-Szene, befangen. Sie waren sozial angepaßt und das hieß, emotional gesehen: sozial sprachlos bei *gleichzeitiger* massiver Körpersymptomatik, die, wenn sie Ärzten vorgeführt worden ist, eben einzig als solche kuriert wurde. Das gehört zu dem, was in unserer Gesellschaft eben soziale Anpassung ausmacht, Freud nennt es »große kulturelle Leistung«: daß Körpererkrankungen von Kindern als solche behandelt werden. Ihre Entstehungsbedingungen in gestörten Eltern-Kind-Beziehungen hinterfragen, hieße für Ärzte, das Tabu der Elternschonung brechen.
Hannas Haareausreißen mit einem Jahr ist umstandslos als Hospitalismussyndrom verstehbar ... als Kleinkind hatte sie bereits

34 A. Mitscherlich, in: Hoppe, 1975, S. 934.
35 Kohut 1987, S. 133.

herzneurotische Beschwerden, die in der Familie auch so genannt wurden ... phobische Ängste vor »allem, was kriecht« ... ihre häufigen Unfälle werden sie zum Dauerpatienten eines Kinderarztes gemacht haben ... dann der Autounfall mit 14 1/2 Jahren ... mit 15 die Leukämie.
Maria fraß sich bereits als Kleinkind die Hände förmlich auf ... von ihrer Selbstmordgefährdung wußte keiner ... ansonsten war sie »kerngesund« ... mit 20 Jahren dann eine Bronchitis, die sich als Herztumor herausstellte ...
Max L. hatte als Kind häufig tagelang Schluckauf, Schlafstörungen und Angst vor Dunkelheit ... Beinbrüche ... mit 13 Verdacht auf Knochenhautentzündung ... mit 13 ein Selbstmordversuch mit Alkohol und Tabletten ... Pfeiffersches Drüsenfieber mit 16, chronische Durchfälle seither, latenter Alkoholabusus ... er war auf 10 verschiedenen Schulen, aber er profilierte sich als Schulsprecher ... mit 21 Hodenkrebs ...
Allessa hatte von klein auf häufig Unfälle ... mit 17 Speicheldrüsenkrebs ... mit 19 schwieg sie nur noch ...
Was Hoppe in Mitscherlichs konfliktpsychologischem Modell als zweite Abwehrphase bezeichnet, hat mit Verdrängung eines »klassisch neurotischen« ödipalen Konflikts nichts zu tun. Die Krebserkrankung ist keine regredierte Darstellung des Leidens auf Körperebene, nachdem die Verdrängung mißglückt ist. Die Affektlogik der Krebspatienten legt vielmehr einen Schluß nahe, der allerdings mit dem Tabu der Elternschonung bricht.
Wenn Sozialisation Individuierung *und* Vergesellschaftung zugleich bedeutet, dann läßt sich bei Krebspatienten von einer durch Sozialisation als Vergesellschaftung ohne Individuierung hergestellten Kommissurotomie sprechen. Das meint: Es wurde kein ödipaler Konflikt verdrängt, vielmehr wurde das Potential der Hemisphären (anders ausgedrückt: das narzißtische Entwicklungspotential) nicht in zwischenmenschlichen Beziehungen praktiziert und sprachlich verfügbar gemacht. Hoppe spricht zwar von der »psychosomatischen Kernstörung« bei psychosomatisch Kranken, aber das bei den nach der erfolgten Trennung der Gehirnhälften (der faktischen Kommissurotomie) vorfindbare operative Denken der (vormaligen) Epileptiker versteht er keineswegs als Ausdruck der narzißtischen Kernstörung. Vielmehr repliziert er nur an der Patientengruppe der Epileptiker die Diagnose, die die Psychoanalyse psychosomatisch Kranken an-

zutragen pflegt: »Alexithymie« resp. »operatives Denken«. Die Realität des Patienten: hier des Epileptikers, wird abermals zwecks Irrealisieren von Realtraumen funktionalisiert. Der Sinn der Störung für den Patienten bleibt unhinterfragt. Die Phänomenologie einer Erkrankung wird statt dessen im Sinne kurrenter metapsychologischer Denkschemata, scheinbar um »Kohut« modernisiert, abdestilliert.

Penfield aber hat bereits 1957 nachgewiesen, daß epileptische Krampfanfälle das körperlich ausgedrückte Leiden traumatischer Erlebnisse sind, die der Patient aussprechen konnte, wenn bei ihm bestimmte Hirnrindenareale mit schwachem Strom gereizt wurden. Penfield beschreibt das am Beispiel eines 14jährigen Mädchens, das an Krampfanfällen litt. Er operierte das Mädchen bei vollem Bewußtsein, dabei evozierte er durch Reizung von Rindenarealen, daß das Mädchen Teile eines traumatischen Erlebnisses, welches sie mit sieben Jahren gehabt hatte, erinnerte und aussprach: Sie war mit ihren Brüdern über die Felder gewandert. Da kam ein Mann mit einem Sack und sagte: »Da sind Schlangen drin; willst du auch hinein?« In höchstem Schrecken hatte sie sich mit ihren Brüdern zur Mutter nach Hause geflüchtet. Die Mutter konnte den Vorfall bestätigen. Penfield sagt dazu: »Der Kortex enthält sicher noch die Muster für viele andere Erlebnisse. Aber dieses Erlebnis war so stark, daß es allein auf die Reizung reagierte«.[36] Penfield glaubte daher, bei der Reizung die Stelle getroffen zu haben, wo die Spuren des alten Angsterlebnisses aufbewahrt wurden.

Ich stimme Penfield nicht zu, daß das Realtrauma die Ursache für das epileptische Krampfleiden des Mädchens war, vielmehr stellt sich mir die Frage, *wie* die Mutter auf das zu Tode erschreckte Kind reagiert hatte. Penfield ließ sich von ihr nur bestätigen, daß das Mädchen die Wahrheit erzählte, ihn interessierte nicht, wie Mutter und Kind mit dieser Wahrheit umgegangen sind. Vermutlich aber nicht so, daß es zu einer seelischen Verarbeitung des Traumas führte.

Zurück zu Hoppes These der »funktionellen Kommissurotomie« bei psychosomatisch Kranken und meiner These, daß die Affektlogik von Krebspatienten dafür spricht, daß deren operatives Denken nicht Folge von mißglückter Verdrängung ödipalen Ma-

36 W. Penfield/Rassmussen, Th.: *The cerebral cortex of man*, N. Y. 1957.

terials, sondern eine im Sozialisationsgeschehen hergestellte Kommissurotomie ist. Wie die Split-Brain-Patienten eine traumatische Infantilgeschichte haben, die, weil emotional unbegriffen, zu epileptischen Krampfanfällen führt, haben die Krebspatienten eine traumatische Vor- und Frühgeschichte: im gestörten Beziehungsgeschehen zwischen Mutter und Kind ist die rechte Hirnhemisphäre als neurophysiologischer Ort für räumliches Erfassen der Gesamtgestalt: der Selbst-Körper-Raumwahrnehmung, nicht strukturiert worden. Das Kind hat keine Sprache für seine Gefühle und seinen Körper, bezogen auf den ihn umgebenden Raum, denn Individuierung hat nicht stattgefunden (Rhythmus, Lächeln, Achtmonatsangst fehlten als Organisatoren, s. 3.3.2 u. 3.3.3). Vergesellschaftung aber hat sehr wohl stattgefunden: das Kind ist im analytisch gliedernden Denken mit linkshemisphärischer Sprache, dem »Nein« als sozialem Einpassungs-Organisator, sozialisiert worden.

Maria beschreibt die Sprache ihrer Familie, deren nackten Zynismus ich mehrmals erlebt hatte, folgendermaßen:

In meiner Familie sagt man nur etwas zum Anderen, wenn der sich auf den Fuß getreten fühlt, wenn man ihm in die Quere kommt, ihm was wegnimmt. Das sind immer Aggressionen, eine andere Sprache gibt es nicht« (388). Und an anderer Stelle benennt sie, was man eben nicht bekam: »Verstehen Sie, das habe ich als Kind nicht bekommen, das gab es nicht für mich: angefaßt werden. Nur Befehle und Vorwürfe, die gab es.« (332).

Allessa beschreibt die Familiensprache, die sie erlebte und mit Schweigen zu überleben versuchte, so: »In meiner Familie herrschte lautes Schweigen, viel Gerede über Materielles, verstehen Sie« (435).

Man lese die Behandlungsverläufe unter diesem Aspekt, daß es Sprache in den Familien von Krebspatienten nur als trennendes, nicht aber als Beziehung schaffendes Medium gibt.

3.3.5 Psychosoma-Analyse: Neubuchstabieren des Körperalphabets und der Grammatik der Gefühle

Wenn ich allerdings den Patienten respektiere, wie er ist und wie er spricht, ohne ihn am psychoanalytischen Standard ödipal-dramatischer Eloquenz zu messen, dann spielt für mich der Tatbestand der hergestellten Kommissurotomie keine Rolle. Im Moment, wo ich den Patienten auf sein Selbst anspreche und er mir von sich antworten kann, beginnt unsere Beziehungsarbeit. Für mich ist das einzige Kriterium für die Behandelbarkeit eines Krebspatienten, ob er sich mit mir auf ein Selbst-Gespräch einlassen kann, mich als Selbstobjekt gebrauchen kann. Damit ist differentialdiagnostisch gesagt, daß er nicht Borderline-Patient oder psychotisch gestört ist. Das bedeutet nur, daß *ich* mit narzißtisch gestörten Patienten gut arbeiten kann, nicht aber mit den beiden anderen Patientengruppen. Das heißt nicht, daß Borderline- oder psychotische Patienten nicht behandelbar wären; in diesem Punkt bin ich wie Kohut »diagnostischer Relativist«.[37]

Im Moment, als ich Hanna über die Blumen trotz ihres Kotzens auf ihre Lieblingsfarbe ansprechen konnte ... (31) entstand Beziehung zwischen uns, denn ich hörte ihr zu, respektierte sie in ihrer Lebendigkeit, und sie sprach von sich ...

Maria klagte gleich zu Beginn unseres Erstgesprächs, daß sie die medizinische Behandlung als sprachlos-liebloses Körpertraktieren erlebte, und sagte emört: »Jeder Furz, den ich lasse, wird kontrolliert!« Ich antwortete ihr lachend: »Den kannst du lassen, den kontrolliert dir keiner, der bleibt deiner« (293). Ich eignete ihr ihren Furz als pars pro toto ihrer Lebendigkeit zu, nicht anders als dann ihren Herzschlag, ihren Schlaf, ihre Hände, ihre Haare ... ihr Gesundwerden als ihre seelische Leistung. Tatsächlich stand ihr Nachttopf immer 20 cm von ihren Kopf entfernt. Nicht, weil sie anal fixiert war. Nein, ihr Körpergeruch war ein Alter-Ego-Selbstobjekt, das sie zur Erhaltung der Selbstkonstanz brachte.

Allessa sprach ich körpernah auf ihr Haarzöpfchen an. Ihr Schweigen und dies Zöpfchen und ihr gespannt wirkender Körper weckten in mir die Vorstellung von einem Asiaten, der sich lautlos durchs Unterholz schleicht, wobei er jedes Zeichen für Gefahr mit allen total gespannten Sinnen sichert und prüft ... so erlebte ich Allessa und fragte sie: »Sind Sie ein Einzelkämpfer?«.

Sind Sie ein Einzelkämpfer, sage ich zu Allessa und denke, ich muß es wagen. Allessa überlegt lange. Man könnte das so sagen, sagt sie bedächtig, schweigt wieder. Darüber habe ich nie nachgedacht, aber ich war mein Leben lang allein. Sie sagt das ohne Vorwurf, sie sagt nur, was ist. Wie kommen Sie darauf, sagte sie

37 Kohut 1987, S. 314.

vor sich hin, dann schaut sie mich an, nicht fragend, nur furchtbar still. Sie tragen so einen kleinen Zopf im Nacken, das brachte mich drauf, Chinesen oder Asiaten, ich weiß nicht recht, tragen die Haare so. Sie wirken auf mich wie ein Mensch, der gut auf sich aufpassen muß, sage ich. Sie hatten Krebs, das habe ich in der Akte gelesen, wollen wir darüber sprechen? Erst hat es keiner glauben wollen, sagt die Mutter, aber alles ist gutgegangen. Ich blicke Mutter und Vater an: Sie starrt mich an, der Vater lächelt mich an. Ich wende mich wieder Allessa zu. Wie soll ich sagen, das ist nicht komisch, ich habe die Zähne zusammengebissen. Sie tut das, beißt die Zähne zusammen, schweigt. Es braucht keiner was zu merken, habe ich gedacht (428 f.).

Ich hatte sie in ihrem Selbstverständnis angesprochen, das sie mir, an ihrem Körper als Selbstbild inszeniert, vorführte. Es war ihr trauma-analoger Beziehungsentwurf, den sie bereits in vorsprachlicher Frühgeschichte als Überlebensstrategie erarbeitet hatte, ohne darüber nachzudenken. Sie war ein Leben lang allein gewesen ... unsere Beziehungsarbeit begann, und wir entzifferten gemeinsam die Spuren des Vergessens.

Max L. machte es mir vergleichsweise leicht, ihn in seinem Selbst anzusprechen. Er wollte leben, aber er wußte nicht, wie man das anstellt. Was gibt es Beglückenderes, als wenn einem ein Mensch anträgt, man möge ihn auf der Suche nach sich selbst begleiten.

Hanna, Max. L., Allessa und Maria, sie hatten den Familienholocaust überlebt, weil sie immer heimlich an sich selber festgehalten hatten, »wie Maria Stuart vor ihrem Todesurteil«, sagte Maria (417).

Das Wissen um die im Sozialisationsgeschehen hergestellte Kommissurotomie der Krebspatienten ist also das eine. Die Einstellung, mit der ich diesen Menschen begegne, ist das andere.

Meine Einstellung lautet:

Seht doch, wie sie leben.

Psychosoma-Analyse mit Krebspatienten, das ist: Neubuchstabieren sowohl des Körperalphabets als auch der Grammatik der Gefühle auf der Suche nach einer Kosesprache, in der der Patient sich selber erkennen kann.

Trauma-analoge Verstehensmethode bedeutet für mich: mit Augen hören ... mit Ohren sehen, um die Menschen in ihrer totgeschwiegenen Sinnlichkeit zu Wort kommen zu lassen. Denn *Sinnlichkeit äußert sich nun mal multimodal* und wird auch neuronal in Komplexen gespeichert und keineswegs, wie Freud meinte, in phasenspezifischem Nacheinander. Indem Freud die Sinne objektal funktionalisierte und analytisch säuberlich an Organgeschehen anband, verkannte er Sinnlichkeit als Selbstzweck. Er verwechselte den phänomenologisch auffindbaren Niederschlag Überich-gesteuerter Erziehung mit dem Wesen des Menschen. Mit Augen hören ... mit Ohren sehen ... heißt, den Patienten als sinnliche Ganzheit begreifen und ihm in sinnlich ganzheitlicher Sprache (rechtshemispärisch) zu antworten. Dann wird er sich mir ganz von selbst mit seinem in der »Bebi-o–o–o–o«-Szene eingelagerten Selbstentwurf vorzuführen versuchen und mich zum Partner seiner Selbstbefriedigung machen, um sich intakt erleben zu können. Denn zur Selbstbefriedigung gehören zwei, und sich davon nicht abbringen zu lassen, macht das soziale Wesen des Menschen aus.

Darin unterscheidet sich der Krebspatient nicht von anderen Patienten. Nur ist es in unserer Gesellschaft nicht selbstverständlich, im Kranken den Menschen zu respektieren.

4. Holocaust: Familien- und Klinikshololocaust verstehen, aber nicht akzeptieren

Wohin es führt, wenn Psychoanalyse zwar das Tabu der Realtraumen aufgibt, via Ödipus- und Thanatosdogmen aber doch an der Elternschonung festhält: diese Dialektik der Aufklärung, die den Patienten im Sinne einer Theorie mißbraucht, beschreiben die Analysen mit Patienten der Post-Holocaust-Generation. Ich beziehe mich darauf, was Grubrich-Simitis[38] von diesen Analysen kritiklos berichtet.

Der eigentlichen analytischen Deutungsarbeit gehe eine »spezifische Phase des gemeinsamen Akzeptierens der Holocaust-Wirklichkeit voran, (die) im Analytiker (!) (...) dessen gelingenden Trauerprozeß hinsichtlich der Tragödie Holocaust«[39] fördere. Danach sei der Patient überzeugt, »daß der Analytiker zwischen Realität und Phantasie sicher unterscheiden kann, (das) ermög-

38 I. Grubrich-Simitis: »Vom Konkretismus zur Metaphorik«, in: *Psyche* (1984), 1-28.

39 Ibid., 23.

licht die Wiederaufnahme und günstigenfalls bessere Lösung der in Kindheit und Jugend verhinderten oder verzögerten Separations- und ödipalen Auseinandersetzungen«.[40] Der realitätstüchtige Analytiker schreitet nun zur Deutung des »eigentlich«[41] Analysierbaren: Das heißt, er deutet dem Patienten, »was er mit dem Verfolgungsschicksal seiner Eltern ›gemacht‹ hat, wie er es in seine phasenspezifischen Konflikte und in sein Phantasieleben eingebaut und nicht zuletzt, wo er es zum Hinausschieben normaler, allemal mit schmerzhaften Verzichten verbundener Entwicklungsschritte benutzt hat, etwa zur Aufrechterhaltung ›bequemerer‹ archaischer Triebimpulse oder zum Pochen auf infantil-oralen Versorgungs- und Verwöhnungsansprüchen«.[42]

Fassen wir zusammen: Die Realtraumen der Holocaust-Verbrechen, die den Eltern angetan wurden, werden akzeptiert, damit der Analytiker seine Trauerarbeit über diese Wirklichkeit absolvieren kann. Dem Patienten werden dann die ihm von den Holocaust-Eltern real angetanen Traumen (beispielsweise von ihnen für aggressives Verhalten »Little Hitler« geschimpft worden zu sein) als Triebphantasien gedeutet und darüber hinaus wird ihm unterstellt, daß er deren Realtraumen doch nur benutzt habe, um sich normaler Entwicklung zu verweigern. Was für ein Wahnsinn! Dieser Wahnsinn fängt schon damit an, die Holocaust-Verbrechen zu akzeptieren. Ich kann verstehen, wie es dazu gekommen ist, aber ich werde sie niemals akzeptieren.

Auf meine Arbeit mit Krebspatienten bezogen heißt das: Ich kann die Bedingungen des *Kliniks*holocaust der Übertherapien aus der Empathiestörung der Behandler verstehen. Aber ich akzeptiere deshalb nicht, daß man Maria mit Psychopharmaka niederspritzte, als sie sich dem anstehenden Chemotherapieblock noch nicht gewachsen fühlte (Teil 2, 338 ff.).

Ich kann die Bedingungen des *Familien*holocaust verstehen und arbeitete mit Frau S. daran, daß sie verstehen und begreifen lernte, warum sich der Grauschleier über ihr zusammenzog, wenn es Maria – trotz Krebs – besser ging. Aber ich akzeptiere diesen Familienholocaust nicht. Ich arbeitete mit Maria an ihrer Selbstwerdung *trotz* Familien- und Kliniks-Holocaust.

40 Ibid., 26.
41 Ibid., 26.
42 Ibid., 27.

Man lese noch einmal die Aufzeichnungen der Stunden »Überredet zur Therapie …« (338 ff.), »Hört ihr die Kinder weinen …« (343 ff.), »Immer hatte ich vor etwas Angst …« (363 ff.), »Ein Schmetterling, der sich entpuppt …« (375 ff.), »Kriegsfrau und neuer Selbstentwurf« (384 ff.), »Maria ist stolz auf sich und kann das gute Gefühl erinnern« (397 ff.) …

Man begebe sich noch einmal in diese Traumenflut und frage sich, was es hieße, Maria zu deuten, sie weiche der »phasenspezifischen« Entwicklung aus, um den ödipalen Triebkonflikt mit dem Vater nicht anzugehen, sie benutze vielmehr dessen Brutalität »zur Aufrechterhaltung ›bequemerer‹ archaischer Triebimpulse oder zum Pochen auf infantil-oralen Versorgungs- und Verwöhnungsansprüche …[43]

Vielleicht meint man ja, daß die Holocaust-Verbrechen und der Krebsholocaust nicht vergleichbar sind. Für mich sind sie es, denn ich halte es nicht mit der Zahlenlogik. Ich halte es mit der Affektlogik. Ich akzeptiere weder die Holocaust-Verbrechen noch die Seelenmorde, die zum Alltag der Medizin-gegen-Krebs gehören. Ich akzeptiere auch nicht die Morde, die am Selbst des Kindes täglich begangen werden, weil nicht zuletzt sie es sind, die zur Krebserkrankung führen.[44]

4.1 Das lebensfeindliche Prinzip der psychoanalytischen und onkologischen Behandlungspraxis: »Spiel mir das Lied vom Tod« – Den Krebs entpathologisieren heißt, auf das Lebendige im Kranken hören: Seht doch, wie sie leben

Die traditionelle Psychoanalyse fahndet nach Abwehrmechanismen des Ich beim Patienten, wobei der Analytiker, laut Freuds Empfehlung, emotionslos wie der Chirurg, »die eitergefüllte Höhle«, so nannte Freud das Unbewußte, zu öffnen habe. Diese Psychoanalyse verfährt gründlich gemäß der Trias: Elternschonung durch Triebdeutungen zwecks Irrealisieren der Realtraumen. Sie verfährt gründlich, aber nicht anders als die onkologi-

43 Ibid., S. 27.

44 In *Aufzeichnungen eines seelischen Nacktflitzers* (1991b), habe ich die Sozialisationsbedingungen der anonymen Persönlichkeit im Kapitel 6: »Belvedere: Erkenne dich selbst«, S. 277 ff., ausführlich diskutiert.

sche Medizin: krankheits- = thanatoszentriert. Psychoanalyse und Medizin sind dem dualistischen leibfeindlichen Weltbild des Judentums und Christentums verhaftet, sonst könnten sie nicht den Krebs als das Böse im Körper, nicht die Triebe als Widersacher der Vernunft bekämpfen. Die einen kämpfen mit Messer, Strahlen und Chemie; die anderen mit Triebdeutungen als Schiedsspruch über »gut« und »böse«. Beide Disziplinen fußen auf dem Konzept »Erziehung«, nicht aber dem Konzept »Beziehung«.

Gemäß den Vorstellungen der psychoanalytischen Entwicklungslehre hat der Patient in der Behandlung phasenspezifischen Denk- und Fühlgeboten bzw. Verboten zu entsprechen, genauso wie die Onkologie (aber wohl die Medizin insgesamt als sekundäre Sozialisationsinstanz) ein Konzept von Patient = emotionsloses Objekt verfolgt. Beide, Psychoanalyse und Onkologie, orientieren sich nicht an dem, was ist, d. h. an dem, was der Patient fühlt, sondern an dem, wie der Patient sein soll, d. h., welches Verhalten wünschenswert ist.

Daß die emotionale Anpassungsforderung an den Patienten der Onkologie ebenso verrückt ist und in die gleiche Sackgasse: Schweigen, führt, wie die fünf Szenen mit dem Jungen zeigen – weil es eben gleichermaßen verrückt ist, Gefühle hypostasieren, wie Gefühle tabuisieren zu wollen –, möge die Besprechung des Falls »Michael schweigt, weil die Mutter, alle, nur Löwen in der Stadt einkaufen«, deutlich machen.

Es ist einer der Fallberichte aus der Balintgruppe, die ich 1981/82 leitete und die sich aus dem Team einer kinderonkologischen Station, Klinikspfarrerin und -sozialarbeiterin zusammensetzte. Ich berichte ausführlich über diese Arbeit und das, was ich für mein Konzept: den Krebs entpathologieren, daraus lernte in *Aufzeichnungen eines seelischen Nacktflitzers.*[45] Es ist das Team der Station, auf der ich dann 1983/84 mit Hanna (Teil 1) und Maria (Teil 2) arbeitete.

Den Krebs entpathologisieren heißt für mich: auf das Gesunde im Kranken zu hören und den gemeinsamen Nenner von Familien- und Kliniks-Holocaust, die Elternschonung, zu enttabuisieren.

45 1991b, S. 392-441.

4.2 *Michael schweigt, weil die Mutter, alle, nur Löwen in der Stadt einkaufen*[46]

Der Fall »Michael ...«, an dem paradigmatisch das gesamte Spektrum der Probleme der Kinderonkologie deutlich wird, beschäftigte die Balintgruppe über drei Sitzungen.

29. 6. 82 *Michael schweigt, weil ...*

Anwesend: *Dr. L., Frau K., Dr. B., Dr. P., Schwester A.*

1. Die Oberärztin, Dr. L., berichtet von ihren Problemen mit Michael, einem 18jährigen Leukämiepatienten. Nach einem Rezidiv habe er jetzt eine Pilzmeningitis. Dr. L. fühle sich von Michaels Mutter gedrängt, die sich selber nur mit Antidepressiva über Wasser halte, mit dem Jungen über dessen Todesängste zu sprechen. Der Junge habe es expressis verbis abgelehnt, mit Antidepressiva behandelt zu werden, aber, sagt die Oberärztin, sie habe ihm doch Medikamente gespritzt. Doch, denke ich und bin entsetzt, aber als ich sehe, daß Frau Dr. L. hinter ihrer dunklen Brille wieder mit den Tränen kämpft, sage ich nichts und höre zu. Sie fühle sich zu Gesprächen gedrängt, wiederholt sie. Warum, frage ich vorsichtig, was hat der Junge für eine Prognose. Ungünstig, das sei vorhersehbar, aber die Mutter, die dränge, und sie selber habe Angst, sich später Vorwürfe machen zu müssen, etwas unterlassen zu haben. In der medizinischen Behandlung, frage ich. Nein, da werde alles gemacht, was zu machen ist. Hat Michael denn Zweifel daran geäußert, frage ich. Nein, eigentlich nicht, er sei nicht einmal skeptisch ihr gegenüber, sie fühle sich von ihm als Medizinerin akzeptiert. Er lobe sie sogar, sagt sie lächelnd, das tue gut, er kooperiere gut und honoriere ihre Arbeit. Anders als die Mutter, die sei depressiv und habe den Jungen emotional eigentlich schon aufgegeben. Vielleicht braucht Michael es, sage ich, daß Sie als Ärztin das Mehrwissen für ihn tragen und ihn dadurch entlasten. Er will nicht betrogen werden, er wollte ja auch keine Antidepressiva. Er will vielleicht keine Hoffnungsmache, aber auch keine Sterbemache von Ihnen. Michael braucht Wahrhaftigkeit: daß sie als Medizinerin mit ihm durchhalten, aber ihn auch nicht mit der ganzen Wahrheit belasten, die er nicht erträgt. Noch nicht, vielleicht. Wenn er mehr wissen will, dann

46 1991b, S. 423-431.

wird er es sein, der Ihnen die Fragen stellt, und Sie können ihm dann soviel von der Wahrheit zumuten, wie Sie verantworten können.
Es sei so schwer, sagt Frau Dr. L., man wisse doch, man solle einen Sterbenden aufklären, um ihn nicht allein zu lassen in seinen Todesängsten. Ja, sage ich, das steht allenthalben in den Büchern, aber da steht nicht drin, wie man mit den Lebenden umgeht. Michael, scheint mir, braucht keine Buchweisheit, er braucht Sie als Mensch, der um ihn weiß, aber sein Wissen auch dosieren kann.
Ich habe Angst, sagt Frau Dr. L., daß ich mir dann Vorwürfe mache, daß ich nichts gesagt habe. Aber Sie haben uns doch gesagt, was Sie bewegt und quält, sage ich. Wir tragen es mit Ihnen, damit Sie mit Michael durchhalten. Er braucht Sie als Ärztin, die ihn im ärztlichen Tun nicht betrügt. Sie meinen die Antidepressiva, fragt die Oberärztin. Ja, sage ich, auch die, die hat Michael nicht gewollt, und er hat Ihnen das gesagt. Wenn Sie ihn darin nicht respektieren, kann er mit Ihnen nicht über sich sprechen wollen. Sie sollten mit ihm anstelle der Mutter über Todesängste sprechen, das war nicht Ihr Thema, ob es Michaels Thema ist, wissen wir nicht. Aber Sie haben ihn mit Antidepressiva behandelt. Das ist eine verrückte Situation, vielleicht machen Sie sich ja auch deshalb Vorwürfe.
2. Die Pfarrerin nickt heftig. Das ist, wie wenn ich den Mund nicht aufkriege, den Menschen aber dann etwas zum Lesen übers Sterben dalasse, und wenn ich dann das nächste Mal wiederkomme, schauen sie mich bloß an, und ich weiß dann nicht, was ich sagen soll. Ja, sage ich, das ist dieselbe ver-rückte Kommunikation: Tranquilizer oder Sterbebüchlein, beide ersetzen nicht das Miteinander-Sprechen. Nur das schafft eine Beziehung, nur dann kann man die Wirklichkeit miteinander ertragen und auch die starken Gefühle miteinander aushalten. Dann ist man geschützt. Sprechen ist sonst nur eine Entschuldigung der Behandler, die Patienten sollen die Behandler freisprechen. Michael kooperierte mit Ihnen, sage ich zu Dr. L., er ist geduldig = Patient, aber er tröstet Sie nicht, er nimmt Ihnen nicht Ihre Sorgen als Behandler. Wenn er Sie als Gesprächspartner braucht, wird er es von sich aus sagen. Ich denke, das muß auch für Sie als Pfarrerin manchmal schwer sein, abzuwarten, ob der Patient von Ihnen Gebrauch machen will. Frau K. lacht und nickt.

Nachtrag 17. 8. 82 *Michael schweigt, weil die Mutter, alle, nur Löwen in der Stadt einkaufen*

Anwesend: *Frau K., Frau S., Herr W., Schwester A.*

1. Frau K., die Klinikspfarrerin spricht von ihren Erfahrungen mit Michael. Bisher habe Michael sie mit seinen vernünftigen Reden frappiert, aber jetzt sei er durch seine Krankheit, die Meningitis, zum Kleinkind geworden. Er habe ihre Hand ergriffen und gedrückt, stumm, wie jemand, der nach Worten sucht, und sie habe sich beschämt gefühlt. Die Eltern waren im Zimmer und haben dazwischengeredet, besonders die Mutter ertrage Michaels Schweigen nicht, mit ihrem Gerede zerstöre sie es, und Michael komme nicht dazu, für sich Worte zu finden.

2. Herr W. sagt, das Schlimme sei, daß Michael nach der Meningitis, die er gehabt habe, sich zwar wieder erholt habe (das war nach dem Bericht der Oberärztin zu urteilen tatsächlich nicht zu erwarten gewesen, sie hatte ihn auf Todesängste hin befragen wollen, denke ich. Irre. Ich höre weiter zu), aber jetzt schweige Michael. Michael sei mit der Meningitis zum Baby geworden, er habe unter sich gelassen und müsse seither mit Pampers gewickelt werden. Wie alt ist er, frage ich. 18 Jahre, sagt Herr W. Der Professor frage Michael in der Visite, wieviel 8 mal 7 sei, und Michael schweige. Als er Michael fragte, was er essen wolle, habe Michael ihn angeschaut und geschwiegen. Herr W. sagt, er habe Wut gespürt, dann aber heruntergeleiert, was es zu essen gäbe. Ich helfe Herrn W. zu verstehen, daß er in der Gegenübertragung die Wut und Scham erlebe, die Michael in seiner Hilflosigkeit empfinde: Ein 18jähriger, der zum Kleinkind geworden sei, das in Pampers gewickelt werde, das sei das eine, aber die eigentliche Kränkung müsse sein, daß er sich nicht als Mensch in seiner Würde respektiert fühle: in seiner Trauer wurde er runtergespritzt. Die Oberärztin hatte ihm – und da hatte er noch ausgesprochen, was er wollte – Antidepressiva gespritzt, und auch der Professor war nicht an seiner Lebendigkeit interessiert – schließlich hatte man ihn schon aufgegeben mit seiner Meningitis, erinnere ich, aber er lebt, und man fragt ihn nach dem Einmaleins. Was für ein Hohn, sage ich. Herr W. nickt, das ist verrückt, das verstehe ich jetzt.

3. Schwester A. sagt, es mache sie aggressiv, daß Michael nicht rufe, wenn er muß, sondern ins Bett mache, als wäre er trotzig, so komme das bei ihr an. Und dann die Mutter, sagt Schwester A.

sichtlich aufgebracht, sie komme völlig aufgeregt angerannt, Michael reiße sich die Infusion raus. Dann stelle sich aber heraus, daß die Mutter es war, die die Kanülen auseinandergezerrt hatte, so daß Blut aufs Bett tropfte. Dann aber keife sie Michael an, er solle still halten, damit er der Schwester keine Schwierigkeiten mache beim Einstechen mit der Nadel. Und, sage ich, Michael schweigt zu diesen Verrückheiten.
Die Pfarrerin und auch Schwester A. sagen, Michael nehme immer wieder ihre Hand, halte sich fest und sage nichts. Schwester A. erzählt, daß sie nach wie vor mit Michael spreche und ihm alles sage, was sie mit ihm mache, zumal er früher ja gefragt habe und wissen wollte, wozu irgendeine Behandlung gut sei. Ich sage, Sie brechen den emotionalen Kontakt zu Michael nicht ab, obwohl Sie innerlich wütend sind: das ist die Wut, die Michael sprachlos macht. Sie können ihm helfen, wenn Sie trotzdem mit ihm sprechen. Michael ist in seiner Wut hilflos. Sie könnten es auch sagen, wenn er Sie wütend macht, weil er dann fühlen kann, daß Gefühle nichts kaputtmachen. Sie meinen, das könnte ich sagen, fragt Schwester A. erstaunt. Gewiß, sage ich, dann sind Sie echt und lebendig, und Michael kann Mut fassen, auch echt und lebendig zu sein, dann üben Sie die Grammatik der Gefühle miteinander, statt das Einmaleins der Oberlehrer abzufragen.
4. Frau S., die Klinikssozialarbeiterin, erzählt, daß sie im Vorübergehen auf dem Flur gesehen habe, wie der Vater Michael inmitten der kleinen Patientenkinder, die selber essen konnten und gafften, gefüttert habe. Sie habe sich gefragt, ob das wirklich nötig sei, Michael zu füttern; ob ein bißchen Suppe auf dem Nachthemd nicht weniger schlimm sei als diese Erniedrigung zum Kleinkind. Und wenn es nötig sei und er wirklich nicht selber den Löffel zum Mund kriege, ob man ihn dann nicht wenigstens vor den gaffenden Kleinkindern schützen und er dann eben in seinem Zimmer gefüttert werden könne. Sie haben recht, Michael müßte in seiner Integrität geschützt werden. Was haben Sie mit ihrer Wahrnehmung gemacht, frage ich. Sie habe es vor Scham nicht ausgehalten und sei weitergegangen, sagt Frau S. Sie haben aus Scham geschwiegen, sage ich, so wie Michael aus Scham schweigt. Was soll man da machen, fragt Frau S. ratlos. Das sagen, was Sie uns eben gesagt haben, es ist doch nichts passiert. Das stimmt, sagt Frau S., und mir ist sogar wohler, jetzt, wo ich von diesem Grauen gesprochen habe. Wenn Sie ausspre-

chen, was sie wahrnehmen, könnten Sie sich und Michael helfen, daß Ihnen wohler ist in diesem Grauen, das mir vorkommt, wie das Grauen in einem KZ: Seelenmorde sind an der Tagesordnung, das Normalste der Welt.

5. Herr W. sagt heftig: Und wissen Sie, Michael hat rumphantasiert und mir gesagt, als ich fragte, wo die Mutter sei, sie sei in die Stadt gegangen, Löwen kaufen. Er habe vom »80er und vom 82er Krieg« gesprochen, und man habe sich an den Kopf gefaßt, der spinnt, der Michael. Aber, wissen Sie, ich habe gedacht, der meint seine erste und seine zweite zytostatische Behandlung, die waren 1980 und jetzt 1982. Dann spricht Michael ja doch, und Sie verstehen ihn auch. Dann müssen Sie ja mit ihm ins Gespräch gekommen sein. Nein, sagt Herr W., er habe sich nicht getraut zu sagen, daß er das verstanden habe, die Behandlungskriege. Warum, frage ich vorsichtig, denn Herr W. ist verstört. Ich weiß nicht, die Wahrheit ist so furchtbar. Ja, sage ich, das erlebe ich auch so, in mir schreit es, wenn ich Sie erzählen höre, aber Sie können etwas für sich tun, um an dieser Krebsfront nicht zu krepieren, seelisch zu krepieren. Sie sind Kriegsdienstverweigerer, und an der Krebsfront können Sie sich gegen die Unmenschlichkeit verweigern, wenn Sie aussprechen, was Sie fühlen. Wenn Sie sich Michael nicht als fühlender und sprechender Mensch verweigern, gibt es ein Miteinander, selbst wenn rundherum die Waffen klirren.

Herr W. spricht von den plötzlichen Überfällen der Mutter auf ihren Sohn. Wenn es sie überkomme, umarme sie Michael, ob er es wolle oder nicht. Bei der Visite habe sie ihn bloßgestellt und eine junge Helferin vor der ganzen Visitenkorona als Michaels neue Freundin bezeichnet, obwohl Michael das Foto seiner Freundin auf dem Nachttisch stehen habe und von ihr auch Briefe bekomme. Ich spreche meine Gegenübertragung spontan aus: das ist respektlos, das kann einem nur die Sprache verschlagen, sonst müßte man um sich schlagen vor Wut. Ja, sagt Herr W., das erlebe er auch so. Der Vater reiße Michael den Löffel aus der Hand, wenn Michael ihn zitternd zum Mund bringe und dabei die Suppe auch verschütte. Diese Fürsorglichkeit, sagt Herr W., das ist das reinste Theater, das ist menschenunwürdig. Sie haben recht, sage ich, alle gehen Löwen in der Stadt einkaufen. Sie sagten, das habe Ihnen Michael geantwortet. Das ist es, was er von allen erfährt: Sie fahren ihm über den Mund, reißen ihm den

Löffel aus der Hand, trampeln seine Gefühle in aller Öffentlichkeit breit und wollen nur sein Bestes. Was für ein Scheißspiel, was für eine Heuchelei. Sie fallen wie Löwen über den hilflosen 18jährigen Menschen her, nur weil sie ihre eigene Hilflosigkeit nicht ertragen können.
Herr W. sagt, es sei ihm peinlich, vor mir weiterzuzählen, was er mit Michael erlebt habe. Herr W. schweigt. Nach einer Weile frage ich vorsichtig, vielleicht schweigen Sie, weil Sie nicht wissen, ob Sie Michael hier vor der Gruppe auch bloßstellen, wenn Sie von ihm sprechen. Herr W. schüttelt den Kopf. Er finde Michaels Schweigen schlimm, und er schäme sich dafür, weil er merke, daß er Michael gegenüber auch gleichgültig werde. Er könne nicht verstehen, warum Michael nicht gegen das Gitterbett protestiert habe, in das man ihn während der Meningitis verfrachtet habe, einen 18jährigen. Ich bin erschüttert. Sie haben ihn wie ein gefährliches Tier eingesperrt wegen seiner Meningitis, und nun wird er verachtet dafür, daß er sich nicht dagegen gewehrt hat, denke ich. Ich spreche meine Gegenübertragung aus: Sie halten Michael für eine feige Memme, sage ich zu Herrn W., die sich in ein Gitterbett hat sperren lassen. Dafür verachten Sie ihn. Nur, was glauben Sie, was passiert wäre, wenn Michael protestiert hätte. Herr W. schaut mich ratlos an. Ich denke, man hätte das im Zusammenhang mit der Meningitis mißverstehen können und ihn vielleicht für verrückt oder wenigstens für gefährlich gehalten. Man hat ihn wie einen gefährlichen Löwen hinter Gitter gesperrt. Aber das Gitterbett selber hat Michael vielleicht auch davor geschützt, aus dem Bett zu fallen, das hätte ihm real geschadet. Das Gitterbett ist nicht das eigentlich Schlimme, das Schweigen sind die eigentlich schlimmen Gitterstäbe. Und die können Sie nur wegräumen, wenn Sie darüber mit Michael sprechen. Die Gleichgültigkeit, die Sie Michael gegenüber empfinden, empfindet Michael auch: Sie erleben in der Gegenübertragung, was Michael erlebt: Macht doch, was ihr wollt mit mir, ihr wollt ja doch nicht wissen, was ich fühle. Deshalb schweigt Michael.
6. Frau K., die Klinikspfarrerin kommt noch einmal auf ihre Erfahrung mit Michael zurück: Früher habe Michael sie durch seine vernünftigen Reden frappiert, heute fühle sie sich beschämt, wenn er stumm ihre Hand ergreife. Es ist verrückt, sage ich, egal, was Michael tut, irgendwie macht er alles falsch. Nein, sagt Frau K., das sei es eigentlich nicht, nur wenn die Eltern dazwischen-

quatschen, wenn Michael still ihre Hand halte und sie anschaue, dann fühle sie sich beschämt. Warum bitten Sie nicht die Eltern, Sie und Michael ein wenig allein zu lassen. Das würde sie gern tun, sagt Frau K., aber das schaffe sie den Eltern gegenüber nicht. Warum, frage ich. Das weiß ich nicht, es ist eine Intimität, die dann entsteht, als wäre das etwas Unanständiges, sagt Frau K. Ja, es wäre schamlos: An der Krebsfront gäbe es dann ein bißchen Ruhe und menschliche Wärme, Michael hielte nur Ihre Hand, und das Schweigen würde beredt: Tranquilizer und Bibelsprüche wären überflüssig. Ja, sagt Frau K., das macht Angst, das ist das Neuland, das man dann betritt.

7. Schwester A. berichtet, daß es ein Kinderfest auf der Station gegeben hatte, zu dem auch der 18jährige Michael eingeladen wurde. Er habe im Rollstuhl an den Festivitäten teilgenommen. Als der McDonalds-Clown Michael gefragt habe, ob er sich denn auch wohl fühle und die Späße gut fände, habe Michael nichts gesagt. Schwester A. erzählt das mit einem Unterton der Empörung, als fände sie Michael unhöflich und undankbar. Ich bin heute einfach nicht mehr fähig, empathisch darauf einzugehen, und sage im Aufstehen nur vor mich hin, ja, ja, der Michael ist humorlos, dabei wollen alle doch nur sein Bestes.

8. Will man das wirklich, frage ich mich, als ich in dem leeren Raum sitze, erschlagen von soviel Grauen und soviel Unverstand der Behandler, die tatsächlich erwarten, daß Michael die Späße des Clowns spaßig findet. Diese Feste, das weiß ich, finden statt, um Gelder für die Leukämieforschung zu sammeln. Für den Kampf gegen den Krebs, denke ich, und mir ist zum Weinen, einen Kampf, in dem die Menschen, um die es angeblich geht, Menschen, wie der 18jährige Michael, auf der Strecke bleiben.

Nachtrag 31. 8. 82 *Michael ... gibt es denn keine Fortschritte ... aber wehe, es gibt sie*

Anwesend: *Herr W., Frau S., Schwester A.*

1. Ich frage von mir aus nach Michael, ob er wieder spreche. Ja, sagt Herr W. und erzählt. Ich höre zu und denke: Merkwürdig, warum er schwieg, das scheint keinen zu interessieren, Hauptsache er spricht wieder, funktioniert wieder.

2. Herr W. sagt, er habe Michael gefragt, ob er lieber zu zweit oder allein im Zimmer liege. Allein, habe Michael gesagt. Aber Michael habe den 4jährigen Jungen, der jetzt entlassen wurde

doch gemocht, das verstehe er nicht. Ich sage, vielleicht hat Ihnen Michael seine Wahrheit gesagt. Was er liebt, verliert er wieder. Also möchte er lieber allein sein.

3. Frau S., die Sozialarbeiterin, platzt heraus, sie hätte die Mutter umbringen können, als sie gesehen habe, wie sie Michael die Knete weggenommen habe, und überhaupt lasse sie ihn nichts selber machen. Sie waren wütend, sage ich, das spüre ich noch jetzt, wenn Sie davon sprechen. Was haben Sie mit ihrer Wut gemacht? Nichts, sie sei gegangen, sonst ... Ich führe sie vorsichtig an ihre unbegriffene Gegenübertragung heran und frage: Was glauben Sie, wie Michael zumute sein muß, wenn die Mutter ihn bevormundet und ihn nichts selber machen läßt. Stinkwütend müßte der sein, sagt Frau S. Ja, sage ich, so wie Sie. Sie erleben in der Gegenübertragung Michaels Wut, nur, Sie können gehen, das kann Michael nicht. Michael schweigt, sonst muß er fürchten, ganz von der Mutter verlassen zu werden. Sicher würde sie Michael undankbar finden, wo sie ihm doch helfen will. Was meinen Sie, was passiert, wenn Sie zur Mutter sagen würden: Oh, mich würde es ganz wütend machen, wenn Sie mir die Knete wegnehmen würden. Nichts, eigentlich nichts, außer, was Sie sagen, die würde beleidigt sein, weil sie doch nur helfen will. Aber eigentlich könne sie sich von sich nicht vorstellen, daß sie das einer Mutter sagen könne. Irgendwie, sagt Frau S., ist mir wohler, jetzt, wo ich meine Wut ausgesprochen habe. Also, sage ich lachend, es passiert doch was, Sie fühlen sich wohler. Hier in der Balintgruppe können Sie Ihre Wut rauslassen, wir gehen nicht kaputt und Sie gewinnen Spielraum, um in solchen Situationen nicht abhauen zu müssen, weil Sie eine Mordswut haben.

4. Die Krankenschwester ergänzt, auch heftig erregt: Als Michael so schlecht dran war, habe die Mutter sie bestürmt: Gibt es denn keine Fortschritte! Jetzt habe Michael Fortschritte gemacht – keiner hätte geglaubt, das der die Meningitis überleben würde –, und die Mutter sage nun, wohin soll es gehen mit Michael! Das klingt verrückt, sage ich. Was haben Sie der Frau geantwortet, frage ich. Nichts, nein, ich habe irgendetwas weggeräumt und geschwiegen. Was soll man machen, wenn einem eine Mutter so verrückt kommt. Sie haben geschwiegen, so wie Michael bei all der Verrücktheit schweigt. Warten Sie, sagt Schwester A., die Krankenhauslehrerin, die hat der Mutter ins Gesicht gesagt, da habe sie dabei gestanden: »Ihr Haus ist eine Baustelle (die bauen nämlich

an), da wollen Sie gar nicht nach Hause, aber zu Michael sagen Sie, beweg' dich, ich will hier auf Station nicht überwintern«. Und wie hat die Mutter reagiert, frage ich. Sie hat geguckt und ist aus der Küche gegangen. Die Klinikslehrerin hat nichts gemacht, sie hat nur ausgesprochen, daß die Mutter verrückt spricht, daß ihr eigentlich nichts recht ist, ob Michael sich besser fühlt oder nicht, das bessert ihre Unzufriedenheit mit sich selber nicht auf. Aber man fühlt sich wohler, wenn man solche Verrücktheit benennen kann. Was dann entsteht zwischen Ihnen und der Mutter, oder, sage ich zu Frau S., zwischen Ihnen, der Mutter und Michael, das können wir nicht vorweg wissen. Das weiß keiner. Man glaubt nur immer, sagt Frau S., man muß genau wissen, was passiert, um nichts falsch zu machen. Wenn Sie weggehen oder schweigen, läuft was falsch, sage ich, dann laufen Sie mit Ihrer Wut im Bauch herum. Das stimmt, sagt Herr W., und dann erst meidet man den Kontakt mit dem Patienten und wird gleichgültig. Gleichgültig gegen Michael, weil man es eigentlich nicht geschafft hat, sich der Mutter gegenüber zu zeigen und zu sagen, wie einem zumute ist, sage ich. Dann schaltet der Michael ab und schweigt, sagt Herr W., wenn er so verrückt behandelt wird, so verrückt, wie die Mutter an ihm rumzackert und nicht nur die. Ja, sage ich, nicht nur die. Michael hat Leukämie und dann bekam er die Meningitis noch dazu, Pampers und Gitterbett und Tranquilizer und allen soll er dankbar sein, weil alle es doch nur gut mit ihm meinen, und er ist so schamlos, all das zu überleben ...
Die Konsequenzen die ich aus der Arbeit mit den onkologischen Behandlern in der Balintgruppe für mich gezogen habe, lassen sich folgendermaßen zusammenfassen:

1. Der Gefahr der Funktionalisierung der Balintgruppe im Sinne der aggressiven Krebstherapien begegnen ...
2. ... den Krebs entpathologisieren diesseits zweier Religionen: Pädagogik und Thanatokratie.
3. Historische Kritik der Onkologen als Experten in Sachen Todesarten ...
4. ... und Verstehen der militanten Krebstherapien als Symptomverschreibungen, die an dem Problem Krebs vorbeigehen müssen.
5. Den Zusammenhang begreifen von psychosomatischer Interaktionsform: »Hänschen klein, ging allein in die weite Welt

hinein ... Mutter aber weinet sehr, hat ja nun kein Hänschen mehr. Da besinnt sich das Kind, kehrt nach Haus geschwind« und der stationär-onkologischen Interaktionsform »Friß, Vogel, oder stirb!« als Holocaust, heißt: die Elternschonung als gemeinsamen Nenner beider Interaktionsformen benennen.
6. Arbeitsweise der Balintgruppe: Verstehen der Einfühlungsstörung in sich selbst, um die Krebspatienten verstehen zu können.

Die Thesen habe ich in Aufzeichnungen ... (1991b, S. 393-404) detailliert ausgeführt.

4.3 Psychoanalyse und Onkologie behandeln gründlich ... am Lebenswillen des Patienten vorbei – Den Krebs entpathologisieren heißt, auf das Gesunde im Kranken hören: Seht doch, wie sie leben

Psychoanalyse und Onkologie sind gründlich, aber nicht radikal. Radikal sein heißt, etwas an der Wurzel packen. Die Wurzel des Menschen aber ist der Mensch selber, nicht eine ideologische Verbrämung seiner selbst. Am Menschen gehen sowohl die heutige Psychoanalyse als auch die onkologische Medizin – zweifellos gründlich – vorbei: beide respektieren nicht den Lebenswillen des Patienten. Sie behandeln ihn zu Tode, weil sie einzig auf das Kranke ausgerichtet sind. Beide Disziplinen fragen nicht nach dem Sinn, den der Krebs für den Patienten als Niederschlag seiner tödlichen Familien-Beziehungsgeschichte hat. Die Onkologen gehen am Lebenswillen des Patienten vorbei, weil sie den Krebs als das Böse im Körper bekämpfen und glauben, heilen zu müssen, wo sie nicht heilen können. Die Onkologen respektieren nicht die reparativen Tendenzen im Patienten, obwohl es eine altbekannte Erfahrung der Ärzte ist, daß nicht sie heilen, sondern der Patient (natura sanat, medicus curat = die Natur heilt, der Arzt behandelt).[47]
Die Psychoanalyse geht am Lebenswillen des Krebspatienten vorbei, weil sie – freudgerecht – den Krebs als verdrängte ödipale Aggression, als narzißtische Krankheit zum Tode, erklärt und

47 Vgl. D. Beck: *Krankheit als Selbstheilung*, Ffm. 1981.

damit dem Patienten als Triebkonflikt nachsagt, was im gestörten Beziehungsgeschehen familialer Sozialisation hergestellt wurde.

»Spiel mir das Lied vom Tod« läßt sich das Behandlungsparadigma sowohl der Psychoanalyse als auch der Onkologie überschreiben. Dahinter steht die Pathologisierung des Selbst resp. des Narzißmus als positivem Entwicklungspotential. Folge ist die Pathologisierung von Krankheit im allgemeinen und von Krebs im besonderen als das leibhaftig Böse.

Die Einstellung, mit der ich den Krebspatienten, wie jedem anderen Patienten auch, begegne, ist: Seht doch, wie sie leben.

Seht, wie der Krebs in gestörten Beziehungen entstanden ist. ...

Seht, wie der Krebspatient seelisch lebendig ist, trotz Krebs ...

Seht, wie Patient und Behandler lebendig miteinander fühlen können, so daß der Patient seine Selbstheilungstendenzen zu mobilisieren wagt ...

Denn der Zweck des Lebens ist das Leben. Der Tod ist ein Teil des Lebensrhythmus: ein Stolperschritt, mit dem wir nur fertig werden, wenn wir zu leben wagen.

Für mich gibt es nur etwas Schöneres als leben: noch mehr leben.

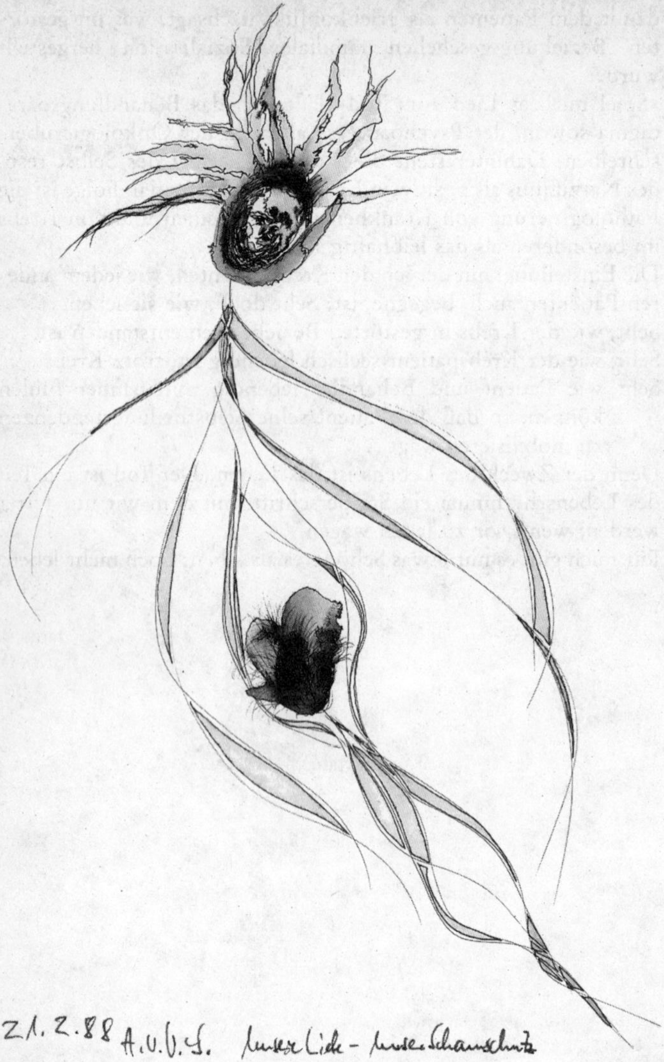
21. 2. 88 A. U. V. S. Unsere Liebe – unser Schamschutz

Literatur

Bartosch, E., »Das narzißtische Negativ«, in: *Materialien zur Psychoanalyse und analytisch orientierten Psychotherapie* 8 (1982), 1-67

Beck, D., *Krankheit als Selbstheilung*, Ffm. 1981

Candon, W. S./Ogsdon, W. D., »Sound Film of Normal and Pathological Behavior Patterns«, in: *Journal of Psychiatry Research* 143 (1966), 339-347

Clauser, G., *Die vorgeburtliche Entstehung der Sprache als anthropologisches Problem*, Stuttgart 1971

Cremerius, J., »Psychoanalyse jenseits von Orthodoxie und Dissidenz«, in: *Psyche 36* (1982), 418-514

Dolto, F., *Der Fall Dominique. Bericht einer Kinderanalyse*, Ffm. 1973

Domash, L., »Self and Object Representation and ›Evil Eye‹«, in: *Bulletin of Menninger Clinic*, Vol. 47, No. 3, 1983, 217-224

Drigalski, D. v., *Blumen auf Granit*, Berlin 1980

Ferenczi, S., Das ungewollte Kind und sein Todestrieb (1929), in: *Schriften zur Psychoanalyse* Bd. II, Ffm. 1982, 251-256.

Fließ, R., *Symbol, Dream and Psychosis*, N. Y. University Press, 1973

Freud, S., »Studien über Hysterie«, 1895, *GW* I, 75-312

ders., »Erinnern, Wiederholen, Durcharbeiten«, 1914, *GW* X, 126-136

ders., »Jenseits des Lustprinzips«, 1920, *SA* III, 215-272

ders., »Über die weibliche Sexualität«, 1931, *SA* V, 273-292

Grubrich-Simitis, I., »Vom Konkretismus zur Metaphorik. Gedanken zur psychoanalytischen Arbeit mit Nachkommen der Holocaust-Generation anläßlich einer Neuerscheinung«, in: *Psyche* 38 (1984), 1-27

Hoppe, K. D., »Die Trennung der Gehirnhälften. Ihre Bedeutung für die Psychoanalyse«, in: *Psyche* (1975), 919-940

Khan, M. R., »Sein, Wissen und Erfahrung in der therapeutischen Situation« (1969), in: ders., *Selbsterfahrung in der Therapie*, München 1977, 254-273

ders., »›Mit Augen hören‹. Anmerkungen zum Körper als Subjekt und Objekt« (1971), in: 1977, 293-312

Klüwer, R., »Agieren und Mitagieren«, in: *Psyche* 37 (1983), 828-840

Kohut, H., *Die Heilung des Selbst*, Ffm. 1971

ders., *Wie heilt die Psychoanalyse?*, Ffm. 1987

Köhler, L., »Neuere Forschungsergebnisse psychoanalytischer Mutter-Kind-Beobachtungen und ihre Bedeutung für das Verständnis von Übertragung und Gegenübertragung«, in: *Psychoanalyse* 2. u. 3. Jg. (1982), 238-265

Kutter, P., »Sein oder Nichtsein, die Basisstörung der Psychosomatosen. Ein Ansatz zur Objektspezifizität psychosomatischer Erkrankungen«, in: *Prax. psychother. Psychosom.* 26 (1981), 47-60

Lermer, S., *Krebs und Psyche*, München 1982
Lorenzer, A., *Sprachzerstörung und Rekonstruktion. Vorarbeiten zu einer Metatheorie der Psychoanalyse*, Ffm. 1971[5]
Mach, E., *Beiträge zur Analyse der Empfindungen*, Jena 1886
Mitscherlich, A., »Bedingungen der Chronifizierung psychosomatischer Krankheiten. Die zweiphasige Abwehr«, in: *Studien zur psychosomatischen Medizin* II, Ffm., 1967, 42-54
Moser, T., *Lehrjahre auf der Couch*, Ffm. 1974
ders., *Gottesvergiftung*, Ffm. 1978
de M'Uzan, M., »Zur Psychologie der psychosomatisch Kranken«, in: *Psyche* 31 (1977), 318-332
Penfield, W./Rassmussen, T., *The Cerebral Cortex of Man*, N.Y. 1957
Searles, H.S., »Positive Feelings in the Relationship between the Schizophrenic and his Mother«, in: *Int. J. of Psychoanalysis*, 39 (1958), 569-586
Spitz, R., *Die Entstehung der Objektbeziehung. Direkte Beobachtungen an Säuglingen während des ersten Lebensjahres*, Stuttgart 1973
v. Vietinghoff-Scheel, A., »Den Krebs entpathologisieren«, in: *Med. Welt* 33 (1982), 1-2
dies., »Mit Augen hören – Szenisches Verstehen im familientherapeutischen Erstgespräch«, in: *Psychosozial*, 24/5 (1985), 170-208
dies., *Es gibt für Schnee keine Bleibe. Trauma-analoge Literaturdeutungstheorie als Beziehungsanalyse von Text und Leser am Beispiel von Franz Kafkas* Schloß, Ffm. 1991a
dies., *Aufzeichnungen eines seelischen Nacktflitzers. Psychosoma-Analysen und trauma-analoge Verstehensmethode*, Ffm. 1991b
Volkan, V.E., *Linking Objects and Linking Phenomena. A Study of the Forms, Symptoms, Metapsychology and Therapy of Complicated Mourning*, N.Y. 1981
Wander, M., *Leben wäre eine prima Alternative*, Neuwied 1980
Winnicott, D.W., *Vom Spiel zur Kreativität*, Stuttgart 1979[2]
Wunnerlich, A., *Zur Psychologie der ausweglosen Situation – Die Bedeutung tödlich verlaufender Krankheiten bei Kindern, gezeigt am Beispiel der akuten Leukämie*, Bern 1972
Zorn, F. (Pseud.), *Mars*, München 1977

Register

Seht doch, wie sie leben beschreibt die Psychosoma-Analysen mit vier jugendlichen Krebspatienten.
Thema dieser Menschen ist das Leben. Den Tod, den seelischen Tod, haben sie in ihrem Familienholocaust erlebt als Totgeschwiegenwerden in ihrer Sinnlichkeit. Die Holocaustbedingungen der aggressiven medizinischen Krebstherapien perpetuieren die erlittenen Traumatisierungen, weil die onkologischen Behandler unter derselben Einfühlungsstörung in sich selbst leiden wie die narzißtisch gestörten und psychosomatisch kranken respektive suchtkranken Eltern der Krebspatienten.
Seht doch, wie sie leben zeigt, wie fatal Familienholocaust und Kliniksholocaust einander ähneln. »Friß, Vogel, oder stirb«, läßt sich die defiziente Beziehungsstruktur beider Sozialisationsagenturen überschreiben. Dennoch: es geht mir nicht darum zu sagen, was »sie« aus Hanna, Maria, Alessa, Max L. gemacht haben, sondern darum zu sagen, was uns in unserer Arbeit gelungen ist, aus dem zu machen, was aus ihnen gemacht worden ist.
Der Leser erfährt unmittelbar, *wie* therapeutische Arbeit, metapsychologische Reflexion und Selbstanalyse ineinandergreifen und den sinnverstehenden Prozeß der Beziehungsanalyse mit dem Patienten – selbstbefriedigend für beide: Therapeut und Patient – vorantreiben.

stw

ISBN 3-518-28346-4 <2800>